D1755631

AutoCAD   Einführung + Referenz

AutoCAD
Einführung+Referenz
für AutoCAD 2.5..... 10.0

T. W. Berghauser / P. Schlieve

CIP-Titelaufnahme der Deutschen Bibliothek

Berghauser, Tom W:
AutoCAD : Einführung und Referenz ; für AutoCAD 2.5 ... 10.0/
T.W.Berghauser ; P.Schlieve. [Übers. aus d. Amerikan.
Dietmar Rudolph].– München : tewi, 1989
ISBN 3-89362-021-4
NE: Schlieve, Paul:

IMPRESSUM

Grundlage dieses Buchs ist das Original
"The Illustrated AutoCAD Book" by T.W.Berghauser u.
P.Schlieve, Wordware Publishing, Inc.

Die Übersetzung und deutsche Bearbeitung erfolgte mit
dem deutschen AutoCAD-System in der Version 10.0
mit freundlicher Unterstützung der Autodesk AG, Pratteln

ENGLISH EDITION:
© Copyright 1989 by Wordware Publishing, Inc.

GERMAN EDITION:
© Copyright 1989 by tewi-Verlag GmbH

LIZENZNEHMER UND HERAUSGEBER:
tewi-Verlag, Theo-Prosel-Weg 1, 8000 München 40

Alle Rechte vorbehalten. Ohne ausdrückliche, schriftliche
Genehmigung des Herausgebers ist es nicht gestattet,
das Buch oder Teile daraus in irgendeiner Form durch
Fotokopie, Mikrofilm oder ein anderes Verfahren zu
vervielfältigen oder zu verbreiten. Dasselbe gilt für das
Recht der öffentlichen Wiedergabe.

Die Herausgeber übernehmen keine Gewähr für die
Funktionsfähigkeit beschriebener Verfahren,
Programme und Schaltungen.

AutoCAD® AutoLISP®, AutoShade™ und AutoSketch®
sind eingetragene Warenzeichen der Autodesk, Inc.

GESAMTHERSTELLUNG:
technik marketing, München
tm 5617/62021C/2912.0
Printed in Austria
ISBN 3-89362-021-4

Inhaltsverzeichnis

Referenz

Zum Nachschlagen sind die Befehle von AutoCAD in alphabetischer Ordnung aufgeführt. Einige eng zusammenhängende Befehle werden gemeinsam vorgestellt, so daß Sie diese nicht in der alphabetischen Reihenfolge finden. Es sind dies die Befehle EIGAENDR (bei AENDERN), DBLISTE (bei LISTE) und ZURUECK (bei Z). Die nur sehr selten benutzten AutoCAD-Befehle werden nicht in eigenen Modulen vorgestellt. Sie finden diese mit kurzen Erläuterungen im Anhang A.

Modul	Titel	Seite
1	Zu diesem Buch	1
2	Einführungsbeispiel	6
3	Hardware und Software	17
4	3DFLAECH	22
5	3DLINIE	27
6	3DMASCHE	31
7	3DPOLY	34
8	ABRUNDEN	39
9	ABSTAND	43
10	AENDERN, EIGAENDR	45
11	AFENSTER	55
12	APUNKT	63
13	AUSSCHNT	72
14	BAND	77
15	BASIS	82
16	BEM, BEM1	87
17	BEREINIG	119
18	BFLOESCH, BFRUECK	121
19	BKS	125
20	BKSYMBOL	139
21	BLOCK	142
22	BOGEN	148
23	BRUCH	154
24	DANSICHT	159
25	DATEIEN	170
26	DDBKS	172
27	DDLMODI	175
28	DDOMODI	177
29	DDRMODI	179

V

Modul	Titel	Seite
30	DEHNEN	181
31	DREHEN	184
32	DRSICHT	188
33	DTEXT	193
34	EINFUEGE	196
35	EINHEIT	203
36	ELLIPSE	210
37	ENDE	214
38	ERHEBUNG	216
39	FACETTE	221
40	FANG	226
41	FARBE	229
42	FLAECHE	233
43	FUELLEN	238
44	GRAPHBLD	243
45	HILFE	245
46	HOPPLA	251
47	ID	254
48	ISOEBENE	257
49	KANTOB	263
50	KOPIEREN	267
51	KPMODUS	272
52	KREIS	275
53	LAYER	279
54	LIMITEN	287
55	LINIE	290
56	LINIENTP	294
57	LISTE, DBLISTE	300
58	LOESCHEN	304
59	LTFAKTOR	307
60	MEINFUEG	310
61	MENUE	312
62	MESSEN	318
63	NEUZEICH, NEUZALL	320
64	NOCHMAL	322
65	OFANG	324
66	ORTHO	332
67	PAN	338
68	PEDIT	342
69	PLINIE	350

Inhaltsverzeichnis

Modul	Titel	Seite
70	PLOT	359
71	POLYGON	366
72	PRPLOT	369
73	PUNKT	373
74	QTEXT	375
75	QUIT	379
76	RASTER	381
77	REGELOB	385
78	REGEN, REGENALL	389
79	REGENAUTO	391
80	REIHE	393
81	RING	399
82	ROTOB	402
83	SCHIEBEN	406
84	SCHRAFF	410
85	SETVAR	424
86	SHELL, SH	429
87	SICHERN	435
88	SKALA	437
89	SOLID	440
90	SPIEGELN	443
91	STIL	447
92	STRECKEN	455
93	STUTZEN	459
94	TABOB	463
95	TEILEN	466
96	TEXT	470
97	UMBENENN	474
98	URSPRUNG	476
99	VARIA	481
100	VERDECKT	486
101	VERSETZ	489
102	WBLOCK	494
103	Z, ZURUECK	499
104	ZLOESCH	504
105	ZOOM	506

Anhänge
A	Spezielle AutoCAD-Befehle	512
B	AutoCAD-Schlüsselwörter	518

VII

Inhaltsverzeichnis

Empfohlene Lernsequenz

Zur Einarbeitung in AutoCAD empfehlen wir Ihnen, die Module in folgender Reihenfolge durchzuarbeiten. Am Ende jedes Moduls finden Sie einen Verweis auf das in der Lernreihenfolge anschließende Modul.

Modul	Titel	Seite
1	Zu diesem Buch	1
2	Einführungsbeispiel	6
3	Hardware und Software	17
45	HILFE	245
44	GRAPHBLD	243
54	LIMITEN	287
35	EINHEIT	203
76	RASTER	381
40	FANG	226
105	ZOOM	506
67	PAN	338
13	AUSSCHNT	72
48	ISOEBENE	257
75	QUIT	379
87	SICHERN	435
37	ENDE	214
55	LINIE	290
14	BAND	77
66	ORTHO	332
52	KREIS	275
43	FUELLEN	238
89	SOLID	440
63	NEUZEICH, NEUZALL	320
78	REGEN, REGENALL	389
79	REGENAUTO	391
51	KPMODUS	272
73	PUNKT	373
64	NOCHMAL	322
85	SETVAR	424
22	BOGEN	148
88	SKALA	437
29	DDRMODI	179
58	LOESCHEN	304

Inhaltsverzeichnis

Modul	Titel	Seite
46	HOPPLA	251
103	Z, ZURUECK	499
104	ZLOESCH	504
50	KOPIEREN	267
83	SCHIEBEN	406
92	STRECKEN	455
31	DREHEN	184
99	VARIA	481
65	OFANG	324
23	BRUCH	154
30	DEHNEN	181
93	STUTZEN	459
38	ERHEBUNG	216
12	APUNKT	63
32	DRSICHT	188
100	VERDECKT	486
5	3DLINIE	27
4	3DFLAECH	22
9	ABSTAND	43
47	ID	254
42	FLAECHE	233
84	SCHRAFF	410
96	TEXT	470
33	DTEXT	193
91	STIL	447
74	QTEXT	375
69	PLINIE	350
81	RING	399
71	POLYGON	366
36	ELLIPSE	210
68	PEDIT	342
8	ABRUNDEN	39
39	FACETTE	221
90	SPIEGELN	443
80	REIHE	393
101	VERSETZ	489
53	LAYER	279
27	DDLMODI	175
56	LINIENTP	294
41	FARBE	229

IX

Modul	Titel	Seite
28	DDOMODI	177
10	AENDERN, EIGAENDR	45
59	LTFAKTOR	307
16	BEM, BEM1	87
21	BLOCK	142
34	EINFUEGE	196
60	MEINFUEG	310
95	TEILEN	466
62	MESSEN	318
98	URSPRUNG	476
15	BASIS	82
102	WBLOCK	494
57	LISTE, DBLISTE	300
97	UMBENENN	474
17	BEREINIG	119
25	DATEIEN	170
86	SHELL, SH	429
72	PRPLOT	369
70	PLOT	359
7	3DPOLY	34
6	3DMASCHE	31
11	AFENSTER	55
19	BKS	125
20	BKSYMBOL	139
26	DDBKS	172
49	KANTOB	263
77	REGELOB	385
94	TABOB	463
82	ROTOB	402
24	DANSICHT	159
61	MENUE	312
18	BFLOESCH, BFRUECK	121

Anhänge
  A   Spezielle AutoCAD-Befehle 512
  B   AutoCAD-Schlüsselwörter 518

Modul 1

Zu diesem Buch

AutoCAD

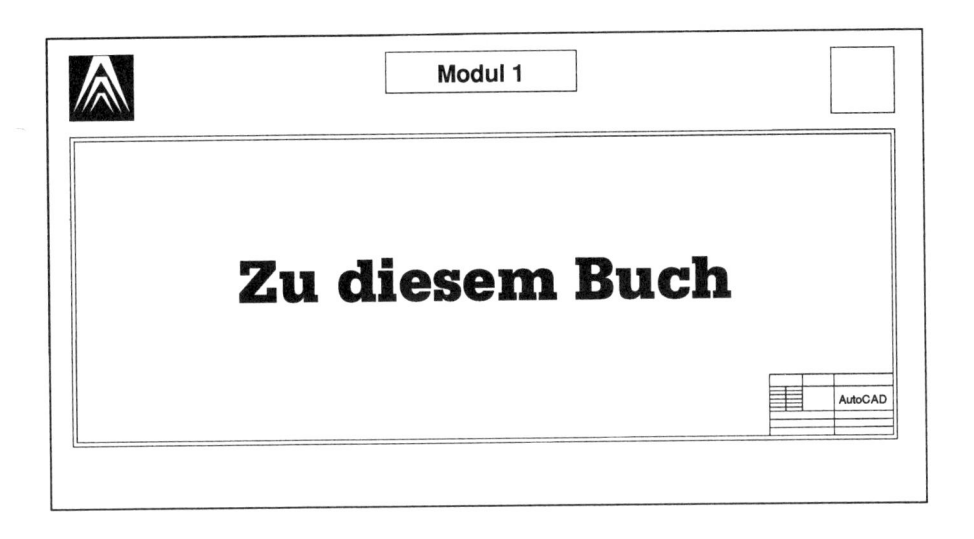

Einführung

Das vorliegende Buch beschreibt das AutoCAD-(computer aided design)-System. Dieses Softwaresystem, ein Produkt der US-Firma Autodesk, stellt ein Spitzenprodukt im Bereich des computerunterstützten Zeichnens dar. Es werden sowohl detaillierte Informationen über AutoCAD und über alle Befehle vermittelt als auch Arbeitstechniken an Hand einer Fülle von Beispielen vorgestellt. Es ist für eine Vielzahl von Anwendern konzipiert: zum einen für AutoCAD-Neulinge durch eine systematische Einführung in das System; zum anderen für erfahrene AutoCAD-Anwender, die ein Referenzhandbuch mit zahlreichen Beispielen benötigen, an denen die Vorteile dieses komplexen Softwaresystems offensichtlich werden; letzten Endes auch für Fachausbilder, die einen bündigen und lehrreichen AutoCAD-Text suchen.

Die empfohlene Lernreihenfolge führt Sie langsam und gründlich von den einfachsten Grundbefehlen zu komplexen Befehlsfolgen und Anwendungen. Zum Schluß sind Sie in der Lage, Zeichnungen zu entwickeln und nach freier Wahl von Papiergröße, Strichbreite, Maßstab oder gar dreidimensionaler Drehung mit Hilfe eines Plotters oder Laserdruckers auszudrucken.

Aufbau

Dieses Buch sollte nicht Seite für Seite gelesen werden. Falls Sie AutoCAD erstmalig erlernen wollen, gehen Sie gemäß der **empfohlenen Lernreihenfolge** am Anfang des Buches vor.

Nach einer kurzen Einführung von AutoCAD in den Modulen 1 bis 3, sind die Module 4 bis 105 gemäß der alphabetischen Reihenfolge der Befehle angeordnet. Die alphabetische Reihenfolge gestattet es Ihnen daher, dieses Buch zuerst als einführendes Lehrbuch, dann als begleitendes Nachschlagewerk zu verwenden.

Wie die meisten Computerbenutzer werden Sie gewiß so schnell wie möglich Ihre Software "in action" sehen wollen. Dann ist Modul 2 genau das Richtige für Sie. Modul 2 zeigt Ihnen, wie man mit Hilfe von AutoCAD nach und nach die Wände und Möbel eines Büros zeichnet. Dieses Beispiel gibt Ihnen einen Einblick in die Möglichkeiten von AutoCAD und zeigt Ihnen in wenigen Minuten eine Reihe von Befehlen. Aber Sie werden auch noch erkennen: AutoCAD ist ein komplexes Werkzeug – ein nutzbringender Einsatz verlangt gründliches Verständnis. Jeder in diesem Beispiel verwendete Befehl wird in diesem Buch vorgestellt, um Ihnen ein gründliches Arbeitswissen zu vermitteln.

Bezeichnungen

Die Kenntnis der in diesem Buch verwendeten Bezeichnungen kann Ihnen das Verständnis des Inhalts erleichtern. Die Vorstellung der AutoCAD-Befehle geschieht immer in derselben Reihenfolge: Beschreibung, Aufruf und Optionen, Musteranwendung.

- Nacheinander auszuführende Schritte in den Musteranwendungen sind numeriert.

- einzugebende Benutzerantworten werden im Fettdruck dargestellt.

- Tastenkombinationen sind etwa in der Form " Ctrl C drücken, um die Operation auszulösen" angegeben. Das Wort **drücken** ist ein Hinweis darauf, daß Sie eine Funktionstaste oder Tastenkombination verwenden müssen. Die Angabe [Ctrl] [C] besagt, daß Sie gleichzeitig die Taste [Ctrl] und die Taste [C] drücken müssen.

- die Angabe [↵] steht für die "Carriage Return"-Taste auf dem Computer. Für dieselbe Funktion werden je nach Computerhersteller verschiedene Bezeichnungen verwendet: etwa RETURN, ENTER oder nur ein geknickter Pfeil (beispielsweise beim IBM-PC).

Bevor Sie anfangen

AutoCAD unterstützt eine Vielzahl von Computern, Eingabegeräten, Anzeigegeräten, Plottern und Laserdruckern. Bevor Sie AutoCAD benutzen, müssen Sie daher die Software an die Hardware anpassen. Diese wichtige Arbeit geschieht mittels Punkt 5 im Hauptmenü von AutoCAD. Der Autor setzt voraus, daß Sie oder ein Mitarbeiter diese Arbeit schon erledigt haben und das AutoCAD-Hauptmenü nun aufrufbereit ist.

Das Hauptmenü

Nach Eingabe des Wortes ACAD und dem Drücken der Taste [↵] startet das AutoCAD-Programm. Zunächst werden einige Meldungen ausgegeben, die in der Datei ACAD.MSG stehen. Diese Mitteilungen stammen von Autodesk oder eventuell auch von einem Ihrer Mitarbeiter. Lesen Sie die Meldungen und drücken Sie auf [↵], wenn Sie dazu aufgefordert werden. Nun erscheint das Hauptmenü auf dem Bildschirm.

```
         A U T O C A D
Copyright (C) 1982 - 1989 Autodesk AG
Version 10.0 (1/23/89) IBM PC
Advanced Drafting Extensions 3
Seriennummer:  97-901720
WIEDERVERKAUF NICHT ZUGELASSEN

Hauptmenue

    0.  Ende AutoCAD
    1.  NEUE Zeichnung erstellen
    2.  EXISTIERENDE Zeichnung aendern
    3.  Zeichnung plotten
    4.  Zeichnung auf Drucker plotten

    5.  AutoCAD konfigurieren
    6.  Datei-Dienstprogramm
    7.  Symbole/Zeichensatz kompilieren
    8.  Alte Zeichnung konvertieren

Funktion waehlen:
```

Das Hauptmenü ist in zwei Teile gegliedert. Der erste Teil besteht aus fünf Funktionen, numeriert von 0 bis 4, die gewöhnliche Zeichnungen ermöglichen. Der zweite Teil, numeriert von 5 bis 8, beinhaltet Funktionen, die den Anforderungen des jeweiligen Computers Rechnung tragen. Die Funktionen des Hauptmenüs seien nachfolgend kurz beschrieben:

0. Ende AutoCAD

Damit verlassen Sie AutoCAD und kehren zu Ihrem Betriebssystem zurück.

1. NEUE Zeichnung erstellen

Sie bekommen auf dem Bildschirm quasi ein leeres Blatt vorgelegt.

2. EXISTIERENDE Zeichnung aendern

Sie können an einer bereits existenten Zeichnung Veränderungen und Ergänzungen vornehmen.

3. Zeichnung plotten

Funktion 3 und 4 werden zur Erstellung eines Ausdrucks verwendet. Bei Funktion 3 erfolgt die Ausgabe auf einem Stiftplotter.

4. Zeichnung auf Drucker plotten

Hier erfolgt die Ausgabe auf einem Graphik- oder Laserdrucker.

5. AutoCAD konfigurieren

gestattet Ihnen, die AutoCAD-Software Ihrem Computersystem anzupassen.

6. Datei-Dienstprogramm

gestattet den Zugang zu einer Reihe von Funktionen, die normalerweise dem Betriebssystem vorbehalten sind. Das sind Löschen, Kopieren von Dateien, ...

7. Symbole/Zeichensatz kompilieren

gestattet Ihnen, individuelle Zeichensätze und Formen in Ihre Zeichnungen einzubeziehen, falls Ihnen die Vielzahl der Darstellungsmöglichkeiten in AutoCAD immer noch nicht genügt.

8. Alte Zeichnung konvertieren

gestattet Ihnen, Zeichnungen von älteren AutoCAD-Versionen durch interne Formatanpassung auch für die neuen Versionen lesbar zu machen.

> **Hinweis:** Jedes AutoCAD Programm setzt für das Zeichenblatt (d.h. den Bildschirmausschnitt) bestimmte Maximalwerte fest. Damit die Beispiele in diesem Buch funktionieren, müssen Sie eine Zeichenblattgröße von 410 x 287 Einheiten (in mm ist das DIN A3) festlegen. Prüfen Sie dies bitte durch Aufruf des Befehls **LIMITEN** nach. Falls Sie andere Werte erhalten, machen Sie sich bitte zuerst mit dem Befehl **LIMITEN** (Modul 54) vertraut.

Nächster Lernschritt ist **Modul 2**.

Modul 2

Einführungsbeispiel

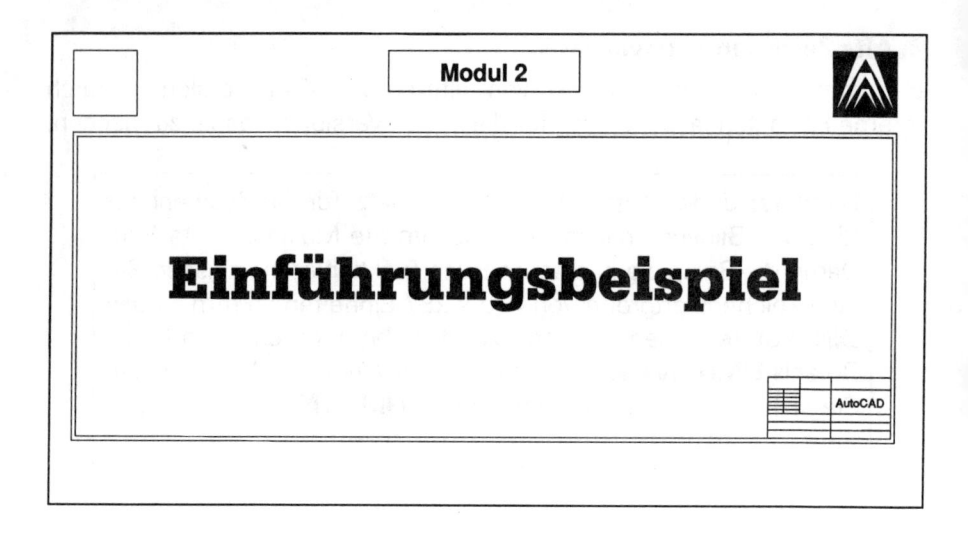

Beschreibung

Dieses Einführungsbeispiel gibt Ihnen einen ersten Einblick in die Erstellung einer AutoCAD-Zeichnung. Dabei wird von den wichtigsten AutoCAD-Befehlen Gebrauch gemacht. Mit den folgenden Befehlen zeichnen Sie die Aufsicht eines Büros:

- EINHEIT
- FANG
- RASTER
- ZOOM
- LINIE
- KOPIEREN
- ABRUNDEN
- BRUCH
- NEUZEICH
- PAN
- BOGEN
- BLOCK
- EINFUEGE
- TEXT

Folgen Sie bitte exakt den Beispielangaben. Falls Sie dennoch Schwierigkeiten haben, fahren Sie gemäß der empfohlenen Lernsequenz mit den weiteren Modulen fort. Zu einem späteren Zeitpunkt können Sie dann das Einführungsbeispiel zur Auffrischung der gelernten Befehle verwenden.

Modul 2   Einführungsbeispiel

Musteranwendung

Zeichnen Sie mit Hilfe von AutoCAD einen Büroplan.

1. Geben Sie von Ihrem Betriebssystem aus das Wort **ACAD** gefolgt von [↵] ein.

2. Beginnen Sie mit Hilfe der Option **1** eine neue Zeichnung.

> **Hinweis:** Wenn Sie Ihre fertige Zeichnung später auf einem anderen Speichermedium sichern wollen, müssen Sie vor dem Zeichnungsnamen eine Laufwerksbezeichnung eingeben, z.B. B:SAMPLE. In diesem Fall wird B:SAMPLE in Laufwerk B: gesichert.

3. Geben Sie **SAMPLE** gefolgt von [↵] ein. Die neue Zeichnung kann später in der Datei SAMPLE.DWG abgelegt werden.

Nachdem AutoCAD den Zeichnungseditor geladen hat, erscheint unten am Bildschirm die Befehlsbereitschaftsanzeige (oder auch der Befehlsprompt genannt). An dieser Stelle erscheinen die eingetippten Befehlsnamen auf dem Bildschirm.

Bevor Sie mit der eigentlichen Zeichnung anfangen, müssen Sie die Größe des "Zeichenblatts" festlegen. In unserem Fall muß das "Zeichenblatt" 192 x 168 Einheiten umfassen.

> **Hinweis:** [↵] bedeutet, daß Sie die [Return]-Taste drücken müssen.

Werfen Sie einen Blick auf die fertige Zeichnung. Die einzelnen Nummern beziehen sich auf die entsprechenden Schritte in unserem Beispiel.

7

Einführungsbeispiel Modul 2

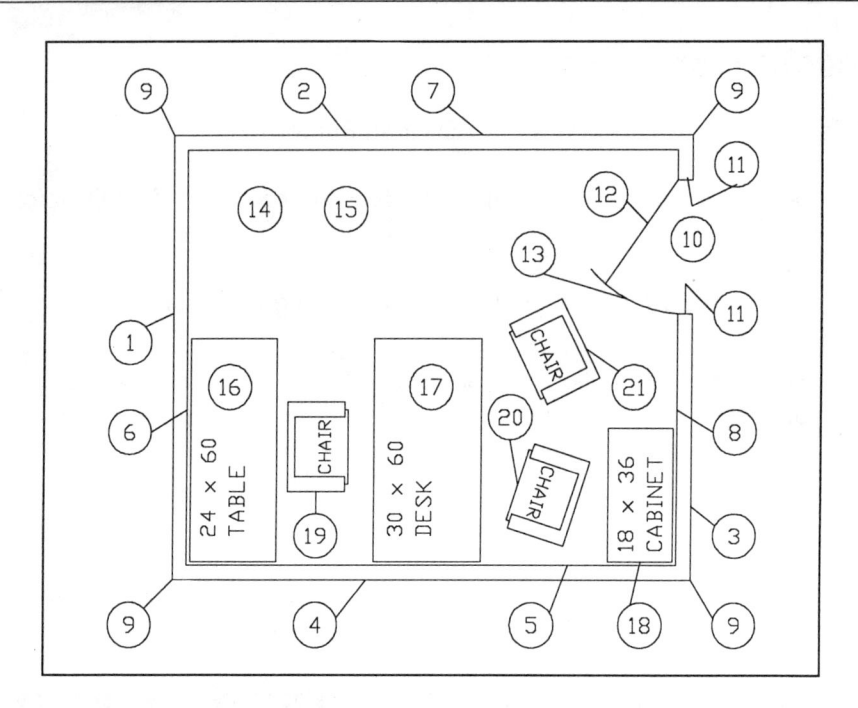

1. Legen Sie die "Zeichenblattgröße" fest.

   Befehl: **LIMITEN** ⏎
   EIN/AUS/<Linke untere Ecke> <0.0000,0.0000>: ⏎
   Rechte obere Ecke <410.0000,287.0000>: **192,168** ⏎

2. Legen Sie den Fangrasterabstand für den Zeichnungseditor fest. Der Fangrasterabstand soll vier Einheiten betragen.

   Befehl: **FANG** ⏎
   Fangwert oder EIN/AUS/Aspekt/Drehen/Stil <1.0000>: **4** ⏎

3. Schalten Sie das Sichtraster ein.

   Befehl: **RASTER** ⏎
   Rasterwert(X) oder EIN/AUS/Fang/Aspekt <10.0000>: **0** ⏎

4. Bevor wir die eigentliche Zeichnung beginnen, vergrößern wir das Zeichenblatt auf die gesamte Bildschirmgröße.

   Befehl: **ZOOM** ⏎
   Alles/Mitte/Dynamisch/Grenzen/Links/Vorher/Fenster/<Faktor(X)>: **A** ⏎

Folgen Sie bei der eigentlichen Zeichnung exakt den vorgegebenen Schritten.

1. Zeichnen Sie die erste Linie der Außenwand.

   Befehl: **LINIE** ↵
   Von Punkt: **24,28** ↵
   Nach Punkt: **@112<90** ↵
   Nach Punkt: ↵

> **Hinweis:** Mit dem Befehl **LOESCHEN** und der Option **L** können Sie das zuletzt gezeichnete Element wieder löschen.

2. Zeichnen Sie eine Linie.

   Befehl: **LINIE** ↵
   Von Punkt: **28,144** ↵
   Nach Punkt: **@136<0** ↵
   Nach Punkt: ↵

3. Zeichnen Sie eine Linie.

   Befehl: **LINIE** ↵
   Von Punkt: **168,140** ↵
   Nach Punkt: **@112<270** ↵
   Nach Punkt: ↵

4. Schließen Sie mit einer weiteren Linie die Außenwände.

   Befehl: **LINIE** ↵
   Von Punkt: **164,24** ↵
   Nach Punkt: **@136<180** ↵
   Nach Punkt: ↵

> **Achtung:** Die Ecken sind momentan noch offen, werden aber beim Fortgang der Zeichnung geschlossen.

Einführungsbeispiel — Modul 2

5. Die Innenwände werden durch Kopieren der Außenwände gezeichnet.

   Befehl: **KOPIEREN** ↵
   Objekte waehlen: **L** ↵
   1 gefunden.
   Objekte waehlen: ↵
   <Basispunkt oder Verschiebung>/Mehrfach: **28,24** ↵
   Zweiter Punkt der Verschiebung: **@4<90** ↵

6. Kopieren Sie die zweite Linie.

   Befehl: **KOPIEREN** ↵
   Objekte waehlen: **24,44** ↵
   1 gewaehlt, 1 gefunden.
   Objekte waehlen: ↵
   <Basispunkt oder Verschiebung>/Mehrfach: **24,44** ↵
   Zweiter Punkt der Verschiebung: **@4<0** ↵

7. Kopieren Sie die dritte Linie.

   Befehl: **KOPIEREN** ↵
   Objekte waehlen: **100,144** ↵
   1 gewaehlt, 1 gefunden.
   Objekte waehlen: ↵
   <Basispunkt oder Verschiebung>/Mehrfach: **100,144** ↵
   Zweiter Punkt der Verschiebung: **100,140** ↵

8. Kopieren Sie die letzte Linie.

   Befehl: **KOPIEREN** ↵
   Objekte waehlen: **168,100** ↵
   1 gewaehlt, 1 gefunden.
   Objekte waehlen: ↵
   <Basispunkt oder Verschiebung>/Mehrfach: **168,100** ↵
   Zweiter Punkt der Verschiebung: **164,100** ↵

9. Schließen Sie mit Hilfe des Befehls **ABRUNDEN** die Außenwände.

   Befehl: **ABRUNDEN** ↵
   Polylinie/Radius/<Zwei Objekte waehlen>: **168,128** ↵
   152,144 ↵

Modul 2 Einführungsbeispiel

Befehl: [↵]
ABRUNDEN Polylinie/Radius/<Zwei Objekte waehlen>: **168,36** [↵]
152,24 [↵]
Befehl: [↵]
ABRUNDEN Polylinie/Radius/<Zwei Objekte waehlen>: **40,24** [↵]
24,36 [↵]
Befehl: [↵]
ABRUNDEN Polylinie/Radius/<Zwei Objekte waehlen>: **24,128** [↵]
40,144 [↵]

10. Brechen Sie mit Hilfe des Befehls **BRUCH** ein Mauerstück für die Türe heraus.

Befehl: **BRUCH** [↵]
Objekt waehlen: **168,132** [↵]
Eingabe des zweiten Punktes (oder E fuer ersten Punkt): **168,96** [↵]
Befehl: [↵]
BRUCH Objekt waehlen: **164,96** [↵]
Eingabe des Zweiten Punktes (oder E fuer ersten Punkt): **164,132** [↵]

Befehl: **NEUZEICH** [↵]

11. Sehen Sie sich mit Hilfe der Befehle **ZOOM** und **PAN** Details Ihrer Zeichnung an. Schließen Sie dann die Außenwand am Türdurchbruch.

Befehl: **ZOOM** [↵]
Alles/Mitte/Dynamisch/Grenzen/Links/Vorher/Fenster/<Faktor(X)>: **F** [↵]
Erste Ecke: **124,76** [↵]
Andere Ecke: **172,148** [↵]
Befehl: **PAN** [↵]
Verschiebung: **128,116** [↵]
 Zweiter Punkt: **156,116** [↵]
Befehl: **LINIE** [↵]
Von Punkt: **164,132** [↵]
Nach Punkt: **168,132** [↵]
Nach Punkt: [↵]
Befehl: [↵]
LINIE Von Punkt: **168,96** [↵]
Nach Punkt: **164,96** [↵]
Nach Punkt: [↵]

11

12. Zeichnen Sie die Türe.

    Befehl: **LINIE** ↵
    Von Punkt: **164,132** ↵
    Nach Punkt: **@34.4093<234** ↵
    Nach Punkt: ↵

13. Vervollständigen Sie mit Hilfe des Befehls **BOGEN** das Türsymbol.

    Befehl: **BOGEN** ↵
    Mittelpunkt/<Startpunkt>: **164,96** ↵
    Mittelpunkt/Endpunkt/<zweiter Punkt>: **END** ↵
    von **144,104** ↵
    Endpunkt: **ZUG 140,108** ↵
    Befehl: **ZOOM** ↵
    Alles/Mitte/Dynamisch/Grenzen/Links/Vorher/Fenster/<Faktor(X)>: **A** ↵

14. Zeichnen Sie ein Quadrat mit der Seitenlänge 1 Einheit. Mit Hilfe dieses Quadrats werden der Eßtisch, der Schreibtisch und der Schrank gezeichnet. Das Quadrat wird als Block abgespeichert und kann beim wiederholten Einfügen in die Zeichnung in seiner Größe verändert werden.

    Befehl: **LINIE** ↵
    Von Punkt: **32,132** ↵
    Nach Punkt: **@1<0** ↵
    Nach Punkt: **@1<90** ↵
    Nach Punkt: **@1<180** ↵
    Nach Punkt: **@1<270** ↵
    Nach Punkt: ↵

15. Speichern Sie das Quadrat als Block ab.

    Befehl: **BLOCK** ↵
    Blockname (oder ?): **BOX** ↵
    Basispunkt der Einfuegung: **32,132** ↵
    Objekte waehlen: **F** ↵
    Erste Ecke: **32,132** ↵
    Andere Ecke: **36,136** ↵
    4 gefunden.
    Objekte waehlen: ↵

16. Fügen Sie den Block als Eßtisch ein.

    Befehl: **EINFUEGE** [↵]
    Blockname (oder ?): **BOX** [↵]
    Einfuegepunkt: **29,29** [↵]
    X Faktor <1> / Eckpunkt / XYZ: **24** [↵]
    Y Faktor (Vorgabe=X): **60** [↵]
    Drehwinkel <0>: [↵]

17. Fügen Sie den Block als Schreibtisch ein.

    Befehl: **EINFUEGE** [↵]
    Blockname (oder ? <BOX>): [↵]
    Einfuegepunkt: **80,29** [↵]
    X Faktor <1> / Eckpunkt / XYZ: **30** [↵]
    Y Faktor (Vorgabe=X): **60** [↵]
    Drehwinkel <0>: [↵]

18. Fügen Sie den Block als Schrank ein.

    Befehl: **EINFUEGE** [↵]
    Blockname (oder ? <BOX>): [↵]
    Einfuegepunkt: **163,29** [↵]
    X Faktor <1> / Eckpunkt / XYZ: **-18** [↵]
    Y Faktor (Vorgabe=X): **36** [↵]
    Drehwinkel <0>: [↵]

19. Vergrößern Sie einen speziellen Bildschirmausschnitt. Zeichnen Sie einen Stuhl und speichern Sie ihn unter dem Namen CHAIR als Block ab.

    Befehl: **ZOOM** [↵]
    Alles/Mitte/Dynamisch/Grenzen/Links/Vorher/Fenster/<Faktor(X)>: **F** [↵]
    Erste Ecke: **48,20** [↵]
    Andere Ecke: **88,96** [↵]

    Befehl: **LINIE** [↵]
    Von Punkt: **72,48** [↵]
    Nach Punkt: **56,48** [↵]
    Nach Punkt: **56,72** [↵]
    Nach Punkt: **72,72** [↵]
    Nach Punkt: **72,68** [↵]

Einführungsbeispiel — Modul 2

```
Nach Punkt: 58,68 ⏎
Nach Punkt: 58,52 ⏎
Nach Punkt: 72,52 ⏎
Nach Punkt: 72,48 ⏎
Nach Punkt: ⏎

Befehl: LINIE ⏎
Von Punkt: 72,50 ⏎
Nach Punkt: 73,50 ⏎
Nach Punkt: 73,70 ⏎
Nach Punkt: 72,70 ⏎
Nach Punkt: ⏎

Befehl: TEXT ⏎
Startpunkt oder Ausrichten/Zentrieren/Einpassen/Mitte/Rechts/Stil: A ⏎
Erste Textzeile Punkt: 68,53 ⏎
Zweiter Textzeilenpunkt: 68,67 ⏎
Text: CHAIR ⏎
Befehl: NEUZEICH ⏎

Befehl: BLOCK ⏎
Blockname (oder ?): CHAIR ⏎
Basispunkt der Einfuegung: 56,48 ⏎
Objekte waehlen: F ⏎
Erste Ecke: 56,48 ⏎
Andere Ecke: 76,76 ⏎
13 gefunden.
Objekte waehlen: ⏎
Befehl: HOPPLA ⏎
```

20. Zeigen Sie wieder die gesamte Zeichnung auf dem Bildschirm an. Fügen Sie den Block CHAIR mit einer definierten Drehung wieder ein.

```
Befehl: ZOOM ⏎
Alles/Mitte/Dynamisch/Grenzen/Links/Vorher/Fenster/<Faktor(X)>: A ⏎
Befehl: EINFUEGE ⏎
Blockname (oder ?) <BOX>: CHAIR ⏎
 Einfuegepunkt: 140,56 ⏎
 X Faktor <1> / Eckpunkt / XYZ: ⏎
 Y Faktor (Vorgabe=X): ⏎
 Drehwinkel <0>: 162 ⏎
```

21. Fügen Sie den Block CHAIR nochmals ein.

   Befehl: **EINFUEGE** ⏎
   Blockname (oder ?) <CHAIR>: ⏎
    Einfuegepunkt: **132,100** ⏎
    X Faktor <1> / Eckpunkt / XYZ: ⏎
    Y Faktor (Vorgabe=X): ⏎
    Drehwinkel <0>: **206** ⏎

22. Beschriften Sie die Zeichnung.

   Befehl: **TEXT** ⏎
   Startpunkt oder Ausrichten/Zentrieren/Einpassen/Mitte/Rechts/Stil:
   36,36 ⏎
   Hoehe <3.50>: **4** ⏎
   Drehwinkel <0>: **90** ⏎
   Text: **24 x 60** ⏎

   Befehl: ⏎
   TEXT Startpunkt oder Ausrichten/Zentrieren/Einpassen/Mitte/Rechts/Stil:
   44,36 ⏎
   Hoehe <4>: ⏎
   Drehwinkel <90>: ⏎
   Text: **TABLE** ⏎

   Befehl: **TEXT** ⏎
   Startpunkt oder Ausrichten/Zentrieren/Einpassen/Mitte/Rechts/Stil:
   88,36 ⏎
   Hoehe <4>: ⏎
   Drehwinkel <90>: ⏎
   Text: **30 x 60** ⏎

   Befehl: ⏎
   TEXT Startpunkt oder Ausrichten/Zentrieren/Einpassen/Mitte/Rechts/Stil:
   96,36 ⏎
   Hoehe <4>: ⏎
   Drehwinkel <90>: ⏎
   Text: **DESK** ⏎

   Befehl: **TEXT** ⏎
   Startpunkt oder Ausrichten/Zentrieren/Einpassen/Mitte/Rechts/Stil:
   152,32 ⏎
   Hoehe <4>: ⏎

Einführungsbeispiel Modul 2

```
Drehwinkel <90>: [↵]
Text 18 x 36 [↵]

Befehl: [↵]
Startpunkt oder Ausrichten/Zentrieren/Einpassen/Mitte/Rechts/Stil:
160,32 [↵]
Hoehe <4>: [↵]
Drehwinkel <90>: [↵]
Text CABINET [↵]
```

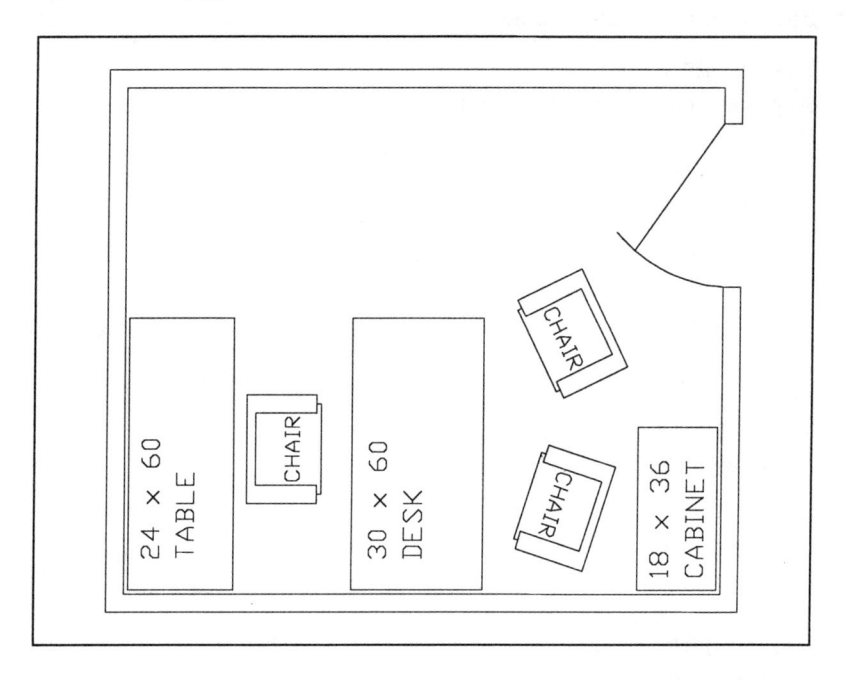

[Zeichnung: Raum mit Möbeln – TABLE 24 x 60, CHAIR, DESK 30 x 60, CHAIR, CHAIR, CABINET 18 x 36]

23. Wenn Sie die Zeichnung abspeichern wollen, geben Sie **ENDE** ein, andernfalls **QUIT**, gefolgt von **J** [↵], für die Rückkehr ins Hauptmenü.

Nächster Lernschritt ist **Modul 3**.

16

Modul 3

Hardware und Software

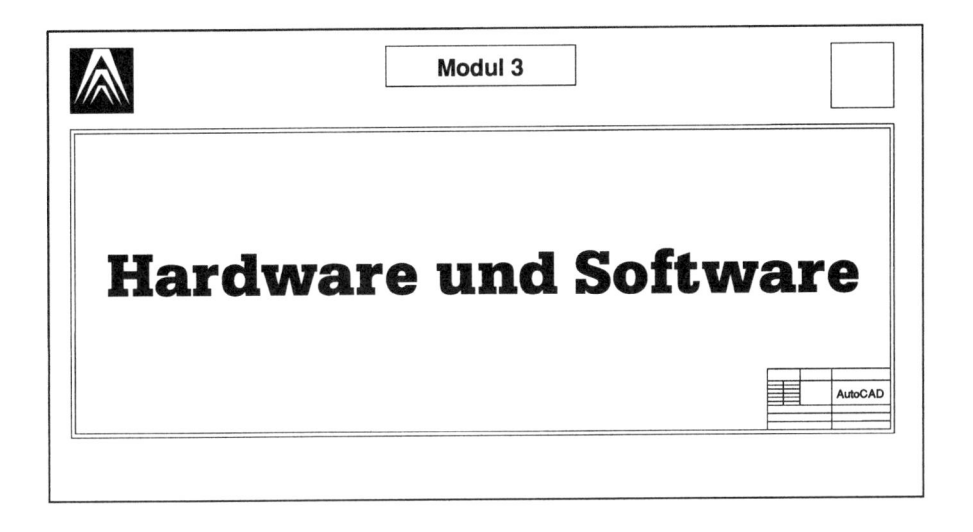

AutoCAD würde bedeutend einfacher zu lernen sein, falls der Programmhersteller Autodesk die Anpassungsmöglichkeiten auf ein paar Computer, Anzeigegeräte, Digitizer und Ausgabegeräte begrenzen würde. Die Vorteile jedoch überwiegen trotz gesteigertem Lernaufwand. AutoCAD wird mit vielen verschiedenen Computern, Anzeigegeräten, Digitizern und Ausgabegeräten verwendet. Mit Hilfe der Konfigurationsroutine (Hauptmenü Funktion 5) können Sie AutoCAD an die von Ihnen gewählte Hardwarekonfiguration anpassen.

Bildschirme

AutoCAD ist zur Arbeit mit zwei Bildschirmen konzipiert – ein Textbildschirm und ein Graphikbildschirm. Jedoch benötigen Sie nicht unbedingt zwei Monitore – auch mit nur einem Monitor ist Ihr System voll kompatibel zu AutoCAD. Bei einem Ein-Monitor System werden einige Zeilen auf dem Bildschirm für die Anzeige der Befehle freigehalten. Benötigen Sie dennoch einen vollständigen Textbildschirm, geben Sie entweder den Befehl **TEXTBLD** ein oder drücken die Funktionstaste F1. Beim IBM-PC haben die Funktionstasten folgende Bedeutung:

17

Hardware und Software — Modul 3

Funktion	Taste oder Tastenkombination
Bildschirm umschalten	`F1`
Koordinaten	`F6` oder `Ctrl` `D`
Raster	`F7` oder `Ctrl` `G`
Ortho	`F8` oder `Ctrl` `O`
Fang	`F9` oder `Ctrl` `B`

Bei einigen anderen Computern kann die Funktionstastenzuteilung unterschiedlich sein. Wenn Sie keinen IBM-PC oder kompatiblen Rechner benutzen, so schlagen Sie bitte in Ihrem Installationshandbuch nach.

Das nachfolgende Bild zeigt eine typische Ein-Monitor-AutoCAD-Konfiguration.

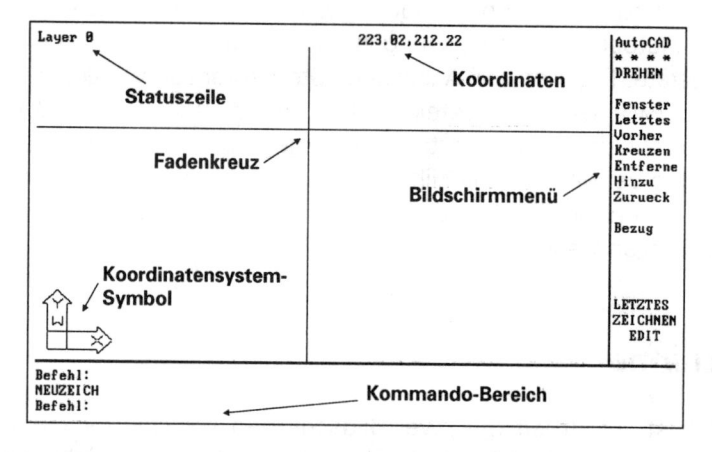

```
Layer 0                       223.02,212.22         AutoCAD
                                                    * * * *
            Statuszeile          Koordinaten        DREHEN
                                                    Fenster
                                                    Letztes
            Fadenkreuz                              Vorher
                                                    Kreuzen
                                 Bildschirmmenü     Entferne
                                                    Hinzu
                                                    Zurueck

                                                    Bezug
      Koordinatensystem-
      Symbol
                                                    LETZTES
                                                    ZEICHNEN
                                                    EDIT

Befehl:
NEUZEICH
Befehl:            Kommando-Bereich
```

Je nach Ihrer Hardware und Ihren individuellen Wünschen kann der Bildschirm verschieden gestaltet sein. Die Konfigurationsfunktion im AutoCAD-Hauptmenü bietet Ihnen eine Vielzahl von Gestaltungsmöglichkeiten für den Bildschirm. Falls Sie die Eingabe der Befehle mit Hilfe eines Digitalisiertabletts tätigen, wird das Befehlsmenü auf dem Bildschirm überflüssig. Falls Sie jedoch alle Befehle lästigerweise über die Tastatur eingeben müssen, ist das Befehlsmenü auf dem Bildschirm sehr hilfreich. AutoCAD gestattet Ihnen, das Befehlsmenü auszublenden, um zusätzlichen Platz für Zeichnungen zu erhalten.

Die erweiterte Benutzerführung der Versionen ab 9.0 ist nur über ein Zeigegerät, nicht aber über die Tastatur zugänglich. Bewegen Sie das Fadenkreuz in die Statuszeile, also die oberste Zeile des Bildschirms. Daraufhin wird die Statuszeile durch eine Menüleiste ersetzt. Wählen Sie aus diesem Menü einen Begriff, so erscheint ein Pull-Down-Menü, aus dem Sie dann die gewünschte Funktion auswählen können.

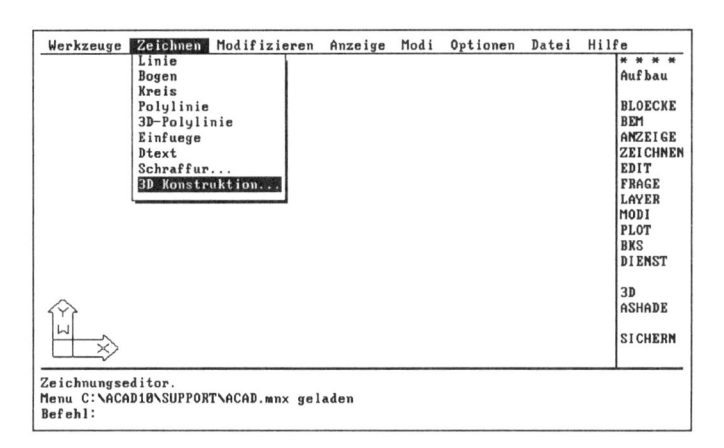

```
Werkzeuge Zeichnen Modifizieren Anzeige Modi Optionen Datei Hilfe
          Linie                                              * * * *
          Bogen                                              Aufbau
          Kreis
          Polylinie                                          BLOECKE
          3D-Polylinie                                       BEM
          Einfuege                                           ANZEIGE
          Dtext                                              ZEICHNEN
          Schraffur...                                       EDIT
          3D Konstruktion...                                 FRAGE
                                                             LAYER
                                                             MODI
                                                             PLOT
                                                             BKS
                                                             DIENST

                                                             3D
                                                             ASHADE

                                                             SICHERN

Zeichnungseditor.
Menu C:\ACAD10\SUPPORT\ACAD.mnx geladen
Befehl:
```

Einige Menüfunktionen schreiben zusätzlich einen Dialogkasten auf den Bildschirm. In diesen Dialogkästen können Parameter für die jeweilige Funktion angegeben werden (vgl. z.B. Modul 27). Wer bereits mit Auto-CADs kleinem Bruder AutoSketch gearbeitet hat, kennt diese Dialogführung. Zeigen Sie auf das Feld, dessen Wert Sie verändern wollen und geben Sie den Wert über die Tastatur ein. Einige Felder müssen auch nur angeklickt, d.h. angekreuzt werden. Ein Dialogkasten wird verlassen, indem man entweder das Feld **OK**, wenn alle Eingaben korrekt sind, oder das Feld **Loesch** bzw. **Abbruch**, wenn die Eingaben falsch waren, anklickt.

Bei einem Zwei-Monitor System erfolgt die Anzeige von Text und Graphik auf je einem Bildschirm. In diesem Fall ist die Anzeige des Kommandobereichs auf dem Grafikschirm natürlich überflüssig und kann zur besseren Platzausnutzung bei der Konfiguration von AutoCAD beseitigt werden.

Beachten Sie daher beim Durcharbeiten dieses Buches, daß Ihre Bildschirmanzeige mit den Bildern in diesem Buch nicht vollständig übereinstimmen muß. Allgemein zeigen die dargestellten Bilder nur den Graphikteil einer Zeichnung, die verschiedenen Menüs und Befehlseingaben werden unterdrückt.

Die Versionen ab 9.0 bieten mit Pull-Down-Menüs und Dialogkästen interessante Ergänzungen zu AutoCADs Benutzerschnittstelle. Beachten Sie aber, daß diese Erweiterungen nicht in Verbindung mit allen Bildschirmen einsetzbar ist. Ihre Hardware muß einen der folgenden Standards erfüllen: CGA, EGA, VGA, Hercules oder ADI. Außerdem ist seit der Version 9.0 ein mathematischer Co-Prozessor zwingend vorgeschrieben.

Eingabegeräte

Es ist möglich, wenn auch umständlich, alle Angaben für AutoCAD über die Tastatur einzugeben. Die Cursortasten auf der Tastatur beinflussen das Fadenkreuz auf dem Bildschirm. Die Tastenkombination [Ctrl] [↑] bewirkt, daß der Bildschirmcursor schneller bewegt werden kann. Für die Verlangsamung sorgt die Kombination [Ctrl] [↓]. Dabei sind mehrere Geschwindigkeitsstufen verfügbar. Die Cursortasten können auch zusätzlich bei Verwendung eines Digitizers oder einer Maus eingesetzt werden.

Falls Sie eine Maus besitzen, können Sie den Bildschirmcursor also sowohl mit der Maus als auch den Cursor-Kontrolltasten bewegen. Natürlich können Sie mit der Maus auch Befehle aus den Bildschirm- oder Pull-Down-Menüs aufrufen. Benutzen Sie die Methode, die Ihrer Hardware, Ihrer Software und Ihrem persönlichen Arbeitsstil am besten entspricht.

Falls Sie einen Digitizer und ein Tablett besitzen, können Sie mit dessen Hilfe Punkte auf dem Bildschirm markieren und Befehle aufrufen. Um die Befehlsanordnung auf dem Tablett individuell gestalten zu können, stellen Autodesk und andere Softwarehäuser entsprechende Programme zur Verfügung.

Alle an diesem Buch beschriebenen Musteranwendungen können mit einem Ein-Monitor-System und lediglich einer Tastatur als Eingabegerät nachvollzogen werden. Falls Sie jedoch ein erweitertes System mit Maus oder Digitizer besitzen, sollten Sie dessen Vorteile bereits in der Lernphase nutzen.

Software

Um den Übungen in diesem Buch zu folgen, benötigen Sie eine deutschsprachige Version des AutoCAD-Pakets. Wenn Sie nicht die neueste Software-Version oder nicht die maximale Ausbaustufe (Advanced Drafting Extension 3, ADE3) besitzen, werden Sie in diesem Buch verschiedene Befehle und Optionen finden, die in Ihrer Installation unbekannt oder unzulässig sind.

So sehen Sie aber zumindest, welche Erweiterungen eine Aufstockung Ihres Systems mit sich bringen würde, und können entscheiden, ob sich eine Aufrüstung auf eine neuere oder erweiterte Version für Sie lohnt.

Nächster Lernschritt ist **Modul 45**.

3 | Modul 4

3DFLAECH

AutoCAD

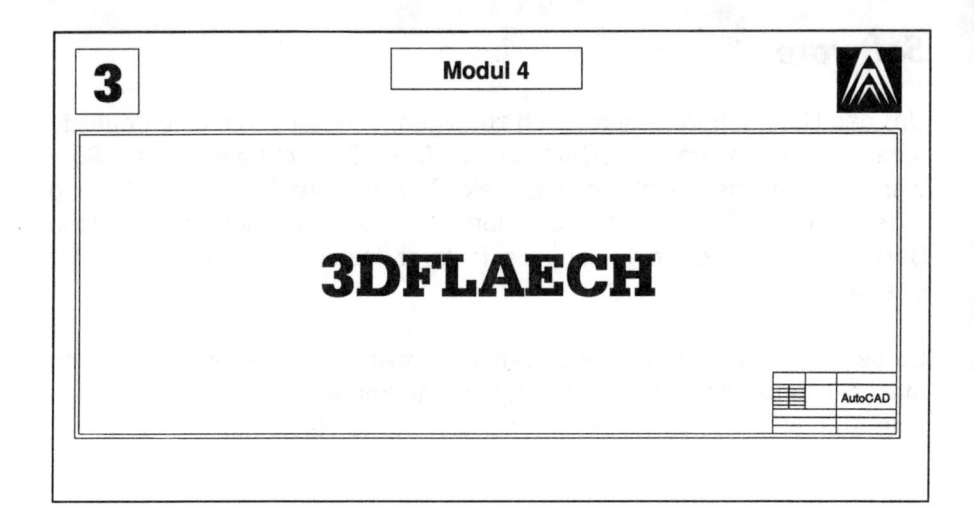

```
Befehl: 3DFLAECH
Erster Punkt:
Zweiter Punkt:
Dritter Punkt:
Vierter Punkt:
```

Hinweis: Wenn Sie der empfohlenen Lernsequenz folgen wollen, beachten Sie bitte, daß auf das Modul 3 das Modul 45 folgt. **3DFLAECH** ist ein komplizierter Befehl und steht erst weiter hinten in der Lernsequenz.

Beschreibung

Der Befehl **3DFLAECH** erzeugt eine drei- oder viereckige Fläche im dreidimensionalen Raum.

Modul 4 3DFLAECH

Aufruf und Optionen

Nach Eingabe des Befehls, gefolgt von ⏎ , bestimmen Sie die drei oder vier Eckpunkte der Fläche. Es empfiehlt sich, nur ebene Flächen zu verwenden, d.h. solche Flächen, bei denen alle Punkte auf derselben Ebene im Raum liegen, da das Ausblenden verdeckter Kanten hinter gekrümmten Flächen nicht funktioniert.

Die Dialogführung des Befehls **3DFLAECH** entspricht derjenigen des Befehls **SOLID**. Nach dem vierten Eckpunkt wird also wieder nach einem dritten Punkt gefragt. Antworten Sie auf die Frage nach dem vierten Punkt mit ⏎ , so wird eine dreieckige Fläche gezeichnet.

> **Hinweis:** Im Gegensatz zum Befehl **SOLID** müssen die Eckpunkte im oder gegen den Uhrzeigersinn eingegeben werden.

Die Eingabe der Z-Koordinate der Eckpunkte geschieht wie bei 3D-Linien. Die Kanten der 3D-Fläche können wie 3D-Linien benutzt werden.

Auch komplizierte Körper mit gebogenen Oberflächen können mit ebenen 3D-Flächen angenähert werden. In der Version 9.0 stellt AutoCAD für die Konstruktion der wichtigsten Grundkörper wie Kegel, Kugel oder Torus LISP-Routinen zur Verfügung, die die Berechnung der einzelnen 3D-Flächen übernehmen. Sie können diese Objekte über das Pull-Down-Menü "Optionen" aus dem folgenden Dialogkasten auswählen.

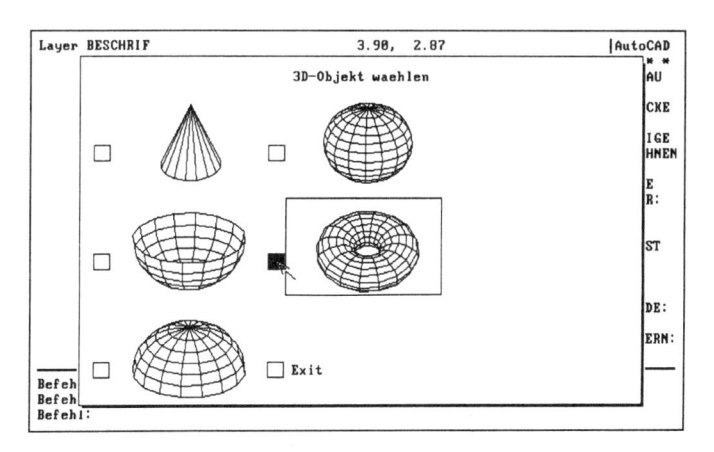

23

Ab der Version 10.0 werden dreidimensionale Polygonnetze, sog. "Maschen", für die Konstruktion dreidimensionaler Körper verwendet. Vergleichen Sie dazu die Module 6 (3DMASCHE), 49 (KANTOB), 77 (REGELOB), 82 (ROTOB) und 94 (TABOB).

Unsichtbare Kanten

In einigen Fällen ist es sinnvoll, wenn einzelne Kanten einer 3D-Fläche nicht sichtbar sind. Auf diese Weise lassen sich z.B. 5- oder 6-eckige 3D-Flächen zusammensetzen. Um eine Kante unsichtbar zu machen, geben Sie vor dem ersten Punkt dieser Kante den Buchstaben "U" ein.

Musteranwendung

In dieser Anwendung wird zunächst eine Kiste konstruiert, auf die dann ein Dach aufgesetzt wird.

1. Legen Sie eine Zeichnung namens 3D-FLACH an.

2. Zeichnen Sie eine Kiste.

   Befehl: **ERHEBUNG** ⏎
   Neue aktuelle Erhebung <0.00>: ⏎
   Neue aktuelle Objekthoehe <0.00>: **100** ⏎

   Befehl: **LINIE** ⏎
   Von Punkt: **100,50** ⏎
   Nach Punkt: **200,50** ⏎
   Nach Punkt: **200,200** ⏎
   Nach Punkt: **100,200** ⏎
   Nach Punkt: **S** ⏎

   Befehl: **APUNKT** ⏎
   Drehen/<Ansichtspunkt> <0.00,0.00,1.00>: **1,-1,0.5** ⏎
   Regeneriere Zeichnung.

   In dieser Zeichnung sind die verdeckten Kanten noch sichtbar.

Befehl: **Verdeckt** ⏎
Regeneriere Zeichnung.

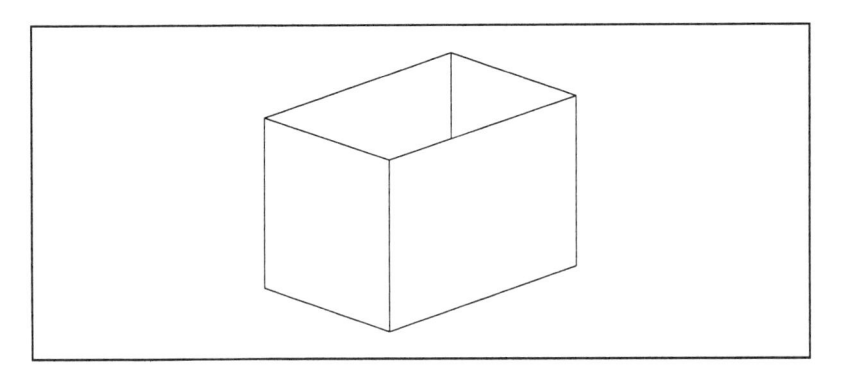

3. Nun setzen wir ein Dach aus zwei rechteckigen 3D-Flächen auf die Kiste. Der Giebel bleibt offen.

   Befehl: **3DFLAECH** ⏎
   Erster Punkt: **100,50,100** ⏎
   Zweiter Punkt: **150,50,150** ⏎
   Dritter Punkt: **150,200,150** ⏎
   Vierter Punkt: **100,200,100** ⏎
   Dritter Punkt: ⏎

   Befehl: **3DFLAECH** ⏎
   Erster Punkt: **200,50,100** ⏎
   Zweiter Punkt: **150,50,150** ⏎
   Dritter Punkt: **150,200,150** ⏎
   Vierter Punkt: **200,200,100** ⏎
   Dritter Punkt: ⏎

4. Damit die ganze Zeichnung auf dem Bildschirm sichtbar wird, rufen Sie den Befehl **ZOOM** mit der Option **G** auf. Anschließend löschen Sie die Kanten des Häuschens, die eigentlich nicht sichtbar sind, mit dem Befehl **VERDECKT**.

   Befehl: **ZOOM** ⏎
   Alles/Mitte/Dynamisch/Grenzen/Links/Vorher/Fenster/<Faktor(X)>: **G** ⏎
   Befehl: **VERDECKT** ⏎
   Regeneriere Zeichnung.
   Befehl:

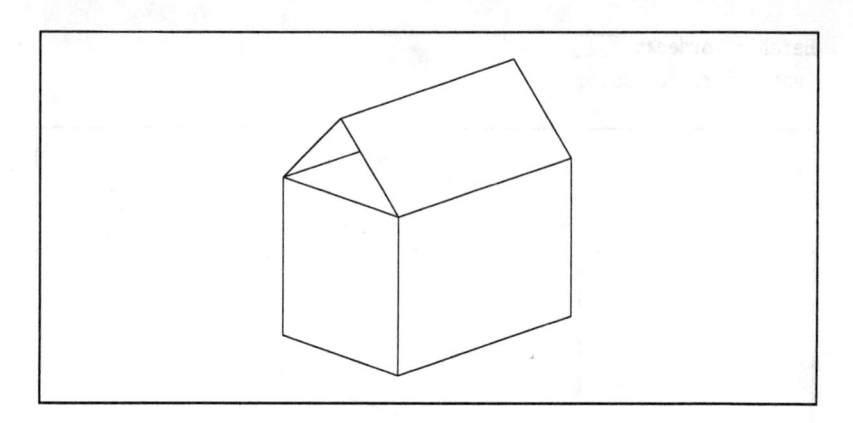

Man sieht deutlich, daß die eingesetzten Flächen tatsächlich dreidimensional bearbeitet wurden. Da die Giebelwand nicht vollständig ist, kann man noch einen Teil der Rückwand sehen.

5. Verlassen Sie mit **QUIT** die Zeichnung.

Nächster Lernschritt ist **Modul 9**.

Modul 5

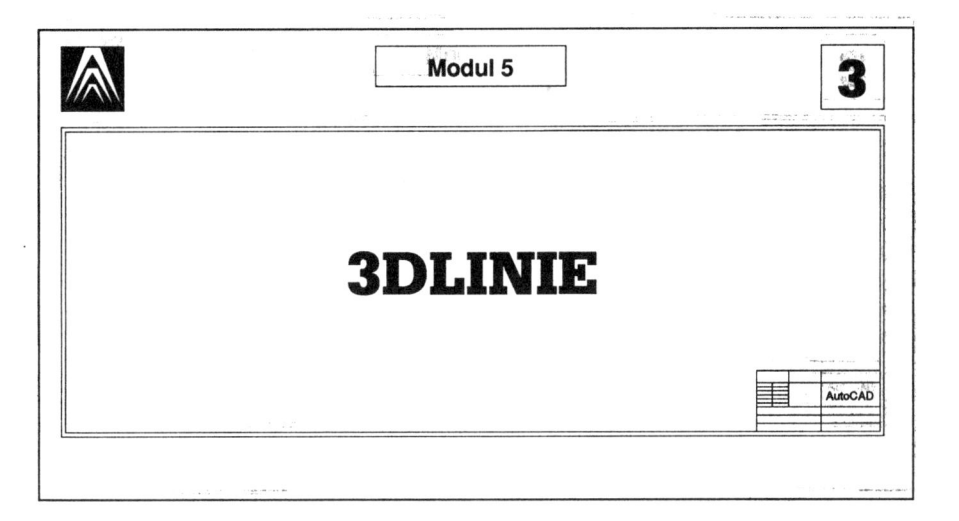

3DLINIE

```
Befehl: 3DLINIE
Von Punkt:
Nach Punkt:
```

Beschreibung

Der Befehl **3DLINIE** zeichnet Linien im dreidimensionalen Raum.

> **Hinweis:** Der Befehl 3DLINIE ist eine Übergangslösung für die AutoCAD-Versionen 2.6 und 9.0, da dort die volle 3D-Funktionalität noch nicht implementiert war. Ab Version 10.0 erhält man 3D-Linien ganz normal über den Befehl LINIE.

Aufruf und Optionen

Der Befehl arbeitet völlig analog zum Befehl **LINIE** für zweidimensionale Linien. Alle dort beschriebenen Optionen wie **Schließen**, **Zurück** und **Weiterführung** gelten auch für dreidimensionale Linien.

3DLINIE Modul 5

Die Z-Koordinate von Anfangs- und Endpunkt der 3D-Linie kann über die Tastatur gemeinsam mit X- und Y-Koordinate eingegeben werden.

X-Koordinate, Y-Koordinate, Z-Koordinate

Wird keine Z-Koordinate bestimmt, z.B. bei der Punkteingabe mit Maus oder Digitizer, so nimmt AutoCAD automatisch den aktuellen Wert der Systemvariablen **ELEVATION**. Diese wird über den Befehl **SETVAR** oder den Befehl **ERHEBUNG** gesetzt.

3D-Linien können weder eine Objekthöhe noch eine Erhebung besitzen.

Musteranwendung

In dieser Anwendung wird zunächst eine offene Kiste konstruiert. Anschließend zeichnen Sie eine Linie auf die Rückwand der Kiste.

1. Legen Sie eine Zeichnung namens 3D-LINIE an.

2. Zeichnen Sie die Kiste.

   ```
   Befehl: ERHEBUNG  ↵
   Neue aktuelle Erhebung <0.00>:  ↵
   Neue aktuelle Objekthoehe <0.00>: 100  ↵

   Befehl: LINIE  ↵
   Von Punkt: 100,50  ↵
   Nach Punkt: 200,50  ↵
   Nach Punkt: 200,200  ↵
   Nach Punkt: 100,200  ↵
   Nach Punkt: S  ↵

   Befehl: APUNKT  ↵
   Drehen/<Ansichtspunkt> <0.00,0.00,1.00>: 1,-1,1  ↵
   Regeneriere Zeichnung.
   ```

   In dieser Zeichnung sind die verdeckten Kanten noch sichtbar.

Befehl: **Verdeckt** ⏎
Regeneriere Zeichnung.

Die Zeichnung sollte nun so aussehen:

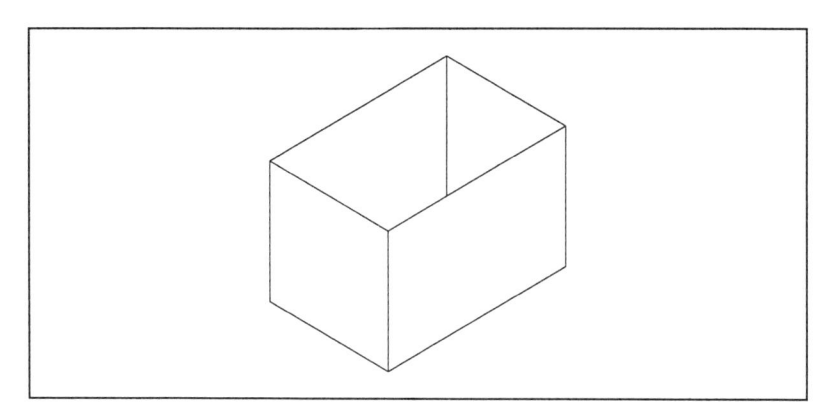

3. In dem nun folgenden Zeichenschritt wird der 3D-Charakter der Linie sichtbar. Wenn man nun die Ecke hinten links unten mit der Ecke hinten rechts oben durch eine Linie verbindet, sollte diese nur teilweise zu sehen sein.

Befehl: **3DLINIE** ⏎
Von Punkt: **100,50,0** ⏎
Nach Punkt: **100,200,100** ⏎
Nach Punkt: ⏎

Bis jetzt ist die Linie noch vollständig zu sehen. Wenn Sie jedoch den Befehl **VERDECKT** aufrufen, bleibt nur der tatsächlich sichtbare Teil der Linie stehen.

Befehl: **VERDECKT** ⏎
Regeneriere Zeichnung.
Befehl:

Ihre Zeichnung sollte nun eine nach oben offene Kiste mit einem Querstrich über der Rückwand zeigen.

3DLINIE Modul 5

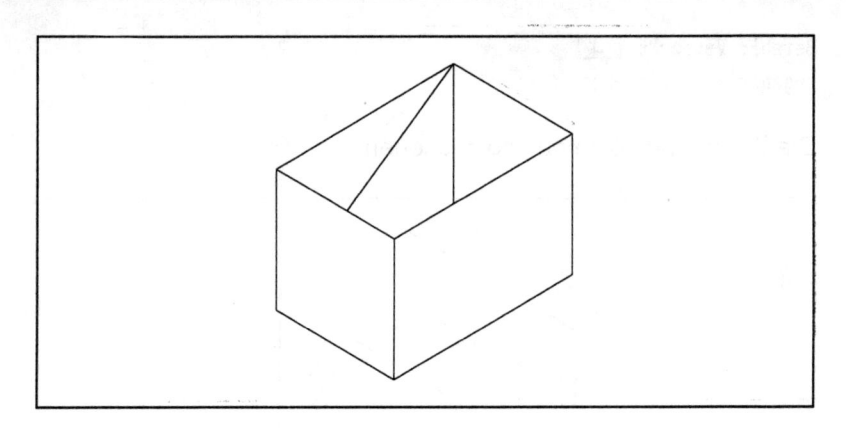

4. Verlassen Sie mit **QUIT** diese Zeichnung.

Nächster Lernschritt ist **Modul 4**.

Modul 6   **3**

3DMASCHE

AutoCAD

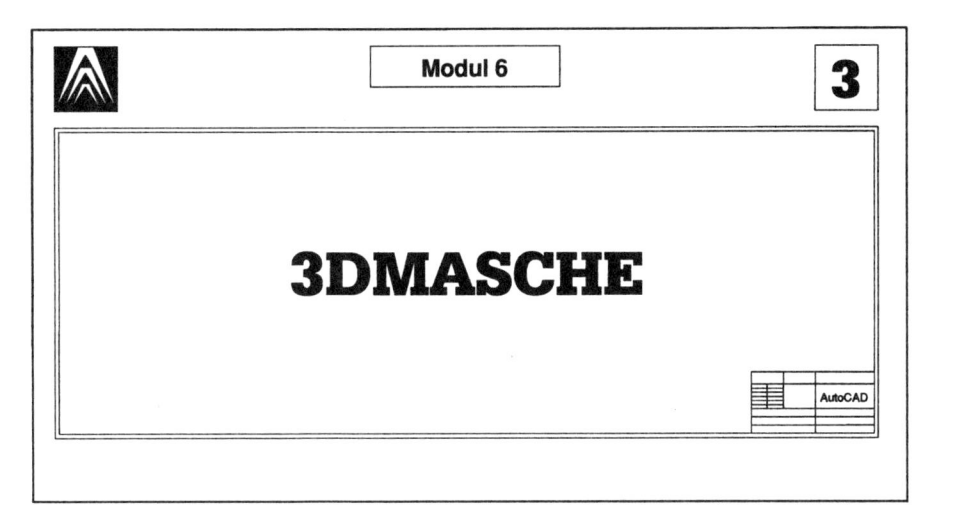

```
Befehl: 3DMASCHE
M-Wert der Masche:
N-Wert der Masche:
Scheitel (0, 0) :
```

Beschreibung

Mit dem Befehl **3DMASCHE** zeichnen Sie ein Netz von M*N-dreidimensionalen Punkten, eine "Polygonmasche". Die Scheitelpunkte werden von AutoCAD wie bei einem Fischernetz verbunden und bilden so eine Reihe einzelner 3D-Flächen, die gemeinsam bearbeitet werden können. Im Gegensatz zu einem Netz erscheint AutoCADs 3D-Masche undurchsichtig, sobald Sie den Befehl **VERDECKT** aufrufen.

Aufruf und Optionen

Jeder Scheitelpunkt kann entweder als 2D- oder als 3D-Punkt eingegeben werden. Der M- und der N-Wert bestimmen die Auflösung, d.h. die "Feinheit", des Netzes. Jeder Wert muß mindestens 2 betragen. Als Höchstwert können Sie für jede Richtung die Zahl 256 eingeben. Anschließend

31

werden Sie nach den einzelnen Scheitelpunkten gefragt. AutoCAD zeichnet das Netz erst dann, wenn alle M*N-Scheitelpunkte eingegeben wurden.

Sie werden den Befehl 3DMASCHE im Dialog nur sehr selten verwenden. Es ist einfach nicht vorstellbar, eine komplexe Form mit vielleicht 50*50 Scheitelpunkten Punkt für Punkt einzugeben. Der wesentliche Anwendungsbereich für den Befehl 3DMASCHE ist deshalb die automatische Erstellung komplexer dreidimensionaler Flächen mit Hilfe eines AutoLISP-Programms. Das Programm kann dann die exakten Positionen der Scheitelpunkte berechnen und an AutoCAD übergeben. Mit den Befehlen KANTOB, REGELOB, ROTOB und TABOB (s. Module 49, 77, 82 und 94) lassen sich spezielle 3D-Maschen automatisch erstellen.

Musteranwendung

In dieser Übung werden wir ein einfaches Polygonnetz zeichnen, dessen Punkte wir von Hand eingeben.

1. Beginnen Sie eine Zeichnung namens 3DMASCHE.

2. Zeichnen Sie die "Masche":

   ```
   Befehl: 3DMASCHE    ⏎
   M-Wert der Masche: 3    ⏎
   N-Wert der Masche: 3    ⏎
   Scheitel (0, 0) : 1,1,0    ⏎
   Scheitel (0, 1) : 3,1,0    ⏎
   Scheitel (0, 2) : 5,1,0    ⏎
   Scheitel (1, 0) : 1,2,-1   ⏎
   Scheitel (1, 1) : 3,3,-1   ⏎
   Scheitel (1, 2) : 5,2,-1   ⏎
   Scheitel (2, 0) : 2,3,-2   ⏎
   Scheitel (2, 1) : 3,4,-3   ⏎
   Scheitel (2, 2) : 4,3,-1   ⏎
   Befehl:
   ```

3. Betrachten Sie die Masche zunächst aus der "Vogelperspektive":

Modul 6   3DMASCHE

```
Befehl: ZOOM ⏎
Alles/Mitte/Dynamisch/Grenzen/Links/Vorher/Fenster/<Faktor(X)>: G ⏎
```

4. Ändern Sie den Ansichtspunkt, um die räumliche Struktur der Fläche sichtbar zu machen:

```
Befehl: APUNKT ⏎
Drehen/<Ansichtspunkt> <0.00,0.00,1.00>: -3,-1,-3 ⏎
```

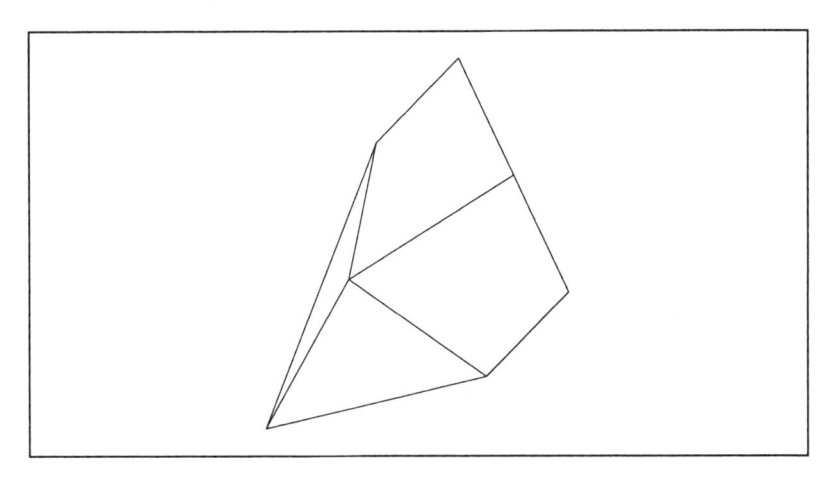

5. Kehren Sie mit **QUIT** zum Hauptmenü zurück.

Der nächste Lernschritt ist **Modul 11**.

3 — Modul 7

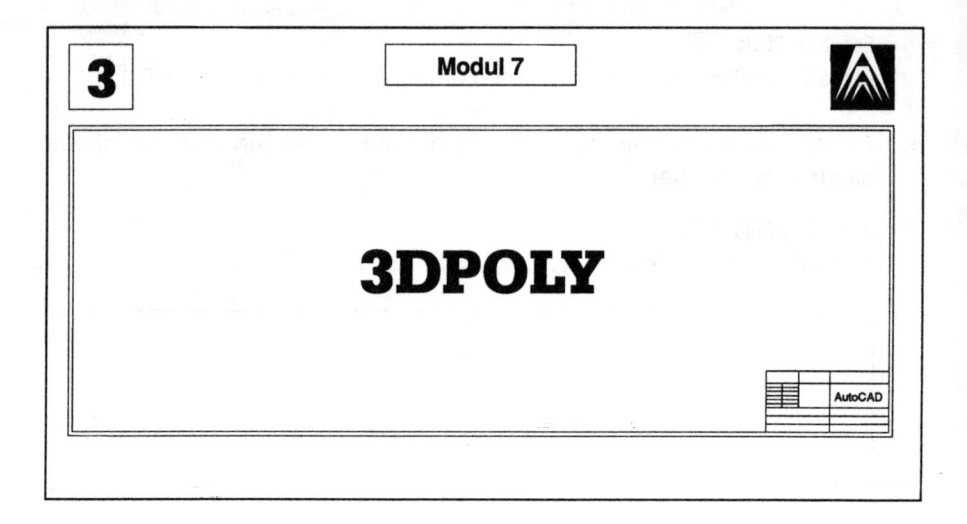

3DPOLY

```
Befehl: 3DPOLY
Erster Punkt:
Schliessen/Zurueck/<Endpunkt der Linie>:
```

Beschreibung

Mit dem Befehl 3DPOLY zeichnen Sie eine Polylinie aus geraden Segmenten. Im Gegensatz zu normalen Polylinien, bei denen alle Scheitelpunkte in einer Ebene liegen müssen, können bei einer 3D-Polylinie die Scheitelpunkte beliebig im dreidimensionalen Raum liegen. Bei der Definition einer 3D-Polylinie können Sie deshalb für jeden Punkt eine X-, Y- und Z-Koordinate angeben.

Aufruf und Optionen

Rufen Sie den Befehl auf, so fragt AutoCAD zunächst nach einem Startpunkt. Um eine Polylinie an dem Punkt beginnen zu lassen, der die X-Koordinate 1, die Y-Koordinate 3 und die Z-Koordinate 5 hat, tippen Sie **1,3,5** und drücken auf ⏎. Alle folgenden Scheitelpunkte werden genauso eingegeben. Selbstverständlich können Sie anstelle der Tastatureingabe auch sämtliche anderen Methoden benutzen, die AutoCAD zur Bestimmung eines Punktes bietet.

Um eine 3D-Polylinie nachträglich zu verändern, benutzen Sie wie für 2D-Polylinien den Befehl PEDIT. Bei PEDIT stehen dann die folgenden Optionen zur Auswahl:

```
Schliessen/scheitelpunkt Editieren/Kurvenlinie/kurve Loeschen/Zurueck/eXit <X>:
```

PEDIT verhält sich bei 3D-Polylinien genauso wie bei 2D-Polylinien. Eine Ausnahme bildet die Generierung einer Kurvenlinie (Spline-Glättung), da bei einer 3D-Polylinie auch die Kurvensegmente dreidimensional angelegt werden.

Wählen Sie die Option **scheitelpunkt Editieren**, so bietet PEDIT alle Möglichkeiten, die Sie auch bei 2D-Polylinien haben. Lediglich die beiden Optionen **Tangente** und **Breite** stehen bei 3D-Polylinien nicht zur Verfügung.

Bei Aufruf der Option **Kurvenlinie** wird an die 3D-Polylinie ein dreidimensionaler B-Spline angelegt, der durch die Scheitelpunkte der Polylinie bestimmt wird. Die Genauigkeit der Darstellung dieses Splines wird über die Systemvariable SPLINESEGS bestimmt. Eine weitere Systemvariable, SPLFRAME, steuert die Anzeige der Polylinie nach dem Aufruf von **Kurvenlinie**. Ist SPLFRAME gleich 0, so wird lediglich die Spline-Kurve angezeigt, sonst wird sowohl die geglättete Kurve als auch die zugrundeliegende Polylinie auf dem Bildschirm dargestellt.

Musteranwendung

In dieser Übung zeichnen wir eine 3D-Polylinie mit dem Befehl 3DPOLY. Anschließend verändern wir die Polylinie und ihre Darstellung mit Hilfe des Befehls PEDIT und der Systemvariablen SPLFRAME.

1. Beginnen Sie eine neue Zeichnung mit dem Namen 3DPOLY.

2. Zeichnen Sie eine 3D-Polylinie:

```
Befehl: 3DPOLY ↵
Erster Punkt: 0,0,12 ↵
Schliessen/Zurueck/<Endpunkt der Linie>: 12,0,12 ↵
Schliessen/Zurueck/<Endpunkt der Linie>: 12,9,12 ↵
Schliessen/Zurueck/<Endpunkt der Linie>: 0,9,12 ↵
Schliessen/Zurueck/<Endpunkt der Linie>: 0,9,0 ↵
Schliessen/Zurueck/<Endpunkt der Linie>: 12,9,0 ↵
Schliessen/Zurueck/<Endpunkt der Linie>: 12,0,0 ↵
Schliessen/Zurueck/<Endpunkt der Linie>: 0,0,0 ↵
Schliessen/Zurueck/<Endpunkt der Linie>: S ↵
Befehl:
```

3. Betrachten Sie die Polylinie zunächst aus der "Vogelperspektive":

```
Befehl: ZOOM ↵
Alles/Mitte/Dynamisch/Grenzen/Links/Vorher/Fenster/<Faktor(X)>: G ↵
```

4. Glätten Sie die Polylinie:

```
Befehl: PEDIT ↵
Polylinie waehlen: L ↵
Oeffnen/scheitel Editieren/Kurvenlinie/kurve Loeschen/Zurueck/eXit <X>:
K ↵
```

Oeffnen/scheitel Editieren/Kurvenlinie/kurve Loeschen/Zurueck/eXit <X>:
X ⏎
Befehl:

5. Ändern Sie den Ansichtspunkt, um die räumliche Struktur der Polylinie sichtbar zu machen:

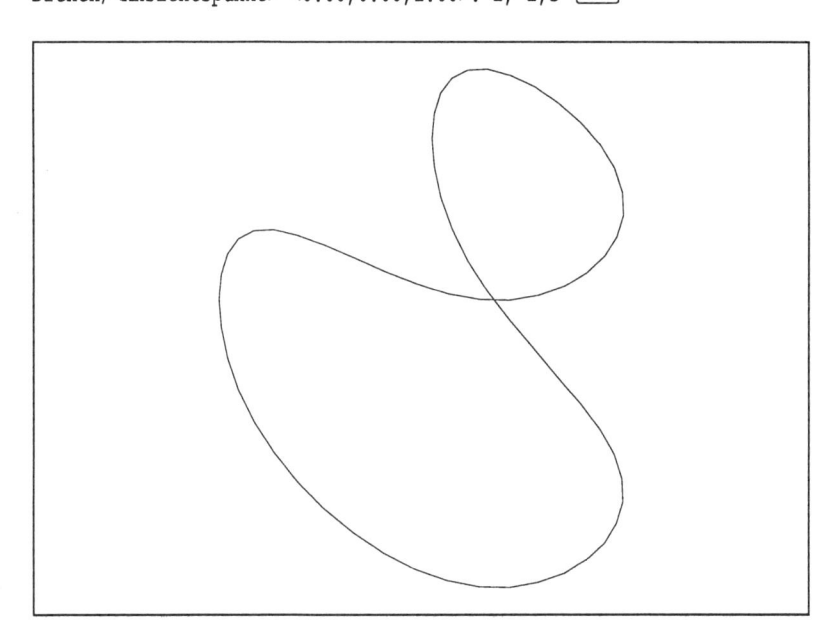

Befehl: **APUNKT** ⏎
Drehen/<Ansichtspunkt> <0.00,0.00,1.00>: **2,-2,3** ⏎

6. Durch Ändern von SPLFRAME erreichen wir, daß zusätzlich zur Spline-Kurve auch die von uns gezeichnete Polylinie angezeigt wird. Dazu verwenden wir den Befehl SETVAR:

Befehl: **SETVAR** ⏎
Variablenname oder ?: **SPLFRAME** ⏎
Neuer Wert fuer SPLFRAME <0>: **1** ⏎

Befehl: **REGEN** ⏎
Regeneriere Zeichnung.

Nun werden Polylinie und Spline angezeigt.

3DPOLY

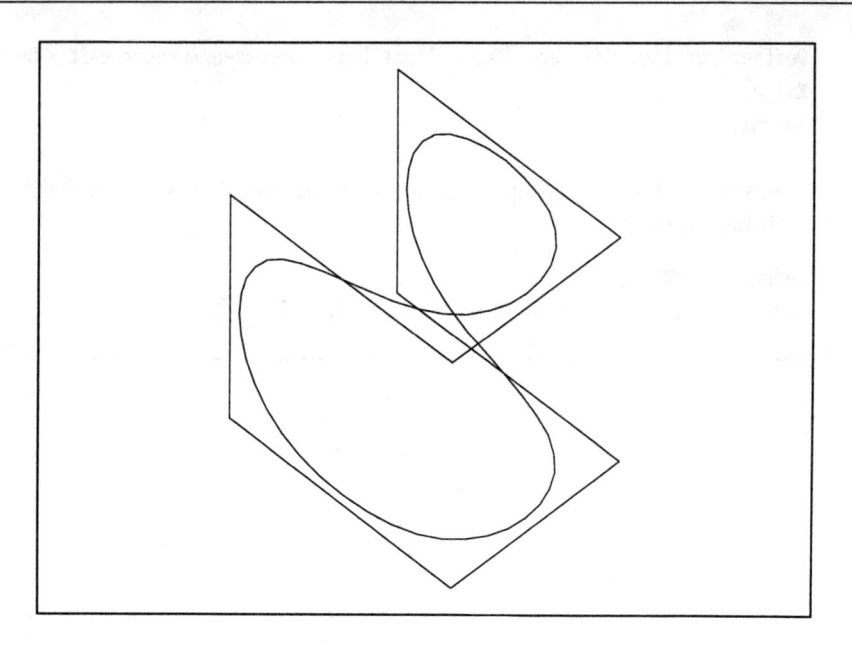

7. Kehren Sie mit **QUIT** zum Hauptmenü zurück.

Der nächste Lernschritt ist **Modul 6**.

```
         ┌──────────┐
   ◭     │ Modul 8  │           A
         └──────────┘


              ABRUNDEN


                                    AutoCAD
```

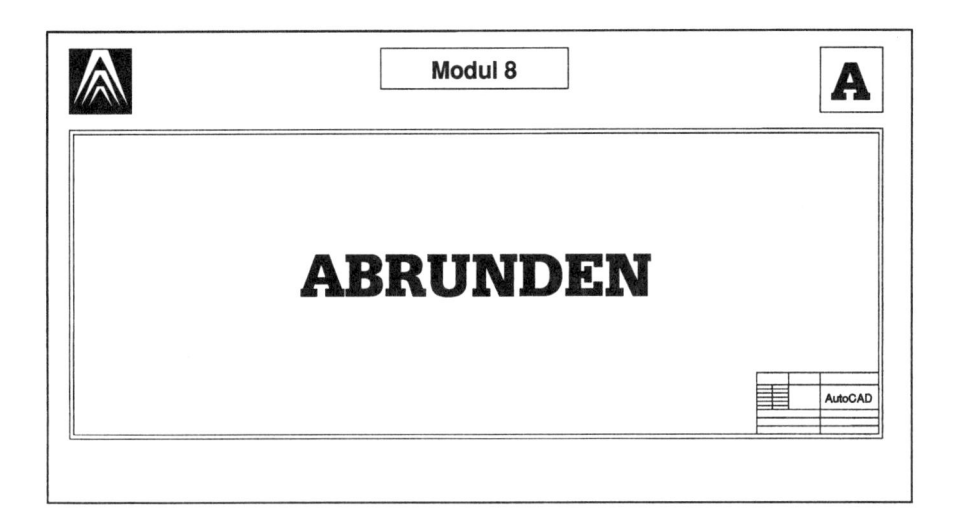

```
Befehl: ABRUNDEN
Polylinie/Radius/<Zwei Objekte waehlen>:
```

Beschreibung

Mit dem Befehl **ABRUNDEN** lassen sich zwei an den Endpunkten zusammenstoßende Linien unter einem definierten Krümmungsradius abrunden.

Aufruf und Optionen

Nach dem Befehlsaufruf stehen folgende Optionen zur Wahl:

Polylinie   Diese Option muß zum Abrunden einer Polylinie gewählt werden. Nach der Wahl der Polylinie werden alle Ecken mit dem definierten Radius abgerundet.

Radius   Damit wird der Radius der Abrundung festgelegt. Ein Radius von 0 bewirkt keine Abrundung.

ABRUNDEN Modul 8

Zwei Objekte waehlen Damit können Sie die beiden Objekte wählen, deren Berührungspunkte abgerundet werden sollen.

Nach der Festlegung des Rundungsradius müssen Sie den Befehl **ABRUNDEN** abermals zur Auswahl der Objekte auswählen. Die Abrundung selbst wird durch die Option "Radius" nicht durchgeführt. Dieser Befehl wird bei technischen Zeichnungen im Maschinenbau und in der Elektrotechnik sehr häufig benötigt.

Musteranwendung

In diesem Beispiel zeichnen Sie zuerst zwei Linien und runden deren Berührungsecken ab. Dann runden Sie eine Polylinie ab.

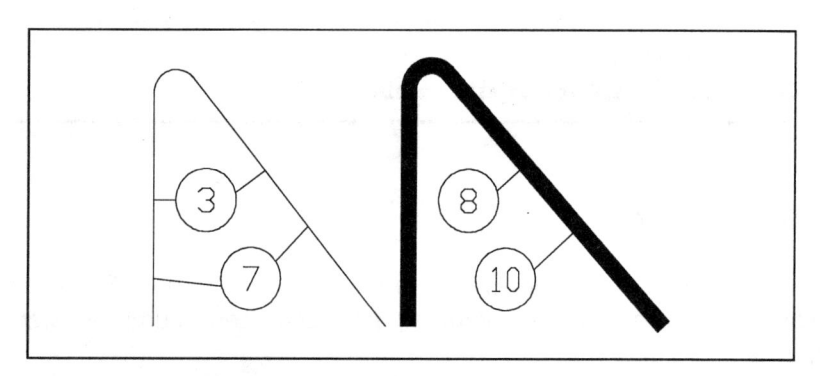

1. Beginnen Sie eine neue Zeichnung namens FILLET. Schalten Sie das Fangraster ein.

    ```
    Befehl: FANG  ↵
    Fangwert oder EIN/AUS/Aspekt/Drehen/Stil <1.00>: 5  ↵
    ```

2. Schalten Sie das Sichtraster ein.

    ```
    Befehl: RASTER  ↵
    Rasterwert(X) oder EIN/AUS/Aspekt <10.00>: 0  ↵
    ```

40

3. Zeichnen Sie zwei Linien.

   Befehl: **LINIE** ⏎
   Von Punkt: **50,50** ⏎
   Nach Punkt: **50,240** ⏎
   Nach Punkt: **205,50** ⏎
   Nach Punkt: ⏎

4. Setzen Sie den Rundungsradius.

   Befehl: **ABRUNDEN** ⏎
   Polylinie/Radius/<Zwei Objekte waehlen>:**R** ⏎
   Rundungsradius eingeben <0.00>: **15** ⏎

5. Führen Sie das Abrunden durch.

   Befehl: ⏎
   ABRUNDEN Polylinie/Radius/<Zwei Objekte waehlen>:

6. Klicken Sie nacheinander beide Linien an. Sobald die zweite Linie angeklickt ist, wird die Kurve abgerundet.

7. Zeichnen Sie die Polylinie. Schalten Sie mit der entsprechenden Funktionstaste den Modus KOORDINATEN ein.

   Befehl: **PLINIE** ⏎
   Von Punkt: <KOORDINATEN EIN> **220,50** ⏎
   Aktuelle Linienbreite betraegt 0.00
   Kreisbogen/Schliessen/Halbbreite/Laenge/Zurueck/Breite/<Linien-Endpunkt>: **B** ⏎
   Startbreite <0.00>: **10** ⏎
   Endbreite <10.00>: ⏎
   Kreisbogen/Schliessen/Halbbreite/Laenge/Zurueck/Breite/<Linien-Endpunkt>: **220,240** ⏎
   Kreisbogen/Schliessen/Halbbreite/Laenge/Zurueck/Breite/<Linien-Endpunkt>: **390,50** ⏎
   Kreisbogen/Schliessen/Halbbreite/Laenge/Zurueck/Breite/<Linien-Endpunkt>: ⏎

ABRUNDEN Modul 8

8. Runden Sie die Polylinie ab.

   Befehl: **ABRUNDEN** ⏎
   Polylinie/Radius/<Zwei Objekte waehlen>: **P** ⏎
   Polylinie waehlen:

9. Klicken Sie die Polylinie an.

   1 Linie wurde abgerundet

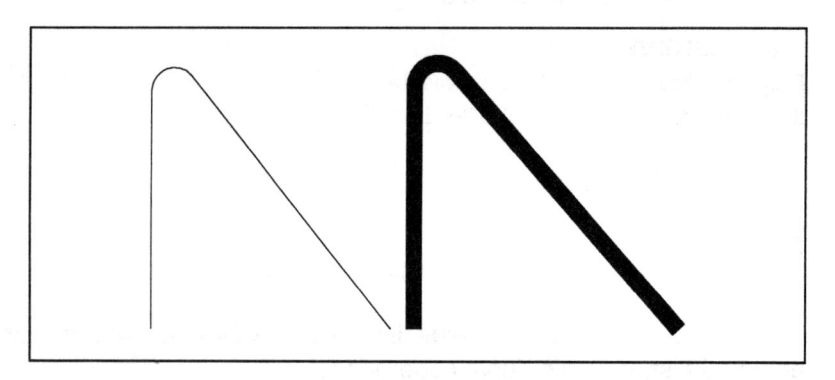

10. Kehren Sie mit **QUIT** ins Hauptmenü zurück.

Nächster Lernschritt ist **Modul 39**.

Modul 9

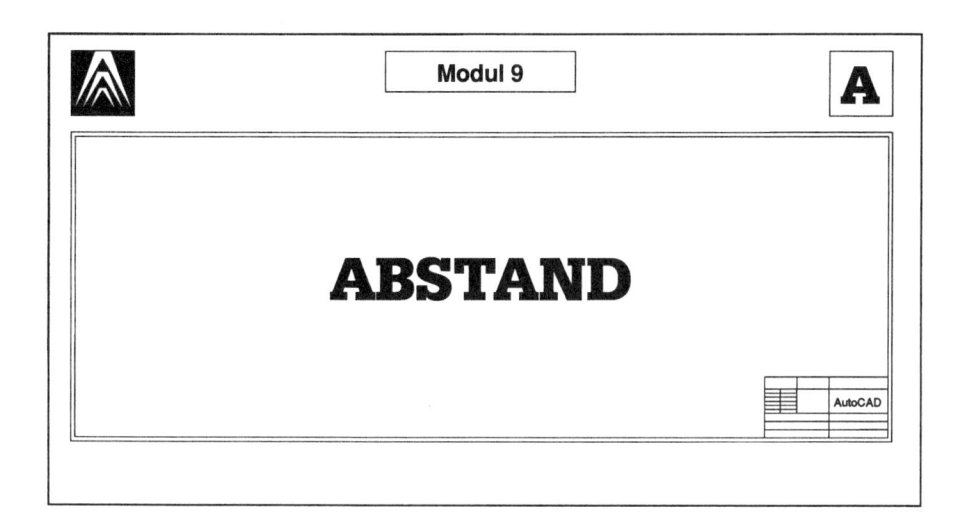

ABSTAND

```
Befehl: ABSTAND
Erster Punkt: (Punkt)
Zweiter Punkt: (Punkt)
Abstand = <berechneter Abstand>  Winkel = <Winkel>
Delta X = <Aenderung X> Delta Y = <Aenderung Y> Delta Z = <Aenderung Z>
```

Beschreibung

Der Befehl **ABSTAND** bestimmt die Länge der Strecke zwischen zwei Punkten, deren Neigungswinkel gegen die Horizontale und eventuell gegen die XY-Ebene sowie die Differenz ihrer X-, Y- und Z-Koordinaten.

Aufruf und Optionen

Nach dem Befehlsaufruf müssen zwei Punkte nacheinander über die Tastatur, die Maus oder den Digitizer markiert werden.

Werden die Punkte durch Klicken markiert, empfiehlt sich die Verwendung des Befehls **OFANG**.

ABSTAND   Modul 9

Die Wirkung des Befehls **ABSTAND** ähnelt der des Befehl **BEM** – nur werden bei **ABSTAND** keine Veränderungen an der Zeichnung vorgenommen.

Bei 3D-Punkten werden sowohl der Winkel in der aktuellen XY-Ebene als auch der Winkel relativ zu dieser Ebene ausgegeben.

Musteranwendung

In diesem Beispiel berechnen Sie den Abstand der Punkte (100,100) und (200,200). Beginnen Sie eine neue Zeichnung namens DIST.

1. Geben Sie zwei Punkte ein.

   Befehl: **ABSTAND** ↵
   Erster Punkt: **100,100** ↵
   Zweiter Punkt: **200,200** ↵

   Abstand = 141.42   Winkel = 45
   Delta X = 100.00   Delta Y = 100.00

   Befehl:

   Die Ergebnisse werden in dem Einheitenformat ausgedrückt, das zuvor mit dem Befehl **EINHEIT** definiert wurde.

2. Kehren Sie mit **QUIT** ins Hauptmenü zurück.

Nächster Lernschritt ist **Modul 47**.

AENDERN, EIGAENDR

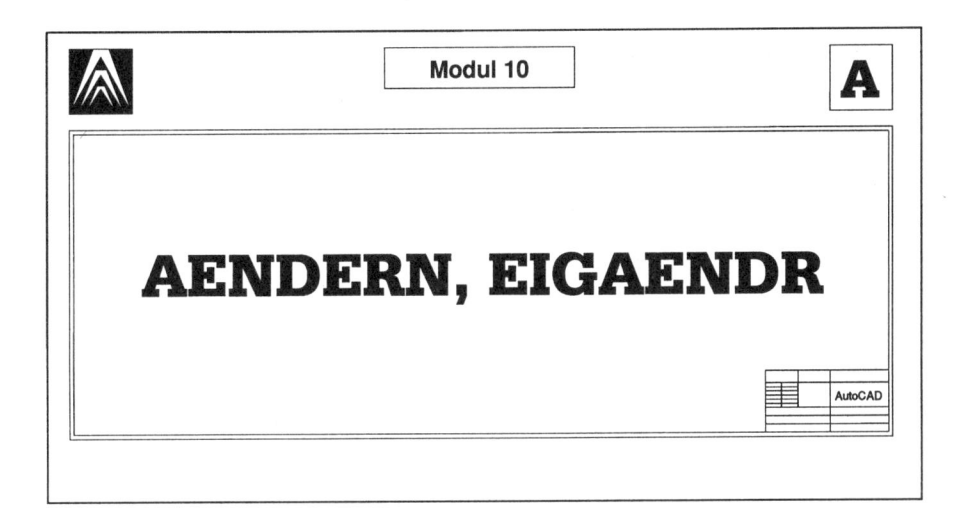

```
Befehl: AENDERN
Objekte waehlen:
Eigenschaften/<Modifikationspunkt>:

Befehl: EIGAENDR
Objekte waehlen:
Welche Eigenschaft aendern ? (Farbe/LAyer/LTyp/Objekthoehe):
```

Beschreibung

Mit dem Befehl **AENDERN** können Eigenschaften oder Positionen von Kreisen, Linien, Texten und Blöcken geändert werden.

Hochgezogene Objekte, also solche mit einer Objekthöhe ungleich 0, können mit AENDERN nur dann bearbeitet werden, wenn sie in Richtung der aktuellen Z-Achse hochgezogen wurden.

Bei Verwendung von EIGAENDR anstelle von AENDERN gilt diese Einschränkung nicht, dafür kann aber mit EIGAENDR nicht die Position des Objekts verändert werden.

45

Aufruf und Optionen

Nach dem Befehlsaufruf und der Auswahl des zu verändernden Objekts können entweder dessen Eigenschaften oder dessen Position (nach Eingabe des Modifikationspunktes) geändert werden.

Sollen mit AENDERN oder EIGAENDR Eigenschaften verändert werden, stehen eine Reihe von verschiedenen Optionen zur Wahl:

Farbe   Damit wird die Farbe des gewählten Objekts geändert. Dazu müssen Sie auf die Frage nach der neuen Farbe mit einer Farbnummer oder Farbbezeichnung antworten.

Erhebung   Damit wird die Erhebung (Höhe der Basisebene über z=0) des gewählten Objekts geändert. Ab der Version 10.0 verwenden Sie den Befehl SCHIEBEN, um die Erhebung eines Objekts zu verändern.

LAyer   Damit wird das gewählte Objekt auf den einzugebenden neuen Layer versetzt.

LTyp   Damit wird der Linientyp des gewählten Objekts in den einzugebenden neuen Linientyp verwandelt.

Objekthoehe   Damit wird die Objekthöhe über der Basisebene geändert.

Positionsänderungen sind nur beim Befehl AENDERN möglich. Sollen Positionen verändert werden, benutzt AutoCAD den eingegeben Punkt als Modifikationspunkt. Je nach gewähltem Objekt arbeitet **AENDERN** unterschiedlich:

Linie   Es wird der nächste Endpunkt der gewählten Linie auf den Modifikationspunkt gezogen.

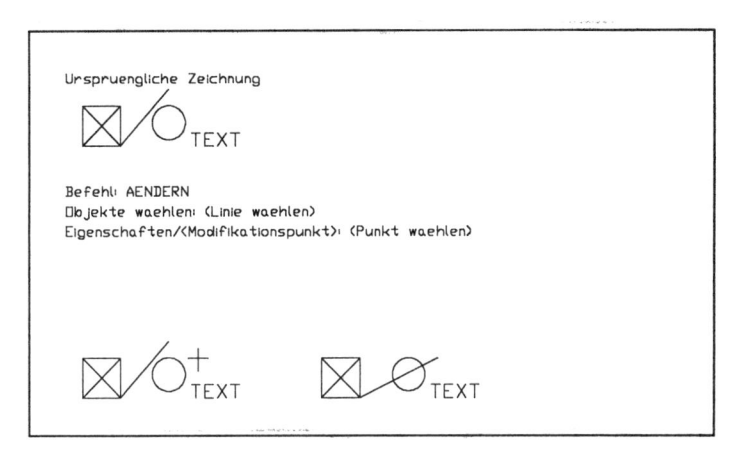

```
                Urspruengliche Zeichnung

                       ⊠ ⁄ ○ TEXT

                Befehl: AENDERN
                Objekte waehlen: (Linie waehlen)
                Eigenschaften/<Modifikationspunkt>: (Punkt waehlen)



                   ⊠ ⁄ ○⁺TEXT      ⊠ ⁄ ○´TEXT
```

3D-Linien Werden wie zweidimensionale Linien behandelt. Die Z-Koordinate wird nur verändert, wenn sie explizit eingegeben wird.

Kreis Der Radius des gewählten Kreises wird so geändert, daß seine Umfangslinie durch den Modifikationspunkt geht.

Text Text wird auf den Modifikationspunkt gesetzt. Texthöhe, -stil und -winkel sowie der Text selbst können verändert werden.

Block Der Ausgangspunkt des Blocks wird auf den Modifikationspunkt gelegt. Wird statt eines Modifikationspunkts [↵] eingegeben, werden Optionen zur Änderung des Blocks angeboten.

In Konstruktionen müssen oft Veränderungen vorgenommem werden. Der Befehl **AENDERN** ermöglicht es, Objekte zu modifizieren, statt sie zeitaufwendig neu zu zeichnen.

AENDERN, EIGAENDR   Modul 10

Musteranwendung

In diesem Beispiel zeichnen Sie Linien und Kreise und verändern sie dann mit dem Befehl **AENDERN**.

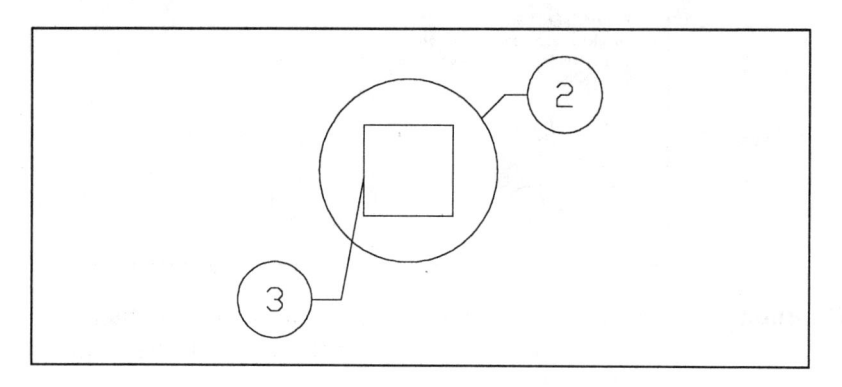

1. Beginnen Sie eine neue Zeichnung namens CHANGE. Setzen Sie das Fangraster und das Sichtraster. Vergrößern Sie den Bildschirmausschnitt.

   Befehl: **FANG** ⏎
   Fangwert oder EIN/AUS/Aspekt/Drehen/Stil <1.00>: **5** ⏎

   Befehl: **RASTER** ⏎
   Rasterwert(X) oder EIN/AUS/Fang/Aspekt <10.00>: **0** ⏎

   Befehl: **ZOOM**
   Alles/Mitte/Dynamisch/Grenzen/Links/Vorher/Fenster/<Faktor(X)>: **A** ⏎
   Regeneriere Zeichnung.

2. Zeichnen Sie einen Kreis.

   Befehl: **KREIS** ⏎
   3P/2P/TTR/<Mittelpunkt>: **120,150** ⏎
   Durchmesser/<Radius>: **60** ⏎

3. Zeichnen Sie vier Linien und regenerieren Sie den Bildschirm.

   Befehl: **LINIE** ⏎
   Von Punkt: **90,120** ⏎
   Nach Punkt: **@60<90** ⏎
   Nach Punkt: **@60<0** ⏎

Nach Punkt: **@60<270** ⏎
Nach Punkt: **S** ⏎

Befehl: **NEUZEICH** ⏎

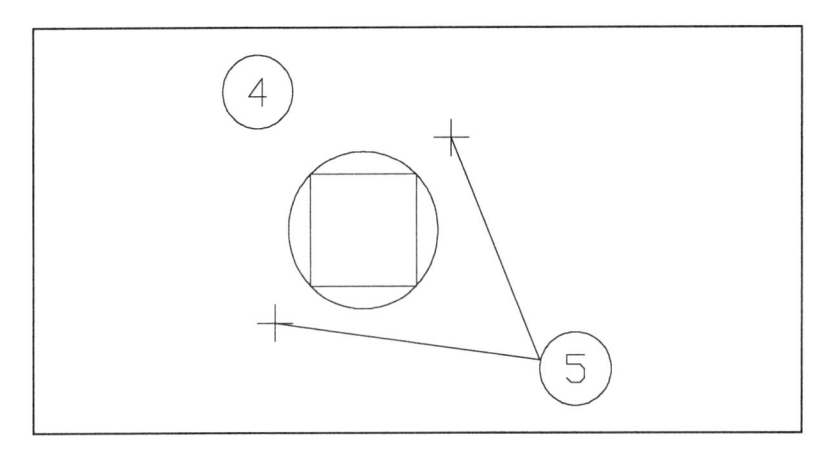

4. Verändern Sie den Radius des Kreises.

   Befehl: **AENDERN** ⏎
   Objekte waehlen: (klicken Sie auf den Kreisumfang)
   1 gewaehlt, 1 gefunden.
   Objekte waehlen: ⏎
   Eigenschaften/<Modifikationspunkt>: (klicken Sie auf eine Ecke des Quadrats)

5. Sichern Sie einen Teil der Zeichnung als Block.

   Befehl: **BLOCK** ⏎
   Blockname (oder ?): **PEG** ⏎
   Basispunkt der Einfuegung: **120,150** ⏎
   Objekte waehlen: **F** ⏎
   Erste Ecke: **70,100** ⏎
   Andere Ecke: **170,200** ⏎
   5 gefunden.
   Objekte waehlen: ⏎

AENDERN, EIGAENDR — Modul 10

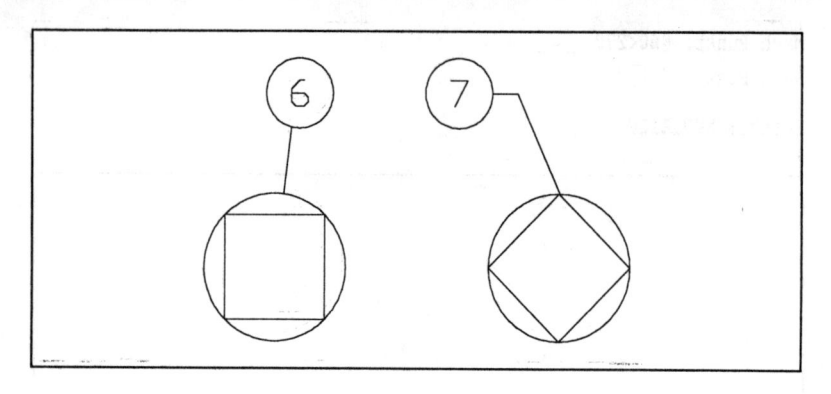

6. Fügen Sie einen Block ein.

    ```
    Befehl: EINFUEGE  ⏎
    Blockname (oder ?): PEG  ⏎
     Einfuegepunkt: 120,150  ⏎
     X Faktor <1> / Eckpunkt / XYZ:  ⏎
     Y Faktor (Vorgabe=X):  ⏎
     Drehwinkel:  ⏎
    ```

7. Fügen Sie einen Block ein.

    ```
    Befehl: EINFUEGE  ⏎
    Blockname (oder ? <PEG>):  ⏎
     Einfuegepunkt: 290,150  ⏎
     X Faktor <1> / Eckpunkt / XYZ:  ⏎
     Y Faktor (Vorgabe=X):  ⏎
     Drehwinkel <0>: 45  ⏎
    ```

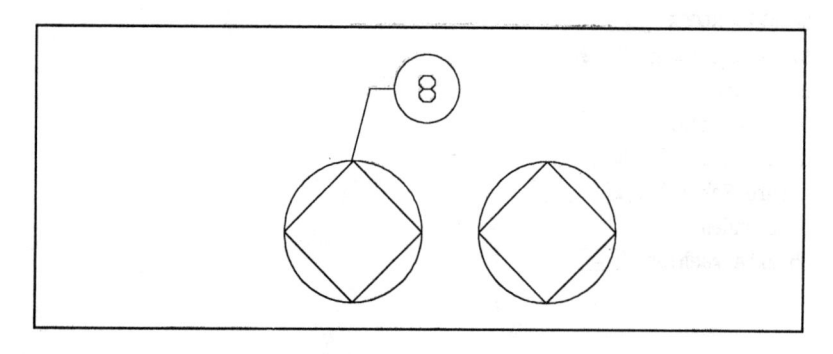

8. Ändern Sie den Drehwinkel des linken Blockes und zeichnen Sie den Bildschirm neu.

   Befehl: **AENDERN** ⏎
   Objekte waehlen: (klicken Sie den linken Block an)
   1 gewaehlt, 1 gefunden.
   Objekte waehlen: ⏎
   Eigenschaften/<Modifikationspunkt>: **170,150** ⏎
   Neuer Drehwinkel <0>: **45** ⏎
   Befehl: **NEUZEICH** ⏎

9. Zeichnen Sie eine Linie.

   Befehl: **LINIE** ⏎
   Von Punkt: **235,50** ⏎
   Nach Punkt: **@190.39<30** ⏎
   Nach Punkt: ⏎

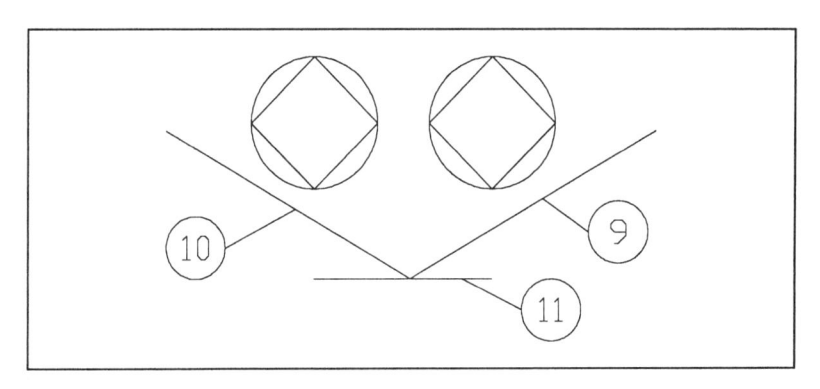

10. Zeichnen Sie eine weitere Linie.

    Befehl: **LINIE** ⏎
    Von Punkt: **225,50** ⏎
    Nach Punkt: **@190.39<150**
    Nach Punkt: ⏎

11. Zeichnen Sie noch eine Linie.

    Befehl: **LINIE** ⏎
    Von Punkt: **170,50** ⏎
    Nach Punkt: **290,50** ⏎
    Nach Punkt: ⏎

AENDERN, EIGAENDR
Modul 10

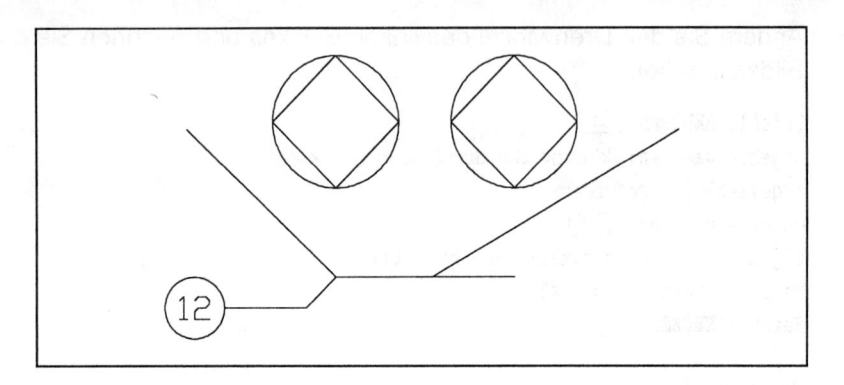

12. Ändern Sie den Endpunkt der Linie aus Schritt 10.

   Befehl: **AENDERN** ⏎
   Objekte waehlen: (klicken Sie die Linie aus Schritt 10 an)
   1 gewaehlt, 1 gefunden.
   Objekte waehlen: ⏎
   Eigenschaften/<Modifikationspunkt>: (klicken Sie das linke Ende der Linie aus Schritt 11 an)

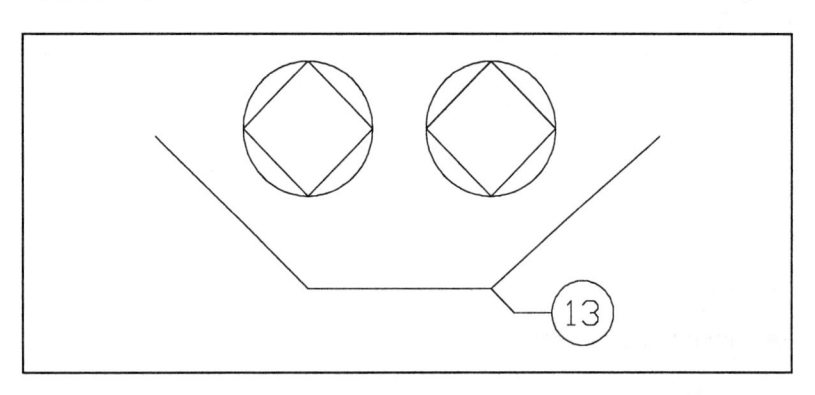

13. Ändern Sie das Ende der Linie aus Schritt 9.

   Befehl: **AENDERN** ⏎
   Objekte waehlen: (klicken Sie die Linie aus Schritt 9 an)
   1 gewaehlt, 1 gefunden.
   Objekte waehlen: ⏎
   Eigenschaften/<Modifikationspunkt>: (klicken Sie das rechte Ende der Linie aus Schritt 11 an)

Modul 10 AENDERN, EIGAENDR

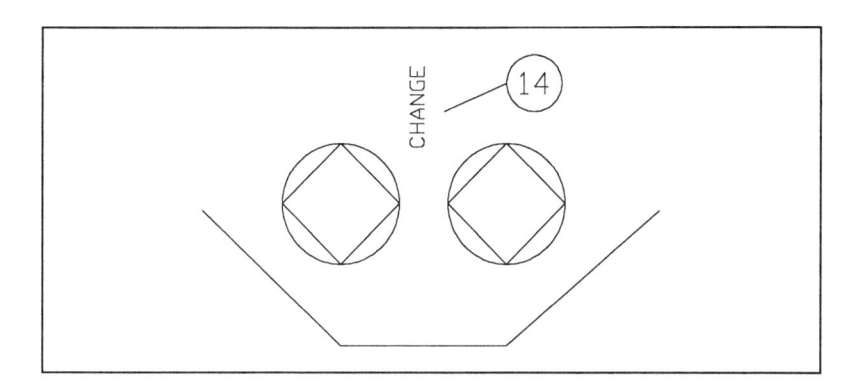

14. Fügen Sie eine Textzeile hinzu.

    Befehl: **TEXT** ↵
    Startpunkt oder Ausrichten/Zentrieren/Einpassen/Mitte/ Rechts/Stil:
    230,190 ↵
    Hoehe <3.50>: **10** ↵
    Drehwinkel <0>: **90** ↵
    Text: **CHANGE** ↵

15. Verändern Sie den Text.

    Befehl: **AENDERN** ↵
    Objekte waehlen: **L** ↵
    1 gefunden.
    Objekte waehlen: ↵
    Eigenschaften/<Modifikationspunkt>: **180,70** ↵
    Textstil: STANDARD
    Neuer Stil oder RETURN, wenn keine Aenderungen gewuenscht: ↵
    Neue Hoehe <10.00>: **20** ↵
    Neuer Drehwinkel <90>: **0** ↵
    Neuer Text <CHANGE>: ↵

16. Verschieben Sie den Text.

    Befehl: **SCHIEBEN** ↵
    Objekte waehlen: **L** ↵
    1 gefunden.
    Objekte waehlen: ↵
    Basispunkt oder Verschiebung: **180,70** ↵
    Zweiter Punkt der Verschiebung: **170,55** ↵

53

AENDERN, EIGAENDR Modul 10

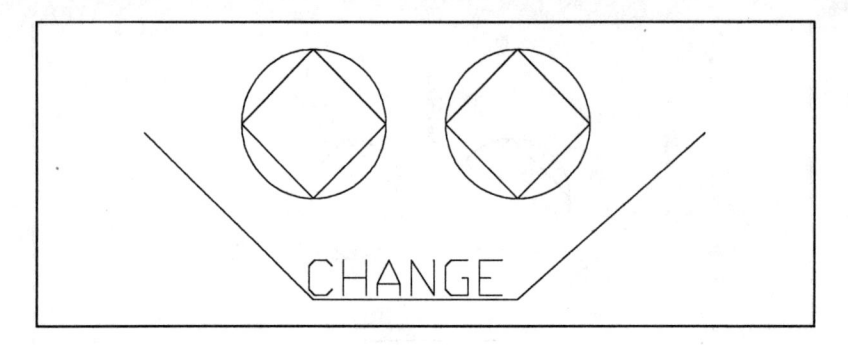

17. Kehren Sie mit **QUIT** ins Hauptmenü zurück.

Nächster Lernschritt ist **Modul 59**.

Modul 11

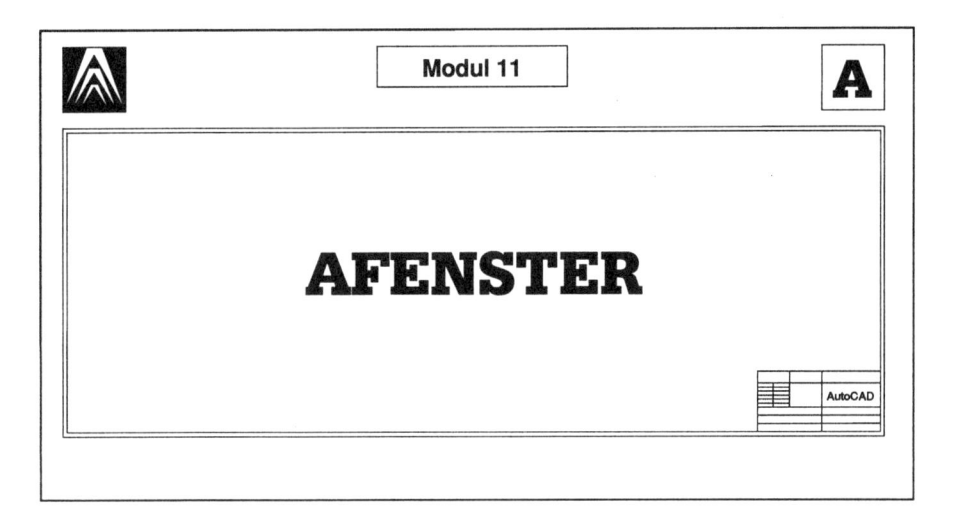

AFENSTER

```
Befehl: AFENSTER
Sichern/Holen/Loeschen/Verbinden/Einzeln/?/2/<3>/4:
```

Beschreibung

Mit Hilfe von **AFENSTER** können Sie gleichzeitig mehrere Ausschnitte Ihrer Zeichnung auf dem Bildschirm betrachten und bearbeiten. Wenn Sie AutoCAD starten, zeigt Ihr Bildschirm immer nur eine Ansicht der Zeichnung. Über den Befehl **AFENSTER** können Sie nun den Bildschirm in mehrere kleine "Bildschirme" aufteilen. Jedes so entstandene Ansichtsfenster kann anschließend mit dem Befehl **AFENSTER** weiter aufgeteilt werden. Je nach verwendetem Bildschirmtyp und vorhandenem Speicherausbau dürfen allerdings nur maximal vier bis sechzehn Ansichtsfenster gleichzeitig angezeigt werden.

Aufruf und Optionen

Nach dem Aufruf von AFENSTER können Sie eine der folgenden neun Optionen wählen:

AFENSTER   Modul 11

Sichern   Mit der Option **Sichern** können Sie eine einmal angelegte Bildschirmaufteilung abspeichern. AutoCAD merkt sich die Positionen und die Beschreibungen aller gerade angezeigten Ansichtsfenster. Dieselbe Aufteilung können Sie später wieder aufrufen. Sie müssen beim Speichern einen Namen vergeben, der bis zu 31 Zeichen lang sein darf und aus Buchstaben, Ziffern, dem Dollarzeichen, dem Bindestrich und dem Unterstrich bestehen darf.

Holen   Mit dieser Option wird eine zuvor gespeicherte Bildschirmaufteilung wieder geladen und angezeigt.

Loeschen   Eine gesicherte Bildschirmaufteilung kann mit dieser Option gelöscht werden, wenn sie nicht mehr benötigt wird.

Verbinden   Zwei benachbarte Ansichtsfenster können wieder zu einem größeren Ansichtsfenster zusammengefaßt werden. Beide Ansichtsfenster zusammen müssen allerdings einen rechteckigen Bildschirmausschnitt bedecken. Nach dem Aufruf der Option **Verbinden** bestimmen Sie ein "dominantes" und ein "zu verbindendes" Ansichtsfenster. Das zusammengesetzte Ansichtsfenster erhält alle Eigenschaften des dominanten Ansichtsfensters. Die Einstellungen des verbundenen Ansichtsfensters gehen verloren.

Einzeln   Mit dieser Option kehren Sie zum Ausgangszustand zurück. Es wird nur noch ein einziges Ansichtsfenster angezeigt, das die gesamte Bildschirmfläche umfaßt. Das Ansichtsfenster zeigt den Inhalt des zuletzt aktiven Ansichtsfensters.

?   Wie auch bei anderen AutoCAD-Befehlen dient diese Option dazu, die bisher gesicherten Bildschirmaufteilungen anzeigen zu lassen. Sie erhalten eine Liste aller gesicherten Bildschirmaufteilungen, wobei jeweils die zugehörigen Ansichtsfenster mit ihrer Position auf dem Bildschirm aufgeführt werden. Jedes einzelne Ansichtsfenster wird über die Koordinaten seiner linken unteren und seiner rechten oberen Ecke beschrieben. Die unterste linke Bildschirmecke hat in diesem Zusammenhang die Koordinaten 0,0 und die rechte obere Bildschirmecke die Koordinaten 1,1.

2	Wählen Sie die Option **2**, so wird das aktuelle Ansichtsfenster in zwei gleichgroße Ansichtsfenster aufgeteilt. Sie können dabei wählen, ob die Trennung waagerecht oder senkrecht erfolgen soll.
3	Mit der Option **3** erhalten Sie eine Dreiteilung des aktuellen Ansichtsfensters. Es erscheint die zusätzliche Anfrage:

`Horizontal/Vertikal/Oberhalb/Unterhalb/Links/<Rechts>:`

Wählen Sie, wie die drei neuen Ansichtsfenster angezeigt werden sollen. Bei den beiden Optionen **Horizontal** und **Vertikal** wird das aktuelle Ansichtsfenster in drei gleichgroße Abschnitte geteilt, die nebeneinander bzw. übereinander liegen. Mit den restlichen Optionen erhalten Sie ein großes und zwei kleinere Ansichtsfenster. Über Ihre Eingabe bestimmen Sie die Lage des größeren Fensters, oberhalb, unterhalb, links oder rechts der beiden kleineren Fenster.

4	Mit dieser Option wird das aktuelle Ansichtsfenster sowohl in vertikaler als auch in horizontaler Richtung halbiert, so daß sich vier gleichgroße Ansichtsfenster ergeben.

Am einfachsten ist die Auswahl der geeigneten Bildschirmaufteilung über das mitgelieferte Menüsystem. Wählen Sie aus dem Pull-Down-Menü "Anzeige" die Auswahl "Afenster setzen...", und Sie können anschließend die gewünschte Aufteilung optisch auswählen:

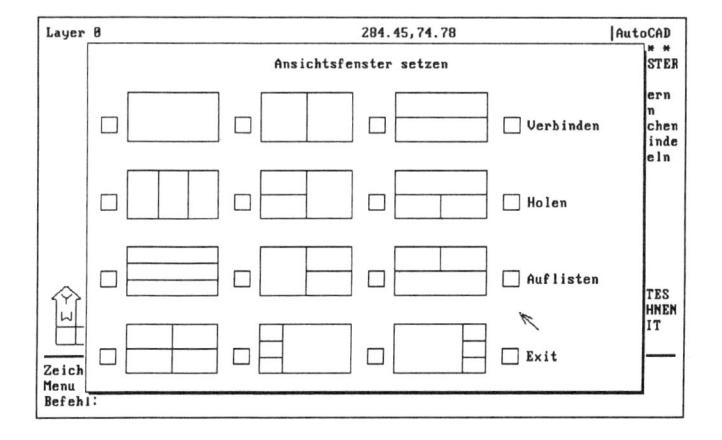

AFENSTER Modul 11

Von allen angezeigten Ansichtsfenstern ist immer genau eines das "aktuelle" Ansichtsfenster. Sie erkennen das aktuelle Ansichtsfenster an der hervorgehobenen Umrandung und daran, daß in diesem Ansichtsfenster das Fadenkreuz zu sehen ist. Verlassen Sie mit dem Fadenkreuz das aktuelle Ansichtsfenster, so erscheint stattdessen ein kleiner Pfeil. Um ein anderes Ansichtsfenster "aktuell" zu machen, zeigen Sie mit dem Pfeil in das entsprechende Fenster und klicken Sie dieses an.

Mit dem Befehl AFENSTER können Sie Ihre Zeichnungen gleichzeitig auf verschiedene Arten anschauen. Erzeugen Sie zunächst mehrere Ansichtsfenster und benutzen Sie dann ZOOM und PAN, um verschiedene Ausschnitte der Zeichnung in unterschiedlichen Vergrößerungen zu betrachten. Wenn Sie z.B. ein sehr langes Objekt bearbeiten müssen, teilen Sie Ihren Bildschirm in drei Ansichtsfenster. Ein Ansichtsfenster kann dann das gesamte Objekt zeigen, die beiden anderen Detailvergrößerungen der Enden. Bei anderen Zeichnungen kann es sinnvoll sein, in mehreren Ansichtsfenstern die gleiche Ansicht mit unterschiedlichen Raster- und Fangauflösungen zu bearbeiten. Sie können auch mit Hilfe von APUNKT und DANSICHT ein dreidimensionales Objekt gleichzeitig aus mehreren Perspektiven betrachten. So lassen sich z.B. Draufsicht, Seitenansicht und Vorderansicht gleichzeitig bearbeiten.

Eine der wichtigsten Eigenschaften der Ansichtsfenster ist, daß Sie zwischen den einzelnen Ansichtsfenstern hin- und herwechseln können, ohne den aktiven Befehl abbrechen zu müssen. So können Sie z.B. eine Linie zeichnen, deren erster Endpunkt in einem Ansichtsfenster liegt, und anschließend den zweiten Endpunkt aus einem anderen Ansichtsfenster wählen. Die Verwendung mehrerer Ansichtsfenster ist in einem solchen Fall wesentlich produktiver als der mehrfache Aufruf von ZOOM und PAN. Gerade bei dreidimensionalen Konstruktionen vereinfacht sich die Punkteingabe erheblich, weil die einzelnen Ansichten unabhängig voneinander beliebig im dreidimensionalen Raum plaziert werden können.

Modul 11 AFENSTER

Musteranwendung

In dieser Übung verwenden wir mehrere Ansichtsfenster, um weit voneinander entfernte Punkte genau zu bestimmen. Dazu zeichnen wir die Umlaufbahn des Mondes um die Erde und verbinden dann Mond und Erde mit tangentialen Linien.

Beginnen Sie eine neue Zeichnung namens MOND.

1. Setzen Sie die Zeichnungsgrenzen und ändern Sie den Bildausschnitt:

   Befehl: **LIMITEN** ⏎
   Ein/Aus/<Linke untere Ecke> <0.00,0.00>: ⏎
   Obere rechte Ecke <410.00,287.00>: **800000,800000** ⏎

   Befehl: **ZOOM** ⏎
   Alles/Mitte/Dynamisch/Grenzen/Links/Vorher/Fenster/<Faktor(X)>: **A** ⏎
   Regeneriere Zeichnung.

2. Schalten Sie das Koordinatensystem-Symbol ab:

   Befehl: **BKSYMBOL** ⏎
   EIN/AUS/ALles/Kein ursprung/Ursprung <EIN>: **AUS** ⏎

3. Zeichnen Sie nun drei Kreise, die den Mond, die Erde und die Mondumlaufbahn darstellen sollen:

   Befehl: **KREIS** ⏎
   3P/2P/TTR/<Mittelpunkt>: **400000,400000** ⏎
   Durchmesser/<Radius>: **6378.16** ⏎
   Befehl: ⏎
   KREIS 3P/2P/TTR/<Mittelpunkt>: **400000,400000** ⏎
   Durchmesser/<Radius>: **384405** ⏎
   Befehl: ⏎
   KREIS 3P/2P/TTR/<Mittelpunkt>: **NAE** ⏎
   nach **0,400000** ⏎
   Durchmesser/<Radius>: **1738** ⏎
   Befehl:

59

AFENSTER Modul 11

4. Nun teilen Sie den Bildschirm in drei Ansichtsfenster:

   Befehl **AFENSTER** ⏎
   Sichern/Holen/Loeschen/Verbinden/Einzeln/?/2/<3>/4: ⏎
   Horizontal/Vertikal/Oberhalb/Unterhalb/Links/<Rechts>: ⏎

   Ihr Bildschirm zeigt nun denselben Zeichnungsausschnitt dreimal:

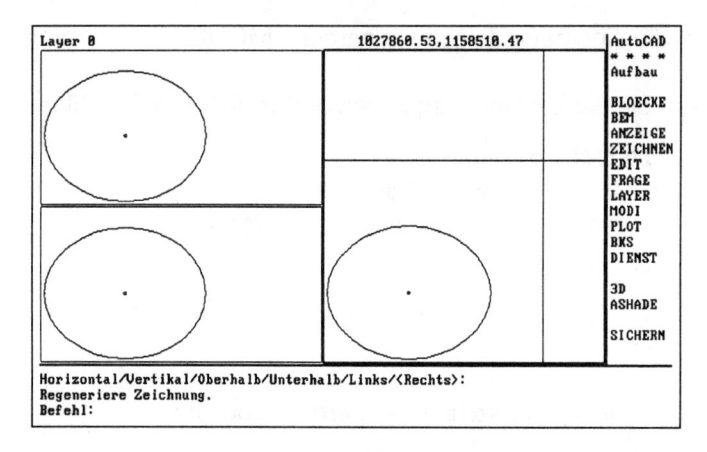

   ```
   Layer 0                    1027860.53,1158510.47   AutoCAD
                                                      * * * *
                                                      Aufbau

                                                      BLOECKE
                                                      BEM
                                                      ANZEIGE
                                                      ZEICHNEN
                                                      EDIT
                                                      FRAGE
                                                      LAYER
                                                      MODI
                                                      PLOT
                                                      BKS
                                                      DIENST

                                                      3D
                                                      ASHADE

                                                      SICHERN

   Horizontal/Vertikal/Oberhalb/Unterhalb/Links/<Rechts>:
   Regeneriere Zeichnung.
   Befehl:
   ```

5. Bewegen Sie das Fadenkreuz in das obere linke Fenster. Drücken Sie auf den Knopf Ihres Zeigegeräts, um dieses Fenster zum aktuellen Ansichtsfenster zu machen.

6. Benutzen Sie den Befehl ZOOM solange, bis Sie in diesem Fenster nur noch den Mond in "Großaufnahme" haben. Dazu benötigen Sie mindestens zwei Vergrößerungen.

7. Wiederholen Sie die Schritte 5 und 6 mit dem unteren linken Fenster. In diesem Fenster soll nun lediglich die Erde in Großaufnahme zu sehen sein.

8. Schließlich soll im rechten Fenster die gesamte Zeichnung so groß wie möglich angezeigt werden. Ihr Bildschirm sieht nun so aus:

Modul 11 AFENSTER

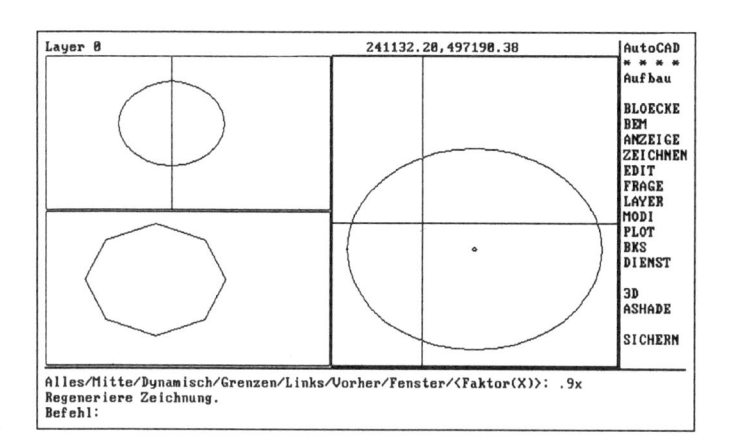

```
Layer 0                241132.28,497198.38      AutoCAD
                                                * * * *
                                                Aufbau

                                                BLOECKE
                                                BEM
                                                ANZEIGE
                                                ZEICHNEN
                                                EDIT
                                                FRAGE
                                                LAYER
                                                MODI
                                                PLOT
                                                BKS
                                                DIENST

                                                3D
                                                ASHADE

                                                SICHERN

Alles/Mitte/Dynamisch/Grenzen/Links/Vorher/Fenster/<Faktor(X)>: .9x
Regeneriere Zeichnung.
Befehl:
```

9. Durch die Vergrößerungen sind die Kreise teilweise etwas eckig geraten. Um das Bild zu korrigieren, müssen wir sämtliche Ansichtsfenster regenerieren lassen:

Befehl: **REGENALL** ⏎
Regeneriere Zeichnung.

10. Nun verbinden Sie Erde und Mond mit tangentialen Linien:

Befehl: **OFANG** ⏎
Objektfang-Modi: **TAN** ⏎

(Aktivieren Sie das linke obere Fenster.)

Befehl: **LINIE** ⏎
Von Punkt: (Zeigen Sie auf die obere Hälfte des Mondes.)
Nach Punkt: (Aktivieren Sie das untere Fenster, und zeigen Sie auf die obere Hälfte der Erde.)
Nach Punkt: ⏎

Befehl: ⏎
LINIE Von Punkt: (Zeigen Sie auf die untere Hälfte der Erde.)
Nach Punkt: (Aktivieren Sie das obere Fenster, und zeigen Sie auf die untere Hälfte des Mondes.)
Nach Punkt: ⏎

Ihr Bildschirm zeigt nun die folgenden drei Ansichten Ihrer Gesamtzeichnung:

61

AFENSTER

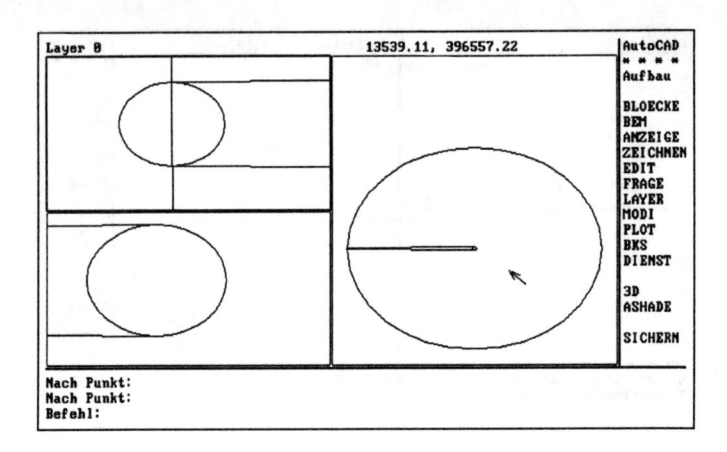

Modul 11

11. Verlassen Sie die Zeichnung mit **QUIT**, und kehren Sie zum Hauptmenü zurück.

Der nächste Lernschritt ist **Modul 19**.

Modul 12

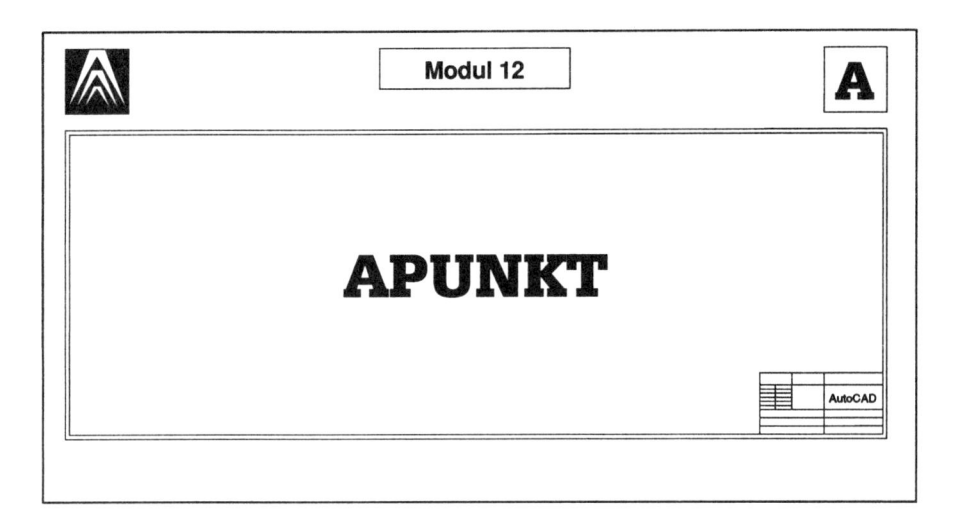

APUNKT

```
Befehl: APUNKT
Drehen/<Ansichtspunkt> <aktueller X,Y,Z Ansichtspunkt>:
```

Beschreibung

Mit dem Befehl **APUNKT** wird die Lage des Blickpunkts oder Ansichtspunkts im Raum bestimmt, von dem aus ein Objekt betrachtet wird.

Aufruf und Optionen

Nach dem Befehlsaufruf bestehen drei Optionen zur Wahl einer Ansicht:

Drehen   Bei dieser Option wird ab der Version 9.0 der Blickpunkt über zwei Winkel bestimmt. AutoCAD fragt:

```
Winkel in X-Y Ebene von der X-Achse eingeben <270>:
Winkel von der X-Y Ebene eingeben <90>:
```

Die folgende Abbildung zeigt, wie die beiden Winkel zu verstehen sind:

63

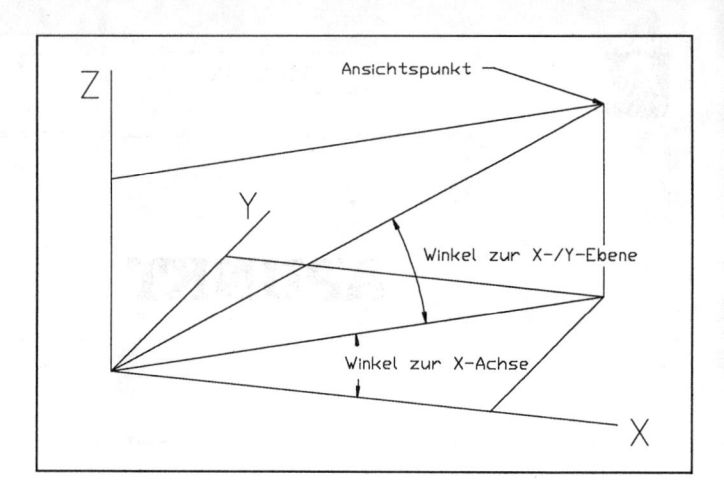

APUNKT Modul 12

Ansichtspunkt Eingabe der Koordinaten X,Y,Z des Ansichtspunkts über die Tastatur. Ein günstiger Koordinatenpunkt ist (1,-1,1), womit meist die obere, rechte und die vordere Seite des Objekts sichtbar sind.

Kompaß Auf die Frage nach dem Ansichtspunkt wird mit ⏎ geantwortet. Dadurch erscheint auf dem Bildschirm ein Kompaß und ein Achsendreibein.

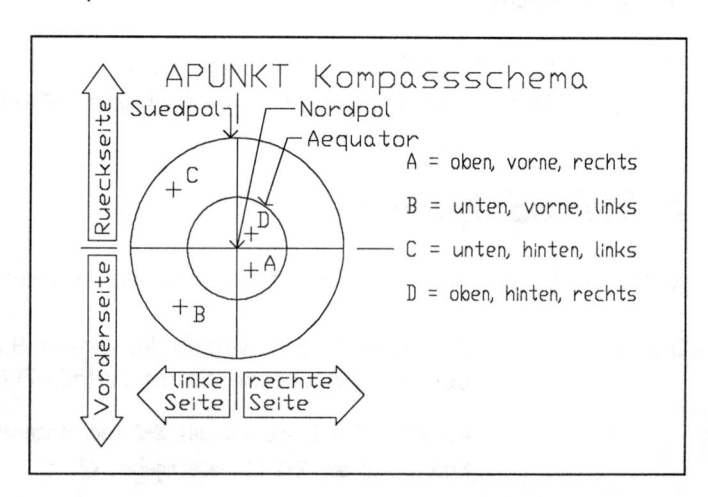

Der Kompaß ist eine zweidimensionale Projektion des Globus und enthält ein kleines Fadenkreuz. Der Mittelpunkt des Globus stellt den Nordpol (0,0,1), der innere Kreis den Äquator (n,n,0) und der äußere Kreis (0,0,-1)

den Südpol dar. Mit der Maus, dem Digitizer oder den Cursortasten kann das Fadenkreuz über den Globus bewegt werden. Das Achsendreibein bewegt sich synchron mit. Ist der gewünschte Ansichtspunkt gefunden, klicken Sie.

Das Resultat einiger Ansichtspunkte ist der nebenstehenden Darstellung ersichtlich.

> **Hinweis:** Es kann lediglich der Ansichtswinkel, nicht aber der Ansichtsabstand frei gewählt werden. Details können nur in paralleler Projektion vergrößert werden. Perspektivische Ansichten können nur mit dem Befehl DANSICHT (Modul 24) erzeugt werden.

Das folgende Beispiel veranschaulicht die Wirkung verschiedener Ansichtspunkte an einem Würfel.

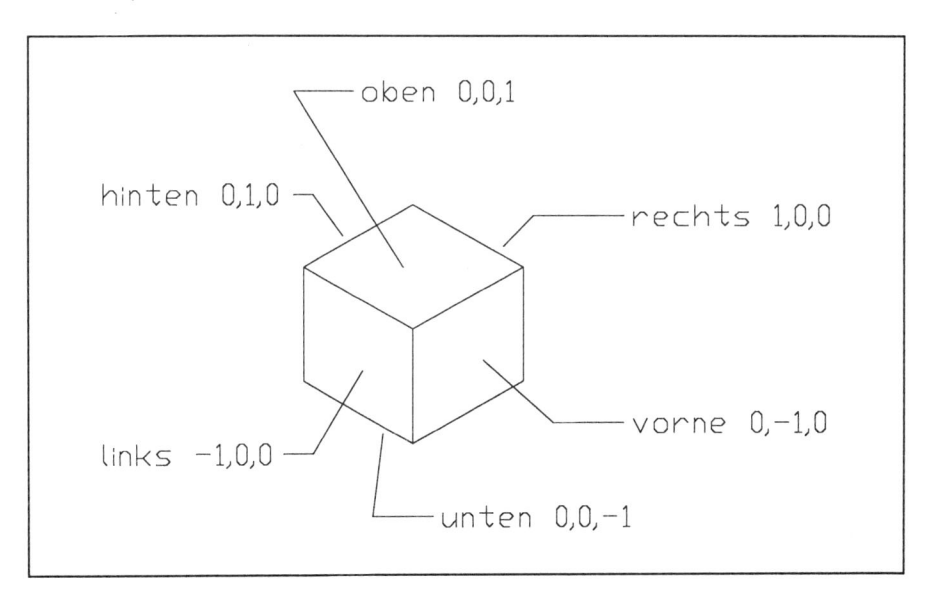

```
                   oben 0,0,1

    hinten 0,1,0
                                   rechts 1,0,0



                                   vorne 0,-1,0
    links -1,0,0

                   unten 0,0,-1
```

Ansichtspunkt	sichtbare Seiten
0, 0, 1	oben
0, 0, -1	unten
0, -1, 0	vorne
0, 1, 0	hinten
1, 0, 0	rechts
-1, 0, 0	links
1, -1, 1	oben, vorne, rechts
-1, -1, 1	oben, vorne, links
1, 1, 1	oben, hinten, rechts
-1, 1, 1	oben, hinten, links
1, -1, -1	unten, vorne, rechts
-1, -1, -1	unten, vorne, links
1, 1, -1	unten, hinten, rechts
-1, 1, -1	unten, hinten, links

Musteranwendung

In diesem Beispiel zeichnen Sie ein Objekt mit verschiedenen Erhebungswerten und Objekthöhen. Anschließend betrachten Sie das Objekt von verschiedenen Ansichtspunkten. Danach löschen Sie mit dem Befehl **VERDECKT** verdeckte Kanten. Für die Eingabe der Punkte A,B,C,D verwenden Sie den Kompaß und die im obenstehenden Kompaßschema markierten Positionen.

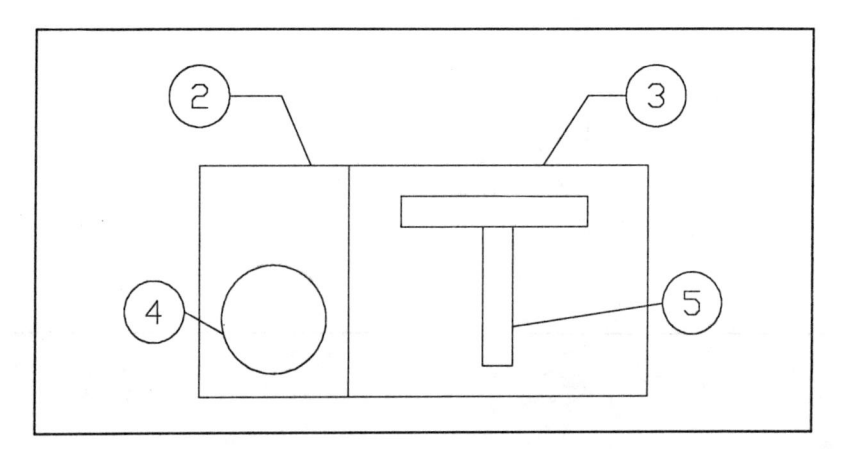

1. Beginnen Sie eine neue Zeichnung namens VPTAC. Setzen Sie das Fangraster, das Sichtraster und die Erhebung.

```
Befehl: FANG [↵]
Fangwert oder EIN/AUS/Aspekt/Drehen/Stil <1.00>: 5 [↵]

Befehl: RASTER [↵]
Rasterwert(X) oder EIN/AUS/Fang/Aspekt <10.00>: 0 [↵]

Befehl: ERHEBUNG [↵]
Neue aktuelle Erhebung <0.00>: [↵]
Neue aktuelle Objekthöhe <0.00>: 20 [↵]
Befehl:
```

2. Zeichnen Sie mit Hilfe des Befehls **SOLID** ein Polygon. Schalten Sie den Füllmodus aus und zeichnen Sie den Bildschirm mit dem Befehl **REGEN** neu.

```
Befehl: SOLID [↵]
Erster Punkt: 50,50 [↵]
Zweiter Punkt: 150,50 [↵]
Dritter Punkt: 50,200 [↵]
Vierter Punkt: 150,200 [↵]
Dritter Punkt: [↵]

Befehl: FUELLEN [↵]
EIN/AUS <Ein>: AUS [↵]
Befehl: REGEN [↵]
```

3. Zeichnen Sie ein weiteres Polygon und geben Sie einen anderen Erhebungswert ein.

```
Befehl: ERHEBUNG [↵]
Neue aktuelle Erhebung <0.00>: [↵]
Neue aktuelle Objekthöhe <20.00>: 60 [↵]

Befehl: SOLID [↵]
Erster Punkt: 150,50 [↵]
Zweiter Punkt: 350,50 [↵]
Dritter Punkt: 150,200 [↵]
Vierter Punkt: 350,200 [↵]
Dritter Punkt: [↵]
```

APUNKT Modul 12

4. Ändern Sie den Erhebungswert und zeichnen Sie einen Kreis.

   Befehl: **ERHEBUNG** ⏎
   Neue aktuelle Erhebung <0.00>: **20** ⏎
   Neue aktuelle Objekthöhe <60.00>: **30** ⏎

   Befehl: **KREIS** ⏎
   3P/2P/TTR/<Mittelpunkt>: **100,100** ⏎
   Durchmesser/<Radius>: **35** ⏎

5. Verändern Sie den Erhebungswert und die Objekthöhe und zeichnen Sie mit Hilfe des Befehls **BAND** ein T.

   Befehl: **ERHEBUNG** ⏎
   Neue aktuelle Erhebung <20.00>: **60** ⏎
   Neue aktuelle Objekthöhe <30.00>: **15** ⏎

   Befehl: **BAND** ⏎
   Bandbreite <1.00>: **20** ⏎
   Von Punkt: **185,170** ⏎
   Nach Punkt: **310,170** ⏎
   Nach Punkt: ⏎

   Befehl: **BAND** ⏎
   Bandbreite <20.00>: ⏎
   Von Punkt: **250,160** ⏎
   Nach Punkt: **250,70** ⏎
   Nach Punkt: ⏎
   Befehl:

6. Verwenden Sie den Befehl **APUNKT**. Setzen Sie das Fadenkreuz auf den in der Kompaßdarstellung angegebenen Punkt A. Danach klicken Sie diesen Punkt. Beseitigen Sie dann die verdeckten Linien und stellen Sie den Körper so dar, daß die Seiten oben, vorne und rechts sichtbar sind.

   Befehl: **APUNKT** ⏎
   Drehen/<Ansichtspunkt> <0.0000,0.0000,1.0000>:   ⏎ (klicken Sie Punkt A in der jetzt erscheinenden Kompaßdarstellung)
   Regeneriere Zeichnung.

   Befehl: **VERDECKT** ⏎
   Regeneriere Zeichnung.

Entferne verdeckte Linien: 50
Befehl:

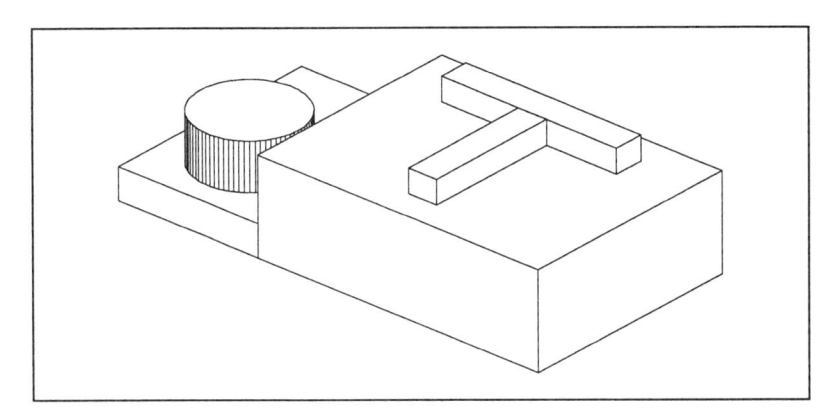

7. Klicken Sie mit Hilfe des Fadenkreuzes auf Punkt B. Beseitigen Sie die verdeckten Kanten und stellen Sie den Körper so dar, daß die Seiten vorne, unten und links sichtbar sind.

Befehl: **APUNKT** ⏎
Drehen/<Ansichtspunkt> <0.0000,0.0000,1.0000>: ⏎   (klicken Sie Punkt B)
Regeneriere Zeichnung.
Befehl: **VERDECKT** ⏎
Regeneriere Zeichnung.
Entferne verdeckte Linien: 50
Befehl:

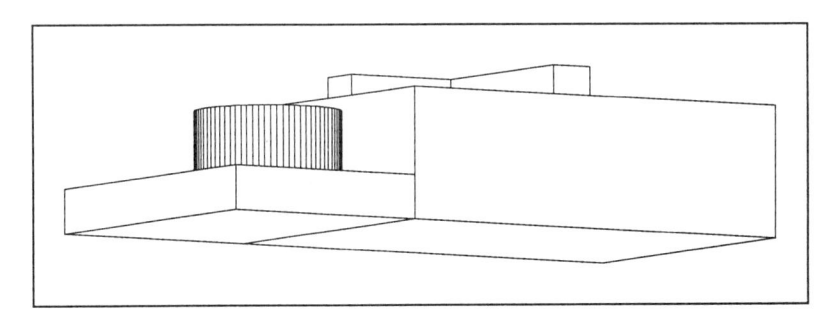

8. Klicken Sie mit Hilfe des Fadenkreuzes auf Punkt C. Beseitigen Sie die verdeckten Kanten und stellen Sie den Körper so dar, daß die Seiten hinten, unten und links sichtbar sind.

APUNKT Modul 12

Befehl: **APUNKT** [↵]
Drehen/<Ansichtspunkt> <0.0000,0.0000,1.0000>: [↵] (klicken Sie Punkt C)
Regeneriere Zeichnung.
Befehl: **VERDECKT** [↵]
Regeneriere Zeichnung.
Entferne verdeckte Linien: 50

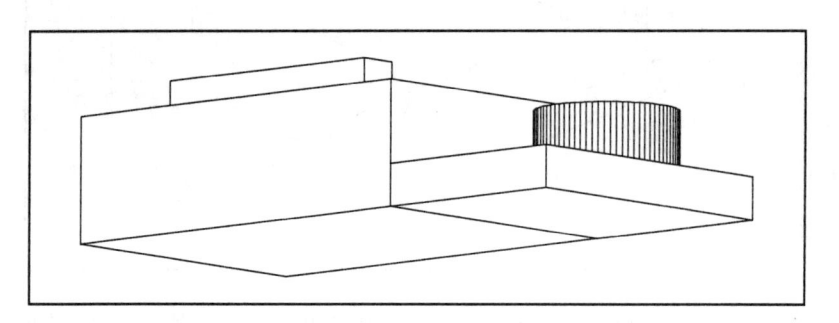

9. Klicken Sie mit Hilfe des Fadenkreuzes auf Punkt D. Beseitigen Sie die verdeckten Kanten und stellen Sie den Körper so dar, daß die Seiten hinten, oben und rechts sichtbar sind.

Befehl: **APUNKT** [↵]
Drehen/<Ansichtspunkt> <0.0000,0.0000,1.0000>: [↵] (klicken Sie Punkt D)
Regeneriere Zeichnung.
Befehl: **VERDECKT** [↵]
Regeneriere Zeichnung.
Entferne verdeckte Linien: 25

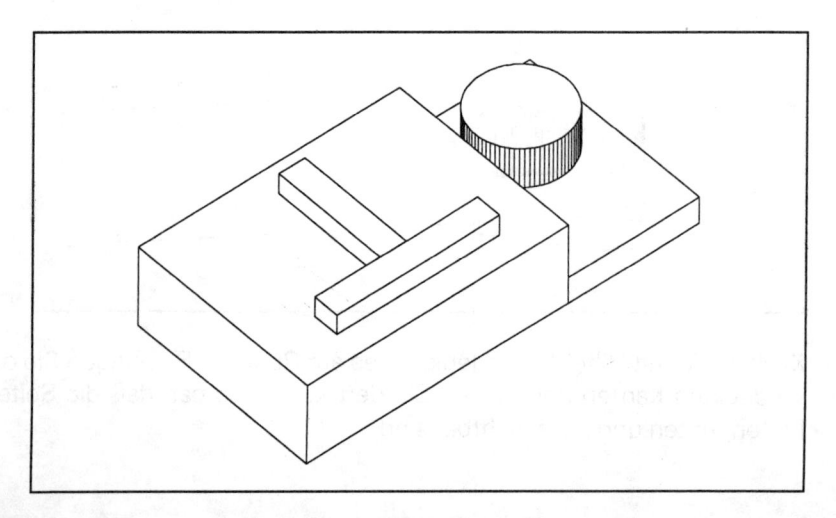

10. Stellen Sie die Anfangsansicht wieder her. Geben Sie dazu die Koordinaten 0,0,1 von der Tastatur aus ein.

   Befehl: **APUNKT** ⏎
   Drehen/<Ansichtspunkt> <0.0000,0.0000,1.0000>: **0,0,1** ⏎
   Befehl:

11. Kehren Sie mit **QUIT** ins Hauptmenü zurück.

Nächster Lernschritt ist **Modul 32**.

AUSSCHNT

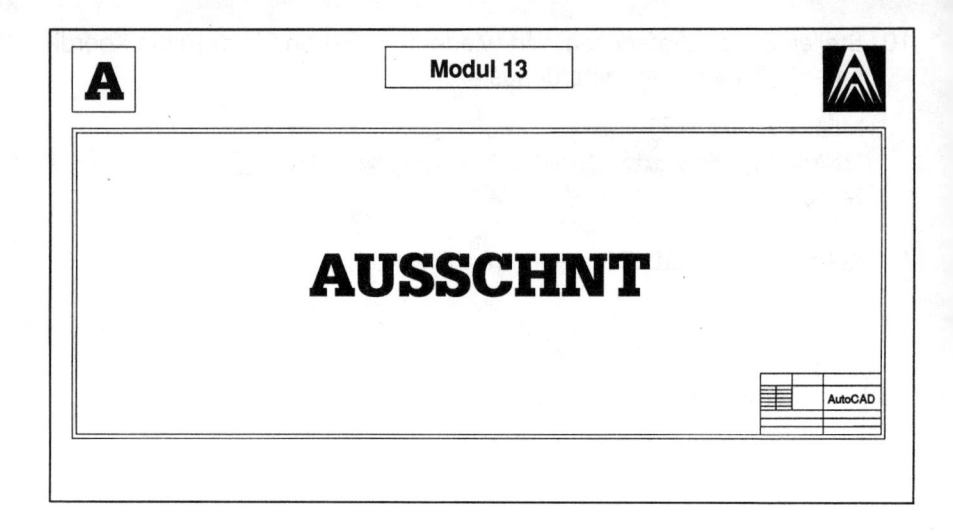

```
Befehl: AUSSCHNT
?/Loeschen/Holen/Sichern/Fenster:
```

Beschreibung

Mit dem Befehl **AUSSCHNT** lassen sich häufig benutzte Bildschirmausschnitte mit einem Namen versehen. Zwischen diesen benannten Ausschnitten kann hin- und hergeschaltet werden.

Aufruf und Optionen

Nach dem Befehlsaufruf stehen folgende Optionen zur Wahl:

? Nach der Eingabe eines Fragezeichens und Drücken von ⏎ schaltet AutoCAD auf den Textbildschirm und gibt eine Liste der definierten Ausschnitte mit Namen, Mittelpunkt und Vergrößerungsmaßstab aus.

Loeschen Ein nicht mehr benötigter Ausschnitt kann mit dieser Option aus der Liste der definierten Ausschnitte entfernt werden.

Modul 13   AUSSCHNT

Anschließend kann der Ausschnitt nicht mehr über seinen Namen aufgerufen werden. Alle Zeichnungsobjekte innerhalb des Ausschnitts bleiben natürlich erhalten.

Holen   Das Holen eines benannten Ausschnitts entspricht dem Zoomen auf diesen Bildausschnitt.

Sichern   Mit der Option **Sichern** wird der gerade auf dem Bildschirm sichtbare Teil der Zeichnung mit einem Namen versehen. AutoCAD fragt:

Ausschnittname zum Sichern:

Der Ausschnittname kann bis zu 31 Zeichen lang sein. Zulässig sind Buchstaben und Ziffern sowie das Dollar- und Minuszeichen sowie der Unterstrich. Ein Leerzeichen darf nicht verwendet werden. Eine bereits unter diesem Namen vorhandene Ausschnittdefinition wird überschrieben.

Fenster   Die Option **Fenster** verhält sich genauso wie die Option **Sichern**. Es muß allerdings auf dem Bildschirm ein Fenster angegeben werden wie beim Befehl **ZOOM**. Das anschließende Holen des Ausschnitts entspricht der Option **Fenster** des Befehls **ZOOM**.

Benannte Ausschnitte sind hilfreich, wenn ständig zwischen verschiedenen Zeichnungsausschnitten gewechselt werden muß. Man spart sich den mehrfachen Aufruf des **ZOOM**-Befehls und muß nicht zuerst auf das gesamte Bild zurückschalten, um dann ein neues Ausschnittfenster zu wählen. In der Architektur können Sie z.B. für jeden Raum einen Ausschnitt anlegen und so zwischen den Räumen hin- und herschalten.

Wird der Ausschnitt über die Option **Fenster** bestimmt, so ist folgendes zu beachten. Da das Seitenverhältnis des Fensters und des Bildschirms nicht übereinstimmen, werden bei der Darstellung des Ausschnitts auf dem Bildschirm auch solche Objekte gezeichnet, die nicht im Ausschnitt, sondern daneben liegen. Es wird immer der komplette Bildschirm gefüllt.

Wenn Sie jedoch diesen benannten Ausschnitt später auf dem Drucker oder Plotter ausgeben, so werden ausschließlich die Objekte gezeichnet, die sich innerhalb des Ausschnitts befinden.

In vielen Fällen kann der Befehl **AUSSCHNT** auch transparent während der Benutzung eines anderen Befehls aufgerufen werden. Dies ist sehr hilfreich, wenn man z.b. eine Linie oder eine Bemaßung von einem Ausschnitt zu einem anderen Ausschnitt zeichnen will.

Musteranwendung

In diesem Beispiel erstellen Sie eine Zeichnung, in der Sie mit Hilfe der Option "Fenster" zwischen zwei definierten Ausschnitten auf dem Bildschirm hin- und herschalten können.

1. Beginnen Sie eine neue Zeichnung namens AUSSCHNT.

2. Zeichnen Sie zwei Kreise im Abstand von 350 Einheiten mit dem Radius 20 und verbinden Sie diese.

   Befehl: **KREIS** ⏎
   3P/2P/TTR/<Mittelpunkt>: **100,100** ⏎
   Durchmesser/<Radius>: **20** ⏎

   Befehl: **KREIS** ⏎
   3P/2P/TTR/<Mittelpunkt>: **450,100** ⏎
   Durchmesser/<Radius>: **20** ⏎

   Befehl: **LINIE** ⏎
   Von Punkt: **110,100** ⏎
   Nach Punkt: **440,100** ⏎
   Nach Punkt: ⏎

   Jetzt sollte Ihr Bildschirm folgendes zeigen:

3. Bestimmen Sie um die Kreise herum jeweils einen Zeichnungsausschnitt mit Hilfe des Befehls **AUSSCHNT**. Vergeben Sie folgende Namen für die Ausschnitte: Ausschnitt um den linken Kreis KREISL, Ausschnitt um den rechten Kreis KREISR.

```
Befehl: AUSSCHNT [↵]
?/Loeschen/Holen/Sichern/Fenster: F [↵]
Ausschnittname zum Sichern: KREISL [↵]
Erste Ecke: 50,50 [↵]
Andere Ecke: 150,150 [↵]
```

Beachten Sie, daß nur die Eckpunkte des gewählten Auschnitts auf dem Bildschirm erscheinen. Das Fenster wird nicht angezeigt.

```
Befehl: AUSSCHNT [↵]
?/Loeschen/Holen/Sichern/Fenster: F [↵]
Ausschnittname zum Sichern: KREISR [↵]
Erste Ecke: 400,50 [↵]
Andere Ecke: 500,150 [↵]
```

4. Nun rufen Sie die gewählten Ausschnitte abwechselnd auf. Benutzen Sie dazu die Option "Holen" des Befehls **AUSSCHNT**.

```
Befehl: AUSSCHNT [↵]
?/Loeschen/Holen/Sichern/Fenster: H [↵]
Ausschnittname zum Holen: KREISL [↵]
```

Sie sehen nun den linken Bildschirmausschnitt. Daß es auch bestimmt dieser ist, sehen Sie daran, daß die Verbindungslinie zwischen den beiden Kreisen von rechts in den Bildschirm läuft. Nun holen Sie sich den rechten Zeichnungsausschnitt auf den Bildschirm.

```
Befehl: AUSSCHNT [↵]
?/Loeschen/Holen/Sichern/Fenster: H [↵]
Ausschnittname zum Holen: KREISR [↵]
```

Ihr Bildschirm sollte jetzt so aussehen:

AUSSCHNT Modul 13

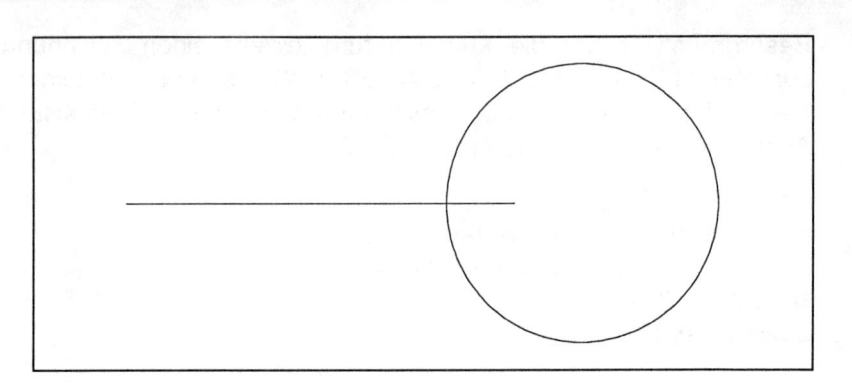

5. Nun holen Sie sich mit Hilfe des Befehls **ZOOM** wieder die ganze Zeichnung auf den Bildschirm.

   Befehl: ZOOM ⏎
   Alles/Mitte/Dynamisch/Grenzen/Links/Vorher/Fenster/<Faktor(X)>: A ⏎

6. Kehren Sie mit **QUIT** ins Hauptmenue zurück.

Nächster Lernschritt ist **Modul 48**.

Modul 14

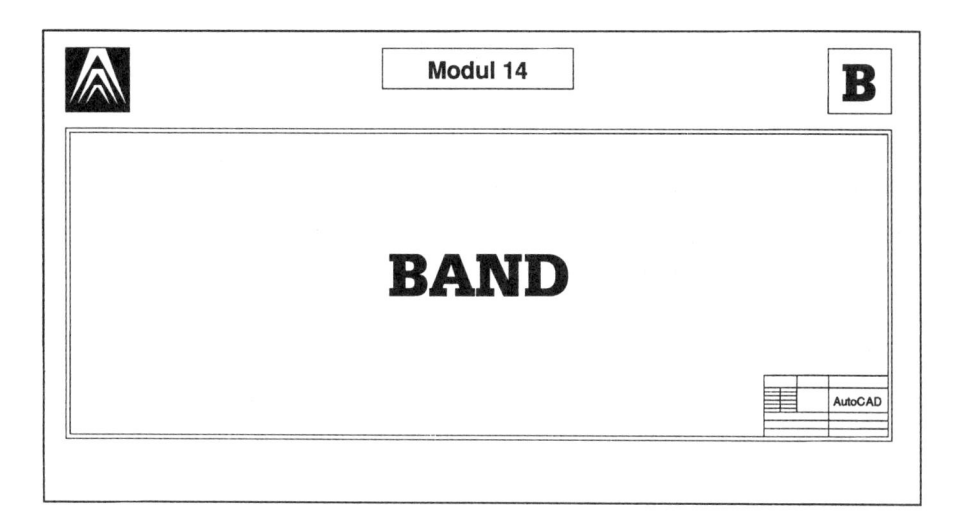

BAND

```
Befehl: BAND
Bandbreite <aktuell>:
Von Punkt:
Nach Punkt:
```

Beschreibung

Der Befehl **BAND** dient zum Zeichnen von Geraden definierbarer Breite.

Aufruf und Optionen

Die Funktionsweise des Befehls **BAND** ist fast mit der des Befehls **LINIE** identisch.

Lediglich vor der Eingabe seines Anfangspunktes muß die Breite des Bandes in den definierten Einheiten festgelegt werden. Dies kann auf zweierlei Weise geschehen:

- Eingabe der Breite in den definierten Einheiten
- Eingabe zweier Punkte als Antwort auf die Frage nach der Breite.

77

Daraufhin wird ein zweiter Koordinatenpunkt verlangt. AutoCAD berechnet dann die Entfernung dieser beiden Punkte und setzt sie als Breite fest.

Daraufhin kann wie beim Befehl **LINIE** fortgefahren werden:

- Das vorhergehende Band wird erst gezeichnet, wenn bereits der nächste Endpunkt eingegeben wurde.
- Soll die Breite geändert werden, muß der Befehl **BAND** nochmals aufgerufen werden.
- Das Band wird gefüllt gezeichnet, falls der Befehl **FUELLEN** aktiviert ist. Andernfalls werden nur Umrisse gezeichnet.
- Bänder können nicht automatisch geschlossen werden.

Am nützlichsten ist dieser Befehl für Architektenzeichnungen oder die Erstellung von Leiterplattenlayouts. Anstelle von Bändern kann man auch die wesentlich leistungsfähigeren Polylinien benutzen, siehe Modul 69 (PLINIE).

Es empfiehlt sich, während des Zeichenvorgangs den Befehl **FUELLEN** zu desaktivieren. Damit erzielt man eine höhere Verarbeitungsgeschwindigkeit. Vor dem endgültigen Ausdruck können die Bänder dann mit **FUELLEN** ausgefüllt werden.

Musteranwendung

In diesem Beispiel zeichnen Sie drei fortlaufende Bänder mit einheitlicher Breite. Anschließend zwei weitere Bänder mit verschiedenen Parametern. Beginnen Sie eine neue Zeichnung namens TRACE.

1. Setzen Sie den Fangabstand auf 5 und schalten Sie das Sichtraster ein.

    Befehl: **FANG** ⏎
    Fangwert oder EIN/AUS/Aspekt/Drehen/Stil <1.00>: 5 ⏎
    Befehl: **RASTER** ⏎
    Rasterwert(X) oder EIN/AUS/Fang/Aspekt <10.00>: 0 ⏎

Modul 14　　　　　　　　　　　　　　　　　　　　　　　　　BAND

2. Schalten Sie **FUELLEN** aus, um die Verarbeitungsgeschwindigkeit zu vergrößern.

   Befehl: **FUELLEN** ⏎
   EIN/AUS <Ein>: **AUS** ⏎

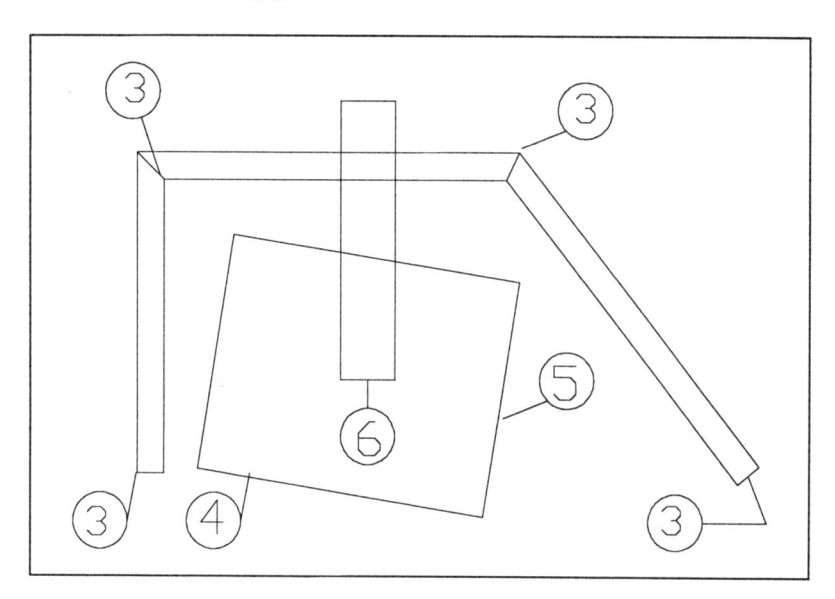

3. Zeichnen Sie mit Hilfe des Befehls **BAND** drei Bänder mit 15 Einheiten Breite.

   Befehl: **BAND** ⏎
   Bandbreite <1.00>: **15** ⏎
   Von Punkt: **50,50** ⏎
   Nach Punkt: **50,215** ⏎
   Nach Punkt: **250,215** ⏎
   Nach Punkt: **380,50** ⏎
   Nach Punkt: ⏎

4. Legen Sie die Breite des Bandes durch Angabe zweier Punkte fest.

   Befehl: **BAND** ⏎
   Bandbreite: **80,55** ⏎
   　Zweiter Punkt: **240,55** ⏎
   Von Punkt:

79

BAND Modul 14

5. Zeichnen Sie ein breites Band. Beachten Sie, daß ein Band immer rechteckig anfängt oder endet.

   Von Punkt: **155,40** ↵
   Nach Punkt: **175,165** ↵
   Nach Punkt: ↵

6. Zeichnen Sie ein weiteres Band mit 30 Einheiten Breite. Beachten Sie, daß solange **FUELLEN** desaktiviert ist, auch die Konturen unter dem Band sichtbar sind.

   Befehl: **BAND** ↵
   Bandbreite <160.00>: **30** ↵
   Von Punkt **170,100** ↵
   Nach Punkt: **170,250** ↵
   Nach Punkt: ↵

7. Aktivieren Sie **FUELLEN** und verwenden Sie den Befehl **REGEN**, um die Zeichnung auf dem Bildschirm neu darzustellen.

   Befehl:**FUELLEN** ↵
   EIN/AUS <Aus>: **EIN** ↵
   Befehl: **REGEN** ↵

Ihr Bildschirm sollte nun so aussehen, wie die Abbildung auf der gegenüberliegenden Seite. Beachten Sie, daß jetzt die Konturen unter den Bändern nicht mehr sichtbar sind.

8. Kehren Sie mit **QUIT** ins Hauptmenü zurück.

Nächster Lernschritt ist **Modul 66**.

BASIS

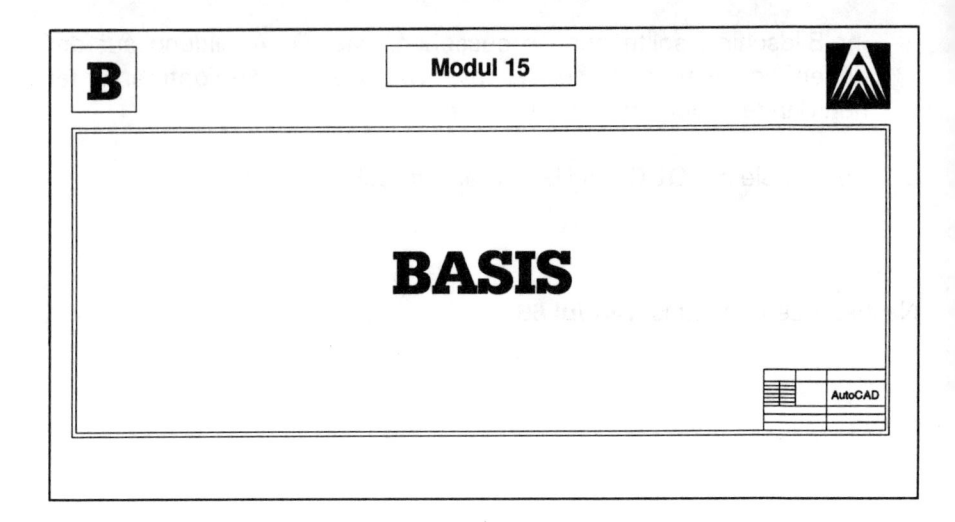

Modul 15

```
Befehl: BASIS
Basispunkt <0.00,0.00,0.00>:
```

Beschreibung

Mit dem Befehl **BASIS** kann bei jeder Zeichnung ein Basispunkt für eine spätere Einfügung definiert werden.

Aufruf und Optionen

Nach dem Befehlsaufruf müssen die Koordinaten des Basispunkts eingegeben oder angeklickt werden. Werden nur zwei Koordinaten eingegeben, so wird für die Z-Koordinate der Wert 0 benutzt. In AutoCAD kann eine abgeschlossene Zeichnung ohne vorhergehende Blockdefinition in eine andere Zeichnung eingefügt werden. Dazu muß ein Basispunkt der Zeichnung bekannt sein, der vor dem Einfügen definiert sein sollte. Falls dies nicht getan wird, verwendet AutoCAD automatisch den Punkt 0,0,0 als Basispunkt. Das Einfügen einer kompletten Zeichnung geschieht analog zum Einfügen von Blöcken.

Modul 15   BASIS

Musteranwendung

In diesem Beispiel speichern Sie eine Zeichnung ab. Anschließend wird die Zeichnung mit verschiedenen Größenfaktoren und Drehwinkeln mehrmals eingefügt.

Beginnen Sie eine neue Zeichnung namens BASEAC.

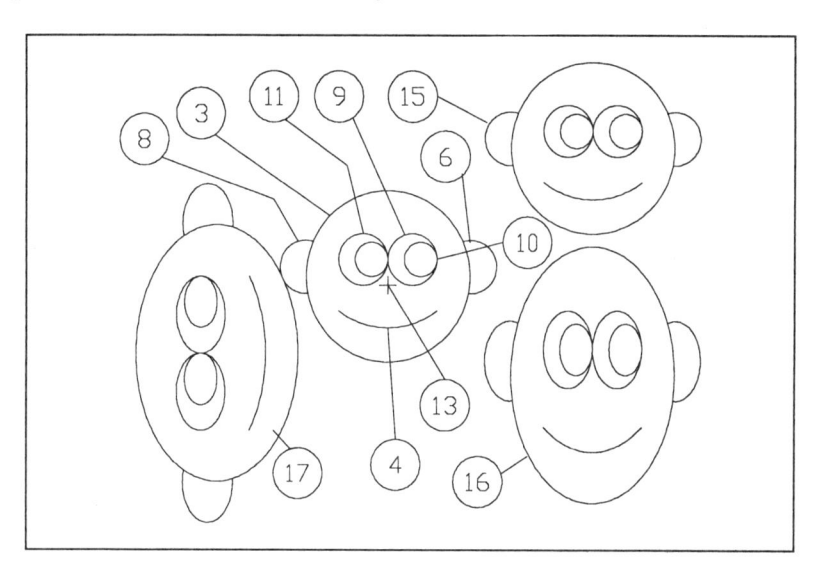

1. Setzen Sie das Fangraster.

   Befehl: **FANG** ↵
   Fangwert oder EIN/AUS/Aspekt/Drehen/Stil <1.00>: **5** ↵

2. Schalten Sie das Sichtraster ein und vergrößern Sie den Bildschirm.

   Befehl: **RASTER** ↵
   Rasterwert(X) oder EIN/AUS/Fang/Aspekt <10.00>: **EIN** ↵
   Befehl: **ZOOM** ↵
   Alles/Mitte/Dynamisch/Grenzen/Links/Vorher/Fenster: **A** ↵

3. Zeichnen Sie einen Kreis.

   Befehl: **KREIS** ↵
   3P/2P/TTR/<Mittelpunkt>: **175,145** ↵
   Durchmesser/<Radius>: **50** ↵

83

BASIS   Modul 15

4. Zeichnen Sie einen Bogen.

    Befehl: **BOGEN** [↵]
    Mittelpunkt/<Startpunkt>: **145,125** [↵]
    Mittelpunkt/Endpunkt/<zweiter Punkt>: **175,115** [↵]
    Endpunkt: **205,125** [↵]

5. Vergrößern Sie die rechte Seite des Kreises.

    Befehl: **ZOOM** [↵]
    Alles/Mitte/Dynamisch/Grenzen/Links/Vorher/Fenster/<Faktor(X)>: **F** [↵]
    Erste Ecke: **200,120** [↵]
    Andere Ecke: **250,175** [↵]

6. Zeichnen Sie einen Bogen.

    Befehl: **BOGEN** [↵]
    Mittelpunkt/<Startpunkt>: **NAE** [↵]
    zu (klicken Sie nahe 220,165)
    Mittelpunkt/Endpunkt/<zweiter Punkt>: **240,145** [↵]
    Endpunkt: **NAE** [↵]
    zu (klicken Sie nahe 220,125)

7. Schalten Sie zur alten Ansicht zurück.

    Befehl: **ZOOM** [↵]
    Alles/Mitte/Dynamisch/Grenzen/Links/Vorher/Fenster/<Faktor(X)>: **V** [↵]

8. Spiegeln Sie den zuletzt gezeichneten Bogen.

    Befehl: **SPIEGELN** [↵]
    Objekte waehlen: **L** [↵]
    1 gefunden.
    Objekte waehlen: [↵]
    Erster Punkt der Spiegelachse: **175,230** [↵]
    Zweiter Punkt: **@190<270** [↵]
    Alte Objekte löschen? <N>: [↵]

9. Zeichnen Sie einen Kreis.

    Befehl: **KREIS** ⏎
    3P/2P/TTR/<Mittelpunkt>: **190,155** ⏎
    Durchmesser/<Radius>: **15** ⏎

10. Zeichnen Sie einen Kreis.

    Befehl: **KREIS** ⏎
    3P/2P/TTR/<Mittelpunkt>: **195,155** ⏎
    Durchmesser/<Radius>: **10** ⏎

11. Kopieren Sie die beiden Kreise.

    Befehl: **KOPIEREN** ⏎
    Objekte waehlen: **F** ⏎
    Erste Ecke: **170,135** ⏎
    Andere Ecke: **210,175** ⏎
    2 gefunden.
    Objekte waehlen: ⏎
    <Basispunkt oder Verschiebung>/Mehrfach: **175,140** ⏎
    Zweiter Punkt der Verschiebung: **@30<180** ⏎

12. Regenerieren Sie den Bildschirm.

    Befehl: **NEUZEICH** ⏎

13. Definieren Sie einen Basispunkt der Zeichnung.

    Befehl: **BASIS** ⏎
    Basispunkt <0.00,0.00>: **175,140** ⏎

14. Speichern Sie die Zeichnung unter dem Namen BASEAC.

    Befehl: **SICHERN** ⏎
    Dateiname: **BASEAC** ⏎

15. Fügen Sie die Zeichnung ein.

    Befehl: **EINFUEGE** ⏎
    Blockname (oder ?): **BASEAC** ⏎
    Einfuegepunkt: **300,215** ⏎
    X Faktor <1> / Eckpunkt / XYZ: ⏎

```
     Y Faktor (Vorgabe=X): [⏎]
     Drehwinkel <0>: [⏎]
```

16. Fügen Sie die Zeichnung ein.

```
   Befehl: EINFUEGE [⏎]
   Blockname (oder ?) <BASEAC>: [⏎]
   Einfuegepunkt: 300,80 [⏎]
   X Faktor <1> / Eckpunkt / XYZ: [⏎]
   Y Faktor (Vorgabe=X): 1.5 [⏎]
   Drehwinkel <0>: [⏎]
```

17. Fügen Sie die Zeichnung ein.

```
   Befehl: EINFUEGE [⏎]
   Blockname (oder ?) <BASEAC>: [⏎]
   Einfuegepunkt: 75,100 [⏎]
   X Faktor <1> / Eckpunkt / XYZ: 1.5 [⏎]
   Y Faktor (Vorgabe=X): 1 [⏎]
   Drehwinkel <0>: 90 [⏎]
```

18. Kehren Sie mit **QUIT** ins Hauptmenü zurück.

Nächster Lernschritt ist **Modul 102**.

Modul 16 B

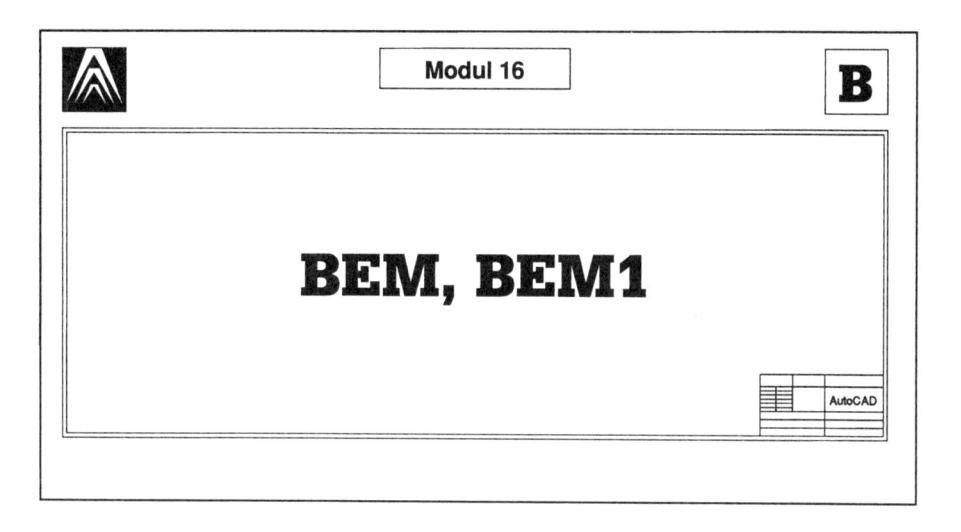

BEM, BEM1

```
Befehl: BEM
Bem:
```

Beschreibung

Mit den Befehlen **BEM** und **BEM1** werden Objekte einer Zeichnung bemaßt.

Aufruf und Optionen

Der Befehl **BEM1** arbeitet analog zu **BEM**, es wird lediglich nach der ersten Bemaßung sofort wieder zur Anfrage "Befehl:" zurückgeschaltet, während **BEM** im Bemaßungsmodus bleibt, bis dieser mit **EXIT** verlassen wird.

Nach dem Befehlsaufruf meldet sich AutoCAD, solange Sie sich im Bemaßungsmodus befinden, mit "Bem:". Die jetzt verfügbaren Bemaßungsbefehle können in fünf Gruppen eingeteilt werden:

- Befehle für Linearbemaßungen
- Befehle für Winkelbemaßungen

- Befehle für Durchmesserbemaßungen
- Befehle für Radienbemaßungen
- Hilfsbefehle

Innerhalb dieser Gruppen bestehen folgende Optionen:

Befehle für Linearbemaßungen

HORizontal Es wird mit einer horizontalen Maßlinie bemaßt.

VERtikal Es wird mit einer vertikalen Maßlinie bemaßt.

AUSrichten Die Maßlinie wird parallel zur Verbindungslinie der beiden Bemaßungspunkte gezogen.

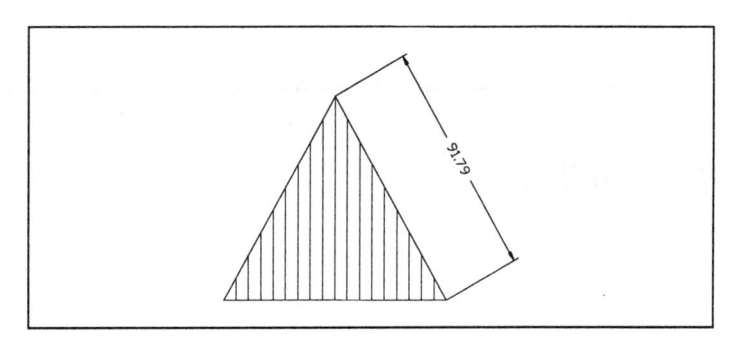

DREhen Die Maßlinie wird in einem einzugebenden Winkel gezeichnet.

BASislinie Die nächste Bemaßung wird auf die erste Hilfslinie der vorangegangenen Bemaßung bezogen.

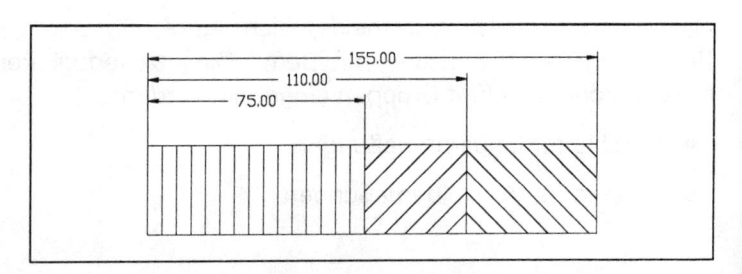

WEIter	Die nächste Bemaßung wird auf die zweite Hilfslinie der vorangegangenen Bemaßung bezogen.

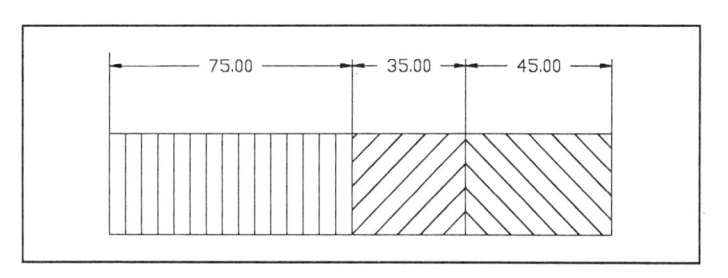

Befehle für Winkelbemaßungen

WINkel	Es wird ein Bogen gezeichnet, der den Winkel zwischen zwei nichtparallelen Linien umschließt.

Befehle für Durchmesserbemaßungen

DURchmesser	Es wird der Durchmesser eines Kreises oder Bogens bemaßt.

Befehle für Radienbemaßungen

RADius	Es wird der Radius eines Kreises oder Bogens bemaßt. Das Zentrum oder die Zentrumslinie ist frei wählbar.

Hilfsbefehle

ZENtrum	Es wird das Zentrum bzw. die Zentrumslinie eines Kreises oder Bogens gezeichnet.
EXIt	Der Befehl **BEM** wird verlassen. Alternativ kann auch die Tastenkombination [Ctrl] [C] gedrückt werden.

FUEhrung	Es wird eine Liniensequenz gezeichnet, um die Bemaßung gesteuert plazieren zu können.
NEUzeich	Entspricht dem normalen Befehl **NEUZEICH**.
STAtus	Die Bemaßungsvariablen samt deren aktuellen Werten werden angezeigt.
STIl	Es wird auf einen anderen Textstil umgeschaltet.
LOEschen	Der zuletzt eingegebene Bemaßungstext wird gelöscht.
UPDate	Ein bereits gezeichneter Maßtext wird an die geänderten Bemaßungsvariablen, an den eingestellten Textstil oder an ein neues Einheitenformat angepaßt.
HOMetext	Ein verschobener Maßtext wird an seine Ausgangsposition zurückgeholt.
NEUText	Der Maßtext wird durch den eingegebenen Text ersetzt.

Wenn der Befehl **BEM** aktiviert ist, können die meisten AutoCAD Befehle nicht aufgerufen werden. Lediglich die Funktionstasten können unverändert verwendet werden.

Bemaßungsvariablen

Bevor eine Zeichnung bemaßt wird, können die Bemaßungsvariablen in AutoCAD individuell eingestellt werden. Die Variablen lauten:

BEMH1U	Bei "EIN" wird die erste Hilfslinie unterdrückt. Vorgabe: AUS
BEMH2U	Bei "EIN" wird die zweite Hilfslinie unterdrückt. Vorgabe: AUS
BEMTIH	Bei "EIN" wird der Bemaßungstext immer horizontal, sonst im Winkel der Bemaßungslinie gezeichnet. Vorgabe: AUS

BEMTAH	Entspricht BEMTIH – nur der Text wird außerhalb der Bemaßungslinie plaziert.
BEMTOM	Bei "AUS" wird der Text in der Mitte auf Höhe der Maßlinie gezeichnet. Sonst wird der Text auf der Maßlinie gezeichnet. Vorgabe: AUS
BEMTOL	Bei "EIN" wird der Text mit Bemaßungstoleranzen versehen. Vorgabe: AUS
BEMGRE	Bei "EIN" wird das größte und kleinste zugelassene Maß gezeichnet. Vorgabe: AUS
BEMNZ	Steuert, wie Fuß- und Zollwerte angegeben werden, wenn sie den Wert 0 haben, z.B. 3'-0" oder 0'-3". Vorgabe: 0, d.h. 0 Fuß und 0 Zoll werden nicht ausgegeben
BEMALT	Bei "EIN" wird gleichzeitig mit zwei verschiedenen Einheiten bemaßt. Vorgabe: AUS
BEMPLG	Damit wird die Pfeilgröße der Bemaßungspfeile definiert. Vorgabe: 3.5 Einheiten
BEMSLG	Damit wird die Länge der Striche definiert, die an Stelle von Pfeilen im 45 Grad Winkel gezeichnet werden. Wert 0 ergibt Pfeile. Vorgabe: 0
BEMTXT	Damit wird die Höhe des Bemaßungstextes definiert. Vorgabe: 3.5 Einheiten
BEMZEN	Damit wird die Größe des Fadenkreuzes bzw. des Striches definiert, die bei einer Kreis- oder Bogenbemaßung den Zentrumspunkt markieren. Der Wert 0 bewirkt keine Markierung des Zentrumspunktes.

	Ein Wert größer 0 definiert die Größe des Fadenkreuzes. Ein Wert kleiner 0 bewirkt das Zeichnen von Strichen entsprechender Größe. Vorgabe: 1.5 Einheiten
BEMABH	Hilfslinien beginnen nicht direkt am Objekt, sondern um den eingegebenen Wert vom Objekt getrennt. Vorgabe: 0.1 Einheiten
BEMVEH	Damit wird die Länge definiert, mit der die Hilfslinie über die Maßlinie hinausragen soll. Vorgabe: 1.8 Einheiten
BEMVML	Bei einem Wert größer 0 wird die Maßlinie um den definierten Wert über die Hilfslinie hinaus verlängert. Vorgabe: 0
BEMIML	Damit wird eine Bemaßung um den angegebenen Wert versetzt, falls ein Überschreiben durch eine andere Maßlinie droht (z.B. beim Bemaßen mit Basislinien). Vorgabe: 7.0 Einheiten
BEMTP	Damit wird ein Maß mit der Angabe einer Plus-Toleranz versehen. Vorgabe: 0
BEMTM	Damit wird ein Maß mit der Angabe einer Minus-Toleranz versehen. Vorgabe: 0
BEMRND	Damit werden Bemaßungen auf den nächstliegenden Wert eines eingegebenen Rasters gerundet. Z.B. bewirkt die Eingabe des Werts 0.25, daß Zahlenwerte von Bemaßungen auf den nächstliegenden Wert im 0.25-Raster gerundet werden. Bei Wert 0 wird nicht gerundet. Vorgabe: 0
BEMFKTR	Damit wird die Größendimension aller Bemaßungsvariablen wie Pfeile, Zahlenangaben, etc. um den eingegebe-

nen Wert multipliziert. Z.B. bewirkt die Eingabe eines Werts 2, daß Pfeile, Zahlenangaben, etc. doppelt so groß gezeichnet werden.
Toleranzen, gemessene Längen oder Winkel werden nicht verändert.
Vorgabe: 1

BEMGFLA Alle linearen Bemaßungen, also nicht Winkelbemaßungen, werden zuerst mit dem eingegebenen Wert multipliziert, ehe sie in die Zeichnung eingetragen werden.
BEMGFLA ist völlig unabhängig von dem in BEMFKTR gesetzten Wert.
Vorgabe: 1

BEMALTU Falls BEMALT eingeschaltet ist, werden alle linearen, von AutoCAD berechneten Bemaßungen mit diesem Wert multipliziert. Der neue Wert wird dann in eckigen Klammern rechts von dem Originalwert gezeichnet.
Damit kann gleichzeitig in einem anderen Einheitensystem, z.B. englische Maße, bemaßt werden.
Vorgabe: 25.4 (Millimeter pro Zoll)

BEMALTD Falls BEMALT eingeschaltet ist, wird damit die Zahl der Dezimalstellen bestimmt.
Vorgabe: 2

BEMBLK Damit wird der Name eines Blocks festgelegt, der anstatt von Pfeilen bei der Bemaßung gezeichnet wird.
Vorgabe: Keine (also werden Pfeile gezeichnet)

BEMASSO Maße werden bei einer Veränderung des bemaßten Objekts neu berechnet.
Vorgabe: EIN

BEMZUG Maße werden während der Veränderung laufend aktualisiert.
Vorgabe: AUS

BEMNACH Text für Maßeinheiten, z.B. "mm".

BEMANACH   Text für alternative Maßeinheiten.

Ab AutoCAD 10.0 gibt es zusätzlich die folgenden Bemaßungsvariablen:

BEMPFKT   Unterschiedliche Maßpfeile an beiden Enden der Maßlinie.
Vorgabe: AUS

BEMBLK1,   Namen der Blöcke für den rechten und linken Maßpfeil.
BEMBLK2   Vorgabe: keine (also werden Pfeile gezeichnet)

BEMTAL   Maßlinie zeichnen, auch wenn Text außerhalb.
Vorgabe: AUS

BEMTIL   Maßlinie innerhalb der Maßlinie zeichnen, auch wenn normalerweise außerhalb.
Vorgabe: AUS

BEMMAHU   Maßlinie nur innerhalb der Hilfslinien zeichnen.
Vorgabe: AUS

BEMTVP   Steuert den Abstand Text – Maßlinie.
Vorgabe: 0

Bevor Sie Ihre Bemaßungsvariablen neu festlegen, sollten Sie sich mit Hilfe des Befehls **STATUS** die aktuellen Werte ansehen. Dazu tippen Sie im Befehlsmodus von **BEM** das Wort **STATUS** ein und schließen mit ⏎ ab, worauf folgende Anzeige erscheint (hier die Liste der Version 9.0):

```
BEMFKTR   1.0000      Allgemeiner Groessenfaktor
BEMPLG    3.50        Pfeillaenge
BEMZEN    1.50        Groesse Zentrumspunkt
BEMABH    0.10        Abstand der Hilfslinie
BEMIML    7.00        Inkrement der Masslinie
BEMVEH    1.80        Verlaengerung der Hilfslinie oberhalb Masslinie
BEMTP     0.00        Plus-Toleranz
BEMTM     0.00        Minus-Toleranz
BEMTXT    3.50        Texthoehe
BEMSLG    0.00        Strichlaenge
```

BEMRND	0.00	Rundungswert
BEMVML	0.00	Verlaengerung der Masslinie
BEMTOL	Aus	Bemassungstoleranzen generieren
BEMGRE	Aus	Bemassungsgrenzen generieren
BEMTIH	Aus	Text innerhalb Hilfslinien ist waagrecht
BEMTAH	Aus	Text ausserhalb Hilfslinien ist waagrecht
BEMH1U	Aus	Erste Hilfslinie unterdruecken
BEMH2U	Aus	Zweite Hilfslinie unterdruecken
BEMTOM	Aus	Text oberhalb der Masslinie setzen
BEMNZ	0	Null Zoll editieren
BEMALT	Aus	Wahl von Alternativeinheiten
BEMALTU	25.40000	Umrechnungsfaktor fuer Alternativeinheiten
BEMALTD	2	Dezimalstellen fuer Alternativeinheiten
BEMGFLA	1.0000	Groessenfaktor fuer lineare Abstaende
BEMBLK		Name fuer Pfeilblock
BEMASSO	Ein	Assoziative Bemassung generieren
BEMZUG	Aus	Nachziehen des Bemassungswertes
BEMNACH		Variable nach Masszahl
BEMANACH		Variable nach Masszahl bei Alternativeinheiten

Wenn die bemaßten Objekte später verändert, z.B. gedehnt oder variiert, werden, so aktualisiert AutoCAD anschließend die Bemaßungslinien und die Maßzahlen. Man spricht hier von "assoziativer Bemaßung". Bei jeder Veränderung muß auch die Bemaßung als Objekt mit angewählt werden.

> **Hinweis:** Für nachträgliche Bearbeitungen muß der Layer DEFPOINTS eingeschaltet sein.

Musteranwendungen

In den nachfolgenden Beispielen werden verschiedene Variationen des Befehls **BEM** und deren Auswirkungen vorgestellt.

Musteranwendung 1

In diesem Beispiel zeichnen und bemaßen Sie Linien, Bögen und Kreise.

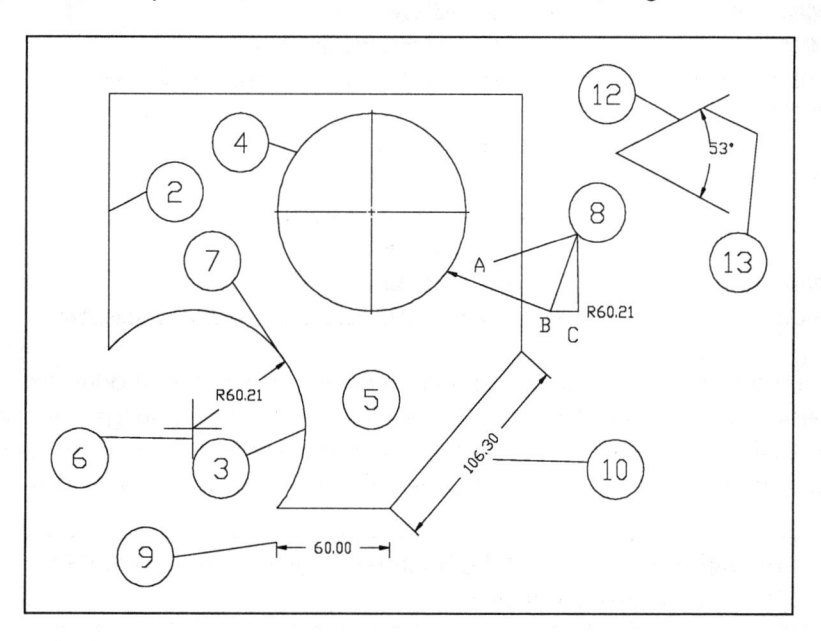

1. Beginnen Sie eine neue Zeichnung namens DIMAC. Setzen Sie das Fangraster und das Sichtraster.

   Befehl: **FANG** ↵
   Fangwert oder EIN/AUS/Aspekt/Drehen/Stil <1.00>: **5** ↵

   Befehl: **RASTER** ↵
   Rasterwert(X) oder EIN/AUS/Fang/Aspekt <10.00>: **0** ↵

Modul 16   BEM, BEM1

2. Zeichnen Sie fünf Linien.

   Befehl: **LINIE** ↵
   Von Punkt: **50,130** ↵
   Nach Punkt: **50,260** ↵
   Nach Punkt: **270,260** ↵
   Nach Punkt: **270,130** ↵
   Nach Punkt: **200,50** ↵
   Nach Punkt: **140,50** ↵
   Nach Punkt: ↵

3. Zeichnen Sie einen Bogen.

   Befehl: **BOGEN** ↵
   Mittelpunkt/<Startpunkt>: **140,50** ↵
   Mittelpunkt/Endpunkt/<zweiter Punkt>: **E** ↵
   Endpunkt: **50,130** ↵
   Winkel/Startrichtung/Radius/<Mittelpunkt>: **W** ↵
   eingeschlossener Winkel: **180** ↵

4. Zeichnen Sie einen Kreis.

   Befehl: **KREIS** ↵
   3P/2P/TTR/<Mittelpunkt>: **190,200** ↵
   Durchmesser/<Radius>: **50** ↵

5. Ändern Sie die Variable BEMZEN auf –1.5 und zeichnen Sie Zentrumslinien an dem Kreis.

   Befehl: **BEM** ↵
   Bem: **BEMZEN** ↵
   Aktueller Wert <1.50> Neuer Wert: **-1.5** ↵
   Bem: **ZEN** ↵
   Bogen oder Kreis waehlen: (klicken Sie die Kreislinie an)

6. Ändern Sie die Variable BEMZEN auf 10 und fügen Sie Zentrumsmarkierungen hinzu.

   Bem: **BEMZEN** ↵
   Aktueller Wert <-1.50> Neuer Wert: **10** ↵
   Bem: **ZEN** ↵
   Bogen oder Kreis waehlen: (klicken Sie den Bogen an)

97

7. Bemaßen Sie den Radius.

   ```
   Bem: RAD  ↵
   Bogen oder Kreis waehlen:  (klicken Sie den Bogen an)
   Bemassungs-Text <60.21>:  ↵
   ```

8. Bemaßen Sie den Kreis.

   ```
   Bem: FUE  ↵
   Start Fuehrungslinie: NAE  ↵
   zu (klicken Sie in die Nähe des Punktes A)
   Nach Punkt:  (klicken Sie in die Nähe des Punktes B)
   Nach Punkt:  (klicken Sie in die Nähe des Punktes C)
   Nach Punkt:  ↵
   Bemassungs-Text <60.21>  ↵
   ```

9. Bemaßen Sie die kurze horizontale Linie.

   ```
   Bem: HOR  ↵
   Anfangspunkt der ersten Hilfslinie oder RETURN fuer Auswahl: 140,25  ↵
   Ausgangspunkt der zweiten Hilfslinie: 200,25  ↵
   Standort der Masslinie: 170,30  ↵
   Bemassungstext <60.00>:  ↵
   ```

10. Richten Sie die Bemaßung der rechten schiefen Linie aus.

    ```
    Bem: AUS  ↵
    Anfangspunkt der ersten Hilfslinie oder RETURN fuer Auswahl:  ↵
    Linie, Bogen oder Kreis waehlen:  (klicken Sie die Linie an)
    Standort der Masslinie: 250,80  ↵
    Bemassungs-Text <106.30>:  ↵
    ```

11. Verlassen Sie den Bemaßungs-Befehlsmodus.

    ```
    Bem: Ctrl C *Abbruch*
    Befehl:
    ```

12. Zeichnen Sie zwei Linien.

    ```
    Befehl: LINIE  ↵
    Von Punkt: 380,260  ↵
    Nach Punkt: 320,230  ↵
    ```

Nach Punkt: **380,200** ⏎
Nach Punkt: ⏎

13. Bemaßen Sie die beiden Linien und verlassen Sie dann diesen Befehlsmodus.

    Befehl: **BEM** ⏎
    Bem: **WIN** ⏎
    Erste Linie waehlen: (klicken Sie die erste Linie an)
    Zweite Linie: (klicken Sie die zweite Linie an)
    Standort des Massbogens eingeben: **370,230** ⏎
    Bemassungs-Text <53>: ⏎
    Textstandort eingeben: **370,230** ⏎
    Bem: [Ctrl] [C] *Abbruch*

14. Sichern Sie die Zeichnung unter dem Namen DIMAC.

    Befehl: **SICHERN** ⏎
    Dateiname <DIMAC>: ⏎

    Ihre Zeichnung sollte jetzt so aussehen.

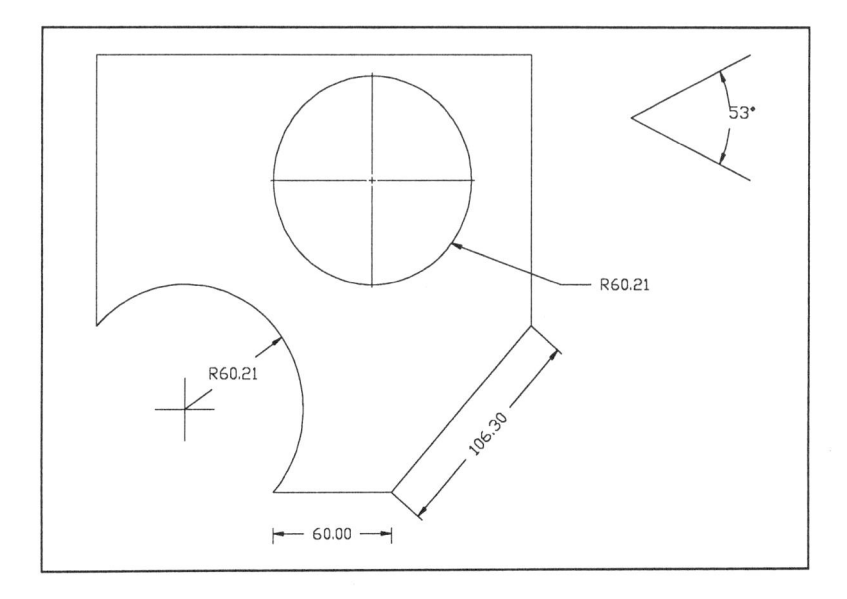

15. Kehren Sie mit **QUIT** ins Hauptmenü zurück.

Musteranwendung 2

In diesem Beispiel bemaßen Sie mit Hilfe einer Basislinie, drehen die Bemaßungslinie und üben die anderen linearen Bemaßungsbefehle.

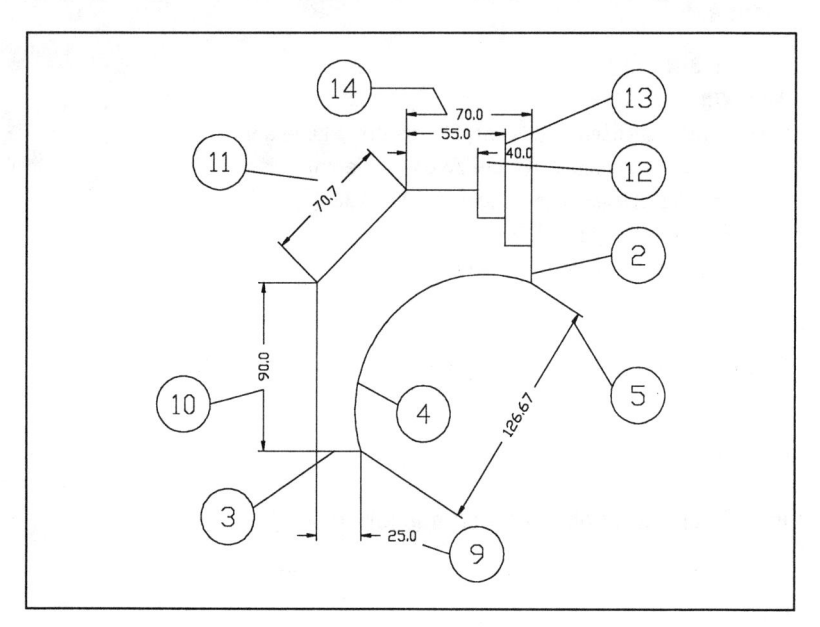

1. Beginnen Sie eine neue Zeichnung namens DIMAC2. Setzen Sie das Fangraster und schalten Sie das Sichtraster ein.

   ```
   Befehl: FANG
   Fangwert oder EIN/AUS/Aspekt/Drehen/Stil <1.00>: 5
   
   Befehl: RASTER
   Rasterwert(X) oder EIN/AUS/Fang/Aspekt <10.00>: 0
   ```

2. Zeichnen Sie acht Linien.

   ```
   Befehl: LINIE
   Von Punkt: 90,70
   Nach Punkt: 90,160
   Nach Punkt: 140,210
   Nach Punkt: 180,210
   Nach Punkt: 180,195
   Nach Punkt: 195,195
   ```

Nach Punkt: **195,180** ⏎
Nach Punkt: **210,180** ⏎
Nach Punkt: **210,160** ⏎
Nach Punkt: ⏎

3. Zeichnen Sie eine Linie.

   Befehl: **LINIE** ⏎
   Von Punkt: **90,70** ⏎
   Nach Punkt: **115,70** ⏎
   Nach Punkt: ⏎

4. Zeichnen Sie einen Bogen.

   Befehl: **BOGEN** ⏎
   Mittelpunkt/<Startpunkt>: **210,160** ⏎
   Mittelpunkt/Endpunkt/<zweiter Punkt>: **130,140** ⏎
   Endpunkt: **115,70** ⏎

5. Bemaßen Sie gedreht und verlassen Sie dann den Bemaßungsbefehl.

   Befehl: **BEM** ⏎
   Bem: **DRE** ⏎
   Winkel der Masslinie <0>: **58** ⏎
   Anfangspunkt der ersten Linie oder RETURN fuer Auswahl: (klicken Sie den ersten Schnittpunkt des Bogens mit der Linie an)
   Anfangspunkt der zweiten Hilfslinie: (klicken Sie jetzt den zweiten Schnittpunkt an)
   Standort der Masslinie: (klicken Sie ungefähr wie in der Zeichnung)
   Bemassungs-Text <126.67>: ⏎
   Bem: Ctrl C *Abbruch*

6. Sichern Sie die Zeichnung.

   Befehl: **SICHERN** ⏎
   Dateiname <DIMAC2>: ⏎

101

BEM, BEM1 — Modul 16

7. Verändern Sie mit Hilfe des Befehls **EINHEIT** die Anzahl der Nachkommastellen.

   Befehl: **EINHEIT** ⏎
   Einheitensysteme: (Beispiele)

   1. Wissenschaftl.   1.55E+01
   2. Dezimal   15.50
   3. Engineering   1'-3.50"
   4. Architectural   1'-3 1/2
   5. Brucho   15 1/2"

   Auswahl eingeben, 1 bis 5 <2>: ⏎
   Anzahl Dezimalstellen (0 bis 8) <2>: **1** ⏎
   Winkelmasseinheiten: (Beispiele)

   1. Dezimal Grad   45.0000
   2. Grad/Minuten/Sekunden   45d0'0"
   3. Grad   50.0000g
   4. Radianten   0.7854r
   5. Geometer Einheiten   N 45d0'0" E

   Auswahl eingeben, 1 bis 5 <1>: ⏎
   Anzahl Dezimalstellen fuer Winkel (0 bis 8) <0>: ⏎

   Winkelrichtung 0:
     Osten   3 Uhr =   0
     Norden 12 Uhr = 90
     Westen   9 Uhr = 180
     Sueden   6 Uhr = 270
   Winkelrichtung eingeben 0 <0>: ⏎

   Sollen Winkel im Uhrzeigersinn gemessen werden? <N>: ⏎

8. Kehren Sie zum Zeichnungseditor zurück.

   Befehl: (drücken Sie die Taste [F1] beim IBM-PC)

9. Bemaßen Sie die untere horizontale Linie.

   ```
   Befehl: BEM ⏎
   Bem: HOR ⏎
   Anfangspunkt der ersten Hilfslinie oder RETURN fuer Auswahl: ⏎
   Linie, Bogen oder Kreis waehlen: 100,70 ⏎
   Standort der Masslinie: 100,25 ⏎
   Bemassungs-Text <25.0>: ⏎
   ```

10. Bemaßen Sie die linke vertikale Linie.

    ```
    Bem: VER ⏎
    Anfangspunkt der ersten Hilfslinie oder RETURN fuer Auswahl: 90,70 ⏎
    Ausgangspunkt der zweiten Hilfslinie: 90,160 ⏎
    Standort der Masslinie: 60,110 ⏎
    Bemassungs-Text <90.0>: ⏎
    ```

11. Richten Sie die Bemaßung der schrägen oberen Linie aus.

    ```
    Bem: AUS ⏎
    Anfangspunkt der ersten Hilfslinie oder RETURN fuer Auswahl: ⏎
    Linie, Bogen oder Kreis waehlen: 120,190 ⏎
    Standort der Masslinie: 90,200 ⏎
    Bemassungs-Text <70.7>: ⏎
    ```

12. Bemaßen Sie die oberste horizontale Linie.

    ```
    Bem: HOR ⏎
    Anfangspunkt der ersten Hilfslinie oder RETURN fuer Auswahl: ⏎
    Linie, Bogen oder Kreis waehlen: 155,210 ⏎
    Standort der Masslinie: 160,230 ⏎
    Bemassungs-Text <40.0>: ⏎
    ```

13. Bemaßen Sie nun mit Hilfe einer Basislinie.

    ```
    Bem: BAS ⏎
    Ausgangspunkt der zweiten Hilfslinie: 195,195 ⏎
    Bemassungs-Text <55.0>: ⏎
    ```

14. Bemaßen Sie nochmal mit einer Basislinie und verlassen Sie dann den Bemaßungsbefehl.

    ```
    Bem: BAS  ↵
    Ausgangspunkt der zweiten Hilfslinie: 210,180  ↵
    Bemassungs-Text <70.0>:  ↵
    Bem: Ctrl  C  *Abbruch*
    ```

15. Vergrößern Sie den sichtbaren Bildschirmausschnitt.

    ```
    Befehl: ZOOM  ↵
    Alles/Mitte/Dynamisch/Grenzen/Links/Vorher/Fenster/<Faktor(X)>: G  ↵
    ```

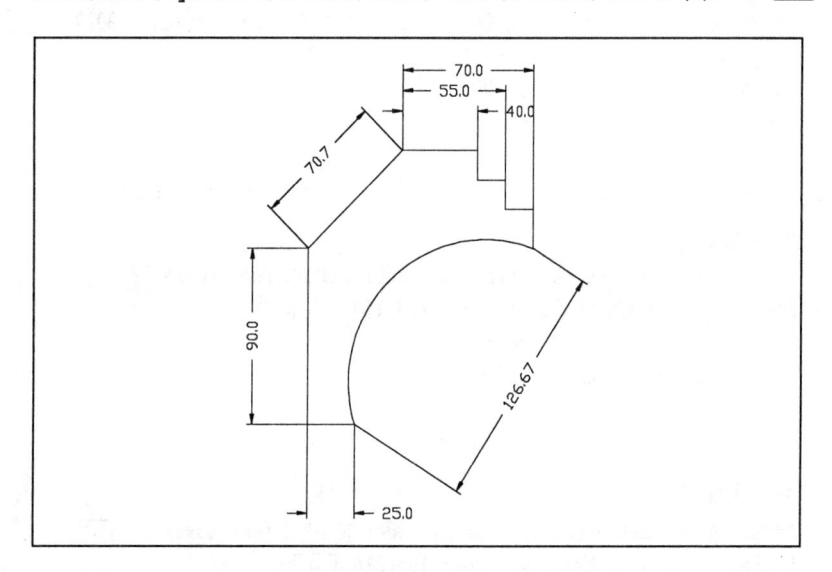

16. Sichern Sie die Zeichnung. Kehren Sie dann mit ↵ ins Hauptmenü zurück.

Musteranwendung 3

In diesem Beispiel zeichnen Sie verschiedene Figuren und bemaßen Sie dann. Der Bemaßungstext wird teils innerhalb, teils oberhalb der Bemaßungslinien plaziert. Ferner verwenden Sie zwei Techniken zur Winkelbemaßung.

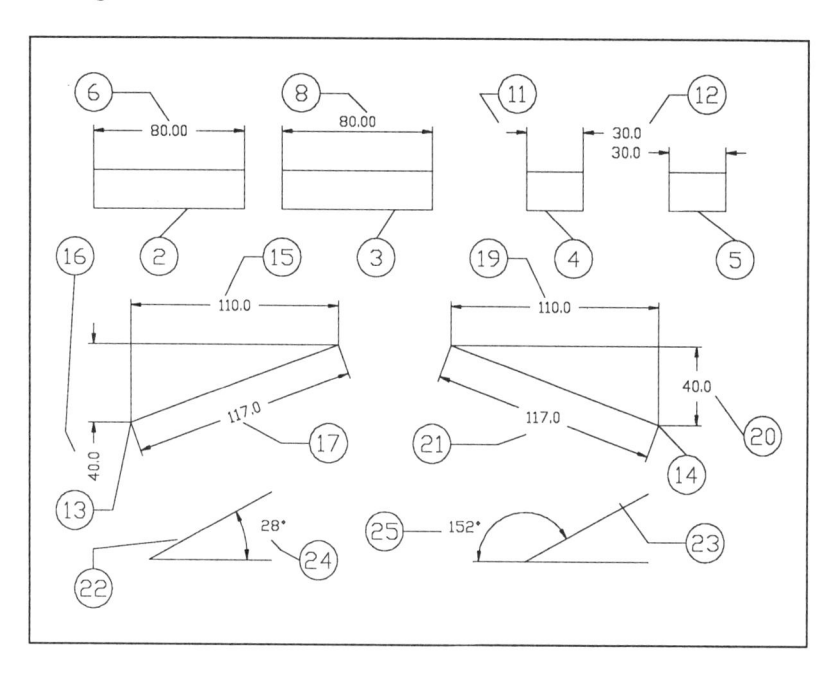

1. Beginnen Sie eine neue Zeichnung namens DIMAC3. Setzen Sie das Fangraster, und schalten Sie das Sichtraster ein.

   Befehl: **FANG** ⏎
   Fangwert oder EIN/AUS/Aspekt/Drehen/Stil <1.0>: **5** ⏎

   Befehl: **RASTER** ⏎
   Rasterwert(X) oder EIN/AUS/Fang/Aspekt <10.00>: **0** ⏎

2. Zeichnen Sie ein Rechteck.

   Befehl: **LINIE** ⏎
   Von Punkt: **30,210** ⏎
   Nach Punkt: **110,210** ⏎
   Nach Punkt: **110,230** ⏎

Nach Punkt: **30,230** ⏎
Nach Punkt: **S** ⏎

3. Kopieren Sie das Rechteck.

   Befehl: **KOPIEREN** ⏎
   Objekte waehlen: **F** ⏎
   Erste Ecke: **20,200** ⏎
   Andere Ecke: **120,240** ⏎
   Objekte waehlen: ⏎
   <Basispunkt oder Verschiebung>/Mehrfach: **30,210** ⏎
   Zweiter Punkt der Verschiebung: **130,210** ⏎

4. Zeichnen Sie ein kleines Rechteck.

   Befehl: **LINIE** ⏎
   Von Punkt: **260,210** ⏎
   Nach Punkt: **290,210** ⏎
   Nach Punkt: **290,230** ⏎
   Nach Punkt: **260,230** ⏎
   Nach Punkt: **S** ⏎

5. Kopieren Sie das kleine Rechteck.

   Befehl: **KOPIEREN** ⏎
   Objekte waehlen: **F** ⏎
   Erste Ecke: **255,205** ⏎
   Andere Ecke: **295,235** ⏎
   Objekte waehlen: ⏎
   <Basispunkt der Verschiebung>/Mehrfach: **260,210** ⏎
   Zweiter Punkt der Verschiebung: **335,210** ⏎

6. Bemaßen Sie das erste Rechteck. Die Werte sollen dabei innerhalb der Bemaßungslinie stehen.

   Befehl: **BEM** ⏎
   Bem: **HOR** ⏎
   Anfangspunkt der ersten Hilfslinie oder RETURN fuer Auswahl: ⏎
   Linie, Bogen oder Kreis waehlen: **60,230** ⏎
   Standort der Masslinie: **60,250** ⏎
   Bemassungs-Text <80.00>: ⏎

7. Schalten Sie BEMTOM ein. Damit wird der Text über der Bemaßungslinie plaziert.

    Bem: **BEMTOM** [↵]
    Aktueller Wert <Aus> Neuer Wert: **EIN** [↵]

8. Bemaßen Sie das zweite Rechteck und verlassen Sie dann den Bemaßungsbefehl.

    Bem: **HOR** [↵]
    Anfangspunkt der ersten Hilfslinie oder RETURN fuer Auswahl: [↵]
    Linie, Bogen oder Kreis waehlen: **170,230** [↵]
    Standort der Masslinie: **170,250** [↵]
    Bemassungs-Text <80.00>: [↵]
    Bem: [Ctrl] [C] *Abbruch*

9. Ändern Sie mit dem Befehl **EINHEIT** die Anzahl der Dezimalstellen auf 1. Vergleichen Sie dazu die vorangegangene Musteranwendung.

10. Schalten Sie BEMTOM aus.

    Befehl: **BEM** [↵]
    Bem: **BEMTOM** [↵]
    Aktueller Wert <Ein> Neuer Wert: **AUS** [↵]

11. Bemaßen Sie das dritte Rechteck.

    Bem: **HOR** [↵]
    Anfangspunkt der ersten Hilfslinie oder RETURN fuer Auswahl: **260,230** [↵]
    Ausgangspunkt der zweiten Hilfslinie: **290,230** [↵]
    Standort der Masslinie: **280,250** [↵]
    Bemassungs-Text <30.0>: [↵]

12. Bemaßen Sie das vierte Rechteck und zeichnen Sie den Bildschirm neu.

    Bem: **HOR** [↵]
    Anfangspunkt der ersten Hilfslinie oder RETURN fuer Auswahl: [↵]
    Linie, Bogen oder Kreis waehlen: **350,230** [↵]
    Standort der Masslinie: **350,240** [↵]
    Bemassungs-Text <30.0>: [↵]
    Bem: [Ctrl] [C] *Abbruch*

    Befehl: **NEUZEICH** [↵]

13. Zeichnen Sie ein Dreieck.

    Befehl: **LINIE** ⏎
    Von Punkt: **50,100** ⏎
    Nach Punkt: **50,140** ⏎
    Nach Punkt: **160,140** ⏎
    Nach Punkt: **S** ⏎

14. Spiegeln Sie das Dreieck.

    Befehl: **SPIEGELN** ⏎
    Objekte waehlen: **F** ⏎
    Erste Ecke: **40,95** ⏎
    Andere Ecke: **175,150** ⏎
    3 gefunden.
    Objekte waehlen: ⏎
    Erster Punkt der Spiegelachse: **190,160** ⏎
    Zweiter Punkt: **190,50** ⏎
    Alte Objekte loeschen? <N> ⏎

15. Bemaßen Sie die obere Seite des linken Dreiecks.

    Befehl: **BEM** ⏎
    Bem: **HOR** ⏎
    Anfangspunkt der ersten Hilfslinie oder RETURN fuer Auswahl: ⏎
    Linie, Bogen oder Kreis waehlen: **80,140** ⏎
    Standort der Masslinie: **80,160** ⏎
    Bemassungs-Text <110.0>: ⏎

16. Bemaßen Sie die linke Seite.

    Bem: **VER** ⏎
    Anfangspunkt der ersten Hilfslinie oder RETURN fuer Auswahl: **50,140** ⏎
    Ausgangspunkt der zweiten Hilfslinie: **50,100** ⏎
    Standort der Masslinie: **30,120** ⏎
    Bemassungs-Text <40.0>: ⏎

17. Bemaßen Sie die letzte Seite ausgerichtet.

    Bem: **AUS** ⏎
    Anfangspunkt der ersten Hilfslinie oder RETURN fuer Auswahl: ⏎
    Linie, Bogen oder Kreis waehlen: **90,115** ⏎

Standort der Masslinie: **95,100** ⏎
Bemassungs-Text <117.0>: ⏎

18. Schalten Sie BEMTIH und BEMTAH ein. Die Zahlenwerte werden dann immer horizontal plaziert.

    Bem: **BEMTIH** ⏎
    Aktueller Wert <Aus> Neuer Wert: **EIN** ⏎
    Bem: **BEMTAH** ⏎
    Aktueller Wert <Aus> Neuer Wert: **EIN** ⏎

19. Bemaßen Sie die obere Seite des rechten Dreiecks.

    Bem: **HOR** ⏎
    Anfangspunkt der ersten Hilfslinie oder RETURN fuer Auswahl: ⏎
    Linie, Bogen oder Kreis waehlen: **290,140** ⏎
    Standort der Masslinie: **290,160** ⏎
    Bemassungs-Text <110.0>: ⏎

20. Bemaßen Sie die rechte Seite.

    Bem: **VER** ⏎
    Anfangspunkt der ersten Hilfslinie oder RETURN fuer Auswahl: ⏎
    Linie, Bogen oder Kreis waehlen: **330,120** ⏎
    Standort der Masslinie: **350,120** ⏎
    Bemassungs-Text <40.0>: ⏎

21. Bemaßen Sie die letzte Seite ausgerichtet und zeichnen Sie dann den Bildschirm neu.

    Bem: **AUS** ⏎
    Anfangspunkt der ersten Hilfslinie oder RETURN fuer Auswahl: ⏎
    Linie, Bogen oder Kreis waehlen: **285,115** ⏎
    Standort der Masslinie: **280,100** ⏎
    Bemassungs-Text <117.0>: ⏎
    Bem: [Ctrl] [C] *Abbruch*

    Befehl: **NEUZEICH** ⏎

22. Zeichnen Sie zwei Linien.

    ```
    Befehl: LINIE ⏎
    Von Punkt: 125,65 ⏎
    Nach Punkt: 60,30 ⏎
    Nach Punkt: 125,30 ⏎
    Nach Punkt: ⏎
    ```

23. Kopieren Sie die beiden Linien.

    ```
    Befehl: KOPIEREN ⏎
    Objekte waehlen: F ⏎
    Erste Ecke: 55,20 ⏎
    Andere Ecke: 140,80 ⏎
    2 gefunden.
    Objekte waehlen: ⏎
    <Basispunkt oder Verschiebung>/Mehrfach: 60,30 ⏎
    Zweiter Punkt der Verschiebung: 260,30 ⏎
    ```

24. Bemaßen Sie den eingeschlossenen Winkel.

    ```
    Befehl: BEM ⏎
    Bem: WIN ⏎
    Erste Linie waehlen: 100,30 ⏎
    Zweite Linie: 95,50 ⏎
    Standort des Massbogens eingeben: 110,45 ⏎
    Bemassungs-Text <28>: ⏎
    Textstandort eingeben: 120,45 ⏎
    ```

25. Bemaßen Sie die rechten Linien, und verlassen Sie dann den Bemaßungsbefehl.

    ```
    Bem: WIN ⏎
    Erste Linie waehlen: 290,45 ⏎
    Zweite Linie: 285,30 ⏎
    Standort des Massbogens eingeben: 240,45 ⏎
    Bemassungs-Text <152>: ⏎
    Textstandort eingeben: 220,45 ⏎
    Bem: Ctrl C *Abbruch*
    ```

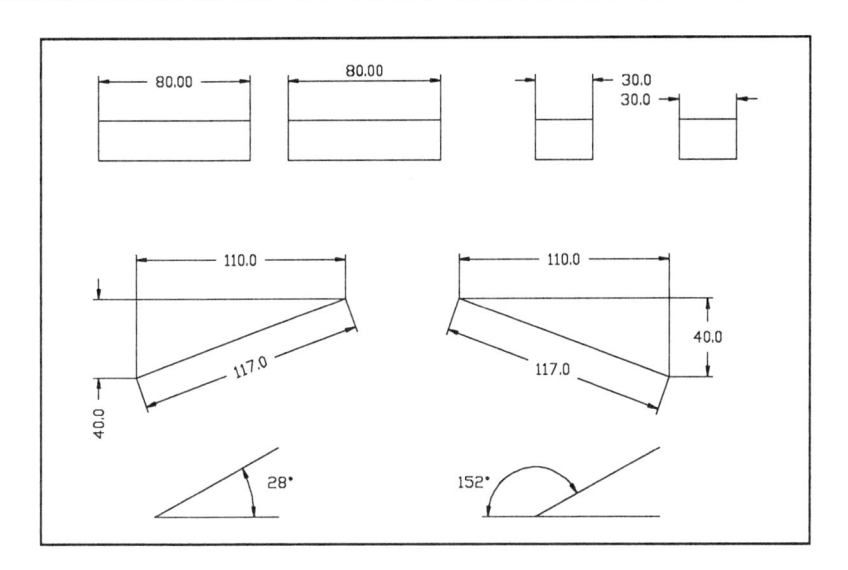

26. Sichern Sie die Zeichnung.

    Befehl: **SICHERN** ⏎
    Dateiname <DIMAC3>: ⏎

27. Kehren Sie mit **QUIT** ins Hauptmenü zurück.

BEM, BEM1   Modul 16

Musteranwendung 4

In diesem Beispiel bemaßen Sie drei Kreise und ein Rechteck.

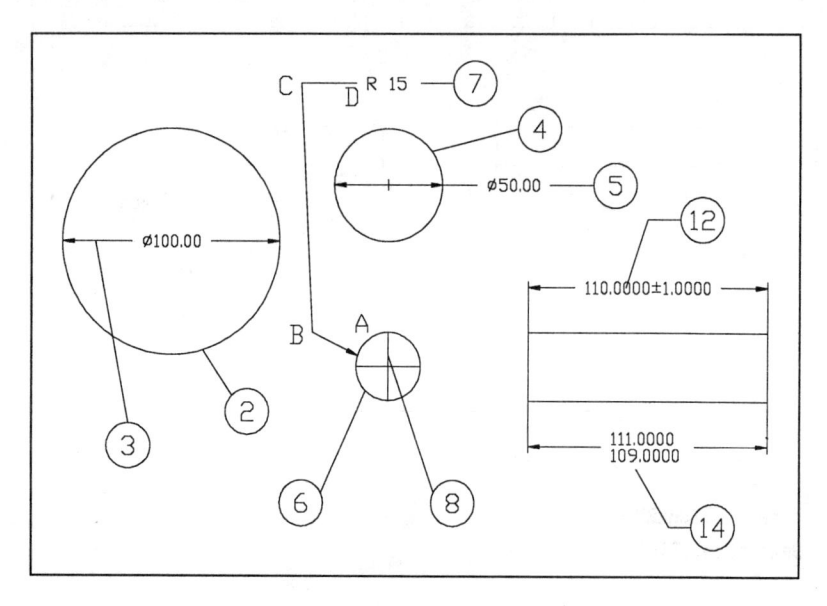

1. Beginnen Sie eine neue Zeichnung namens DIMAC4. Setzen Sie das Fangraster, und schalten Sie das Sichtraster ein.

   Befehl: **FANG** ↵
   Fangwert oder EIN/AUS/Aspekt/Drehen/Stil <1.00>: **5** ↵

   Befehl: **RASTER** ↵
   Rasterwert(X) oder EIN/AUS/Fang/Aspekt <10.00>: **0** ↵

2. Zeichnen Sie einen Kreis.

   Befehl: **KREIS** ↵
   3P/2P/TTR/<Mittelpunkt>: **85,190** ↵
   Durchmesser/<Radius>: **50** ↵

3. Bemaßen Sie den Kreis, und zeichnen Sie den Bildschirm neu.

   Befehl: **BEM** ↵
   Bem: **DUR** ↵
   Bogen oder Kreis waehlen: **135,190** ↵

112

Bemassungs-Text <100.00>: ⏎
Bem: Ctrl C *Abbruch*

Befehl: **NEUZEICH** ⏎

4. Zeichnen Sie einen kleineren Kreis.

   Befehl: **KREIS** ⏎
   3P/2P/TTR/<Mittelpunkt>: **185,215** ⏎
   Durchmesser/<Radius>: **25** ⏎

5. Bemaßen Sie den Kreis und zeichnen Sie den Bildschirm neu.

   Befehl: **BEM** ⏎
   Bem: **DUR** ⏎
   Bogen oder Kreis waehlen: **210,215** ⏎
   Bemassungs-Text <50.00>: ⏎
   Bem: Ctrl C *Abbruch*

   Befehl: **NEUZEICH** ⏎

6. Zeichnen Sie einen kleinen Kreis.

   Befehl: **KREIS** ⏎
   3P/2P/TTR/<Mittelpunkt>: **185,135** ⏎
   Durchmesser/<Radius>: **15** ⏎

7. Bemaßen Sie diesen Kreis mit einer Führungslinie und zeichnen Sie den Bildschirm neu.

   Befehl: **BEM** ⏎
   Bem: **FUE** ⏎
   Start Fuehrungslinie: **NAE** ⏎
   zu (klicken Sie auf die Kreislinie nahe A)
   Nach Punkt: (klicken Sie nahe B)
   Nach Punkt: (klicken Sie nahe C)
   Nach Punkt: (klicken Sie nahe D)
   Nach Punkt: ⏎
   Bemassungs-Text <>: **R 15** ⏎
   Bem: Ctrl C *Abbruch*

   Befehl: **NEUZEICH** ⏎

113

8. Fügen Sie Zentrumslinien hinzu und verlassen Sie den Bemaßungsbefehl.

   ```
   Befehl: BEM  [↵]
   Bem: BEMZEN  [↵]
   Aktueller Wert <1.50> Neuer Wert: 10  [↵]
   Bem: ZEN  [↵]
   Bogen oder Kreis waehlen: 200,135  [↵]

   Bem: [Ctrl][C] *Abbruch*
   ```

9. Zeichnen Sie ein Rechteck.

   ```
   Befehl: LINIE  [↵]
   Von Punkt: 250,120  [↵]
   Nach Punkt: 360,120  [↵]
   Nach Punkt: 360,150  [↵]
   Nach Punkt: 250,150  [↵]
   Nach Punkt: S  [↵]
   ```

10. Ändern Sie mit dem Befehl **EINHEIT** die Anzahl der Nachkommastellen auf 4.

11. Setzen Sie Bemaßungstoleranzen.

    ```
    Befehl: BEM  [↵]
    Bem: BEMTP  [↵]
    Aktueller Wert <0.00> Neuer Wert: 1  [↵]
    Bem: BEMTM  [↵]
    Aktueller Wert <0.00> Neuer Wert: 1  [↵]
    Bem: BEMTOL  [↵]
    Aktueller Wert <Aus> Neuer Wert: EIN  [↵]
    ```

12. Bemaßen Sie nun die obere Linie mit Toleranzen.

    ```
    Bem: HOR  [↵]
    Anfangspunkt der ersten Hilfslinie oder RETURN fuer Auswahl:  [↵]
    Linie, Bogen oder Kreis waehlen: 290,150  [↵]
    Standort der Masslinie: 290,170  [↵]
    Bemassungs-Text <110.0000>:  [↵]
    ```

13. Schalten Sie BEMGRE ein. Damit werden Minimal- und Maximallängen angegeben.

    ```
    Bem: BEMGRE ⏎
    Aktueller Wert <Aus> Neuer Wert: EIN ⏎
    ```

14. Bemaßen Sie die untere Seite und zeichnen Sie dann den Bildschirm neu.

    ```
    Bem: HOR ⏎
    Anfangspunkt der ersten Hilfslinie oder RETURN fuer Auswahl: ⏎
    Linie, Bogen oder Kreis waehlen: 290,120 ⏎
    Standort der Masslinie: 290,100 ⏎
    Bemassungs-Text <110.0000>: ⏎
    Bem: Ctrl C *Abbruch*

    Befehl: NEUZEICH ⏎
    ```

    Ihre Zeichnung sollte nun so aussehen wie die folgende Abbildung:

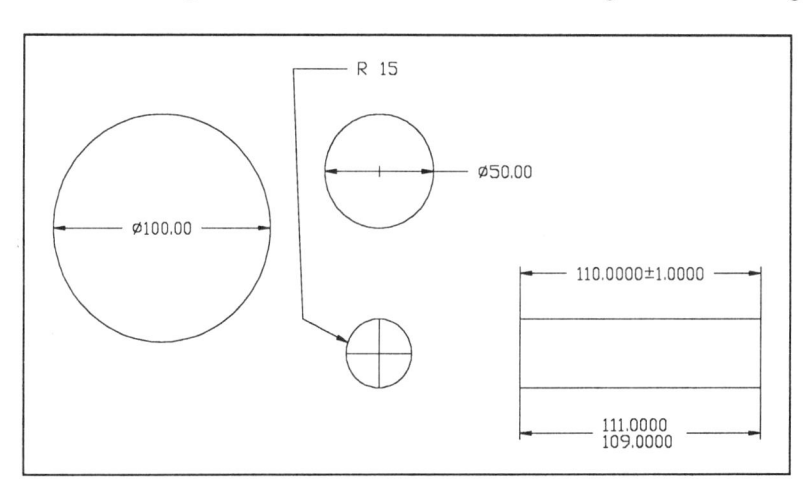

15. Kehren Sie mit **QUIT** ins Hauptmenü zurück.

Musteranwendung 5

In diesem Beispiel üben wir das nachträgliche Verändern von Bemaßungen.

1. Beginnen Sie eine Zeichnung namens DIMASSO.

2. Zeichnen Sie ein Quadrat.

   ```
   Befehl: LINIE ↵
   Von Punkt: 100,100 ↵
   Nach Punkt: 200,100 ↵
   Nach Punkt: 200,200 ↵
   Nach Punkt: 100,200 ↵
   Nach Punkt: S ↵
   ```

3. Bemaßen Sie die obere Seite des Quadrats.

   ```
   Befehl: BEM ↵
   Bem: BEMFKTR ↵
   Aktueller Wert <1.0000> Neuer Wert: 2.5 ↵
   Bem: BEMNACH ↵
   Aktueller Wert <> Neuer Wert: mm ↵
   Bem: HOR ↵
   Anfangspunkt der ersten Hilfslinie oder RETURN fuer Auswahl: 100,200 ↵
   Ausgangspunkt der zweiten Hilfslinie: 200,200 ↵
   Standort der Masslinie: 150,250 ↵
   Bemassungs-Text: <100.00 mm> ↵
   Bem: EXIT ↵
   ```

   Nun sollte Ihre Zeichnung so aussehen:

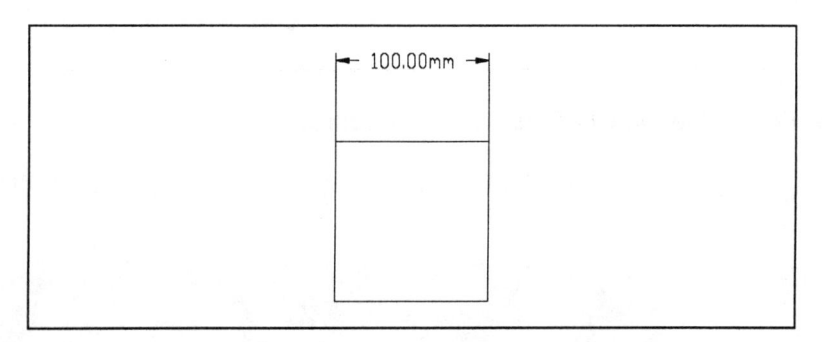

4. Schalten Sie den Layer DEFPOINTS ein.

   ```
   Befehl: LAYER ⏎
   ?/Mach/Setzen/Neu/Ein/Aus/Farbe/Ltyp/FRieren/Tauen: E ⏎
   Layername(n), zum Einschalten: DEFPOINTS ⏎
   ?/Mach/Setzen/Neu/Ein/Aus/Farbe/Ltyp/FRieren/Tauen: ⏎
   ```

5. Strecken Sie das Quadrat.

   ```
   Befehl: STRECKEN ⏎
   Objekte, die gestreckt werden sollen, mit Fenster waehlen...
   Objekte waehlen: K ⏎
   Erste Ecke: 175,80 ⏎
   Andere Ecke: 225,300 ⏎
   4 gefunden.
   Objekte waehlen: ⏎
   Basispunkt: 200,200 ⏎
   Neuer Punkt: 180,200 ⏎
   ```

   Das Quadrat wird schmaler, die neue Maßzahl 80.00 erscheint jetzt außerhalb der Maßlinien:

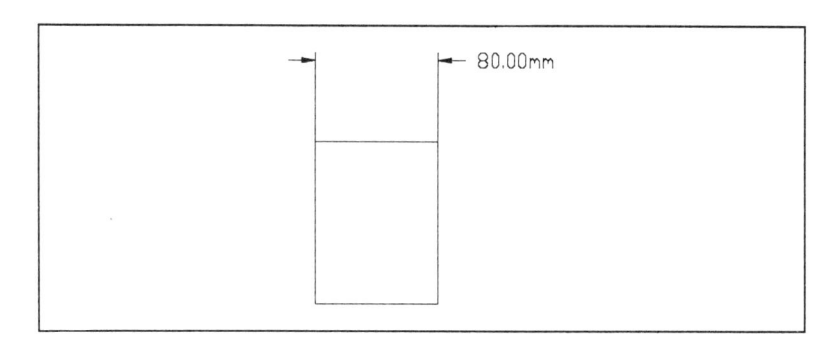

6. Schieben Sie die Maßzahl wieder zwischen die Maßlinien.

   ```
   Befehl: STRECKEN ⏎
   Objekte, die gestreckt werden sollen, mit Fenster waehlen...
   Objekte waehlen: K ⏎
   Erste Ecke: 200,230 ⏎
   Andere Ecke: 270,270 ⏎
   1 gefunden.
   Objekte waehlen: ⏎
   ```

```
Basispunkt: 230,250  ⏎
Neuer Punkt: 140,250  ⏎
Befehl:
```

7. Verlassen Sie die Zeichnung mit **QUIT**.

Nächster Lernschritt ist **Modul 21**.

Modul 17 B

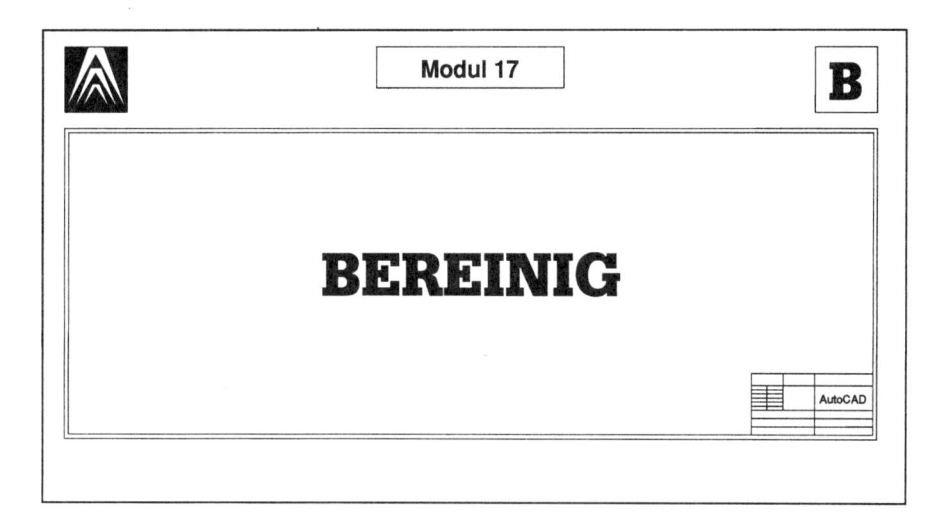

BEREINIG

Befehl: BEREINIG
Bereinigung unbenutzer Bloecke/LAyer/LTypen/Symbole/Textstile/Alles:

Beschreibung

Mit dem Befehl **BEREINIG** können nicht mehr benutzte benannte Objekte einer bereits existenten Zeichnung entfernt werden.

Aufruf und Optionen

AutoCAD speichert die Namen und Beschreibungen von Blöcken, Layern, Linientypen, Textstilen und benannten Ausschnitten. Nach dem Befehlsaufruf **BEREINIG** haben Sie die Möglichkeit, einzelne Gruppen von Objekten oder alle Objekte ("Alles") aufzurufen. Sie werden dann für jedes benannte, aber nicht mehr benutzte Objekt einzeln gefragt, ob es entfernt werden soll oder nicht.

Die Layer 0 und DEFPOINTS, der Linientyp AUSGEZOGEN und der Textstil STANDARD können nicht entfernt werden.

119

Benannte Ausschnitte können nur mit der Option "Loeschen" des Befehls **AUSSCHNT** gelöscht werden.

Der Befehl **BEREINIG** dient hauptsächlich dazu, Speicherplatz durch Entfernen nicht benötigter Objekte zu sparen.

Musteranwendung

Aufgrund der Einfachheit der Befehlsanwendung erübrigt sich ein Beispiel.

Nächster Lernschritt ist **Modul 25**.

BFLOESCH, BFRUECK

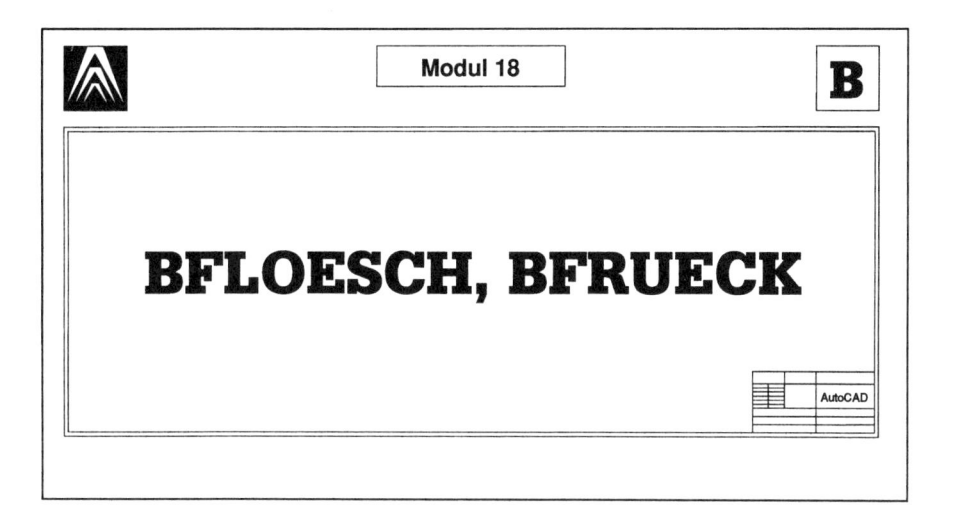

Befehl: BFLOESCH
Befehlsname:

Beschreibung

Mit dem Befehl **BFLOESCH** ist es möglich, einen AutoCAD-Befehl durch eine selbstgeschriebene Funktion zu ersetzen. Immer dann, wenn anschließend der Befehlsname eingegeben wird, führt AutoCAD die selbstgeschriebene Variante des Befehls aus. **BFRUECK** macht diese Umdefinition rückgängig.

Aufruf und Optionen

Bevor der Befehl aufgerufen werden kann, sind einige Vorarbeiten nötig. Zunächst müssen Sie eine AutoLISP-Prozedur schreiben, die den AutoCAD-Befehl ersetzen soll. Diese Prozedur muß denselben Namen tragen wie der AutoCAD-Befehl, allerdings mit der Zeichenfolge **C:** vorangestellt. Diese Prozedur muß zusätzlich in AutoCAD geladen sein.

Geben Sie nun den Befehl **BFLOESCH**, gefolgt von ⏎ . AutoCAD fragt:

Befehlsname:

Geben Sie den Namen des Befehls ein, der ersetzt werden soll. Ab sofort kennt AutoCAD diesen Befehl nicht mehr. Jeder Aufruf führt dazu, daß nun Ihre selbstgeschriebene Prozedur ausgeführt wird.

Die Eingabe von **BFRUECK** und des Befehlsnamens stellt den ursprünglichen Zustand wieder her.

Eine sinnvolle Verwendung dieser Funktion ist das Umdefinieren der Befehle **ENDE** und **SICHERN**. Hierbei könnte z.b. vor der Sicherung der Zeichnung eine Zeichnungsdatenbank aktualisiert werden. Der Originalbefehl steht immer noch zur Verfügung. Um ihn aufzurufen, müssen Sie einen Punkt vor den Befehlsnamen stellen, z.B. **.SICHERN**.

> **Warnung:** Dieser Befehl ist gefährlich! Verwenden Sie ihn erst, wenn Sie einige Erfahrung in der Programmierung von AutoLISP-Prozeduren gewonnen haben. Makros und Menüs können nicht mehr richtig funktionieren, wenn sich Ihre Prozedur anders verhält als der AutoCAD-Befehl.

Musteranwendung

In dieser Anwendung benutzen wir eine selbstgeschriebene Variante des Befehls **TEXT**. Diese Variante schreibt den Text automatisch auf den Layer mit dem Namen "TEXTE". Außerdem wird die Texthöhe 10 und der Drehwinkel 0 festgelegt.

1. Beginnen Sie eine neue Zeichnung namens BFLOESCH.

2. Erzeugen Sie einen Layer namens TEXTE.

   ```
   Befehl: LAYER ⏎
   ?/Mach/Setzen/Neu/Ein/Aus/Farbe/Ltyp/FRieren/Tauen: N ⏎
   Neue Layername(n): TEXTE ⏎
   ?/Mach/Setzen/Neu/Ein/Aus/Farbe/Ltyp/FRieren/Tauen: ⏎
   Befehl:
   ```

3. Geben Sie nun die folgenden Zeilen genauso ein, wie sie hier stehen:

   ```
   Befehl: (defun C:TEXT () ↵
   1> (setvar "CMDECHO" 0) ↵
   1> (setq Startpunkt (getpoint "Startpunkt:")) ↵
   1> (setq Textzeile (getstring t "\nText:")) ↵
   1> (setq Istlayer (getvar "CLAYER")) ↵
   1> (command "LAYER" "S" "TEXTE" "") ↵
   1> (command ".TEXT" Startpunkt 10 0 Textzeile) ↵
   1> (command "LAYER" "S" Istlayer "") ↵
   1> (prin1)) ↵
   C:TEXT

   Befehl:
   ```

   > **Hinweis:** Dies ist nur ein einfaches Beispiel der Möglichkeiten von AutoLISP. Wollen Sie mehr über die in AutoCAD integrierte Programmiersprache wissen, so lesen Sie das Buch "AutoLISP" von D. Rudolph, das ebenfalls im tewi-Verlag, München erschienen ist.

4. Rufen Sie den Befehl **TEXT** auf. Er verhält sich noch wie gewohnt.

   Befehl: **TEXT** ↵

   Beantworten Sie die Fragen, so daß ein beliebiger Text auf der Zeichenfläche erscheint.

5. Nun aktivieren wir unsere **TEXT**-Funktion:

   Befehl: **BFLOESCH** ↵
   Befehlsname: **TEXT** ↵

6. Rufen Sie nun wiederum **TEXT** auf. Nun meldet sich unsere Prozedur.

   Befehl: **TEXT** ↵
   Startpunkt: **100,100** ↵
   Text: **Layer TEXTE** ↵

   Befehl:

7. Der Text hat die Höhe 10 Einheiten. Er wurde auf dem Layer TEXTE gezeichnet. Beachten Sie aber, daß nun wieder der zuvor benutzte Layer aktiv ist. Um wieder den gewohnten **TEXT**-Befehl zu benutzen, rufen Sie **BFRUECK** auf:

   ```
   Befehl: BFRUECK  ↵
   Befehlsname: TEXT  ↵
   ```

8. Zeichnen Sie einen weiteren Text. Der bekannte Dialog ist wieder da.

   ```
   Befehl: TEXT  ↵
   ```

9. Beantworten Sie die Fragen wie üblich und verlassen Sie AutoCAD.

Dies war der letzte Lernschritt in der Modulfolge. Als nächstes sollten Sie noch den Anhang lesen.

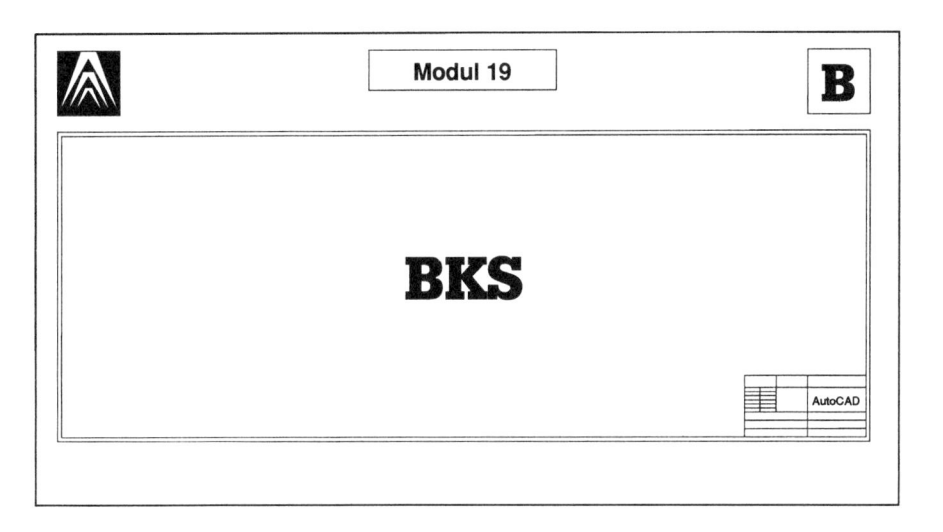

```
Befehl: BKS
Ursprung/ZAchse/3Punkt/Element/Ansicht/X/Y/Z/
Vorher/Holen/Sichern/Loeschen/?/<Welt>
```

Beschreibung

Vor AutoCAD 10.0 gab es nur ein einziges Koordinatensystem in Ihrer Zeichnung, das Weltkoordinatensystem (WKS). Das WKS ist ein kartesisches Koordinatensystem, bei dem die gewohnten X-, Y- und Z-Achsen ihren Ursprung in AutoCADs (Welt-)Basispunkt **0,0,0** haben. Dieses Weltkoordinatensystem existiert auch in AutoCAD 10.0 noch in der gewohnten Weise und ist immer dann aktiv, wenn Sie eine neue Zeichnung beginnen. Zusätzlich können Sie aber nun selbst weitere Benutzerkoordinatensysteme (BKS) anlegen. Diese unterscheiden sich vom WKS durch die Lage des Ursprungs und durch die Richtung der X-, Y- und Z-Achsen. Sie können die Benutzerkoordinatensysteme so legen, daß Ihre Konstruktionen und Punkteingaben im dreidimensionalen Raum sehr einfach werden.

Die Orientierung des gerade aktuellen Koordinatensystems erkennen Sie jederzeit am eingeblendeten Koordinatensystem-Symbol.

Aufruf und Optionen

Der Sinn hinter selbstdefinierten Koordinatensystemen ist es, die Zeichentätigkeit weitgehend zu vereinfachen. Wenn Sie die Verwendung eines BKS für eine unnötige Verkomplizierung halten, so folgen Sie einfach der Musteranwendung in diesem Modul. Sie werden Schritt für Schritt erkennen, wie einfach und nützlich Benutzerkoordinatensysteme sind.

Mit dem Befehl BKS werden zwei wesentliche Funktionen ausgeführt. Erstens können Sie ein neues BKS anlegen, und zweitens können Sie ein zuvor benutztes BKS wieder aktivieren.

Die folgenden Möglichkeiten stehen für die Definition eines BKS zur Verfügung:

- Festlegung eines neuen Ursprungs, einer neuen Z-Achse oder einer neuen X-/Y-Ebene
- Kopieren der Orientierung eines existierenden Objekts
- Anpassen des BKS an die gerade aktuelle Ansichtsrichtung
- Drehen des Koordinatensystems um eine der drei aktuellen Achsen

Nach dem Aufruf von BKS stehen eine ganze Reihe unterschiedlicher Optionen zur Auswahl. Nachdem Sie die entsprechende Option ausgewählt und die weiteren Fragen beantwortet haben, ändert sich die Ansicht auf dem Bildschirm nicht. Lediglich das Koordinatensystem-Symbol in der linken unteren Ecke des Bildschirms zeigt nun die Orientierung des neuen Koordinatensystems an. Um auch die Ansicht auf dem Bildschirm zu verändern, müssen Sie einen der Befehle APUNKT (Modul 12), DANSICHT (Modul 24) oder DRSICHT (Modul 32) benutzen.

Die am häufigsten benutzten Koordinatensysteme, nämlich Vorderansicht, Seitenansicht und Draufsicht eines dreidimensionalen Objekts, lassen sich zusätzlich über das mitgelieferte Menüsystem aufrufen. Wählen Sie aus dem Pull-Down-Menü "Modi" den Punkt "BKS Optionen...", so erscheint das folgende Fenster, aus dem Sie die Lage des BKS direkt auswählen können.

Modul 19 BKS

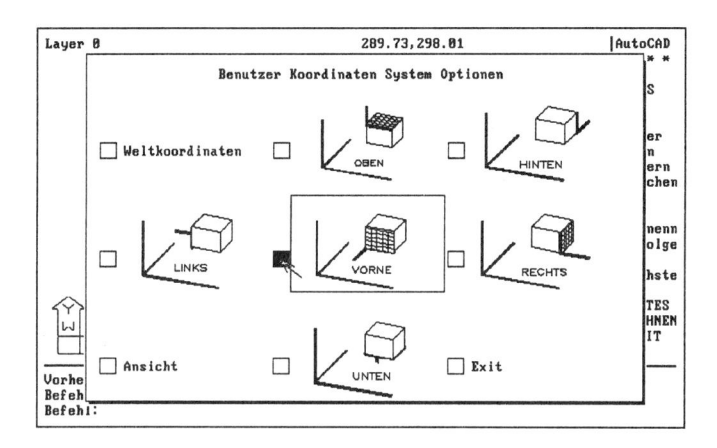

Um eines dieser BKS zu benutzen, klicken Sie das entsprechende Feld an und geben auf die Frage

Ursprung <0,0,0>:

die Koordinaten des neuen Ursprungs über die Tastatur oder mit dem Zeigegerät ein.

Der Nutzen und die Anwendungsmöglichkeiten von BKS sind sehr vielfältig. Wir können Ihnen in diesem Buch deshalb nur einige einfache Anwendungsfälle darstellen. Anhand dieser Beispiele und mit einer Reihe eigener Versuche werden Sie den Befehl BKS bald sinnvoll in Ihren dreidimensionalen Konstruktionen nutzen können.

Die nachfolgende Tabelle zeigt Ihnen die Optionen des Befehls BKS und wie diese benutzt werden.

Ursprung Mit der ersten Option verändern Sie lediglich die Lage des Koordinatenursprungs. Die Richtung und die Orientierung der Achsen bleibt unverändert. AutoCAD fragt nach der Position des neuen Ursprungs:

Ursprung <0,0,0>:

In den spitzen Klammern erscheint die Position des Ursprungs des gerade aktuellen BKS. Geben Sie nun die Koordinaten des neuen Ursprungs ein. Dazu können Sie die X-, Y- und Z-Koordinate in der gewohnten Form, z.B. **1,2,3**, verwenden.

Die eingegebenen Werte gelten immer in dem gerade aktiven BKS. Wollen Sie die aktuelle Erhebung als Z-Koordinate des neuen Ursprungs benutzen, so reicht die Eingabe der X- und Y-Koordinaten, also z.B. **1,2**.

ZAchse Mit dieser Option bestimmen Sie lediglich die neue Lage der Z-Achse im dreidimensionalen Raum. Die X- und Y-Achsen werden von AutoCAD entsprechend neu berechnet, wobei ein "willkürliches, aber konsistentes" Verfahren benutzt wird. Dies bedeutet, daß zwar die Lage der X- und Y-Achsen mehr oder weniger zufällig ist, daß aber derselbe Aufruf dieser Option immer wieder dieselben X- und Y-Achsen ergibt. Für exakte Konstruktionen ist dieses Verfahren deshalb mit Vorsicht zu genießen. Eine (ungefähre) mathematische Darstellung des Berechnungsverfahrens finden Sie im Anhang C Ihres AutoCAD-Handbuchs.

3Punkt Die 3-Punkt-Methode ist eine häufig benutzte Form der Definition eines BKS. Dabei werden die Lage des neuen Ursprungs und die Richtung der X- und Y-Achsen durch Punkteingaben bestimmt. Die Richtung der Z-Achse ergibt sich dann gemäß der Rechte-Hand-Regel automatisch.

Üblicherweise verwendet man bereits auf der Zeichnung vorhandene Punkte, um das neue BKS auszurichten. Es empfiehlt sich deshalb, mit der Objektfang-Funktion zu arbeiten. Nach Aufruf der Option werden Sie zu folgenden Eingaben aufgefordert:

```
Ursprung <0,0,0>:D
Punkt auf der positiven X-Achse <1.00,0.00,0.00>:D
Punkt in der Positiven BKS X-Y Ebene <0.00,1.00,0.00>:D
```

Die drei eingegebenen Punkte bestimmen die X-/Y-Ebene des neuen BKS. Sie dürfen selbstverständlich nicht auf einer Geraden liegen. Der erste Punkt legt den neuen Ursprung fest. Aus diesem und dem zweiten eingegebenen Punkt berechnet sich dann die Lage und die Richtung der X-Achse. Der dritte Punkt liegt in der neuen X-/Y-Ebene und muß eine positive Y-Koordinate haben. Dadurch ergibt sich die Lage der X-/Y-Ebene, die Richtung der Y-Achse und schließlich auch die Richtung der Z-Achse. Als Vorgabewerte stellt AutoCAD immer die Werte des aktuellen BKS zur Auswahl.

Element Vielfach benötigt man später ein BKS, das genau so ausgerichtet ist, wie ein dreidimensionales Objekt auf der Zeichnung. Sie können bei der Option **Element** auch Punkte und Linien, also nicht-dreidimensionale Objekte, ansprechen. Das Ergebnis ist in diesen Fällen aber wiederum eine "willkürliche" Verteilung der X-, Y- und Z-Achse. Vergleichen Sie dazu die Ausführungen zur Option **ZAchse**.

Das gewünschte Objekt muß durch Zeigen ausgewählt werden. Alle anderen Methoden der Objektauswahl sind nicht zulässig. Die nachfolgende Tabelle zeigt, wie bei den unterschiedlichen Objektarten der Ursprung und die X-/Z-Achsen des neuen BKS bestimmt werden. Grundsätzlich ist die Z-Achse nach dieser Operation immer so ausgerichtet, wie es die Hochzugsrichtung des Objekts angibt. Die Y-Achse ergibt sich automatisch durch Anwendung der Rechte-Hand-Regel.

Hinweis: Die Rechte-Hand-Regel besagt folgendes: Spreizen Sie die Finger Ihrer rechten Hand, so daß der Daumen nach rechts, der Zeigefinger nach oben und der Mittelfinger zu Ihnen hin zeigt. Nun drehen Sie die Hand beliebig. Die Stellung der Finger zeigt Ihnen jedesmal die Lage der positiven Koordinatenachsen: der Daumen zeigt in X-Richtung, der Zeigefinger in Y-Richtung und der Mittelfinger in Z-Richtung.

Objekt	Lage des neuen BKS
3D-Fläche	Ursprung im ersten Eckpunkt, die X-Achse zeigt in Richtung des zweiten Eckpunkts. Die Y-Achse wird so ausgerichtet, daß der vierte Eckpunkt in der X-/Y-Ebene liegt und eine positive Y-Koordinate besitzt.
Band	Ursprung im Startpunkt, die X-Achse zeigt in Richtung des Endpunkts, die Z-Achse in Hochzugsrichtung.
Bemaßung	Ursprung ist der Einfügepunkt des Maßtextes, die X- und Y-Achse entsprechen den Achsen, die aktiv waren, als die Bemaßung gezeichnet wurde.
Bogen	Ursprung im Bogenmittelpunkt, die X-Achse geht vom Ursprung durch den Bogenendpunkt, in dessen Nähe Sie den Bogen angeklickt haben. Die Z-Achse steht senkrecht auf der Ebene des Bogens.
Kreis	Ursprung im Kreismittelpunkt, die X-Achse geht vom Ursprung durch den Punkt, an dem Sie den Kreis angeklickt haben. Die Z-Achse steht senkrecht auf dem Kreis.
Linie	Ursprung in dem Endpunkt der 2D-/3D-Linie, in dessen Nähe Sie die Linie angeklickt haben. Die X-Achse zeigt in Richtung der Linie, die Z-Achse in Hochzugsrichtung.
Polylinie	Das Vorgehen bei 2D-/3D-Polylinien und Polygonnetzen entspricht dem Vorgehen bei Linien. Es wird die Verbindung der ersten beiden Scheitelpunkte benutzt.
Punkt	Ursprung im Punkt, die Z-Achse in Hochzugsrichtung, die X-Achse wird willkürlich bestimmt.
Solid	Ursprung im ersten Eckpunkt. Die X-Achse zeigt in Richtung des zweiten Eckpunkts, die Z-Achse in Hochzugsrichtung.

Text	Symbole
Attribut	Ursprung im Einfügepunkt, die X-Achse wird so ausgerichtet, daß das Objekt anschließend den Drehwinkel 0 besitzt. Die Z-Achse erscheint in Hochzugsrichtung.
Ansicht	Mit dieser Option wird ein BKS angelegt, dessen Z-Achse in die Richtung zeigt, in die der Benutzer gerade blickt, die also z.B. mit APUNKT festgelegt wurde. X- und Y-Achse werden entsprechend der Bildschirmebene angelegt, der Ursprung bleibt unverändert.
X/Y/Z	Mit diesen drei Optionen können Sie das aktuelle BKS um eine der drei Koordinatenachsen rotieren lassen. Es erscheint z.B. die zusätzliche Anfrage:

```
Drehwinkel um X Achse <0.0>:D
```

Geben Sie den Winkel über die Tastatur oder mit Hilfe zweier Punkte an. Die Drehrichtung ergibt sich folgendermaßen: Zeigen Sie mit dem Daumen der rechten Hand in Richtung der entsprechenden Achse. Die restlichen Finger zeigen nun in die Drehrichtung bei Eingabe eines positiven Winkels.

Vorher	Es wird wieder das vorherige BKS benutzt. AutoCAD merkt sich immer die zehn zuletzt benutzten BKS.
Holen	Ein zuvor gesichertes BKS kann mit dieser Option wieder benutzt werden.
Sichern	Diese Option dient zum Sichern des aktuellen BKS. Geben Sie einen bis zu 31 Zeichen langen Namen ein, unter dem Sie das BKS später wieder "holen" können.

Text	Symbole
Loeschen	Ein zuvor unter einem Namen gesichertes BKS kann mit dieser Option gelöscht werden. Es erscheint die "deutsche" Anfrage:
	Name von BKS zum Loeschen:D
	Geben Sie den oder die Namen der BKS ein, die gelöscht werden sollen. Mehrere Namen sind durch Kommata zu trennen.
?	Die Option **?** zeigt auf dem Textbildschirm die Liste aller gesicherten BKS.
Welt	Diese letzte Option ist gleichzeitig auch die Vorgabe für den Befehl **BKS**. Das Weltkoordinatensystem wird daraufhin zum aktuellen Koordinatensystem.

Es handelt sich bei AutoCAD 10.0 um ein echtes dreidimensionales Zeichenprogramm. Zeichnungsobjekte können in beliebiger Lage im dreidimensionalen Raum gezeichnet werden. Bei der Konstruktion muß man häufig Objekte oder Flächen in der Draufsicht betrachten, d.h. senkrecht von oben. Ein einfaches Beispiel ist das Zeichnen einer Dachluke in einem Schrägdach. Da die Dachflächen gegen das WKS geneigt sind, erfordert das Zeichnen des Fensters umfangreiche Berechnungen und Hilfskonstruktionen. Viele Leser werden dies von der Zeichnungserstellung ohne CAD kennen.

Durch die Möglichkeit eigener Koordinatensysteme vereinfacht sich dies erheblich. Sie legen einfach ein neues BKS an, das an der Dachfläche ausgerichtet ist. Anschließend benutzen Sie die Draufsicht auf diese Fläche und zeichnen das Fenster wie gewohnt. Auf diese Weise vermindert man die Fehlermöglichkeiten genauso wie man die Produktivität erhöht.

Es kommt relativ häufig vor, daß man ein Bauteil so betrachten oder bearbeiten muß, daß man senkrecht auf eine bestimmte Fläche blickt. Leicht verliert man bei dreidimensionalen Konstruktionen und mehreren

BKS die Übersicht, umso leichter, wenn das BKS nicht parallel zum Bildschirm verläuft. Es empfiehlt sich deshalb gerade für den Anfänger, nach jedem Aufruf von BKS zunächst die Draufsicht auf dieses BKS anzeigen zu lassen. Benutzen Sie dazu den Befehl DRSICHT (Modul 32). Wenn Sie später Erfahrungen mit der Verwendung unterschiedlicher Koordinatensysteme haben, werden Sie auch mit anderen Orientierungen auf dem Bildschirm zurechtkommen.

Musteranwendung

In dieser Übung lernen Sie den Befehl BKS kennen. Damit Sie den Befehl sinnvoll anwenden können, benötigen Sie allerdings eine Reihe weiterer Versuche. Spielen Sie deshalb auch nach Abschluß dieser Übung mit anderen Optionen von BKS.

Zur Übung konstruieren wir nun eine rechteckige Grundplatte von 1 cm Stärke und darauf einen rechteckigen Körper mit einer Höhe von 5 cm. Diesen Körper werden wir schließlich unter Verwendung eines BKS manipulieren.

Beginnen Sie eine Zeichnung namens BKS.

1. Bereiten Sie die Zeichenfläche so vor, daß Limiten, Ausschnitt, Raster und Fangabstand für unsere Konstruktion geeignet sind:

    ```
    Befehl: LIMITEN ⏎
    Ein/Aus/<Linke untere Ecke> <0.00,0.00>: ⏎
    Obere rechte Ecke <410.00,287.00>: 20,10 ⏎

    Befehl: ZOOM ⏎
    Alles/Mitte/Dynamisch/Grenzen/Links/Vorher/Fenster/<Faktor(X)>: A ⏎
    Regeneriere Zeichnung.

    Befehl: FANG ⏎
    Fangwert oder Ein/Aus/ASpekt/Drehen/Stil <1.00>: ⏎

    Befehl: RASTER ⏎
    Rasterwert(X) oder Ein/Aus/Fang/ASpekt <10.00>: 1 ⏎

    Befehl: FUELLEN ⏎
    Ein/Aus <Ein>: AUS ⏎
    ```

2. Zeichnen Sie die Grundplatte mit einer Stärke von 1 cm:

   ```
   Befehl: ERHEBUNG ⏎
   Neue aktuelle Erhebung <0.00>: ⏎
   Neue aktuelle Objekthoehe <0.00>: 1 ⏎

   Befehl: SOLID ⏎
   Erster Punkt: 4,2 ⏎
   Zweiter Punkt: 14,2 ⏎
   Dritter Punkt: 4,8 ⏎
   Vierter Punkt: 14,8 ⏎
   Dritter Punkt: ⏎
   ```

3. Nun zeichnen Sie einen weiteren Quader auf dem ersten:

   ```
   Befehl: ERHEBUNG ⏎
   Neue aktuelle Erhebung <0.00>: 1 ⏎
   Neue aktuelle Objekthoehe <1.00>: 5 ⏎

   Befehl: SOLID ⏎
   Erster Punkt: 7,3 ⏎
   Zweiter Punkt: @5<45 ⏎
   Dritter Punkt: 6,4 ⏎
   Vierter Punkt: @5<45 ⏎
   Dritter Punkt: ⏎
   ```

4. Eine Beschriftung komplettiert unser Modell:

   ```
   Befehl: DTEXT ⏎
   Startpunkt oder Ausrichten/Zentrieren/Einpassen/Mitte/Rechts/Stil: Z ⏎
   Zentrieren Punkt: 10,4 ⏎
   Hoehe <3.50>: 0.5 ⏎
   Einfuege-Winkel <0>: 45 ⏎
   Text: BKS ⏎
   Text: ⏎
   ```

| Modul 19 | BKS |

```
Layer 0                    17.51,10.19        | AutoCAD
                                               | * * * *
                                               | Aufbau
                                               |
                                               | BLOECKE
                                               | BEM
                                               | ANZEIGE
                                               | ZEICHNEN
                                               | EDIT
                                               | FRAGE
                                               | LAYER
                                               | MODI
                                               | PLOT
                                               | BKS
                                               | DIENST
                                               |
                                               | 3D
                                               | ASHADE
                                               |
                                               | SICHERN

Startpunkt oder Ausrichten/Zentrieren/Einpassen/Mitte/Rechts/Stil:
Text:
Befehl:
```

5. Benutzen Sie APUNKT, um Ihre Konstruktion aus einem anderen Blickwinkel zu betrachten. Mit dem Befehl BKS legen wir gleichzeitig ein Koordinatensystem an, das der neuen Blickrichtung entspricht. Dieses BKS sichern wir, um es später erneut verwenden zu können.

Befehl: **APUNKT** ⏎
Drehen/<Ansichtspunkt> <0.00,0.00,1.00>: **D** ⏎
Winkel in XY-Ebene von der X-Achse eingeben <270>: **30** ⏎
Winkel von der XY-Ebene eingeben <90>: **30** ⏎
Regeneriere Zeichnung.

Befehl: **BKS** ⏎
Ursprung/ZAchse/3Punkt/Element/Ansicht/X/Y/Z/
Vorher/Holen/Sichern/Loeschen/?/<Welt> **A** ⏎

Beachten Sie, wie das Koordinatensystem-Symbol die Änderung des aktuellen BKS anzeigt.

Befehl: ⏎
BKS
Ursprung/ZAchse/3Punkt/Element/Ansicht/X/Y/Z/
Vorher/Holen/Sichern/Loeschen/?/<Welt> **S** ⏎
?/Name von BKS: **ANSICHT** ⏎

BKS   Modul 19

6. Für den nächsten Schritt benutzen Sie die drei in der Abbildung markierten Punkte A, B und C. Mit Hilfe dieser Punkte definieren wir ein weiteres BKS, dessen X-/Y-Ebene durch die Fläche des oberen Quaders geht, die der Beschriftung "BKS" am nächsten ist. In dieser Fläche wollen wir nun zeichnen. Auch dieses BKS sichern wir.

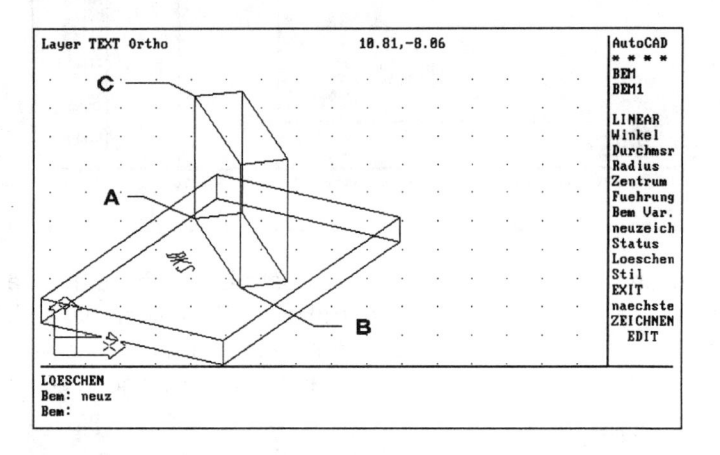

```
Layer TEXT Ortho                    10.81,-8.06              AutoCAD
                                                             * * * *
          . C .                                              BEM
             .  .                                            BEM1
                 .   .   .   .   .   .   .   .   .   .   .
                                                             LINEAR
                                                             Winkel
                                                             Durchmsr
                                                             Radius
                                                             Zentrum
      A                                                      Fuehrung
                                                             Bem Var.
                                                             neuzeich
                                                             Status
                                                             Loeschen
                                                             Stil
                                                             EXIT
                                                             naechste
                              B                              ZEICHNEN
                                                             EDIT

LOESCHEN
Bem: neuz
Bem:
```

Befehl: **OFANG** ⏎
Objektfang-Modi: **SCH** ⏎

Befehl: **BKS** ⏎
Ursprung/ZAchse/3Punkt/Element/Ansicht/X/Y/Z/
Vorher/Holen/Sichern/Loeschen/?/<Welt> **3P** ⏎
Ursprung <0,0,0>: (Zeigen Sie auf Punkt A.)
Punkt auf der positiven X-Achse <0.10,-2.92,7.05>: (Zeigen Sie auf Punkt B)
Punkt in der positiven BKS X-Y Ebene <-0.02,-2.44,7.05>: (Zeigen Sie auf C)

Beachten Sie, wie das Koordinatensystem-Symbol die Änderung des aktuellen BKS anzeigt und das Raster entsprechend gedreht wird.

Befehl: ⏎
BKS
Ursprung/ZAchse/3Punkt/Element/Ansicht/X/Y/Z/
Vorher/Holen/Sichern/Loeschen/?/<Welt> **S** ⏎
?/Name von BKS: **FRONT** ⏎

7. Setzen Sie die Objekthöhe wieder auf 0:

   Befehl: **ERHEBUNG** ↵
   Neue aktuelle Erhebung <1.00>: **0** ↵
   Neue aktuelle Objekthoehe <5.00>: **0** ↵

8. Nun holen Sie die Draufsicht der zu bearbeitenden Fläche auf den Bildschirm:

   Befehl: **DRSICHT** ↵
   <Aktuelles BKS>/BKS/Welt: ↵
   Regeneriere Zeichnung.

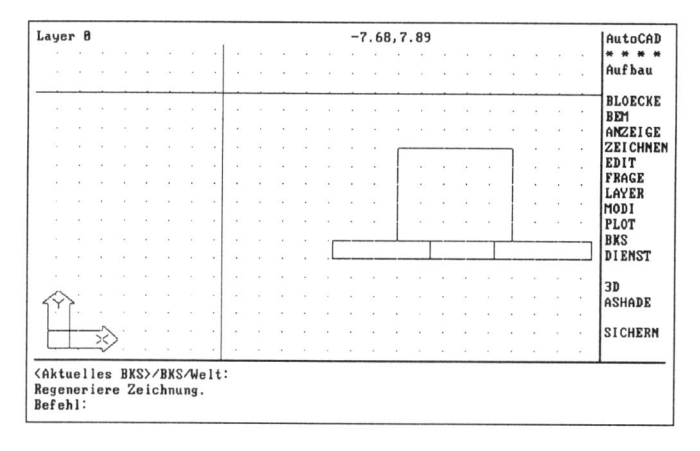

   ```
   Layer 0                    -7.68,7.89              AutoCAD
                                                      * * * *
                                                      Aufbau

                                                      BLOECKE
                                                      BEM
                                                      ANZEIGE
                                                      ZEICHNEN
                                                      EDIT
                                                      FRAGE
                                                      LAYER
                                                      MODI
                                                      PLOT
                                                      BKS
                                                      DIENST

                                                      3D
                                                      ASHADE

                                                      SICHERN

   <Aktuelles BKS>/BKS/Welt:
   Regeneriere Zeichnung.
   Befehl:
   ```

9. Zeichnen Sie einen Bogen:

   Befehl: **OFANG** ↵
   Objektfang-Modi: **KEI** ↵

   Befehl: **BOGEN** ↵
   Mittelpunkt/<Startpunkt>: **1,5** ↵
   Mittelpunkt/Endpunkt/<zweiter Punkt>: **E** ↵
   Endpunkt: **4,5** ↵
   Winkel/Startrichtung/Radius/<Mittelpunkt>: **W** ↵
   Eingeschlossener Winkel: **180** ↵

Es war nicht notwendig, zuerst die Draufsicht aufzurufen. Man hätte diesen Bogen auch in jeder anderen Ansicht zeichnen können.

10. Laden Sie wieder das BKS "ANSICHT", und betrachten Sie die Draufsicht in diesem BKS:

Befehl: **BKS** ↵
Ursprung/ZAchse/3Punkt/Element/Ansicht/X/Y/Z/
Vorher/Holen/Sichern/Loeschen/?/<Welt> H ↵
?/Name von BKS zum Holen: **ANSICHT** ↵

Befehl: **DRSICHT** ↵
<Aktuelles BKS>/BKS/Welt: ↵
Regeneriere Zeichnung.

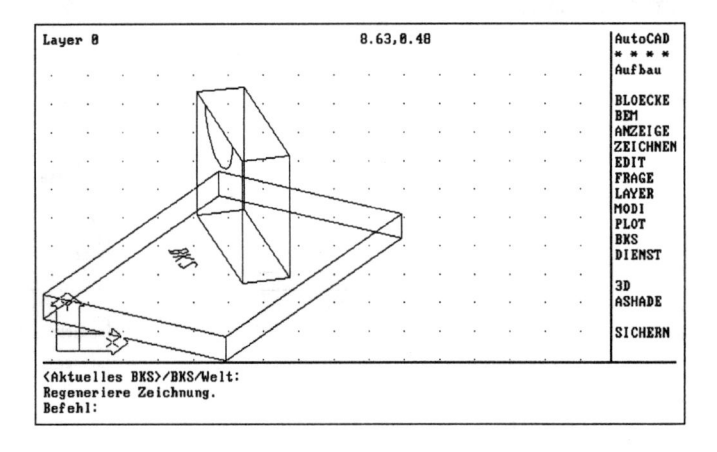

```
Layer 0                           0.63,0.48        AutoCAD
                                                   * * * *
                                                   Aufbau

                                                   BLOECKE
                                                   BEM
                                                   ANZEIGE
                                                   ZEICHNEN
                                                   EDIT
                                                   FRAGE
                                                   LAYER
                                                   MODI
                                                   PLOT
                                                   BKS
                                                   DIENST

                                                   3D
                                                   ASHADE

                                                   SICHERN

<Aktuelles BKS>/BKS/Welt:
Regeneriere Zeichnung.
Befehl:
```

11. Verlassen Sie die Zeichnung mit **QUIT**, oder spielen Sie noch ein wenig mit den unterschiedlichen BKS.

Der nächste Lernschritt ist **Modul 20**.

BKSYMBOL

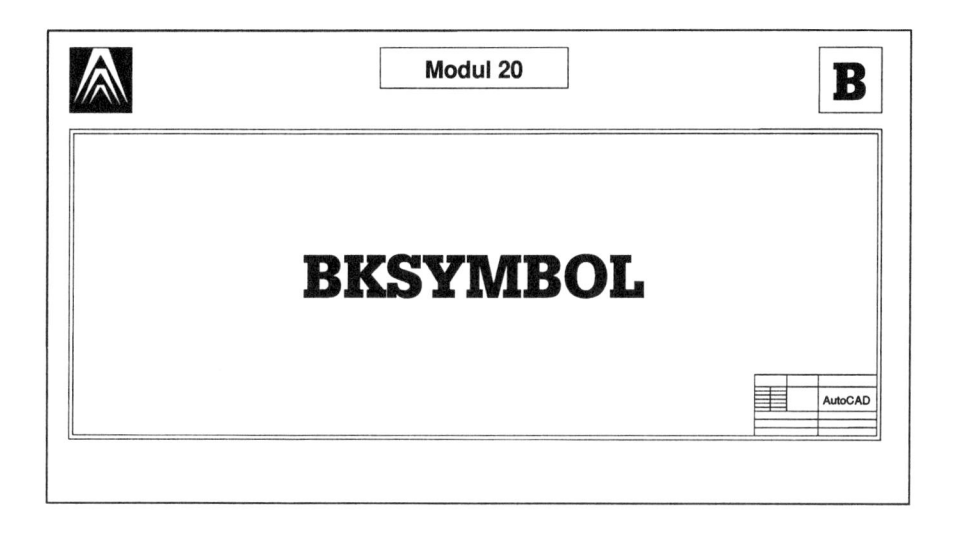

```
Befehl: BKSYMBOL
EIN/AUS/ALles/Kein ursprung/Ursprung <EIN>:
```

Beschreibung

Das Koordinatensystem-Symbol ist eines der wichtigsten Hilfsmittel, um der wachsenden Konfusion durch verschiedene Benutzerkoordinatensysteme vorzubeugen. Das Symbol zeigt immer die Orientierung des gerade aktuellen Koordinatensystems. Zusätzlich zur Richtung der X- und Y-Achse zeigt das Symbol:

- den Buchstaben "W", wenn das aktuelle Koordinatensystem das Weltkoordinatensystem ist,

- ein Pluszeichen "+", wenn das Koordinatensystem-Symbol exakt im Ursprung des aktuellen Koordinatensystems angezeigt wird, und/oder

- ein Quadrat um den Scheitelpunkt des Symbols, wenn Sie die aktuelle X-/Y-Ebene von oben, d.h. aus positiver Z-Richtung betrachten.

BKSYMBOL　　　　　　　　　　　　　　　　　　　Modul 20

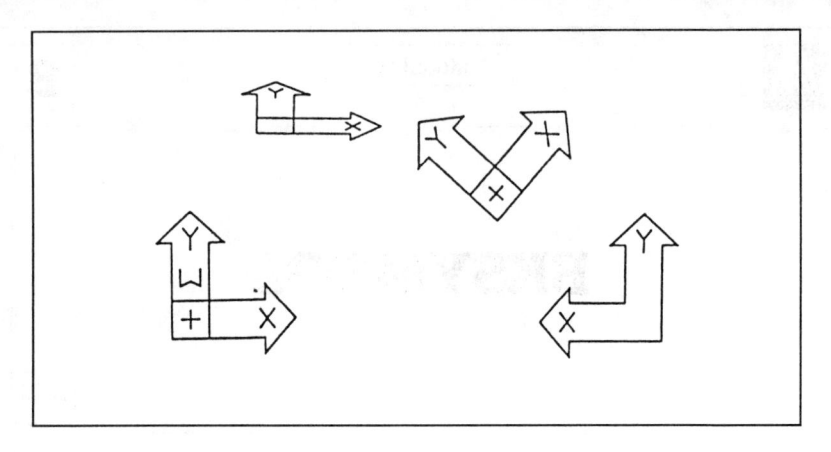

Der Befehl **BKSYMBOL** steuert, wie das Koordinatensystem-Symbol auf dem Bildschirm angezeigt werden soll. Die Angabe kann für jedes einzelne Ansichtsfenster separat erfolgen.

Aufruf und Optionen

Der Befehl kennt folgende Optionen:

EIN　　　　Das Koordinatensystem-Symbol wird angezeigt.

AUS　　　　Das Koordinatensystem-Symbol wird nicht angezeigt.

ALles　　　Normalerweise gelten die Einstellungen von BKSYMBOL nur für das gerade aktuelle Ansichtsfenster. Rufen Sie die Option **ALles** auf, um die Anzeige des Koordinatensystem-Symbols in allen gerade sichtbaren Ansichtsfenstern zu beeinflussen. Es erscheint die Anfrage:

　　　　　　　`EIN/AUS/Kein ursprung/Ursprung <EIN>:D`

　　　　　　　Nun wählen Sie, wie das Koordinatensystem-Symbol in allen Ansichtsfenstern erscheinen soll.

Kein ursprung　　Diese Option ist die Grundeinstellung für den Befehl BKSYMBOL. Das Koordinatensystem-Symbol wird in der linken unteren Ecke jedes Ansichtsfensters dargestellt.

Ursprung Die Option **Ursprung** bewirkt, daß das Koordinatensystem-Symbol nicht in der linken unteren Ecke des Ansichtsfensters, sondern im Punkt **0,0,0**, also im Ursprung erscheint. Liegt der Ursprung außerhalb des Ansichtsfensters, so wird das Symbol wie gewohnt links unten angezeigt.

Der Befehl BKSYMBOL steuert die Anzeige des Koordinatensystem-Symbols entsprechend Ihrer Anforderungen. Besonders bei der Arbeit mit mehreren Ansichtsfenstern ist dieser Befehl nützlich. Besonders hilfreich ist die Option **Ursprung**, wenn der Ursprung des verwendeten BKS nicht der Punkt 0,0,0 im WKS ist.

Wenn Sie mit dem Befehl MACHDIA ein "Foto" des aktuellen Zeichnungsausschnitts machen, wird das Koordinatensystem-Symbol von AutoCAD automatisch ausgeblendet. Sie müssen also nicht zuvor die Option **AUS** des Befehls BKSYMBOL aufrufen.

Musteranwendung

Verwenden Sie den Befehl BKSYMBOL in den Musteranwendungen der folgenden Module, um die Anzeige des Koordinatensystem-Symbols zu beeinflussen.

Der nächste Lernschritt ist **Modul 26**.

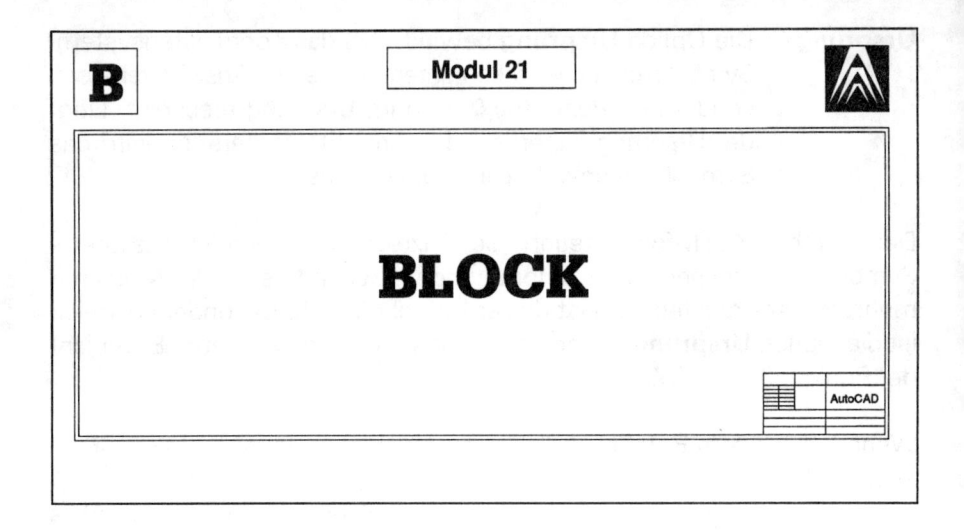

```
Befehl: BLOCK
Blockname (oder ?):
Basispunkt der Einfuegung:
Objekte waehlen:
```

Beschreibung

Mit dem Befehl **BLOCK** wird ein Teil einer Zeichnung als Block abgespeichert. Dieser Block kann dann, auch in modifizierter Form, in eine andere Zeichnung eingefügt werden.

Aufruf und Optionen

Nach dem Befehlsaufruf stehen zwei Optionen zur Verfügung:

? Damit werden alle Blöcke der aktuellen Zeichnung aufgelistet.

Blockname Wenn ein bereits existenter Blockname eingegeben wird, fragt AutoCAD:

```
Block XXXX existiert bereits.
Neu definieren? <N>
```

Mit **J** können Sie den Block umbenennen. Ansonsten antworten Sie mit **N** oder ⏎. Nachdem der Blockname festgelegt wurde, wird gefragt:

```
Basispunkt der Einfügung:
```

Antworten Sie durch Eingabe eines Punktes, der für weitere Einfügungen dieses Blocks als Basispunkt (Bezugspunkt) dient. Typische Basispunkte sind die linke untere Ecke oder das Zentrum des Objekts.

Zuletzt müssen noch die zum Block gehörigen Objekte gewählt werden. Dies geschieht mit den üblichen Methoden zur Objektwahl. Danach wird der Block unter dem angegebenen Namen abgespeichert und verschwindet vom Bildschirm. Er kann mit dem Befehl **HOPPLA** wieder sichtbar gemacht werden.

Hinweis: Ein Block darf Elemente aus verschiedenen Layern enthalten. Wenn ein Block dann wieder in die Zeichnung eingefügt wird, werden dessen Elemente auf die Originallayer gezeichnet. Wenn der Block allerdings Elemente des Layers 0 enthält, werden diese Elemente in den aktuellen Layer gezeichnet. Auf einen gefrorenen Layer kann kein Block gezeichnet werden.

BLOCK ist einer der wirkungsvollsten AutoCAD-Befehle: die ausgewählten Objekte, die als Block zusammengefaßt wurden, stellen jetzt eine Einheit dar. Dies ist besonders in der Architektur sehr nützlich: abgespeicherte Objekte wie Stühle, Tische, usw. können mit einem **EINFUEGE**-Befehl gezeichnet werden.

Wenn Sie einen definierten Block nicht nur für die aktuelle Zeichnung, sondern auch zu einem späteren Zeitpunkt benötigen, verwenden Sie den Befehl **WBLOCK**.

BLOCK   Modul 21

Musteranwendung

In diesem Beispiel speichern Sie verschiedene Objekte als Block FRAMIS ab. Dieser Block wird dann mehrmals in die Zeichnung eingefügt. Beginnen Sie eine neue Zeichnung namens BLOCK.

Am Ende sollte Ihre Zeichnung so aussehen:

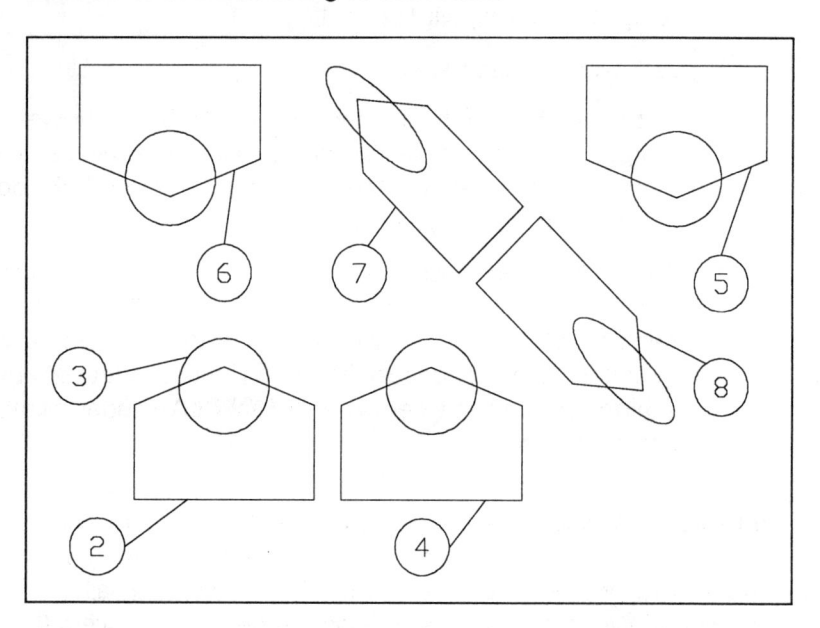

1. Setzen Sie den Fangrasterabstand, schalten Sie das Sichtraster ein und vergrößern Sie den Bildschirmausschnitt.

   Befehl: **FANG** ⏎
   Fangwert oder EIN/AUS/Aspekt/Drehen/Stil <1.00>: **5** ⏎

   Befehl: **RASTER** ⏎
   Rasterwert(X) oder EIN/AUS/Fang/Aspekt <10.00>: **0** ⏎

   Befehl: **ZOOM** ⏎
   Alles/Mitte/Dynamisch/Grenzen/Links/Vorher/Fenster/<Faktor(X)>: **A** ⏎

Modul 21   BLOCK

2. Zeichnen Sie ein Fünfeck.

   Befehl: **LINIE** ⏎
   Von Punkt: **50,50** ⏎
   Nach Punkt: **150,50** ⏎
   Nach Punkt: **150,100** ⏎
   Nach Punkt: **100,120** ⏎
   Nach Punkt: **50,100** ⏎
   Nach Punkt: **S** ⏎

3. Zeichnen Sie einen Kreis. Speichern Sie die gezeichneten Objekte als Block ab. Holen Sie mit dem Befehl **HOPPLA** die Objekte zurück.

   Befehl: **KREIS** ⏎

   3P/2P/TTR/<Mittelpunkt>: **2P** ⏎
   Erster Punkt auf Durchmesser: **MIT** ⏎
   von (klicken Sie in der Nähe von 65,110)
   Zweiter Punkt auf Durchmesser: **MIT** ⏎
   von (klicken Sie in der Nähe von 130,105)

   Befehl: **BLOCK** ⏎
   Blockname (oder ?): **FRAMIS** ⏎
   Basispunkt der Einfuegung: **50,50** ⏎
   Objekte waehlen: **F** ⏎
   Erste Ecke: **35,35** ⏎
   Andere Ecke: **160,150** ⏎

   6 gefunden.
   Objekte waehlen: ⏎

   Befehl: **HOPPLA** ⏎

4. Fügen Sie den Block ein und regenerieren Sie den Bildschirm.

   Befehl: **EINFUEGE** ⏎
   Blockname (oder ?): **FRAMIS** ⏎
   Einfuegepunkt: **165,50** ⏎
   X-Faktor <1> / Eckpunkt / XYZ: ⏎
   Y-Faktor (Vorgabe=X): ⏎
   Drehwinkel <0>: ⏎

   Befehl: **NEUZEICH** ⏎

145

5. Fügen Sie den Block um 180 Grad gedreht ein.

    Befehl: **EINFUEGE** ⏎
    Blockname (oder ?) <FRAMIS>: ⏎
    Einfuegepunkt: **400,280** ⏎
    X-Faktor <1> / Eckpunkt / XYZ: ⏎
    Y-Faktor (Vorgabe=X): ⏎
    Winkel <0>: **180** ⏎

6. Fügen Sie den Block wieder ein.

    Befehl: **EINFUEGE** ⏎
    Blockname (oder ?) <FRAMIS>: ⏎
    Einfuegepunkt: **120,280** ⏎
    X-Faktor <1> / Eckpunkt / XYZ: ⏎
    Y-Faktor (Vorgabe=X): ⏎
    Winkel <0>: **180** ⏎

7. Fügen Sie den Block mit einem Y-Faktor 1.5 einem X-Faktor 0.5 und einem Winkel von 45 Grad ein.

    Befehl: **EINFUEGE** ⏎
    Blockname (oder ?) <FRAMIS>: ⏎
    Einfuegepunkt: **230,170** ⏎
    X-Faktor <1> / Eckpunkt / XYZ: **.5** ⏎
    Y-Faktor (Vorgabe=X): **1.5** ⏎
    Winkel <0>: **45** ⏎

8. Fügen Sie nochmals den Block ein.

    Befehl: **EINFUEGE** ⏎
    Blockname (oder ?) <FRAMIS>: ⏎
    Einfuegepunkt: **275,200** ⏎
    X-Faktor <1> / Eckpunkt / XYZ: **.5** ⏎
    Y-Faktor (Vorgabe=X): **1.5** ⏎
    Winkel <0>: **225** ⏎

Ihr Bildschirm sollte nun so aussehen:

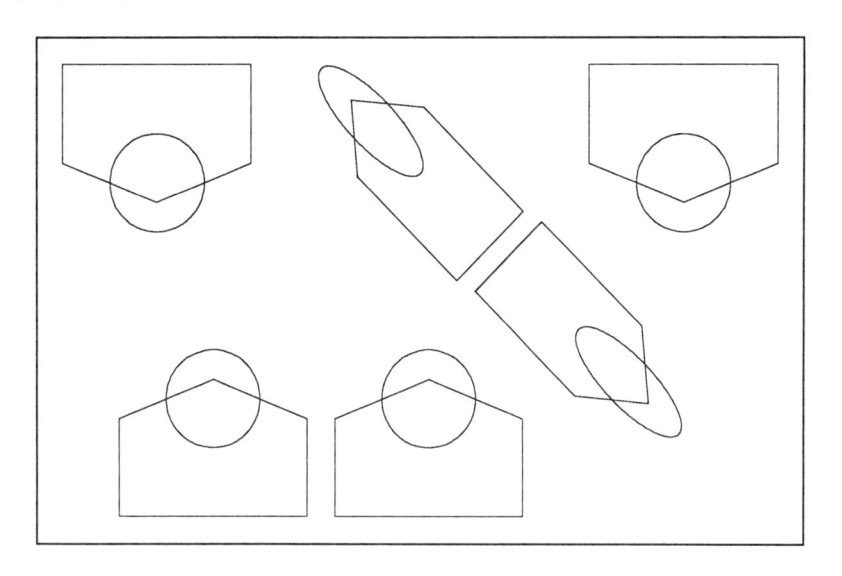

9. Kehren Sie mit **QUIT** ins Hauptmenü zurück.

Nächster Lernschritt ist **Modul 34**.

| B | Modul 22 |

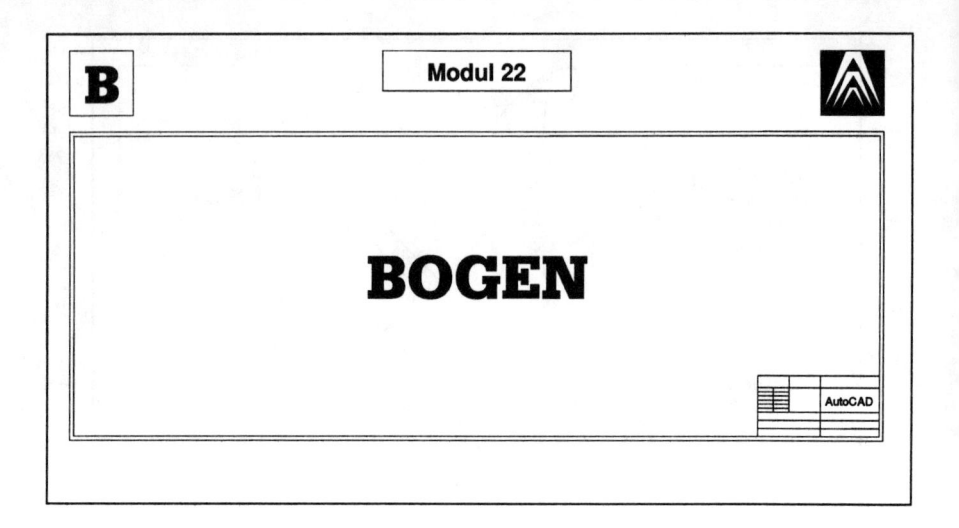

BOGEN

```
Befehl: BOGEN
Mittelpunkt/<Startpunkt>:
Mittelpunkt/Endpunkt/<zweiter Punkt>:
Endpunkt:
```

Beschreibung

Der Befehl **BOGEN** dient zum Zeichnen von Teilkreisen.

Aufruf und Optionen

Nach dem Befehlsaufruf geben Sie

- entweder den Startpunkt eines Teilkreises
- oder nach der Optionswahl mit **M** den Mittelpunkt eines Teilkreises ein.

Es gibt insgesamt sechs Optionen beim Befehl **BOGEN**, die durch folgende Buchstaben gekennzeichnet sind:

S – Startrichtung
E – Endpunkt
L – Länge der Sehne
M – Mittelpunkt
R – Radius
W – Winkel

Die spitzen Klammern zeigen jeweils die aktuellen Eingabewerte an.

Insgesamt können in AutoCAD Teilkreise auf acht verschiedene Arten gezeichnet werden:

1. 3-Punkte-Kreisbogen (drei Punkte)
2. Startpunkt, Mittelpunkt, Endpunkt (S,M,E)
3. Startpunkt, Mittelpunkt, Winkel (S,M,W)
4. Startpunkt, Mittelpunkt, Sehnenlänge (S,M,L)
5. Startpunkt, Endpunkt, Radius (S,E,R)
6. Startpunkt, Endpunkt, Winkel (S,E,W)
7. Startpunkt, Endpunkt, Startrichtung (S,E,S)
8. Ansetzen an die zuletzt gezeichnete Linie oder Kreisbogen

Musteranwendung

In diesem Beispiel werden alle Konstruktionsmethoden vorgestellt.

1. Beginnen Sie eine neue Zeichnung namens ARC. Setzen Sie das Fangraster und schalten Sie das sichtbare Raster ein.

   ```
   Befehl: FANG ⏎
   Fangwert oder EIN/AUS/Aspekt/Drehen/Stil <1.00>: 5 ⏎
   ```

   ```
   Befehl: RASTER ⏎
   Rasterwert(X) oder EIN/AUS/Fang/Aspekt <0.00>: 0 ⏎
   ```

BOGEN   Modul 22

2. Rufen Sie nun nacheinander die vorher beschriebenen Optionen des Befehls **BOGEN** auf.

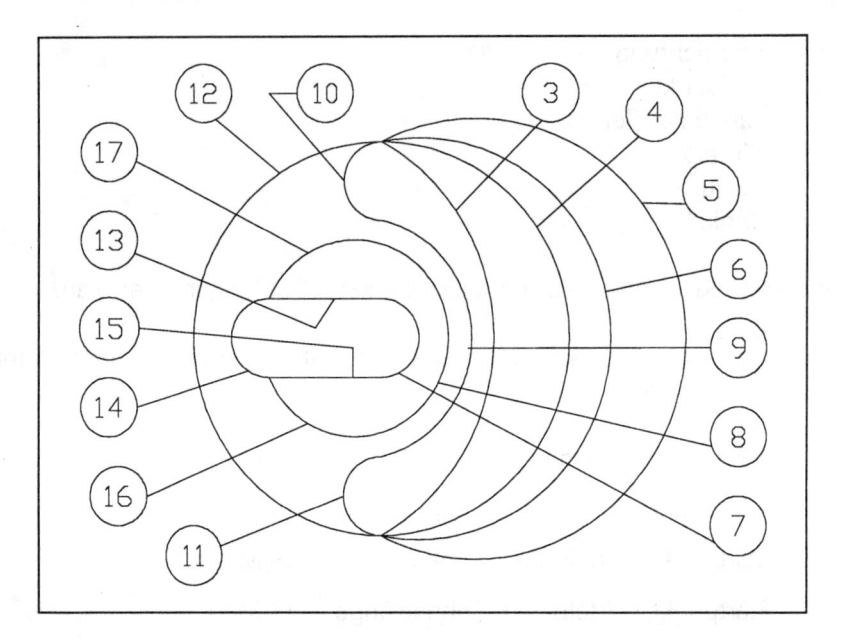

3. Wählen Sie den 3-Punkte-Kreisbogen.

   Befehl: **BOGEN** ↵
   Mittelpunkt/<Startpunkt>: **190,40** ↵
   Mittelpunkt/Endpunkt/<zweiter Punkt>: **250,140** ↵
   Endpunkt: **190,240** ↵

4. Wählen Sie die Option (S,M,E).

   Befehl: **BOGEN** ↵
   Mittelpunkt/<Startpunkt>: **190,40** ↵
   Mittelpunkt/Endpunkt/<zweiter Punkt>: **M** ↵
   Mittelpunkt: **190,140** ↵
   Winkel/Sehnenlaenge/<Endpunkt>: **190,240** ↵

5. Wählen Sie die Option (S,M,W).

   Befehl: **BOGEN** ↵
   Mittelpunkt/<Startpunkt>: **190,40** ↵
   Mittelpunkt/Endpunkt/<zweiter Punkt>: **M** ↵

```
Mittelpunkt: 240,140 ⏎
Winkel/sehnenLaenge/<Endpunkt>: W ⏎
eingeschlossener Winkel: 233 ⏎
```

6. Wählen Sie die Option (S,M,L).

   ```
   Befehl: BOGEN ⏎
   Mittelpunkt/<Startpunkt>: 190,140 ⏎
   Mittelpunkt/Endpunkt/<zweiter Punkt>: M ⏎
   Mittelpunkt: 210,40 ⏎
   Winkel/sehnenLaenge/<Endpunkt>: L ⏎
   Sehnenlaenge: -200 ⏎
   ```

7. Wählen Sie die Option (S,E,W).

   ```
   Befehl: BOGEN ⏎
   Mittelpunkt/<Startpunkt>: 190,120 ⏎
   Mittelpunkt/Endpunkt/<zweiter Punkt>: E ⏎
   Endpunkt: 190,160 ⏎
   Winkel/Startrichtung/Radius/<Mittelpunkt>: W ⏎
   eingeschlossener Winkel: 180 ⏎
   ```

8. Wählen Sie die Option (S,E,R).

   ```
   Befehl: BOGEN ⏎
   Mittelpunkt/<Startpunkt>: 130,120 ⏎
   Mittelpunkt/Endpunkt/<zweiter Punkt>: E ⏎
   Endpunkt: 130,160 ⏎
   Winkel/Startrichtung/Radius/<Mittelpunkt>: R ⏎
   Radius: -50 ⏎
   ```

9. Wählen Sie die Option (S,E,S).

   ```
   Befehl: BOGEN ⏎
   Mittelpunkt/<Startpunkt>: 190,80 ⏎
   Mittelpunkt/Endpunkt/<zweiter Punkt>: E ⏎
   Endpunkt: 190,200 ⏎
   Winkel/Startrichtung/Radius/<Mittelpunkt>: S ⏎
   Richtung vom Startpunkt aus: 15 ⏎
   ```

10. Wählen Sie die Option (M,S,E).

    Befehl: **BOGEN** ↵
    Mittelpunkt/<Startpunkt>: **M** ↵
    Mittelpunkt: **190,220** ↵
    Startpunkt: **190,240** ↵
    Winkel/sehnenLaenge/<Endpunkt>: **190,200** ↵

11. Wählen Sie die Option (M,S,W).

    Befehl: **BOGEN** ↵
    Mittelpunkt/<Startpunkt>: **M** ↵
    Mittelpunkt: **190,60** ↵
    Startpunkt: **190,80** ↵
    Winkel/sehnenLaenge/<Endpunkt>: **W** ↵
    eingeschlossener Winkel: **180** ↵

12. Wählen Sie die Option (M,S,L).

    Befehl: **BOGEN** ↵
    Mittelpunkt/<Startpunkt>: **M** ↵
    Mittelpunkt: **190,140** ↵
    Startpunkt: **190,240** ↵
    Winkel/sehnenLaenge/<Endpunkt>: **L** ↵
    Sehnenlaenge: **200** ↵

13. Zeichnen Sie eine Linie.

    Befehl: **LINIE** ↵
    Von Punkt: **190,160** ↵
    Nach Punkt: **130,160** ↵
    Nach Punkt: ↵

14. Setzen Sie die Linie als Bogen fort.

    Befehl: **BOGEN** ↵
    Mittelpunkt/<Startpunkt>: ↵
    Endpunkt: **@40<270** ↵

15. Zeichnen Sie eine Linie.

    ```
    Befehl: LINIE  ↵
    Von Punkt: 130,120  ↵
    Nach Punkt: 190,120  ↵
    Nach Punkt:  ↵
    ```

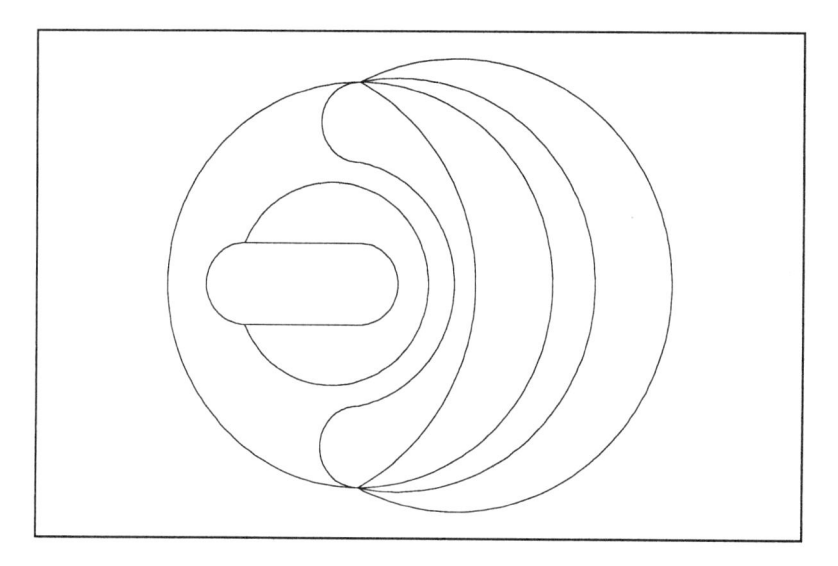

16. Kehren Sie mit **QUIT** ins Hauptmenü zurück.

Nächster Lernschritt ist **Modul 88**.

BRUCH

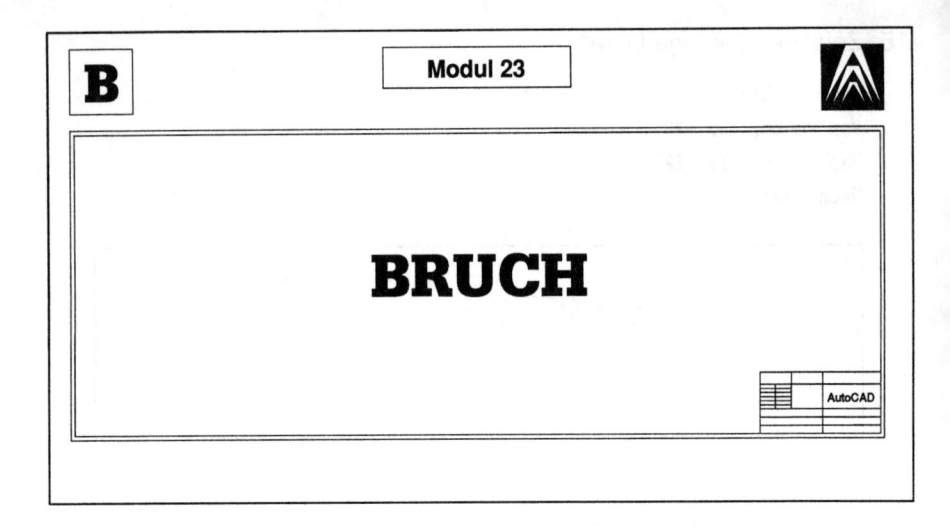

Modul 23

```
Befehl: BRUCH
Objekt waehlen:
Erster Punkt:
Zweiter Punkt:
```

Beschreibung

Der Befehl **BRUCH** bewirkt das Löschen oder Durchtrennen eines Teils eines Objekts.

Aufruf und Optionen

Nach Eingabe des Befehlswortes und ⏎ muß das Objekt, an dem eine Teillöschung vorgenommen werden soll, ausgewählt werden. Dies geschieht mit einer der Standard-Auswahl-Methoden.

Wurde das Zielobjekt angeklickt, so wird der Klickpunkt sogleich als erste Bruchstelle verwendet. Es folgt dann sofort die Frage nach dem zweiten Punkt.

Bei den anderen Auswahlmethoden wird nacheinander nach dem ersten und zweiten Bruchpunkt gefragt.

Die Wirkung des Befehls **BRUCH** ist von Objekt zu Objekt verschieden:

Linie   Wenn sich beide Bruchpunkte auf der Linie befinden, wird diese getrennt. Befindet sich nur ein Punkt auf der Linie, wird ein Ende abgeschnitten.

Band   Ein Band wird wie eine Linie behandelt. Die Ecken werden im rechten Winkel abgeschnitten.

Kreis   Der Kreisbogen vom ersten zum zweiten Punkt gegen den Uhrzeigersinn wird entfernt.

Bogen   Die Wirkung ist dieselbe wie bei einer Linie.

Polylinie   Die Wirkung ist dieselbe wie bei einer Linie.

Musteranwendung

In diesem Beispiel zeichnen und brechen Sie verschiedene Objekte. Zusätzliche Objekte werden in die gebrochenen Flächen eingefügt und zu einem neuen Objekt zusammengefügt. Beginnen Sie eine neue Zeichnung namens BREAK.

1. Setzen Sie das Fangraster, das Sichtraster und vergrößern Sie den Bildschirmausschnitt.

    ```
    Befehl: FANG ⏎
    Fangwert oder EIN/AUS/Aspekt/Drehen/Stil <1.00>: 5 ⏎

    Befehl: RASTER ⏎
    Rasterwert(X) oder EIN/AUS/Fang/Aspekt <10.00>: 0 ⏎

    Befehl: ZOOM ⏎
    Alles/Mitte/Dynamisch/Grenzen/Links/Vorher/Fenster/<Faktor(X)>: A ⏎
    ```

BRUCH   Modul 23

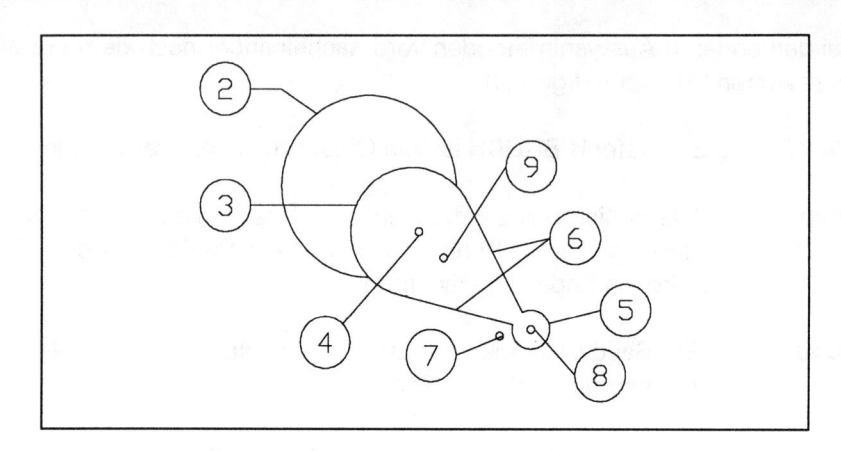

2. Zeichnen Sie einen Kreis.

   Befehl: **KREIS** ↵
   3P/2P/TTR/<Mittelpunkt>: **150,170** ↵
   Durchmesser/<Radius>: **70** ↵

3. Zeichnen Sie einen weiteren Kreis.

   Befehl: **KREIS** ↵
   3P/2P/TTR/<Mittelpunkt>: **2P** ↵
   Erster Punkt auf Durchmesser: **150,100** ↵
   Zweiter Punkt auf Durchmesser: **220,170** ↵

4. Erneuern Sie den Bildschirm und zeichnen Sie dann einen weiteren Kreis.

   Befehl: **NEUZEICH**
   Befehl: **KREIS** ↵
   3P/2P/TTR/<Mittelpunkt>: **280,60** ↵
   Durchmesser/<Radius>: **15** ↵

5. Zeichnen Sie zwei Linien vom Mittelpunkt des letzten Kreises als Tangente an den zweiten Kreis.

   Befehl: **LINIE** ↵
   Von Punkt: **280,60** ↵
   Nach Punkt: **TAN** ↵
   zu (klicken Sie nahe 235,155)
   Nach Punkt: ↵

156

Modul 23   BRUCH

```
Befehl: LINIE  ↵
Von Punkt: 280,60  ↵
Nach Punkt: TAN  ↵
zu (klicken Sie nahe 165,85)
Nach Punkt:  ↵
```

6. Brechen Sie den ersten Kreis.

```
Befehl: BRUCH  ↵
Objekt waehlen: (klicken Sie nahe 120,105)
Eingabe des zweiten Punktes (oder E fuer ersten Punkt): E  ↵
Eingabe des ersten Punktes: 150,100  ↵
Eingabe des zweiten Punktes: 220,170  ↵
```

7. Vergrößern Sie den Ausschnitt des kleinen Kreises und brechen Sie diesen.

```
Befehl: ZOOM  ↵
Alles/Mitte/Dynamisch/Grenzen/Links/Vorher/Fenster/<Faktor(X)>: F  ↵
Erste Ecke: 260,40  ↵
Andere Ecke: 300,80  ↵

Befehl: BRUCH  ↵
Objekt waehlen: 280,45  ↵
Eingabe des zweiten Punktes (oder E fuer ersten Punkt): E  ↵
Eingabe des ersten Punktes: SCH  ↵
von 273,73  ↵
Eingabe des zweiten Punktes: SCH  ↵
von (klicken Sie nahe 265,65)
```

8. Brechen Sie die Verbindungslinien zwischen dem kleinen Kreis und dessen Mittelpunkt.

```
Befehl: BRUCH  ↵
Objekt waehlen: 275,70  ↵
Eingabe des zweiten Punktes (oder E fuer ersten Punkt): E  ↵
Eingabe des ersten Punktes: SCH  ↵
von 273,73  ↵
Eingabe des zweiten Punktes: 280,60  ↵
```

157

BRUCH   Modul 23

```
Befehl: BRUCH  [↵]
Objekt waehlen: 280,60  [↵]
Eingabe des zweiten Punktes (oder E fuer ersten Punkt): E  [↵]
Eingabe des ersten Punktes: SCH  [↵]
zu (klicken Sie nahe 265,65)
Eingabe des zweiten Punktes: NAE  [↵]
zu (klicken Sie auf 280,60)
```

9. Zeigen Sie die gesamte Zeichnung an und brechen Sie dann den zweiten Kreis.

```
Befehl: ZOOM  [↵]
Alles/Mitte/Dynamisch/Grenzen/Links/Vorher/Fenster/<Faktor(X)>: A  [↵]
Befehl: BRUCH  [↵]
Objekt waehlen: 205,90  [↵]
Eingabe des zweiten Punktes (oder E fuer ersten Punkt): E  [↵]
Eingabe des ersten Punktes: NAE  [↵]
zu (klicken Sie nahe 180,85)
Eingabe des zweiten Punktes: NAE  [↵]
zu (klicken Sie nahe 235,150)
```

10. Zeichnen Sie den Bildschirm neu.

```
Befehl: NEUZEICH  [↵]
```

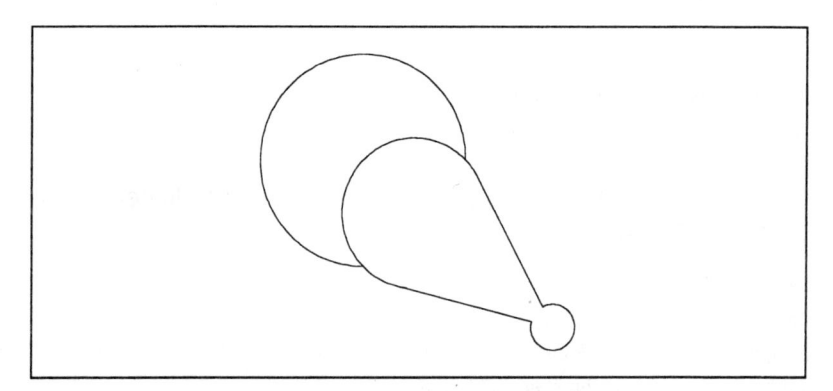

11. Kehren Sie mit **QUIT** ins Hauptmenü zurück.

Nächster Lernschritt ist **Modul 30**.

DANSICHT

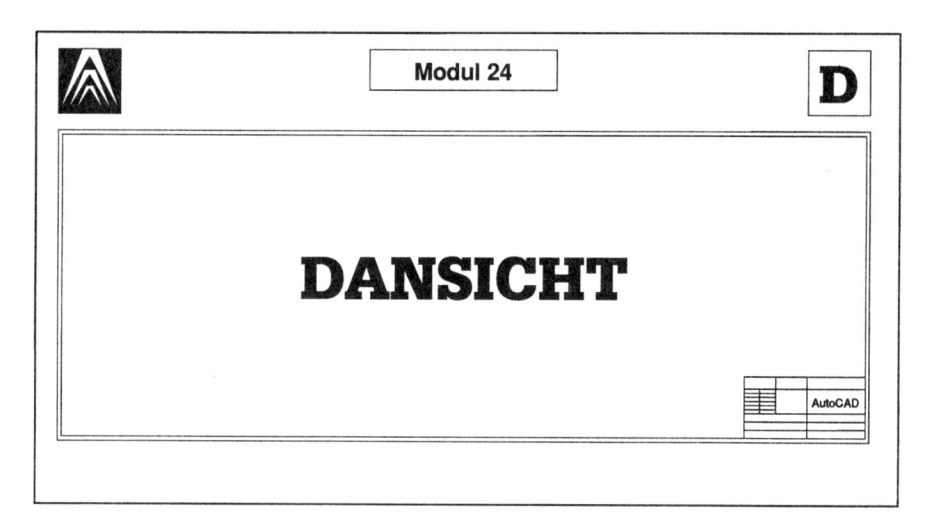

```
Befehl: DANSICHT
Objekte waehlen:
Kamera/ZIel/ABstand/PUnkte/PAn/ZOom/Drehen/Schnitt/
Verdeckt/AUs/ZUrueck/<eXit>:
```

Beschreibung

Der Befehl **DANSICHT** bildet einen einfachen und komfortablen Weg, eine dreidimensionale Konstruktion im Raum zu betrachten. Dabei wird die Lage des Ansichtspunktes mit Hilfe einer "Kamera" und eines "Ziels" bestimmt.

Um die Konstruktion aus verschiedenen Blickwinkeln zu betrachten, bewegen Sie die Kamera, das Ziel oder beides.

Nachdem die Blickrichtung, also die Verbindung zwischen Kamera und Ziel, festgelegt wurde, bestimmen Sie anschließend das Blickfeld, indem Sie den Abstand zwischen Kamera und Objekt und/oder die Brennweite der Kamera verändern.

DANSICHT

Mit **DANSICHT** kann eine dreidimensionale Konstruktion sowohl in paralleler als auch in perspektivischer Projektion betrachtet werden.

Schließlich ist es sogar möglich, einen vorderen und einen hinteren Schnitt durch die Konstruktion zu legen. **DANSICHT** zeigt dann nur noch die Teile der Konstruktion, die zwischen beiden Schnitten liegen.

Aufruf und Optionen

Während der Befehl DANSICHT aktiv ist, zeigt der Bildschirm eine Ansicht Ihrer Konstruktion im dreidimensionalen Raum. Während Sie die Blickrichtung oder das Blickfeld ändern, wird die Ansicht jederzeit korrekt dargestellt. Bei einer komplexen Zeichnung oder einem langsamen Computer ist dieses dynamische Mitziehen nicht sinnvoll einsetzbar. Aus diesem Grund legen Sie nach dem Aufruf von DANSICHT zunächst fest, welche Zeichnungsobjekte während der Ausführung des Befehls auf dem Bildschirm dargestellt werden sollen.

Wählen Sie die Objekte aus, die den Blickwinkel und die Perspektive der gesamten Konstruktion deutlich machen. Für die Auswahl dieser Objekte kann man keine Regel angeben. Wählen Sie zuviele Objekte, so verlangsamen sich die Antwortzeiten, da der Computer die Lage sämtlicher Objekte neu berechnen und darstellen muß. Wählen Sie dagegen zu wenige Objekte, so macht die Darstellung auf dem Bildschirm vielleicht nicht deutlich genug, wie die endgültige Anzeige des Objekts aussehen wird. Beschränken Sie sich deshalb auf möglichst wenige Objekte, die aber trotzdem die räumliche Struktur der Konstruktion in verschiedenen Ansichten verdeutlichen.

Antworten Sie auf die Frage "Objekte waehlen:" mit ⏎ , so verwendet AutoCAD die Darstellung eines kleinen Hauses oder, falls vorhanden, den Block "DANSICHTBLOCK", jeweils nach dem gerade aktuellen BKS ausgerichtet.

Wollen Sie einen eigenen "DANSICHTBLOCK" anlegen, zeichnen Sie ihn innerhalb eines 1 x 1 x 1-Würfels, dessen linke untere Ecke im Ursprung liegt. Konstruieren Sie den Block so, daß Sie seine räumliche und perspektivische Ansicht leicht erkennen können.

Nachdem Sie einige Objekte bestimmt oder einfach ⏎ gedrückt haben, fragt DANSICHT:

Kamera/ZIel/ABstand/PUnkte/PAn/ZOom/Drehen/Schnitt/
Verdeckt/AUs/ZUrueck/<eXit>:

Diese Anfrage bleibt solange bestehen, bis Sie die Option **eXit** wählen bzw. ⏎ drücken. Nach und während jeder Option von DANSICHT zeigt der Bildschirm die ausgewählten Objekte in der gerade bestimmten Ansicht. Nachdem Sie DANSICHT verlassen haben, werden wieder sämtliche Objekte Ihrer Konstruktion, aber nun unter dem eingestellten Blickwinkel und mit der gewählten Perspektive angezeigt.

> **Hinweis:** Die Auswahl einzelner Objekte dient lediglich der Beschleunigung des Zeichenvorgangs. Auch alle nicht gewählten Objekte werden genauso rotiert, skaliert oder projiziert und erscheinen nach Verlassen von DANSICHT wie gewünscht.

Die meisten Optionen von DANSICHT lassen sich auf zwei verschiedene Methoden bedienen. Entweder geben Sie exakte Koordinaten und Winkel über die Tastatur ein, oder Sie benutzen die zu diesem Zweck eingeblendeten Skalen. Der jeweils aktuell eingestellte Wert wird als Raute, der vorherige Wert als Strich auf der Skala angezeigt. Bewegen Sie den Cursor, so ändert sich der angezeigte Wert und damit auch die Ansicht auf dem Bildschirm. Sie können sich in diesem Fall entweder nach den Werten auf der Skala oder nach dem angezeigten Bild richten. Haben Sie die gewünschte Einstellung erreicht, so drücken Sie den Pick-Knopf Ihres Zeigegeräts.

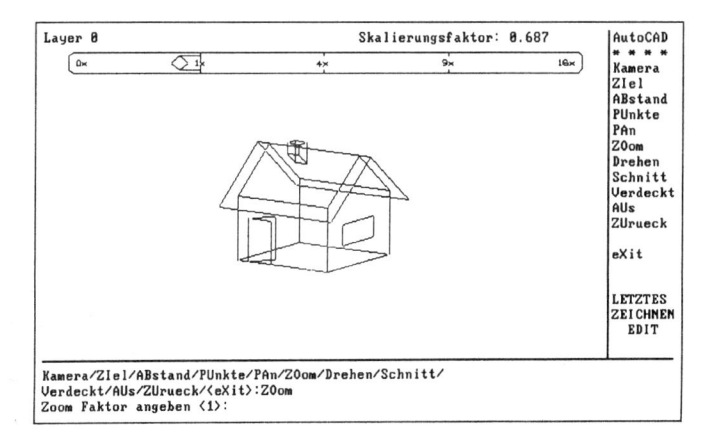

Die Optionen des Befehls DANSICHT sind:

Kamera Mit dieser Option bewegen Sie die Kamera um den dreidimensionalen Zielpunkt. Haben Sie den Zielpunkt nicht explizit bestimmt, so wird von AutoCAD anhand der aktuellen Ansichtsrichtung und des eingestellten Koordinatensystems ein sinnvoller Zielpunkt vorgegeben. DANSICHT fragt nach dem Winkel gegen die X-/Y-Ebene und nach dem Winkel gegen die X-Achse. Beide Werte können über die Tastatur oder über die eingeblendeten Skalen bestimmt werden.

Zunächst bestimmen Sie den Winkel über oder unterhalb der aktuellen X-/Y-Ebene durch den Zielpunkt, aus der Sie das Objekt betrachten wollen. Der Winkel 90 steht für die Draufsicht. Bei einem Winkel von 0 schauen Sie parallel zu dieser X-/Y-Ebene, und bei einem Winkel von –90 betrachten Sie das Objekt von unten.

Die zweite Eingabe bestimmt die Drehung der Kamera parallel zur X-/Y-Ebene um den Zielpunkt. Ein Winkel von 0 entspricht einer Kameraposition in der X-/Z-Ebene durch den Zielpunkt. Die Skala ist von –180 bis 180 beschriftet. Die Kamera bewegt sich nach links, wenn Sie Ihr Zeigegerät nach links bewegen und umgekehrt.

ZIel Genauso wie bei der vorangegangenen Option bestimmen Sie hier wieder einen Winkel gegen die X-/Y-Ebene und einen Winkel gegen die X-Achse. Nun sind allerdings die Achsen gemeint, die durch den Kamerapunkt gehen, nicht die durch den Zielpunkt. Man bewegt also das Ziel um die (feststehende) Kamera herum.

ABstand Wenn die Blickrichtung, also die Verbindung zwischen Kamera- und Zielpunkt feststeht, können Sie mit dieser Option den Abstand zwischen Kamera und Zielpunkt verändern. Sie gehen also mit Ihrer Kamera näher an das Objekt heran bzw. entfernen sich von ihm. Dadurch ändert sich auch die Perspektive, mit der Sie Ihre Konstruktion betrachten. Zur Erinnerung wird das Koordinatensystem-Symbol durch ein spezielles Symbol ersetzt, das auf die eingeschaltete Perspektive hinweist. Während die perspektivische Anzeige aktiv ist, sind nicht alle AutoCAD-Funktionen aufrufbar.

Um den Abstand zwischen Kamera und Ziel zu verändern, benutzen Sie die eingeblendete Skala. Diese trägt die Beschriftung 0X bis 16X. Diese Zahlen stehen für ein Vielfaches der augenblicklichen Entfernung Kamera-Ziel, die mit 1X bezeichnet ist. Ein Wert zwischen 0 und 1 bewegt die Kamera näher an das Objekt, ein Wert größer 1 entfernt den Kamerastandpunkt vom Ziel.

PUnkte Während Kamera- und Zielpunkt normalerweise von AutoCAD vorgegeben werden, ist es häufig auch sinnvoll, beide Punkte exakt zu spezifizieren. Dazu wählen Sie die Option **PUnkte**. Geben Sie anschließend die beiden Punkte ein. Dazu können Sie die X-, Y- und Z-Koordinaten über die Tastatur eingeben oder sämtliche alternativen Eingabemöglichkeiten von AutoCAD benutzen. Insbesondere die Verwendung der Objektfangmodi ist angebracht.

Nachdem Sie den Zielpunkt bestimmt haben, zeichnet AutoCAD eine Gummibandlinie vom Zielpunkt zur aktuellen Cursorposition. Während Sie also den Kamerastandpunkt bestimmen, erkennen Sie auf dem Bildschirm die Blickrichtung der nachfolgend angezeigten Ansicht.

PAn Mit der Option **PAn** wird der Bildausschnitt verschoben, ohne daß die Blickrichtung und die Größe des angezeigten Ausschnitts verändert werden. Wie beim normalen Befehl PAN (Modul 67) müssen zwei Punkte bestimmt werden, nämlich ein beliebiger Punkt auf dem Bildschirm und die Position, an der der erste Punkt anschließend erscheinen soll. Beide Punkte können auf dem Bildschirm gezeigt werden oder, sofern nicht eine perspektivische Ansicht gezeigt wird, als Koordinatentripel eingegeben werden.

ZOom Die Option **ZOom** verhält sich unterschiedlich, je nachdem, ob die Konstruktion in paralleler oder in perspektivischer Projektion angezeigt wird. In der Parallelprojektion, d.h. wenn Sie zuvor nicht die Option **ABstand** benutzt haben, arbeitet **ZOom** genauso wie die Option **Mitte** des Befehls ZOOM (Modul 105). Der Mittelpunkt des Bildschirms bleibt konstant, und die Vergrößerung/Verkleinerung können Sie auf der von 0X bis 16X beschrifteten Skala bestimmen. Die Einstellung 1X entspricht der aktuellen Vergrößerung.

Ist dagegen die perspektivische Darstellung aktiv, so verändert **ZOom** die Brennweite des Kameraobjektivs, mit dem Sie Ihre Konstruktion betrachten. Voreingestellt ist eine Brennweite von 50mm, das entspricht einem Normalobjektiv einer Kleinbildkamera. Vergrößern Sie die Brennweite, erhalten Sie ein Teleobjektiv und das Gesichtsfeld wird eingeschränkt. Verkleinern Sie die Brennweite, erhalten Sie stattdessen den Effekt eines Weitwinkelobjektivs.

Drehen Mit der Option **Drehen** drehen Sie die Kamera bzw. Ihre Konstruktion um die Blickrichtung bei ansonsten unveränderter Kameraposition und -einstellung. Wie gewohnt können Sie den Drehwinkel über die Tastatur eingeben oder auf dem Bildschirm zeigen.

Schnitt Eine weitere Leistung des Befehls DANSICHT ist das Ausblenden eines eventuell störenden Vorder- oder Hintergrunds. Mit der Option **Schnitt** läßt sich beispielsweise die Ansicht Ihrer Konstruktion so steuern, daß nur die Teile Ihrer Konstruktion gezeigt werden, die vor oder hinter dem Zielpunkt liegen. DANSICHT verwendet zu diesem Zweck eine vordere und eine hintere Schnittebene. Alles, was vor der vorderen oder hinter der hinteren Schnittebene liegt, wird ausgeblendet. Die beiden Schnittebenen stehen immer senkrecht auf der aktuellen Blickrichtung, so daß zur Festlegung die Angabe des Abstandes vom Zielpunkt ausreicht.

Bei der Option **Schnitt** sind drei Unteroptionen möglich:

Hinten Die hintere Schnittebene wird definiert. Es erscheint die Anfrage:

EIN/AUS/<Abstand vom Ziel> <0.00>:D

Geben Sie einen Abstand ein, um die Lage der Schnittebene festzulegen und alle dahinterliegenden Objekte auszublenden. Ein positiver Wert beschreibt eine Position zwischen Kamera und Ziel, ein negativer Wert eine Position hinter dem Zielpunkt. Den Abstand können Sie über die Tastatur eingeben. Benutzen Sie aber stattdessen die eingeblendete Skala, so können Sie das entstehende Bild direkt mitverfolgen. Die Option **AUS** bewirkt, daß der Hintergrund wieder zu sehen ist. Der Abstand bleibt allerdings gespeichert, so daß Sie mit der Option **EIN** dieselbe Schnittebene wieder einschalten können.

Vorne Die vordere Schnittebene wird definiert. Es erscheint die Anfrage:

Auge/EIN/AUS/<Abstand vom Ziel> <0.00>:D

Geben Sie einen Abstand ein, um die Lage der Schnittebene festzulegen und alle davorliegenden Objekte auszublenden. Ein positiver Wert beschreibt eine Position zwischen Kamera und Ziel, ein negativer Wert eine Position hinter dem Zielpunkt. Die Auswahl **Auge** steht für den Abstand zwischen Kamera und Ziel. In diesem Fall werden alle Zeichnungsobjekte ausgeblendet, die "hinter" der Kamera liegen. Dies ist auch die Vorgabeposition für diese Schnittebene. Den Abstand können Sie über die Tastatur eingeben. Benutzen Sie aber stattdessen die eingeblendete Skala, so können Sie das entstehende Bild direkt mitverfolgen. Die Option **AUS** bewirkt, daß der Hintergrund wieder zu sehen ist. Der Abstand bleibt allerdings gespeichert, so daß Sie mit der Option **EIN** dieselbe Schnittebene wieder einschalten können. Zeigt Ihr Bildschirm eine perspektivische Ansicht, so ist die vordere Schnittebene grundsätzlich eingeschaltet. Die Optionen **EIN** und **AUS** stehen dann nicht zur Auswahl.

DANSICHT   Modul 24

Aus   Die dritte Unteroption zu **Schnitt** deaktiviert die definierten
                 Schnittebenen wieder. Dies ist auch die Grundeinstellung
                 von DANSICHT, wenn Sie parallele Projektionen benutzen.
                 Bei Verwendung perspektivischer Ansichten ist dagegen die
                 vordere Schnittebene immer eingeschaltet.

Verdeckt   Die Option **Verdeckt** bewirkt, daß die in der gerade ange-
                 zeigten Ansicht verdeckten Linien ausgeblendet werden. Da
                 DANSICHT hierzu nur die ausgewählten Objekte benutzt,
                 arbeitet diese Funktion wesentlich schneller als der Aufruf
                 des Befehls VERDECKT (Modul 100). Bei einer geeigneten
                 Auswahl der angezeigten Objekte erhalten Sie eine gute
                 räumliche Darstellung Ihrer Konstruktion.

AUs   Mit der Option **AUs** schalten Sie von der angezeigten per-
                 spektivischen Darstellung auf die Parallelprojektion zurück.
                 Die perspektivische Darstellung wird mit der Option
                 ABstand eingeschaltet.

ZUrueck   Durch den Aufruf dieser Option wird die Wirkung der zuletzt
                 benutzten Option von DANSICHT rückgängig gemacht.
                 Diese Option läßt es also zu, daß Sie verschiedene Einstel-
                 lungen durchprobieren, ohne sich immer die aktuellen
                 Werte merken zu müssen.

eXit   Der Befehl DANSICHT wird verlassen. AutoCAD zeichnet
                 auf dem Bildschirm die vollständige Konstruktion aus dem
                 gewählten Blickwinkel und mit den gewählten Kameraein-
                 stellungen.

Sie können mit AutoCAD ab der Version 10.0 komplexe dreidimensionale
Objekte konstruieren und diese im dreidimensionalen Raum betrachten.
Die genaue Festlegung einer dreidimensionalen Ansicht ist aber eine
komplexe mathematische Übung. Zur Vereinfachung bietet DANSICHT
deshalb das "Modell" einer auf ein Ziel ausgerichteten Kamera.

Eine der Stärken von DANSICHT ist es, daß die Ansicht der Konstruktion
am Bildschirm dynamisch verändert wird, während Sie die Einstellungen
der Kamera modifizieren. So läßt sich eine geeignete Ansicht durch pro-
bieren finden. Zu diesem Zweck ist es allerdings wichtig, daß Sie für die

Darstellung in DANSICHT geeignete Objekte auswählen, die die Lage Ihrer Konstruktion im Raum deutlich machen.

Mit DANSICHT können Sie zwischen paralleler Projektion und perspektivischer Darstellung wählen. Beachten Sie aber, daß ein Teil der AutoCAD-Befehle nicht in perspektivischen Darstellungen benutzt werden kann. Sie bekommen deshalb an einigen Stellen die Meldung: "Im Perspektivmodus nicht erlaubt." Rufen Sie in diesem Fall DANSICHT auf, und wechseln Sie mit der Option **AUs** zur parallelen Projektion zurück.

Während DANSICHT aktiv ist, gelten alle eingegebenen Koordinaten relativ zum gerade aktiven BKS. Um stattdessen Weltkoordinaten zu benutzen, setzen Sie mit SETVAR (Modul 85) die Variable WORLDVIEW auf 1.

Musteranwendung

Wir konstruieren einen Torus und betrachten diesen mit DANSICHT.

1. Beginnen Sie eine Zeichnung namens DANSICHT.

2. Konstruieren Sie den Torus:

   ```
   Befehl: KREIS  ↵
   3P/2P/TTR/<Mittelpunkt>: 100,150  ↵
   Durchmesser/<Radius>: 50  ↵

   Befehl: LINIE  ↵
   Von Punkt: 250,50  ↵
   Nach Punkt: 250,200  ↵
   Nach Punkt:  ↵

   Befehl: ROTOB  ↵
   Grundlinie waehlen: (Zeigen Sie auf den Kreis.)
   Rotationsachse waehlen: (Zeigen Sie auf die Linie.)
   Startwinkel <0>:  ↵
   Eingeschlossener Winkel (+=guz, -=uz) <Vollkreis>:  ↵

   Befehl: LOESCHEN  ↵
   Objekte waehlen: (Zeigen Sie auf Kreis und Linie.)
   Objekte waehlen:  ↵
   ```

DANSICHT   Modul 24

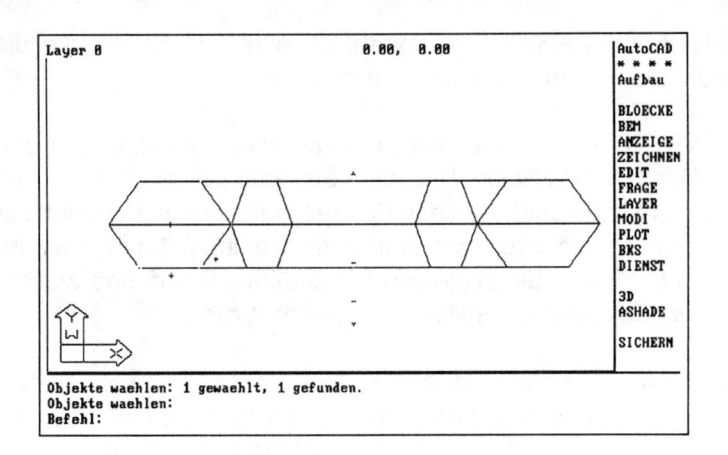

```
Layer 0                    0.00, 0.00              AutoCAD
                                                   * * * *
                                                   Aufbau

                                                   BLOECKE
                                                   BEM
                                                   ANZEIGE
                                                   ZEICHNEN
                                                   EDIT
                                                   FRAGE
                                                   LAYER
                                                   MODI
                                                   PLOT
                                                   BKS
                                                   DIENST

                                                   3D
                                                   ASHADE

                                                   SICHERN

Objekte waehlen: 1 gewaehlt, 1 gefunden.
Objekte waehlen:
Befehl:
```

3. Nun benutzen Sie **DANSICHT**, um den Torus zu betrachten. In dieser einfachen Konstruktion brauchen Sie sich keine Gedanken darüber zu machen, welche Objekte für die provisorischen Ansichten benutzt werden sollen.

Befehl: **DANSICHT** ⏎
Objekte waehlen: **L** ⏎
1 gefunden.
Objekte waehlen: ⏎

Kamera/ZIel/ABstand/PUnkte/PAn/ZOom/Drehen/Schnitt/
Verdeckt/AUs/ZUrueck/<eXit>: **K** ⏎
Winkel von der X-Y Ebene eingeben <90.00>: **45** ⏎
Winkel in X-Y Ebene von der X-Achse eingeben <-90.00>: **90** ⏎

Kamera/ZIel/ABstand/PUnkte/PAn/ZOom/Drehen/Schnitt/
Verdeckt/AUs/ZUrueck/<eXit>: **PU** ⏎
Eingabe Zielpunkt <230.21, 157.90, -0.00>: **75,150** ⏎
Eingabe Kameraposition <230.21, 158.61, 0.71>: **300,150** ⏎

Kamera/ZIel/ABstand/PUnkte/PAn/ZOom/Drehen/Schnitt/
Verdeckt/AUs/ZUrueck/<eXit>: **D** ⏎
Neuer Ansichts Drehwinkel <0.00>: **45** ⏎

Kamera/ZIel/ABstand/PUnkte/PAn/ZOom/Drehen/Schnitt/
Verdeckt/AUs/ZUrueck/<eXit>: **AB** ⏎
Neuer Kamera/Ziel Abstand <225.00>: **1000** ⏎

Kamera/ZIel/ABstand/PUnkte/PAn/ZOom/Drehen/Schnitt/
Verdeckt/AUs/ZUrueck/<eXit>: ⏎
Regeneriere Zeichnung.

```
Layer 0                                         AutoCAD
                                                * * * *
                                                Aufbau

                                                BLOECKE
                                                BEM
                                                ANZEIGE
                                                ZEICHNEN
                                                EDIT
                                                FRAGE
                                                LAYER
                                                MODI
                                                PLOT
                                                BKS
                                                DIENST

                                                3D
                                                ASHADE

                                                SICHERN

Verdeckt/AUs/ZUrueck/<eXit>:
Regeneriere Zeichnung.
Befehl:
```

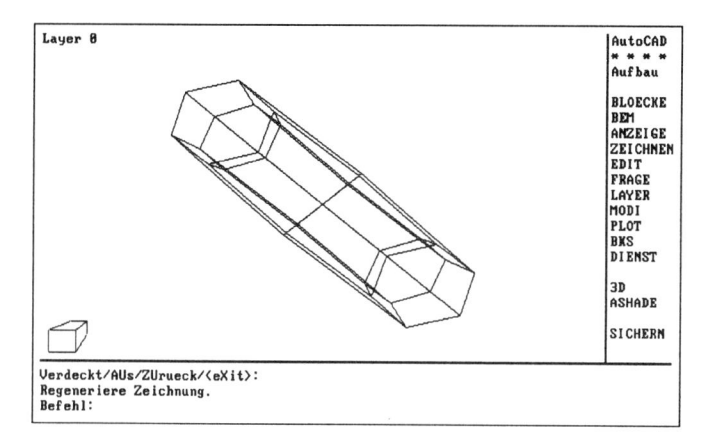

4. Lassen Sie jetzt noch die verdeckten Linien ausblenden:

   Befehl: **VERDECKT** ⏎
   Regeneriere Zeichnung.
   Entferne verdeckte Linien: 25

   Nun sieht Ihr Torus auf dem Bildschirm so aus:

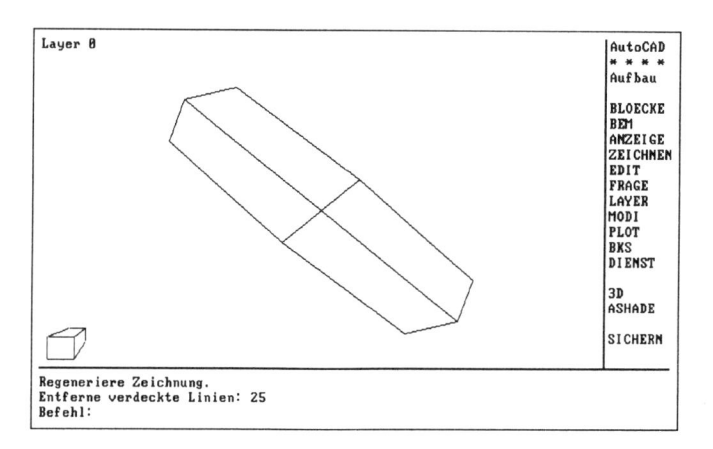

```
Layer 0                                         AutoCAD
                                                * * * *
                                                Aufbau

                                                BLOECKE
                                                BEM
                                                ANZEIGE
                                                ZEICHNEN
                                                EDIT
                                                FRAGE
                                                LAYER
                                                MODI
                                                PLOT
                                                BKS
                                                DIENST

                                                3D
                                                ASHADE

                                                SICHERN

Regeneriere Zeichnung.
Entferne verdeckte Linien: 25
Befehl:
```

Der nächste Lernschritt ist **Modul 61**.

DATEIEN

Modul 25

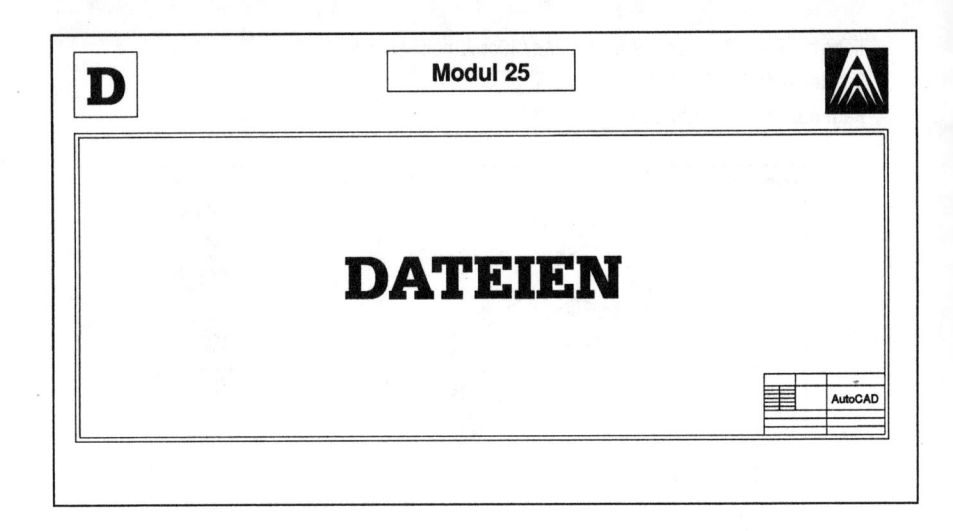

Befehl: DATEIEN

Beschreibung

Mit Hilfe des Befehls **DATEIEN** kann das Inhaltsverzeichnis des Laufwerks angesehen und eine Datei aufgelistet, gelöscht und umbenannt werden, ohne daß man AutoCAD verlassen muß.

Aufruf und Optionen

Nach dem Befehlsaufruf erscheint ein Datei-Dienstmenü.

Die Menüauswahl erklärt sich von selbst.

Der Befehl **DATEIEN** ist sehr hilfreich, wenn Speichermedien wie die Diskette voll sind und neuer Platz geschaffen werden muß.

Modul 25   DATEIEN

Musteranwendung

In diesem Beispiel listen Sie die Zeichnungsdateien des aktuellen Laufwerks auf.

1. Beginnen Sie eine neue Zeichnung namens TEMP.

2. Geben Sie **DATEIEN**, gefolgt von ⏎ , ein.

```
           A U T O C A D
Copyright (C) 1982,83,84,85,86,87 Autodesk AG
Version 2.6.44 (7/14/87) IBM PC
Advanced Drafting Extensions 3
Seriennummer:   97-901379


Datei-Dienstmenue

    0.  Ende Datei-Dienstmenue
    1.  Zeichnungsdateien auflisten
    2.  Benutzerdateien auflisten
    3.  Dateien loeschen
    4.  Dateien umbenennen
    5.  Dateien kopieren

Funktion waehlen (0 bis 5) <0>:
```

3. Wählen Sie Funktion 1.

   `Laufwerk oder Inhaltsverzeichnis eingeben: C:` ⏎

   Nun werden sämtliche Zeichnungsdateien des Laufwerks C gelistet.

4. Nachdem Sie das Verzeichnis gesehen haben, drücken Sie ⏎ und kommen damit zum Datei-Dienstmenü zurück.

5. Kehren Sie mit Funktion **0** zum Zeicheneditor zurück.

6. Kehren Sie mit **QUIT** ins Hauptmenü zurück.

Nächster Lernschritt ist **Modul 86**.

171

DDBKS

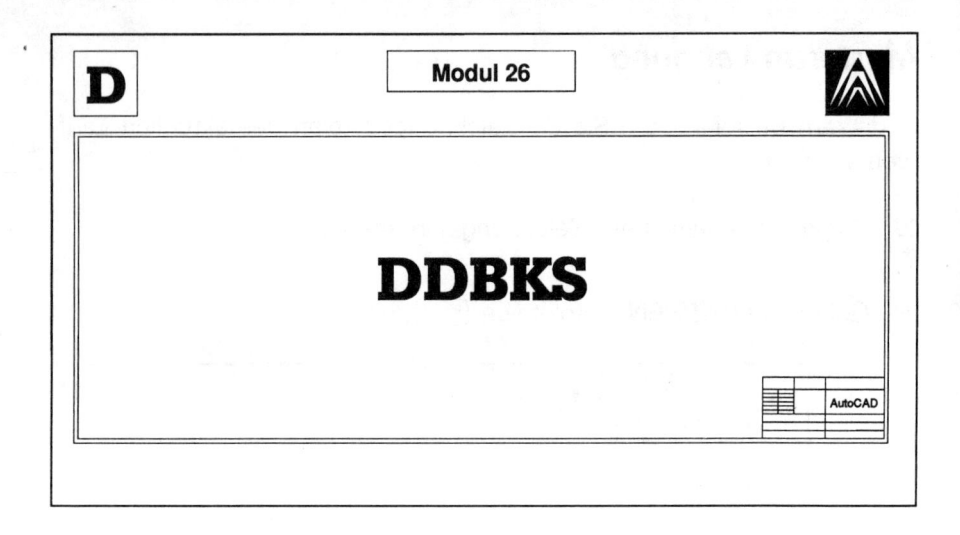

Modul 26

Befehl: DDBKS

Beschreibung

Der Befehl **DDBKS** bildet eine alternative Eingabemöglichkeit für die Definition eines neuen Benutzerkoordinatensystems (BKS). Er bietet alle Alternativen des Befehls **BKS** sowie zusätzlich das Umbenennen eines BKS.

Aufruf und Optionen

DDBKS wird über die Auswahl "BKS Dialog..." des Pull-Down-Menüs "Modi" oder über die Eingabe von "DDBKS" aufgerufen. Es erscheint eine Aufstellung aller derzeit definierten BKS:

Modul 26   DDBKS

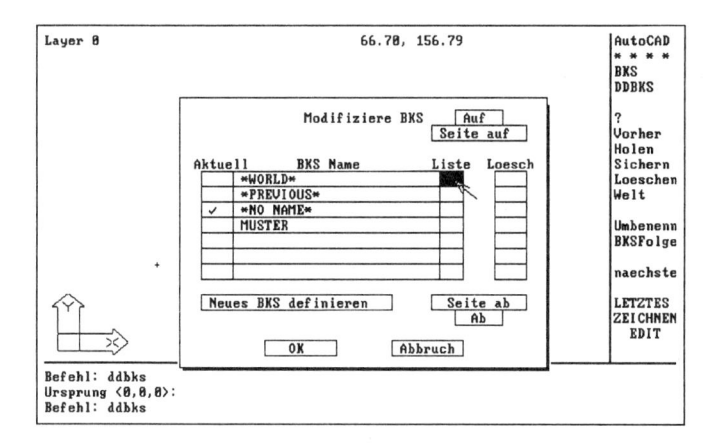

```
Layer 0                           66.70, 156.79              AutoCAD
                                                             * * *
                                                             BKS
                                                             DDBKS
              Modifiziere BKS    [ Auf     ]                 ?
                                 [ Seite auf ]               Vorher
                                                             Holen
        Aktuell   BKS Name      Liste  Loesch                Sichern
                 *WORLD*                                     Loeschen
                 *PREVIOUS*                                  Welt
          ✓      *NO NAME*
                 MUSTER                                      Umbenenn
                                                             BKSFolge

          +                                                  naechste

                 [ Neues BKS definieren ]  [ Seite ab ]      LETZTES
                                           [    Ab    ]      ZEICHNEN
                                                             EDIT
                      [   OK   ]   [ Abbruch ]

Befehl: ddbks
Ursprung <0,0,0>:
Befehl: ddbks
```

Mit DDBKS werden sämtliche Funktionen des Befehls BKS über eine Reihe von Dialogkästen und nicht über die Befehlszeile abgewickelt. Der erste Dialogkasten zeigt eine Liste aller aktuell definierten BKS. Mit Hilfe der Felder "Auf", "Ab" und "Seite auf", "Seite ab" können Sie durch die Liste blättern, falls nicht alle BKS gleichzeitig angezeigt werden können. Die ersten drei Namen haben eine spezielle Bedeutung: *WORLD* ist das Weltkoordinatensystem (WKS), *PREVIOUS* ist das zuvor benutzte BKS und *NO NAME* ist das aktuelle BKS, wenn Sie diesem noch keinen Namen zugeteilt haben.

In der Spalte "Aktuell" ist das aktuelle BKS markiert. Um ein anderes BKS zu benutzen, zeigen Sie in die Spalte "Aktuell" vor dem entsprechenden Namen und anschließend auf das Feld "OK". Klicken Sie das Feld "Liste" hinter einem BKS-Namen an, so erhalten Sie eine Definition des entsprechenden BKS:

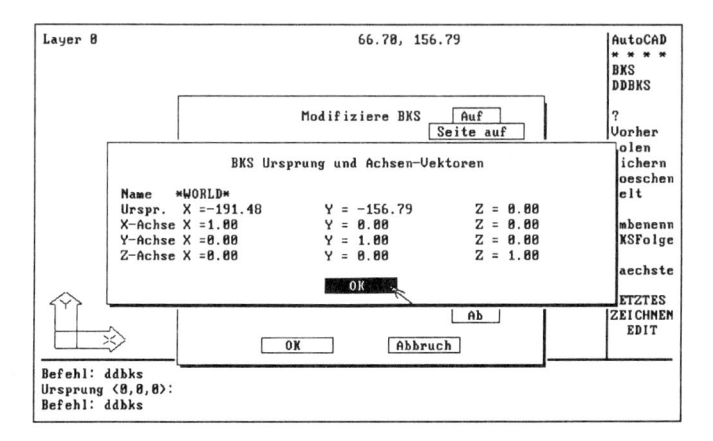

```
Layer 0                           66.70, 156.79              AutoCAD
                                                             * * *
                                                             BKS
                                                             DDBKS
              Modifiziere BKS    [ Auf     ]                 ?
                                 [ Seite auf ]               Vorher
                                                             olen
          BKS Ursprung und Achsen-Vektoren                   ichern
                                                             oeschen
        Name    *WORLD*                                      elt
        Urspr.  X =-191.48    Y = -156.79    Z = 0.00
        X-Achse X =1.00       Y = 0.00       Z = 0.00        mbenenn
        Y-Achse X =0.00       Y = 1.00       Z = 0.00        XSFolge
        Z-Achse X =0.00       Y = 0.00       Z = 1.00
                                                             aechste
                         [   OK   ]
                                           [    Ab    ]      ETZTES
                                                             ZEICHNEN
                                                             EDIT
                      [   OK   ]   [ Abbruch ]

Befehl: ddbks
Ursprung <0,0,0>:
Befehl: ddbks
```

173

Die Angaben über den Ursprung und die Richtungen der Koordinatenachsen gelten bezüglich des gerade eingestellten BKS.

Um ein neues BKS einzurichten, zeigen Sie auf das Feld "Neues BKS definieren". Ein weiterer Dialogkasten erscheint, in dem Sie den Namen des neuen BKS eingeben und die Position und Lage des neuen BKS bestimmen können:

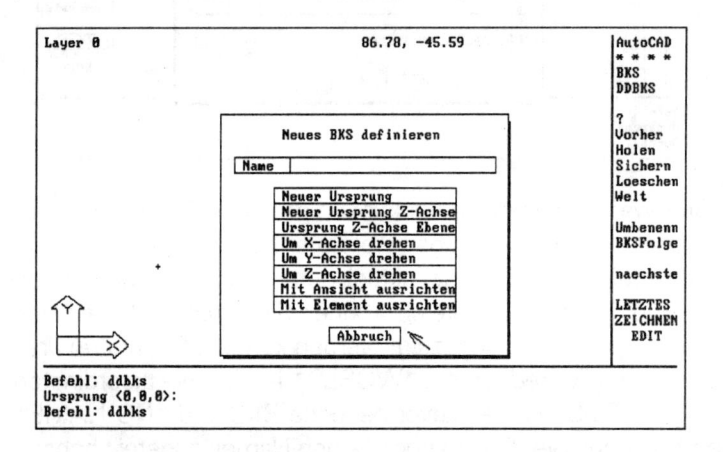

```
Layer 0                         86.78, -45.59           AutoCAD
                                                        * * * *
                                                        BKS
                                                        DDBKS

                      ┌─────────────────────────────┐   ?
                      │    Neues BKS definieren     │   Vorher
                      │                             │   Holen
                      │  ┌ Name ┬─────────────────┐ │   Sichern
                      │  └──────┴─────────────────┘ │   Loeschen
                      │  ┌─────────────────────────┐│   Welt
                      │  │   Neuer Ursprung        ││
                      │  │   Neuer Ursprung Z-Achse││
                      │  │   Ursprung Z-Achse Ebene││   Umbenenn
                      │  │   Um X-Achse drehen     ││   BKSFolge
             ·        │  │   Um Y-Achse drehen     ││
                      │  │   Um Z-Achse drehen     ││   naechste
                      │  │   Mit Ansicht ausrichten││
                      │  │   Mit Element ausrichten││   LETZTES
                      │  └─────────────────────────┘│   ZEICHNEN
          ↑Y          │         ┌ Abbruch ┐         │   EDIT
          └→X         └─────────────────────────────┘

Befehl: ddbks
Ursprung <0,0,0>:
Befehl: ddbks
```

Sämtliche Koordinateneingaben beim Definieren eines neuen BKS gelten immer im gerade aktuellen BKS.

Musteranwendung

Aufgrund der Ähnlichkeit zum Befehl BKS erübrigt sich ein Beispiel.

Nächster Lernschritt ist **Modul 49**.

```
Modul 27                    D

         DDLMODI

                                AutoCAD
```

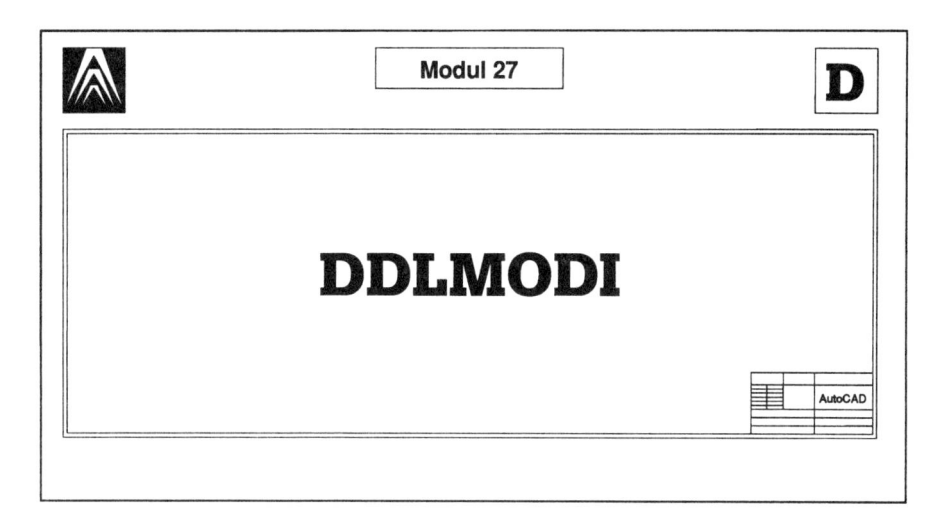

```
Befehl: DDLMODI
```

Beschreibung

Der Befehl **DDLMODI** umfaßt alle Optionen des Befehls **LAYER**, sowie das Umbenennen von Layern.

Aufruf und Optionen

DDLMODI wird aus dem Pull-Down-Menü oder über die Tastatur aufgerufen. Es erscheint ein Dialogkasten.

Mit Hilfe der Felder "Auf", "Seite auf", "Seite ab" und "Ab" kann in der Liste der Layer geblättert werden.

Ein neuer Layer wird angelegt, indem im Feld "Neuer Layer" der Name eingegeben wird. Zwischen dem Ein- und Ausschalten eines Layers wechselt man durch Anklicken der Spalte "Ein". Die Spalte "Gefroren" steht für die beiden Zustände "Frieren" und "Tauen". Farbe und Linientyp werden gewechselt, indem das entsprechende Feld angeklickt wird.

175

DDLMODI Modul 27

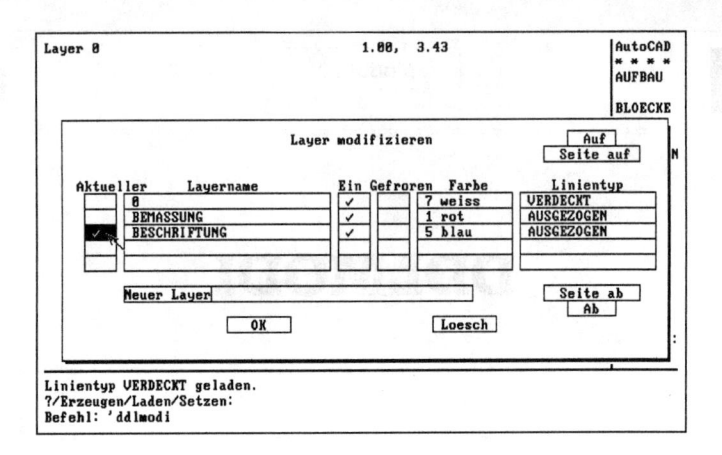

```
Layer 0                    1.00,  3.43          AutoCAD
                                                * * * *
                                                AUFBAU
                                                BLOECKE
         Layer modifizieren              Auf
                                         Seite auf      N
  Aktueller   Layername    Ein Gefroren Farbe    Linientyp
              0              ✓           7 weiss  VERDECKT
              BEMASSUNG      ✓           1 rot    AUSGEZOGEN
     ✓        BESCHRIFTUNG   ✓           5 blau   AUSGEZOGEN



          Neuer Layer|                          Seite ab
                                                Ab
                OK                    Loesch
                                                              :

Linientyp VERDECKT geladen.
?/Erzeugen/Laden/Setzen:
Befehl: 'ddlmodi
```

Es erscheint dann eine weitere Auswahl. Ein Layer kann auch umbenannt werden. Dazu tragen Sie in der Spalte "Layername" den neuen Namen ein. In der Spalte "Aktueller" wird der aktive Layer gekennzeichnet.

Der Dialogkasten wird verlassen, indem man auf das Feld "OK" zeigt. Das Anklicken des Feldes "Loesch" bzw. "Abbruch" löscht alle in diesem Befehl gemachten Änderungen.

DDLMODI kann, im Gegensatz zu **LAYER**, transparent inmitten eines anderen Befehls benutzt werden.

Musteranwendung

Aufgrund der Ähnlichkeiten zu den bisher behandelten Befehlen erübrigt sich ein Beispiel.

Nächster Lernschritt ist **Modul 56**.

Modul 28

DDOMODI

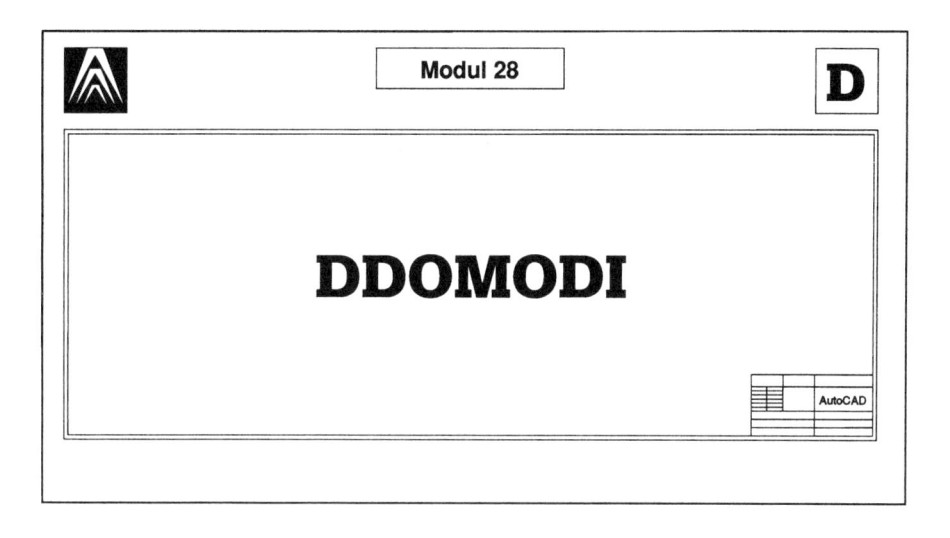

Befehl: DDOMODI

Beschreibung

Der Befehl **DDOMODI** faßt die Funktion der Befehle **FARBE** und **ERHEBUNG** sowie die Option "Setzen" der Befehle **LINIENTP** und **LAYER** zusammen.

Aufruf und Optionen

DDOMODI wird aus dem Pull-Down-Menü oder über die Tastatur aufgerufen. Es erscheint ein Dialogkasten.

Nun können die Objekteigenschaften für alle folgenden Zeichnungsobjekte eingegeben werden. Zeigen Sie auf das gewünschte Feld und geben Sie den neuen Wert über die Tastatur oder durch Auswahl aus der vorgelegten Liste ein.

DDOMODI Modul 28

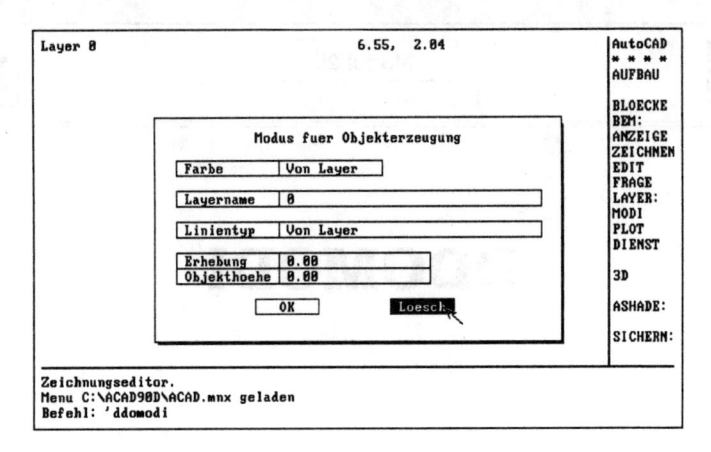

```
Layer 0                    6.55,  2.84    │AutoCAD
                                           │* * * *
                                           │AUFBAU
        ┌─────────────────────────────┐    │BLOECKE
        │   Modus fuer Objekterzeugung│    │BEM:
        │   ┌─────────┬─────────────┐ │    │ANZEIGE
        │   │ Farbe   │ Von Layer   │ │    │ZEICHNEN
        │   ├─────────┼─────────────┤ │    │EDIT
        │   │Layername│ 0           │ │    │FRAGE
        │   ├─────────┼─────────────┤ │    │LAYER:
        │   │Linientyp│ Von Layer   │ │    │MODI
        │   ├─────────┼─────────────┤ │    │PLOT
        │   │Erhebung │ 0.00        │ │    │DIENST
        │   │Objekthoehe│ 0.00      │ │    │
        │   └─────────┴─────────────┘ │    │3D
        │     ┌────┐       ┌────────┐ │    │
        │     │ OK │       │ Loesch │ │    │ASHADE:
        │     └────┘       └────────┘ │    │
        └─────────────────────────────┘    │SICHERN:

Zeichnungseditor.
Menu C:\ACAD9BD\ACAD.mnx geladen
Befehl: 'ddomodi
```

Der Dialogkasten wird verlassen, indem man auf das Feld "OK" zeigt. Das Anklicken des Feldes "Loesch" bzw. "Abbruch" löscht alle in diesem Befehl gemachten Änderungen.

DDOMODI kann, im Gegensatz zu den Einzelbefehlen, transparent inmitten eines anderen Befehls benutzt werden.

Musteranwendung

Aufgrund der Gemeinsamkeiten mit den bereits behandelten Befehlen erübrigt sich ein Beispiel.

Nächster Lernschritt ist **Modul 10**.

DDRMODI

Modul 29

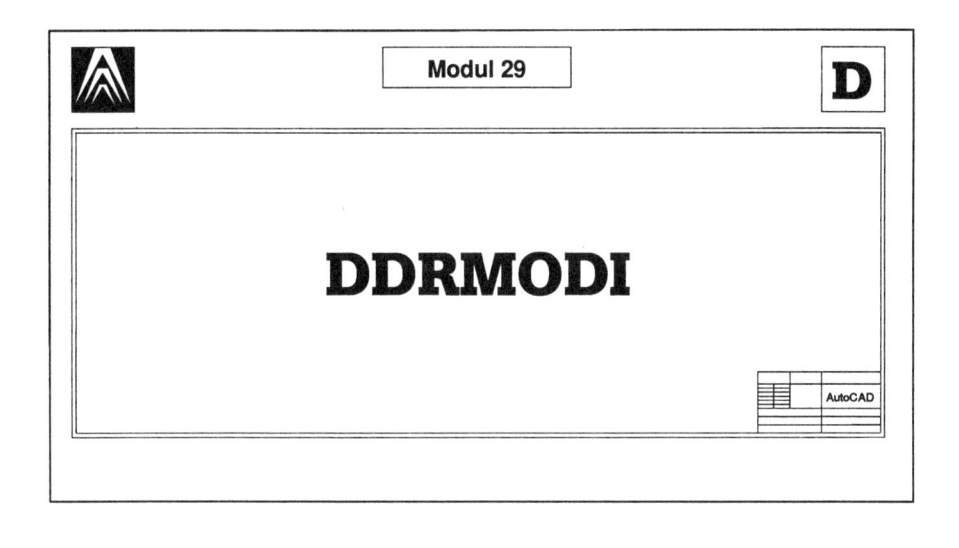

Befehl: DDRMODI

Beschreibung

Der Befehl **DDRMODI** faßt die Funktion der Befehle **FANG, RASTER, SKALA, ORTHO, ISOEBENE** und **KPMODUS** zusammen.

Aufruf und Optionen

DDRMODI wird aus dem Pull-Down-Menü oder über die Tastatur aufgerufen. Es erscheint ein Dialogkasten.

Nun können alle Zeichnungshilfen auf einmal verändert werden. In der rechten Hälfte des Dialogkastens werden die einzelnen Modi ein- und ausgeschaltet. In der linken Hälfte können die Werte für die Fang-, Raster- und Achsenabstände gesetzt werden. Beachten Sie, daß das Setzen eines X-Wertes sofort auch den Y-Wert verändert. Für unterschiedliche X- und Y-Werte muß der Y-Wert nach dem X-Wert eingegeben werden.

| DDRMODI | Modul 29 |

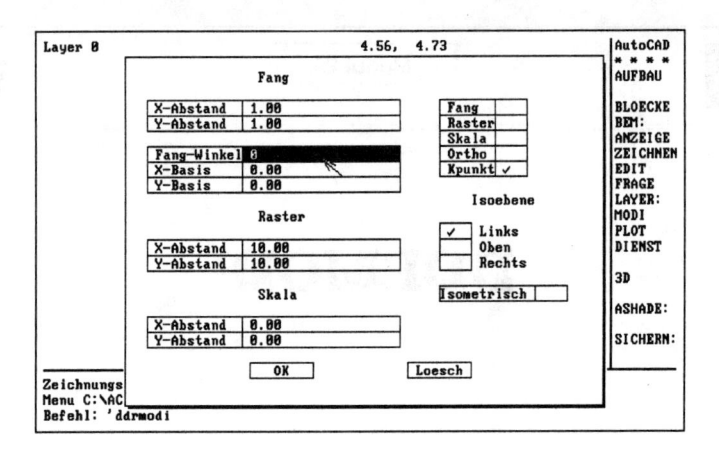

```
Layer 0                        4.56, 4.73        AutoCAD
                                                 * * * *
                   Fang                          AUFBAU
         X-Abstand  1.00          Fang           BLOECKE
         Y-Abstand  1.00          Raster         BEM:
                                  Skala          ANZEIGE
         Fang-Winkel 0             Ortho         ZEICHNEN
         X-Basis    0.00           Kpunkt ✓      EDIT
         Y-Basis    0.00                         FRAGE
                                   Isoebene      LAYER:
                  Raster                         MODI
                                  ✓ Links        PLOT
         X-Abstand  10.00           Oben         DIENST
         Y-Abstand  10.00           Rechts
                                                 3D
                  Skala           Isometrisch
                                                 ASHADE:
         X-Abstand  0.00
         Y-Abstand  0.00                         SICHERN:

                       OK            Loesch

Zeichnungs
Menu C:\AC
Befehl: 'ddrmodi
```

Der Dialogkasten wird verlassen, indem man auf das Feld "OK" zeigt. Das Anklicken des Feldes "Loesch" bzw. "Abbruch" löscht alle in diesem Befehl gemachten Änderungen.

DDRMODI kann, im Gegensatz zu den Einzelbefehlen, transparent inmitten eines anderen Befehls benutzt werden.

Musteranwendung

Aufgrund der Gemeinsamkeiten mit den bereits behandelten Befehlen erübrigt sich ein Beispiel.

Nächster Lernschritt ist **Modul 58**.

DEHNEN

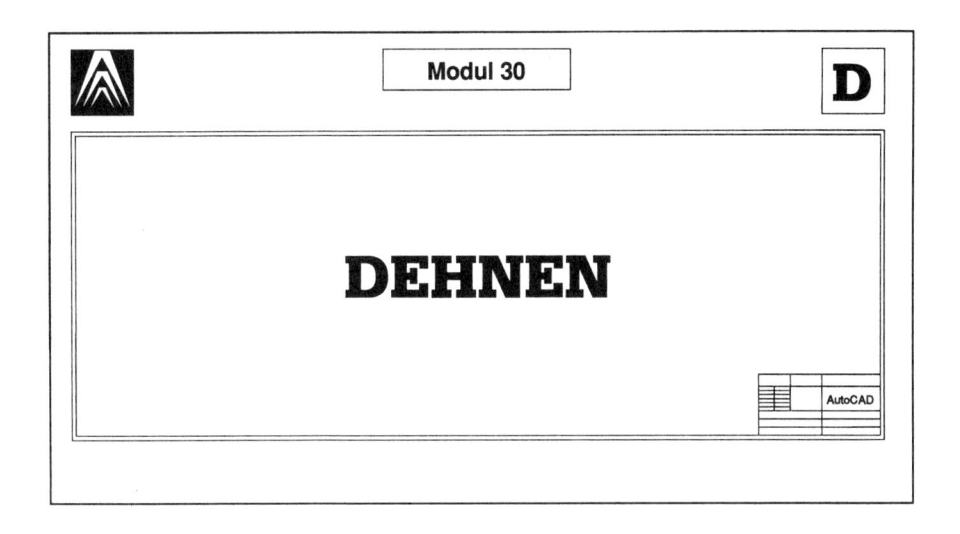

Modul 30

```
Befehl: DEHNEN
Grenzkante(n) waehlen...
Objekte waehlen:
```

Beschreibung

Mit dem Befehl **DEHNEN** werden Objekte soweit verlängert, bis sie an eine gewählte Grenzlinie stoßen.

Aufruf und Optionen

Nach der Eingabe des Befehlswortes, gefolgt von ⏎, müssen zunächst die Grenzlinien bestimmt werden, bis zu denen die Objekte verlängert werden sollen.

Alle Möglichkeiten zur Objektauswahl sind zulässig, meist werden Sie die Grenzlinien aber durch Zeigen bestimmen. Es sind beliebig viele Grenzlinien, aber nur die Objekttypen Kreis, Linie, Bogen und Polylinie möglich.

DEHNEN   Modul 30

Nachdem Sie alle Grenzlinien bestimmt haben, drücken Sie auf ⏎.
AutoCAD fragt nun:

```
Objekt waehlen, das verlaengert werden soll:
```

Nun bestimmen Sie durch Zeigen die Linie, den Bogen oder die offene Polylinie, die bearbeitet werden soll. Dabei müssen Sie auf das Ende des Objekts zeigen, das verlängert werden soll.

Das Objekt wird, falls möglich, bis zur nächstliegenden Genzlinie verlängert. Ein erneutes Zeigen auf dasselbe Ende verlängert bis zur folgenden Grenzlinie usw.

Zeigen Sie nacheinander auf alle zu verlängernden Linien. Die Eingabe von ⏎ bricht den Befehl ab.

Geschlossene Linien wie Kreise oder geschlossene Polylinien können nicht verlängert werden.

> **Hinweis:** Wird eine Polylinie als Grenzlinie benutzt, so gilt immer die Mitte der Polylinie. Wird eine offene Polylinie verlängert, so wird die Mitte der Polylinie verlängert und die Polylinie dort im rechten Winkel abgeschnitten.

Musteranwendung

1. Legen Sie eine neue Zeichnung an mit Namen DEHNEN.

2. Zeichnen Sie einen Winkel und in diesen hinein einen Bogen.

```
Befehl: LINIE ⏎
Von Punkt: 100,100 ⏎
Nach Punkt: 200,200 ⏎
Nach Punkt: 300,100 ⏎
Nach Punkt: ⏎
Befehl: BOGEN ⏎
Mittelpunkt/<Startpunkt>: 160,115 ⏎
Mittelpunkt/Endpunkt/<zweiter Punkt>: 200,110 ⏎
Endpunkt: 240,115 ⏎
```

Ihre Zeichnung sollte nun so aussehen:

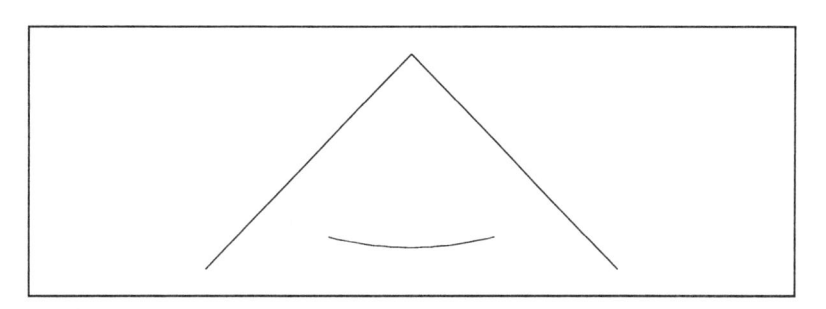

3. Der Bogen wird nun mit Hilfe des Befehls **DEHNEN** bis zu den beiden Schenkeln des Winkels verlängert. Die Schenkel bilden die Grenzlinien.

```
Befehl: DEHNEN ⏎
Grenzkante(n) waehlen...
Objekte waehlen: 100,100 ⏎
Objekte waehlen: 300,100 ⏎
Objekte waehlen: ⏎
```

Die Grenzlinien werden markiert.

```
Objekt waehlen, das verlaengert werden soll: 160,115 ⏎
Objekt waehlen, das verlaengert werden soll: 240,115 ⏎
Objekt waehlen, das verlaengert werden soll: ⏎
Befehl:
```

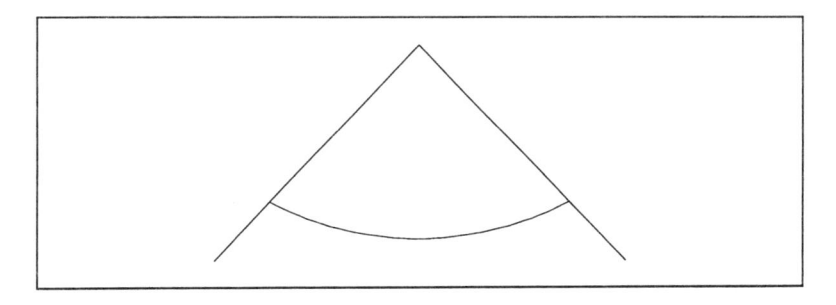

4. Verlassen Sie die Zeichnung mit **QUIT**.

Nächster Lernschritt ist **Modul 93**.

D	Modul 31	
	DREHEN	
		AutoCAD

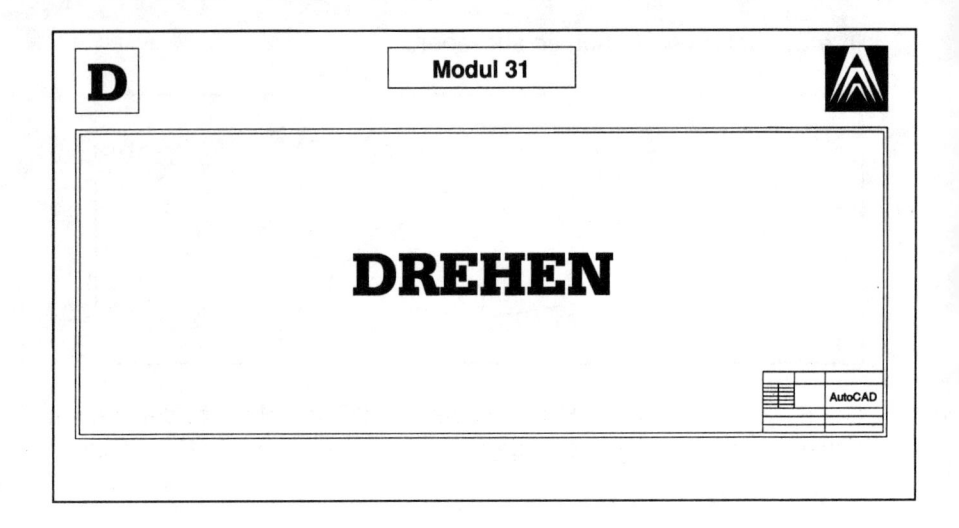

```
Befehl: DREHEN
Objekte waehlen:
```

Beschreibung

Die ausgewählten Objekte werden um einen Fixpunkt gedreht.

Aufruf und Optionen

Nach Eingabe des Befehlsnamens und Drücken von ⏎ können Sie mit den üblichen Optionen **Vorher, Letztes, Fenster, Kreuzen** sowie durch Zeigen die gewünschten Objekte auswählen.

Als nächstes wird der Punkt bestimmt, um den die Objekte gedreht werden sollen. Dieser Fixpunkt muß nicht mit den gewählten Objekten in Verbindung stehen. Jeder beliebige Punkt der Zeichenfläche ist zulässig. AutoCAD fragt:

```
Basispunkt: (Punkt eingeben)
<Drehwinkel>/Bezug:
```

Auf die letzte Frage haben Sie zwei Alternativantworten:

Drehwinkel Sie geben eine Zahl, gefolgt von ⏎ , ein. Die Objekte werden um diesen Winkel gedreht. Eine Zahl größer Null bewirkt eine Drehung gegen den Uhrzeigersinn, eine negative Zahl eine Drehung im Uhrzeigersinn.

Bezug Die Alternative **Bezug** ist dann angebracht, wenn Sie den Drehwinkel nicht berechnen, sondern durch geometrische Eigenschaften bestimmen wollen. AutoCAD fragt:

```
Bezugswinkel <0>:
Neuer Winkel:
```

Geben Sie zwei Zahlen ein, so werden die Objekte um den Unterschied zwischen den beiden Winkeln gedreht.

Um den Drehwinkel durch Zeigen zu bestimmen, benutzen Sie ebenfalls die Option **Bezug**. Antworten Sie auf die Frage nach dem Bezugswinkel mit **@** und ⏎ . AutoCAD fragt nun:

```
Zweiter Punkt:
```

Zeigen Sie auf einen Punkt des zu drehenden Objekts, von dem Sie wissen, wohin er gedreht werden soll. Sinnvollerweise benutzen Sie dazu den Endpunkt einer Linie oder etwas ähnliches. Auf die Frage nach dem neuen Winkel zeigen Sie nun auf den Punkt, wohin die Drehung gehen soll.

Dreidimensionale Objekte können nur um die gerade aktuelle Z-Achse gedreht werden. Die Z-Koordinaten und die Erhebung der Objekte bleiben also konstant.

DREHEN
Modul 31

Musteranwendung

In dieser Musteranwendung werden Sie eine Linie um 30 Grad drehen.

1. Legen Sie eine neue Zeichnung namens DREHEN an.

2. Zeichnen Sie eine Scheibe auf den Bildschirm, in die ein Schlitz eingeschnitten wurde.

   ```
   Befehl: KREIS  ↵
   3P/2P/TTR/<Mittelpunkt>: 250,150  ↵
   Durchmesser/<Radius>: 80  ↵

   Befehl: LINIE  ↵
   Von Punkt: 260,150  ↵
   Nach Punkt: 290,150  ↵
   Nach Punkt:  ↵
   ```

   Ihr Bildschirm sollte jetzt so aussehen:

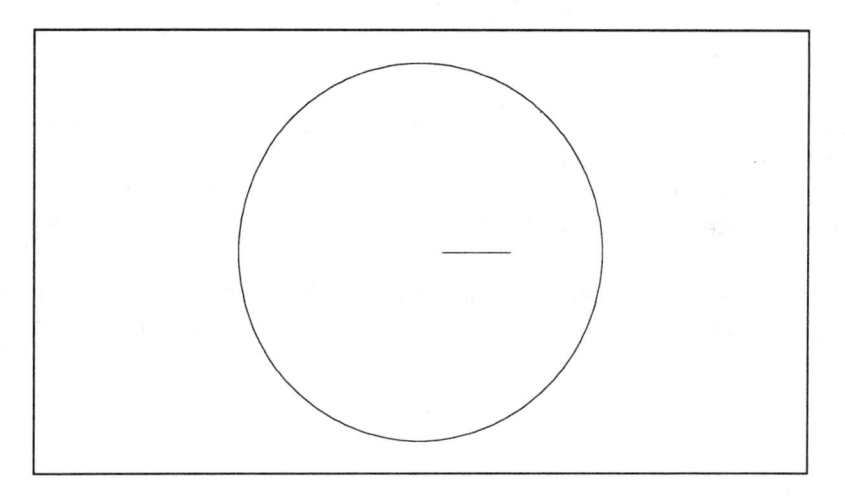

3. Mit Hilfe des Befehls **DREHEN** werden Sie nun den Schlitz innerhalb des Kreises auf eine andere Position drehen.

   ```
   Befehl: DREHEN  ↵
   Objekte waehlen: Letztes  ↵
   1 gefunden.
   Objekte waehlen:  ↵
   ```

Die Linie, die gedreht werden soll, ist nun markiert worden.

```
Basispunkt: 250,150 ⏎
<Drehwinkel>/Bezug: 30 ⏎
Befehl:
```

Der Schlitz in der Scheibe ist um 30° gegen den Uhrzeigersinn gedreht worden. Ihre Zeichnung sollte nun so aussehen:

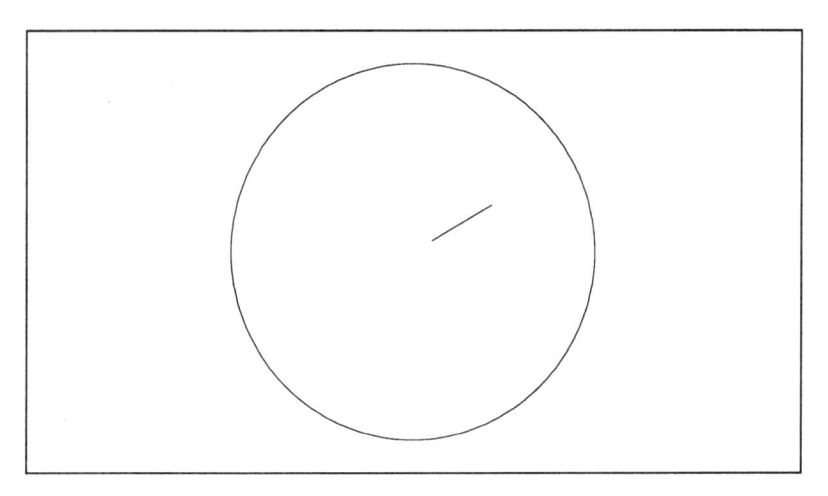

4. Verlassen Sie die Zeichnung mit **QUIT**.

Nächster Lernschritt ist **Modul 99**.

D Modul 32

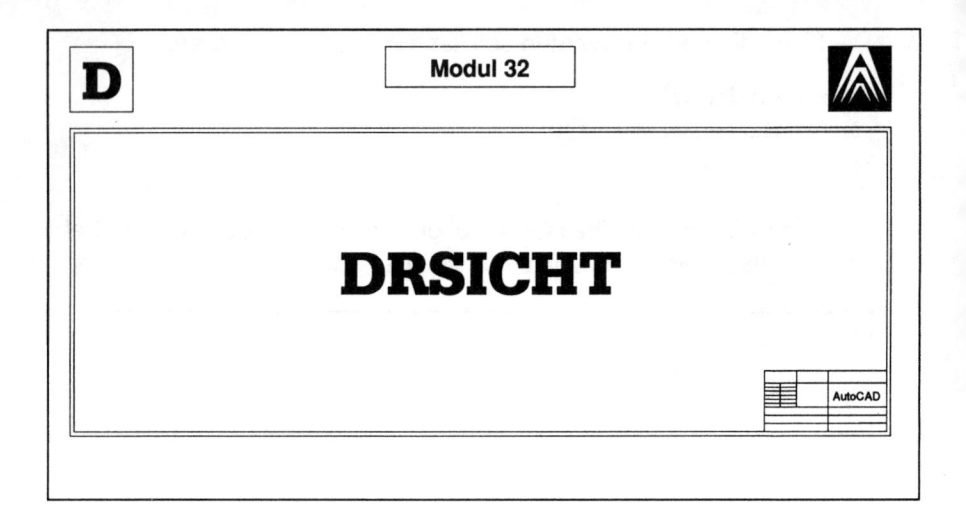

DRSICHT

```
Befehl: DRSICHT
<Aktuelles BKS>/BKS/Welt:
```

Beschreibung

Vor der Version 10.0 gab es nur eine Möglichkeit, eine Draufsicht einer dreidimensionalen Konstruktion zu erhalten. Man mußte mit **APUNKT** den Ansichtspunkt auf 0,0,1 setzen. Der Befehl **DRSICHT** leistet nicht nur diese Funktionalität, sondern kann zusätzlich auch eine Draufsicht des Objekts bezüglich eines beliebigen Benutzerkoordinatensystems (BKS) anzeigen. Dabei haben Sie die Wahl zwischen dem aktuellen BKS, einem zuvor gesicherten BKS und dem Weltkoordinatensystem (WKS).

Aufruf und Optionen

Die Verwendung des Befehls DRSICHT ist recht einfach. Nachdem Sie DRSICHT eingegeben und auf ⏎ gedrückt haben, wählen Sie eine der folgenden drei Optionen:

Aktuelles BKS Die Auswahl dieser Option, oder einfach das Drücken von ⏎, führt dazu, daß eine Draufsicht Ihrer Konstruktion im gerade aktuellen BKS angezeigt wird. Anschließend wird also die Konstruktion so angezeigt, daß die X-/Y-Ebene des aktuellen BKS parallel zur Bildschirmfläche ist, die X-Achse waagerecht und die Y-Achse senkrecht verläuft.

BKS Mit der Option **BKS** erhalten Sie eine Draufsicht bezüglich eines zuvor gesicherten BKS. Sie werden nach dem Namen des BKS gefragt.

Welt Die dritte Option zeigt Ihnen die Draufsicht Ihrer Konstruktion im Weltkoordinatensystem.

Der Befehl DRSICHT wirkt immer nur auf das gerade aktuelle Ansichtsfenster. Die restlichen Ansichten Ihres Objekts werden nicht verändert.

Es ist sehr oft sinnvoll, ein dreidimensionales Objekt aus der Draufsicht zu betrachten und zu bearbeiten. Dazu bietet der Befehl DRSICHT eine einfache und handlichere Methode als der Befehl APUNKT (Modul 12).

Insbesondere nach dem mehrfachen Gebrauch von APUNKT, DANSICHT und AUSSCHNT ist oft nicht mehr klar zu erkennen, wie die dreidimensionale Konstruktion nun vor einem liegt. Der Aufruf von DRSICHT bringt eine eindeutige Ansicht des Objekts auf den Bildschirm, in der man sich leicht zurechtfinden kann.

Musteranwendung

In dieser Übung konstruieren wir ein einfaches dreidimensionales Objekt, auf dem wir ein lokales BKS errichten. Anschließend betrachten wir das Objekt aus verschiedenen Draufsichten.

Beginnen Sie eine neue Zeichnung namens DRSICHT.

1. Setzen Sie die Erhebung und die Objekthöhe auf folgende Werte:

   Befehl: **ERHEBUNG** ↵
   Neue aktuelle Erhebung <0.00>: ↵
   Neue aktuelle Objekthöhe <0.00>: **100** ↵

2. Zeichnen Sie den folgenden Linienzug:

   Befehl: **LINIE** ↵
   Von Punkt: **50,50** ↵
   Nach Punkt: **300,50** ↵
   Nach Punkt: **300,200** ↵
   Nach Punkt: **250,200** ↵
   Nach Punkt: **50,100** ↵
   Nach Punkt: **S** ↵

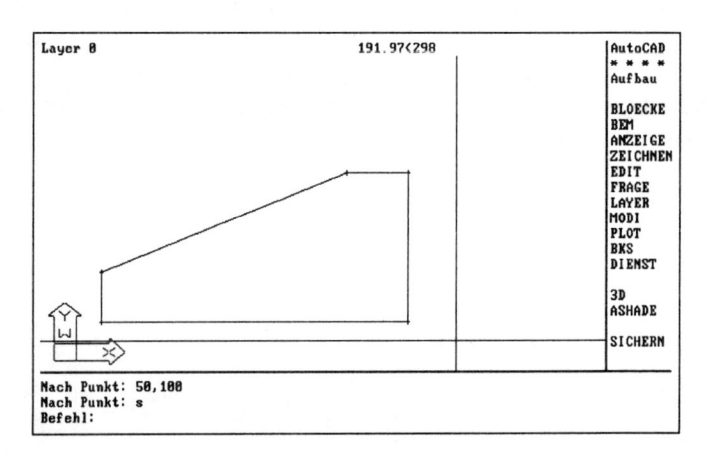

```
Layer 0                      191.97<298        AutoCAD
                                                * * * *
                                                Aufbau

                                                BLOECKE
                                                BEM
                                                ANZEIGE
                                                ZEICHNEN
                                                EDIT
                                                FRAGE
                                                LAYER
                                                MODI
                                                PLOT
                                                BKS
                                                DIENST

                                                3D
                                                ASHADE

                                                SICHERN
Nach Punkt: 50,100
Nach Punkt: s
Befehl:
```

3. Betrachten Sie das Objekt aus einer anderen Richtung:

   Befehl: **APUNKT** ↵
   Drehen/<Ansichtspunkt> <0.00,0.00,1.00>: **-200,400,200** ↵

Modul 32 DRSICHT

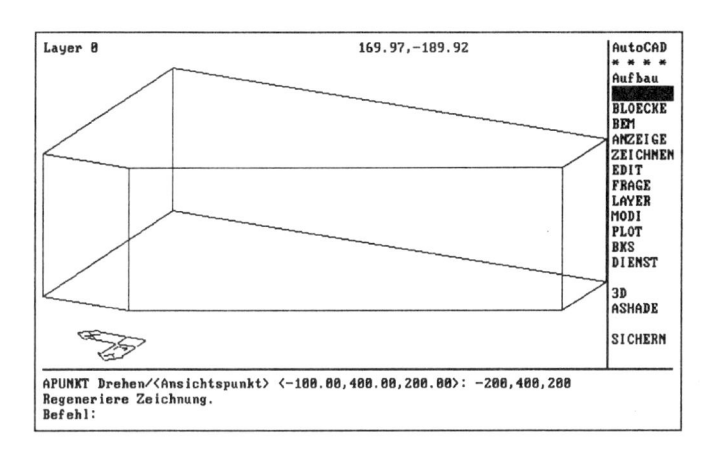

```
Layer 0                    169.97,-189.92         AutoCAD
                                                  * * * *
                                                  Aufbau
                                                  ──────
                                                  BLOECKE
                                                  BEM
                                                  ANZEIGE
                                                  ZEICHNEN
                                                  EDIT
                                                  FRAGE
                                                  LAYER
                                                  MODI
                                                  PLOT
                                                  BKS
                                                  DIENST

                                                  3D
                                                  ASHADE

                                                  SICHERN

APUNKT Drehen/<Ansichtspunkt> <-100.00,400.00,200.00>: -200,400,200
Regeneriere Zeichnung.
Befehl:
```

4. Legen Sie ein lokales BKS auf die nun vor Ihnen liegende abgeschrägte Fläche, und speichern Sie dieses unter dem Namen "FLAECHE".

   Befehl: **BKS** ⏎
   Ursprung/ZAchse/3Punkt/Element/Ansicht/X/Y/Z/
   Vorher/Holen/Sichern/Loeschen/?/<Welt>: **3P** ⏎
   Ursprung <0,0,0>: **250,200,0** ⏎
   Punkt auf der positiven X-Achse <251.00,200.00,0.00>: **50,100,0** ⏎
   Punkt in der positiven BKS X-Y Ebene <250.45,199.11,0.00>: **250,200,100** ⏎

   Befehl: ⏎
   BKS
   Ursprung/ZAchse/3Punkt/Element/Ansicht/X/Y/Z/
   Vorher/Holen/Sichern/Loeschen/?/<Welt>: **S** ⏎
   ?/Name von BKS: **FLAECHE** ⏎

5. Benutzen Sie den Befehl DRSICHT, um eine Draufsicht des Objekts im nun aktuellen BKS anzuzeigen:

   Befehl: **DRSICHT**
   <Aktuelles BKS>/BKS/Welt: ⏎

   Befehl: **ZOOM** ⏎
   Alles/Mitte/Dynamisch/Grenzen/Links/Vorher/Fenster/<Faktor(X)>: **.85X** ⏎

   Befehl: **VERDECKT** ⏎

191

DRSICHT   Modul 32

```
Layer 0                    245.96,100.38          AutoCAD
                                                  * * * *
                                                  Aufbau
                                                  ▇▇▇▇▇▇▇
                                                  BLOECKE
                                                  BEM
                                                  ANZEIGE
                                                  ZEICHNEN
                                                  EDIT
                                                  FRAGE
                                                  LAYER
    ┌─────────────────────────────────────┐       MODI
    │                                     │       PLOT
    │                                     │       BKS
    │                                     │       DIENST
    │                                     │
    │                                     │       3D
  ↑ └─────────────────────────────────────┘       ASHADE
  └→
                                                  SICHERN

Befehl: verdeckt
Regeneriere Zeichnung.
Befehl:
```

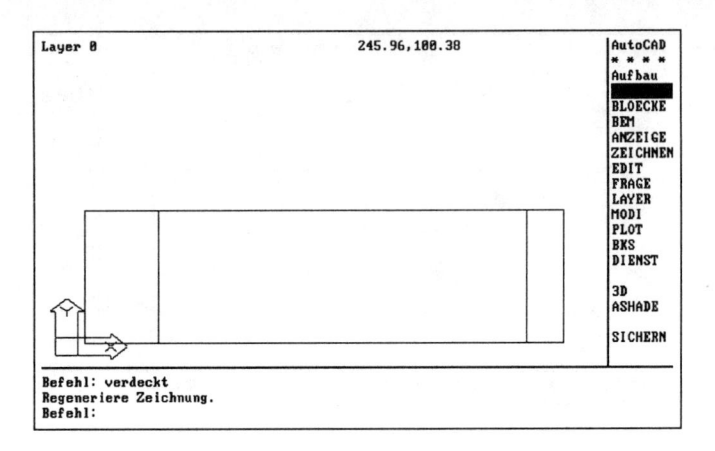

6. Als nächstes betrachten wir unser Objekt aus der Draufsicht des
   Weltkoordinatensystems:

   Befehl: **DRSICHT**
   <Aktuelles BKS>/BKS/Welt: **WELT** ⏎

   Befehl: **ZOOM** ⏎
   Alles/Mitte/Dynamisch/Grenzen/Links/Vorher/Fenster/<Faktor(X)>: **A** ⏎

7. Schließlich benutzen wir auch noch die dritte Option des Befehls
   DRSICHT:

   Befehl: **DRSICHT**
   <Aktuelles BKS>/BKS/Welt: **BKS** ⏎
   ?/Name von BKS: **FLAECHE** ⏎

8. Verlassen Sie die Zeichnung mit **QUIT**.

Der nächste Lernschritt ist **Modul 100**.

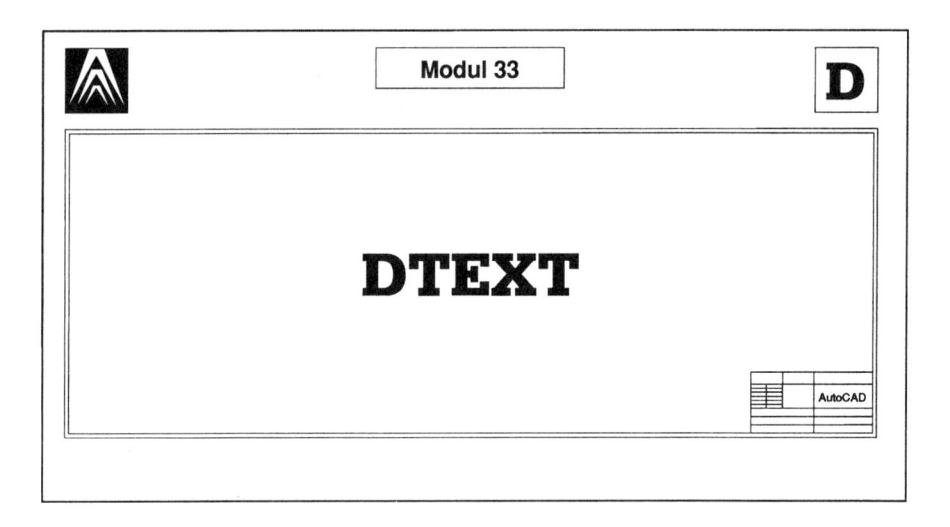

```
Befehl: DTEXT
Startpunkt oder Ausrichten/Zentrieren/Einpassen/Mitte/Rechts/Stil:
Hoehe <Vorgabe>:
Einfuege-Winkel <0>:
Text:
Text:
```

Beschreibung

Der Befehl **DTEXT** arbeitet analog zum Befehl **TEXT**, allerdings werden die Zeichen sofort in der richtigen Größe auf der Zeichnung dargestellt. Außerdem ist das Arbeiten mit mehrzeiligem Text mit diesem Befehl wesentlich leichter.

Aufruf und Optionen

Der Aufruf und die Verwendung aller Optionen ist identisch mit dem Befehl **TEXT**.

DTEXT   Modul 33

Nachdem Höhe und Winkel des Textes bestimmt wurden, zeichnet AutoCAD ein kleines Rechteck auf die Zeichnung. Dieses Rechteck verhält sich wie der Cursor in Ihrem Textprogramm. Es wandert zeichenweise nach rechts und beschreibt immer die Position, an der das nächste Zeichen erscheint.

Jedes Zeichen wird sofort auf dem Bildschirm dargestellt. Auch die Sonderzeichen wie **%%u** erscheinen zunächst als ganz normaler Text. Drücken Sie auf die ⏎-Taste, so springt der Cursor in die nächste Textzeile. Schreibfehler können mit Hilfe der Taste [Backspace] korrigiert werden. Diese Korrektur ist auch über einen Zeilenwechsel hinweg möglich. Zunächst wird der Text unabhängig von der gewählten Ausrichtung linksbündig gezeichnet.

Drücken Sie zweimal hintereinander auf ⏎, so wird der Befehl **DTEXT** beendet. AutoCAD löscht den eingegebenen Text und schreibt ihn erneut. Erst jetzt werden die Sonderzeichen ausgewertet und auch die Ausrichtung des Textes berücksichtigt.

> **Hinweis:** Die einzelnen Textzeilen müssen nicht direkt untereinander stehen. Zeigen Sie nach der Eingabe der ersten Zeile auf einen beliebigen Punkt, so beginnt die zweite Zeile an dieser Stelle.

Nachdem der Befehl **DTEXT** verlassen wurde, gelten alle Textzeilen als selbständige Texte. Mit dem Befehl **AENDERN** kann beispielsweise nur jeweils eine Zeile des Textes verändert werden.

Musteranwendung

1. Legen Sie eine neue Zeichnung namens DTEXT an.

2. Schreiben Sie zwei Zeilen auf den Bildschirm.

   ```
   Befehl: DTEXT ↵
   Startpunkt oder Ausrichten/Zentrieren/Einpassen/Mitte/Rechts/Stil:
   50,150 ↵
   Hoehe <3.50>: 15 ↵
   Einfuege-Winkel <0>: 0 ↵
   Text: Testtext Testtext ↵
   Text: Text Text ↵
   Text:
   ```

3. Nun können Sie mit Hilfe der Taste [Backspace] Ihren Text verbessern. Das erste [Backspace] springt eine Textzeile zurück.

   ```
   Text: *Geloescht*
   Text: Text Text
   ```

   Die letzte Bildschirmzeile wird Ihnen nochmals vorgelegt. Wenn Sie auch diese mit [Backspace] Zeichen für Zeichen gelöscht haben, erscheint wieder die Meldung *Geloescht* auf dem Bildschirm und der Text der vorangehenden Zeile wird Ihnen vorgelegt. Auch diesen können Sie wieder teilweise oder ganz löschen, bis der Cursor am Startpunkt des Textes angekommen ist. Sie können aber auch an der aktuellen Cursorposition weitere Zeichen eingeben.

   ```
   Text: Text Text Text ↵
   Text: ↵
   Befehl:
   ```

4. Verlassen Sie mit **QUIT** die Zeichnung.

Nächster Lernschritt ist **Modul 91**.

EINFUEGE

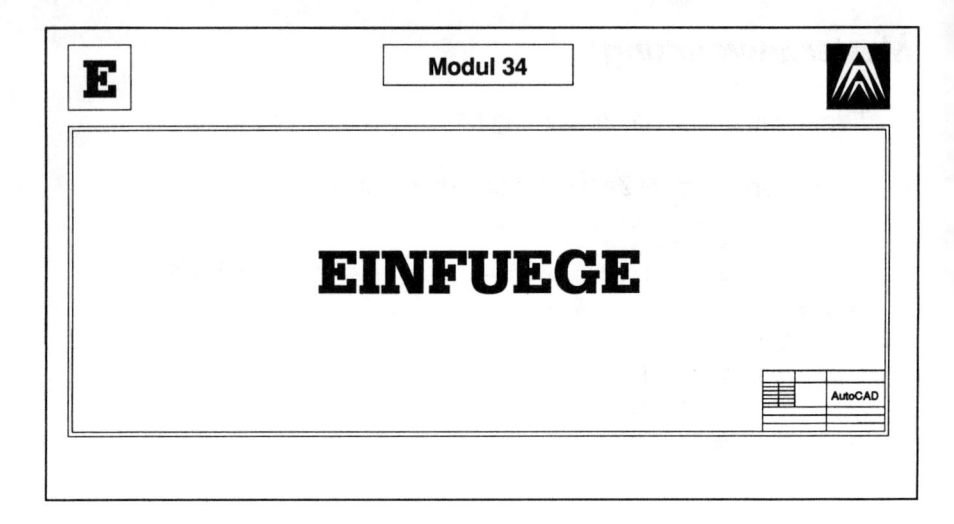

```
Befehl: EINFUEGE
Blockname (oder ?)
  Einfuegepunkt X Faktor <1> / Eckpunkt / XYZ:
  Y Faktor (Vorgabe=X):
  Drehwinkel <0>:
```

Beschreibung

Mit dem Befehl **EINFUEGE** werden Blöcke an einer beliebigen Stelle in eine Zeichnung eingefügt.

Aufruf und Optionen

Nach dem Befehlsaufruf können Sie alternativ

- mit **?** alle verfügbaren Blöcke auflisten lassen
- den Namen des einzufügenden Blocks eingeben.

Danach müssen Angaben zu folgenden Optionen gemacht werden:

Einfügepunkt	Auf diesen Punkt wird der Basispunkt des Blocks gelegt.
X Faktor	Der Vorgabewert ist 1. Falls Sie mit ⏎ antworten, wird der Block ohne Größenänderung in X-Richtung eingefügt. Ein anderer Wert als 1 bewirkt eine entsprechende Größenveränderung.
Y Faktor	Bei Antwort mit ⏎ ist der Vorgabewert gleich. Ein anderer Wert bewirkt eine Multiplikation mit der ursprünglichen Y-Dimension. Sie können auch negative Faktoren eingeben: die Figur wird dann entsprechend gespiegelt.
	Sie können aber auch eine andere Methode zur Festlegung der Faktoren anwenden: auf die Frage nach dem X-Faktor antworten Sie mit **E**. Sie werden dann aufgefordert, einen zweiten Punkt festzulegen. Die Abstände in X- und Y-Richtung zwischen dem Einfügepunkt und dem zweiten Punkt stellen in den gültigen Einheiten dann den X- und Y-Faktor dar. Beispielsweise ergibt ein X-Abstand von 3 Einheiten den X-Faktor 3.
	Für dreidimensionale Blöcke kann auch ein Z-Faktor eingegeben werden. Der Wert wird immer dann angefragt, wenn Sie die Option **XYZ** gewählt haben. Beachten Sie, daß auch der Einfügepunkt eine Z-Koordinate haben darf.
Drehwinkel	Um diesen Wert wird der Block beim Einfügen gedreht. Der Einfügepunkt ist dabei das Drehzentrum. Bei einer weiteren Einfügung wird, soweit nichts geändert wird, derselbe Drehwinkel verwendet. Der Anfangsvorgabewert ist 0.

Ab der Version 9.0 können die Größenfaktoren und der Drehwinkel auch voreingestellt werden. Dazu antworten Sie auf die Frage nach dem Einfügepunkt mit einem der Schlüsselwörter "Faktor", "Xfaktor", "Yfaktor", "Zfaktor" oder "Drehen" und dem entsprechenden Wert. Diese Option ist vor allem für die Verwendung in Makros interessant. Schreiben Sie zusätzlich ein "V" vor das Schlüsselwort, z.B. "VFaktor", so gilt dieser Wert nur für die dynamische Bildschirmdarstellung.

EINFUEGE   Modul 34

Nach dem Einfügen wird die neu entstandene Darstellung als eine Einheit betrachtet. Das bedeutet, daß Veränderungen, z.B. Löschen, immer den gesamten Block und nicht nur einzelne Objekte betreffen.

Wollen Sie an einem einzufügenden Block Detailveränderungen vornehmen, stellen Sie dem einzufügenden Block ein ***** voran: ***Block**. Jetzt darf allerdings nur ein Größenfaktor, der dann gleichermaßen für X-, Y- und eventuell Z-Richtung gilt, eingegeben werden. Ferner sind negative Werte verboten. Nun können Sie nach dem Einfügen die Elemente eines Blocks einzeln ansprechen.

Blöcke, die in allen Richtungen denselben Größenfaktor aufweisen, können auch später noch mit dem Befehl **URSPRUNG** in ihre Elemente zerlegt werden.

Mit Hilfe des Befehls **EINFUEGE** können oft benötigte Symbole und Zeichnungselemente, die als BLOCK oder WBLOCK abgespeichert wurden, schnell und einfach eingefügt werden.

Falls Sie einen Block mehrfach in rechteckiger oder polarer Anordnung in Ihre Zeichnung einfügen müssen, beachten Sie auch die Befehle **MEINFUEG**, **TEILEN** und **MESSEN**.

Musteranwendung

In diesem Beispiel zeichnen Sie einen Kreis und ein Quadrat. Sie speichern beide jeweils als Block ab und fügen Sie mit verschiedenen Methoden in dieselbe Zeichnung wieder ein. Beginnen Sie eine neue Zeichnung namens INSERT.

1. Zeichnen Sie Linien.

    ```
    Befehl: LINIE  ⏎
    Von Punkt: 20,40  ⏎
    Nach Punkt: @25<270  ⏎
    Nach Punkt: @25<0  ⏎
    Nach Punkt:  ⏎

    Befehl: NEUZEICH  ⏎
    ```

Modul 34   EINFUEGE

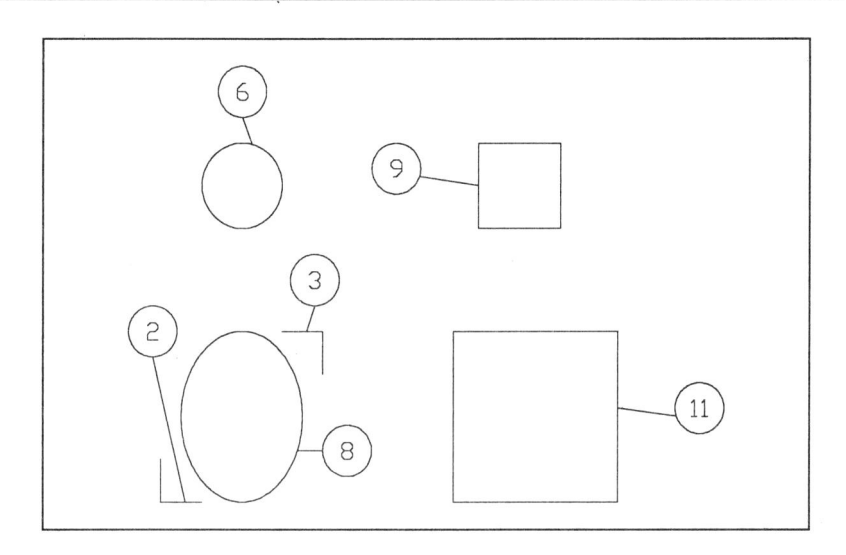

2. Definieren Sie einen Block namens CORNER und holen Sie den Block mit dem Befehl **HOPPLA** zurück.

```
Befehl: BLOCK ↵
Blockname (oder ?): CORNER ↵
Basispunkt der Einfuegung: 20,15 ↵
Objekte waehlen: (die erste Linie anklicken)

1 gewaehlt, 1 gefunden.
Objekte waehlen: (die zweite Linie anklicken)

1 gewählt, 1 gefunden.
Objekte waehlen: ↵
Befehl: HOPPLA ↵

Befehl: NEUZEICH ↵
```

3. Fügen Sie den Block ein.

```
Befehl: EINFUEGE ↵
Blockname (oder ?): CORNER ↵
  Einfuegepunkt: 120,115 ↵
  X Faktor <1> / Eckpunkt / XYZ: -1 ↵
  Y Faktor (Vorgabe=X): -1 ↵
  Drehwinkel <0>: ↵

Befehl: NEUZEICH ↵
```

199

EINFUEGE Modul 34

4. Fügen Sie den Block ein.

   ```
   Befehl: EINFUEGE ↵
   Blockname (oder ?) <CORNER>: ↵
    Einfuegepunkt: 300,115 ↵
    X Faktor <1> / Eckpunkt / XYZ: -1 ↵
    Y Faktor (Vorgabe=X): ↵
    Drehwinkel <0>: ↵
   ```

5. Fügen Sie den Block nochmal ein.

   ```
   Befehl: EINFUEGE ↵
   Blockname (oder ?) <CORNER>: ↵
    Einfuegepunkt: 200,15 ↵
    X Faktor <1> / Eckpunkt / XYZ: ↵
    Y Faktor (Vorgabe=X): ↵
    Drehwinkel <0>: ↵

   Befehl: NEUZEICH ↵
   ```

6. Zeichnen Sie einen Kreis.

   ```
   Befehl: KREIS ↵

   3P/2P/TTR/<Mittelpunkt>: 70,200 ↵
   Durchmesser/<Radius>: 25 ↵
   ```

7. Speichern Sie den Kreis als Block namens ROUND ab. Holen Sie den Kreis mit dem Befehl **HOPPLA** zurück.

   ```
   Befehl: BLOCK ↵
   Blockname (oder ?): ROUND ↵
   Basispunkt der Einfuegung: 70,200 ↵
   Objekte waehlen:   (klicken Sie den Kreis an)

   1 gewaehlt, 1 gefunden.
   Objekte waehlen: ↵

   Befehl: HOPPLA ↵
   ```

8. Fügen Sie den Block ROUND mit einem X-Faktor von 1.5 und einem Y-Faktor von 2 ein.

   Befehl: **EINFUEGE** ⏎
   Blockname (oder ?) <CORNER>: **ROUND** ⏎
   Einfuegepunkt: **70,65** ⏎
   X Faktor <1> / Eckpunkt / XYZ: **1.5** ⏎
   Y Faktor (Vorgabe=X): **2** ⏎
   Drehwinkel <0>: ⏎

9. Zeichnen Sie ein Quadrat mit der Seitenlänge 50.

   Befehl: **LINIE** ⏎
   Von Punkt: **215,175** ⏎
   Nach Punkt: **@50<90** ⏎
   Nach Punkt: **@50<0** ⏎
   Nach Punkt: **@50<270** ⏎
   Nach Punkt: **S** ⏎

10. Definieren Sie einen Block namens SQUARE.

    Befehl: **BLOCK** ⏎
    Blockname (oder ?): **SQUARE** ⏎
    Basispunkt der Einfuegung: **215,175** ⏎
    Objekte waehlen: **F** ⏎
    Erste Ecke: **210,170** ⏎
    Andere Ecke: **270,235** ⏎
    4 gefunden.
    Objekte waehlen: ⏎
    Befehl: **HOPPLA** ⏎

11. Fügen Sie den Block ein.

    Befehl: **EINFUEGE** ⏎
    Blockname (oder ?) <ROUND>: **SQUARE** ⏎
    Einfuegepunkt: **200,15** ⏎
    X Faktor <1> / Eckpunkt / XYZ: **E** ⏎
    Andere Ecke: **202,17** ⏎
    Drehwinkel <0>: ⏎

    Ihre Zeichnung sollte nun so aussehen:

EINFUEGE

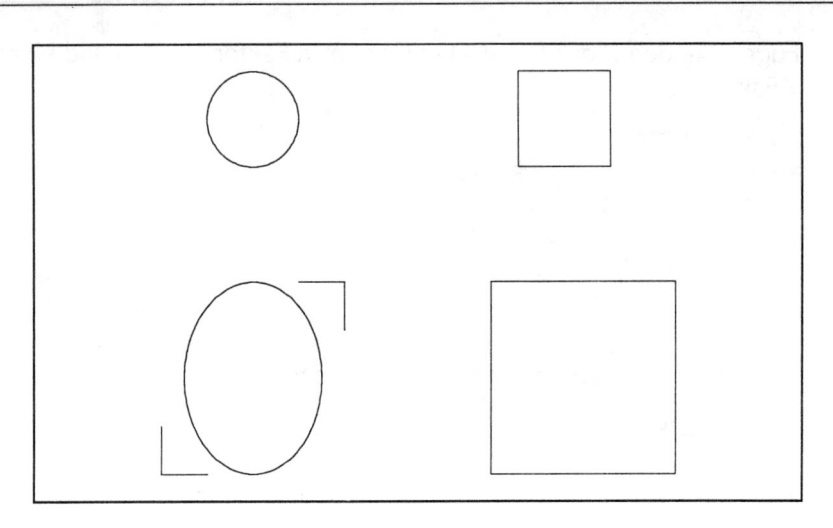

Modul 34

12. Kehren Sie mit **QUIT** ins Hauptmenü zurück.

Nächster Lernschritt ist **Modul 60**.

Modul 35

EINHEIT

AutoCAD

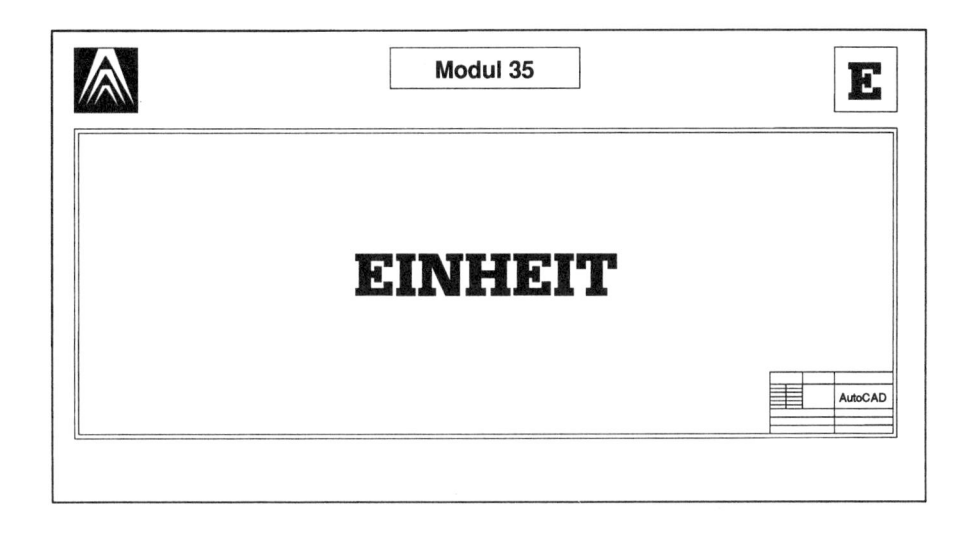

Befehl: EINHEIT

Beschreibung

Beim Beginn einer Zeichnung arbeitet AutoCAD in Einheiten des Anzeigenformats und mit der Genauigkeit der Koordinaten einer eventuellen Prototypen-Zeichnung. Im Normalfall ist dies das Dezimalsystem mit einer Genauigkeit von 2 Stellen hinter dem Komma. Diese Werte können durch den Befehl **EINHEIT** geändert werden.

Aufruf und Optionen

Aufgerufen wird der Befehl mit **EINHEIT**, gefolgt von einem ⏎. Es stehen nun 5 Koordinatenformate, d.h. Möglichkeiten zur Darstellung einer Zahl, und Genauigkeiten zur Verfügung, und zwar:

EINHEIT   Modul 35

Einheitensysteme: (Beispiele)

1. Wissenschaftl. 1.55E+01
2. Dezimal   15.50
3. Engineering   1'-3.50"
4. Architectural   1'-3 1/2"
5. Brucho   15 1/2

Auswahl eingeben, 1 bis 5 <Vorgabe>: ⏎

Koordinatenformat und Genauigkeit wählen

Wenn Sie die Funktion 1, 2 oder 3 wählen, erscheint:

Auswahl eingeben (1 bis 5) <2>: **2**
Anzahl Dezimalstellen (0 bis 8) <2>:

Wenn Sie Funktion 4 oder 5 wählen, erscheint:

Auswahl eingeben, 1 bis 5 <2>: **4**
Kleinster Teiler (1,2,4,8,16,32 oder 64) <16>:

Sie können jetzt die Standardvorgabewerte in den spitzen Klammern mit ⏎ akzeptieren oder neue Werte innerhalb der angegebenen Bandbreite über die Tastatur eingeben.

Winkelformat und Genauigkeit wählen

Nach Angabe des Koordinatenformats und der Genauigkeit erwartet AutoCAD die Eingabe des Winkelformats. Darunter versteht man das Maßsystem, in dem Winkel angegeben werden. Das Menü bietet fünf verschiedene Formate an.

Winkelmasseinheiten: (Beispiele)

1. Dezimal Grad   45.0000
2. Grad/Minuten/Sekunden   45d0'0"
3. Grad   50.0000g
4. Radianten   0.7854r
5. Geometer Einheiten   N 45d0'0" E

Auswahl eingeben, 1 bis 5 <Vorgabe>: ⏎

Wählen Sie das gewünschte Winkelformat. In der rechten Spalte gibt AutoCAD Beispiele dafür, wie der Winkel 45° in den verschiedenen Formaten aussehen würde. Wenn Sie die Vorgabe akzeptieren wollen, drücken Sie einfach ⏎.

Die Anzeige der Winkel erfolgt gemäß folgender Notation:

- Dezimalgrad unverändert
- Neugrad mit nachgestelltem g
- Bogenmaß mit nachgestelltem r
- Grad/Minuten/Sekunden etwa so: **145d34'45.6"** wobei gilt: d = Grad, ' = Minuten und " = Sekunden
- Das Feldmaß zeigt Peilwinkel bezüglich den Himmelsrichtungen an: **<N/S> <Winkel> <O/W>**.

<N/S> bedeutet dabei N oder S, analog <O/W>. Der <Winkel> wird in Grad, Minuten und Sekunden angegeben und zeigt an, wieweit östlich oder westlich sich der Winkel bezüglich Norden oder Süden befindet. Daher ist der <Winkel> immer kleiner als 90 Grad. Falls der Winkel genau auf eine Himmelsrichtung fällt, wird nur der entsprechende Anfangsbuchstabe angezeigt. Beispielsweise ergeben

0	Grad	=	O
45	Grad	=	N 45d0'0" O
90	Grad	=	N
315	Grad	=	S 45d0'0" O

EINHEIT   Modul 35

Die Anzeige des Winkels 42.5 Grad würde in den verschiedenen Formaten folgendermaßen aussehen:

Format	Ausgabe
Dezimal	42.5
Grad/Minuten/Sekunden	42d30'0.00"
Neugrad	47.2222g
Bogenmaß	0.7418r
Feldmaß	N 47d30'0" O

Genauigkeit der Winkelanzeige

Unabhängig von der Wahl des Winkelformats fragt AutoCAD wie folgt nach der gewünschten Genauigkeit von Winkelanzeigen auf dem Bildschirm.

```
Anzahl Dezimalstellen für Winkel (0 bis 8) <0>:
```

Sie können jetzt mit ⏎ den Vorgabewert 0 akzeptieren oder einen neuen Wert von 1 bis 8 für die Stellenzahl von Winkelanzeigen eingeben. Im Winkelformat Grad/Minute/Sekunde wirkt die Vorgabe von Dezimalstellen wie folgt auf die Winkelanzeigen:

Dezimalstellen	Ausgabe	Beispiel
0	nur Grad	143d
1 bis 2	Grad, Minuten	143d30'
3 bis 4	Grad, Minuten, Sekunden	143d30'10"
5 bis 8	1 bis 4 Dezimalstellen nach dem Komma bei den Sekunden	143d30'10.987"

> **Zur Beachtung:** Der Computer rechnet unabhängig von der gewählten Genauigkeit mit der von der Hardware gestatteten maximalen Genauigkeit. Die Wahl der Nachkommastellen bezieht sich lediglich auf die Anzeige. Daher können Sie auch über die Tastatur weit genauere Werte als gemäß der gewählten Genauigkeit eingeben, da trotz fehlender Anzeige die eingegebenen Werte intern verarbeitet werden.

Winkelorientierung

Die beiden restlichen Anfragen dieses Befehls legen fest, wie ein Winkel gemessen wird:

```
Winkelrichtung 0:
    Osten    3 Uhr  =   0
    Norden  12 Uhr  =  90
    Westen   9 Uhr  = 180
    Sueden   6 Uhr  = 270
Winkelrichtung eingeben 0 <0>: ⏎
```

Bestimmen Sie, wo der Winkel 0° liegen soll. Meist ist dies in Richtung der positiven X-Achse, also auf der Zeichenfläche rechts. Geben Sie deshalb **0** ein. AutoCAD mißt alle Winkel gegen den Uhrzeigersinn. Sollten Sie aus irgendeinem Grund eine andere Orientierung benötigen, so antworten Sie auf die folgende Frage mit **J**.

```
Sollen Winkel im Uhrzeigersinn gemessen werden? <N>: ⏎
```

Musteranwendung

Hier ändern Sie das Koordinatenformat von "Dezimal" nach "Architectural". Vom Hauptmenü aus rufen Sie eine neue Zeichnung namens UNITS auf.

1. Setzen Sie den Fangrasterabstand auf 5 und schalten Sie das Sichtraster ein.

   ```
   Befehl: FANG ⏎
   Fangwert oder EIN/AUS/Aspekt/Drehen/Stil <1.00>: 5 ⏎
   Befehl: RASTER ⏎
   Rasterwert(X) oder EIN/AUS/Fang/Aspekt <10.00>: EIN ⏎
   ```

207

EINHEIT

2. Überprüfen Sie die Standardwerte.

   Einheitensysteme: (Beispiele)

   1. Wissenschaftl.   1.55E+01
   2. Dezimal   15.50
   3. Engineering   1'-3.50"
   4. Architectural   1'-3 1/2"
   5. Brucho   15 1/2

   Auswahl eingeben (1 bis 5) <2>: **2** ⏎
   Anzahl Dezimalstellen (0 bis 8) <2>: ⏎

   Winkelmasseinheiten: (Beispiele)

   1. Dezimal Grad   45.0000
   2. Grad/Minuten/Sekunden   45d0'0"
   3. Grad   50.0000g
   4. Radianten   0.7854r
   5. Geometer Einheiten   N 45d0'0" E

   Auswahl eingeben, 1 bis 5 <1>: ⏎
   Anzahl Dezimalstellen fuer Winkel (0 bis 8) <0>: ⏎
   .
   .
   Befehl:

   Drücken Sie jetzt die [Flip Screen]-Taste, um zur Graphikanzeige zurückzukehren ([F1] beim IBM PC).

3. Änderung des Koordinatenformats auf Architectural.

   Einheitensysteme: (Beispiele)

   1. Wissenschaftl.   1.55E+01
   2. Dezimal   15.50
   3. Engineering   1'-3.50"
   4. Architectural   1'-3 1/2"
   5. Brucho   15 1/2

   Auswahl eingeben (1 bis 5) <2>: **4** ⏎
   Kleinster Teiler (1,2,4,8,16,32 oder 64) <16>: ⏎

Modul 35   EINHEIT

```
Winkelmasseinheiten:            (Beispiele)

    1. Dezimal Grad              45.0000
    2. Grad/Minuten/Sekunden     45d0'0"
    3. Grad                      50.0000g
    4. Radianten                 0.7854r
    5. Geometer Einheiten        N 45d0'0" E

Auswahl eingeben, 1 bis 5 <1>:  ↵
Anzahl Dezimalstellen fuer Winkel (0 bis 8) <0>:  ↵
.
.
Befehl:
```

Drücken Sie jetzt die [Flip Screen]-Taste, um zur Graphikanzeige zurückzukehren ([F1] beim IBM PC). Überprüfen Sie die Wirkung dieser Koordinatenänderung mit Hilfe des Befehls **LIMITEN**. Die Koordinaten der Grenzwerte sind nun in Fuß und Zoll angegeben. Dasselbe ist mit allen anderen Werten geschehen.

4. Kehren Sie mit **QUIT** ins Hauptmenü zurück.

Nächster Lernschritt ist **Modul 76**.

ELLIPSE

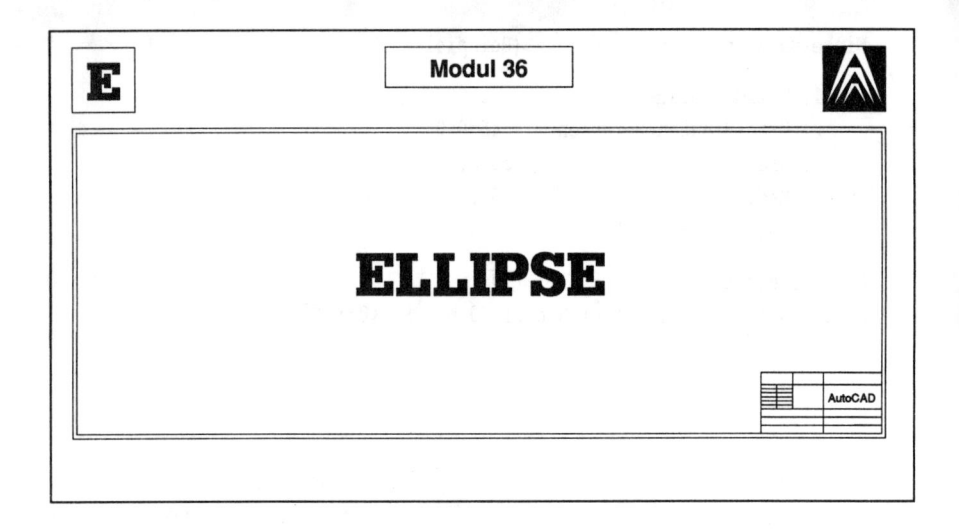

```
Befehl: ELLIPSE
<Skalaendpunkt 1>/Mittelpunkt/Isokreis:
Skalaendpunkt 2:
<Abstand der anderen Achse>/Drehung:
```

Beschreibung

Der Befehl **ELLIPSE** zeichnet eine angenäherte Ellipse.

Aufruf und Optionen

Nach Eingabe des Befehlswortes und Drücken von ⏎ hat man mehrere Möglichkeiten zur Konstruktion der Ellipse. Eine Ellipse ist durch die Länge und die Lage der Haupt- und der Nebenachse festgelegt.

Häufig müssen Ellipsen gezeichnet werden, wenn ein ebener Kreis unter einem bestimmten Winkel betrachtet wird. Einige der folgenden Konstruktionsmöglichkeiten gehen davon aus, daß die Ellipse ein so verzerrter Kreis ist.

ELLIPSE

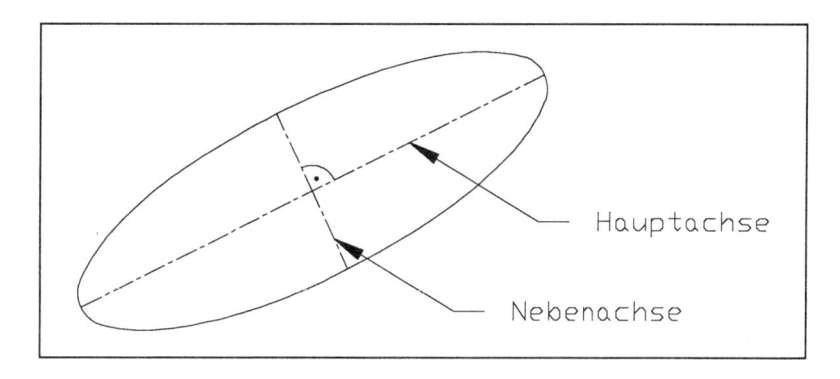

(Abbildung: Ellipse mit Hauptachse und Nebenachse)

Bei der ersten Anfrage von AutoCAD hat man folgende Optionen:

Ein Punkt Zeigen Sie auf einen der Endpunkte der Hauptachse. Anschließend werden Sie nach dem anderen Endpunkt gefragt. Damit ist die Länge und die Lage der Hauptachse bestimmt. AutoCAD fragt nun:

```
<Abstand der anderen Achse>/Drehung:
```

Geben Sie die kleine Halbachsenlänge, d.h. die Länge der Hälfte der Nebenachse, über die Tastatur ein. Sie können auch auf den Schnittpunkt von Nebenachse und Ellipse zeigen. Alternativ ist auch die Option **Drehen** möglich. Geben Sie **D** und dann ⏎ ein. AutoCAD nimmt nun an, daß die Ellipse ein verzerrter Kreis ist und fragt:

```
Drehung um Hauptachse:
```

Geben Sie den Winkel ein, unter dem der Kreis betrachtet wird. Ein Winkel von 0 Grad ergibt den Kreis von oben, d.h. einen Kreis. Ein Winkel von 90 Grad würde einen Kreis von der Seite, also eine Linie, ergeben. Diese Angabe ist aber unzulässig.

Mittelpunkt Statt die beiden Endpunkte der Hauptachse zu bestimmen, kann man auch den Mittelpunkt, also den Schnittpunkt der beiden Achsen, und einen Endpunkt der Hauptachse eingeben. Dazu rufen Sie die Option **Mittelpunkt** auf, indem Sie **M** und ⏎ drücken. Die Dialogführung geschieht dann analog zur oben beschriebenen Option.

ELLIPSE   Modul 36

Isokreis   Die dritte Option wird nur dann vorgelegt, wenn mit isometrischen Ebenen gearbeitet wird. Vergleichen Sie dazu bitte den Befehl **ISOEBENE**. Muß auf einer der isometrischen Ebenen ein Kreis konstruiert werden, so muß man diesen als Ellipse zeichnen. AutoCAD nimmt Ihnen die Konstruktion der richtigen Ellipse ab. Bestimmen Sie einfach den gewünschten Kreis auf der aktuellen Isoebene. AutoCAD zeichnet die richtige Ellipse. Die Dialogführung zu dieser Option ist identisch mit der des Befehls **KREIS** für ebene Kreise.

AutoCAD zeichnet keine exakte Ellipse. Sie wird nur angenähert, aus Bogenstücken zusammengesetzt und als geschlossene Polylinie abgelegt. Anschließend sind alle Befehle zur Bearbeitung von Polylinien zulässig. Insbesondere kann eine Ellipse nachträglich gebrochen oder gestutzt werden.

Musteranwendung

1. Legen Sie eine neue Zeichnung mit Namen ELLIPSE an.

2. Zeichnen Sie eine Ellipse nach folgenden Angaben.

   ```
   Befehl: ELLIPSE ⏎
   <Skalaendpunkt 1>/Mittelpunkt: M ⏎
   Mittelpunkt der Ellipse: 200,150 ⏎
   Skalaendpunkt: 300,150 ⏎
   <Abstand der anderen Achse>/Drehung: 50 ⏎
   Befehl:
   ```

   Ihr Bildschirm sieht nun so aus:

Modul 36 ELLIPSE

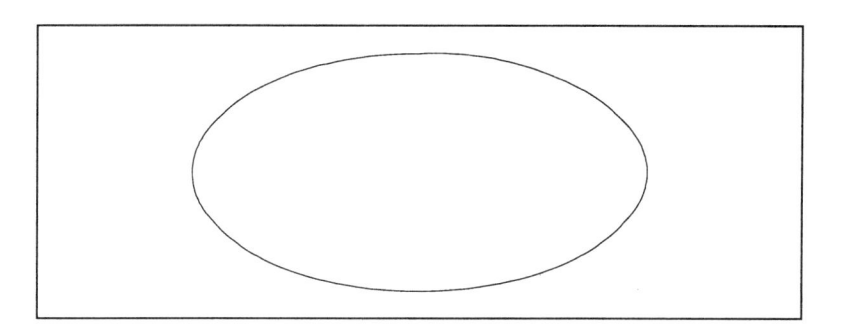

3. Verlassen Sie mit **QUIT** diese Zeichnung.

Nächster Lernschritt ist **Modul 68**.

Modul 37

ENDE

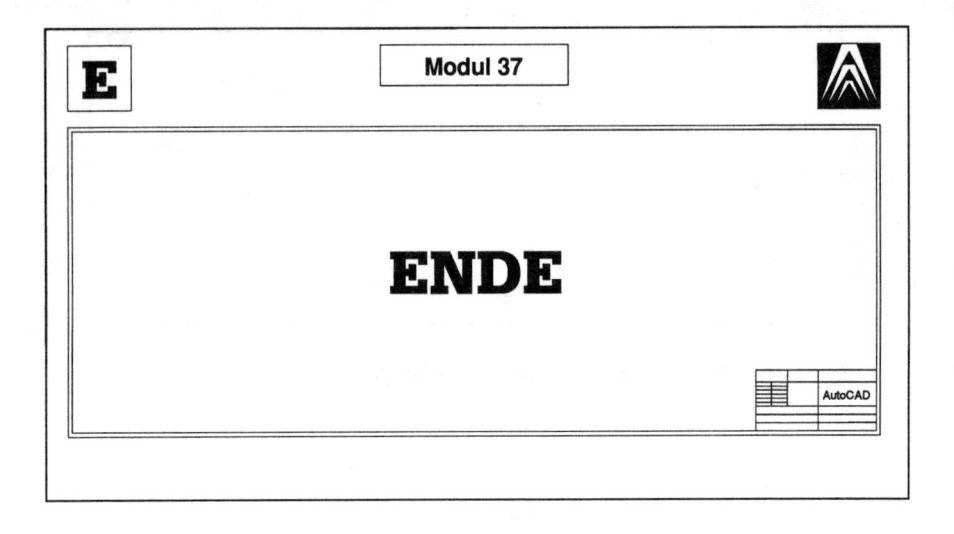

Befehl: ENDE

Beschreibung

Der Befehl **ENDE** bewirkt das Verlassen des Zeichenblatts und die Anzeige des Hauptmenüs. Die Zeichnung wird mit der Dateinamenserweiterung .DWG abgespeichert. Eine vorhandene alte Version bleibt mit der neuen Dateinamenserweiterung .BAK erhalten.

Aufruf und Optionen

Eingabe des Wortes **ENDE**, gefolgt von einem ⏎ .

Dieser Befehl wird zur Beendigung des Zeichenvorgangs verwendet.

ENDE

Musteranwendung

Aufgrund der Einfachheit dieses Befehls erübrigt sich ein Beispiel.

Nächster Lernschritt ist **Modul 55**.

| E | Modul 38 |

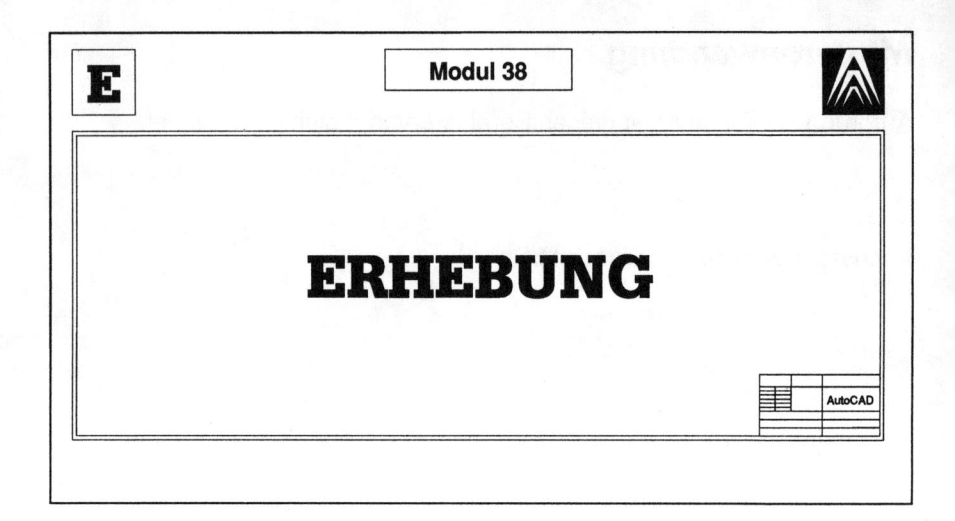

ERHEBUNG

```
Befehl: ERHEBUNG
Neue aktuelle Erhebung <aktuell>:
Neue aktuelle Objekthoehe <aktuell>:
```

Beschreibung

Der Befehl **ERHEBUNG** gestattet die Bestimmung von Erhebung und Objekthöhe eines zu zeichnenden dreidimensionalen Objekts.

Aufruf und Optionen

Nach dem Aufruf werden Zahlenangaben zu Erhebung und Objekthöhe erwartet:

Erhebung bestimmt die Lage derjenigen Z-Ebene, auf der die Basis des Objekts gezeichnet wird. Bei Eingabe des Wertes 0 wird die Standardebene Z = 0 verwendet. Positive Werte verschieben die Z-Ebene nach oben, negative nach unten.

Modul 38 ERHEBUNG

Objekthöhe bestimmt den Abstand des Objekts gegenüber seiner Erhebung. Positive Objekthöhenwerte sind nach oben, negative nach unten gerichtet.

Mit der alleinigen Eingabe von ⏎ werden die aktuellen Werte bestätigt.

Das Setzen von Erhebung und Objekthöhe stammt aus den Anfängen der dreidimensionalen Konstruktion mit AutoCAD. Sie sollten nach Möglichkeit anstelle der Erhebung immer explizit Z-Koordinaten für alle Punkte und Objekte eingeben.

Da der Befehl **ERHEBUNG** in zukünftigen AutoCAD-Versionen nicht mehr zur Verfügung steht, empfiehlt es sich, die Objekthöhe über den Befehl SETVAR und die Variable THICKNESS festzulegen.

Musteranwendung

In diesem Beispiel zeichnen Sie dreidimensionale Figuren. Beginnen Sie eine neue Zeichnung namens ELEV.

1. Setzen Sie das Fangraster auf 5 Einheiten und schalten Sie das Sichtraster ein.

    ```
    Befehl: FANG ⏎
    Fangwert oder EIN/AUS/Aspekt/Drehen/Stil <1.00>: 5 ⏎

    Befehl: RASTER ⏎
    Rasterwert(X) oder EIN/AUS/Fang/Aspekt <10.00>: 0 ⏎
    ```

2. Zeichnen Sie ein Rechteck.

    ```
    Befehl: LINIE ⏎
    Von Punkt: 30,30 ⏎
    Nach Punkt: 30,230 ⏎
    Nach Punkt: 90,230 ⏎
    Nach Punkt: 90,30 ⏎
    Nach Punkt: S ⏎
    ```

217

ERHEBUNG   Modul 38

3. Geben Sie eine Textzeile ein.

   Befehl: **TEXT** ↵
   Startpunkt oder Ausrichten/Zentrieren/Einpassen/Mitte/Rechts/Stil: **55,45** ↵
   Höhe <3.50>: **15** ↵
   Drehwinkel <0>: **90** ↵
   Text: **Basis-z-Ebene**

4. Setzen Sie die Erhebung.

   Befehl: **ERHEBUNG** ↵
   Neue aktuelle Erhebung <0.00>: ↵
   Neue aktuelle Objekthöhe <0.00>: **-60** ↵

5. Zeichnen Sie ein Rechteck.

   Befehl: **LINIE** ↵
   Von Punkt: **105,30** ↵
   Nach Punkt: **105,230** ↵
   Nach Punkt: **165,230** ↵
   Nach Punkt: **165,30** ↵
   Nach Punkt: **S** ↵

6. Setzen Sie die Erhebung und zeichnen Sie ein drittes Rechteck.

   Befehl: **ERHEBUNG** ↵
   Neue aktuelle Erhebung <0.00>: ↵
   Neue aktuelle Objekthöhe <-60.00>: **60** ↵
   Befehl: **LINIE** ↵
   Von Punkt: **180,30** ↵
   Nach Punkt: **180,230** ↵
   Nach Punkt: **240,230** ↵
   Nach Punkt: **240,30** ↵
   Nach Punkt: **S** ↵

7. Setzen Sie die Erhebung und zeichnen Sie ein viertes Rechteck.

   Befehl: **ERHEBUNG** ↵
   Neue aktuelle Erhebung <0.00>: **20** ↵
   Neue aktuelle Objekthöhe <60.00>: **0** ↵
   Befehl: **LINIE** ↵

218

Von Punkt: **255,30** ⏎
Nach Punkt: **255,230** ⏎
Nach Punkt: **315,230** ⏎
Nach Punkt: **315,30** ⏎
Nach Punkt: **S** ⏎

8. Setzen Sie die Erhebung und zeichnen Sie ein fünftes Rechteck.

    Befehl: **ERHEBUNG** ⏎
    Neue aktuelle Erhebung <20.00>: ⏎
    Neue aktuelle Objekthöhe <0.00>: **60** ⏎
    Befehl: **LINIE** ⏎
    Von Punkt: **330,30** ⏎
    Nach Punkt: **330,230** ⏎
    Nach Punkt: **390,230** ⏎
    Nach Punkt: **390,30** ⏎
    Nach Punkt: **S** ⏎

[Abbildung: Fünf Rechtecke nebeneinander mit Beschriftung "Basis-N-Ebene"]

9. Legen Sie einen Ansichtspunkt fest, um den Körper dreidimensional betrachten zu können.

    Befehl: **APUNKT** ⏎
    Drehen/<Ansichtspunkt> <0.00,0.00,1.00>: **1.5,-4.5,1.5** ⏎

ERHEBUNG Modul 38

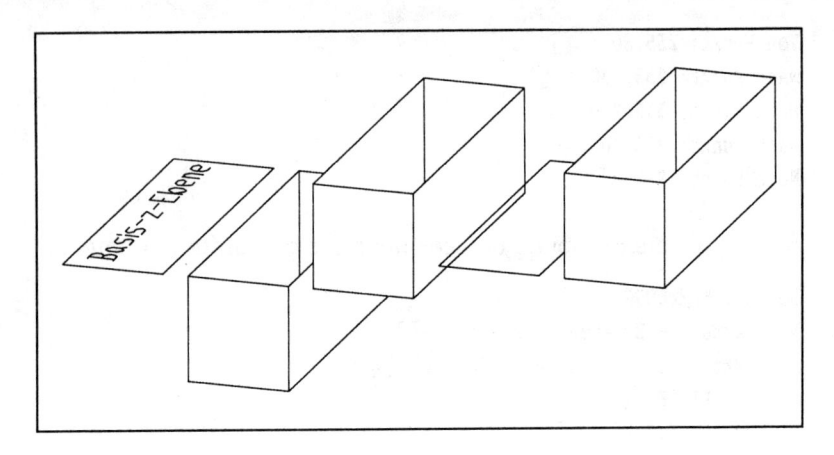

10. Kehren Sie mit **QUIT** ins Hauptmenü zurück.

Nächster Lernschritt ist **Modul 12**.

Modul 39

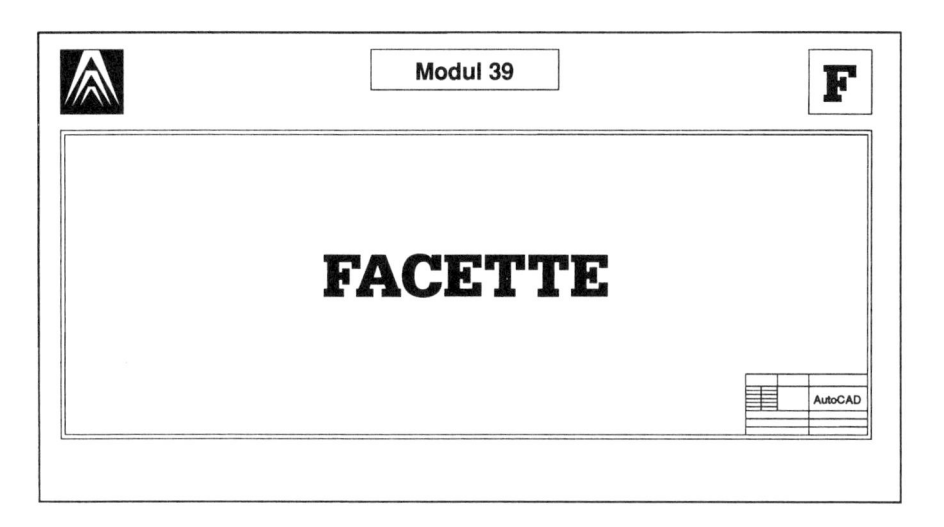

FACETTE

```
Befehl: FACETTE
Polylinie/Abstaende/<Erste Linie waehlen>:
```

Beschreibung

Der Befehl **FACETTE** wandelt die scharfe Kante zweier zusammenstoßender Linien in eine abgeschrägte Kante um.

Aufruf und Optionen

Nach dem Befehlsaufruf stehen folgende Optionen zur Wahl:

Polylinie Diese Option muß beim Facettieren von Polylinien gewählt werden. Nach Wahl dieser Option müssen Sie die Polylinie anklicken. Das Facettieren geschieht im Uhrzeigersinn.

FACETTE   Modul 39

Abstände   Mit dieser Option bestimmen Sie die Facettengröße, indem Sie für jede der beiden Linien die Abstände vom Eckpunkt eingeben, unter denen die Kante abgeschnitten werden soll.

Erste Linie waehlen   Damit geben Sie zuerst die erste Linie, danach die zweite Linie ein. Deren Berührungspunkt wird danach gemäß dem eingegebenen Abstand facettiert.

> **Hinweis:** Nach Festlegung der Abstände verläßt AutoCAD den Befehl **FACETTE**. Zum eigentlichen Facettieren muß daher der Befehl **FACETTE** abermals aufgerufen werden.

Wird ein Abstand von 0 eingegeben und eine bereits facettierte Ecke angesprochen, so entsteht wieder eine Ecke.

Musteranwendung

In diesem Beispiel zeichnen Sie Linien und Polylinien. Dann facettieren Sie diese. Beginnen Sie eine neue Zeichnung namens CHAMFER.

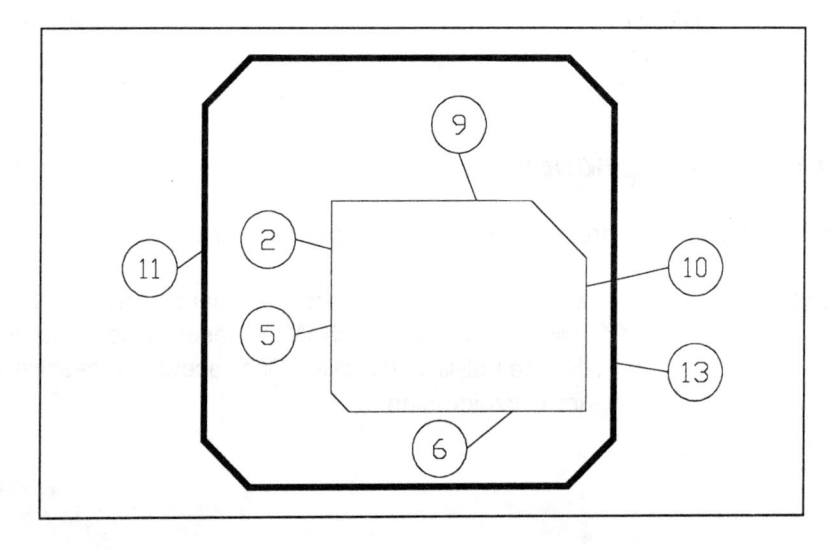

1. Schalten Sie KOORDINATEN durch Drücken von [F6] ein, setzen Sie das Fangraster auf 5 und schalten Sie das Sichtraster ein.

   ```
   Befehl: <KOORDINATEN EIN> FANG [↵]
   Fangwert oder EIN/AUS/Aspekt/Drehen/Stil <1.00>: 5 [↵]
   Befehl: RASTER [↵]
   Rasterwert(X) oder EIN/AUS/Fang/Aspekt <10.00>: 0 [↵]
   ```

2. Zeichnen Sie das innere Rechteck.

   ```
   Befehl: LINIE [↵]
   Von Punkt: 120,90 [↵]
   Nach Punkt: 260,90 [↵]
   Nach Punkt: 260,200 [↵]
   Nach Punkt: 120,200 [↵]
   Nach Punkt: S [↵]
   ```

3. Setzen Sie die Abstände des Befehls **FACETTE** alle auf denselben Wert.

   ```
   Befehl: FACETTE [↵]
   Polylinie/Abstaende/<Erste Linie waehlen>: A [↵]
   Ersten Facettenabstand eingeben <0.00>: 10 [↵]
   Zweiten Facettenabstand eingeben <10.00>: [↵]
   ```

4. Facettieren Sie die linke untere Ecke des Rechtecks.

   ```
   Befehl: FACETTE
   Polylinie/Abstaende/<Erste Linie waehlen>:
   ```

5. Klicken Sie die linke Seite des Rechtecks.

   ```
   Zweite Linie waehlen:
   ```

6. Klicken Sie die untere Linie.

7. Setzen Sie den Abstand für die nächste Facettierung.

   ```
   Befehl: FACETTE [↵]
   Polylinie/Abstaende/<Erste Linie waehlen>: A [↵]
   Ersten Facettenabstand eingeben <10.00>: 30 [↵]
   Zweiten Facettenabstand eingeben <30.00>: [↵]
   ```

8. Facettieren Sie rechte obere Ecke des Rechrecks.

   ```
   Befehl: FACETTE ⏎
   Polylinie/Abstaende/<Erste Linie waehlen>:
   ```

9. Klicken Sie die obere Linie.

   ```
   Zweite Linie waehlen:
   ```

10. Klicken Sie die rechte Linie.

11. Zeichnen Sie mit Hilfe einer Polylinie ein Quadrat um das Rechteck.

    ```
    Befehl: PLINIE ⏎
    Von Punkt: 50,50 ⏎
    Aktuelle Linienbreite betraegt 0.00
    Kreisbogen/Schliessen/Halbbreite/Laenge/Zurueck/Breite/<Linien-Endpunkt>:
    B ⏎
    Startbreite <0.00>: 3 ⏎
    Endbreite <3.00>: ⏎
    Kreisbogen/Schliessen/Halbbreite/Laenge/Zurueck/Breite/<Linien-Endpunkt>:
    50,275 ⏎
    Kreisbogen/Schliessen/Halbbreite/Laenge/Zurueck/Breite/<Linien-Endpunkt>:
    275,275 ⏎
    Kreisbogen/Schliessen/Halbbreite/Laenge/Zurueck/Breite/<Linien-Endpunkt>:
    275,50 ⏎
    Kreisbogen/Schliessen/Halbbreite/Laenge/Zurueck/Breite/<Linien-Endpunkt>:
    S ⏎
    ```

12. Setzen Sie die Option "Abstand" im Befehl **FACETTE** für die Polylinie.

    ```
    Befehl: FACETTE ⏎
    Polylinie/Abstaende/<Erste Linie waehlen>: A ⏎
    Ersten Facettenabstand eingeben <30.00>: 25 ⏎
    Zweiten Facettenabstand eingeben <25.00>: ⏎
    Befehl: FACETTE ⏎
    Polylinie/Abstaende/<Erste Linie waehlen>: P ⏎
    Polylinie waehlen:
    ```

13. Klicken Sie die Polylinie.

    `4 Linien wurden facettiert`

    Die Zeichnung ist nun fertig.

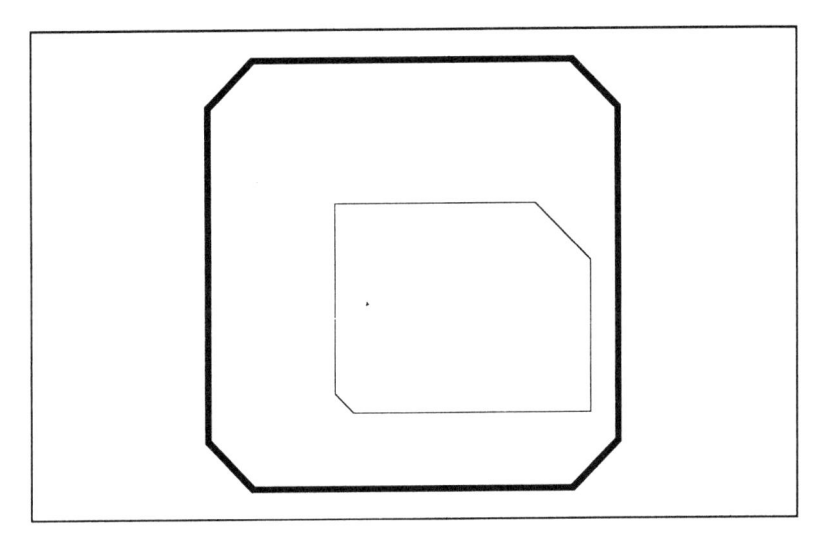

14. Kehren Sie mit **QUIT** ins Hauptmenü zurück.

Nächster Lernschritt ist **Modul 90**.

| F | Modul 40 |

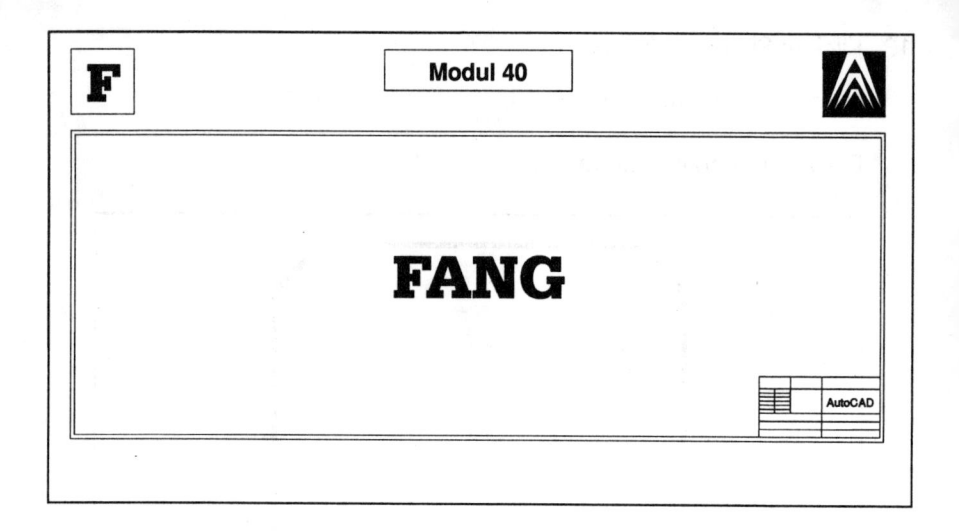

FANG

```
Befehl: FANG
Fangwert oder EIN/AUS/Aspekt/Drehen/Stil <aktuell>:
```

Beschreibung

Alle kennzeichenbare Punkte in der Zeichenebene werden auf ein unsichtbares Rasternetz – auch Fangraster genannt – ausgerichtet, das zuvor über die Optionen des Befehls **FANG** festgelegt wurde.

Aufruf und Optionen

Nach dem Befehlsaufruf stehen 6 Optionen zur Wahl:

EIN Aktiviert das Raster gemäß den vorher spezifizierten Werten für "Fangwert" und "Drehen". Falls kein Fangwert festgelegt wurde, werden Sie jetzt danach gefragt.

AUS Deaktiviert das Raster, behält aber die Werte von Fangwert und Drehen bei.

Fangwert	Legt den Abstand der Rasterpunkte fest. Die Abstände in X- und Y-Richtung sind dabei identisch.
Aspekt	Bei der Wahl dieser Option werden die Rasterabstände für X- und Y-Richtung seperat angefordert.
Drehen	Bei Wahl dieser Option wird die Eingabe eines Drehpunkts und eines Drehwinkels verlangt. Danach wird das Raster um den angegebenen Drehwinkel bezüglich des Drehpunkts rotiert. Der Drehwinkel darf -90 bis +90 Grad betragen. Ein positiver Drehwinkel bedeutet dabei eine Drehung gegen den Uhrzeigersinn, ein negativer Drehwinkel eine Drehung im Uhrzeigersinn, gerechnet von der Horizontale.
Stil	Bei Wahl dieser Option werden Sie gefragt, ob das Raster standard (also rechtwinklig) oder isometrisch sein soll. Bei der Wahl eines isometrischen Rasters muß dann der vertikale Rasterabstand eingegeben werden.

Mit Hilfe des Rasters kann bei Konstruktion ein kleinstmöglicher Abstand festgelegt werden. Alle anderen Abstände sind Vielfache des kleinsten Abstands. Sobald die Parameter des Befehls **FANG** festgelegt wurden, kann das Fangraster mit einer Funktionstaste bzw. mit einer Tastenkombination ein- oder ausgeschaltet werden. Am IBM-PC können Sie entweder `F9` oder `Ctrl` `B` benutzen. (IBM-kompatible Computer haben natürlich dieselbe Funktionstastenbelegung wie der Original-IBM-PC).

Über die Funktionstasten können Sie das Fangraster ein- oder ausschalten. Diese Umschaltung funktioniert auch während der Ausführung eines anderen Befehls. So können Sie beispielsweise das Fangraster ausschalten, falls Sie einmal einen Punkt außerhalb des Rastersystems ansprechen wollen.

> **Hinweis:** Fangraster wirken ausschließlich auf die Anzeige des Fadenkreuzes auf dem Bildschirm. Über die Tastatur können Sie weiterhin auch Punkte ansprechen, die nicht auf dem Raster liegen.

FANG Modul 40

Musteranwendung

1. Beginnen Sie eine neue Zeichnung namens FANG. Der Fangwert wird auf 5 Einheiten gesetzt.

   ```
   Befehl: FANG ⏎
   Fangwert oder EIN/AUS/Aspekt/Drehen/Stil <1.00>: 5 ⏎
   ```

   Solange das Raster mit dem Befehl **RASTER** nicht sichtbar gemacht wird, ist auf dem Bildschirm keine Veränderung festzustellen. Jedoch können jetzt mit dem Fadenkreuz nur mehr Punkte im Rasterabstand 5 Einheiten angesprochen werden.

2. Bewegen Sie mit den Cursorsteuerungstasten oder dem Digitizer das Fadenkreuz über den Bildschirm. Sie werden erkennen, daß das Fadenkreuz von einem zum anderen Rasterpunkt springt.

3. Kehren Sie mit **QUIT** ins Hauptmenü zurück.

Nächster Lernschritt ist **Modul 105**.

```
        Modul 41                    F
```

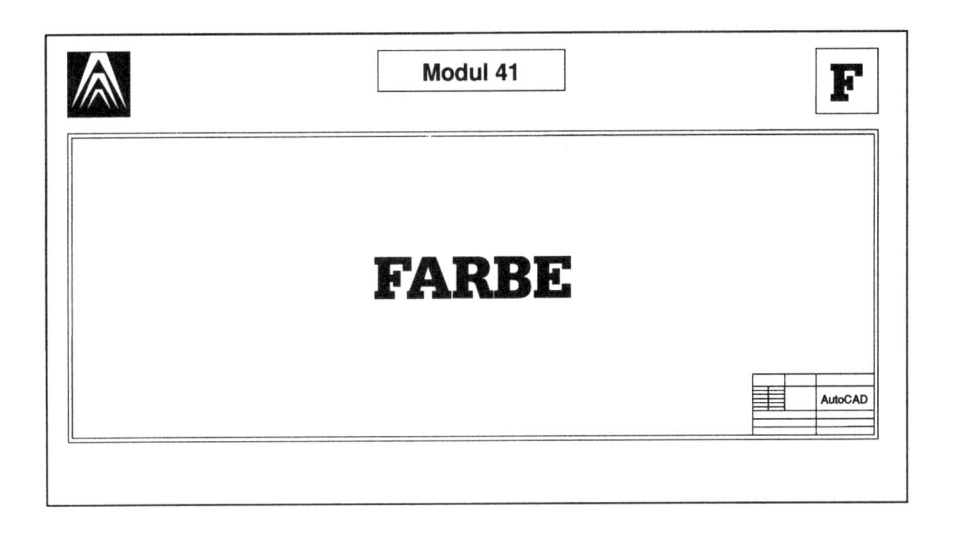

FARBE

```
Befehl: FARBE
Neue Elementfarbe <Vorgabe>:
```

Beschreibung

Der Befehl **FARBE** dient dazu, die Farbe festzulegen, in der alle folgenden Objekte gezeichnet werden.

Aufruf und Optionen

Nach der Eingabe des Befehlswortes müssen Sie die gewünschte Farbe bestimmen. Dazu haben Sie die folgenden Möglichkeiten:

Farbnummer   Sie geben eine Zahl zwischen 1 und 255 ein. Welche Farbe dieser Nummer zugeteilt ist, hängt von Ihrem Monitor und Ihrem Ausgabegerät ab.

Standardfarbname	Sie geben einen der Begriffe "Rot", "Gelb", "Gruen", "Cyan", "Blau", "Magenta" oder "Weiss" ein. Diese Farben kennt AutoCAD. Sie werden auf allen Geräten gleich behandelt.
VONLAYER	Geben Sie **VONLAYER** und ⏎ ein, so werden alle folgenden Objekte in der Farbe gezeichnet, die dem Layer zugeordnet ist, auf dem sie erscheinen.
VONBLOCK	Wählen Sie die Spezialfarbe **VONBLOCK**, so werden die folgenden Objekte zunächst weiß gezeichnet. Wenn die Objekte aber nun in einem Block zusammengefaßt werden und anschließend in eine Zeichnung eingefügt werden, so nehmen sie die zum Zeitpunkt der Einfügung aktuelle Farbe an.

Die Objektfarben werden nicht nur auf dem Monitor dargestellt, sondern sie werden auch bei der Zeichnungsausgabe genutzt. Jede Farbe kann dann mit einem anderen Stift gezeichnet werden, um so eine farbige Zeichnung zu erhalten. In diesem Zusammenhang ist es auch sinnvoll, Farben selbst bei einem einfarbigen Monitor zu benutzen.

Musteranwendung

In diesem Beispiel werden zwei Blöcke mit unterschiedlicher Farbe in eine Zeichnung eingefügt.

1. Legen Sie eine neue Zeichnung mit Namen FARBE an.

2. Setzen Sie die Spezialfarbe **VONBLOCK**.

```
Befehl: FARBE ⏎
Neue Elementfarbe <VONBLOCK>: VONBLOCK ⏎
Befehl:
```

3. Zeichnen Sie einen Kreis mit einem Kreuz in der Mitte.

   Befehl: **KREIS** ⏎
   3P/2P/TTR/<Mittelpunkt>: **150,150** ⏎
   Durchmesser/<Radius>: **40** ⏎

   Befehl: **LINIE** ⏎
   Von Punkt: **120,120** ⏎
   Nach Punkt: **180,180** ⏎
   Nach Punkt: ⏎

   Befehl: **LINIE** ⏎
   Von Punkt: **110,190** ⏎
   Nach Punkt: **190,110** ⏎
   Nach Punkt: ⏎

4. Legen Sie dieses Symbol als Block unter dem Namen **SYMBOL** ab.

   Befehl: **BLOCK** ⏎
   Blockname (oder ?): **SYMBOL** ⏎
   Basispunkt der Einfügung: **150,150** ⏎
   Objekte waehlen: **F** ⏎
   Erste Ecke: **50,50** ⏎
   Andere Ecke: **200,200** ⏎
   3 gefunden.
   Objekte waehlen: ⏎

   Die gefundenen Objekte sind markiert und als Block abgelegt worden. Sie sind auf dem Bildschirm nicht mehr zu sehen.

5. Fügen Sie nun diesen Block mit verschiedenen Farben in die Zeichnung ein.

   Befehl: **FARBE** ⏎
   Neue Elementfarbe <VONBLOCK>: **ROT** ⏎

   Befehl: **EINFUEGE** ⏎
   Blockname (oder?): **SYMBOL** ⏎
   Einfuegepunkt: **100,100** ⏎
   X Faktor <1> / Eckpunkt / XYZ: ⏎
   Y Faktor (Vorgabe=X): ⏎
   Drehwinkel <0>: ⏎

FARBE   Modul 41

```
Befehl: FARBE  [↵]
Neue Elementfarbe <1 (rot)>: BLAU  [↵]

Befehl: EINFUEGE  [↵]
Blockname (oder?) <SYMBOL>:  [↵]
  Einfuegepunkt: 250,100  [↵]
  X Faktor <1> / Eckpunkt / XYZ:  [↵]
  Y Faktor (Vorgabe=X):  [↵]
  Drehwinkel <0>:  [↵]
Befehl:
```

Auf Ihrem Bildschirm erscheint nun das linke Symbol in der Farbe rot und das rechte in blau. Die Farbe können wir Ihnen hier leider nicht zeigen.

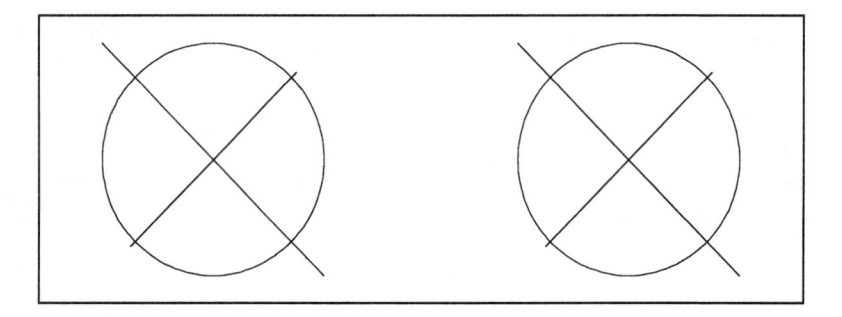

6. Auch mit einem einfarbigen Bildschirm können Sie feststellen, daß die beiden eingefügten Blöcke auch tatsächlich unterschiedliche Farben haben. Rufen Sie dazu den Befehl **DBLISTE** auf. Sie erhalten dann eine Beschreibung der beiden Blockreferenzen, aus der u.a. die jeweilige Farbe hervorgeht.

7. Verlassen Sie die Zeichnung mit **QUIT**.

Nächster Lernschritt ist **Modul 28**.

232

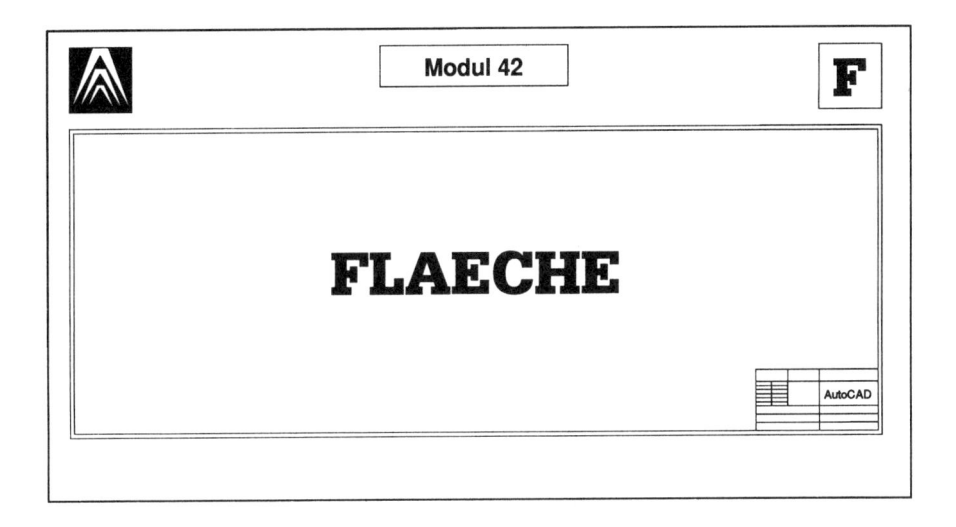

Modul 42

FLAECHE

AutoCAD

```
Befehl: FLAECHE
<Erster Punkt>/Objekt/Addieren/Subtrahieren:
```

Beschreibung

Mit dem Befehl **FLAECHE** lassen sich regelmäßig und unregelmäßig geformte Flächen ausmessen. Der Befehl beherrscht Flächen, die von einem Linienzug oder einer Polylinie umschrieben sind, sowie Kreisflächen. Außerdem kann man mehrere berechnete Flächen voneinander abziehen oder zueinander addieren, um eine Gesamtfläche zu erhalten.

Aufruf und Optionen

Nach Eingabe des Befehlswortes und Drücken von ⏎ stehen folgende Optionen zur Verfügung:

Punkteingabe Zeigen Sie auf einen beliebigen Punkt. AutoCAD fragt nun solange nach einem nächsten Punkt, bis Sie auf ⏎ drücken. AutoCAD nimmt an, daß die eingegebenen Punkte durch Linien verbunden sind und berechnet

233

die von diesen Linien umschlossene Fläche. Um exakte Ergebnisse zu erhalten, empfiehlt es sich, bei der Anwendung dieses Befehls die geeigneten Objektfang-Modi einzuschalten.

Ist einer der Modi **Addieren** oder **Subtrahieren** aktiv, so wird die berechnete Fläche und die Gesamtfläche ausgegeben und es kann die nächste Option gewählt werden.

Objekt Mit dieser Option kann die von einem Kreis oder einer Polylinie umschlossene Fläche berechnet werden. AutoCAD fragt:

```
Waehlen Sie Kreis oder Polylinie:
```

Zeigen Sie nun auf ein entsprechendes Objekt. Polylinien dürfen keine Schleifen enthalten. Für die Flächenberechnung wird die Mitte der Polylinie als Umrandung verwendet. Offene Polylinien werden so behandelt, als ob sie mit einer geraden Linie geschlossen wären.

Ist einer der Modi **Addieren** oder **Subtrahieren** aktiv, so wird die berechnete Fläche und die Gesamtfläche ausgegeben und nach dem nächsten Objekt gefragt. Drücken Sie ⏎, um zur Optionsauswahl zurückzukommen.

Addieren Mit dieser Option wird der Befehl in den Modus **Addieren** versetzt. Alle nun folgenden Flächenberechnungen werden solange zu der bisher bestimmten Gesamtfläche addiert, bis der Befehl abgebrochen wird oder der Modus **Subtrahieren** aktiviert wird.

Subtrahieren Mit dieser Option wird der Befehl in den Modus **Subtrahieren** versetzt. Alle nun folgenden Flächenberechnungen werden solange von der bisher bestimmten Gesamtfläche abgezogen, bis der Befehl abgebrochen wird oder der Modus **Addieren** aktiviert wird.

Modul 42   FLAECHE

[⏎]   Durch Eingabe von [⏎] wird der Befehl **FLAECHE**
                   verlassen.

Gleichzeitig mit dem Flächeninhalt der beschriebenen Fläche wird auch deren Umfang berechnet und ausgegeben. Bis zum nächsten Aufruf von **FLAECHE** stehen die berechnete Gesamtfläche und der zuletzt bestimmte Umfang in den beiden Systemvariablen **AREA** und **PERIMETER** noch zur Verfügung. Sie können mit dem Befehl **SETVAR** erneut ausgegeben werden.

Musteranwendung

In dieser Anwendung wird aus einer quadratischen Fläche eine Kreisfläche ausgeschnitten. Dann wird die verbleibende Fläche berechnet.

1. Legen Sie eine neue Zeichnung mit Namen FLAECHE an.

2. Zeichnen Sie ein Quadrat, aus dessen Mitte ein Loch ausgeschnitten wurde.

   Befehl: **LINIE** [⏎]
   Von Punkt: **150,100** [⏎]
   Nach Punkt: **150,250** [⏎]
   Nach Punkt: **300,250** [⏎]
   Nach Punkt: **300,100** [⏎]
   Nach Punkt: **S** [⏎]

   Befehl: **KREIS** [⏎]
   3P/2P/TTR/<Mittelpunkt>: **225,175** [⏎]
   Durchmesser/<Radius>: **35** [⏎]
   Befehl:

   Ihre Zeichnung sollte nun so aussehen:

235

FLAECHE Modul 42

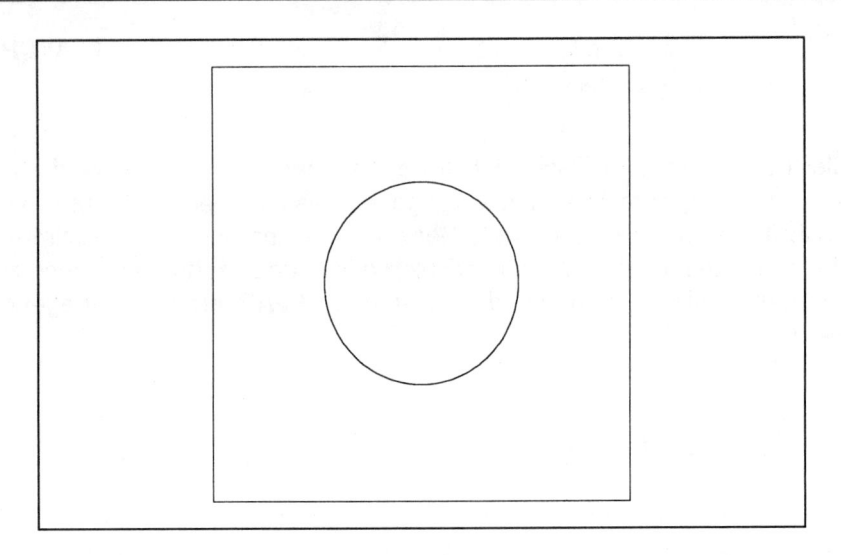

3. Nun wird die Fläche des Quadrats berechnet. Damit die Berechnung erhalten bleibt, müssen Sie zuerst die Option **Addieren** des Befehls **FLAECHE** aufrufen.

```
Befehl: FLAECHE  ↵
<Erster Punkt>/Objekt/Addieren/Subtrahieren: Addieren  ↵
<Erster Punkt>/Objekt/Subtrahieren: 150,100  ↵
(Modus ADDIEREN) Naechster Punkt: 150,250  ↵
(Modus ADDIEREN) Naechster Punkt: 300,250  ↵
(Modus ADDIEREN) Naechster Punkt: 300,100  ↵
(Modus ADDIEREN) Naechster Punkt: 150,100  ↵
(Modus ADDIEREN) Naechster Punkt:  ↵
```

Die Berechnungen werden Ihnen vorgelegt.

```
Flaeche = 22500.00, Umfang = 600.00
Gesamtflaeche = 22500.00
<Erster Punkt>/Objekt/Subtrahieren:
```

4. Nun soll von dieser Gesamtfläche die Kreisfläche subtrahiert werden. Dazu müssen Sie die Option **Subtrahieren** eingeben und dann das Objekt wählen.

```
<Erster Punkt>/Objekt/Subtrahieren: SUBTRAHIEREN  ↵
<Erster Punkt>/Objekt/Addieren: OBJEKT  ↵
```

```
(Modus SUBTRAHIEREN) Waehlen Sie Kreis oder Polylinie: LETZTES ⏎
Flaeche = 3848.45, Umfang = 219.91
Gesamtflaeche = 18651.55

(Modus SUBTRAHIEREN) Waehlen Sie Kreis oder Polylinie: ⏎
<Erster Punkt>/Objekt/Addieren: ⏎
Befehl:
```

Die nach dem Schneiden des Lochs verbliebene Fläche beträgt also 18651.55 Quadrateinheiten.

5. Verlassen Sie mit dem Befehl **QUIT** diese Zeichnung.

Nächster Lernschritt ist **Modul 84**.

FUELLEN

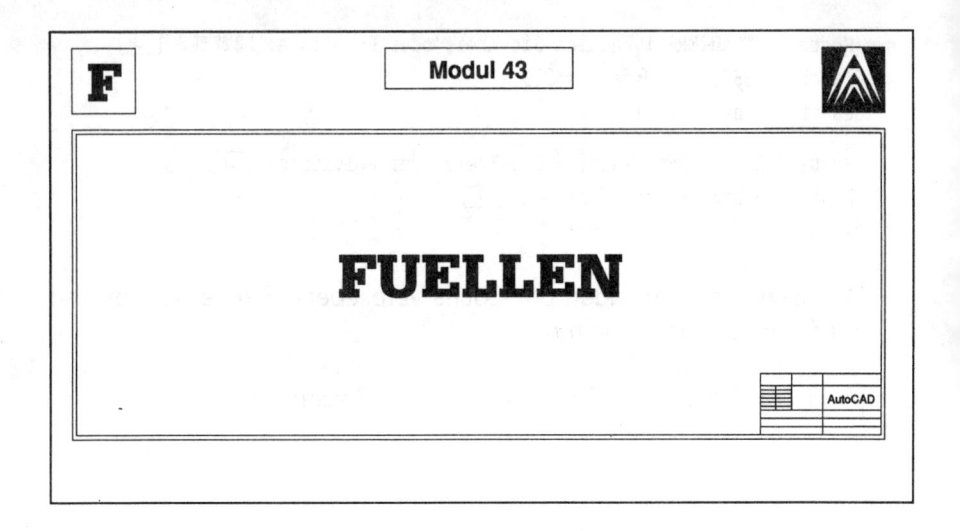

```
Befehl: FUELLEN
EIN/AUS <aktuell>:
```

Beschreibung

Das Füllen von breiten Polylinien, Flächen und Bändern benötigt bei manchen Bildschirmen und Plottern einige Zeit. Der Befehl **FUELLEN** gestattet, das automatische Füllen ein- oder auszuschalten.

Aufruf und Optionen

Nach dem Befehlsaufruf kann entweder der aktuelle Wert mit ⏎ bestätigt oder neu festgelegt werden.

Wenn der Füllmodus ausgeschaltet ist, werden nur die Umrisse gefüllter Linien gezeichnet. Mit der Eingabe des Befehls **REGEN** oder eines anderen Befehls, der den Bildschirmausschnitt neu ausgibt – wie beispielsweise **ZOOM**, **PAN** oder **AUSSCHNT** – werden die Veränderungen sichtbar.

Modul 43 FUELLEN

Sollen am Ende der Zeichenarbeit nun die Bänder ausgefüllt werden, wird der Füllmodus aktiviert und die Zeichnung mit dem Befehl **REGEN** erneuert.

Der Sinn des Befehls **FUELLEN** ist die Erhöhung der Zeichengeschwindigkeit.

Musteranwendung

In diesem Beispiel zeichnen Sie folgende Figur mittels breiter Polylinien. Dann vergleichen Sie den Zeitaufwand für die Zeichnung bei ein- und ausgeschaltetem Füllmodus. Beginnen Sie eine neue Zeichnung namens FILL.

1. Zeichnen Sie eine 30 Einheiten breite Polylinie gemäß obiger Darstellung.

   ```
   Befehl: PLINIE ↵
   Von Punkt: 50,50 ↵
   Aktuelle Linienbreite betraegt 0.00
   Kreisbogen/Schliessen/Halbbreite/Laenge/Zurueck/Breite/<Linien-Endpunkt>:
   B ↵
   Startbreite <0.00>: 30 ↵
   Endbreite <30.00>: ↵
   Kreisbogen/Schliessen/Halbbreite/Laenge/Zurueck/Breite/<Linien-Endpunkt>:
   50,250 ↵
   ```

FUELLEN　　　　　　　　　　　　　　　　　　　　　Modul 43

```
Kreisbogen/Schliessen/Halbbreite/Laenge/Zurueck/Breite/<Linien-Endpunkt>:
120,250  [⏎]
Kreisbogen/Schliessen/Halbbreite/Laenge/Zurueck/Breite/<Linien-Endpunkt>:
120,130  [⏎]
Kreisbogen/Schliessen/Halbbreite/Laenge/Zurueck/Breite/<Linien-Endpunkt>:
230,130  [⏎]
Kreisbogen/Schliessen/Halbbreite/Laenge/Zurueck/Breite/<Linien-Endpunkt>:
230,250  [⏎]
Kreisbogen/Schliessen/Halbbreite/Laenge/Zurueck/Breite/<Linien-Endpunkt>:
300,250  [⏎]
Kreisbogen/Schliessen/Halbbreite/Laenge/Zurueck/Breite/<Linien-Endpunkt>:
300,50  [⏎]
Kreisbogen/Schliessen/Halbbreite/Laenge/Zurueck/Breite/<Linien-Endpunkt>:
S  [⏎]
Befehl:
```

Wenn Sie schließen, wird die Polylinie nochmals neu gezeichnet.

2. Geben Sie den Befehl **NEUZEICH** ein und beobachten Sie die Zeitdauer für den Vorgang.

   ```
   Befehl: NEUZEICH  [⏎]
   Befehl:
   ```

3. Schalten Sie den Füllmodus aus.

   ```
   Befehl: FUELLEN  [⏎]
   EIN/AUS <Ein>: AUS  [⏎]
   Befehl:
   ```

   Beachten Sie, daß der Bildschirmausschnitt unverändert bleibt. Um die Veränderung zu beobachten, müssen Sie mit einem Befehl **REGEN** den Bildschirmausschnitt neu zeichnen lassen.

4. Geben Sie den Befehl **REGEN** ein.

   ```
   Befehl: REGEN  [⏎]
   Regeneriere Zeichnung.
   Befehl:
   ```

   Beachten Sie, daß jetzt nur Umrisse gezeichnet werden.

Modul 43   FUELLEN

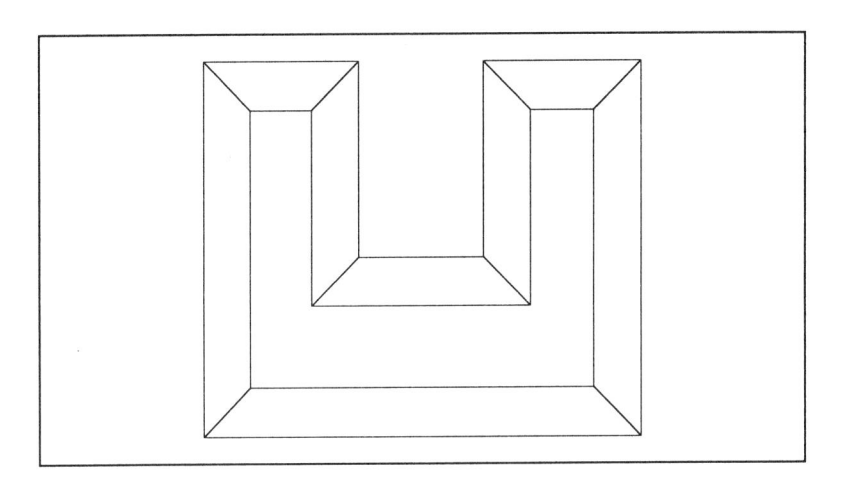

5. Schalten Sie den Füllmodus ein.

   ```
   Befehl: FUELLEN ↵
   EIN/AUS <Aus>: EIN ↵
   Befehl:
   ```

   Beachten Sie, daß wiederum keine Veränderungen sichtbar sind.

6. Lassen Sie den Bildschirmausschnitt neu zeichnen.

   ```
   Befehl: REGEN ↵
   Regeneriere Zeichnung.
   Befehl:
   ```

FUELLEN   Modul 43

7. Sie erhalten also wieder die alte Zeichnung.

8. Kehren Sie mit **QUIT** ins Hauptmenü zurück.

Nächster Lernschritt ist **Modul 89**.

Modul 44

GRAPHBLD

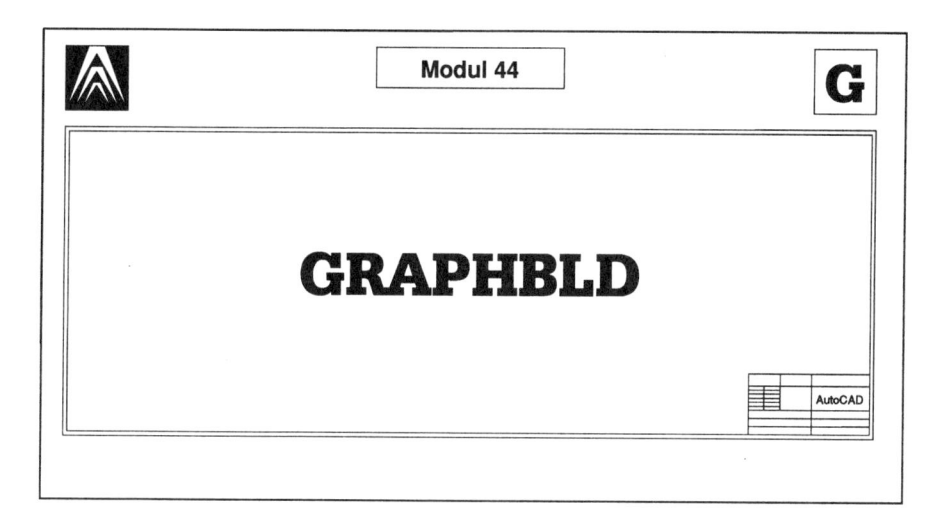

Befehl: GRAPHBLD

Beschreibung

Der Befehl **GRAPHBLD** gestattet, vom Textbildschirm zum Zeichnungsbildschirm zurückzuschalten.

Aufruf und Optionen

Gelegentlich zeigt ein Befehl eine Liste von Textinformationen an und schaltet dabei auf den Textbildschirm. Das Zurückschalten zum Zeichnungsbildschirm erfolgt durch Eingabe des Befehls **GRAPHBLD** und Drücken von ⏎ .

Alternativ kann der Befehl auch über die Funktionstaste `Flip Screen` aufgerufen werden. Dies ist beim IBM-PC die Taste `F1`. Zusätzlich ist es ebenfalls möglich den Befehl **GRAPHBLD** transparent zu benutzen. Dazu geben Sie mitten in einem anderen Befehl **'GRAPHBLD** und `F1` ein.

243

GRAPHBLD Modul 44

Musteranwendung

Da der Befehl **GRAPHBLD** lediglich aus einem Tastendruck besteht, ist ein Anwendungsbeispiel überflüssig.

Nächster Lernschritt ist **Modul 54**.

```
           ┌─────────────┐
  ┌─┐      │  Modul 45   │                    ┌─┐
  │ │      └─────────────┘                    │H│
  └─┘                                         └─┘
  ┌──────────────────────────────────────────────┐
  │                                              │
  │                                              │
  │                   HILFE                      │
  │                                              │
  │                                   ┌────────┐ │
  │                                   │AutoCAD │ │
  └───────────────────────────────────┴────────┴─┘
```

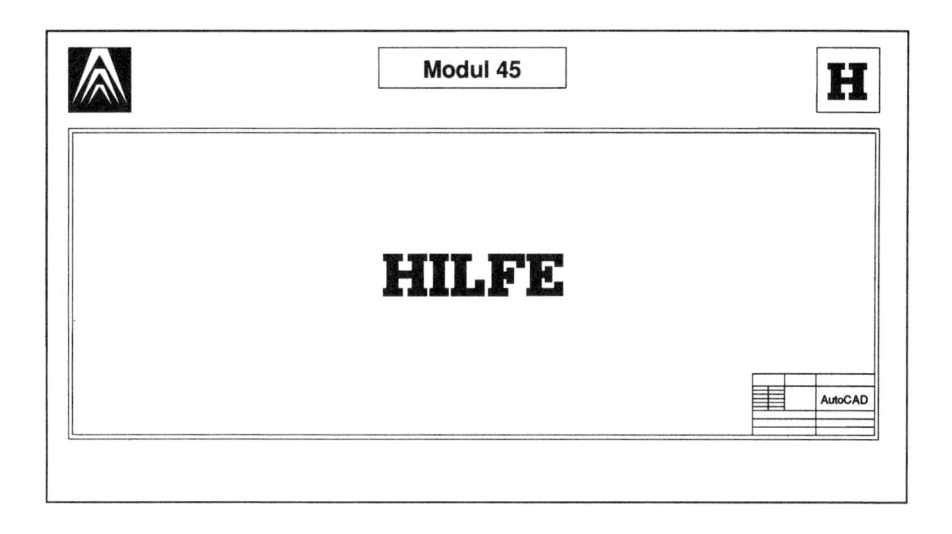

```
Befehl: HILFE (oder ?)
Befehlsname (RETURN für Liste):
```

Beschreibung

Der Befehl **HILFE** zeigt auf dem Bildschirm Hilfsinformationen an.

Aufruf und Optionen

Eingabe des Wortes **HILFE** oder **?** gefolgt von:

- ⏎ bewirkt die Auflistung aller AutoCAD Befehle

- einem beliebigen Befehl und ⏎ liefert detaillierte Informationen über diesen Befehl

- Drücken von `Ctrl` `C` bewirkt den Abbruch der Informationen; die Rückkehr zur Zeichnung erfolgt mittels der Funktionstaste `Flip Screen`.

245

HILFE

Dieser Befehl dient der Gedächtnisauffrischung, falls Sie den Namen eines Befehls oder dessen genaue Anwendung vergessen haben.

Der Befehl **HILFE** kann auch aufgerufen werden, während Sie gerade einen anderen Befehl benutzen und eine Erklärung wünschen. Man spricht hierbei von einer "transparenten" Anwendung des Befehls.

Um den Befehl **HILFE** transparent aufzurufen, geben Sie auf eine beliebige Anfrage von AutoCAD die Antwort **'HILFE** oder **'?**. Sie erhalten dann die Hilfestellung für den gerade benutzten Befehl.

Musteranwendung

Starten Sie vom AutoCAD-Hauptmenü aus.

1. Geben Sie **1** gefolgt von ⏎ ein. Geben Sie **TEMP** als Dateinamen ein.

2. Geben Sie **HILFE** gefolgt von zweimal ⏎ ein. Es erscheint die AutoCAD-Befehlsliste (hier von der Version 9.0):

```
Befehlsliste  (+n = ADE-n Option, ' = transparenter Befehl)
```

ABRUNDEN +1	BEM/BEM 1 +1	'DDRMODI +3	FACETTE +1	ISOEBENE +2
ABSTAND	BEREINIG	DEHNEN +3	FANG	KOPIEREN
AENDERN	BFLOESCH	DREHEN +3	FARBE	KPMODUS
APUNKT +3	BFRUECK +3	DTEXT +3	FILMROLL	KREIS
ATTDEF +2	BLOCK	DXBIN +3	FLAECHE	LADEN
ATTEDIT +2	BOGEN	DXFIN	FUELLEN	LAYER
ATTEXT +2	BRUCH +1	DXFOUT	'GRAPHBLD	LIMITEN
ATTZEIG +2	DATEIEN	EINFUEGE	'HILFE/'?	LINIE
AUFLOES	DBLISTE	EINHEIT +1	HOPPLA	LINIENTP
'AUSSCHNT +2	DDATTE +3	ELLIPSE +3	ID	LISTE
BAND	'DDLMODI +3	ENDE	IGESIN +3	LOESCHEN
BASIS	'DDOMODI +3	ERHEBUNG +3	IGESOUT +3	LTFAKTOR

```
Fuer weitere Hilfe RETURN-Taste druecken.
```

HILFE

Modul 45

3. Drücken Sie ⏎.

   Befehlsliste (+n = ADE-n Option, ' = transparenter Befehl)

MACHDIA +2	PLINIE +3	RING +3	STATUS	VERDECKT +3
MEINFUEG	PLOT	RSCRIPT	STIL	VERSETZ +3
MENUE	POLYGON +3	SCHIEBEN	STRECKEN +3	WAHL
MESSEN +3	PRPLOT	SCHRAFF +1	STUTZEN +3	WBLOCK
'NEUZEICH	PUNKT	SCRIPT	SYMBOL	ZURUECK/Z
NOCHMAL	QTEXT	'SETVAR	TABLETT	ZEIGDIA
OEFFNUNG +2	QUIT	SHELL/SH +3	TEILEN +3	ZEIT
OFANG +2	RASTER	SICHERN	TEXT	ZLOESCH
ORTHO	REGEN	SKALA +1	'TEXTBLD	'ZOOM
'PAN	REGENAUTO	SKIZZE +1	UMBENENN	ZUGMODUS +2
PAUSE	REIHE	SOLID	URSPRUNG	3DFLAECH +3
PEDIT +3	'RESUME	SPIEGELN +2	VARIA +3	3DLINIE +3

   Befehlswiederholung: Leertaste oder RETURN/Zeilenschaltung druecken.
   Fuer weitere Hilfe RETURN druecken.

4. Drücken Sie ⏎.

   Punkte oder Koordinaten koennen auf eine der folgenden Arten eingegeben werden:

   Punkteingabe: Absolut: x,y   Relativ: @dx,dy   Polar: @Abstand<Winkel

   Fuer Befehle, die 3D-Punkte akzeptieren kann eine Z-Koordinate im absoluten
   oder relativen Format spezifiziert werden:

   > Absolut: x,y,z
   > Relativ: @deltax,deltay,deltaz

   Wenn Sie keine Z-Koordinate spezifizieren, wird die aktuelle Erhebung verwendet.

HILFE   Modul 45

X/Y/Z-Filter koennen dazu verwendet werden, einen vollen Punkt mittels
X-, Y- und Z-Komponenten von Hilfspunkten zu konstruieren. Der Filter
".X" weist AutoCAD beispielsweise an, lediglich die X-Koordinate des
folgenden Punktes zu verwenden. AutoCAD fragt dann nach den Y-Werten
(Evtl. auch nach den Z-Werten).

Siehe auch: Kapitel 2.7 des Benutzerhandbuchs

Fuer weitere Hilfe RETURN-Taste druecken.

5. Drücken Sie ⏎.

Objektwahl: ("Objekte waehlen")

```
(ein Punkt) = ein Objekt
Mehrfach    = Mehrfachobjekte
Letztes     = Letztes Objekt
Vorher      = Alle Objekte im vorherigen Auswahlsatz
Fenster     = Objekte innerhalb eines Fensters
Kreuzen     = Objekte innerhalb, oder das Fenster kreuzend
Box         = Automatisch Kreuzen ( links ) oder Fenster ( rechts )
Auto        = Automatisch Box ( im Leeren ) oder einfache Objektwahl
Einzeln     = Einzelne Auswahl
Hinzufuegen = Hinzufuege-Modus: Folgende Objekte hinzufuegen
Entfernen   = Entfernen-Modus: Folgende Objekte entfernen
Zurueck     = Zurueck/letztes Objekt radieren
```

Wenn Sie den Auswahlsatz vervollstaendigt haben, geben Sie RETURN ein.
(ausgenommen "Einzeln" Modus, welcher kein extra RETURN verlangt)

Siehe auch: Kapitel 2.9 des Benutzerhandbuchs

Befehl:

> **Hinweis:** Wenn Sie Informationen über einen speziellen Befehl
> wünschen, geben Sie nach dem Befehlsaufruf dessen Befehls-
> namen ein.

6. Geben Sie ein **?** gefolgt von einem Leerzeichen ein.

7. Geben Sie das Wort **HILFE** ein. Sie erhalten damit Informationen über den Befehl **HILFE**.

```
Der Befehl (oder "?") HILFE zeigt Hilfsinformationen am Bildschirm an.

Formate:   HILFE (oder ?)
           Befehlsname (RETURN fuer Gesamtuebersicht):
Wenn Sie mit einem Befehlsnamen antworten, werden Informationen ueber
diesen Befehls angezeigt. Ansonsten werden alle gueltigen Befehle
aufgelistet und eine Kurzuebersicht der Methoden zur Punktbestimmung
aufgefuehrt.

Wenn der ganze Hilfetext nicht auf den Bildschirm passt, schaltet
AutoCAD
eine Pause ein und es erscheint folgende Anzeige:

     Weiter mit RETURN.

Um weitere Hilfe zu erhalten, druecken Sie RETURN. Wenn Sie den
Hilfstext
abbrechen moechten, geben Sie Ctrl C ein.

Hinweis: Kapitel 3.1 des Benutzerhandbuchs

Befehl:
```

Der Befehl **HILFE** ist bei allen AutoCAD Versionen verfügbar.

8. Kehren Sie mit der `Flip Screen`-Funktionstaste (`F1` beim IBM-PC) zum Zeicheneditor zurück.

9. Als Beispiel dafür, wie man **HILFE** transparent benutzt, geben Sie einen anderen Befehlsnamen, hier **LINIE**, gefolgt von `↵` ein.

```
Befehl: LINIE ↵
Von Punkt:
```

10. Um jetzt die Hilfestellung zu **LINIE** zu erhalten, geben Sie ein Apostroph, dann **HILFE** und anschließend `↵` ein.

```
Von Punkt: 'HILFE ↵
```

HILFE   Modul 45

Der Befehl LINIE dient zum Zeichnen einer geraden Linie.

Format: LINIE Von Punkt: (Punkt)
                  Nach Punkt: (Punkt)
                  Nach Punkt: (Punkt)
                  Nach Punkt

Um die letzte Linie zu loeschen, ohne aus dem Befehl LINIE zu gehen, muss "A" auf die Frage "Nach Punkt" eingegeben werden.

Sie koennen die vorherige Linie (oder Bogen) durch Eingabe von RETURN oder Leertaste auf die Frage "Von Punkt" fortfuehren. Wenn Sie eine Linienfolge zu einem Polygon schliessen wollen, koennen Sie auf die Frage "Nach Punkt" ein "S" zum Zeichnen des letzten Elements eingeben. Damit wird das Polygon (Vieleck) geschlossen.

Linien koennen waagerecht oder senkrecht ausgerichtet werden durch den Befehl ORTHO.

Siehe auch: Kapitel 4.1 des Benutzerhandbuchs.

Fuer Befehl LINIE, RETURN druecken.

11. Drücken Sie auf ⏎ .

Nehme LINIE Befehl wieder auf.
Von Punkt:

12. Drücken Sie auf Ctrl C , um den Befehl **LINIE** abzubrechen, und auf Flip Screen , um zum Zeicheneditor zurckzukommen.

Nächster Lernschritt ist **Modul 44**.

HOPPLA

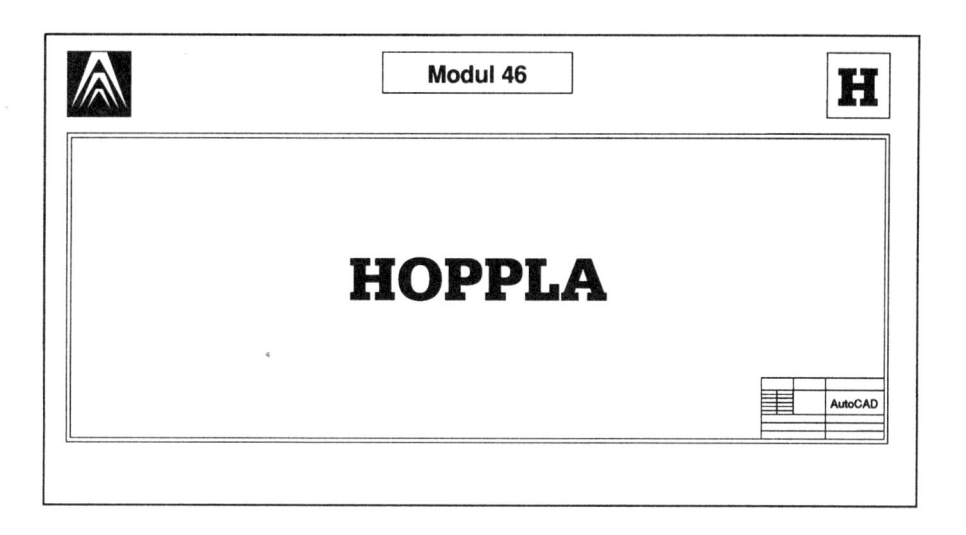

Befehl: HOPPLA

Beschreibung

Der Befehl **HOPPLA** bringt das zuletzt gelöschte Objekt wieder zurück.

Aufruf und Optionen

Eingabe des Befehlsworts, gefolgt von ⏎.

AutoCAD speichert nur Objekte der unmittelbar vorhergegangenen Löschung – allerdings bei beliebiger Objektgröße.

Musteranwendung

In diesem Beispiel werden mit dem Befehl **HOPPLA** Teile der Zeichnung wiedererstellt. Beginnen Sie eine neue Zeichnung namens TEMP.

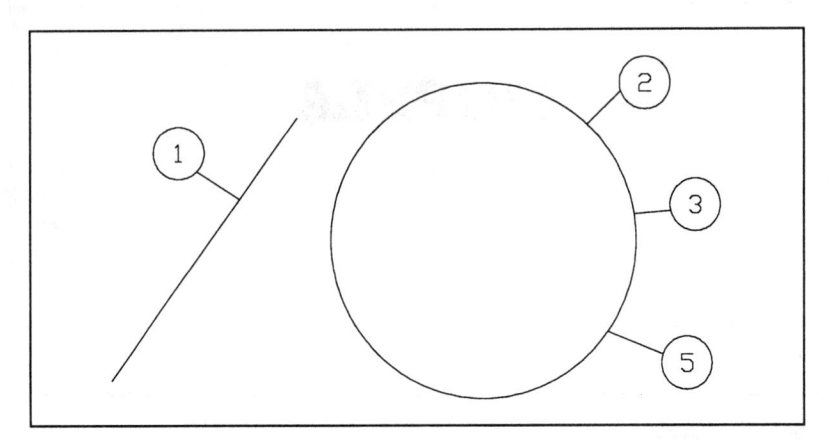

1. Zeichnen Sie eine Linie.

   ```
   Befehl: LINIE ↵
   Von Punkt: 50,50 ↵
   Nach Punkt: 160,200 ↵
   Nach Punkt: ↵
   ```

2. Zeichnen Sie einen Kreis.

   ```
   Befehl: KREIS ↵

   3P/2P/TTR/<Mittelpunkt>: 270,130 ↵
   Durchmesser/<Radius>: 90 ↵
   ```

3. Löschen Sie den Kreis.

   ```
   Befehl: LOESCHEN ↵
   Objekte waehlen: L ↵
   Objekte waehlen: ↵
   ```

4. Der Kreis verschwindet.

5. Stellen Sie mit Hilfe des Befehls **HOPPLA** den Kreis wieder her.

    Befehl: **HOPPLA** ⏎
    Befehl:

6. Der Kreis erscheint wieder.

7. Kehren Sie mit **QUIT** ins Hauptmenü zurück.

Nächster Lernschritt ist **Modul 103**.

I	Modul 47	

ID

AutoCAD

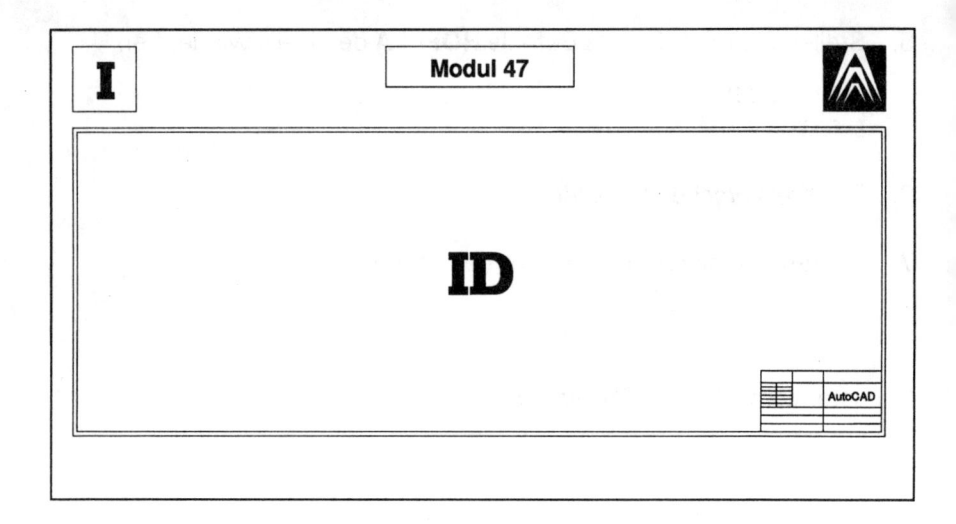

```
Befehl: ID
Punkt: (Punkt)
X = <X Koordinate>  Y = <Y Koordinate>  Z = <Z Koordinate>
```

Beschreibung

Der Befehl **ID** erlaubt die genaue Koordinatenbestimmung von Punkten.

Aufruf und Optionen

Nach dem Befehlsaufruf bestehen zwei Möglichkeiten zur Bestimmung von Punkten, deren genaue X-, Y-, Z-Koordinaten gewünscht sind:

Punktmarkierung durch X-, Y-, Z-Vorgabe

Eingabe der X, Y, Z-Koordinaten des Punkts über die Tastatur oder Anklicken mit der Maus oder dem Digitizer. Dabei ist der Befehl **OFANG** sehr hilfreich. Der gewählte Punkt wird dann auf dem Bildschirm mit einem Kreuzchen markiert.

Koordinatenidentifizierung eines markierten Punktes

Eingabe des Punkts mit Hilfe eines Fangfensters und der Objektfang-Modi. Besonders nützlich sind die Modi NAE und SCH. Benützt werden können ferner die Modi MIT, END, ZEN, QUA und PUN. In Modul 65 (OFANG) sind die Objektfang-Modi genau beschrieben. Die in diesem Zusammenhang besonders wichtigen Modi NAE und SCH bewirken folgendes:

NAE   Es wird derjenige Punkt auf einer Linie, einem Kreis oder einem Kreisbogen eingefangen, der sich am nächsten zum Fadenkreuz innerhalb des Fangfensters befindet.

SCH   Es wird der Schnittpunkt zweier Linien eingefangen, die sich innerhalb des Fangfensters befinden.

Jeder identifizierte Punkt wird mit einem Markierungskreuzchen versehen, das nach Ausführung des Befehls **REGEN** bzw. **NEUZEICH** wieder verschwindet. Danach werden die genauen Koordinaten – bei einer 3D-Zeichnung also auch die Z-Koordinate – ausgegeben.

Musteranwendung

In diesem Beispiel zeichnen Sie einen Zylinder und bestimmen dann die Koordinaten einiger Punkte auf dem Zylindermantel. Beginnen Sie eine neue Zeichnung namens ID.

1. Setzen Sie den Fangrasterabstand auf 5 und schalten Sie das Sichtraster ein.

   ```
   Befehl: FANG ⏎
   Fangwert oder EIN/AUS/Aspekt/Drehen/Stil <1.00>: 5 ⏎
   Befehl: RASTER ⏎
   Rasterwert(X) oder EIN/AUS/Aspekt <0.00>: 0 ⏎
   ```

2. Setzen Sie den Erhebungswert auf 50.

   ```
   Befehl: ERHEBUNG ⏎
   Neue aktuelle Erhebung <0.00>: 50 ⏎
   Neue aktuelle Objekthoehe <0.00>: ⏎
   ```

ID Modul 47

3. Zeichnen Sie einen Kreis mit dem Radius 1.25 um den Punkt 5,5.

   Befehl: **KREIS** ⏎

   3P/2P/TTR/<Mittelpunkt>: **180,120** ⏎
   Durchmesser/<Radius>: **50** ⏎

4. Ziehen Sie eine Linie von 40,100 nach 290,190.

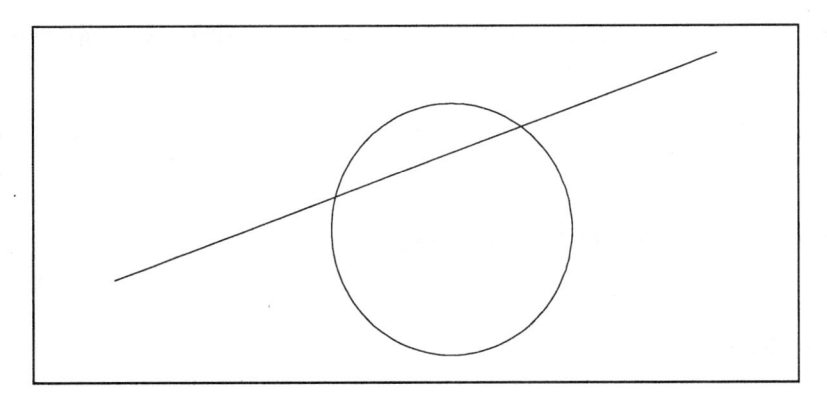

   Befehl: **LINIE** ⏎
   Von Punkt: **40,100** ⏎
   Nach Punkt: **290,190** ⏎
   Nach Punkt: ⏎

5. Bestimmen Sie die Koordinaten des Schnittpunkts dieser Linie mit dem Zylindermantel.

   Befehl: **ID** ⏎
   Punkt: **SCH** ⏎
   von: (klicken Sie einen Punkt und zwar so, daß sich der Schnittpunkt im Fangfenster befindet)
   Punkt: X = 131.73   Y = 133.02   Z = 50.00

6. Kehren Sie mit **QUIT** ins Hauptmenü zurück.

Nächster Lernschritt ist **Modul 42**.

| Modul 48 | I |

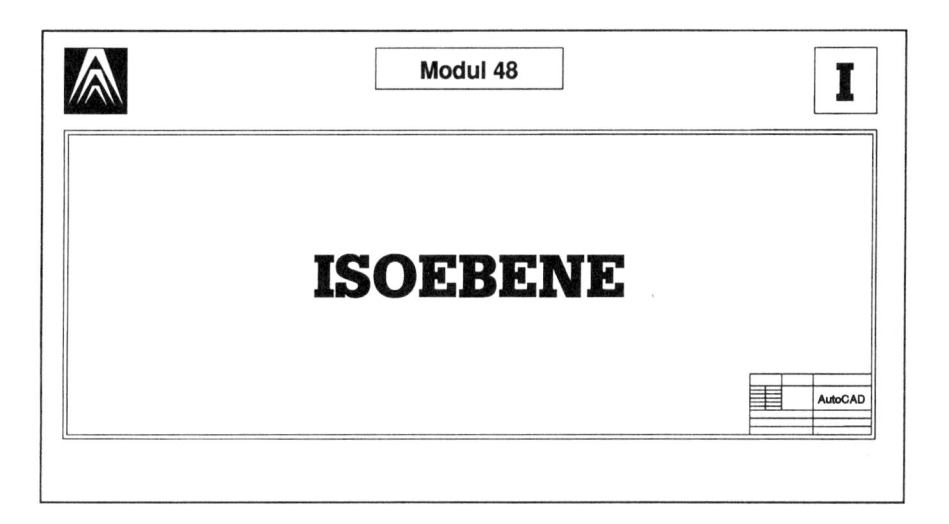

ISOEBENE

```
Befehl: ISOEBENE
Links/Oben/Rechts/<Schalter>:
```

Beschreibung

Der Befehl **ISOEBENE** gestattet die Wahl der aktuellen isometrischen Ebene und damit der aktuellen Koordinatenachsen. Vor Benützung muß der Befehl **FANG** unbedingt auf isometrisch gesetzt werden.

Aufruf und Optionen

Sie setzen zuerst den Befehl **FANG** auf isometrisch. Nach Aufruf des Befehls **ISOEBENE** stehen Ihnen drei isometrische Zeichenebenen zur Auswahl. Die nachfolgende Zeichnung veranschaulicht die möglichen Ebenen und Koordinatenachsen.

ISOEBENE Modul 48

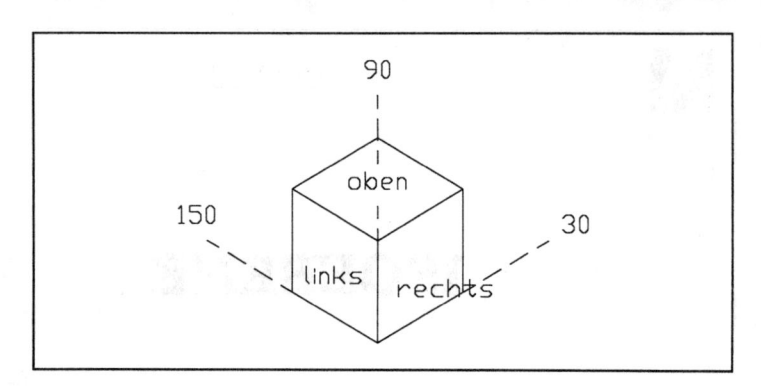

```
           90
            |
            |
        ┌───┴───┐
        │ oben  │
   150  │   |   │  30
     ╲  ├───┴───┤  ╱
      ╲ │links│rechts│ ╱
        └─────┴─────┘
```

Links   Damit wird die linke Ebene angewählt, deren Koordinatenachsen durch 90-Grad- und 150-Grad-Linien bestimmt werden. Wenn der Befehl **FANG** aktiviert ist, wird das Fadenkreuz mit den Cursortasten ↑ und ↓ entlang der 90-Grad-Achse, mit → und ← entlang der 150-Grad-Achse bewegt.

Rechts   Damit wird die rechte Ebene angewählt, deren Koordinatenachsen durch 90-Grad- und 30-Grad-Linien bestimmt werden. Hier wird das Fadenkreuz mit den Cursortasten ↑ und ↓ entlang der 90-Grad-Achse, mit → und ← entlang der 30-Grad-Achse bewegt.

Oben   Damit wird die obere Ebene angewählt, deren Koordinatenachsen durch die 30-Grad- und 150-Grad-Linien bestimmt werden. Hier wird das Fadenkreuz mit den Cursortasten ↑ und ↓ entlang der 30-Grad-Achse, mit → und ← entlang der 150-Grad-Achse bewegt.

⏎   Durch Drücken der ⏎-Taste schalten Sie zwischen den Ebenen Links – Oben – Rechts zyklisch um.

Alternativ können Sie auch mit [Ctrl] [E] während der Ausführung eines anderen Befehls die isometrischen Ebenen zyklisch durchschalten.

Eine Zeichnung mit mehreren Ansichten gestattet die anschauliche Darstellung komplexer räumlicher Objekte. Dies erleichtert Personen ohne Kenntnis technischer Zeichnungsmethoden die Vorstellung von technischen Darstellungen.

Die isometrische Zeichenmethode erlaubt Bearbeitungen aller drei sichtbaren Oberflächenebenen eines Würfels.

Für die Konstruktion von Kreisen auf den einzelnen Isoebenen benutzen Sie die Option "Isometrisch" des Befehls **ELLIPSE**.

Der Befehl **ISOEBENE** erzeugt zweidimensionale Zeichnungen, die dreidimensional aussehen. Verwechseln Sie dies nicht mit den wirklich dreidimensionalen Konstruktionen in AutoCAD.

Musteranwendung

In diesem Beispiel schalten Sie zwischen den isometrischen Ebenen auf drei verschiedenen Wegen durch. Dann werden die Anzahl der Dezimalstellen auf zwei begrenzt und Linien in allen drei Ebenen gezeichnet. Zuletzt runden Sie mit dem Befehl **ABRUNDEN** eine Ecke Ihrer Zeichnung ab. Die numerierten Kreise beziehen sich auf die entsprechenden Arbeitsschritte in diesem Beispiel.

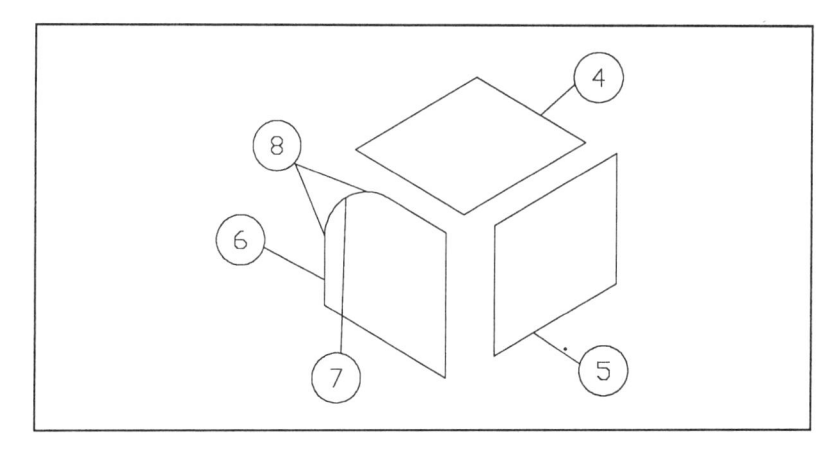

1. Beginnen Sie eine neue Zeichnung namens ISOAC. Aktivieren Sie den Befehl **FANG**. Drücken von `Ctrl` `E` schaltet zyklisch zwischen den Isoebenen Links – Oben – Rechts durch.

```
Befehl: FANG ↵
Fangwert oder EIN/AUS/Aspekt/Drehen/Stil <1.00>: S ↵
Standard/Isometrisch <S>: I ↵
```

259

ISOEBENE Modul 48

    Vertikaler Wert <1.00>: **5** ⏎
    Befehl: **ISOEBENE** ⏎
    Links/Oben/Rechts/<Schalter>: **L** ⏎
    Aktuelle isometrische Ebene: Links

    Befehl: ⏎
    ISOEBENE Links/Oben/Rechts/<Schalter>: **O** ⏎
    Aktuelle isometrische Ebene: Oben

    Befehl: ⏎
    ISOEBENE Links/Oben/Rechts/<Schalter>: **R** ⏎
    Aktuelle isometrische Ebene: Rechts

2. Der Befehl **ISOEBENE** wird also durch Drücken von ⏎ zyklisch durchgeschaltet. Drücken Sie ⏎, um den letzten Befehl zu reaktivieren.

    ISOEBENE Links/Oben/Rechts/<Schalter>: ⏎
    Aktuelle isometrische Ebene: Links

    Befehl: ⏎
    ISOEBENE Links/Oben/Rechts/<Schalter>: ⏎
    Aktuelle isometrische Ebene: Oben

    Befehl: ⏎
    ISOEBENE Links/Oben/Rechts/<Schalter>: ⏎
    Aktuelle isometrische Ebene: Rechts

3. Ändern Sie die Anzahl der Dezimalstellen.

    Befehl: **EINHEIT** ⏎

    Einheitensysteme: (Beispiele)

        1. Wissenschaftl. 1.55E+01
        2. Dezimal   15.50
        3. Engineering   1'-3.50"
        4. Architectural 1'-3 1/2
        5. Brucho   15 1/2"

    Auswahl eingeben (1 bis 5) <2>: ⏎
    Anzahl Dezimalstellen (0 bis 8) <2>: **4** ⏎

Winkelmasseinheiten: (Beispiele)

    1. Dezimal Grad   45.0000
    2. Grad/Minuten/Sekunden   45d0'0"
    3. Grad   50.0000g
    4. Radianten   0.7854r
    5. Geometer Einheiten   N 45d0'0" E

Auswahl eingeben, 1 bis 5 <1>: ⏎
Anzahl Dezimalstellen fuer Winkel (0 bis 8) <0>: ⏎

Winkelrichtung 0:
    Osten   3 Uhr = 0
    Norden 12 Uhr = 90
    Westen   9 Uhr = 180
    Sueden   6 Uhr = 270
Winkelrichtung eingeben 0 <0>: ⏎

Sollen Winkel im Uhrzeigersinn gemessen werden? <N> ⏎

4. Drücken Sie solange ⌈Ctrl⌉ ⌈E⌉, bis die isometrische Ebene "Oben" angezeigt wird.

    Befehl: <Isoebene Oben> **LINIE** ⏎
    Von Punkt: **194.85,147.5** ⏎
    Nach Punkt: **@100<30** ⏎
    Nach Punkt: **@90<150** ⏎
    Nach Punkt: **@100<210** ⏎
    Nach Punkt: **S** ⏎

5. Drücken Sie ⌈Ctrl⌉ ⌈E⌉, bis die isometrische Ebene "Rechts" angezeigt wird.

    Befehl: <Isoebene Rechts> **LINIE** ⏎
    Von Punkt: **216.5,140** ⏎
    Nach Punkt: **303.11,190** ⏎
    Nach Punkt: **303.11,100** ⏎
    Nach Punkt: **@100<210** ⏎
    Nach Punkt: **S** ⏎

ISOEBENE Modul 48

6. Drücken Sie solange ⌈Ctrl⌉ ⌈E⌉, bis die isometrische Ebene "Links" angezeigt wird.

   ```
   Befehl: <Isoebene Links> LINIE  ⏎
   Von Punkt: 181.87,135  ⏎
   Nach Punkt: 95.27,185  ⏎
   Nach Punkt: @100<270  ⏎
   Nach Punkt: @100<330  ⏎
   Nach Punkt: S  ⏎
   ```

7. Verwenden Sie den Befehl **ABRUNDEN** und setzen Sie den Radius auf 30 Einheiten.

   ```
   Befehl: ABRUNDEN  ⏎
   Polylinie/Radius/<Zwei Objekte waehlen>: R  ⏎
   Radius <0.0000>: 30  ⏎
   Befehl:  ⏎
   ABRUNDEN Polylinie/Radius/<Zwei Objekte auswaehlen>:
   ```

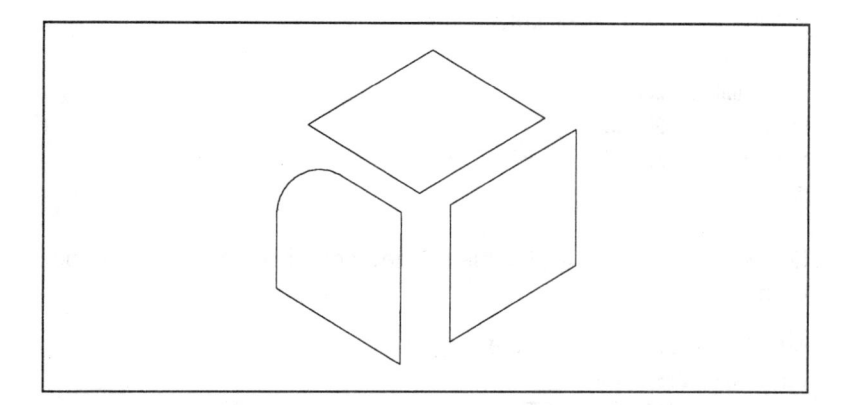

8. Drücken Sie ⏎. Setzen Sie das Fadenkreuz auf eine Linie der linken Isoebene und drücken Sie ⏎. Wiederholen Sie dies bei einer Linie, die die vorherige Linie berührt, und drücken Sie zur endgültigen Linienwahl ⏎.

9. Gehen Sie mit **QUIT** ins Hauptmenü zurück.

Nächster Lernschritt ist **Modul 75**.

```
                    Modul 49                    K


                    KANTOB


                                              AutoCAD
```

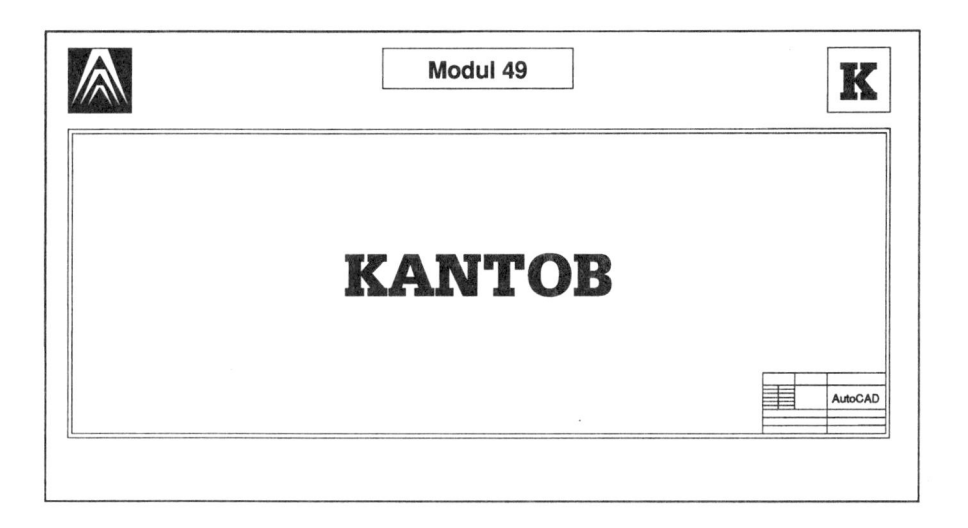

```
Befehl: KANTOB
Kante 1 waehlen:
Kante 2 waehlen:
Kante 3 waehlen:
Kante 4 waehlen:
```

Beschreibung

Der Befehl **KANTOB** erzeugt ein dreidimensionales Netz, eine "Polygonmasche", das vier vorgegebene Kurven verbindet. Mathematisch gesehen werden die vier Kurven durch eine Coons-Fläche verbunden, die dann durch das Netz angenähert wird. Die vier Kurven, die den Rand der Fläche bilden, dürfen Linien, Bögen oder offene 2D-/3D-Polylinien sein. Die Kurven müssen sich an den Endpunkten berühren, so daß sie zusammen ein (verformtes) Rechteck bilden.

Aufruf und Optionen

Die Definition der Fläche geschieht einfach durch Anklicken der vier Begrenzungskurven. Die Genauigkeit der Annäherung an die exakte

Fläche durch das Polygonnetz, also die Feinheit des Netzes, wird durch die beiden Systemvariablen SURFTAB1 und SURFTAB2 gesteuert. SURFTAB1 steuert die Genauigkeit in M-Richtung, SURFTAB2 die Genauigkeit in N-Richtung. Vergleichen Sie dazu auch den Befehl 3DMASCHE (Modul 6). Die M-Richtung verläuft entlang der als erstes bestimmten Begrenzungskurve. Von dieser Eigenschaft abgesehen, spielt die Reihenfolge der Kantenwahl keine Rolle. Der Befehl KANTOB bildet einen einfachen Weg, eine komplexe dreidimensionale Fläche zu bestimmen. Die erzeugte Fläche folgt an allen vier Kanten exakt den vorgegebenen Begrenzungslinien.

Musteranwendung

Zur Übung konstruieren wir eine komplizierte dreidimensionale Figur, die sich mit Hilfe von KANTOB sehr einfach definieren läßt.

1. Beginnen Sie eine neue Zeichnung namens KANTOB.

2. Zeichnen Sie zwei Strecken in der vorgegebenen X-/Y-Ebene:

   Befehl: **LINIE** ↵
   Von Punkt: **50,50** ↵
   Nach Punkt: **400,50** ↵
   Nach Punkt: ↵

   Befehl: ↵
   LINIE Von Punkt: **50,300** ↵
   Nach Punkt: **400,300** ↵
   Nach Punkt: ↵

3. Legen Sie ein Benutzerkoordinatensystem an, dessen X-Achse durch die linken Endpunkte der beiden Linien geht und dessen Z-Achse gegen die aktuelle Z-Achse geneigt ist:

   Befehl: **BKS** ↵
   Ursprung/ZAchse/3Punkt/Element/Ansicht/X/Y/Z/
   Vorher/Holen/Sichern/Loeschen/?/<Welt> **3P** ↵
   Ursprung <0,0,0>: **50,50,0** ↵
   Punkt auf der positiven X-Achse <51.00,50.00,0.00>: **50,300,0** ↵
   Punkt in der positiven BKS X-Y Ebene <49.00,50.00,0.00>: **100,50,50** ↵

Befehl: **DRSICHT** ⏎
<Aktuelles BKS>/BKS/Welt: ⏎

Befehl: **ZOOM** ⏎
Alles/Mitte/Dynamisch/Grenzen/Links/Vorher/Fenster/<Faktor(X)>: **.5X** ⏎

4. Die beiden anderen Begrenzungskurven bilden zwei Bögen, die wir nun konstruieren:

   Befehl: **BOGEN** ⏎
   Mittelpunkt/<Startpunkt>: **250,0** ⏎
   Mittelpunkt/Endpunkt/<zweiter Punkt>: **E** ⏎
   Endpunkt: **0,0** ⏎
   Winkel/Startrichtung/Radius/<Mittelpunkt>: **W** ⏎
   Eingeschlossener Winkel: **135** ⏎

   Befehl: ⏎
   BOGEN Mittelpunkt/<Startpunkt>: **END** ⏎
   von   (Zeigen Sie auf das freie Ende der linken Linie.)
   Mittelpunkt/Endpunkt/<zweiter Punkt>: **E** ⏎
   Endpunkt: **END** ⏎
   von   (Zeigen Sie auf das freie Ende der rechten Linie.)
   Winkel/Startrichtung/Radius/<Mittelpunkt>: **W** ⏎
   Eingeschlossener Winkel: **135** ⏎

```
Layer 0                      409.71,-62.74        AutoCAD
                                                  * * * *
                                                  Aufbau

                                                  BLOECKE
                                                  BEM
                                                  ANZEIGE
                                                  ZEICHNEN
                                                  EDIT
                                                  FRAGE
                                                  LAYER
                                                  MODI
                                                  PLOT
                                                  BKS
                                                  DIENST

                                                  3D
                                                  ASHADE

                                                  SICHERN

Winkel/Startrichtung/Radius/<Mittelpunkt>: w
Eingeschlossener Winkel: 135
Befehl:
```

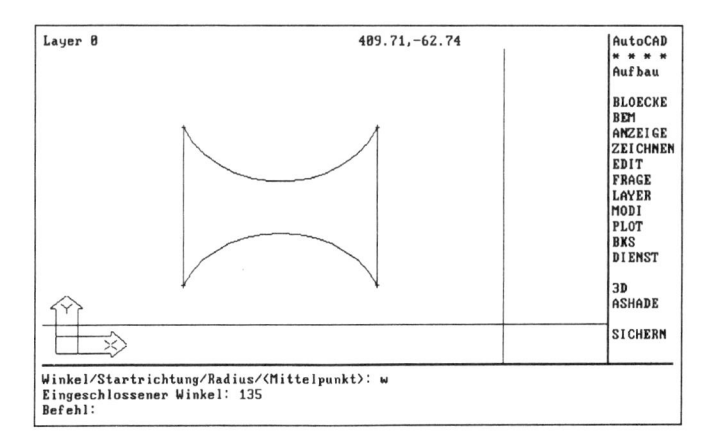

KANTOB   Modul 49

5. Ändern Sie den Ansichtspunkt, damit Sie die Form und Lage der Begrenzungskurven besser erkennen können:

   ```
   Befehl APUNKT ⏎
   *** Auf WKS umschalten ***
   Drehen/<Ansichtspunkt> <0.71,0.00,-0.71>: -3,2,2 ⏎
   Regeneriere Zeichnung.
   *** Auf BKS zurueckkehren ***
   ```

6. Nun rufen Sie KANTOB auf, um die Begrenzungskurven mit einer Fläche zu verbinden:

   ```
   Befehl: KANTOB ⏎
   Kante 1 waehlen: (Zeigen Sie auf eine Linie.)
   Kante 2 waehlen: (Zeigen Sie auf die andere Linie.)
   Kante 3 waehlen: (Zeigen Sie auf einen Bogen.)
   Kante 4 waehlen: (Zeigen Sie auf den zweiten Bogen.)
   ```

7. Falls Sie sich die Form der Fläche noch nicht vorstellen können, benutzen Sie DANSICHT, um die Figur zu drehen.

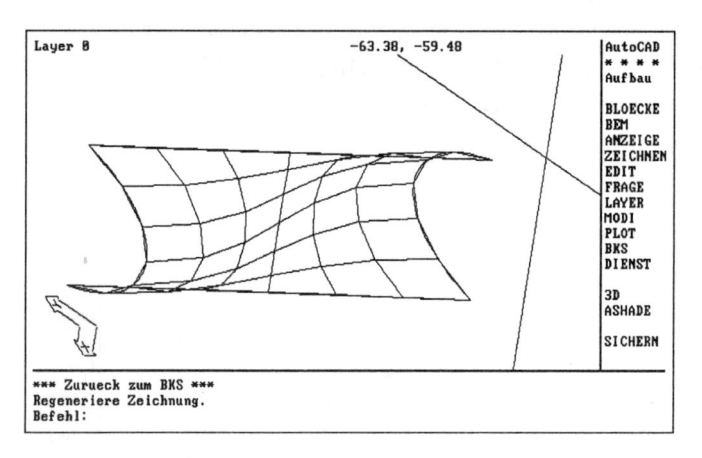

8. Verlassen Sie die Zeichnung mit **QUIT**.

Der nächste Lernschritt ist **Modul 77**.

KOPIEREN

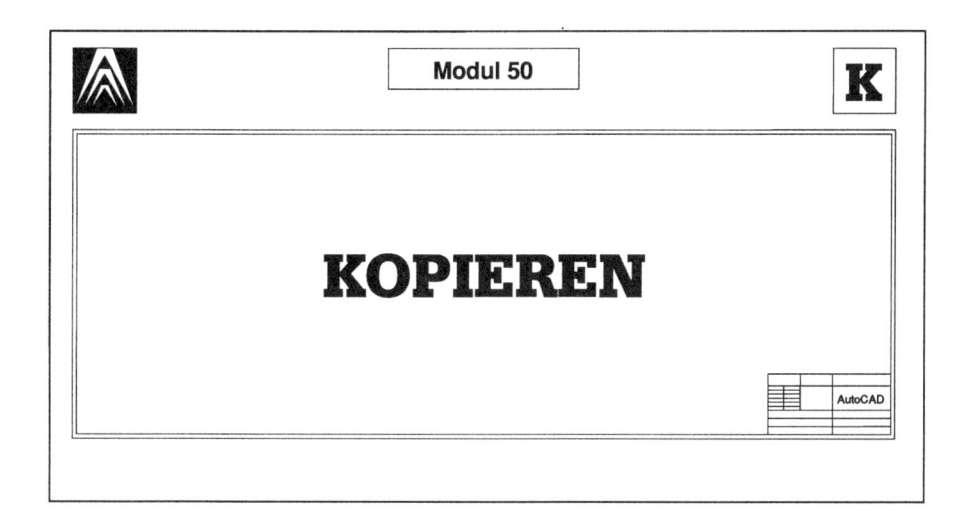

Modul 50

```
Befehl: KOPIEREN
Objekte waehlen:
<Basispunkt oder Verschiebung>/Mehrfach:
```

Beschreibung

Mit dem Befehl **KOPIEREN** werden von ausgewählten Objekten Duplikate hergestellt.

Aufruf und Optionen

Nach dem Befehlsaufruf muß das zu duplizierende Objekt gewählt werden. Dies kann wie üblich auf mehrere Arten geschehen:

Anklicken   Mit den Cursortasten, der Maus oder dem Digitizer wird auf das gewünschte Objekt gezeigt.

Fenster   Nach Eingabe von **F** gefolgt von ⏎ wird nach den Ecken des Fensters gefragt.

267

KOPIEREN — Modul 50

            Erste Ecke:
            Andere Ecke:

            Die Ecken können entweder angeklickt oder über die Tastatur eingetippt werden. In diesem Fall werden alle Objekte kopiert, die völlig innerhalb des Fensters liegen.

Kreuzen   Die Eingabe von **K** gefolgt von ⏎ entspricht der Auswahl über ein Fenster, allerdings werden nun auch die Objekte gewählt, die nur teilweise im Fenster liegen.

Vorher   Alle beim letzten Mal gewählten Objekte werden erneut gewählt.

Letztes   Das zuletzt bearbeitete Objekt wird gewählt.

Ab der Version 9.0 sind auch die Modi **Auto**, **Box** und **Einzel** zulässig. Außerdem können aus dem Auswahlsatz Objekte entfernt oder hinzugefügt werden.

Haben Sie ein oder mehrere Objekte ausgewählt, werden Sie wiederum zu einer Auswahl aufgefordert. Wollen Sie keine weiteren Objekte wählen, antworten Sie mit ⏎ .

Nun fragt AutoCAD:

<Basispunkt oder Verschiebung>/Mehrfach:

Sie haben jetzt drei Möglichkeiten zur Bestimmung der Lage des Duplikats:

Basispunkt   Eingabe eines Basispunktes (eintippen oder anklikken). Dieser Basispunkt wird dann samt den gewählten Objekten auf den noch einzugebenden zweiten Punkt der Verschiebung verschoben. Im Gegensatz zum Befehl **SCHIEBEN** bleibt das gewählte Objekt an der alten Stelle erhalten. Alternativ kann der zweite Punkt auch mit Abstand und Winkel zum ersten Punkt (z.B. @1.5<90) eingegeben werden.

Verschiebung	Eingabe eines Verschiebungsvektors in der X-/Y-Ebene in den durch den Befehl **EINHEIT** definierten gültigen Einheiten. Jetzt werden die gewählten Objekte relativ zum angeklickten Punkt oder der ersten Ecke des Fensters in Richtung des Verschiebungsvektors verschoben. Auf die Frage nach dem zweiten Punkt der Verschiebung müssen Sie mit ⏎ antworten.
Mehrfach	Antworten Sie auf die Frage nach dem Basispunkt mit **M**, so wird zuerst wiederum nach dem Basispunkt gefragt. Anschließend werden Sie so oft nach dem zweiten Punkt der Verschiebung gefragt, bis Sie mit ⏎ abbrechen. Daraufhin wird das Objekt an jeden zweiten Punkt der Verschiebung kopiert.

Der Befehl **KOPIEREN** eignet sich sehr gut für die Darstellung vieler gleicher Objekte. Beispielsweise könnten dies viele parallele Leiterbahnen auf einem Platinenlayout sein. Das **KOPIEREN** eines Objekts ist auch im dreidimensionalen Raum möglich. Alle einzugebenden Punkte dürfen eine Z-Koordinate haben.

Der wesentliche Unterschied zum Befehl **SCHIEBEN** liegt darin, daß der Befehl **KOPIEREN** das gewählte Objekt an seiner alten Stelle beläßt und an einer anderen Stelle dessen Kopie zeichnet.

Musteranwendung

In diesem Beispiel zeichnen Sie ein Haus und bilden dann eine Kopie. Beginnen Sie eine neue Zeichnung namens TEMP.

1. Setzen Sie den Fangrasterabstand auf 5 Einheiten und schalten Sie das Sichtraster ein.

    ```
    Befehl: FANG ⏎
    Fangwert oder EIN/AUS/Aspekt/Drehen/Stil <1.00>: 5 ⏎
    Befehl: RASTER ⏎
    Rasterwert(X) oder EIN/AUS/Fang/Aspekt <10.00>: 0 ⏎
    ```

KOPIEREN   Modul 50

2. Zeichnen Sie die Umrisse des Hauses.

   Befehl: **LINIE** ⏎
   Von Punkt: **140,100** ⏎
   Nach Punkt: **40,100** ⏎
   Nach Punkt: **40,10** ⏎
   Nach Punkt: **140,10** ⏎
   Nach Punkt: **140,100** ⏎
   Nach Punkt: ⏎

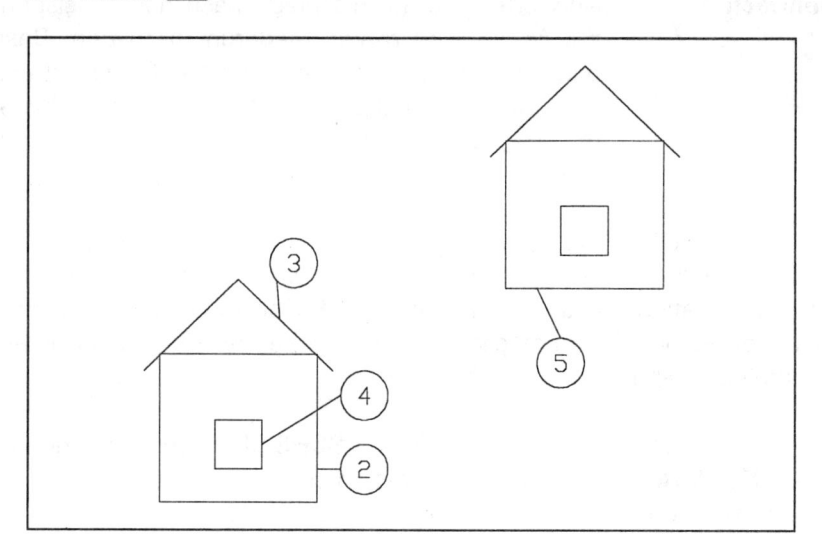

3. Zeichnen Sie das Dach.

   Befehl: **LINIE** ⏎
   Von Punkt: **30,90** ⏎
   Nach Punkt: **90,145** ⏎
   Nach Punkt: **150,90** ⏎
   Nach Punkt: ⏎

4. Zeichnen Sie ein Fenster.

   Befehl: **LINIE** ⏎
   Von Punkt: **75,30** ⏎
   Nach Punkt: **@30<0** ⏎
   Nach Punkt: **@30<90** ⏎
   Nach Punkt: **@30<180** ⏎

```
Nach Punkt: @30<270  [↵]
Nach Punkt:  [↵]
Befehl: NEUZEICH  [↵]
```

5. Kopieren Sie jetzt das Haus in die rechte obere Ecke des Bildschirms.

```
Befehl: KOPIEREN  [↵]
Objekte waehlen: F  [↵]
Erste Ecke: 20,5  [↵]
Andere Ecke: 165,150  [↵]
10 gefunden.
Objekte waehlen:  [↵]
<Basispunkt oder Verschiebung>/Mehrfach: 40,10  [↵]
Zweiter Punkt der Verschiebung: 260,140  [↵]
Befehl: NEUZEICH  [↵]
```

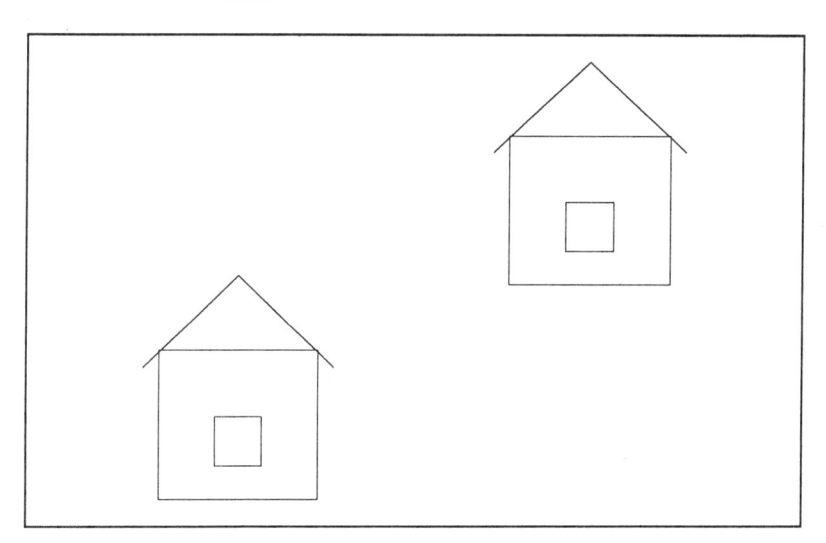

6. Geben Sie **SICHERN**, gefolgt von [↵], ein. Geben Sie dann HAUS als Zeichnungsname ein und kehren Sie danach mit **QUIT** ins Hauptmenü zurück. Von dieser Zeichnung wird im Modul 83 bei der Anwendung des Befehls **SCHIEBEN** Gebrauch gemacht.

Nächster Lernschritt ist **Modul 83**.

KPMODUS

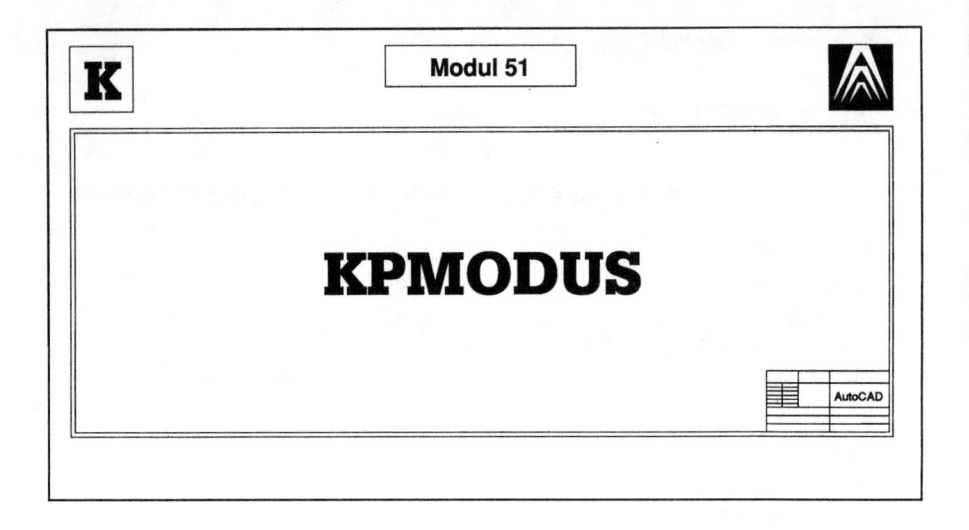

Modul 51

```
Befehl: KPMODUS
EIN/AUS <aktuell>
```

Beschreibung

Mit dem Befehl **KPMODUS** können Sie angeklickte Punkte mit einem Kreuzchen markiert lassen.

Aufruf und Optionen

Nach dem Befehlsaufruf wählen Sie, ob Sie Markierungskreuze verwenden wollen oder nicht.

EIN   Markierungskreuze werden gesetzt.

AUS   Markierungskreuze werden nicht gesetzt.

Die Markierungskreuze sind lediglich Konstruktionshilfen, sie tauchen also in der Zeichnung bei der Ausgabe nicht auf.

Modul 51 KPMODUS

Durch Aufruf eines Befehls, der den Bildschirmausschnitt regeneriert –
etwa **NEUZEICH, REGEN, ZOOM** oder **PAN** – verschwinden die
Markierungskreuze.

Musteranwendung

In diesem Beispiel werden zwei Kreise gezeichnet. Dabei ist einmal der
KPModus ein-, das andere mal ausgeschaltet. Beginnen Sie eine neue
Zeichnung namens TEMP.

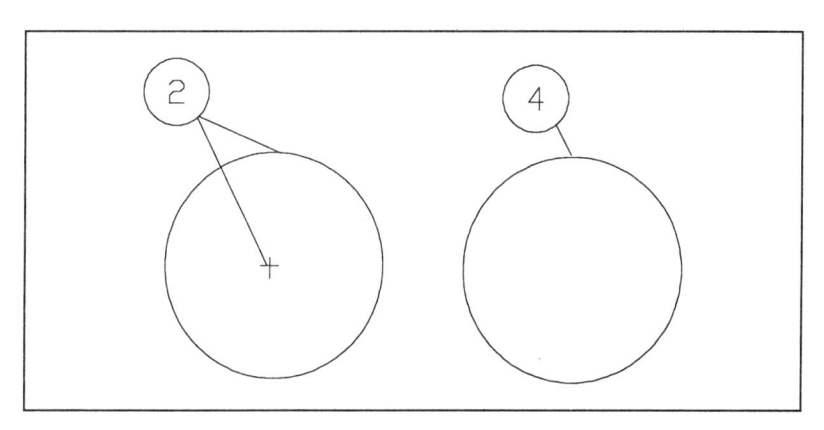

1. Geben Sie **KPMODUS** gefolgt von ⏎ ein. Dann schalten Sie den
   KP-Modus ein.

   ```
   Befehl: KPMODUS ⏎
   EIN/AUS <Aus>: EIN ⏎
   Befehl:
   ```

2. Zeichnen Sie einen Kreis. Klicken Sie den Mittelpunkt mit den Cursortasten. Ein kleines Kreuzchen erscheint. Geben Sie für den Radius 50
   ein.

   ```
   Befehl: KREIS ⏎
   3P/2P/TTR/<Mittelpunkt>: (Mittelpunkt klicken)
   Durchmesser/<Radius>: 50 ⏎
   Befehl:
   ```

273

KPMODUS

3. Schalten Sie den KPModus aus.

   ```
   Befehl: KPMODUS  ↵
   EIN/AUS <Ein>: AUS  ↵
   Befehl:
   ```

4. Zeichnen Sie einen Kreis. Klicken Sie den Mittelpunkt mit den Cursortasten. Es erscheint kein Kreuzchen. Geben Sie für den Radius 50 ein.

   ```
   Befehl KREIS  ↵
   3P/2P/TTR/<Mittelpunkt>: (klicken Sie einen Punkt an)
   Durchmesser/<Radius>: 50  ↵
   Befehl:
   ```

5. Geben Sie **NEUZEICH** und ↵ ein. Beachten Sie, daß beide Kreise **ohne** die Markierungskreuze gezeichnet werden.

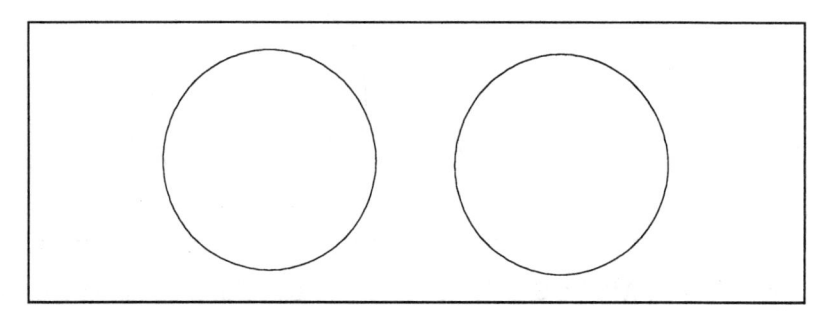

6. Kehren Sie mit **QUIT** ins Hauptmenü zurück.

Nächster Lernschritt ist **Modul 73**.

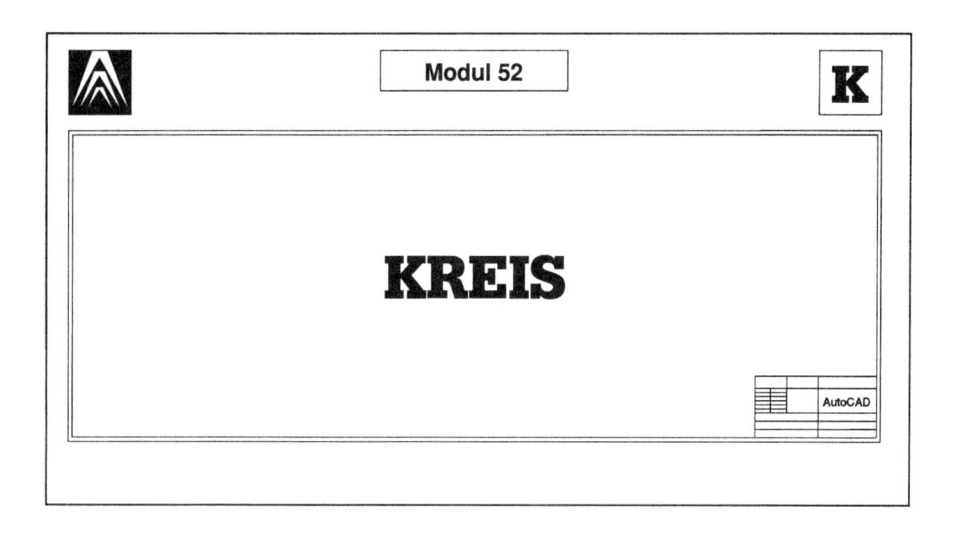

```
Befehl: KREIS 3P/2P/TTR/<Mittelpunkt>:
Durchmesser/<Radius>:
```

Beschreibung

Der Befehl **KREIS** ermöglicht das Zeichnen von geschlossenen Kreisen.

Aufruf und Optionen

Nach Aufruf des Befehls **KREIS** stehen folgende Optionen für die Bestimmung eines Kreises zur Wahl:

Mittelpunkt   Durch Eingabe eines Koordinatenpunkts wird der Mittelpunkt des Kreises definiert.

Radius/Durchmesser   Danach muß noch Radius (standard) oder Durchmesser (optional: Auswahl durch Eingabe von **D**) eingegeben werden.

KREIS Modul 52

2 Punkte Nach Eingabe von **2P** müssen zwei Punkte eingegeben werden, deren Verbindungslinie den Kreisdurchmesser darstellt.

3 Punkte Nach Eingabe von **3P** müssen drei Punkte eingegeben werden, die dann auf der Umfangslinie des Kreises liegen.

TTR TTR steht für Tangente, Tangente und Radius. Nach Eingabe von **TTR** müssen zwei Linien angeklickt werden. Eine dieser Linien darf ein Kreis sein. Nach Angabe des Kreisradius wird der entsprechende Kreis tangential an die beiden Linien gelegt.

Die folgende Zeichnung veranschaulicht den Sachverhalt.

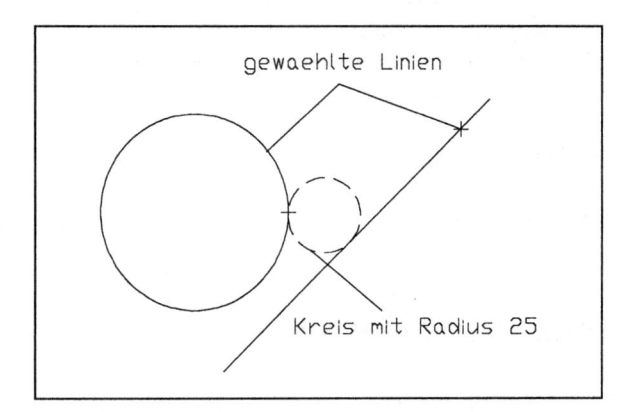

Der Befehl **KREIS** wird sehr häufig verwendet, da er für fast jede technische Zeichnung unentbehrlich ist. Die verschiedenen Optionen erlauben Konstruktionen mit unterschiedlichen gegebenen Daten.

Für Kreise in isometrischen Ansichten und Kreise, die unter einem Winkel betrachtet werden, können Sie die Option "isometrisch" des Befehls **ELLIPSE** benutzen.

Modul 52 KREIS

Musteranwendung

In diesem Beispiel zeichnen Sie einen Kreis auf drei verschiedene Arten. Beginnen Sie eine neue Zeichnung namens KREIS.

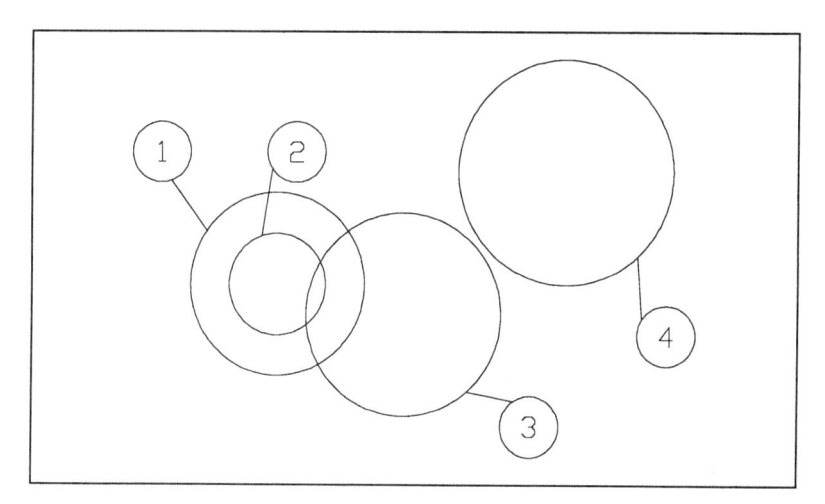

1. Zeichnen Sie einen Kreis durch Angabe von Mittelpunkt und Radius.

    Befehl: **KREIS** ⏎

    3P/2P/TTR/<Mittelpunkt>: **150,135** ⏎
    Durchmesser/<Radius> **45** ⏎
    Befehl:

2. Zeichnen Sie einen Kreis durch Angabe von Mittelpunkt und Durchmesser.

    Befehl: ⏎
    KREIS 3P/2P/TTR/<Mittelpunkt>: **150,135** ⏎
    Durchmesser/<Radius>: **D** ⏎
    Durchmesser: **50** ⏎
    Befehl:

3. Zeichnen Sie einen Kreis durch Angabe zweier Punkte.

    Befehl: ⏎
    KREIS 3P/2P/TTR/<Mittelpunkt>: **2P** ⏎
    Erster Punkt auf Durchmesser: **265,120** ⏎

277

Zweiter Punkt auf Durchmesser: **165,120** ⏎
Befehl:

4. Zeichnen Sie einen Kreis durch Angabe dreier Punkte. Verwenden Sie dazu die Cursortasten.

   Befehl: ⏎
   KREIS 3P/2P/<Mittelpunkt>: **3P** ⏎

   - Klicken Sie auf einen Punkt.
   - Klicken Sie auf einen weiteren Punkt.
   - Klicken Sie auf einen dritten Punkt.

   Beachten Sie, daß jetzt der Kreis auf dem Bildschirm angezeigt wird.

5. Kehren Sie mit **QUIT** ins Hauptmenü zurück.

Nächster Lernschritt ist **Modul 43**.

Modul 53

L

LAYER

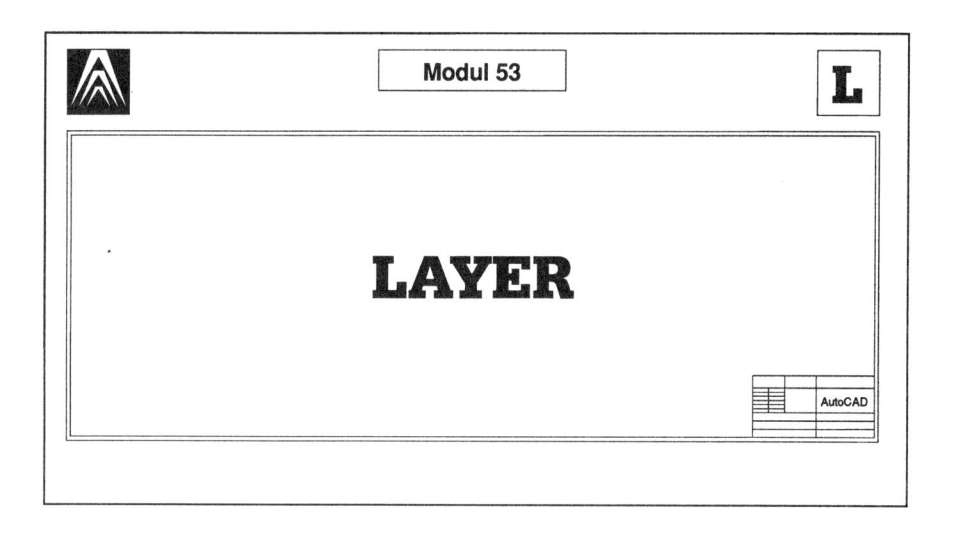

AutoCAD

```
Befehl: LAYER
?/Mach/Setzen/Neu/Ein/Aus/Farbe/Ltyp/FRieren/Tauen:
```

Beschreibung

Der Befehl **LAYER** wird zum Zeichnen von Objekten in verschiedenen Ebenen verwendet. Die Ebenen können dann wie Folien übereinandergelegt werden (Löschen eines Layers: siehe Modul 17, **BEREINIG**).

Aufruf und Optionen

Nach dem Befehlsaufruf stehen folgende Optionen zur Wahl:

?   Damit werden Informationen über einen oder mehrere Layer (Ebenen) angezeigt. Die Liste gibt den Layernamen, die Farbe und den Linientyp an. Nach dem Optionsaufruf werden Sie nach dem Layernamen gefragt: geben Sie entweder einen Layernamen ein, über den Sie genauere Informationen wünschen, oder ein Sternchen (*), um alle Layer aufzulisten.

LAYER

Mach — Nach diesem Optionsaufruf fragt AutoCAD nach dem neuen aktuellen Layer. Wenn Sie den Namen eines bereits existenten Layers eingeben, wird auf diesen mit all seinen Parametern umgeschaltet. Geben Sie den Namen eines noch nicht existenten Layers ein, so wird ein neuer Layer mit dem Linientyp "AUSGEZOGEN" und der Farbnummer 7 (weiß) definiert. Danach wird auf diesen Layer umgeschaltet.

Setz — Damit wird auf einen anderen, bereits existenten Layer umgeschaltet. Beachten Sie, daß immer nur auf dem aktuellen Layer gezeichnet werden kann. Falls ein Layer ausgeschaltet war (Option "Aus"), wird er durch Anwendung der Option "Setz" automatisch eingeschaltet.

Neu — Damit werden neue Layer erzeugt, ohne daß der aktuelle Layer verändert wird. Nach Eingabe des Layernamens wird diesem der Linientyp "AUSGEZOGEN" und die Farbnummer 7 zugeteilt. Im Gegensatz zur Option "Mach" wird jedoch nicht auf den neuen Layer umgeschaltet.

Ein/Aus — Damit können ein oder mehrere Layer ein- oder ausgeschaltet werden. Einen Layer ausschalten bedeutet, daß dessen Daten abgespeichert werden, aber auf dem Bildschirm nicht mehr sichtbar sind.

Ltyp — Damit wird der Linientyp des ausgewählten Layers geändert. Nach dem Optionsaufruf muß zuerst der Linientyp eingegeben werden. Danach können die dem Linientyp zuzuordnenden Layer, auch unter Verwendung der Wildcards ? und *, angegeben werden.

Die geladenen Standardlinientypen sind:

```
AUSGEZOGEN      ------------------
GESTRICHELT     - - - - - - - - -
MITTE           -- - -- - -- - --
STRICHPUNKT     _._._._._._._._._
```

Farbe	Damit kann die Farbe der nachfolgend gezeichneten Elemente definiert werden. Diese Farbe ist solange aktuell, bis ein neuer Befehl gegeben wird.

Als neue Farbe können Sie entweder eine der Zahlen 1...255 oder den Namen einer Standardfarbe (rot, gelb, grün, cyan, blau, magenta, weiß) eingeben.

Falls Sie einen monochromen Monitor besitzen, erscheinen alle "Farben" gleich. Wenn Sie dennoch verschiedene Farben definieren, können Sie die Zeichnung farbentreu auf einem Farbplotter ausgeben.

Der Effekt der Zahlenwerte 8...255 hängt von der individuellen Hardwarekonfiguration ab. |
| **FRieren** | Damit werden die ausgewählten Layer von AutoCAD nicht angezeigt, geplottet oder durch Befehle wie **ZOOM**, **PAN**, **VPOINT** oder **REGEN** regeneriert. Dies beschleunigt erheblich die Verarbeitungsgeschwindigkeit. Im Gegensatz zu einem ausgeschalteten Layer werden bei einem eingefrorenen Layer auch keine unsichtbaren Kalkulationen durchgeführt. |
| **Tauen** | Die Option "Tauen" macht die Option "FRieren" wieder rückgängig. |

Layernamen

Als Layername kann ein Wort aus bis zu 31 Zeichen verwendet werden. Es darf Buchstaben, Ziffern, das Dollarzeichen, den Bindestrich und den Unterstrich (_) enthalten.

Weitere Linientypen

Neben den geladenen Standardlinientypen sind in der Datei ACAD.LIN weitere Linientypen abgelegt. Diese werden automatisch geladen, falls Sie den entsprechenden Linientyp bei einem Befehl **LAYER** ansprechen.

| LAYER | Modul 53 |

```
VERDECKT    — — — — — — — —
PHANTOM     — —  — —  — —
PUNKT       . . . . . . . . . . . . . . . .
RAND        — —  . —  — . —  —
GETRENNT    — . . —  . . —  . . —  . . —
```

Wenn Sie weitere Linientypen benötigen, können Sie diese mit dem Befehl **LINIENTP** selbst definieren.

Mit Hilfe von Layern können technische Zeichnungen besonders bei Verwendung von Farbmonitoren sehr übersichtlich gezeichnet werden. Beispielsweise können verschiedene Farben für Objekt, Bemaßungen und Texte definiert werden. In Bauplänen können Raumobjekte und Materialien anschaulich dargestellt werden.

In den AutoCAD-Versionen ab 2.5 können Farben und Linientypen auch den einzelnen Objekten direkt zugeordnet werden. Vergleichen Sie dazu die Befehle **FARBE** und **LINIENTP**.

Musteranwendung

Im folgenden Beispiel zeichnen Sie mit Hilfe verschiedener Farben und Linientypen ein Stopschild. Beginnen Sie eine neue Zeichnung namens LAYER.

1. Setzen Sie den Fangrasterabstand auf 5. Schalten Sie das Sichtraster ein und vergrößern Sie den Bildschirmausschnitt auf volle Größe.

   Befehl: **FANG** ↵
   Fangwert oder EIN/AUS/Aspekt/Drehen/Stil <1.00>: **5** ↵
   Befehl: **RASTER** ↵
   Rasterwert(X) oder EIN/AUS/Fang/Aspekt <10.00>: **0** ↵
   Befehl: **ZOOM** ↵
   Alles/Mitte/Dynamisch/Grenzen/Links/Vorher/Fenster/<Faktor(X)>: **A** ↵

2. Definieren Sie mit Hilfe der Option "Neu" zwei neue Layer mit verschiedenen Linientypen und Farben.

   ```
   Befehl: LAYER [↵]
   ?/Mach/Setzen/Neu/Ein/Aus/Farbe/Ltyp/FRieren/Tauen: N [↵]
   Neue Layername(n): SIGN [↵]
   ?/Mach/Setzen/Neu/Ein/Aus/Farbe/Ltyp/FRieren/Tauen: N [↵]
   Neue Layername(n): POST [↵]
   ?/Mach/Setzen/Neu/Ein/Aus/Farbe/Ltyp/FRieren/Tauen: F [↵]
   Farbe: ROT [↵]
   Layername(n) fuer Farbe 1 (rot) <0>: SIGN [↵]
   ?/Mach/Setzen/Neu/Ein/Aus/Farbe/Ltyp/FRieren/Tauen: F [↵]
   Farbe: BLAU [↵]
   Layername(n) fuer Farbe 5 (blau) <0>: POST [↵]
   ?/Mach/Setzen/Neu/Ein/Aus/Farbe/Ltyp/FRieren/Tauen: [↵]
   ```

3. Listen Sie die Layer auf.

   ```
   Befehl: LAYER [↵]
   ?/Mach/Setzen/Neu/Ein/Aus/Farbe/Ltyp/FRieren/Tauen: ? [↵]
   Layername(n), die aufgelistet werden sollen <*>: * [↵]
   ```

   Nach Drücken von [↵] erscheint folgende Liste auf dem Bildschirm:

Layername	Zustand	Farbe	Linientyp
0	Ein	7 (weiss)	AUSGEZOGEN
SIGN	Ein	1 (rot)	AUSGEZOGEN
POST	Ein	5 (blau)	AUSGEZOGEN

   Aktueller Layer: 0

   ?/Mach/Setzen/Neu/Ein/Aus/Farbe/Ltyp/FRieren/Tauen:

4. Setzen Sie SIGN als aktuellen Layer und schalten Sie anschließend mit [Flip Screen] (beim IBM-PC [F1]) zum Graphikbildschirm zurück.

   ```
   ?/Mach/Setzen/Neu/Ein/Aus/Farbe/Ltyp/FRieren/Tauen: S [↵]
   Neuer aktueller Layer <0>: SIGN [↵]
   ?/Mach/Setzen/Neu/Ein/Aus/Farbe/Ltyp/FRieren/Tauen: [↵]
   Befehl: [Flip Screen] drücken
   ```

LAYER   Modul 53

5. Zeichnen Sie die Begrenzungslinien des Stopschilds.

   Befehl: **LINIE** [↵]
   Von Punkt: **270,120** [↵]
   Nach Punkt: **270,180** [↵]
   Nach Punkt: [↵]

   Befehl: **REIHE** [↵]
   Objekte waehlen: **L** [↵]

   1 gefunden.
   Objekte waehlen: [↵]
   Rechteckige oder polare Anordnung (R/P): **P** [↵]
   Mittelpunkt der Anordnung: **200,150** [↵]
   Anzahl Elemente: **8** [↵]
   Auszufuellender Winkel (+=GUZ,-=UZ)<360>: [↵]
   Objekte drehen beim Kopieren? <J>: [↵]

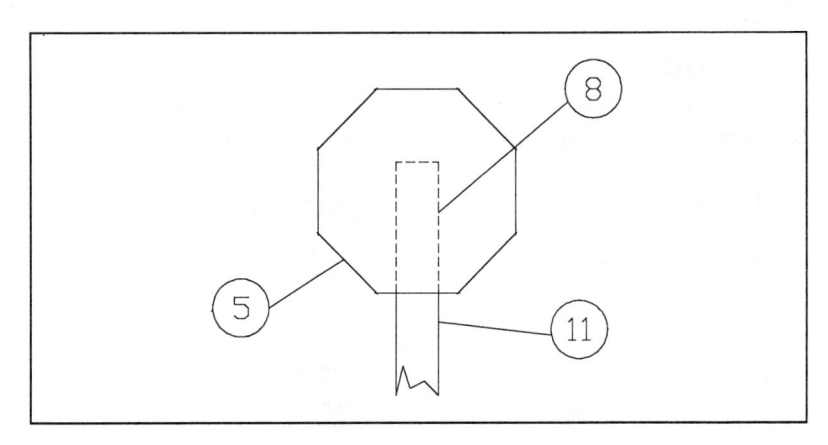

6. Zeichnen Sie den Bildschirm neu.

   Befehl: **NEUZEICH** [↵]

7. Ändern Sie den Linientyp des Layers POST auf VERDECKT. Aktualisieren Sie den Layer POST.

   Befehl: **LAYER** [↵]
   ?/Mach/Setzen/Neu/Ein/Aus/Farbe/Ltyp/FRieren/Tauen: **L** [↵]
   Linientyp (oder ?) <AUSGEZOGEN>: **VERDECKT** [↵]
   Layername(n) fuer Linientyp VERDECKT <SIGN>: **POST** [↵]

Modul 53 LAYER

```
?/Mach/Setzen/Neu/Ein/Aus/Farbe/Ltyp/FRieren/Tauen: S ⏎
Neuer aktueller Layer <SIGN>: POST ⏎
?/Mach/Setzen/Neu/Ein/Aus/Farbe/Ltyp/FRieren/Tauen: ⏎
```

8. Zeichnen Sie den verdeckten Teil des Pfahls mit Hilfe des Befehls **LINIE** und zeichnen Sie dann den Bildschirm neu.

```
Befehl: LINIE ⏎
Von Punkt: 185,80 ⏎
Nach Punkt: 185,170 ⏎
Nach Punkt: 215,170 ⏎
Nach Punkt: 215,80 ⏎
Nach Punkt: ⏎

Befehl: NEUZEICH ⏎
```

9. Listen Sie die Layer auf.

```
Befehl: LAYER ⏎
?/Mach/Setzen/Neu/Ein/Aus/Farbe/Ltyp/FRieren/Tauen: ? ⏎
Layername(n), die aufgelistet werden sollen <*>: * ⏎
```

Nach Drücken von ⏎ erscheint folgende Liste.

Layername	Zustand	Farbe	Linientyp
0	Ein	7 (weiss)	AUSGEZOGEN
SIGN	Ein	1 (rot)	AUSGEZOGEN
POST	Ein	5 (blau)	VERDECKT

Aktueller Layer: POST

?/Mach/Setzen/Neu/Ein/Aus/Farbe/Ltyp/FRieren/Tauen:

10. Aktualisieren Sie den Layer 0. Schalten Sie mit Hilfe der Taste [Flip Screen] auf den Graphikbildschirm zurück.

```
?/Mach/Setzen/Neu/Ein/Aus/Farbe/Ltyp/FRieren/Tauen: S ⏎
Neuer aktueller Layer <POST>: 0 ⏎
?/Mach/Setzen/Neu/Ein/Aus/Farbe/Ltyp/FRieren/Tauen: ⏎
Befehl: [Flip Screen] drücken
```

LAYER   Modul 53

11. Zeichnen Sie den sichtbaren Teil des Pfahls.

        Befehl: **LINIE** ⏎
        Von Punkt: **185,80** ⏎
        Nach Punkt: **185,10** ⏎
        Nach Punkt: **190,30** ⏎
        Nach Punkt: **195,15** ⏎
        Nach Punkt: **205,20** ⏎
        Nach Punkt: **215,10** ⏎
        Nach Punkt: **215,80** ⏎
        Nach Punkt: ⏎
        Befehl: **NEUZEICH** ⏎

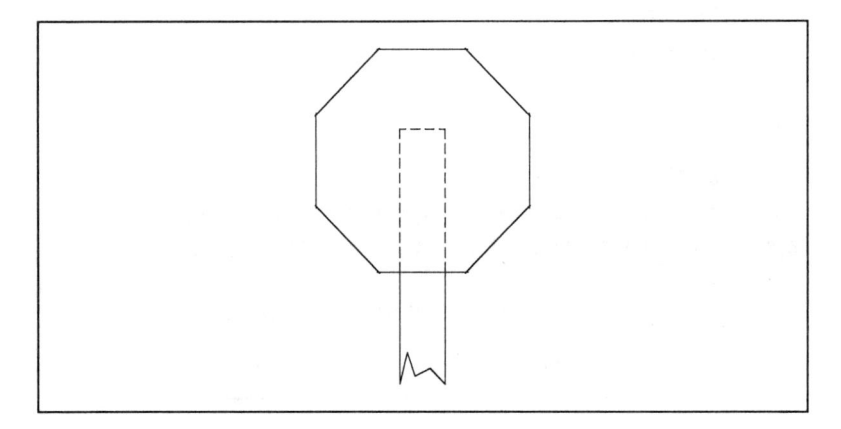

12. Kehren Sie mit **QUIT** ins Hauptmenü zurück.

Nächster Lernschritt ist **Modul 27**.

```
┌─────────────────────────────────────────────────────────┐
│  ▲          ┌─────────────┐                      ┌───┐  │
│             │  Modul 54   │                      │ L │  │
│             └─────────────┘                      └───┘  │
│  ┌───────────────────────────────────────────────────┐  │
│  │                                                   │  │
│  │                                                   │  │
│  │                   LIMITEN                         │  │
│  │                                                   │  │
│  │                                          ┌──────┐ │  │
│  │                                          │AutoCAD│ │  │
│  │                                          └──────┘ │  │
│  └───────────────────────────────────────────────────┘  │
└─────────────────────────────────────────────────────────┘
```

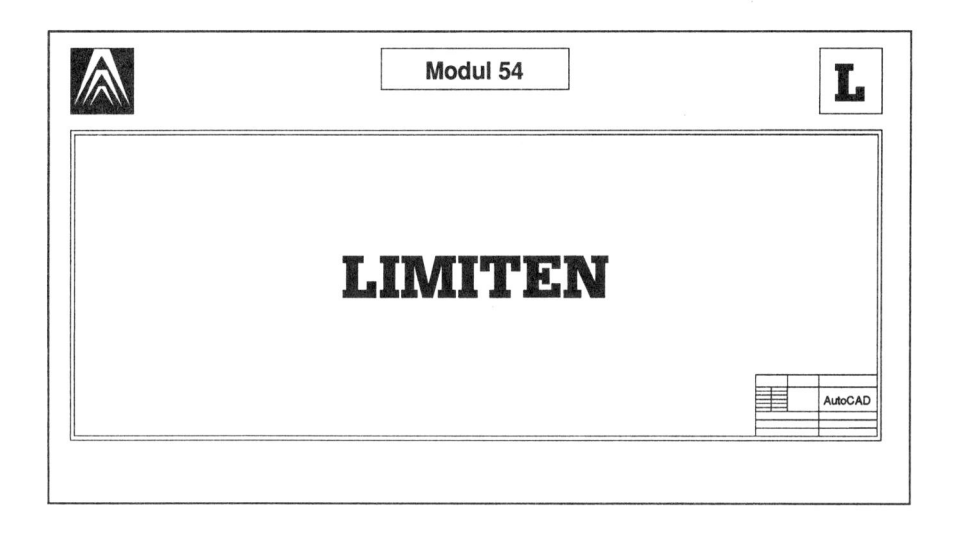

```
Befehl: LIMITEN
EIN/AUS/<Linke untere Ecke> <aktueller Wert>:
```

Beschreibung

Der Befehl **LIMITEN** legt die Größe Ihrer Zeichnung fest.

Aufruf und Optionen

Die Verwendung des Befehls **LIMITEN** ist vergleichbar mit der Auswahl der Blattgröße bei einer Handzeichnung. Das AutoCAD-Zeichenblatt muß groß genug sein, um Ihre Zeichnung aufnehmen zu können. Besonders für AutoCAD- Neulinge bereitet die Auswahl der Blattgröße Schwierigkeiten. Bei jedem Aufruf des Befehls **LIMITEN** stehen Ihnen folgende Optionen zur Wahl:

EIN   Schaltet die Grenzenkontrolle ein. Falls Sie einen Punkt außerhalb der festgelegten Formatgrenzen spezifizieren, so wird dieser ignoriert. Sie können jedoch durchaus einen Befehl wie **KREIS** oder

LIMITEN — Modul 54

BLOCK verwenden, dessen Linien innerhalb der Grenzen anfangen und außerhalb weiterlaufen. **LIMITEN** soll lediglich vermeiden, daß Sie über den "Blattrand" hinauszeichnen.

AUS Schaltet die Grenzenkontrolle aus. Nun können Sie überall zeichnen. Falls Sie während einer Zeichnung die Grenzenkontrolle ausschalten, gehen die alten Grenzwerte nicht verloren. Diese werden nur desaktiviert und bei einem erneuten Einschalten der Grenzenkontrollen wieder in Kraft gesetzt.

Linke untere Ecke Gestattet, neue Grenzwerte zu setzen.

Zur Festlegung der Formatgrenzen müssen Sie zuerst einen Wert für die linke untere Ecke angeben. Falls Sie den aktuellen Wert übernehmen wollen, drücken Sie ⏎. Falls nicht, geben Sie zwei mit einem Komma getrennte Koordinatenpunkte ein und schließen mit ⏎ ab. Der Computer antwortet mit

```
Rechte obere Ecke <aktueller Wert>:
```

Falls Sie den aktuellen Wert akzeptieren wollen, antworten Sie mit ⏎. Andernfalls durch Eingabe der X- und Y-Koordinate, die mit einem Komma getrennt sind, und einem abschließenden ⏎. Alle eingegebenen Werte werden in momentan gültigen Einheiten interpretiert.

Mit Hilfe des Befehls **LIMITEN** können Sie während des Zeichnens jederzeit die Formatgrenzen verändern, falls Sie etwa anfangs zu klein dimensioniert haben.

> **Hinweis:** AutoCAD verwendet, solange der Befehl **LIMITEN** noch nicht gegeben wurde, voreingestellte Standardwerte. In der deutschen Version sind das 410 x 287 Einheiten – das entspricht DIN A3 mit Rand.

Die Zeichnungsgrenzen gelten immer nur in der X-/Y-Ebene und nur im Weltkoordinatensystem (WKS).

Musteranwendung

Nach dem vorangegangenen Lernschritt sind wir immer noch bei der Bearbeitung der Zeichnung TEMP. Jetzt werden die Grenzwerte gemäß nachfolgenden Schritten auf ein Zoll-Maß gesetzt.

1. **LIMITEN** eingeben, ⏎ drücken.

    ```
    Befehl: LIMITEN ⏎
    EIN/AUS/<Linke untere Ecke> <0.00,0.00>:
    ```

2. ⏎ drücken, um die linke untere Ecke auf die Koordinate <0,0> zu setzen.

    ```
    Ein/Aus/Linke untere Ecke <0.00,0.00>: ⏎
    Rechte obere Ecke <410.00,287.0>: ⏎
    ```

3. **12,9** eingeben, ⏎ drücken.

    ```
    Rechte obere Ecke <410.00,287.00>:12,9 ⏎
    Befehl:
    ```

4. ⏎ drücken, um den Befehl **LIMITEN** zu wiederholen.

    ```
    Befehl: ⏎
    LIMITEN
    EIN/AUS/<Linke untere Ecke> <0.00,0.00>: ⏎
    Rechte obere Ecke <12.00,9.00>:10.5,8 ⏎
    Befehl: ⏎
    LIMITEN
    EIN/AUS/<Linke untere Ecke> <0.00,0.00>:
    ```

5. **EIN** eingeben, ⏎ drücken. Die Grenzwerte sind jetzt aktiviert.

    ```
    EIN/AUS/<Linke untere Ecke> <0.00,0.00>: EIN ⏎
    ```

6. Kehren Sie mit **QUIT** ins Hauptmenü zurück.

Nächster Lernschritt ist **Modul 35**.

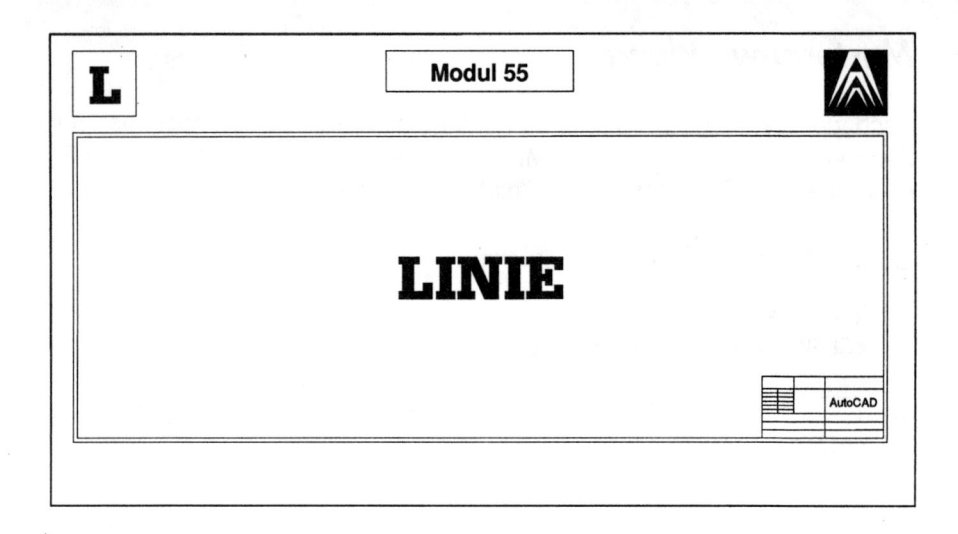

```
Befehl: LINIE
Von Punkt:
Nach Punkt:
Nach Punkt:  ⏎
```

Beschreibung

Mit dem Befehl **LINIE** werden Geraden gezeichnet.

Aufruf und Optionen

Nach Aufruf des Befehls **LINIE** muß zuerst ein Anfangspunkt eingegeben werden. Danach bestehen folgende drei Möglichkeiten der Konstruktion:

- Eingabe der X-, Y- und Z-Koordinaten des Endpunkts der Linie.

- Bewegen des Fadenkreuzes mittels der Cursortasten, der Maus oder des Digitizer zum gewünschten Endpunkt. Bestätigung mit ⏎ oder Maustaste.

- Festlegen einer Entfernung und eines Richtungswinkels, bezogen auf den Anfangspunkt. Eingegeben werden diese Werte folgendermaßen:

  @[Entfernung]<[Richtungswinkel]   z.B. @100<45

Wurde die Linie dann gezeichnet, kann durch Angabe weiterer Endpunkte der Linienzug fortgesetzt werden.

> **Hinweis:** AutoCAD betrachtet eine Linie als eine Einheit und **nicht** (!) als eine Aneinanderreihung von Punkten.

Auf die Frage "Von Punkt:" ist auch die Antwort ⏎ zulässig. AutoCAD benutzt dann den Endpunkt der zuletzt gezeichneten Linie als Startpunkt für die neue Linie.

Fragt AutoCAD "Nach Punkt:", so sind außer einer Punkteingabe folgende Optionen möglich:

Schliessen Bei Eingabe von **S**, gefolgt von ⏎, wird der Linienzug geschlossen, d.h. es wird der zuletzt eingegebene Punkt mit dem Anfangspunkt der Linie verbunden.

Zurueck Die Eingabe von **Z**, gefolgt von ⏎, bewirkt, daß das zuletzt gezeichnete Liniensegment wieder gelöscht wird.

⏎ Das Drücken von ⏎ beendet den Befehl **LINIE**.

Musteranwendung

In diesem Beispiel wird eine Figur aus mehreren Linien zusammengesetzt. Beginnen Sie eine neue Zeichnung namens LINIE.

1. Setzen Sie den Fangrasterabstand auf 5 und koppeln Sie das Raster an. Dann rufen Sie den Befehl **LINIE** auf.

   ```
   Befehl: FANG ⏎
   Fangwert oder EIN/AUS/Aspekt/Drehen/Stil <1.00>: 5 ⏎
   Befehl: RASTER ⏎
   ```

LINIE   Modul 55

```
Rasterwert(X) oder EIN/AUS/Fang/Aspekt <10.00>: 0 ⏎
Befehl: LINIE
Von Punkt:
```

2. Geben Sie **50,50** ein und drücken Sie ⏎ , um den Anfangspunkt in die linke untere Ecke zu setzen.

```
Von Punkt: 50,50
Nach Punkt:
```

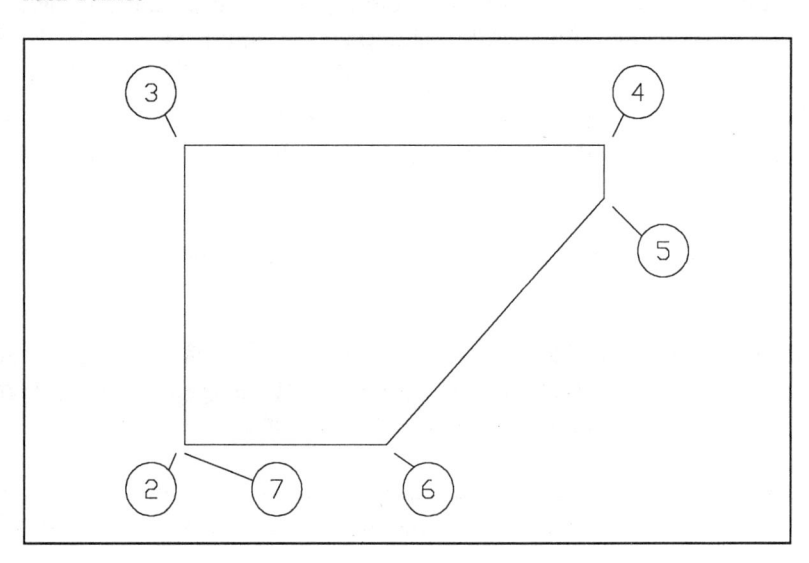

3. Bewegen Sie mit Hilfe der Cursortasten das Fadenkreuz 170 Einheiten nach oben (zur Koordinate 50,220) und bestätigen Sie den Punkt mit ⏎ .

   Nach Punkt:

4. Bewegen Sie das Fadenkreuz 250 Einheiten nach rechts (zur Koordinate 300,220) und bestätigen Sie den Punkt mit ⏎ .

   Nach Punkt:

5. Geben Sie **@30<270** ein und drücken Sie ⏎ um eine Linie der Länge 30 in Richtung 270 Grad zu ziehen.

   ```
   Nach Punkt: @30<270 ⏎
   Nach Punkt:
   ```

6. Wählen Sie den nächsten Punkt (170,50) mit Hilfe des Fadenkreuzes aus und bestätigen Sie mit ⏎.

   Nach Punkt:

7. Nun können Sie durch Eingabe von **S**, gefolgt von einem ⏎, die Figur schließen, d.h. der momentane Punkt wird mit dem Anfangspunkt der Linie verbunden.

   Nach Punkt: **S** ⏎

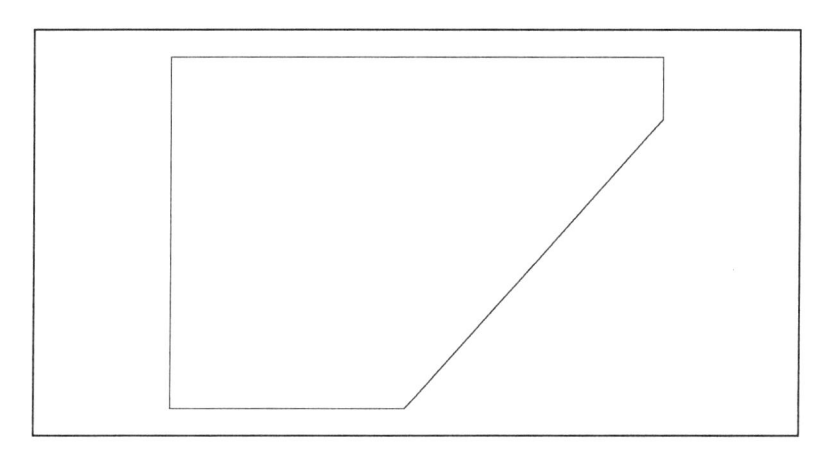

8. Kehren Sie mit **QUIT** ins Hauptmenü zurück.

Nächster Lernschritt ist **Modul 14**.

| L | Modul 56 |

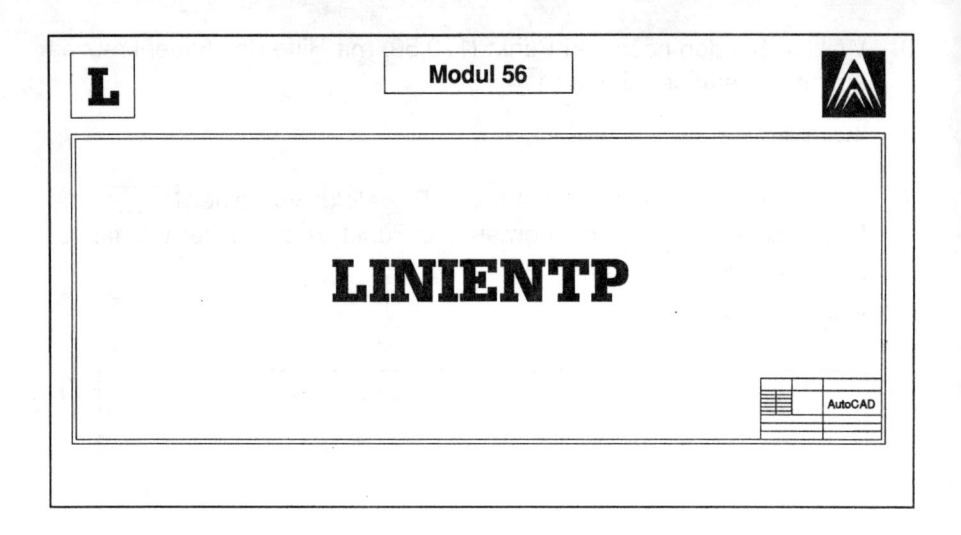

LINIENTP

AutoCAD

```
Befehl: LINIENTP
?/Erzeugen/Laden/Setzen:
```

Beschreibung

Mit dem Befehl **LINIENTP** kann ein gewünschter Linientyp ausgewählt oder vom Benutzer definiert werden.

Aufruf und Optionen

Nach dem Befehlsaufruf stehen folgende Optionen zur Wahl:

?   Damit werden alle geladenen Linientypen aufgelistet.

Laden   Mit dieser Option kann ein in einer Datei abgelegter Linientyp geladen werden. Nachdem der Name des zu ladenden Linientyps eingegeben wurde, muß die den Linientyp enthaltende Datei angegeben werden. Bei der Angabe des Dateinamens kann die Dateinamenserweiterung entfallen. Ist der gewählte Linientyp bereits geladen, wird nach-

	gefragt, ob dennoch geladen werden soll. Jokerzeichen zum gleichzeitigen Laden mehrerer Linientypen sind erlaubt.
Setzen	Damit wird der Linientyp für die nachfolgenden Elemente festgelegt. AutoCAD fragt:

```
Neuer Elementlinientyp (oder ?) <aktuell>:
```

Geben Sie den gewünschten Typ ein. Wenn dieser Linientyp weder geladen noch in der Datei ACAD.LIN verzeichnet ist, werden Sie aufgefordert, mittels der Option "Laden" fortzufahren.

Alle nun folgenden Objekte werden mit diesem Linientyp gezeichnet. Neben den definierten Linientypen gibt es zusätzlich zwei Spezialantworten:

	VONLAYER	Für alle Objekte wird der Linientyp benutzt, der für den Layer eingestellt ist, auf dem sie gezeichnet werden.
	VONBLOCK	Die folgenden Objekte werden zuerst mit dem Linientyp AUSGEZOGEN gezeichnet. Wenn die Objekte aber anschließend in einer Blockdefinition benutzt werden und dieser Block später eingefügt wird, so erscheinen die Objekte mit dem zur Zeit der Einfügung gültigen Linientyp.
Erzeugen		Damit können Sie individuelle Linientypen erzeugen.

Standardlinientypen

AutoCAD stellt folgende Standardlinientypen zur Verfügung:

```
AUSGEZOGEN      _____
GESTRICHELT     _ _ _ _ _ _ _ _
VERDECKT        _ _ _ _ _ _ _ _
MITTE           ____ _ ____ _ ____
PHANTOM         ____ _ _ ____ _ _
PUNKT           . . . . . . . . . . . . . .
STRICHPUNKT     __ . __ . __ . __ . __ . __
RAND            __ __ . __ __ . __ __ . __
GETRENNT        __ . . __ . . __ . . __ . . __ . .
```

Falls Sie nur von den Standardlinientypen Gebrauch machen wollen, genügt die Anwendung des Befehls **LAYER** oder die Option "Setzen" dieses Befehls.

Selbstdefinierte Linientypen

Wenn Sie allerdings individuelle Linien definieren wollen, müssen Sie zur Option "Erzeugen" des Befehls **LINIENTP** greifen.

Der erste Schritt zur Definition eines Linientyps ist die Festlegung des Linientypnamens. Obwohl es möglich ist, bereits existente Linientypnamen zu verwenden und damit umzuwandeln, sollten Sie einen neuen Namen gemäß den üblichen Regeln wählen.

Als zweiten Schritt müssen Sie eine Diskettendatei festlegen, in der der definierte Linientyp dann gespeichert wird. Sie können die neue Definition an eine bereits existente Datei hinzufügen (z.B. ACAD.LIN) oder eine neue Datei mit der Dateinamenserweiterung .LIN eröffnen.

Im dritten Schritt beginnt die eigentliche Definition. Zuerst müssen Sie den obigen Linientypnamen voranstellen. Dies ist der für das Laden des Linientyps verantwortliche Name. Nach einem Komma folgt die Beschreibung des Linientyps, die bis zu 47 Zeichen umfassen darf.

Im vierten Schritt müssen Sie die relative Größe der Zeichen untereinander im Linientyp festlegen. Beachten Sie, daß im dritten Schritt nur das grundsätzliche Aussehen, nicht aber das Größenverhältnis festgelegt wurde. Dazu erscheint nach Eingabe des beschreibenden Textes ein A.

Danach müssen Sie die Größenverhältnisse gemäß folgenden Regeln eingeben:

- Zahlenwerte definieren die Länge einer ausgezogenen Linie in den gültigen Einheiten.
- Die Zahl 0 definiert einen Punkt.
- Eine negative Zahl bedeutet eine Leerstelle entsprechender Länge.
- Alle Angaben müssen durch Kommas getrennt sein.

Nach Beendigung dieser Angaben wird diese Definition in die angegebene Datei abgespeichert.

Nach Anwendung der Option **LADEN** steht Ihnen der neue Linientyp in der Zeichnung zur Verfügung.

Musteranwendung

Definieren Sie eine Linie, die abwechselnd aus 3 Linien und 3 Punkten besteht. Nennen Sie die neue Linie SOS.

1. Beginnen Sie eine neue Zeichnung namens LINETYPE.

2. Definieren Sie den neuen Linientyp in der Datei MYLINES.

    Befehl: **LINIENTP** ↵
    ?/Erzeugen/Laden/Setzen: **E** ↵
    Name des zu erzeugenden Linientyps: **SOS** ↵
    Datei zur Speicherung des Linientyps <ACAD>: **MYLINES** ↵
    Erzeuge neue Datei
    Beschreibender Text: **SOS,-----·····** ↵

LINIENTP   Modul 56

> **Hinweis:** Im beschreibenden Text wurde das Mustersystem zweimal hintereinander wiederholt. Trotzdem muß bei der nachfolgenden Größenverhältnisbeschreibung nur 1 Mustersystem angegeben werden.

3. Definieren Sie die Größenverhältnisse.

   ```
   Muster eingeben (auf der naechsten Zeile):
       A,0,-.1,0,-.1,0,-.1,.25,-.1,.25,-.1,.25,-.1  ⏎
   Neue Definition wurde in die Datei geschrieben.

   ?/Erzeugen/Laden/Setzen:
   ```

   Folgender Linientyp wurde definiert: Drei Punkte jeweils im Abstand 0.1, gefolgt von drei langen Linien zu je 0.25 Einheiten und im Abstand 0.1.

4. Listen Sie mit Hilfe der Option ? die Linientypen in MYLINES auf.

   ```
   ?/Erzeugen/Laden/Setzen: ?  ⏎

   Zu listende Datei <MYLINES>:  ⏎

   Linientypen in der Datei C:\ACAD\MYLINES.lin definiert:

   Name                Beschreibung
   ----------------    ------------------------
   SOS                 SOS,----.........----...

   ?/Erzeugen/Laden/Setzen:
   ```

5. Laden Sie den Linientyp SOS in Ihre Zeichnung.

   ```
   ?/Erzeugen/Laden/Setzen: L  ⏎

   Name des zu ladenden Linientyps: SOS  ⏎

   Zu suchende Datei <MYLINES>:  ⏎
   Linientyp SOS geladen.

   ?/Erzeugen/Laden/Setzen:  ⏎

   Befehl:
   ```

6. Definieren Sie mit Hilfe des Befehls LAYER den Linientyp SOS auf dem Layer 0 Ihrer Zeichnung.

   ```
   Befehl: LAYER [↵]
   ?/Mach/Setzen/Neu/Ein/Aus/Farbe/Ltyp/FRieren/Tauen: L [↵]
   Linientyp (oder ?) <AUSGEZOGEN>: SOS [↵]
   Layername(N) fuer Linientyp SOS <0>: [↵]
   ?/Mach/Setzen/Neu/Ein/Aus/Farbe/Ltyp/FRieren/Tauen: [↵]
   Befehl:
   ```

7. Kehren Sie zum Graphikbildschirm zurück und zeichnen Sie ein Rechteck mit dem neuen Linientyp.

   ```
   Befehl: LINIE [↵]
   Von Punkt: 100,60 [↵]
   Nach Punkt: 240,60 [↵]
   Nach Punkt: 240,180 [↵]
   Nach Punkt: 100,180 [↵]
   Nach Punkt: S [↵]
   Befehl:
   ```

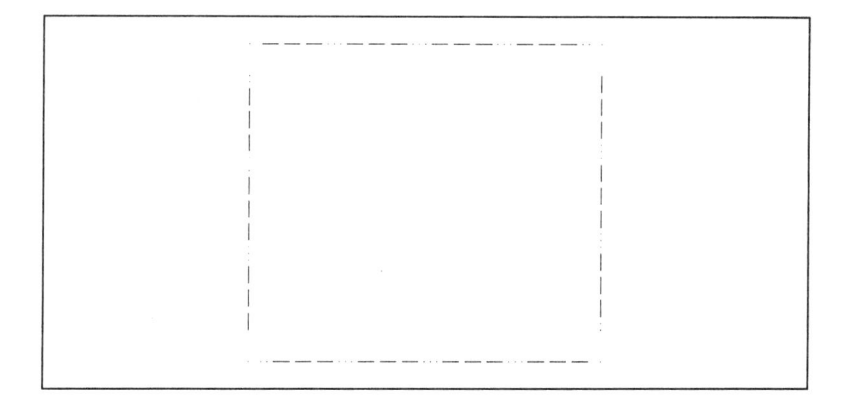

8. Kehren Sie mit **QUIT** ins Hauptmenü zurück.

Nächster Lernschritt ist **Modul 41**.

L   Modul 57

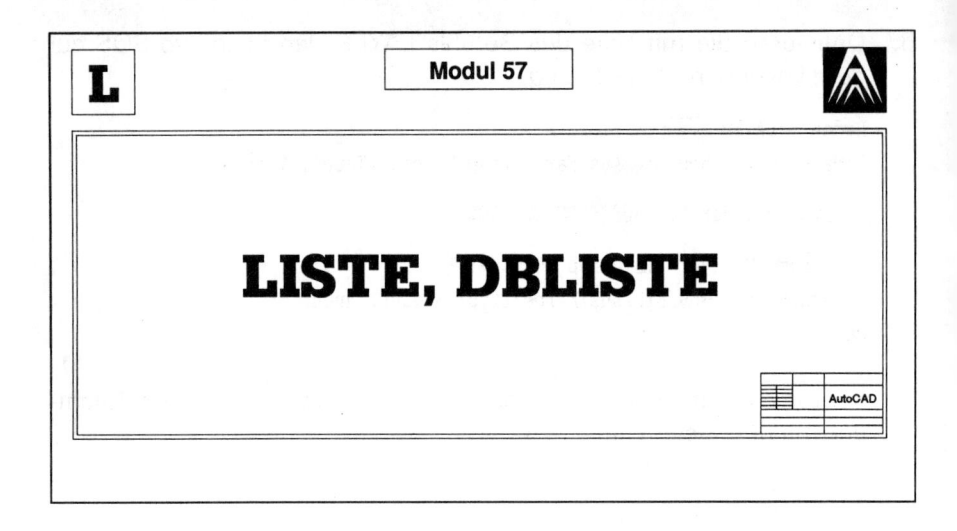

LISTE, DBLISTE

```
Befehl: LISTE
Objekte waehlen:
```

Beschreibung

Mit den Befehlen **LISTE** und **DBLISTE** werden beschreibende Daten von Zeichnungsobjekten aufgelistet.

Aufruf und Optionen

Nach dem Befehlsaufruf **LISTE** müssen mit den üblichen Methoden die interessanten Objekte einer Zeichnung ausgewählt werden. Anschließend werden deren Daten aufgelistet.

Wenn das Befehlswort **DBLISTE** eingegeben wurde, werden die Daten aller in der Zeichnung vorhandenen Elemente aufgelistet. Da dieser Vorgang u.U. sehr lange dauert, bestehen während des Ablaufs folgende Möglichkeiten:

| Modul 57 | LISTE, DBLISTE |

[Ctrl] [S]   Die Auflistung wird unterbrochen.

[Ctrl] [C]   Die Auflistung wird abgebrochen und der Befehl **DBLISTE** verlassen.

[Ctrl] [Q]   Der Drucker wird ein- oder ausgeschaltet und die Zeichnungsdaten ausgedruckt.

Die Befehle **LISTE** und **DBLISTE** werden zum Überprüfen von Positionen und Dimensionen der Zeichnungsobjekte verwendet.

Musteranwendung

In diesem Beispiel zeichnen Sie ein Objekt, das aus Linien und Bögen besteht. Anschließend untersuchen Sie mit Hilfe des Befehls **LISTE** die einzelnen Elemente der Zeichnung. Beginnen Sie eine neue Zeichnung namens LIST.

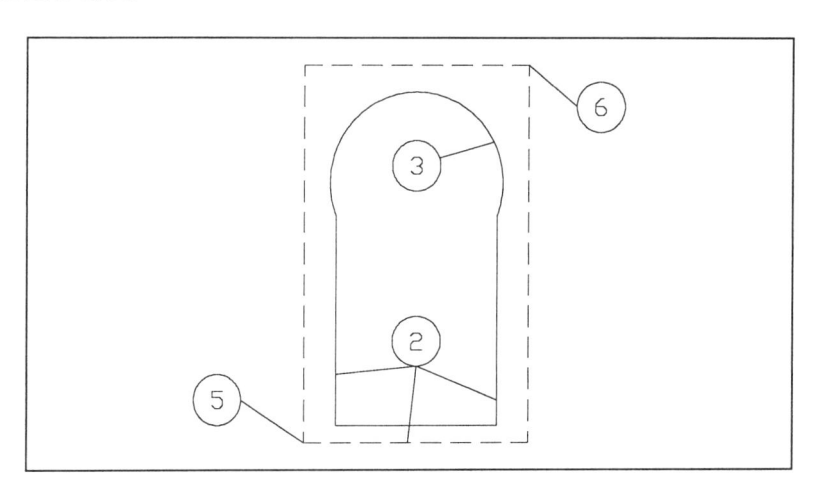

1. Setzen Sie die Fangrasterabstände auf 5 und schalten Sie das Sichtraster ein.

   ```
   Befehl: FANG ↵
   Fangwert oder EIN/AUS/Aspekt/Drehen/Stil: 5 ↵
   Befehl: RASTER ↵
   Rasterwert(X) oder EIN/AUS/Fang/Aspekt <10.00>: EIN ↵
   ```

301

2. Zeichnen Sie drei Linien.

   ```
   Befehl: LINIE  ↵
   Von Punkt: 150,150  ↵
   Nach Punkt: 150,25  ↵
   Nach Punkt: 250,25  ↵
   Nach Punkt: 250,150  ↵
   Nach Punkt:  ↵
   ```

3. Zeichnen Sie einen Bogen.

   ```
   Befehl: BOGEN  ↵
   Mittelpunkt/<Startpunkt>: M  ↵
   Mittelpunkt: 200,170  ↵
   Startpunkt: 250,150  ↵
   Winkel/Sehnenlaenge/<Endpunkt>: 150,150  ↵
   ```

   Ihre Zeichnung sollte nun so aussehen.

4. Listen Sie die Daten der Zeichnungselemente auf.

   ```
   Befehl: LISTE  ↵
   Objekte waehlen: F  ↵
   ```

5. Klicken Sie die linke untere Ecke des Fensters.

   Erste Ecke: (klicken Sie nahe 125,15)

6. Klicken Sie die rechte obere Ecke. Nach ⏎ werden die Daten aufgelistet.

   Andere Ecke: **285,245** ⏎
   4 gefunden.
   Objekte waehlen: ⏎

```
                BOGEN   Layer 0
    Mittelpunkt Punkt, X=  200.00  Y=   170.00  Z=   0.00
         Radius      53.85
      Start Winkel     338
       Ende Winkel     202

                LINIE     Layer: 0
       von Punkt, X=   250.00  Y=    25.00  Z=   0.00
       nach Punkt, X=  250.00  Y=   150.00  Z=   0.00
           Laenge  =   125.00,  Winkel in XY-Ebene =   90
           Delta X =     0.00,  Delta Y = 125.00,  Delta Z =  0.00

                LINIE     Layer: 0
       von Punkt, X=   150.00  Y=    25.00  Z=   0.00
       nach Punkt, X=  250.00  Y=    25.00  Z=   0.00
           Laenge  =   100.00,  Winkel in XY-Ebene =    0
           Delta X =   100.00,  Delta Y =   0.00,  Delta Z =  0.00

                LINIE     Layer: 0
       von Punkt, X=   150.00  Y=   150.00  Z=   0.00
       nach Punkt, X=  150.00  Y=    25.00  Z=   0.00
           Laenge  =   125.00,  Winkel in XY-Ebene =  270
           Delta X =     0.00,  Delta Y = -125.00, Delta Z =  0.00
```

7. Kehren Sie mit **QUIT** ins Hauptmenü zurück.

Nächster Lernschritt ist **Modul 97**.

| L | Modul 58 |

LOESCHEN

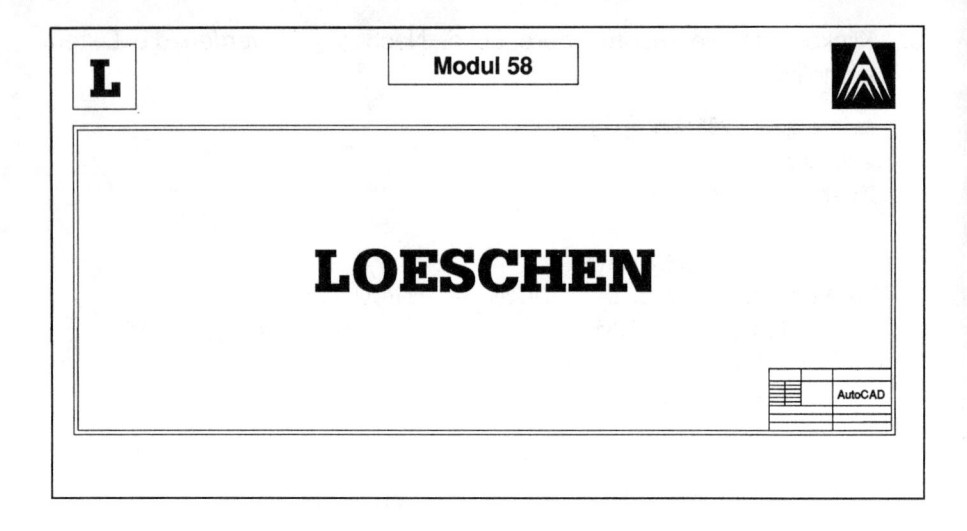

```
Befehl: LOESCHEN
Objekte waehlen:
```

Beschreibung

Mit dem Befehl **LOESCHEN** können Teile der Zeichnung entfernt werden.

Aufruf und Optionen

Nach dem Befehlsaufruf wird

- das zu löschende Objekt mit der Maus, dem Digitizer oder den Cursortasten anvisiert, geklickt und gelöscht
- oder durch Eingabe von **L** das zuletzt gezeichnete Objekt gelöscht.
- oder durch Eingabe von **F** und Wahl zweier Eckpunkte ein Fenster definiert, innerhalb dessen alle Objekte gelöscht werden.
- oder durch Eingabe von **K** und Wahl zweier Eckpunkte ein Fenster definiert. Alle Objekte, die ganz oder teilweise in diesem Fenster liegen, werden gelöscht.

- oder durch Eingabe von **V** die zuvor bearbeiteten Objekte gelöscht.

> **Man beachte:** Es können immer nur ganze Einheiten gelöscht werden. Wenn Sie also eine Linie klicken, wird diese ganz gelöscht. Wenn Sie nur einen Teil löschen wollen, müssen Sie vorher mit dem Befehl **BRUCH** die Linie trennen. Dasselbe gilt nach der Definition eines Blockes (Befehl **BLOCK**): beim Anklicken eines Teils des Blockes wird der gesamte Block gelöscht.

Wenn Sie Objekte auswählen, wird das betroffene Objekt zuerst mit gestrichelten Linien gezeichnet und erst nach einem zweiten ⏎ endgültig gelöscht.

Musteranwendung

In diesem Beispiel löschen Sie zwei Linien und einen Kreis auf alle möglichen Arten. Beginnen Sie eine neue Zeichnung namens TEMP.

1. Zeichnen Sie Linien.

    Befehl: **LINIE** ⏎
    Von Punkt: 100,100 ⏎
    Nach Punkt: 250,100 ⏎
    Nach Punkt: 250,200 ⏎
    Nach Punkt: ⏎

2. Zeichnen Sie einen Kreis.

    Befehl: **KREIS** ⏎
    3P/2P/TTR/<Mittelpunkt>: 90,200 ⏎
    Durchmesser/<Radius>: 50 ⏎

3. Löschen Sie das zuletzt gezeichnete Objekt.

    Befehl: **LOESCHEN** ⏎
    Objekte waehlen: L ⏎

    1 gefunden.
    Objekte waehlen: ⏎

LOESCHEN Modul 58

4. Löschen Sie die zuerst gezeichnete Linie.

   Befehl: ⏎
   LOESCHEN
   Objekte waehlen: (klicken Sie die erste Linie an)

   1 gewaehlt, 1 gefunden.
   Objekte waehlen: ⏎

5. Löschen Sie mit Hilfe eines Fensters.

   Befehl: ⏎
   LOESCHEN
   Objekte waehlen: **F** ⏎

6. Schließen Sie die letzte Linie mit einem Fenster ein.

   Erste Ecke: (anklicken)
   Andere Ecke: (anklicken)

   1 gefunden.
   Objekte waehlen: ⏎

7. Beachten Sie, daß die Linie erst mit dem zweiten ⏎ verschwindet.

8. Kehren Sie mit **QUIT** ins Hauptmenü zurück.

Nächster Lernschritt ist **Modul 46**.

```
┌─────────────────────────────────────────┐
│  ▲      ┌──────────┐            ┌───┐   │
│ /▲\     │ Modul 59 │            │ L │   │
│         └──────────┘            └───┘   │
│                                         │
│                                         │
│           LTFAKTOR                      │
│                                         │
│                              ┌────────┐ │
│                              │ AutoCAD│ │
│                              └────────┘ │
└─────────────────────────────────────────┘
```

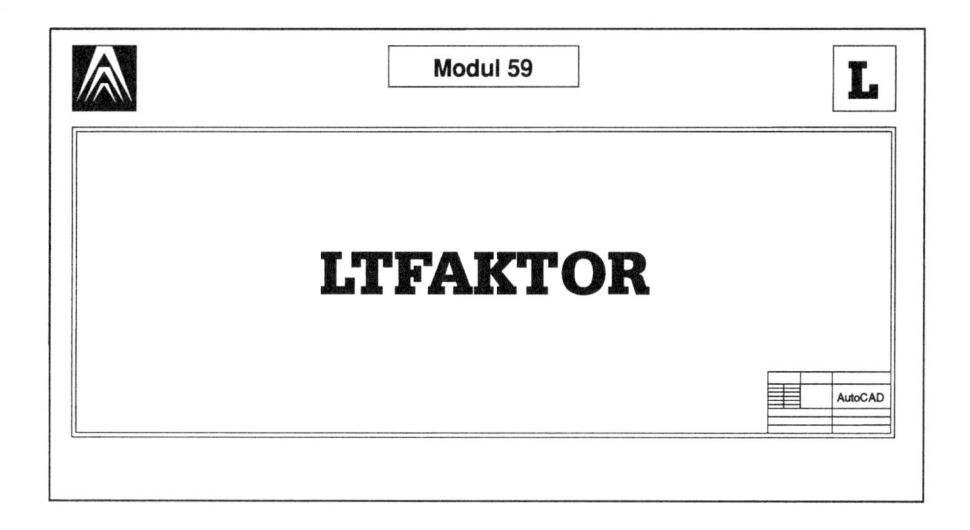

```
Befehl: LTFAKTOR
Neuer Faktor <Vorgabe>:
```

Beschreibung

Linientypdefinition erfolgen unabhängig von den jeweils für die einzelnen Zeichnungen gültigen Einheiten. Um die Linientypen auf eine sinnvolle Größe festzulegen, wird der Befehl **LTFAKTOR** verwendet.

Aufruf und Optionen

Nach dem Befehlsaufruf kann ein neuer Faktor eingegeben werden. Wenn Sie mit ⏎ antworten, wird der Vorgabefaktor 25 verwendet.

LTFAKTOR   Modul 59

Musteranwendung

In diesem Beispiel zeichnen Sie ein Quadrat mit 30 Einheiten Breite. Verwenden Sie den gestrichelten Linientyp. Dann verändern Sie mit **LTFAKTOR** das Erscheinungsbild der Linie. Beginnen Sie eine neue Zeichnung namens LTSCALE.

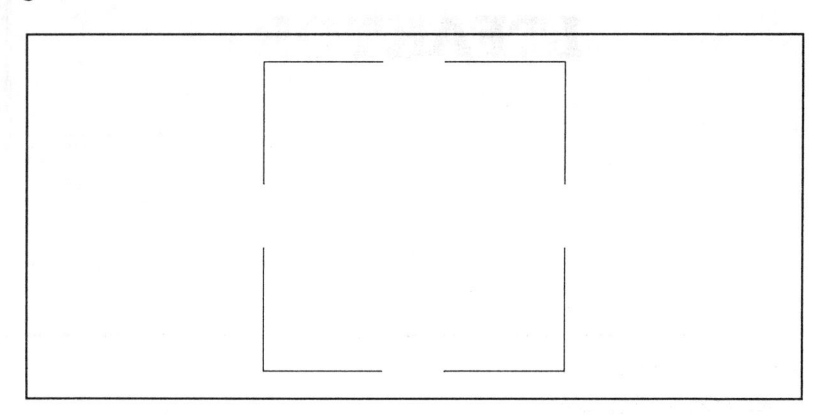

1. Setzen Sie die Zeichenblattgrenzen auf 60,40. Setzen Sie den Fangrasterabstand auf 5, schalten Sie das Sichtraster ein und vergrößern Sie auf volle Größe.

   ```
   Befehl: LIMITEN  ↵
   EIN/AUS/<Linke untere Ecke> <0.00,0.00>:  ↵
   Rechte obere Ecke <410.00,287.00>: 60,40  ↵
   Befehl: FANG  ↵
   Fangwert oder EIN/AUS/Aspekt/Drehen/Stil <1.00>: 5  ↵

   Befehl: RASTER  ↵
   Rasterwert(X) oder EIN/AUS/Fang/Aspekt <10.00>: 0  ↵

   Befehl: ZOOM  ↵
   Alles/Mitte/Dynamisch/Grenzen/Links/Vorher/Fenster/<Faktor(X)>: A  ↵
   ```

2. Setzen Sie den aktuellen Linientyp auf GESTRICHELT.

   ```
   Befehl: LAYER  ↵
   ?/Mach/Setzen/Neu/Ein/Aus/Farbe/Ltyp/FRieren/Tauen: Ltyp  ↵
   Linientyp (oder ?) <AUSGEZOGEN>: GESTRICHELT  ↵
   Layername(n) fuer Linientyp GESTRICHELT <0>:  ↵
   ?/Mach/Setzen/Neu/Ein/Aus/Farbe/Ltyp/FRieren/Tauen:  ↵
   ```

3. Zeichnen Sie ein Quadrat mit 30 Einheiten Seitenlänge.

   ```
   Befehl: LINIE  ⏎
   Von Punkt: 5,5  ⏎
   Nach Punkt: 35,5  ⏎
   Nach Punkt: 35,35  ⏎
   Nach Punkt: 5,35  ⏎
   Nach Punkt: S  ⏎
   ```

4. Verändern Sie mit **LTFAKTOR** die relative Länge der Elemente der gestrichelten Linie.

   ```
   Befehl: LTFAKTOR  ⏎
   Neuer Faktor <25.0000>: 5  ⏎
   ```

   Ihre Zeichnung sollte nun so aussehen.

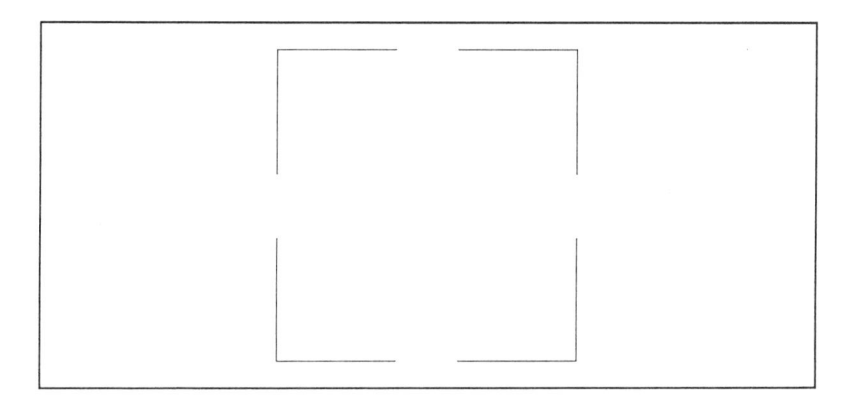

5. Kehren Sie mit **QUIT** ins Hauptmenü zurück.

Nächster Lernschritt ist **Modul 16**.

MEINFUEG

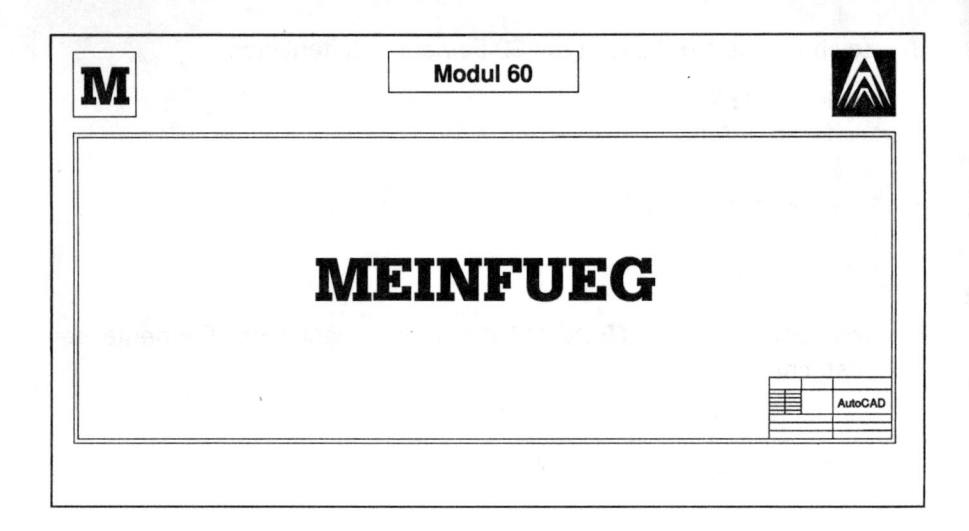

Modul 60

```
Befehl: MEINFUEG
Blockname (oder ?) <Vorgabe>:
Einfuegepunkt:
X Faktor <1> / Eckpunkt / XYZ:
Y Faktor (Vorgabe=X):
Drehwinkel <0>:
Anzahl Reihen (---) <1>:
Anzahl Kolonnen (||||) <1>:
Zelle oder Abstand zwischen den Reihen (---):
Abstand zwischen den Kolonnen (||||):
```

Beschreibung

Der Befehl **MEINFUEG** ist eine Kombination der Befehle **EINFUEGE** und **REIHE rechteckig**. Er erzeugt eine mehrfache Einfügung eines Blocks.

Aufruf und Optionen

Die Dialogführung des Befehls ist im ersten Teil identisch mit der einer normalen Blockeinfügung. Im zweiten Teil stimmen die Anfragen mit denen der Option "Rechteckig" des Befehls **REIHE** überein.

Der Befehl funktioniert so, als würde man zunächst einen Block einfügen und diesen dann mit dem Befehl **REIHE** vervielfältigen. Es gibt aber einige wesentliche Unterschiede zu dieser Befehlskombination:

Die durch den Befehl **MEINFUEG** erzeugte Blockeinfügung enthält alle Reihen und Kolonnen, die mit dem Befehl angelegt wurden. Die gesamte Anordnung kann nur gemeinsam bearbeitet, z.B. verschoben oder gelöscht werden. Eine Bearbeitung der einzelnen Blöcke ist genausowenig möglich wie ein Aufspalten der Blöcke in Einzelobjekte, wie es die Befehle **EINFUEGE** und **URSPRUNG** vorsehen.

Wird ein Drehwinkel eingegeben, so wird sowohl jeder einzelne Block, als auch die gesamte Anordnung um diesen Winkel gedreht. Die einzelnen Blöcke erscheinen dann in der Anordnung wieder waagerecht.

Musteranwendung

Aufgrund der Gemeinsamkeiten mit den Befehlen **EINFUEGE** und **REIHE** erübrigt sich ein Beispiel.

Nächster Lernschritt ist **Modul 95**.

MENUE

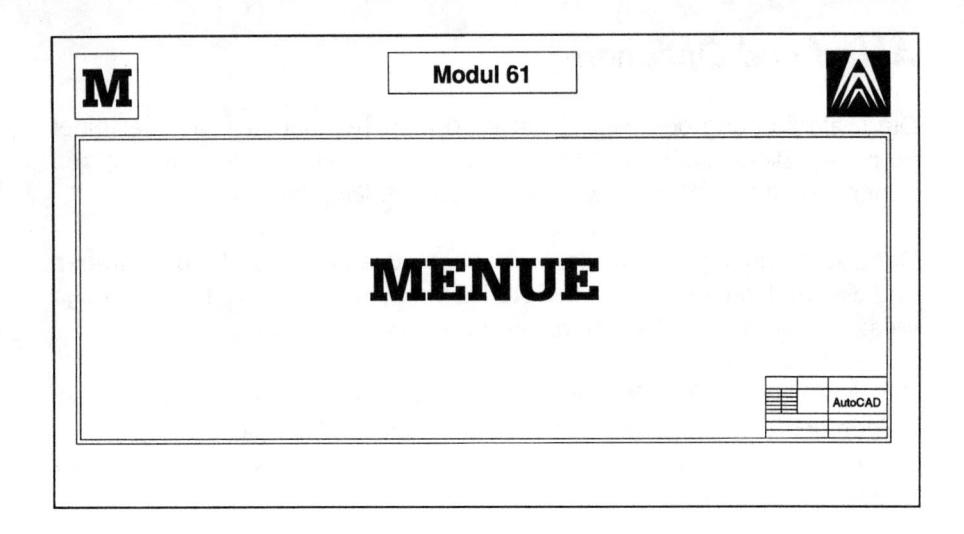

Befehl: MENUE
Menue-Dateiname oder . fuer kein <aktuell>:

Beschreibung

Mit dem Befehl **MENUE** kann ein neues Bildschirmmenü während des Editierens geladen werden.

Aufruf und Optionen

Nach dem Befehlsaufruf geben Sie den Namen des neu zu ladenden Menüs ein. Mit ⏎ wird das aktuelle Menü neu geladen.

AutoCAD stellt ein Standardmenü zur Verfügung, das normalerweise allen Benutzeransprüchen genügen. AutoCAD gestattet jedoch auch die individuelle Gestaltung der Menüs, wie in diesem Modul beschrieben.

In selbstdefinierten Menüs lassen sich ganze Arbeitsschritte mit einer einzigen Eingabe erledigen. Mit diesen sogenannten "Makros" lassen sich enorme Zeiteinsparungen erreichen. Die Erklärung der Erstellung und

Verwendung von Makros würde den Rahmen dieses Buches sprengen. Wir verweisen deshalb an dieser Stelle auf das ebenfalls im tewi-Verlag erschienene Buch "AutoCAD: Makros + Menüs" von Schaefer/Brittain, in dem die Makroprogrammierung eingehend beschrieben wird.

Definition einer Menüdatei

Zu Beginn der Bearbeitung einer Zeichnung lädt AutoCAD die zur voreingestellten Prototypdatei gehörige Menüdatei. Normalerweise ist dies die Datei ACAD.MNU, bzw. in der kompilerten Form ACAD.MNX. Wollen Sie, daß AutoCAD beim Start automatisch ein anderes Menü lädt, führen Sie bitte folgende Operationen aus: Erzeugen Sie zuerst eine neue Datei z.B. mit dem Namen MENU.DWG, laden Sie mit dem Befehl **MENUE** das gewünschte Menü und speichern Sie anschließend die Datei entweder mit **SICHERN** oder **ENDE** ab.

Der nächste Schritt ist dann die Änderung der voreingestellten Prototypdatei. Rufen Sie zu diesem Zweck aus dem Hauptmenü mit **5** den Punkt "AutoCAD konfigurieren" auf. Im Konfigurationsmenü wählen Sie die Funktion **8** "Betriebs-Parameter konfigurieren" und hier schließlich **2** "Anfangswerte der Zeichnung". Geben Sie jetzt als neue Prototypdatei MENU ein und speichern Sie die veränderte Konfiguration. Wenn Sie jetzt eine neue Zeichnung beginnen, lädt AutoCAD automatisch das zur neuen Prototypdatei MENU.DWG gehörige Menü.

Das Bildschirmmenü wird normalerweise an der rechten Seite des Graphikbildschirms angezeigt, das Tablettmenü befindet sich an definierten Stellen des Digitizer-Tabletts. Auf einem Tablett können maximal vier rechteckige Menügebiete definiert werden.

Anwenderspezifische Menüdateien

Eine AutoCAD Menüdatei ist eine ASCII Textdatei, die aus Lettern und Spezialsymbolen besteht. Die Menüdatei benützt folgende Spezialsymbole zur Definition von Menüeigenschaften:

***	Damit wird der Anfang eines Hauptmenüs markiert.
**	Markiert den Anfang eines Untermenüs im Hauptmenü.
[ ]	Die anzuzeigenden Menübegriffe dürfen maximal 8 Zeichen lang sein. Diese Begriffe werden in der Menüdatei in eckige Klammern gesetzt.
$S=	Veranlaßt AutoCAD, zu einem Untermenü weiterzugehen. In der Form $S=XX geht AutoCAD also zum Untermenü **XX weiter. In der Form $S= geht AutoCAD zum nächsthöheren Menü weiter.
\	Im Zusammenhang mit einem Bildschirmmenü wird AutoCAD veranlaßt, eine Benutzereingabe abzuwarten. Im Zusammenspiel mit einem Menü für die Maus wird der aktuelle Koordinatenpunkt auf dem Bildschirm als Eingabewert akzeptiert.
;	Entspricht dem Drücken von ⏎ auf der Tastatur.
+	Normalerweise darf jede Zeile der Menüdatei maximal 80 Zeilen lang sein. Ist aber das letzte Zeichen der Zeile ein Pluszeichen "+", so wird die Anweisung in der folgenden Zeile fortgesetzt.
^	Wenn diesem Zeichen ein Buchstabe folgt, wird die entsprechende Control-Funktion an AutoCAD übermittelt. Beispielsweise entspricht ^C dem gleichzeitigen Drücken der Tasten Ctrl und C.
*^C^C	Steht diese Zeichenfolge vor einem Befehlswort, so entspricht dies der Anwendung des Befehls **NOCHMAL**. Das folgende Befehlswort wird also mehrfach nacheinander aufgerufen. (Diese Kommandofolge steht erst ab AutoCAD Version 9.0 zur Verfügung!)

Eine Menüdatei wie **ACAD.MNU** ist in verschiedene Abschnitte unterteilt.

***SCREEN	beschreibt die Bildschirmmenüs,
***BUTTONS	beschreibt die Knöpfe der Maus oder Digitalisierlupe,
***AUX1	beschreibt die Knöpfe einer Spezialtastatur,

***TABLET1 beschreibt die Aufteilung des Tablettauflegers,
bis TABLET4

***POP1 beschreibt die Pull-Down-Menüs und
bis POP10

***ICON beschreibt das Einblenden von Dia-Menüs.

Bevor Sie sich ein individuelles AutoCAD Menü entwerfen, sollten Sie die Datei ACAD.MNU genau studieren. Diese Standard-ASCII-Datei kann in MS-DOS mit dem Befehl **TYPE ACAD.MNU >LPT1:** ausgedruckt werden. Die Datei erstreckt sich allerdings über ca. 20 Seiten. Sehen Sie sich die Datei an und verändern diese dann nach Ihren individuellen Wünschen. Mit dem Befehl **DIR *.MNU** können Sie überprüfen, ob noch weitere Menüdateien existieren. Ist die Datei **ACAD.MNU** auf Ihrer Festplatte nicht zu finden, so kopieren Sie diese von den Installationsdisketten.

Zum Bearbeiten der Menüdateien benötigen Sie einen Texteditor für ASCII-Dateien.

Vorsicht: Manche Texteditoren fügen Kontrollzeichen in den Text ein oder verwenden nicht-standardisierte Textformate. Vergewissern Sie sich, ob Ihr Editor für reine ASCII-Dateien geeignet ist. Beispielsweise sollten Sie beim Textverarbeitungsprogramm **WordStar** mit Hilfe der Option **N** für Programmdateien editieren.

Mit Hilfe des Befehls **MENUE** und den .MNU-Dateien lassen sich individuelle und optimal den Anforderungen angepaßte Bildschirm-, Knopf- oder Tablettmenüs erstellen.

Ein Rat: Legen Sie sich eine Kopie der Datei ACAD.MNU an. Sollte der Versuch schiefgehen, eine eigenen Menüdatei zu generieren, steht Ihnen dann immer noch das Original zur Verfügung.

MENUE

Modul 61

Musteranwendung

Verändern Sie das Menü ***BUTTONS

Fügen Sie eine Funktion auf dem Bildschirmmenü ein, die nach Angabe eines Koordinatenpunktes einen Kreis mit dem Radius 10 zeichnet.

Zuerst müssen die Befehlsabfolge und die benötigten Eingaben analysiert werden. Testen Sie daher den Befehl **KREIS** ganz normal im Zeichnungseditor aus.

```
Befehl: KREIS  ↵
3P/2P/TTR/<Mittelpunkt>: (klicken Sie einen Punkt an)
Durchmesser/<Radius>: 10  ↵
Befehl:
```

Folgende Schritte müssen ausgeführt werden:

- **KREIS** eingeben
- ↵ drücken
- einen Punkt anklicken oder über die Tastatur eintippen
- **10** eingeben
- ↵ drücken

Der Menübefehl, der diese Operation ausführt, lautet: **KREIS;\10;**

Als Titel, der im Bildschirmmenü erscheinen soll, wählen wir das Wort **BALLON**. Vor den Befehl **KREISE** schreiben wir zusätzlich die beiden Zeichen **^C**. Damit wird ein eventuell aktiver Befehl abgebrochen.

1. Erstellen Sie von der Datei ACAD.MNU bzw. ACAD.MND eine Kopie namens EIGEN.MNU.

2. Bearbeiten Sie mit EDLIN oder einem anderen Texteditor die Menüdatei EIGEN.MNU.

3. Ersetzen Sie in dem Untermenü **S eine Leerzeile durch den neuen Text **[BALLON]^CKREIS;\10;**

4. Sichern Sie die Datei EIGEN.MNU und verlassen Sie den Texteditor.

5. Starten Sie AutoCAD. Beginnen Sie eine neue Zeichnung namens MENU.

6. Laden Sie mit dem Befehl MENUE Ihr neues Menü namens EIGEN.MNU.

   ```
   Befehl: MENUE  ↵
   Menuedateiname oder . fuer kein <ACAD>: EIGEN  ↵
   Kompiliere Menue C:\ACAD\EIGEN.mnu
   Befehl:
   ```

7. Bewegen Sie das Fadenkreuz mit dem Digitizer auf das Bildschirmmenü und klicken Sie das Feld **BALLON**. Nachdem Sie auf dem Bildschirm einen Punkt angeklickt haben, wird der Kreis gezeichnet.

8. Kehren Sie mit **QUIT** ins Hauptmenü zurück.

Nächster Lernschritt ist **Modul 18**.

Modul 62

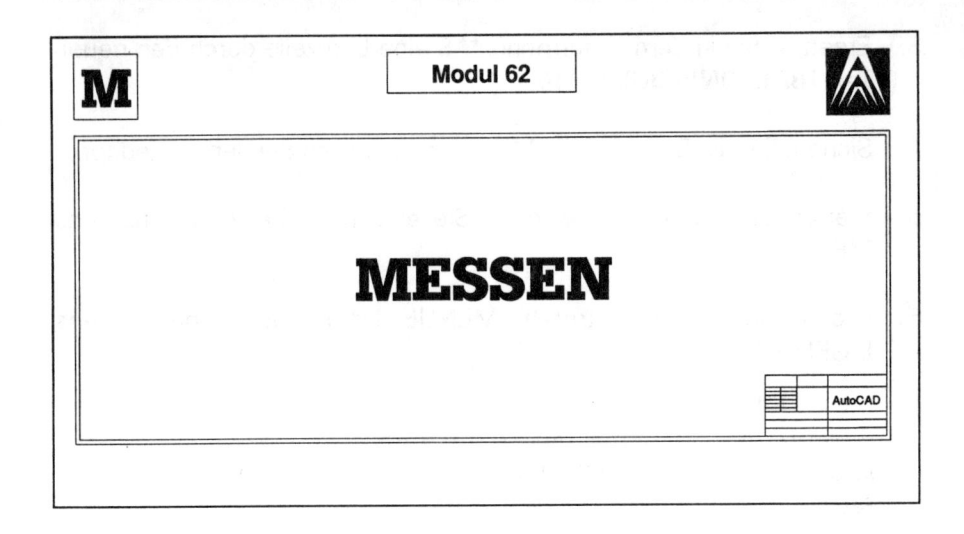

MESSEN

```
Befehl: MESSEN
Objekt waehlen, das gemessen werden soll:
<Segmentlaenge>/Block:
```

Beschreibung

Mit dem Befehl **MESSEN** werden Markierungen auf einem Objekt in festen Abständen gesetzt.

Aufruf und Optionen

Der Befehl **MESSEN** ist in der Dialogführung und in allen Optionen mit dem Befehl **TEILEN** identisch. Der einzige Unterschied zwischen den Befehlen ist der, daß bei **TEILEN** die Länge der Segmente, also die Abstände der Markierungen, aus der Gesamtlänge des Objekts und der Anzahl Segmente berechnet wird. Bei **MESSEN** geben Sie stattdessen die Länge der Segmente explizit vor.

Der Befehl **MESSEN** ist besonders dann hilfreich, wenn Sie eine Kontur, z.B. an jedem vollen Meter, mit Markierungen versehen müssen.

Wollen Sie nur die Länge der Kontur bestimmen, so benutzen Sie besser die Befehle **ABSTAND** bei Linien oder **FLAECHE** bei geschlossenen Kurven.

Beachten Sie, daß das Objekt nicht wirklich geteilt wird, es werden nur Markierungen angebracht, die später wieder gelöscht werden können.

Musteranwendung

Aufgrund der Ähnlichkeit mit dem Befehl **TEILEN** ist ein Beispiel unnötig. Vergleichen Sie die Musteranwendung zu **TEILEN** in Modul 95.

Nächster Lernschritt ist **Modul 98**.

Modul 63

NEUZEICH, NEUZALL

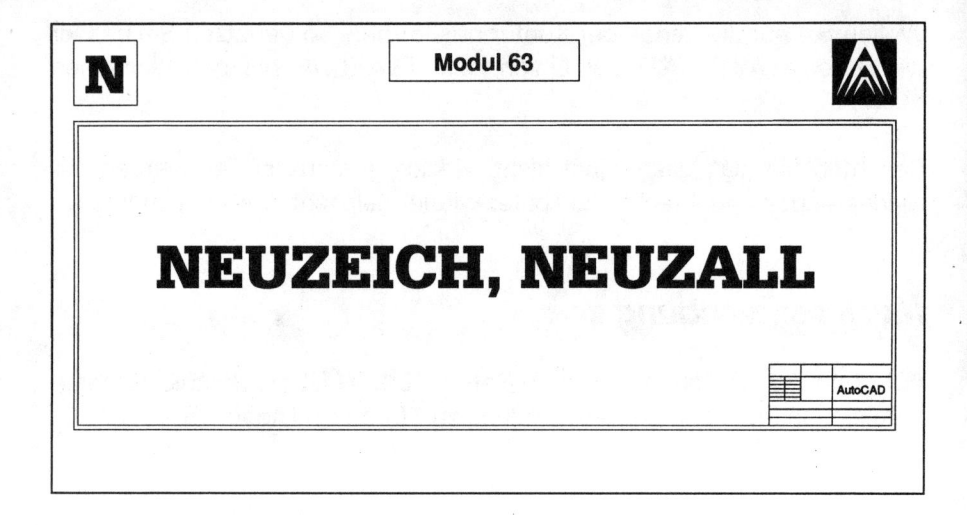

Befehl: NEUZEICH, NEUZALL

Beschreibung

Beim Zeichenvorgang werden die angesprochenen Punkte mit kleinen Kreuzen markiert und eventuell Sichtrasterpunkte zerstört. Diese Schönheitsfehler werden mit dem Befehl **NEUZEICH** beseitigt.

NEUZEICH wirkt nur auf das aktuelle Ansichtsfenster. Um alle Ansichtsfenster gleichzeitig neuzeichnen zu lassen, verwenden Sie den ansonsten identischen Befehl **NEUZALL**.

Aufruf und Optionen

Eingabe des Befehlswortes gefolgt von ⏎.

Der Befehl **NEUZEICH** berücksichtigt nicht wie **REGEN** den Füllmodus und andere Modi. Dagegen kann aber **NEUZEICH** auch transparent benutzt werden.

Besonders nützlich ist dieser Befehl, wenn etwa durch **LOESCHEN**, **SCHIEBEN** oder **KOPIEREN** Rasterpunkte gelöscht wurden.

Musteranwendung

In diesem Beispiel beseitigen wir die Kreuze auf dem Bildschirm. Beginnen Sie eine neue Zeichnung namens TEMP.

1. Geben Sie **LINIE** und ein ⏎ ein.

    Befehl: `LINIE` ⏎

2. Geben Sie folgende Punkte ein.

    Von Punkt: `100,100` ⏎
    Nach Punkt: `200,100` ⏎
    Nach Punkt: `200,200` ⏎
    Nach Punkt: `100,200` ⏎
    Nach Punkt:

3. Geben Sie **'NEUZEICH** ein und drücken Sie ⏎ .

    Nach Punkt: `'NEUZEICH` ⏎
    Nehme LINIE Befehl wieder auf
    Nach Punkt: `S` ⏎

4. Beachten Sie, daß die Kreuze verschwinden.

5. Kehren Sie mit **QUIT** ins Hauptmenü zurück.

Nächster Lernschritt ist **Modul 78**.

Modul 64

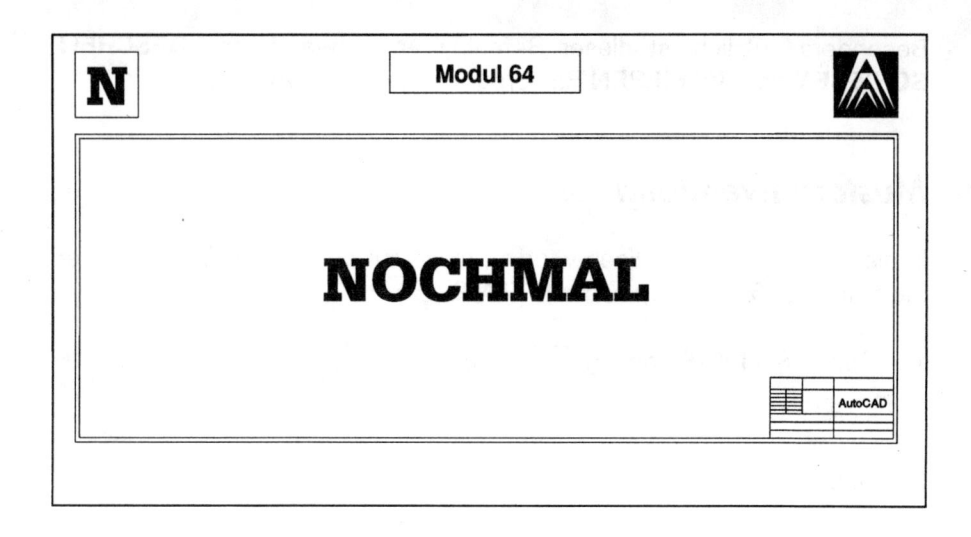

NOCHMAL

```
Befehl: NOCHMAL (Befehlsname)
```

Beschreibung

Der Befehl **NOCHMAL** bewirkt den wiederholten Aufruf eines beliebigen Befehls.

Aufruf und Optionen

Geben Sie **NOCHMAL**, ein Leerzeichen und ein beliebiges anderes AutoCAD-Kommando ein.

Nach jedem Kommando meldet sich AutoCAD mit dem Text **Befehl:**. Will man den vorangegangenen Befehl wiederholen, so gibt man ⏎ ein. Diese Eingabe kann man sich sparen, indem man vor den Befehlsnamen das Kommando **NOCHMAL** schreibt. AutoCAD wiederholt dann den Befehl solange, bis Sie gleichzeitig [Ctrl] und [C] drücken.

Beachten Sie, daß Sie trotzdem jedesmal alle Anfragen des Befehls wie gewohnt beantworten müssen. Der wesentliche Anwendungsbereich für diesen Befehl ist die Erstellung von Makros und Menüs.

Musteranwendung

1. Beginnen Sie eine neue Zeichnung namens NOCHMAL.

2. Zeichnen Sie einige Punkte.

    ```
    Befehl: PUNKT ⏎
    Punkt: 50,50 ⏎

    Befehl: ⏎
    PUNKT Punkt: 100,50 ⏎

    Befehl: ⏎
    PUNKT Punkt: 150,50 ⏎

    Befehl:
    ```

3. Nun verwenden wir den Befehl **NOCHMAL**.

    ```
    Befehl: NOCHMAL PUNKT ⏎
    Punkt: 50,100 ⏎
    PUNKT Punkt: 100,100 ⏎
    PUNKT Punkt: 150,100 ⏎
    PUNKT Punkt: Ctrl C
    *Abbruch*
    Befehl:
    ```

4. Verlassen Sie die Zeichnung mit **QUIT**.

Nächster Lernschritt ist **Modul 85**.

O	Modul 65	

OFANG

AutoCAD

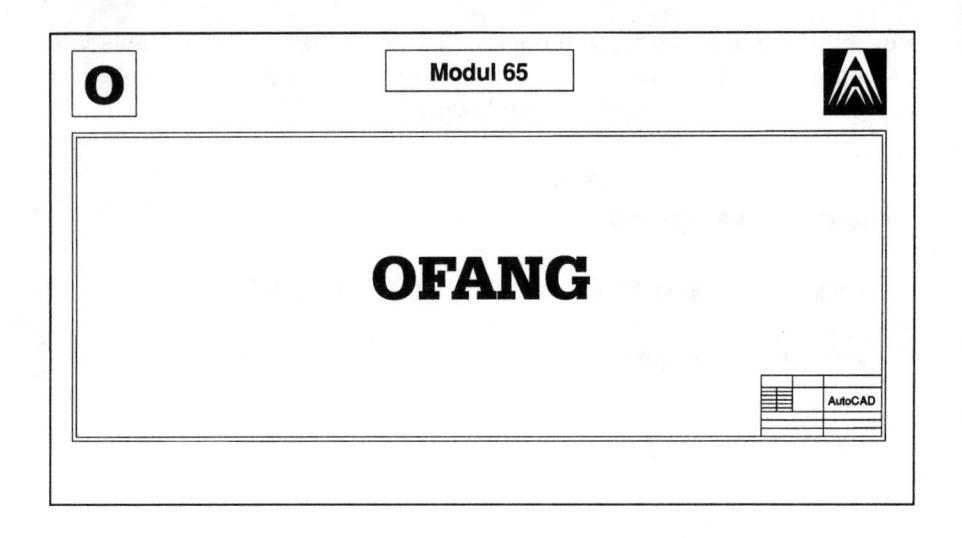

```
Befehl: OFANG
Objektfang-Modi:
```

Beschreibung

Der Befehl **OFANG** aktiviert einen oder mehrere Objektfang-Modi bei jeder nachfolgenden Auswahl von Punkten oder Objekten. Alle Punkte, die vom Fangfenster erfasst wurden, werden gemäß den aktiven Objektfang-Modi angesprochen.

Aufruf und Optionen

Nach dem Befehlsaufruf werden folgende Objektfang-Modi angeboten.

NAEchster Der Punkt auf einem beliebigen Objekt, der dem Fadenkreuz am nächsten liegt, wird eingefangen.

ENDpunkt Der nächste Endpunkt einer Linie, einer 3D-Linie, eines Polylinienabschnitts oder eines Bogens wird eingefangen.

MITtelpunkt Der nächste Mittelpunkt einer Linie, einer 3D-Linie, eines Polylinienabschnitts oder eines Kreisbogens wird eingefangen.

ZENtrum Das Zentrum eines Kreisbogens oder eines Kreises wird eingefangen.

PUNkt Der nächstliegende Punkt wird eingefangen.

QUAdrant Die nächste 0, 90, 180 oder 270 Grad-Position eines Kreises oder Kreisbogens wird eingefangen.

SCHnittpunkt Der Schnittpunkt zweier Objekte wird eingefangen. Diese Option fängt auch die Ecke einer 3D-Fläche.

BASispunkt Der Einfügepunkt (Basispunkt) eines Symbols, eines Textes oder eines Blockes wird eingefangen.

LOT Es wird derjenige Punkt auf einer Linie, einem Kreis, einer Polylinie oder einem Bogen eingefangen, der den Fußpunkt des Lots vom letzten Punkt auf oben genannte geometrische Figur bildet.

TANgente Es wird derjenige Punkt auf einem Kreis oder Bogen eingefangen, dessen Verbindungsgerade mit dem letzten Punkt eine Tangente bildet.

QUIck Befinden sich im Fangfenster mehrere interessierende Punkte, so werden zuerst alle untersucht, bevor einer ausgewählt wird. Dies kann beträchtliche Zeit beanspruchen. Durch Verwendung von QUIck wird der zuerst gesichtete Punkt eingefangen.

KEIner Damit wird der Objektfang-Modus ausgeschaltet. Alternativ kann auch ⏎ gedrückt werden.

Zur Anwahl der Modi genügen als Abkürzungen die angegebenen Großbuchstaben.

Hinweise zur Anwendung

Wenn der Objektfang-Modus aktiviert ist, erscheint auf dem Bildschirm ein kleines Fangfenster um das Fadenkreuz. Alle Punkte innerhalb des Fangfensters werden auf die angegebenen Fangmodi hin untersucht.

Durch die automatische Korrektur der eingegebenen Punkte, gestattet die Verwendung von Objektfang-Modi eine unsaubere Zeichenweise. Dies ist besonders bei Verwendung eines Digitizers interessant. Die Größe des Fangfensters kann mit dem Befehl **OEFFNUNG** verändert werden.

Die Objektfang-Modi können auch noch anderweitig eingesetzt werden: Wird bei einem beliebigen Befehl nach einem Punkt gefragt, geben Sie einfach die Abkürzung eines oder mehrerer Objektfang-Modi ein und zeigen auf ein bestehendes Objekt. Der Objektfang-Modus gilt dann nur für den soeben ausgeführten Befehl. Die nachfolgenden Beispiele veranschaulichen diesen Sachverhalt.

In AutoCAD 10.0 benutzt **OFANG** die Kanten von **SOLIDS**, Bändern und 3D-Flächen sowie die Abschnitte von 2D-/3D-Polylinien und Polygonmaschen wie einzelne Linien.

Musteranwendung

In diesem Beispiel wird mit Hilfe des Befehls **OFANG** der Mittelpunkt eines Kreises, Endpunkt und Mittelpunkt einer Linie, die Senkrechte auf eine Linie und die Tangente an einen Kreis eingefangen.

1. Beginnen Sie eine neue Zeichnung namens OFANG. Setzen Sie das Fangraster und das Sichtraster. Vergrößern Sie den Bildschirmausschnitt.

    Befehl: **FANG** ⏎
    Fangwert oder EIN/AUS/Aspekt/Drehen/Stil <1.00>: **5** ⏎

    Befehl: **RASTER** ⏎
    Rasterwert(X) oder EIN/AUS/Fang/Aspekt <10.00>: **0** ⏎

    Befehl: **ZOOM** ⏎
    Alles/Mitte/Dynamisch/Grenzen/Links/Vorher/Fenster/<Faktor(X)>: **A** ⏎

Modul 65　　　　　　　　　　　　　　　　　　　　　　　　　　　　　　OFANG

2. Zeichnen Sie einen Kreis.

   Befehl: **KREIS** ⏎

   3P/2P/TTR/<Mittelpunkt>: **150,150** ⏎
   Durchmesser/<Radius>: **60** ⏎

3. Zeichnen Sie zwei Linien und erneuern Sie den Bildschirmausschnitt.

   Befehl: **LINIE** ⏎
   Von Punkt: **110,20** ⏎
   Nach Punkt: **380,20** ⏎
   Nach Punkt: **380,250** ⏎
   Nach Punkt: ⏎

   Befehl: **NEUZEICH** ⏎

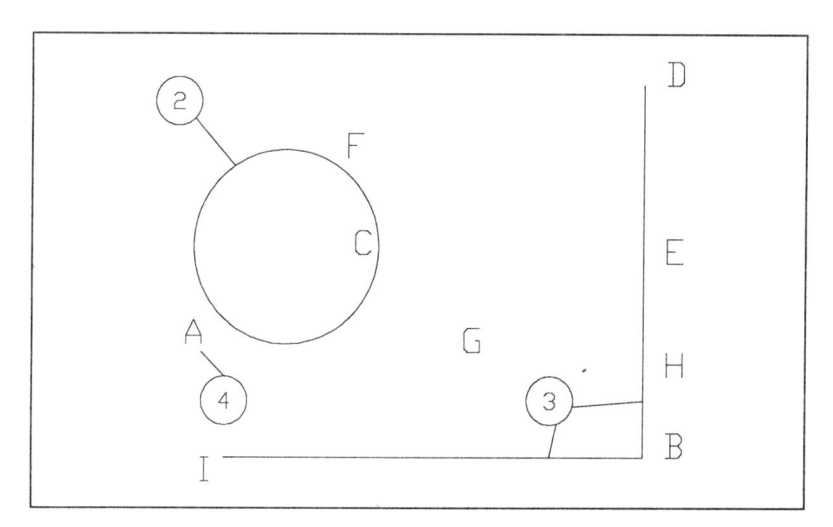

4. Fügen Sie die Buchstaben A bis I ein.

   Befehl: **TEXT** ⏎
   Startpunkt oder Ausrichten/Zentrieren/Einpassen/Mitte/Rechts/Stil:
   85,90 ⏎
   Höhe <3.50>: **15** ⏎
   Drehwinkel <0>: ⏎
   Text **A** ⏎

Befehl: **TEXT** ↵
Startpunkt oder Ausrichten/Zentrieren/Einpassen/Mitte/Rechts/Stil:
395,20 ↵
Höhe <15.00>: ↵
Drehwinkel <0>: ↵
Text **B** ↵

Befehl: **TEXT** ↵
Startpunkt oder Ausrichten/Zentrieren/Einpassen/Mitte/Rechts/Stil:
195,145 ↵
Höhe <15.00>: ↵
Drehwinkel <0>: ↵
Text **C** ↵

Befehl: **TEXT** ↵
Startpunkt oder Ausrichten/Zentrieren/Einpassen/Mitte/Rechts/Stil:
395,250 ↵
Höhe <15.00>: ↵
Drehwinkel <0>: ↵
Text **D** ↵

Befehl: **TEXT** ↵
Startpunkt oder Ausrichten/Zentrieren/Einpassen/Mitte/Rechts/Stil:
395,140 ↵
Höhe <15.00>: ↵
Drehwinkel <0>: ↵
Text **E** ↵

Befehl: **TEXT** ↵
Startpunkt oder Ausrichten/Zentrieren/Einpassen/Mitte/Rechts/Stil:
190,205 ↵
Höhe <15.00>: ↵
Drehwinkel <0>: ↵
Text **F** ↵

Befehl: **TEXT** ↵
Startpunkt oder Ausrichten/Zentrieren/Einpassen/Mitte/Rechts/Stil:
265,85 ↵
Höhe <15.00>: ↵
Drehwinkel <0>: ↵
Text **G** ↵

Modul 65 OFANG

```
Befehl: TEXT  ⏎
Startpunkt oder Ausrichten/Zentrieren/Einpassen/Mitte/Rechts/Stil:
395,70  ⏎
Höhe <15.00>:  ⏎
Drehwinkel <0>:  ⏎
Text H  ⏎

Befehl: TEXT  ⏎
Startpunkt oder Ausrichten/Zentrieren/Einpassen/Mitte/Rechts/Stil:
95,5  ⏎
Höhe <15.00>:  ⏎
Drehwinkel <0>:  ⏎
Text I  ⏎
```

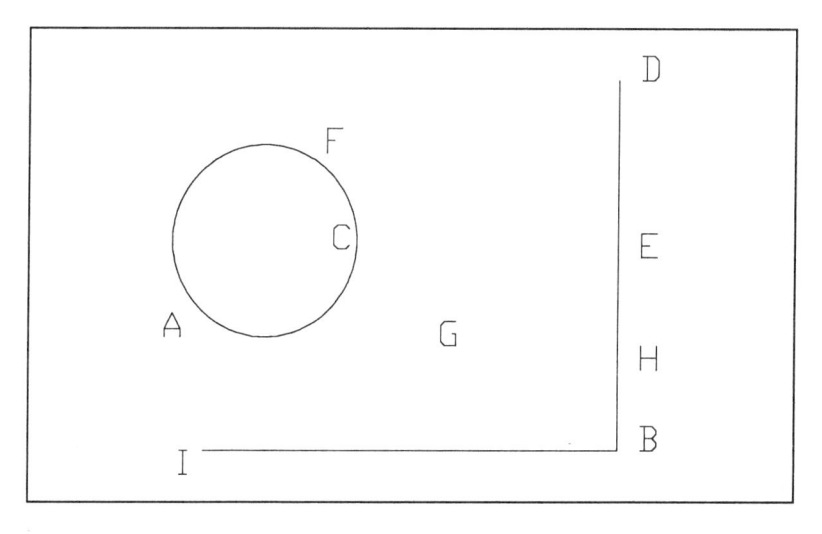

5. Ziehen Sie eine Linie vom Mittelpunkt des Kreises zur Verbindungslinie der beiden orthogonalen Linien.

```
Befehl: LINIE  ⏎
Von Punkt: ZEN  ⏎
von  (klicken Sie so, daß die Kreislinie nahe A sich im Fangfenster befindet)
Nach Punkt: SCH  ⏎
von  (klicken Sie so, daß sich der Schnittpunkt beider Linien nahe B im Fangfenster befindet)
Nach Punkt:  ⏎
```

OFANG   Modul 65

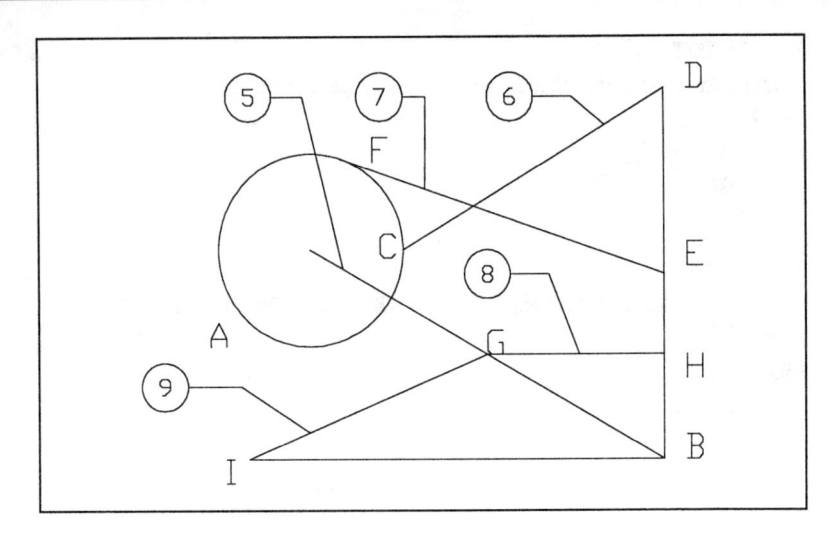

6. Ziehen Sie eine Linie von der 0-Grad-Position des Kreises zum Ende der Linie nahe D.

   Befehl: **LINIE** ⏎
   Von Punkt: **QUA** ⏎
   von (klicken Sie so, daß sich der Kreisumfang nahe C im Fangfenster befindet)
   Nach Punkt: **END** ⏎
   von (klicken Sie so, daß sich der Endpunkt der Linie nahe D sich im Fangfenster befindet)
   Nach Punkt: ⏎

7. Zeichnen Sie die Tangente vom Mittelpunkt der vertikalen Linie an den Kreis nahe F.

   Befehl: **LINIE** ⏎
   Von Punkt: **MIT** ⏎
   von (klicken Sie so, daß sich die vertikale Linie nahe E im Fangfenster befindet)
   Nach Punkt: **TAN** ⏎
   zu (klicken Sie so, daß sich der Kreisumfang nahe F innerhalb des Fangfensters befindet)
   Nach Punkt: ⏎

8. Ziehen Sie eine Linie vom Mittelpunkt der Linie nahe G zu einem Punkt senkrecht zur Linie nahe H.

   Befehl: **LINIE** ⏎
   Von Punkt: **MIT** ⏎
   von (klicken Sie so, daß sich die Linie nahe G im Fangfenster befindet)
   Nach Punkt: **LOT** ⏎
   zu (klicken Sie so, daß sich die Linie nahe H im Fangfenster befindet)
   Nach Punkt: ⏎

9. Ziehen Sie eine Linie vom Endpunkt der Linie nahe I zum Mittelpunkt der Linie nahe G.

   Befehl: **LINIE** ⏎
   Von Punkt: **END** ⏎
   von (klicken Sie so, daß sich die Linie nahe I im Fangfenster befindet)
   Nach Punkt: **MIT** ⏎
   von (klicken Sie so, daß sich die Linie nahe G im Fangfenster befindet)
   Nach Punkt: ⏎

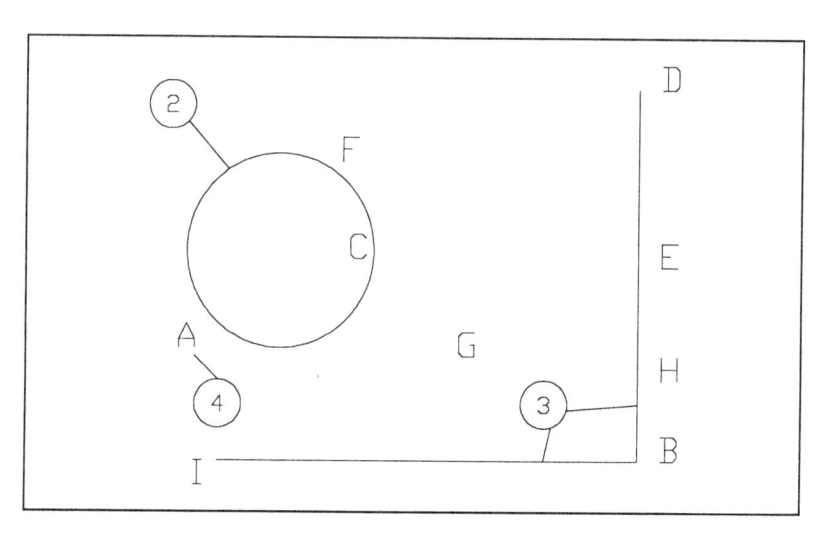

10. Kehren Sie mit **QUIT** ins Hauptmenü zurück.

Nächster Lernschritt ist **Modul 23**.

ORTHO

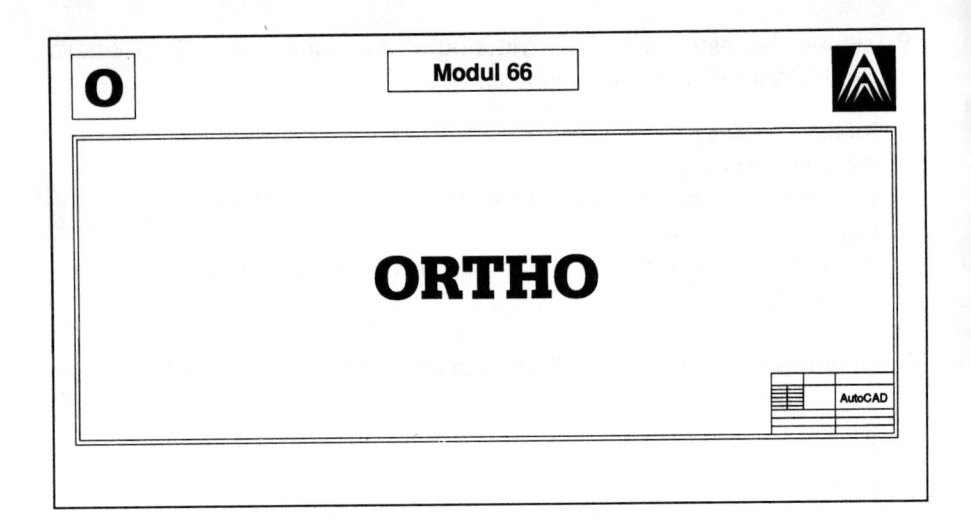

Modul 66

```
Befehl: ORTHO
EIN/AUS <aktuell>:
```

Beschreibung

Der Befehl **ORTHO** bewirkt, daß Linien nur parallel oder senkrecht zu den Koordinatenachsen gezeichnet werden können.

Aufruf und Optionen

Nach Aufruf des Befehls **ORTHO** kann dieser Modus ein- und ausgeschaltet werden.

Alternativ kann der Modus auch mit Funktionstasten während der Ausführung anderer Befehle geschaltet werden. Beim IBM-PC können Sie wahlweise `F8` oder `Ctrl` `O` benutzen.

Wenn **ORTHO** aktiviert ist, wird jede Linie und jedes Band vom ersten Eingabepunkt zu einem Punkt gezeichnet, der durch den vertikalen und horizontalen Abstand zum zweiten Eingabepunkt folgendermaßen definiert ist:

- Ist der vertikale Abstand größer als der horizontale, dann wird die Linie oder das Band vertikal mit einer Länge gleich dem vertikalen Abstand zum zweiten Eingabepunkt gezeichnet.

- Ist der horizontale Abstand größer als der vertikale, dann wird die Linie oder das Band horizontal mit einer Länge gleich dem horizontalen Abstand zum zweiten Eingabepunkt gezeichnet.

Die folgende Zeichnung veranschaulicht den Sachverhalt:

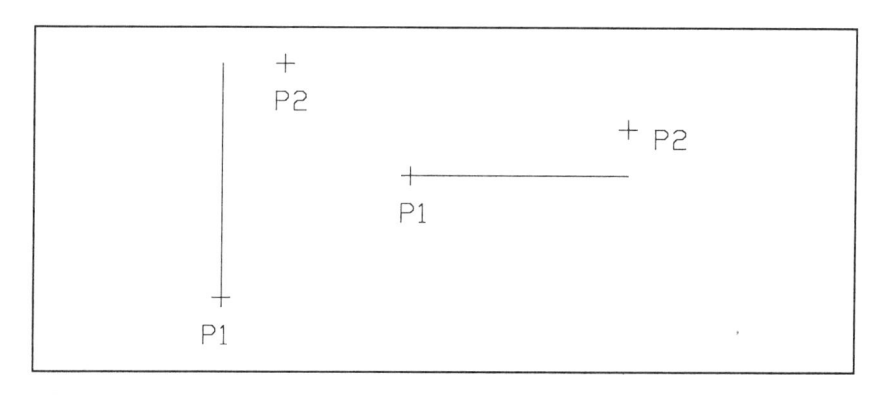

In diesem Modus können also keine Diagonalen gezeichnet werden.

Bei der Verwendung eines isometrischen Fangrasters können nur Linien parallel oder senkrecht zu den Koordinatenachsen gezeichnet werden. Diese Linien sind dann untereinander natürlich nicht orthogonal (soweit orthogonal als "im 90°-Winkel stehen" definiert wird). Dies gilt entsprechend auch, wenn das Fangraster gedreht wird.

Der Befehl **ORTHO** ist dann besonders wirksam, wenn hauptsächlich orthogonale Linien gezeichnet werden müssen und ein Digitizer oder eine Maus verfügbar sind. Zielpunkte brauchen dann nicht mehr genau eingegeben werden, da AutoCAD automatisch alle Linien orthogonalisiert.

Musteranwendung

Der Befehl **ORTHO** ist nur bei Steuerung des Fadenkreuzes durch einen Digitizer, eine Maus oder zumindest der Cursortasten sinnvoll. Gestalten Sie daher folgende Zeichnung mit Hilfe einer dieser drei Möglichkeiten.

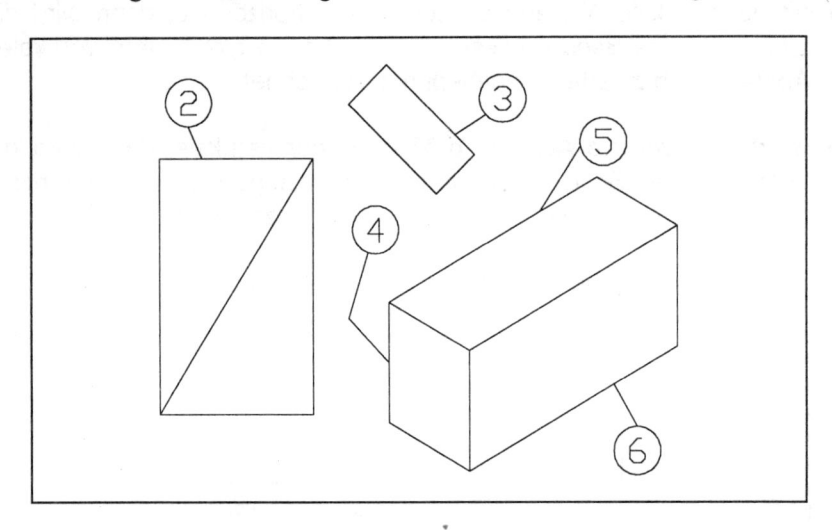

1. Beginnen Sie eine neue Zeichnung namens **ORTHO**. Aktivieren Sie **FANG** und **RASTER**. Schalten Sie **ORTHO** ein.

   ```
   Befehl: FANG
   Fangwert oder EIN/AUS/Aspekt/Drehen/Stil <1.00>: 5

   Befehl: RASTER
   Rasterwert(X) oder EIN/AUS/Fang/Aspekt <10.00>: 0

   Befehl: ORTHO
   EIN/AUS <Aus>: EIN
   Befehl:
   ```

2. Zeichnen Sie ein Rechteck und dessen Diagonale. Beachten Sie, daß Sie zum Zeichnen der Diagonale **ORTHO** ausschalten müssen. Die Befehle können Sie ebenfalls mit Ihrem Eingabegerät aus dem Bildschirmmenü auswählen.

   ```
   Befehl: (ZEICHNEN, dann LINIE klicken)
   LINIE Von Punkt: (50,50 klicken)
   Nach Punkt: (50,210 klicken)
   ```

Modul 66 ORTHO

```
Nach Punkt: (150,210 klicken) [Ctrl] [O]
Nach Punkt: <ORTHO AUS> (150,50 klicken)
Nach Punkt: (50,50 klicken)
Nach Punkt: (150,210 klicken)
Nach Punkt: [↵]
Befehl:
```

3. Schalten Sie mit [Ctrl] [O] **ORTHO** ein. Drehen Sie das Fangraster um 45 Grad und zeichnen Sie ein kleines Rechteck.

   ```
   Befehl: FANG [↵]
   Fangwert oder EIN/AUS/Aspekt/Drehen/Stil <5.00>: D [↵]
   Basispunkt <0.00,0.00>: [↵]
   Drehwinkel <0>: 45 [↵]
   ```

   ```
   Befehl: (LINIE klicken)
   LINIE  Von Punkt: (173.24,243.95 klicken)
   Nach Punkt: (229.81,187.38 klicken)
   Nach Punkt: (254.56,212.13 klicken)
   Nach Punkt: (197.99,268.70 klicken)
   Nach Punkt: (schliess klicken)
   Befehl:
   ```

4. Machen Sie die Drehung des Fangrasters rückgängig. Schalten Sie das Fangraster auf isometrisch. Zeichnen Sie einen Körper in isometrischer Projektion. Beginnen Sie mit der linken Seite.

   ```
   Befehl: FANG [↵]
   Fangwert oder EIN/AUS/Aspekt/Drehen/Stil <5.00>: D [↵]
   Basispunkt <0.00,0.00>: [↵]
   Drehwinkel <45>: 0 [↵]
   ```

   ```
   Befehl: FANG [↵]
   Fangwert oder EIN/AUS/Aspekt/Drehen/Stil <5.00>: STIL [↵]
   Standard/Isometrisch: I [↵]
   Vertikaler Wert <5.00>: [↵]
   Befehl: LINIE [↵]
   Von Punkt: (199.19,120 klicken)
   Nach Punkt: (251.15,90 klicken)
   Nach Punkt: (251.15,15 klicken)
   Nach Punkt: (199.19,45 klicken)
   ```

```
Nach Punkt: (199.19,120 klicken)
Nach Punkt: [↵]
Befehl:
```

5. Zeichnen Sie die Oberseite des Körpers.

   ```
   Befehl: ISOEBENE [↵]
   Links/Oben/Rechts/<Schalter>: [↵]
   Aktuelle isometrische Ebene: Oben

   Befehl: LINIE [↵]
   Von Punkt:  (199.19,120 klicken)
   Nach Punkt: (333.42,197.50 klicken)
   Nach Punkt: (385.38,167.50 klicken)
   Nach Punkt: (251.15,90 klicken)
   Nach Punkt: [↵]
   Befehl:
   ```

6. Zeichnen Sie die rechte Ansicht des Körpers.

   ```
   Befehl: ISOEBENE [↵]
   Links/Oben/Rechts/<Schalter>: [↵]
   Aktuelle isometrische Ebene: Rechts

   Befehl: (LINIE klicken)
   LINIE  Von Punkt: ( 251.15,15 klicken)
   Nach Punkt: (385.38,92.5 klicken)
   Nach Punkt: (385.38,167.5 klicken)
   Nach Punkt: [↵]
   Befehl:
   ```

   Nun sollte die Zeichnung so aussehen:

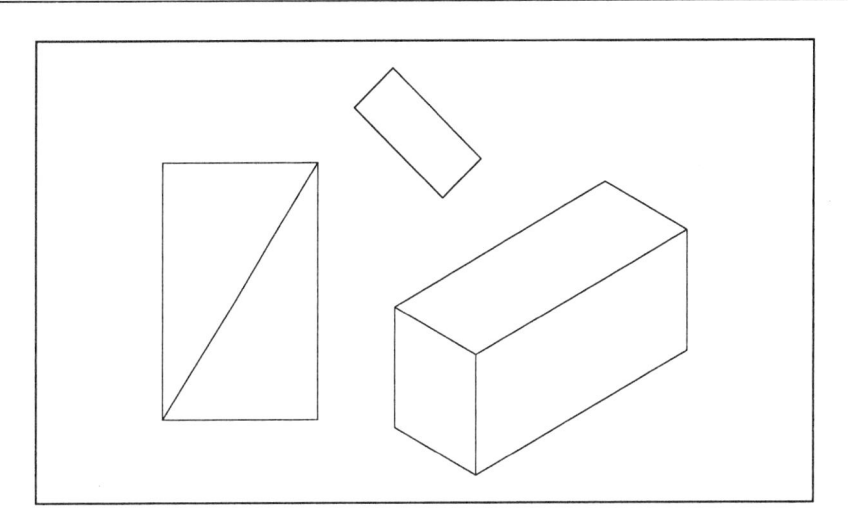

7. Kehren Sie mit **QUIT** ins Hauptmenü zurück.

Nächster Lernschritt ist **Modul 52**.

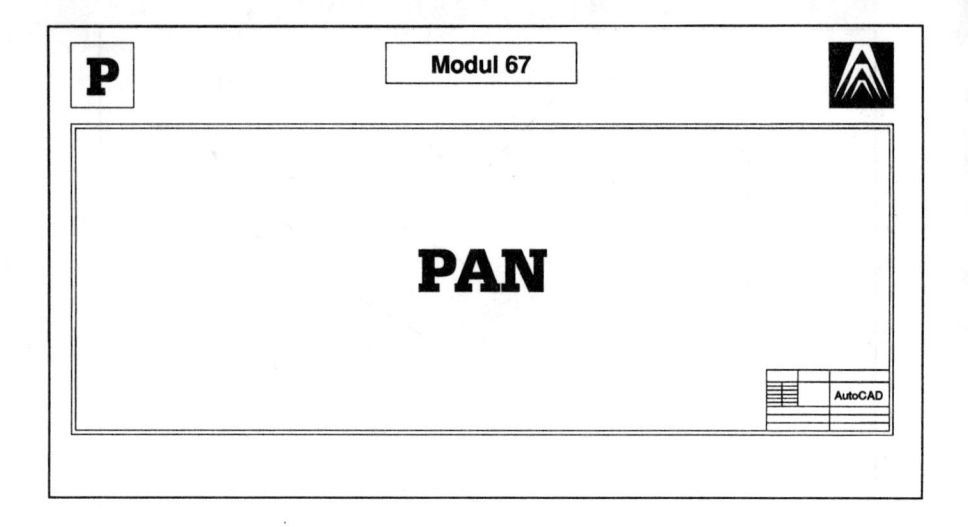

```
Befehl: PAN
Verschiebung:
Zweiter Punkt:
```

Beschreibung

Mit dem Befehl **PAN** läßt sich der Bildschirmausschnitt der Zeichnung in jede Richtung verschieben, ohne die Größe des Fensters zu verändern. **PAN** beeinflußt jeweils nur das aktuelle Ansichtsfenster.

Aufruf und Optionen

Auch PAN kann in vielen Fällen transparent benutzt werden, wenn man ein Apostroph vor den Befehlsnamen stellt, also **'PAN**. Der Befehl **PAN** bietet zwei Möglichkeiten zur Bildausschnittsverschiebung.

- Verschiebungsmethode
- Zweipunktmethode

Verschiebungsmethode:

Man gibt einen Verschiebungsvektor x,y ein. Ein positives x verschiebt die Zeichnung nach rechts, ein negatives nach links. Ein positives y verschiebt die Zeichnung nach oben, ein negatives nach unten. Der Verschiebungsvektor wird in den festgelegten Einheiten der Zeichnung interpretiert. Dabei wird der Ursprung der Zeichenebene (0,0) um den Vektor verschoben. Auf die Frage "Zweiter Punkt:" muß mit einem ⏎ geantwortet werden.

Zweipunktmethode:

Bei dieser Methode wird der Bildschirmausschnitt so verschoben, daß ein einzugebender Anfangspunkt mit einem einzugebenden Endpunkt zur Deckung gebracht wird. Wenn Anfangs- und Endpunkt über die Tastatur eingegeben werden, müssen sich diese nicht auf dem momentanen Bildschirmausschnitt der Zeichnung befinden.

Der Befehl **PAN** ist dann besonders nützlich, wenn ein interessierender Teil der Zeichnung außerhalb des momentanen Bildschirmausschnitts sichtbar gemacht werden soll. Falls die Ausschnittsgröße auch noch verändert werden soll, muß der Befehl **ZOOM** verwendet werden.

Musteranwendung

In diesem Beispiel zeichnen Sie eine Figur, die sich teilweise außerhalb des Bildschirmausschnitts befindet. Dann verwenden Sie den Befehl **PAN**, um die verdeckten Teile der Zeichnung sichtbar zu machen. Beginnen Sie eine neue Zeichnung namens PAN.

1. Setzen Sie FANG auf 5, LIMITEN auf 410,500 und schalten Sie das Raster ein.

    Befehl: **FANG** ⏎
    Fangwert oder EIN/AUS/Aspekt/Drehen/Stil <1.00>: **5** ⏎

    Befehl: **LIMITEN** ⏎
    EIN/AUS/<Linke untere Ecke> <0.00,0.00>: ⏎
    Rechte obere Ecke <410.00,287.00>: **410,500** ⏎

Befehl: **RASTER** [↵]
Rasterwert(X) oder EIN/AUS/Fang/Aspekt <0.00>: **EIN** [↵]

2. Zeichnen Sie folgende Figur. Beachten Sie, daß die Zeichnung über den Bildschirmrand hinausläuft.

   Befehl: **LINIE** [↵]
   Von Punkt: **100,400** [↵]
   Nach Punkt: **100,200** [↵]
   Nach Punkt: **300,200** [↵]
   Nach Punkt: **300,400** [↵]
   Nach Punkt: [↵]

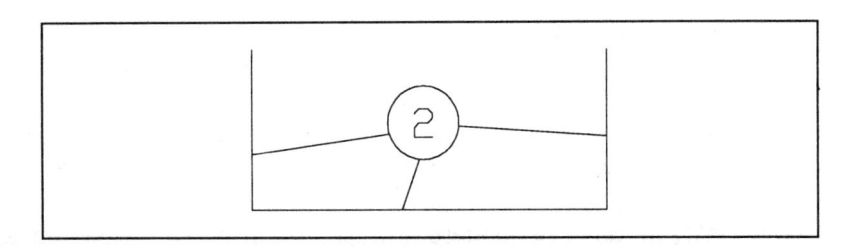

3. Nun verschieben Sie mit Hilfe des Befehls **PAN** das obere Ende der Figur in den sichtbaren Bildschirmausschnitt. Es soll dabei von der Zweipunktmethode Gebrauch gemacht werden.

   Befehl: **PAN** [↵]
   Verschiebung: **100,200** [↵]
   Zweiter Punkt: **50,50** [↵]

4. Nun zeichnen Sie ein Kreissegment, das die beiden Enden der Oberseite verbindet.

   Befehl:**BOGEN** [↵]
   Mittelpunkt/<Startpunkt>: **300,400** [↵]
   Mittelpunkt/Endpunkt/<zweiter Punkt>: **E** [↵]
   Endpunkt: **100,400** [↵]
   Winkel/Startrichtung/Radius/<Mittelpunkt>: **200,260** [↵]

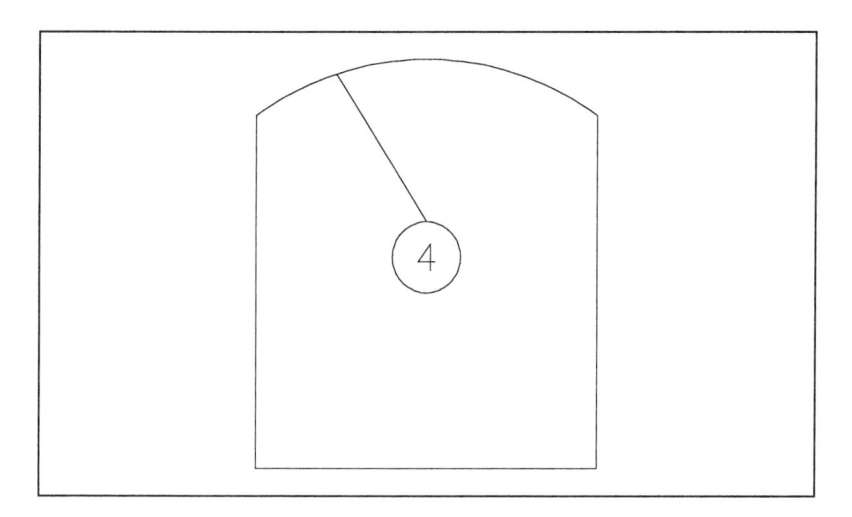

5. Kehren Sie mit **QUIT** ins Hauptmenü zurück.

Nächster Lernschritt ist **Modul 13**.

Modul 68

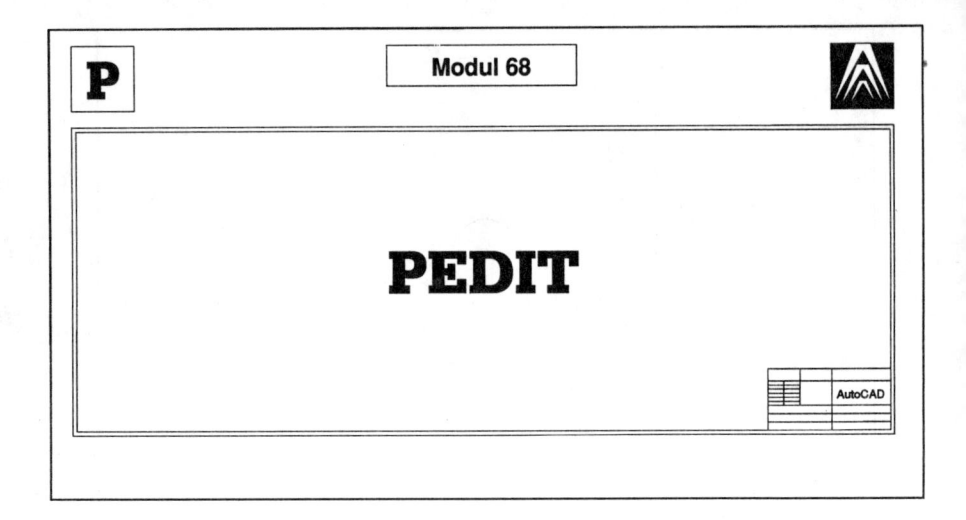

PEDIT

```
Befehl: PEDIT
Polylinie waehlen:
Schliessen/Verbinden/Breite/scheitel Editieren/kurve
Angleichen/Kurvenlinie/ kurve Loeschen/Zurueck/eXit <X>:
```

Beschreibung

Der Befehl **PEDIT** dient zum Editieren und Trennen von 2D-/3D-Polylinien und Polygonmaschen. Zu den Editiermöglichkeiten gehören folgende Operationen:

- der gesamten Polylinie eine einheitliche Breite geben
- die Breite und Verjüngung einzelner Polyliniensegmente ändern
- Polylinien und Polygonmaschen öffnen und schließen
- Polylinien und Polygonmaschen glätten
- Polylinien trennen
- mehrere Polylinien zu einer Einheit zusammenfügen
- den Scheitel einer Polylinie verschieben oder neue Scheitel hinzufügen

- eine Kurve durch alle Scheitelpunkte einer Polylinie zeichnen
- eine eckige Polylinie durch eine glatte Kurve ersetzen

Aufruf

Nach dem Befehlsaufruf muß die gewünschte Polylinie oder Polygonmasche angeklickt werden. Falls das geklickte Objekt keine Polylinie ist, meldet AutoCAD:

```
Das gewaehlte Element ist keine Polylinie
Soll es in eine Polylinie verwandelt werden? <J>
```

Falls Sie eine Linie oder einen Kreisbogen in eine Polylinie umwandeln möchten, antworten Sie mit ⏎ . Nun kann diese Linie mit dem Befehl **PEDIT** bearbeitet werden.

Optionen

Nach der Wahl der Polylinie steht eine Reihe von Optionen zur Wahl:

Schliessen/Verbinden/Breite/scheitel Editieren/kurve Angleichen/Kurvenlinie/ kurve Loeschen/Zurueck/eXit <X>:

Wenn die Polylinie bereits geschlossen ist, wird die Option "Schliessen" durch die Option "Oeffnen" ersetzt. Die Wahl der Optionen geschieht wie üblich durch Angabe der Großbuchstaben.

Die sehr komplexe Option "scheitel Editieren" wird später erläutert.

Schliessen   Der Endpunkt des letzten Segments wird mit dem Anfangspunkt des ersten Segments verbunden. Bei Polygonmaschen ist dies in beiden Richtungen möglich.

Oeffnen   Das abschließende Segment der Polylinie wird gelöscht. Wurde das abschließende Segment vom Benutzer gezeichnet, also nicht automatisch verbunden, zeigt diese Option keine Wirkung.

343

PEDIT

Verbinden Damit wird die gewählte Polylinie mit anstoßenden Bögen, Kreisen, Linien und anderen Polylinien verbunden. Dazu muß die Polylinie geöffnet sein. Danach müssen die zu verbindenden Objekte gewählt werden. Gewählte Objekte, die nicht ganz oder nicht mit ihrem Endpunkt an die Polylinie anschließen, werden nicht verbunden. Um verbundene Objekte zu lokalisieren, kann man den Befehl **LISTE** verwenden. Verbinden arbeitet nur bei 2D-Polylinien.

Breite Damit wird der ganzen Polylinie eine einheitliche Breite gegeben. Die Operation wird ausgeführt, sobald die "Neue Breite für alle Segmente" eingegeben wurde (nur bei 2D-Polylinien).

scheitel Editieren Damit wird der Scheitel einer Polylinie bestimmt, um ihn mit nachfolgenden Segmenten zu editieren. Über diese wirkungsvolle Option später mehr.

kurve Angleichen Damit wird eine glatte Kurve, die den Scheitelpunkten der Polylinie angeglichen ist, gezeichnet. Die neue geglättete Polylinie setzt sich aus vielen Bögen zusammen. Sie geht durch alle Scheitelpunkte hindurch (nur bei 2D-Polylinien).

Kurvenlinie Diese Option erzeugt ebenfalls eine glatte Kurve. Sie geht allerdings nicht durch alle Scheitelpunkte, sondern nur durch den ersten und letzten Punkt. Alle anderen Scheitelpunkte wirken wie Magneten und verformen die Kurve. Je enger die Scheitelpunkte liegen, umso stärker ziehen sie die Kurve an. Das Ergebnis ist ein quadratischer oder kubischer B-Spline, je nach Wert der Variablen **SPLINETYPE**. Die Genauigkeit der Spline-Darstellung wird durch die Systemvariable **SPLINESEGS** bestimmt.

kurve Loeschen Damit wird das Ergebnis der Option "Kurve angleichen", bzw. der Option "Kurvenlinie" rückgängig gemacht.

Zurueck Macht den letzten Arbeitsschritt rückgängig.

eXit Damit wird der Befehl **PEDIT** verlassen.

Bei Polygonmaschen heißt es statt "Kurve" natürlich "Oberfläche".

scheitel Editieren

Wenn die Option "scheitel Editieren" gewählt wurde, erscheint folgendes Optionsmenü.

Naechster/Vorher/Bruch/Einfuegen/Schieben/Regen/Linie/Tangente/Breite/eXit <N>:

Danach erscheint auf der ausgewählten Polylinie ein "X", das innerhalb der anschließend genannten Optionen folgende Funktion hat:

Naechster/ Vorher Damit wird das "X" zum nächsten oder vorherigen Scheitelpunkt bewegt. Durch Drücken von ⏎ bewegt sich das "X" in die gewählte Richtung weiter. Bei Polygonmaschen gibt es zusätzlich die Möglichkeiten REchts/Links/AUf/AB.

Bruch Es erscheint ein weiteres Optionsmenü:

Naechster/Vorher/Los/eXit <N>:

Mit "Los" wird die Polylinie am durch "X" bezeichneten Scheitelpunkt getrennt. Mit "eXit" kehren Sie in die Option "scheitel Editieren" zurück. Die beiden anderen Optionen sind analog zum vorigen Optionsmenü (nur bei 2D-/3D-Polylinien).

Einfuegen Damit wird der Polylinie ein neuer Scheitelpunkt hinzugefügt. Auf die Frage nach dem neuen Scheitelpunkt wird der gewünschte Punkt angeklickt (nur bei 2D-/3D-Polylinien).

Schieben Damit wird dem mit "X" markierten Scheitelpunkt ein neuer Standort zugeordnet und mit den benachbarten Scheitelpunkten verbunden.

Regen Damit wird die geänderte Polylinie neu gezeichnet.

Linie Nach dem Optionsaufruf wird der aktuelle Scheitelpunkt (mit "X" markiert) gespeichert und ein weiteres Optionsmenü erscheint:

Naechster/Vorher/Los/eXit <N>:

Wenn Sie mit Hilfe von "Nächster" oder "Vorher" das "X" zu einem anderen Scheitelpunkt bewegt haben, werden mit

"Los" alle dazwischenliegenden Scheitelpunkte gelöscht und der Anfangs- und Endscheitelpunkt mit einer Gerade verbunden (nur bei 2D-Polylinien).

Um diese Operation rückgängig zu machen, wählen Sie die Option "eXit". Sie kehren damit zur Option "scheitel Editieren" des Befehls **PEDIT** zurück.

Tangente Damit wird dem aktuellen Scheitelpunkt eine Tangentenrichtung für eine nachfolgende Kurvenangleichung zugeordnet. Auf die Frage nach der Tangentenrichtung kann entweder der Zahlenwert des Tangentenwinkels, gerechnet gegen die Horizontale, eingegeben oder ein Punkt, dessen Verbindungslinie zum Scheitelpunkt die gewünschte Tangentenrichtung angibt, angeklickt werden (nur bei 2D-Polylinien).

Breite Damit können Anfangs- und Endbreite des dem Scheitelpunkt nachfolgenden Segments (also nicht der gesamten Polylinie) geändert werden. Da das Segment nach Eingabe neuer Breiten nicht erneut gezeichnet wird, sollte ein **REGEN**-Befehl folgen (nur bei 2D-/3D-Polylinien).

eXit Damit kehren Sie zum Befehl **PEDIT** zurück.

Allgemeine Bemerkung

Der Befehl **PEDIT** stellt in Verbindung mit dem Befehl **PLINIE** wohl einen der nützlichsten und komplexesten Befehle von AutoCAD dar. Polylinien eignen sich besonders zur Beschreibung von Linienzügen, die nicht aus Geraden und Bögen zusammengesetzt, sondern durch diskrete Funktions- oder Meßwerte definiert sind. Derartige Polylinien können dann geglättet und auf vielfältige andere Art bearbeitet werden.

Beispielsweise eignen sich Polylinien in der Geographie zum Zeichnen von Höhenlinien. Zuerst werden die Meßwerte eingetragen und miteinander zu einer Polylinie verbunden. Anschließend wird die Polylinie geglättet.

Musteranwendung

In diesem Beispiel zeichnen Sie einen Linienverlauf, der auf der Funktion $y = -x^2$ basiert. Beginnen Sie eine neue Zeichnung namens PLINE.

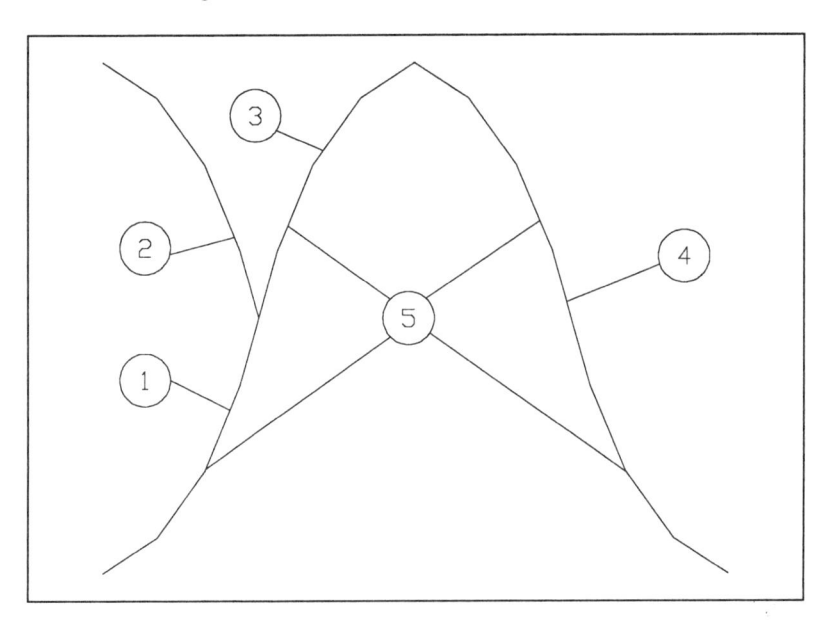

1. Zeichnen Sie die linke Hälfte der Kurve.

   ```
   Befehl: PLINIE ↵
   Von Punkt: 0,0 ↵
   Aktuelle Linienbreite betraegt 0.00
   Kreisbogen/Schliessen/Halbbreite/Laenge/Zurueck/Breite/<Linien-Endpunkt>:
   32,20 ↵
   Kreisbogen/Schliessen/Halbbreite/Laenge/Zurueck/Breite/<Linien-Endpunkt>:
   60,58 ↵
   Kreisbogen/Schliessen/Halbbreite/Laenge/Zurueck/Breite/<Linien-Endpunkt>:
   81,107 ↵
   Kreisbogen/Schliessen/Halbbreite/Laenge/Zurueck/Breite/<Linien-Endpunkt>:
   92,145 ↵
   Kreisbogen/Schliessen/Halbbreite/Laenge/Zurueck/Breite/<Linien-Endpunkt>:
   ↵
   ```

PEDIT   Modul 68

2. Spiegeln Sie mit Hilfe des Befehls **SPIEGELN** die Polylinie.

    Befehl: **SPIEGELN** [↵]
    Objekte waehlen: **L** [↵]

    1 gefunden.
    Objekte waehlen: [↵]
    Erster Punkt der Spiegelachse: **15,145** [↵]
      Zweiter Punkt: **200,145** [↵]
    Alte Objekte loeschen? <N>: [↵]

3. Spiegeln Sie die Polylinie um eine vertikale Achse. Löschen Sie die soeben gezeichnete Polylinie.

    Befehl: **SPIEGELN** [↵]
    Objekte waehlen: **L** [↵]

    1 gefunden.
    Objekte waehlen: [↵]
    Erster Punkt der Spiegelachse: **92,250** [↵]
      Zweiter Punkt: **92,40** [↵]
    Alte Objekte loeschen? <N>: **J** [↵]

4. Spiegeln Sie den linken Ast der Parabel.

    Befehl: [↵]
    SPIEGELN
    Objekte waehlen: (klicken Sie die untere und obere Linie je einmal an)
    Objekte waehlen: [↵]
    Erster Punkt der Spiegelachse: **184,190** [↵]
      Zweiter Punkt: **184,80** [↵]
    Alte Objekte loeschen? <N> [↵]

5. Verbinden Sie die vier Polylinien.

    Befehl: **PEDIT** [↵]
    Polylinie waehlen: (klicken Sie den unteren Teil der linken Polylinie)
    Schliessen/Verbinden/Breite/scheitel Editieren/kurve
    Angleichen/Kurvenlinie/
    kurve Loeschen/Zurueck/eXit <X>: **V** [↵]
    Objekte waehlen: (klicken Sie den oberen Teil der linken Polylinie)
    1 gewaehlt,1 gefunden.
    Objekte waehlen: (klicken Sie den oberen Teil der rechten Polylinie)

```
1 gewaehlt,1 gefunden.
Objekte waehlen: (klicken Sie den unteren Teil der rechten Polylinie)
1 gewaehlt,1 gefunden.
Objekte waehlen: [↵]

12 Segmente der Polylinie hinzugefuegt
```

6. Glätten Sie die Polylinie.

```
Schliessen/Verbinden/Breite/scheitel Editieren/kurve
Angleichen/Kurvenlinie/
kurve Loeschen/Zurueck/eXit <X>: A [↵]
Schliessen/Verbinden/Breite/scheitel Editieren/kurve
Angleichen/Kurvenlinie/
kurve Loeschen/Zurueck/eXit <X>: [↵]
```

Die Kurve sollte nun so aussehen, wie in der folgenden Abbildung gezeigt.

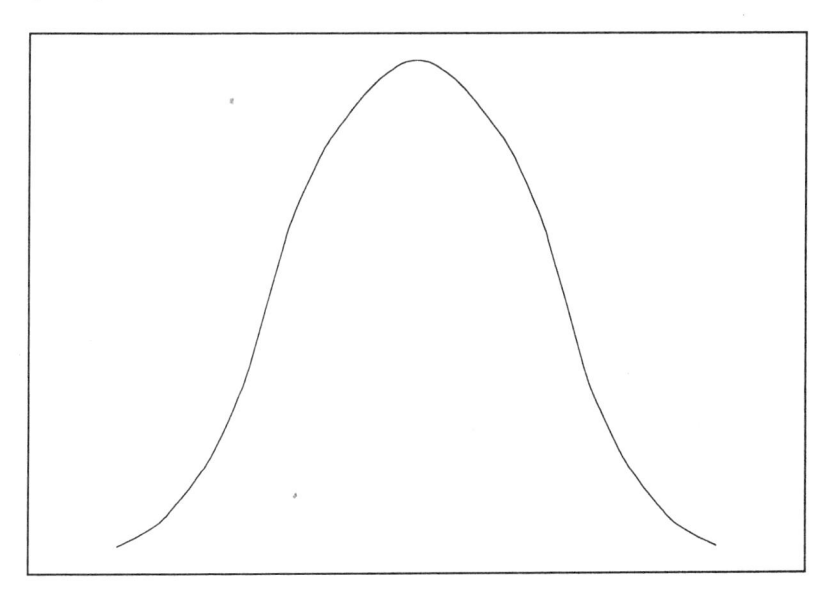

7. Kehren Sie mit **QUIT** ins Hauptmenü zurück.

Nächster Lernschritt ist **Modul 8**.

P   Modul 69

PLINIE

AutoCAD

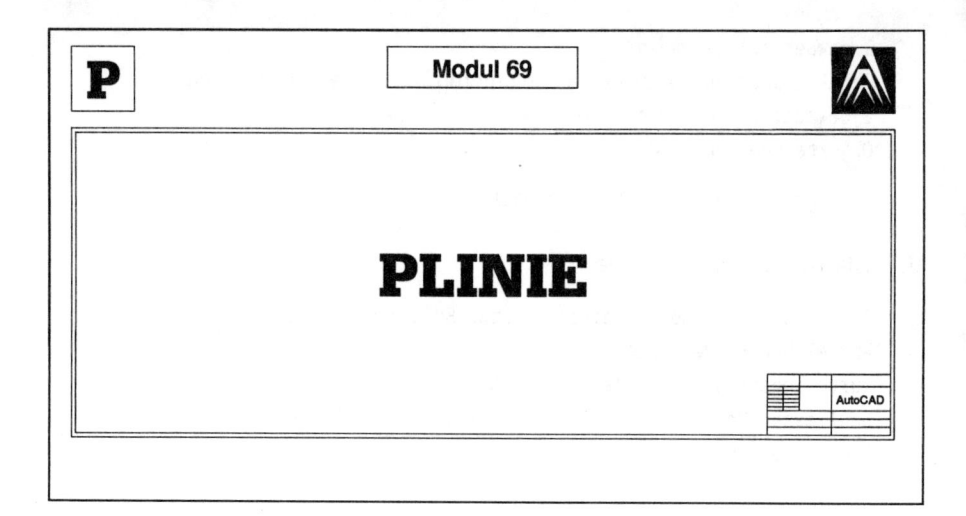

```
Befehl: PLINIE
Von Punkt:
Aktuelle Linienbreite betraegt ...
Kreisbogen/Schliessen/Halbbreite/Laenge/Zurueck/Breite/<Linien-Endpunkt>:
```

Beschreibung

Mit dem Befehl **PLINIE** können Polylinien gezeichnet werden. Dies sind aus Geraden und Kreisbögen variabler Strichbreite zusammengesetzte Linien, die als Einheit betrachtet werden. Polylinien im dreidimensionalen Raum, die nicht in einer Ebene parallel zur X-/Y-Ebene liegen, werden mit dem Befehl **3DPOLY** gezeichnet.

Aufruf und Optionen

Nach dem Befehlsaufruf folgt die Frage nach dem Anfangspunkt der Polylinie. Wurden die Koordinaten des Anfangspunkts eingegeben oder geklickt, so erscheint die Frage nach der aktuellen Linienbreite. Wenn Sie den aktuellen Wert übernehmen wollen, antworten Sie mit ↵ .

Diese Linienbreite ist dann solange gültig, bis eine Veränderung mit Hilfe der Option "Breite" herbeigeführt wird.

Nun erscheint folgende Liste von Optionen:

Kreisbogen   Damit wird ein Kreisbogen gezeichnet. Es erscheinen die weiter unten beschriebenen Optionen.

Schliessen   Es wird eine Gerade vom momentanen Punkt zum Anfangspunkt der Polylinie gezeichnet. Der Befehl **PLINIE** ist damit beendet.

Länge   Es wird eine Linie im selben Winkel wie das vorherige Segment gezeichnet. Lediglich die Länge der neuen Linie kann bestimmt werden. Beispielsweise wird eine Linie tangential an einen vorhergehenden Kreisbogen angefügt.

Zurueck   Damit wird das letzte Segment der Polylinie gelöscht. Diese Option kann solange angewandt werden, bis die gesamte Polylinie gelöscht ist.

Breite   Damit wird die Linienbreite der nachfolgenden Polyliniensegmente definiert. AutoCAD fragt nach der Anfangs- und Endbreite der nachfolgenden Polylinien, so daß sich verjüngende Linien gezeichnet werden können. Ist der Füllmodus ausgeschaltet, werden nur Umrisse gezeichnet.

Halbbreite   Dies entspricht der halben Linienbreite; die Bedienung ist analog zur Option Breite. Diese Option ist besonders bei Verwendung eines Digitizers nützlich, da der Gummiband-Cursor in der Mitte der Bänder befestigt ist und daher in der Anzeige die halbe Linienbreite erscheint.

Kreisbögen

Wenn Sie die Option Kreisbogen gewählt haben, erscheinen folgende weiteren Optionen:

Winkel Damit wird der vom Kreisbogen eingeschlossene Winkel bestimmt. Ein postiver Winkel bedeutet Drehung im Uhrzeigersinn. Nach Beantwortung dieser Frage haben Sie die Optionen Mittelpunkt, Radius und Endpunkt zur Wahl.

Mittelpunkt Damit wird der Mittelpunkt des an die Polylinie anzufügenden Kreisbogens bestimmt. Danach wird nach dem eingeschlossenen Winkel, der Sehnenlänge oder dem Endpunkt des Kreisbogens gefragt.

Schliessen Die Polylinie wird hier, im Gegensatz zu der vorherigen Option, mit einem Kreisbogen geschlossen.

Richtung Normalerweise wird das nachfolgende Polyliniensegment tangential an das vorhergehende angefügt. Mit der Option Richtung kann ein individueller Startwinkel festgelegt werden.

Linie Die Auswahl der Kreisbogen-Optionen wird verlassen und es erscheint wieder das vorher beschriebene Optionsmenü zum Zeichnen gerader Segmente.

Radius Damit wird der Radius des Kreisbogens definiert. Danach muß der eingeschlossene Winkel oder der Endpunkt eingegeben werden.

zweiter Pkt Damit wird der zweite Punkt eines 3-Punkte-Kreisbogens festgelegt. Danach folgt die Frage nach dem Endpunkt.

Polylinien werden als Einheit betrachtet und als nur ein Element abgespeichert. Dies spart Speicherplatz. Eine Polylinie kann mit einem einzigen Befehl abgerundet werden.

Modul 69   PLINIE

Einige Befehle wie **ELLIPSE** oder **POLYGON** zeichnen bestimmte Polylinien automatisch.

Musteranwendung

In diesem Beispiel zeichnen Sie das Layout einer Platine. Beginnen Sie eine neue Zeichnung namens PLINE.

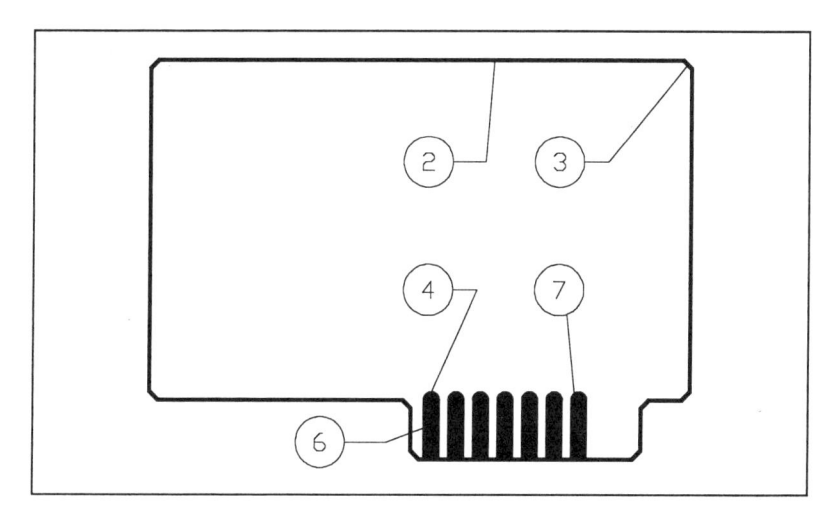

1. Setzen Sie das Fangraster, schalten Sie das Sichtraster ein und vergrößern Sie den Bildschirmausschnitt auf volle Größe.

    ```
    Befehl: FANG ↵
    Fangwert oder EIN/AUS/Aspekt/Drehen/Stil <1.00>: 5 ↵
    Befehl: RASTER ↵
    Rasterwert(X) oder EIN/AUS/Fang/Aspekt <10.00>: 0 ↵
    Befehl: ZOOM ↵
    Alles/Mitte/Dynamisch/Grenzen/Links/Vorher/Fenster/<Faktor(X)>: A ↵
    ```

2. Zeichnen Sie die Umrisse der Platine.

    ```
    Befehl: PLINIE ↵
    Von Punkt: 20,50 ↵
    Aktuelle Linienbreite betraegt 0.00
    Kreisbogen/Schliessen/Halbbreite/Laenge/Zurueck/Breite/<Linien-Endpunkt>:
    B ↵
    ```

PLINIE   Modul 69

```
Startbreite <0.00>: 2 [↵]
Endbreite <2.00>: [↵]
Kreisbogen/Schliessen/Halbbreite/Laenge/Zurueck/Breite/<Linien-Endpunkt>:
20,250 [↵]
Kreisbogen/Schliessen/Halbbreite/Laenge/Zurueck/Breite/<Linien-Endpunkt>:
350,250 [↵]
Kreisbogen/Schliessen/Halbbreite/Laenge/Zurueck/Breite/<Linien-Endpunkt>:
350,50 [↵]
Kreisbogen/Schliessen/Halbbreite/Laenge/Zurueck/Breite/<Linien-Endpunkt>:
320,50 [↵]
Kreisbogen/Schliessen/Halbbreite/Laenge/Zurueck/Breite/<Linien-Endpunkt>:
320,15 [↵]
Kreisbogen/Schliessen/Halbbreite/Laenge/Zurueck/Breite/<Linien-Endpunkt>:
180,15 [↵]
Kreisbogen/Schliessen/Halbbreite/Laenge/Zurueck/Breite/<Linien-Endpunkt>:
180,50 [↵]
Kreisbogen/Schliessen/Halbbreite/Laenge/Zurueck/Breite/<Linien-Endpunkt>:
S [↵]
```

3. Facettieren Sie alle Ecken.

```
Befehl: FACETTE [↵]
Polylinie/Abstaende/<Erste Linie waehlen>: A [↵]
Ersten Facettenabstand eingeben <0.00>: 5 [↵]
Zweiten Facettenabstand eingeben <5.00>: [↵]
Befehl: [↵]
FACETTE  Polylinie/Abstaende/<Erste Linie waehlen>: P [↵]
Polylinie waehlen: (klicken Sie die Polylinie)

8 Linien wurden facettiert
```

4. Definieren Sie den Radius für die Steckkontakte.

```
Befehl: PLINIE [↵]
Von Punkt: 190,50 [↵]
Aktuelle Linienbreite betraegt 2.00
Kreisbogen/Schliessen/Halbbreite/Laenge/Zurueck/Breite/<Linien-Endpunkt>:
B [↵]
Startbreite <2.00>: 5 [↵]
Endbreite <5.00>: [↵]
```

```
Kreisbogen/Schliessen/Halbbreite/Laenge/Zurueck/Breite/<Linien-Endpunkt>:
K  ↵
Winkel/Mittelpunkt/Schliessen/Richtung/Halbbreite/Linie/Radius/
Zweiter punkt/Zurueck/Breite/
<Endpunkt des Bogens>: Mi  ↵
Mittelpunkt: 192.5,50  ↵
Winkel/Laenge/<Endpunkt>: W  ↵
eingeschlossener Winkel: -180  ↵
```

5. Verlassen Sie mit [Ctrl] [C] den Befehl **PLINIE**.

6. Zeichnen Sie den Anschluß des ersten Steckkontakts.

   ```
   Befehl: PLINIE  ↵
   Von Punkt: 192.5,50  ↵
   Aktuelle Linienbreite betraegt 5.00
   Kreisbogen/Schliessen/Halbbreite/Laenge/Zurueck/Breite/<Linien-Endpunkt>:
   B  ↵
   Startbreite <5.00>: 10  ↵
   Endbreite <10.00>:  ↵
   Kreisbogen/Schliessen/Halbbreite/Laenge/Zurueck/Breite/<Linien-Endpunkt>:
   192.5,15  ↵
   Kreisbogen/Schliessen/Halbbreite/Laenge/Zurueck/Breite/<Linie-Endpunkt>:
   [Ctrl] [C]
   ```

7. Kopieren Sie mit dem Befehl **REIHE** die Steckkontaktanschlüsse.

   ```
   Befehl: REIHE  ↵
   Objekte waehlen: F  ↵
   Erste Ecke: 185,10  ↵
   Andere Ecke: 200,60  ↵
   2 gefunden.
   Objekte waehlen:  ↵
   Rechteckige oder polare Anordnung (R/P): R  ↵
   Anzahl Reihen (---) <1>:  ↵
   Anzahl Kolonnen (||||) <1>: 7  ↵
   Abstand zwischen den Kolonnen (||||): 15  ↵
   ```

PLINIE   Modul 69

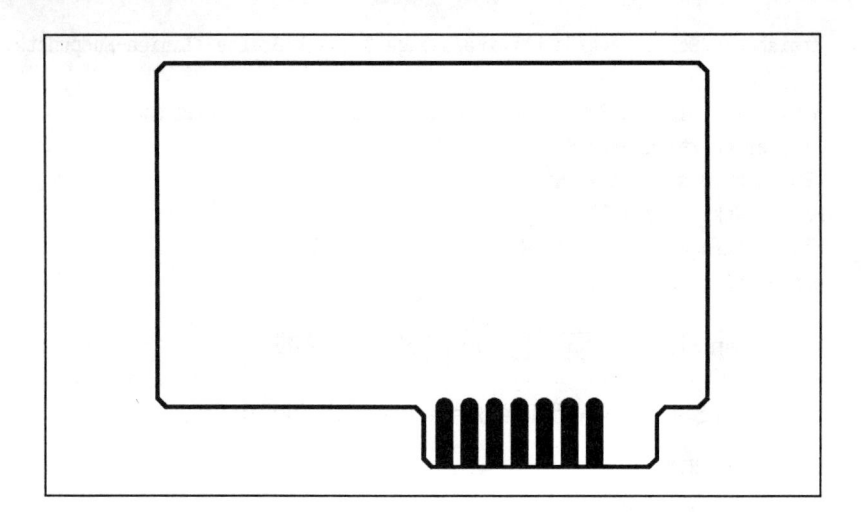

Nun zeichnen Sie zuerst Kreise, genannt Lötpunkte. Anschließend verbinden Sie mittels dreier Polylinien einen Lötpunkt mit einem Steckkontakt. Danach runden Sie die Polylinien ab.

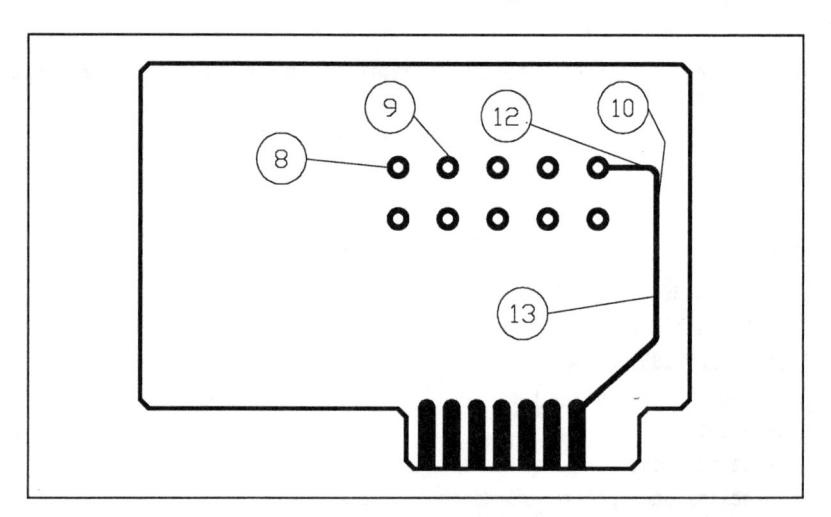

8. Zeichnen Sie die Lötpunkte und regenerieren Sie den Bildschirmausschnitt.

   Befehl: **PLINIE** ⏎
   Von Punkt: **170,160** ⏎
   Aktuelle Linienbreite betraegt 10.00

356

```
Kreisbogen/Schliessen/Halbbreite/Laenge/Zurueck/Breite/<Linien-Endpunkt>:
B ⏎
Startbreite <10.00>: 3 ⏎
Endbreite <3.00>: ⏎
Kreisbogen/Schliessen/Halbbreite/Laenge/Zurueck/Breite/<Linien-Endpunkt>:
K ⏎
Winkel/Mittelpunkt/Schliessen/Richtung/Halbbreite/Linie/Radius/
Zweiter punkt/Zurueck/Breite/
<Endpunkt des Bogens>: Mi ⏎
Mittelpunkt: 175,160 ⏎
Winkel/Laenge/<Endpunkt>: W ⏎
eingeschlossener Winkel: 180 ⏎
Winkel/Mittelpunkt/Schliessen/Richtung/Halbbreite/Linie/Radius/
Zweiter punkt/Zurueck/Breite/
<Endpunkt des Bogens>: S ⏎

Befehl: NEUZEICH ⏎
```

9. Fügen Sie mit Hilfe des Befehls **REIHE** neun weitere Lötpunkte hinzu.

```
Befehl: REIHE ⏎
Objekte waehlen: L ⏎

1 gefunden.
Objekte waehlen: ⏎
Rechteckige oder polare Anordnung (R/P): R ⏎
Anzahl Reihen (---) <1>: 2 ⏎
Anzahl Kolonnen (||||) <1>: 5 ⏎
Zelle oder Abstand zwischen den Reihen (---): 30 ⏎
Abstand zwischen den Kolonnen (||||): 30 ⏎
```

10. Verbinden Sie einen Lötpunkt mit einem Steckkontakt.

```
Befehl: PLINIE ⏎
Von Punkt: 300,190 ⏎
Aktuelle Linienbreite betraegt 3.00
Kreisbogen/Schliessen/Halbbreite/Laenge/Zurueck/Breite/<Linien-Endpunkt>:
330,190 ⏎
Kreisbogen/Schliessen/Halbbreite/Laenge/Zurueck/Breite/<Linien-Endpunkt>:
330,90 ⏎
Kreisbogen/Schliessen/Halbbreite/Laenge/Zurueck/Breite/<Linien-Endpunkt>:
285,50
```

PLINIE   Modul 69

```
Kreisbogen/Schliessen/Halbbreite/Laenge/Zurueck/Breite/<Linien-Endpunkt>:
[Ctrl] [C]
```

11. Setzen Sie den Rundungsradius auf 5 Einheiten.

    ```
    Befehl: ABRUNDEN [↵]
    Polylinie/Radius/<Zwei Objekte waehlen>: R [↵]
    Rundungsradius eingeben <0.00>: 5 [↵]
    ```

12. Wählen Sie zum Abrunden den Polylinien-Modus.

    ```
    Befehl: [↵]
    ABRUNDEN Polylinie/Radius/<Zwei Objekte waehlen>: P [↵]
    ```

13. Klicken Sie die Polylinie.

    ```
    Polylinie waehlen: (Verbindungslinie zw. Lötpunkt und Steckkontakt klicken)
    2 Linien wurden abgerundet
    ```

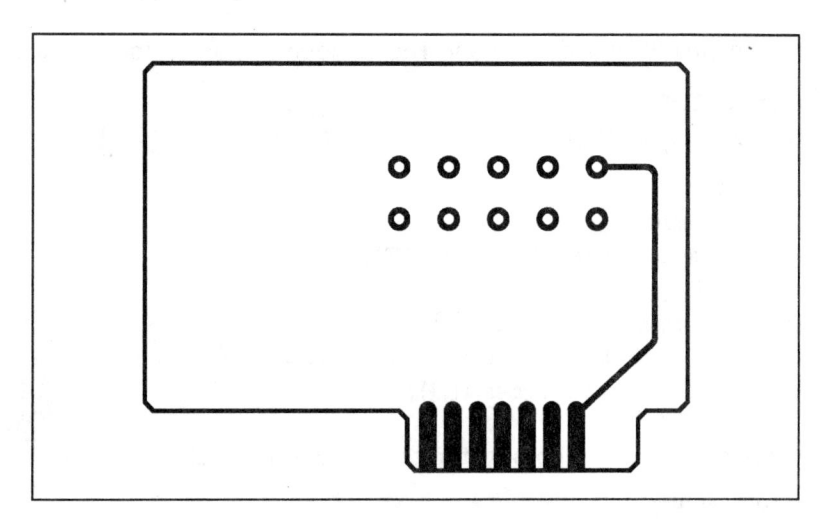

14. Kehren Sie mit **QUIT** ins Hauptmenü zurück.

Nächster Lernschritt ist **Modul 81**.

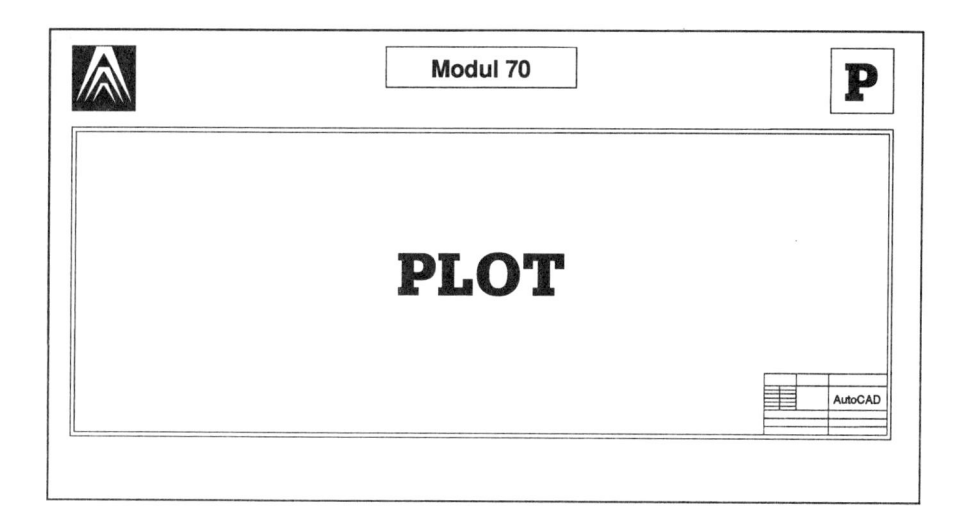

```
Befehl: PLOT
Plotten -- Sicht, Grenzen, Limiten, Ausschnitt oder Fenster <S>:
```

Beschreibung

Mit dem Befehl **PLOT** können Zeichnungen auf einem Stift-Plotter ausgegeben werden.

Aufruf und Optionen

Nach dem Befehlsaufruf stehen folgende Optionen zur Wahl:

Sicht Es wird der sichtbare Bildschirmausschnitt geplottet. Ist der Bildschirm leer, so wird der zuletzt abgespeicherte Bildschirm ausschnitt geplottet.

Grenzen Es wird nur der Teil der Zeichnung geplottet, der Objekte enthält. Damit ähnelt diese Option der Option "Grenzen" des Befehls **ZOOM**.

Limiten	Es wird der gesamte Zeichnungsbereich, der durch den Befehl **LIMITEN** festgelegt wurde, geplottet.
Ausschnitt	Eine mit dem Befehl **AUSSCHNT** abgespeicherte Ansicht wird mit dieser Option geplottet. Falls keine Ansichten abgespeichert sind, ist die Option wirkungslos.
Fenster	Es wird der durch ein definiertes Fenster bedeckte Ausschnitt des Bildschirms geplottet. Wenn Sie sich im Zeicheneditor befinden, können Sie die linke untere und rechte obere Ecke des Fensters anklicken. Ansonsten müssen die Zahlenwerte über die Tastatur eingegeben werden.

Nach Wahl einer der obengenannten Optionen, zeigt AutoCAD die voreingestellten Parameter an:

```
Masse sind in Millimeter
Plotursprung befindet sich in (0.00,0.00)
Plotbereich ist 1189.00 breit und 841.00 hoch (BENUTZER Format)
Plot wird NICHT um 90 Grad gedreht
Stiftbreite beträgt 0.25
Auszufuellende Flaeche wird der Stiftbreite nicht angepaßt
Verdeckte Linien werden NICHT entfernt
Plot wird so variiert, dass er in den verfuegbaren Bereich passt

Möchten Sie irgendwelche Aenderungen anbringen? <N>
```

AutoCAD legt die Vorgabewerte bei der Konfiguration des Plotters fest. Falls Sie die Vorgabewerte nicht akzeptieren wollen, antworten Sie mit **J**. Danach werden Sie nach weiteren Parametern gefragt:

Element Farbe	Stiftnr.	Linientyp	Stift Geschwindigkeit
1 (rot)	1	0	38
2 (gelb)	2	0	38
3 (grün)	3	0	38
4 (dunkelblau)	4	0	38
5 (blau)	5	0	38
6 (magentarot)	6	0	38
7 (weiss)	7	0	38

```
8          8          0          38
9          1          0          38
10         1          0          38
11         1          0          38
12         1          0          38
13         1          0          38
14         1          0          38
15         1          0          38

Linientypen  0 = ausgezogene Linie
             1 = ................................
             2 = ----    ----    ----    ----
             3 = -----   -----   -----   -----
             4 = ------. ------. ------. ------.
             5 = ---- -  ---- -  ---- -  ---- -
             6 = --- - - --- - - --- - - --- - -
```

Möchten Sie irgendeinen der obigen Parameter aendern? <N>

Beachten Sie, daß AutoCAD die Position der jeweiligen Farbstifte im Plotter nicht kennt. Diese Aufgabe bleibt Ihnen. Falls Ihr Plotter keine einstellbare Stiftgeschwindigkeit bietet, fehlt die entsprechende Angabe.

Die Linientypen sind durch den Plotter definiert. Wenn in Ihrer AutoCAD-Zeichnung Linien vom Typ AUSGEZOGEN auftreten, können Sie den geplotteten Linientyp gemäß obiger Tabelle wählen. Haben Sie jedoch in Ihrer Zeichnung andere Linientypen verwendet, darf beim Plotten **nur** derselbe Typ verwendet werden. Andernfalls treten unvorhersehbare Komplikationen auf.

Wenn Sie einen Parameter ändern wollen, antworten Sie mit **J**.

```
Eingabe der Werte,
Leerstelle=Naechster Wert, Fn=Farbe n, Z=Zeig aktuelle Werte, X=eXit

Element       Stift-       Linien-      Stift-
Farbe         Nummer       Typ          Geschwindigkeit

3 (grün)      1            0            36

Stift-Nummer <1>:
```

PLOT   Modul 70

Alle Angaben werden für jeden Layer zyklisch durchrotiert. Zum Abbrechen geben Sie ein **X** für eXit ein. Nun können Sie noch die Maßeinheiten und die linke untere Ecke des Plots wählen:

```
Formateinheiten (Zoll oder Millimeter) <Z>:
```

Geben Sie die gewünschte Maßeinheit an.

```
Plotursprung in <Einheiten> <0.00,0.00>:
```

Der Ausgangspunkt wird gemäß der gewählten Maßeinheit in Zoll oder mm angegeben. Normalerweise ist die linke untere Ecke des Zeichenblatts der Ausgangspunkt. Natürlich kann durch Eingabe der entsprechenden Koordinaten der Ausgangspunkt auf jede beliebige Stelle gelegt werden.

Nun zeigt AutoCAD Plotformate an, die von Ihrem Plotter angenommen werden:

```
Standardwerte für Plotformate
```

Format	Breite	Höhe
A4	285.00	198.00
A3	396.00	273.00
A2	570.00	396.00
A1	817.00	570.00
MAX	1135.89	896.88
BENUTZER	1189.00	841.00

```
Geben Sie das Format, die Breite, oder die Hoehe ein (in Millimeter)
<BENUTZER>:
```

Falls der Ausgangspunkt (0,0) ist, wird die maximale Plotgröße als MAX dargestellt. Bei Verschiebung des Ausgangspunkts verkleinert sich natürlich die maximale Plotgröße. Sie können entweder einen der Vorgabewerte anwählen oder individuelle Werte über die Tastatur eingeben.

Die folgenden Parameterangaben erklären sich selbst:

2D-Plots um 90 Grad im Uhrzeigersinn drehen? <N>

Beachten Sie, daß die Drehung im Uhrzeigersinn ausgeführt wird.

Stiftbreite <0.25>:

Der Wert wird in den gültigen Einheiten eingegeben.

Grenzen der auszufüllenden Fläche nach Stiftbreite ausrichten? <N>

Beim Zeichnen von Platinenlayouts empfiehlt sich zur besseren Farbdeckung eine Ausrichtung nach der Stiftbreite. Es werden dann die Grenzen der zu füllenden Fläche um eine halbe Strichbreite eingerückt. Strichränder werden also nochmals überstrichen. Falls Sie dies wünschen, antworten Sie mit **J**.

Falls Sie die ADE-3 Version besitzen, erscheint folgende Meldung:

Verdeckte Linien entfernen? <N>

Wenn Sie die Linien entfernen wollen, antworten Sie mit **J**.

Spezifikation des Massstabs durch Eingabe von:
Geplottete <Einheiten>=Zeichnungseinheiten oder Anpassen oder ? <A>:

Wenn für den Plot ein eigener Maßstab bestimmt werden soll, müssen Sie die Anzahl der Zeichnungseinheiten pro Zoll oder mm auf dem Papier angeben. Zum Beispiel:

Angabe		**Beschreibung**
1 =	1	Plot im Maßstab 1:1
12 =	5280	1 Meile am Bildschirm entspricht 1 Fuß auf dem Plot
1 =	100	1 m am Bildschirm entspricht 1 cm auf dem Plot

Mit der Option "Anpassen" wird der Plot größtmöglich gezeichnet.
Mit der Option "?" erhalten Sie eine kurze Beschreibung.

PLOT   Modul 70

Effektiver Plotbereich: 7.78 breit und 4.92 hoch
Papier in Plotter einlegen.
Drücken Sie RETURN um weiterzufahren oder S fuer Stop (Plotter bereitstellen)

Mit ⏎ starten Sie den Plotvorgang.

> **Hinweis:** Mit dem Befehl **PLOT** können Zeichnungen nur auf einem Stift-Plotter ausgegeben werden. Zur Ausgabe auf einem Drucker verwenden Sie den Befehl **PRPLOT**.

Musteranwendung

In diesem Beispiel geben Sie eine Zeichnung auf einem DIN A2-Papier aus. Starten Sie im Hauptmenü.

1. Wählen Sie Funktion **2** im Hauptmenü.

2. Wählen Sie die Beispielszeichnung COLUMBIA.

   Den ZeichnungsNAMEN eingeben: **COLUMBIA** ⏎

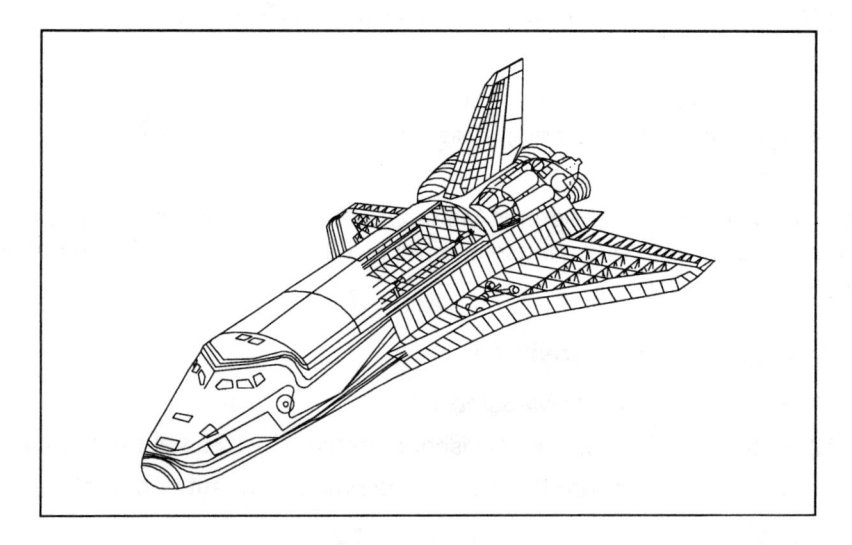

3. Rufen Sie den Befehl **PLOT** auf.

   ```
   Befehl: PLOT ⏎
   Plotten -- Sicht, Grenzen, Limiten, Ausschnitt oder Fenster <S>: ⏎
   ```

4. AutoCAD zeigt an:

   ```
   Plot wird NICHT in eine gewaehlte Datei geschrieben
   Masse sind in Zoll
   Plotursprung befindet sich in (0.00,0.00)
   Plotbereich ist 7.78 breit und 11.28 hoch (MAX Format)
   Plot wird NICHT um 90 Grad gedreht
   Stiftbreite beträgt 0.003
   Auszufuellende Flaeche wird der Stiftbreite nicht angepaßt
   Verdeckte Linien werden NICHT entfernt
   Plot wird so variiert, dass er in den verfuegbaren Bereich passt

   Möchten Sie irgendwelche Aenderungen anbringen? <N>
   ```

5. Akzeptieren Sie mit ⏎ die Vorgabewerte. AutoCAD zeigt während des Plotvorgangs die Prozeßvektoren an.

6. Am Ende des Plots kehren Sie mit ⏎ in den Zeichnungseditor zurück.

7. Kehren Sie mit **QUIT** ins Hauptmenü zurück.

Nächster Lernschritt ist **Modul 7**.

Modul 71

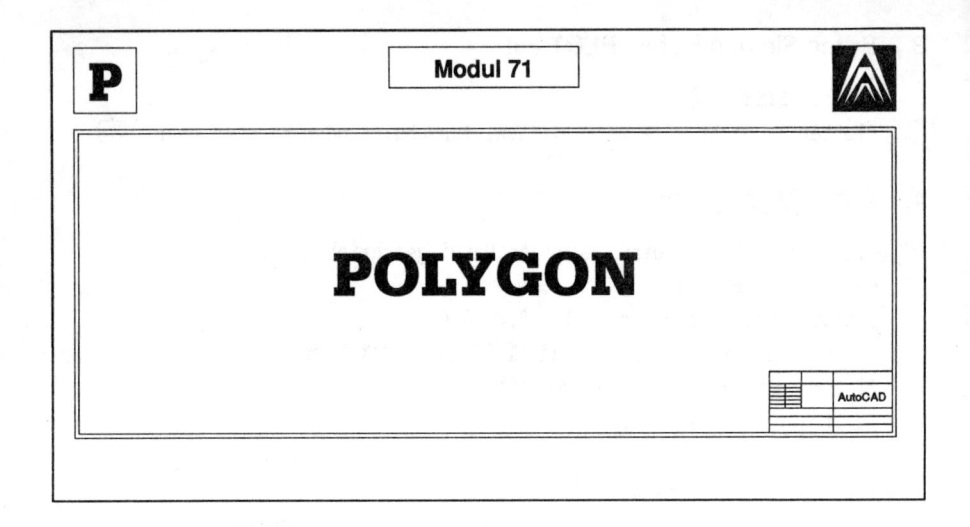

POLYGON

```
Befehl: POLYGON
Anzahl Seiten:
Seite/<Polygonmittelpunkt>:
```

Beschreibung

Der Befehl **POLYGON** zeichnet ein regelmäßiges Vieleck mit bis zu 1024 Seiten.

Aufruf und Optionen

Nach der Eingabe des Befehlswortes und nach dem Drücken von ⏎ werden Sie zuerst nach der Seitenanzahl des Polygons gefragt. Geben Sie eine Zahl zwischen 3 und 1024 ein. Die Eingabe von 3 erzeugt ein gleichseitiges Dreieck, 4 ein Quadrat, usw.

Bei der nächsten Anfrage haben Sie zwei Auswahlmöglichkeiten:

Ein Punkt   Bestimmen Sie über Koordinaten oder über den Cursor einen Punkt. Um diesen Punkt wird das Polygon gezeichnet, so daß alle Eckpunkte den gleichen Abstand von diesem Punkt haben. Anschließend fragt AutoCAD nach

`Umkreis/Imkreis (U/I):`

Wählen Sie eine dieser Möglichkeiten, so müssen Sie anschließend noch einen Kreisradius bestimmen. "Umkreis" ist zu lesen als "Um einen Kreis herum", mathematisch beschreiben Sie nämlich den Inkreis des Vielecks. "Imkreis" ist zu lesen als "In einen Kreis hinein". Hierbei müssen Sie den Umkreis des Vielecks bestimmen! In beiden Fällen können Sie den Radius durch Zeigen oder über die Tastatur angeben. Zeigen Sie auf einen Punkt, so wird dieser auf jeden Fall Teil des Polygons, bei "Imkreis" also ein Eckpunkt und bei "Umkreis" ein Seitenmittelpunkt. Durch Zeigen können Sie die Orientierung des Polygons beeinflussen. Geben Sie den Radius über die Tastatur ein, so wird grundsätzlich eine Seite des Polygons am aktuellen Fangraster ausgerichtet.

Seite Alternativ können Sie das Polygon über eine der Seiten bestimmen. Nach Eingabe von **S** und ⏎ fragt AutoCAD:

`Erster Endpunkt der Seite:`
`Zweiter Endpunkt der Seite:`

Zeigen Sie auf zwei Punkte, die eine Polygonseite festlegen. Geben Sie die Punkte entgegen dem Uhrzeigersinn ein.

Ein Polygon ist für AutoCAD eine geschlossene Polylinie der Breite 0. Sie kann mit allen Befehlen bearbeitet werden, die Polylinien kennen. Insbesondere kann mit **PEDIT** später die Breite verändert werden.

POLYGON   Modul 71

Musteranwendung

1. Legen Sie eine Zeichnung mit Namen **POLY** an.

2. Zeichnen Sie ein Polygon nach folgenden Angaben.

   ```
   Befehl: POLYGON  ⏎
   Anzahl Seiten: 6  ⏎
   Seite/<Polygonmittelpunkt>: Seite  ⏎
   Erster Endpunkt der Seite: 150,100  ⏎
   Zweiter Endpunkt der Seite: 150,130  ⏎
   Befehl:
   ```

   Ihr Bildschirm sollte nun folgendes Sechseck zeigen:

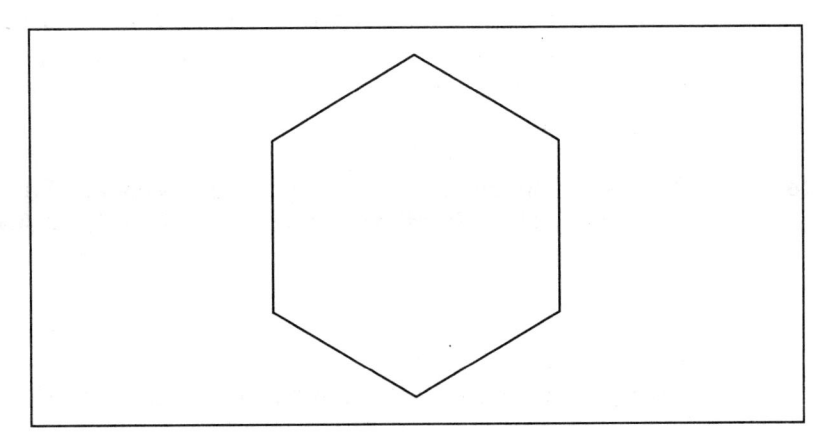

3. Verlassen Sie die Zeichnung mit dem Befehl **QUIT**.

Nächster Lernschritt ist **Modul 36**.

```
        ┌─────────────┐
  ◭     │  Modul 72   │                          P
        └─────────────┘


                    PRPLOT


                                           ┌──────┐
                                           │AutoCAD│
                                           └──────┘
```

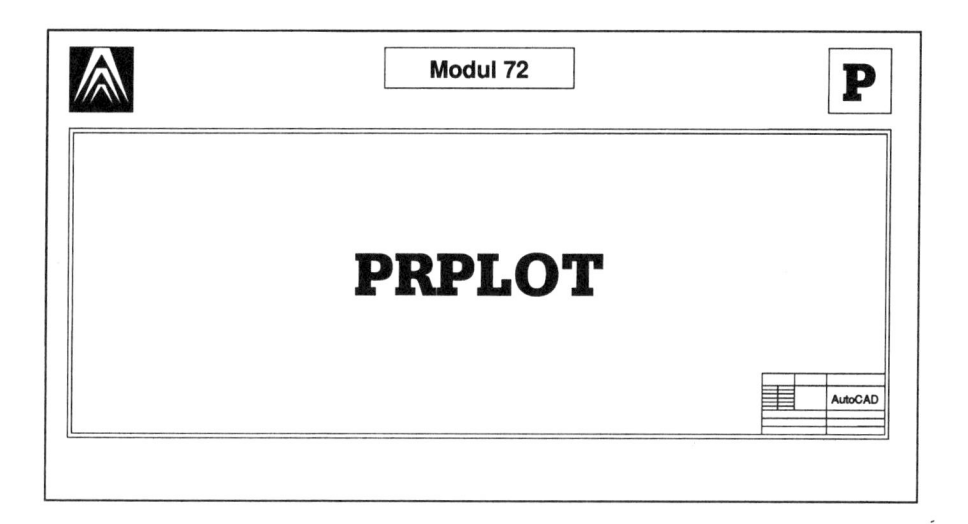

```
Befehl: PRPLOT
Plotten -- Sicht, Grenzen, Limiten, Ausschnitt oder Fenster <S>:
```

Beschreibung

Mit dem Befehl **PRPLOT** werden Zeichnungen auf einem Matrix- oder Laserdrucker ausgegeben.

Aufruf und Optionen

Vor Anwendung dieses Befehls muß AutoCAD für den jeweiligen Drucker konfiguriert werden. Bei der Installierung von AutoCAD werden Sie dazu aufgefordert. AutoCAD installiert dann den entsprechenden Software-Treiber. Von Zeit zu Zeit aktualisiert Autodesk die verfügbaren Treiber.

Der Befehl **PRPLOT** kann auf zwei Arten aufgerufen werden:

- Wahl der Option **4** des Hauptmenüs. Sie müssen dann nur noch den Namen der auszudruckenden Zeichnung angeben.
- Eingabe des Befehlsworts **PRPLOT** im Zeichnungseditor.

369

PRPLOT Modul 72

Nach dem Aufruf des Befehls stehen folgende Optionen zur Wahl:

Sicht Die gesamte Bildschirmdarstellung wird ausgedruckt. Falls Sie den Befehl **PRPLOT** vom Hauptmenü aus aufrufen, wobei der Bildschirm keine Zeichnung enthält, druckt AutoCAD die gesamte zuletzt abgespeicherte Zeichnung aus.

Grenzen Unabhängig von der Zeichenblattgröße wird nur derjenige Teil der Zeichnung ausgedruckt, der Objekte enthält.

Limiten Es wird derjenige Zeichnungsausschnitt in den Maßen ausgedruckt, die durch den Befehl **LIMITEN** definiert sind. Anderen Zeichnungselemente werden ignoriert.

Ausschnitt Druckt denjenigen Ausschnitt der Zeichnung, der zuvor mit Hilfe des Befehls **AUSSCHNT** abgespeichert wurde. Falls keine Ausschnitte abgespeichert wurden, hat diese Option keine Wirkung.

Fenster Druckt einen Fensterausschnitt der Zeichnung aus. Im Zeichnungseditor geben Sie hierzu die untere linke und obere rechte Ecke des Fensters als Koordinaten über die Tastatur ein oder klicken sie einfach an.

Falls Sie den Befehl **PRPLOT** vom Hauptmenü aus aufrufen, müssen Sie die Koordinaten der Ecken über die Tastatur eingeben.

Nach Wahl des auszudruckenden Bereichs der Zeichnung bietet AutoCAD die Möglichkeit zur Änderung folgender Standardeinstellungen:

```
Plot wird NICHT in eine gewaehlte Datei geschrieben
Masse sind in Zoll
Plotursprung befindet sich in (0.00,0.00)
Plotbereich ist 7.99 breit und 10.28 hoch (MAX Format)
Plot wird NICHT um 90 Grad gedreht
Verdeckte Linie werden NICHT entfernt
Plot wird so variiert, dass er in den verfuegbaren Bereich passt

Irgendwelche Aenderungen? <N>
```

Diese voreingestellten Werte werden beim Konfigurieren von AutoCAD festgelegt und bleiben bis zu einer Änderung durch den Benutzer erhalten. Testen Sie die Wirkungen obiger Einstellungen auf den Drucker ab.

Änderungen des Plotbereichs müssen innerhalb der Maximalwerte des Druckerformats bleiben. Der Plotursprung ist bei einem Drucker immer die linke obere (!) Ecke des Zeichenblatts.

Größe und Auflösung des Ausdrucks hängen vom verwendeten Drucker ab. Laserdrucker bieten je nach internem Speicherplatz eine einstellbare Auflösung. Beispielsweise hat der Hewlett Packard Laserjet Plus bei einem ganzseitigen Graphikausdruck eine Auslösung von 150 Punkten pro Zoll. Diese kann bei einem halbseitigen Ausdruck auf 300 Punkte pro Zoll gesteigert werden. Sie müssen in diesem Fall einen Kompromiß zwischen der Größe des Ausdrucks und der Auflösung schließen.

Musteranwendung

In diesem Beispiel drucken Sie eine Zeichnung über das Hauptmenü aus. Zur Ausführung dieses Beispiels benötigen Sie einen korrekt installierten Matrix- oder Laserdrucker.

1. Wählen Sie aus dem Hauptmenü die Option **4** und die Beispielzeichnung COLUMBIA.

   ```
   Funktion waehlen: 4 ⏎
   ```

   ```
   ZeichnungsNAME eingeben: COLUMBIA ⏎
   ```

2. Es erscheint folgende Anzeige.

   ```
        A U T O C A D
   Copyright (C) 1982,83,84,85,86,87 Autodesk, AG
   Version 2.6.44 (7/14/87) IBM PC
   Advanced Drafting Extensions 3
   Seriennummer: 97-901379
   Aktuelle Zeichnung:  COLUMBIA

   Welcher Teil der Zeichnung soll geplottet werden:
   Sicht, Grenzen, Limiten, Ausschnitt oder Fenster <S>:
   ```

3. Akzeptieren Sie mit ⏎ die Vorgabewerte.

   ```
   Plot wird NICHT in eine gewaehlte Datei geschrieben
   Masse sind in Zoll
   Plotursprung befindet sich in (0.00,0.00)
   Plotbereich ist 7.99 breit und 10.28 hoch (MAX Format)
   Plot wird NICHT um 90 Grad gedreht
   Verdeckte Linien werden NICHT entfernt
   Plot wird so variiert, dass er in den verfuegbaren Bereich passt

   Irgendwelche Aenderungen? <N>
   ```

4. Akzeptieren Sie mit ⏎ die Vorgabewerte.

   ```
   Effektiver Plotbereich: 7.99 breit 7.99 hoch
   Papier in den Printer einlegen.
   RETURN druecken um weiterzufahren:
   ```

5. Überprüfen Sie Ihren Drucker und starten Sie dann mit ⏎ . Der Ausdruck beginnt und am Bildschirm erscheint:

   ```
   Processing Vektor: nnnn
   ```

6. Nach Beendigung des Ausdrucks kehren Sie mit ⏎ ins Hauptmenü zurück.

Beachten Sie: Beim Aufruf des Befehls **PRPLOT** vom Zeichnungseditor aus kehrt AutoCAD nach der Befehlsausführung zum Zeichnungseditor zurück.

Nächster Lernschritt ist **Modul 70**.

Modul 73

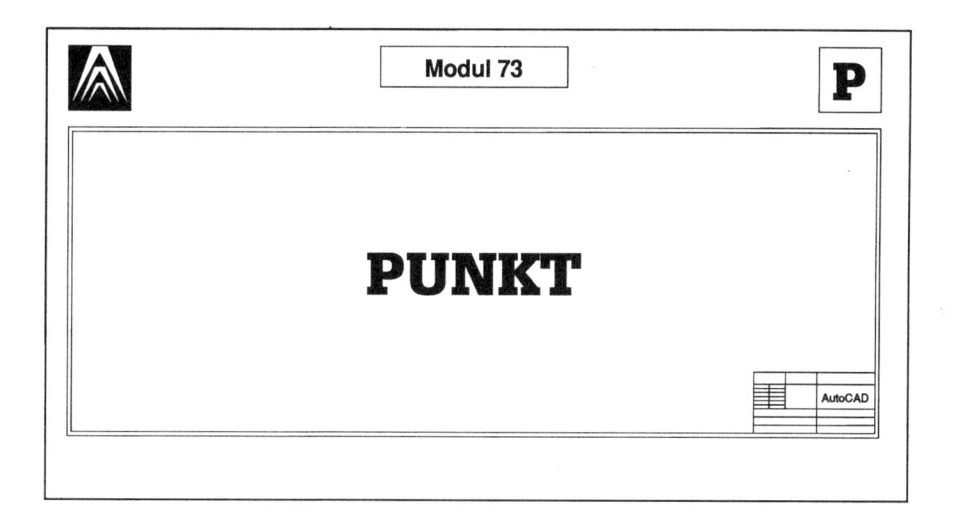

PUNKT

```
Befehl: PUNKT
Punkt:
```

Beschreibung

Der Befehl **PUNKT** gestattet das Zeichnen von Punkten; er vereinfacht das Ansprechen einzelner Punkte.

Aufruf und Optionen

Zum Aufruf wird nach dem Befehlswort die Eingabe der Punktkoordinaten verlangt. Ein Punkt darf auch eine Z-Koordinate haben.

Ein Punkt ist eine "Figur" ohne Länge, Breite oder Tiefe. AutoCAD kennt aber verschiedene Symbole für die Darstellung eines Punktes und kann die Symbole in unterschiedlichen Größen zeigen. Zur Veränderung der Punktdarstellung benutzen Sie den Befehl **SETVAR** und die Systemvariablen **PDSIZE** und **PDMODE**.

PUNKT   Modul 73

Musteranwendung

In diesem Beispiel zeichnen Sie zwei Punkte auf dem Bildschirm. Danach springen Sie mit Hilfe von **OFANG** von Punkt zu Punkt. Beginnen Sie eine neue Zeichnung namens POINT.

1. Zeichnen Sie zwei Punkte.

    ```
    Befehl: PUNKT  ⏎
    Punkt: 100,100  ⏎
    Befehl:  ⏎
    PUNKT  Punkt: 300,250  ⏎
    Befehl:
    ```

2. Springen Sie mit Hilfe von **OFANG** von Punkt zu Punkt.

    ```
    Befehl:OFANG  ⏎
    Objektfang-Modi: PUN
    Befehl:
    ```

3. Ziehen Sie eine Linie zwischen den Punkten.

    ```
    Befehl: LINIE  ⏎
    Von Punkt: (In die Nähe von 100,100 klicken)
    Nach Punkt: (In die Nähe von 300,250 klicken)
    Nach Punkt:  ⏎
    Befehl:
    ```

4. Kehren Sie mit **QUIT** ins Hauptmenü zurück.

Nächster Lernschritt ist **Modul 64**.

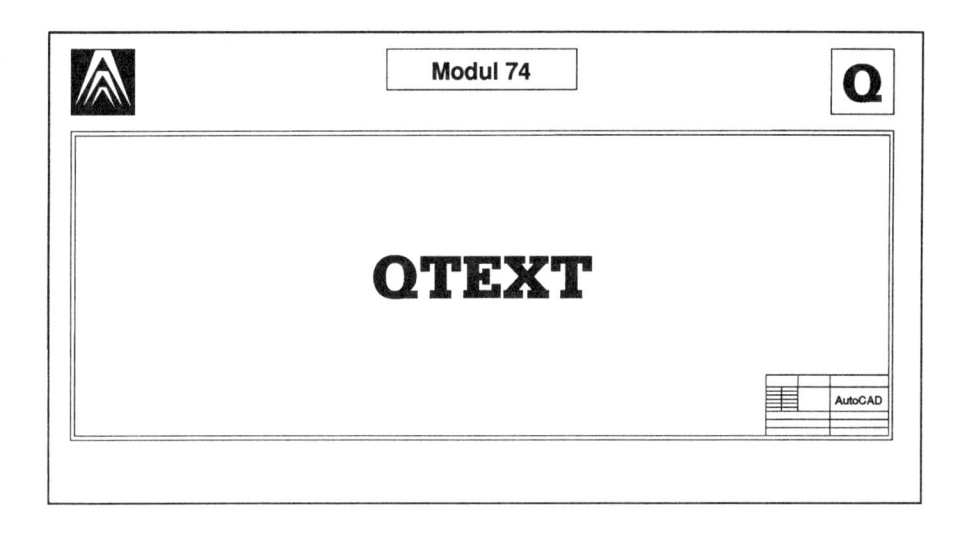

```
Befehl: QTEXT
EIN/AUS <aktuell>:
```

Beschreibung

Der Befehl **QTEXT** dient zur Beschleunigung der Zeichengeschwindigkeit.

Aufruf und Optionen

Nach dem Befehlsaufruf kann der QTEXT-Modus durch Eingabe der Worte EIN oder AUS ein- oder ausgeschaltet werden. Durch einfaches Drücken von ⏎ wird zwischen den beiden Modi umgeschaltet.

Wenn der QTEXT-Modus eingeschaltet ist, werden Textstellen lediglich durch Rechtecke im entsprechenden Format angedeutet. Dies beschleunigt wesentlich die Zeichengeschwindigkeit.

Wenn der QTEXT-Modus anschließend ausgeschaltet wird, werden die Textstellen erst nach einem **REGEN**-Befehl angezeigt.

QTEXT   Modul 74

Musteranwendung

Beginnen Sie eine neue Zeichnung namens QTEXT.

Funktionstasten
F1 Flip Screen
F3 Raster
F6 Koordinaten
F8 Ortho
F9 Fang

1. Zeichnen Sie mit Hilfe des Befehls **TEXT** obigen Text. Verwenden Sie den Stil ROMAN, der im Modul STIL definiert wurde.

   Befehl: **STIL** ⏎
   Name des Textstils (oder ?): <STANDARD>: **ROMAN**
   Neuer Textstil.
   Zeichensatzdatei <txt>: **COMPLEX** ⏎
   Hoehe <0.00>: ⏎
   Breitenfaktor <1.00>: ⏎
   Neigungswinkel <0>: **15** ⏎
   Rueckwaerts? <N>: ⏎
   Auf dem Kopf? <N>: ⏎
   Vertikal? <N>: ⏎
   ROMAN ist jetzt der aktuelle Textstil.
   Befehl: **TEXT** ⏎
   Startpunkt oder Ausrichten/Zentrieren/Einpassen/Mitte/Rechts/Stil: **S** ⏎
   Stilname (oder ?) <ROMAN>: ⏎
   Startpunkt oder Ausrichten/Zentrieren/Einpassen/Mitte/Rechts/Stil:

2. Klicken Sie den Startpunkt für den Text.

   Hoehe <3.50>: **30** ↵
   Drehwinkel <0>: ↵
   Text: **Funktionstasten** ↵
   Befehl: **TEXT** ↵
   Startpunkt oder Ausrichten/Zentrieren/Einpassen/Mitte/Rechts/Stil:

3. Klicken Sie den Startpunkt für die zweite Textzeile.

   Höhe <30.00>: **20** ↵
   Drehwinkel <0>: ↵
   Text: **F1 Flip Screen** ↵
   Befehl: ↵
   TEXT Startpunkt oder Ausrichten/Zentrieren/Einpassen/Mitte/Rechts/Stil:
   ↵
   Text: **F3 Raster** ↵
   Befehl: ↵
   TEXT Startpunkt oder Ausrichten/Zentrieren/Einpassen/Mitte/Rechts/Stil:
   ↵
   Text: **F6 Koordinaten** ↵
   Befehl: ↵
   TEXT Startpunkt oder Ausrichten/Zentrieren/Einpassen/Mitte/Rechts/Stil:
   ↵
   Text: **F8 Ortho** ↵
   Befehl: ↵
   TEXT Startpunkt oder Ausrichten/Zentrieren/Einpassen/Mitte/Rechts/Stil:
   ↵
   Text: **F9 Fang** ↵
   Befehl:

4. Deuten Sie mit Hilfe des Befehls **QTEXT** den Text durch Rechtecke an.

   Befehl: **QTEXT** ↵
   EIN/AUS <Aus>: **EIN** ↵
   Befehl: **REGEN** ↵
   Befehl:

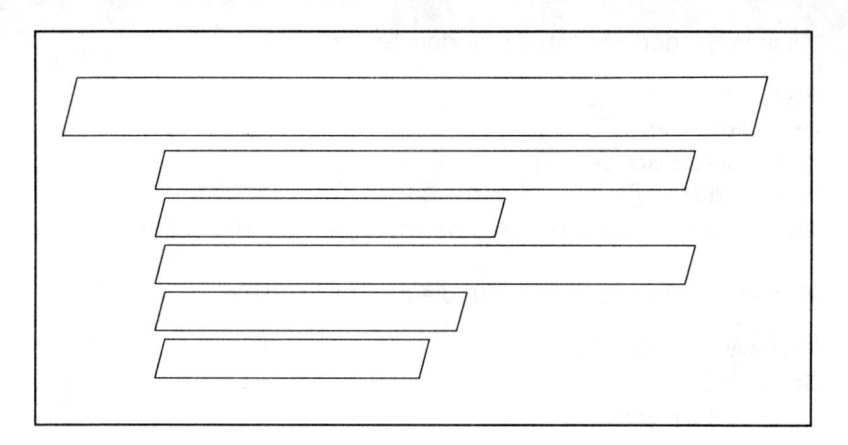

5. Zeigen Sie den Text komplett an.

   ```
   Befehl: QTEXT  ⏎
   EIN/AUS <Ein>: AUS  ⏎
   Befehl: REGEN  ⏎
   Befehl:
   ```

6. Kehren Sie mit **QUIT** ins Hauptmenü zurück.

Nächster Lernschritt ist **Modul 69**.

```
Modul 75                    Q


                QUIT


                              AutoCAD
```

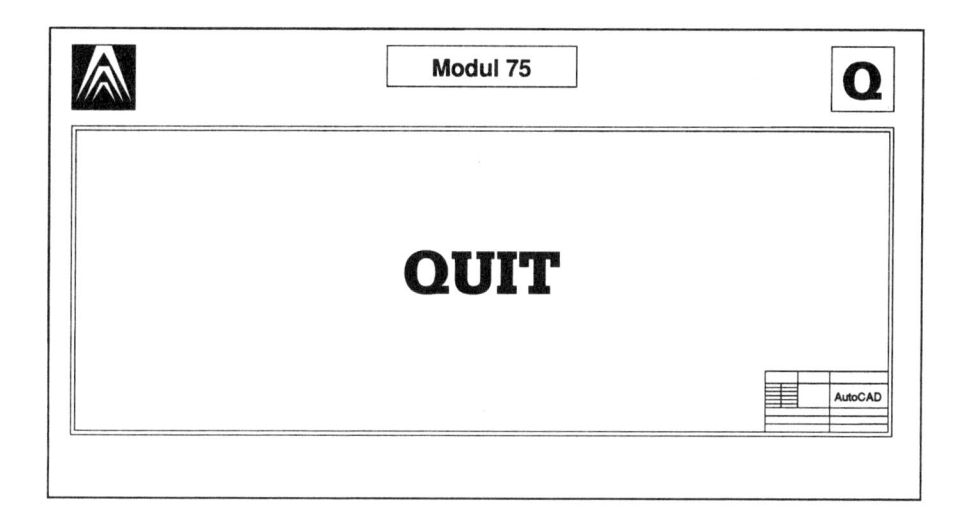

```
Befehl: QUIT
Wollen Sie wirklich alle Aenderungen in der Zeichnung verlieren?
```

Beschreibung

Mit dem Befehl **QUIT** kehren Sie von einer Zeichnung zum Hauptmenü zurück.

Aufruf und Optionen

Eingabe des Wortes **QUIT**, gefolgt von einem ⏎ . Dieser Befehl ist besonders dann wirkungsvoll, wenn Sie sich verzeichnet haben und zur alten, abgespeicherten Zeichnungsversion zurückkehren wollen.

> **Achtung:** Eventuelle Änderungen an der Zeichnung werden nicht (!) abgespeichert. Um Fehlbedienungen zu vermeiden, wird daher nach dem Befehlsaufruf nochmals nachgefragt.

Musteranwendung

1. Geben Sie **QUIT** ein und überprüfen Sie den Bildschirm.

   ```
   Befehl: QUIT  [ ↵ ]
   Wollen Sie wirklich alle Aenderungen in der Zeichnung verlieren?
   ```

   Ein **N** oder **NEIN** bewirkt die Rückkehr zum Zeichenblatt.

2. Geben Sie **J** oder **JA** gefolgt von einem [↵] ein, um ins Hauptmenü zurückzukehren.

Nächster Lernschritt ist **Modul 87**.

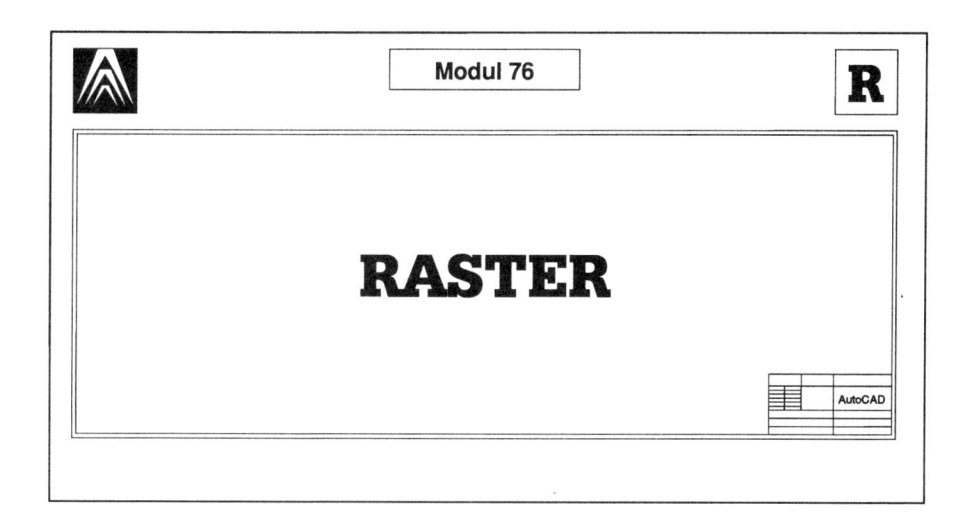

```
Befehl: RASTER
Rasterwert (X) oder EIN/AUS/Fang/Aspekt <aktuell>:
```

Beschreibung

Durch den Befehl **RASTER** wird Ihrer Zeichnung ein Punkte-Raster überlagert. Dieses Koordinatenraster vereinfacht den Zeichenvorgang, taucht aber bei der Zeichnungsausgabe z.B. über einen Plotter nicht auf.

Aufruf und Optionen

Nach Eingabe des Befehls **RASTER** stehen folgende Optionen zur Wahl:

EIN   Schaltet das Punktraster ein.

AUS   Schaltet das Punktraster aus.

RASTER Modul 76

Rasterwert(X) Der Wert 0 bewirkt, daß die Rasterpunkte in dem durch den Befehl **FANG** bestimmten Abstand gesetzt werden. Beträgt beispielsweise der Fangabstand 5 Einheiten, so werden die Rasterpunkte im Abstand 5 gesetzt. Durch die Eingabe eines Wertes größer als 0 werden die Rasterpunkte in dem definierten Abstand gesetzt. Ferner können die Rasterpunkte als Vielfaches des Fangabstandes gesetzt werden. Dies geschieht durch die Eingabe eines Wertes, gefolgt von einem X, z.B. 5X.

Aspekt Damit können verschiedene Abstände in X- und Y-Richtung der Rasterebene erzielt werden. Diese Option ist nicht verfügbar, falls im Befehl **FANG** die Option isometrisch gewählt wurde.

Fang Alternative zur Eingabe eines Wertes 0. Die Rasterpunkte werden in dem durch den Befehl **FANG** bestimmten Abstand gesetzt.

Die Rasterung des "Zeichenblatts" stellt lediglich eine Hilfe dar, wird also auf dem Plotter nicht ausgegeben. Besonders nützlich ist die Rasterung bei sehr kleinen Abständen des Befehls **FANG**.

Musteranwendung

Meist wird der Wert im Befehl **RASTER** auf 0 gesetzt. Somit ist die Rasterung von den im Befehl **FANG** spezifizierten Abständen abhängig. Wir beginnen eine neue Zeichnung namens TEMP.

1. Setzen Sie den Fangwert auf 5.

    Befehl: **FANG** ⏎
    Fangwert oder EIN/AUS/Aspekt/Drehen/Stil <10.00>: **5** ⏎

2. Die RASTER-Abstände sollen den FANG-Abständen entsprechen.

    Befehl: **RASTER** ⏎
    Rasterwert(X) oder EIN/AUS/Fang/Aspekt <0.00>: ⏎
    Befehl:

Dabei ist zu beachten, daß jetzt alle Änderungen beim Befehl **FANG** sich direkt auf das Raster auswirken.

```
Layer 0 Fang                          455.00,45.00        AUTOCAD
                                                          * * * *
                                                          AUFBAU

                                                          BLOECKE
                                                          BEM:
                                                          ANZEIGE
                                                          ZEICHNEN
                                                          EDIT
                                                          FRAGE
                                                          LAYER:
                                                          MODI
                                                          PLOT
                                                          DIENST
                                                          3D

                                                          SICHERN:


Befehl: RASTER
Rasterwert(X) oder EIN/AUS/Fang/Aspekt <10.00>: 0
Befehl:
```

3. Nun wollen Sie das sichtbare Raster auf den Abstand 10 festlegen; die Abstände des Befehls **FANG** sollen jedoch weiterhin 5 Einheiten betragen. **FANG** bleibt also unverändert, **RASTER** muß dagegen abgekoppelt werden.

Befehl: **RASTER** ⏎
Rasterwert(X) oder EIN/AUS/Fang/Aspekt <0.00>: 10 ⏎
Befehl:

Die Rasterabstände vergrößern sich, die Fangabstände bleiben unverändert.

```
Layer 0 Fang                          455.00,45.00        AUTOCAD
                                                          * * * *
                                                          AUFBAU

                                                          BLOECKE
                                                          BEM:
                                                          ANZEIGE
                                                          ZEICHNEN
                                                          EDIT
                                                          FRAGE
                                                          LAYER:
                                                          MODI
                                                          PLOT
                                                          DIENST
                                                          3D

                                                          SICHERN:


Befehl: RASTER
Rasterwert(X) oder EIN/AUS/Fang/Aspekt <0.00>: 10
Befehl:
```

4. Kehren Sie mit **QUIT** ins Hauptmenü zurück.

Nächster Lernschritt ist **Modul 40**.

Modul 77

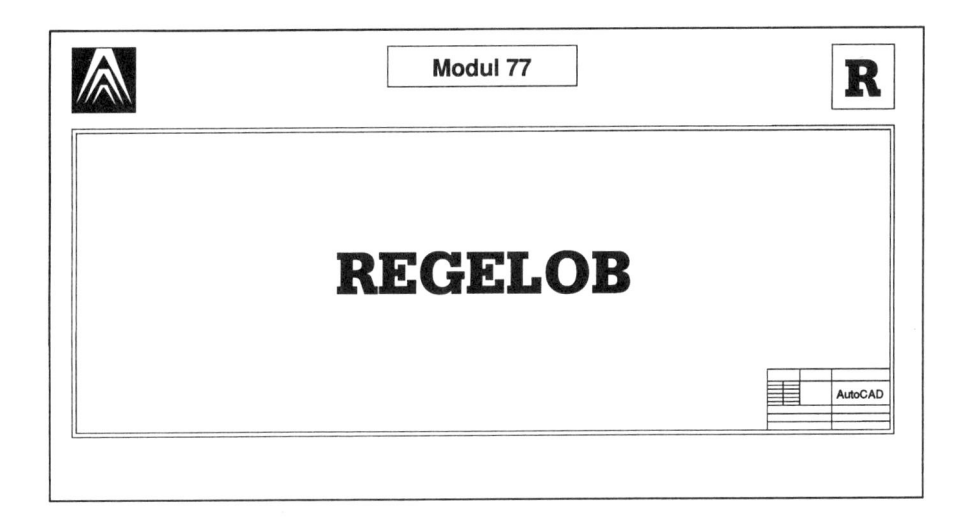

REGELOB

```
Befehl: REGELOB
Erste Definitionslinie waehlen:
Zweite Definitionslinie waehlen:
```

Beschreibung

Der Befehl **REGELOB** erzeugt ein dreidimensionales Netz, eine "Polygonmasche", das durch zwei vorgegebene Kurven bestimmt wird. Die beiden Kurven, die den Rand der Fläche bilden, dürfen Linien, Bögen, Kreise oder 2D-/3D-Polylinien sein. Eine der Kurven darf auch ein einzelner Punkt sein. Ist eine der Kurven geschlossen, also ein Kreis oder eine geschlossene Polylinie, so muß die zweite Kurve ein Punkt oder ebenfalls geschlossen sein.

Aufruf und Optionen

Die Definition der Fläche geschieht einfach durch Anklicken der beiden Begrenzungskurven. Die Genauigkeit der Annäherung der exakten Fläche durch das Polygonnetz, also die Feinheit des Netzes, wird durch die Systemvariable SURFTAB1 (Vorgabe: 6) gesteuert. SURFTAB1 steuert die

REGELOB   Modul 77

Genauigkeit in N-Richtung, in M-Richtung werden immer nur zwei Scheitelpunkte angelegt. Vergleichen Sie auch den Befehl 3DMASCHE (Modul 6).

Der Befehl REGELOB bildet einen einfachen Weg, eine komplexe dreidimensionale Fläche zu bestimmen. Die erzeugte Fläche verbindet exakt die vorgegebenen Begrenzungslinien. Insbesondere lassen sich Kegel und Kegelstümpfe auf diese Weise einfach konstruieren.

Musteranwendung

Zur Übung konstruieren wir einen Kegelstumpf. Dabei zeigen wir Ihnen auch die Auswirkung des Wertes von SURFTAB1. Schließlich verbinden wir einen Bogen und einen Punkt, um einen geschnittenen Kegel zu erhalten.

1. Beginnen Sie eine neue Zeichnung namens REGELOB.

2. Zeichnen Sie zwei Kreise mit unterschiedlichen Z-Koordinaten:

   Befehl: **KREIS** ⏎
   3P/2P/TTR/<Mittelpunkt>: **150,150,0** ⏎
   Durchmesser/<Radius>: **100** ⏎

   Befehl: ⏎
   KREIS 3P/2P/TTR/<Mittelpunkt>: **250,150,100** ⏎
   Durchmesser/<Radius>: **50** ⏎

3. Ändern Sie den Ansichtspunkt, damit Sie die Form und Lage der Begrenzungskurven besser erkennen können:

   Befehl: **APUNKT** ⏎
   Drehen/<Ansichtspunkt> <0.00,0.00,1.00>: **D** ⏎
   Winkel in XY-Ebene von der X-Achse eingeben <270>: **30** ⏎
   Winkel von der XY-Ebene eingeben <90>: **30** ⏎

4. Verbinden Sie die beiden Kreise:

   Befehl: **REGELOB** ⏎
   Erste Definitionslinie waehlen: (Zeigen Sie auf den ersten Kreis.)
   Zweite Definitionslinie waehlen: (Zeigen Sie auf den anderen Kreis.)

5. Der Kegel ist ziemlich eckig. Versuchen wir es erneut mit einem höheren Wert von SURFTAB1:

   Befehl: **LOESCHEN** ⏎
   Objekte waehlen: **L** ⏎
   Objekte waehlen: ⏎

   Befehl: **SETVAR** ⏎
   Variablenname oder ?: **SURFTAB1** ⏎
   Neuer Wert für SURFTAB1 <6>: **12** ⏎

   Befehl: **REGELOB** ⏎
   Erste Definitionslinie waehlen: (Zeigen Sie auf den ersten Kreis.)
   Zweite Definitionslinie waehlen: (Zeigen Sie auf den anderen Kreis.)

   Die Anzahl der Scheitelpunkte hat sich verdoppelt. Dadurch wird die Kegelfläche besser angenähert.

6. Zeichnen Sie zwei weitere Objekte, und verbinden Sie diese ebenfalls.

   Befehl: **BOGEN** ⏎
   Mittelpunkt/<Startpunkt>: **M** ⏎
   Mittelpunkt: **250,150,100** ⏎
   Startpunkt: **220,150** ⏎
   Winkel/sehnenLaenge/<Endpunkt>: **W** ⏎
   Eingeschlossener Winkel: **180** ⏎

   Befehl: **PUNKT** ⏎
   Punkt: **150,150,-100** ⏎

   Befehl: **REGELOB** ⏎
   Erste Definitionslinie waehlen: (Zeigen Sie auf den Bogen.)
   Zweite Definitionslinie waehlen: (Zeigen Sie auf den Punkt.)

7. Lassen Sie die verdeckten Linien ausblenden, um die Lage und Form der Flächen besser erkennen zu können:

   Befehl: **VERDECKT** ⏎

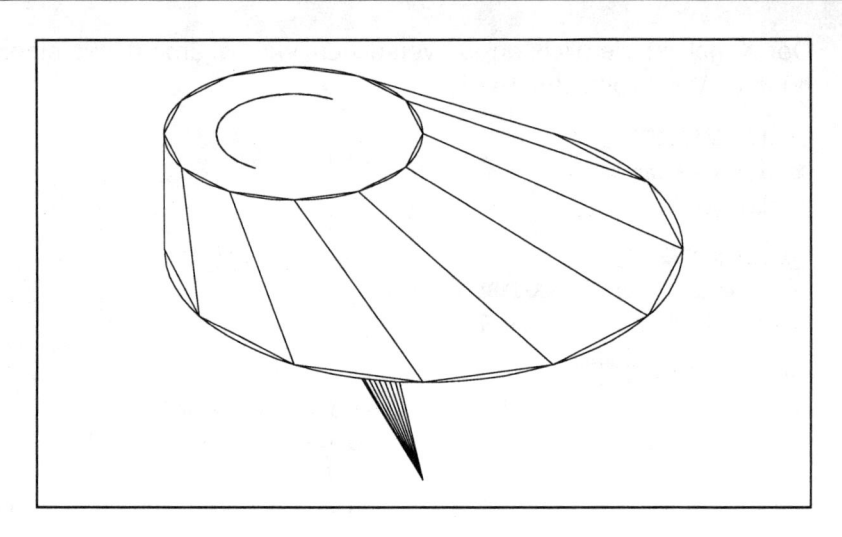

8. Verlassen Sie die Zeichnung mit **QUIT**.

Der nächste Lernschritt ist **Modul 94**.

REGEN, REGENALL

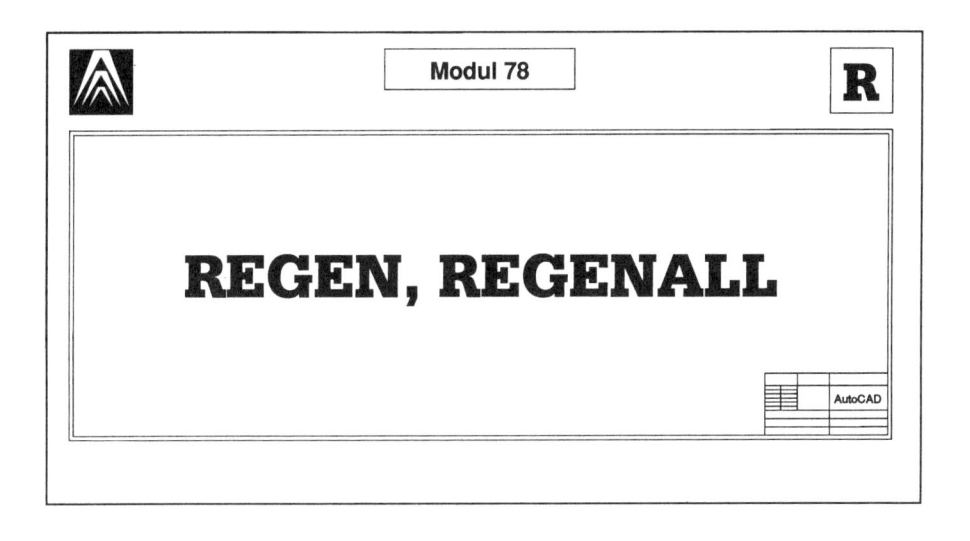

Befehl: REGEN

Beschreibung

Der Befehl **REGEN** zeichnet eine Bildschirmdarstellung auf der Grundlage aller zuletzt eingegeben Daten neu. **REGEN** wirkt nur auf das aktuelle Ansichtsfenster. Um gleichzeitig alle Ansichtsfenster zu regenerieren, verwenden Sie den ansonsten identischen Befehl **REGENALL**.

Aufruf und Optionen

Eingabe des Befehlsworts, gefolgt von ⏎.

Erst nach Ausführung des Befehls **REGEN** können Sie sicher sein, daß alle zuletzt eingegebenen Daten auf dem Bildschirm angezeigt werden.

Im Gegensatz zum Befehl **NEUZEICH** berücksichtigt **REGEN** beispielsweise auch den Füllmodus.

REGEN, REGENALL Modul 78

Musteranwendung

Aufgrund der Einfachheit des Befehls erübrigt sich ein Beispiel.

Nächster Lernschritt ist **Modul 79**.

Modul 79

REGENAUTO

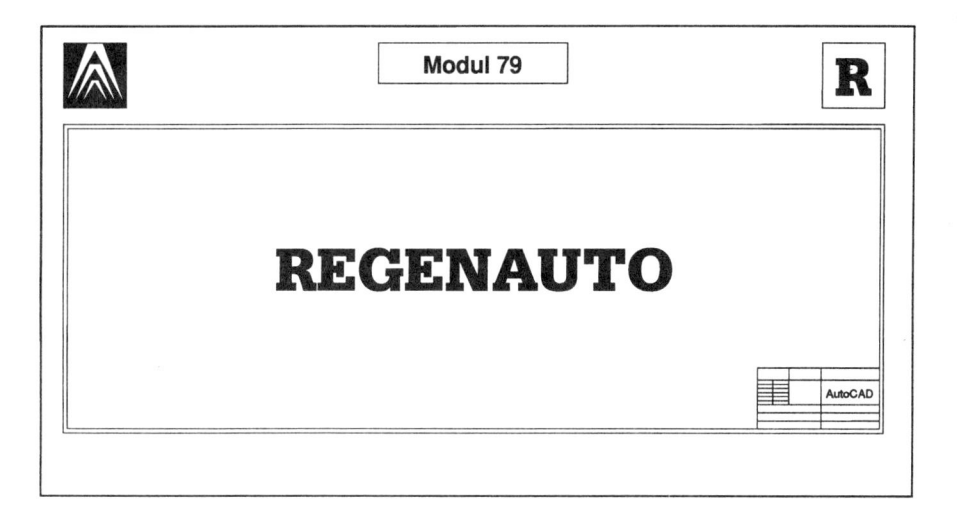

```
Befehl: REGENAUTO
EIN/AUS <aktuell>:
```

Beschreibung

Mit dem Befehl **REGENAUTO** kann die automatische und oft zeitraubende Neuerstellung einer Bildschirmdarstellung, wie sie von manchen Befehlen ausgelöst wird, ein- oder ausgeschaltet werden.

Aufruf und Optionen

Nach dem Befehlsaufruf wird der Modus "NEUERSTELLUNG" ein- oder ausgeschaltet.

Die völlige Neuerstellung der Bildschirmdarstellung ist manchmal besonders bei komplexen Zeichnungen eine zeitraubende Angelegenheit. Folgende Befehle bewirken eine automatische Neuerstellung des Bildschirms:

- ATTEDIT
- BLOCK
- EINFUEGE
- LAYER
- LTFAKTOR
- PAN
- STIL
- ZOOM.

Diese Neuerstellungen können mit **REGENAUTO** verhindert werden.

Bei Eingabe der Befehle **ZOOM** oder **PAN** bei ausgeschaltetem Regeneriermodus fragt AutoCAD nach, ob die Operation wirklich ausgeführt werden soll.

Der Befehl **REGENAUTO** ermöglicht dem Benutzer die Erhöhung der Verarbeitungsgeschwindigkeit auf Kosten einer lückenlosen Kontrolle.

Musteranwendung

Aufgrund der einfachen Anwendung erübrigt sich ein Beispiel.

Nächster Lernschritt ist **Modul 51**.

Modul 80

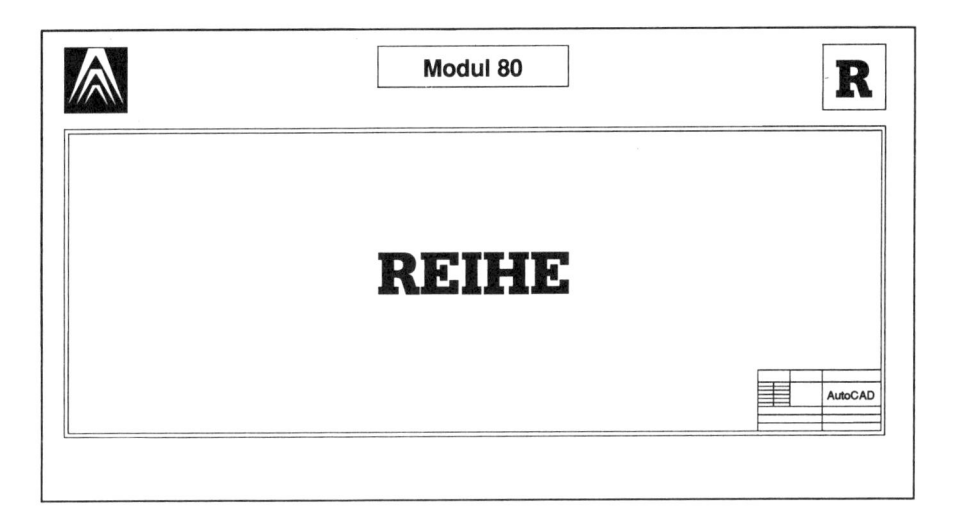

REIHE

```
Befehl: REIHE
Objekte waehlen:
Rechteckige oder polare Anordnung (R/P):
```

Beschreibung

Der Befehl **REIHE** gestattet das mehrfache Kopieren von gewählten Objekten in rechteckiger oder polarer Anordnung.

Anwendung und Optionen

Nach dem Befehlsaufruf wählen Sie zuerst das zu vervielfachende Objekt. Dies geschieht mit den üblichen Methoden: Objekt anklicken, Fenster, Kreuzen, Vorher oder Letztes. Dann bestehen zwei Möglichkeiten:

- Rechteckige Anordnung
- Polare Anordnung

Rechteckige Anordnung

Bei Wahl dieser Option wird nach der Anzahl der Reihen (Zeilen,horizontal) und Kolonnen (Spalten,vertikal) gefragt. Der Vorgabewert beträgt 1.

Bevor die Operation ausgeführt werden kann, muß noch der Abstand zwischen den Reihen und den Kolonnen eingegeben werden.

Wenn die Koordinatenachsen durch den Befehl **FANG** gedreht werden, kann eine Duplikation in jede gewünschte Richtung erfolgen (da die Duplikation parallel zu den Koordinatenachsen geschieht). Es wird immer das aktuelle Benutzerkoordinatensystem (BKS) verwendet.

Polare Anordnung

Nach der Optionswahl erscheint die Frage nach dem Mittelpunkt, um den die Objekte angeordnet werden sollen.

`Mittelpunkt der Anordnung:`

Geben Sie den Punkt über die Tastatur ein oder klicken Sie ihn am Bildschirm.

Es folgt die Frage nach der Anzahl der Elemente.

`Anzahl Elemente:`

Antworten Sie mit der Anzahl der zu zeichnenden Elemente (einschließlich des Originals). Anschließend erscheint eine weitere Frage.

`Auszufuellender Winkel(+=GUZ,-=UZ) <360>:`

Dieser Wert bestimmt, welcher Winkel mit den Kopien belegt werden soll. Ein positiver Wert bewirkt Kopieren gegen den Uhrzeigersinn.

Wenn bis jetzt nur ein Parameter (also "Anzahl Elemente" oder "Auszufüllender Winkel") eingegeben wurde, erscheint:

Winkel zwischen den Elementen:

Geben Sie den gewünschten Wert ein.

Als letzte Frage erscheint:

Objekte drehen beim Kopieren? <J>:

Die Vorgabeantwort **J** bedeutet, daß sich die Objekte in polaren Anordnung um denselben Winkel mitdrehen. Wählen Sie **N**, dann werden die Kopien so plaziert, daß die Bezugspunkte im jeweils gleichen Winkel angeordnet werden.

Die jeweiligen Bezugspunkte werden folgendermaßen berechnet:

Punkt	=	Einfügepunkt
Kreis, Bogen	=	Mittelpunkt
Block, Symbol	=	Einfügepunkt
Text	=	Startpunkt
Linie, Band	=	ein Endpunkt

Bei fast allen technischen Zeichnungen wiederholen sich viele Anordnungen. Man denke dabei beispielsweise an die Steckkontakte einer Platine. Mit der polaren Anordnung können sehr schnell und einfach rotationssymmetrische Strukturen aufgebaut werden.

Auch dreidimensionale Objekte können mit dem Befehl **REIHE**, allerdings nur in der X-/Y-Ebene kopiert werden.

Musteranwendung

In diesem Beispiel wenden Sie rechteckige und polare Reihen an. Beginnen Sie eine neue Zeichnung namens ARRAY. Das Endergebnis sollte so aussehen wie nebenstehende Abbildung.

1. Setzen Sie den Fangrasterabstand auf 5.

    Befehl: **FANG** ⏎
    Fangwert oder EIN/AUS/Aspekt/Drehen/Stil <1.00>: **5** ⏎

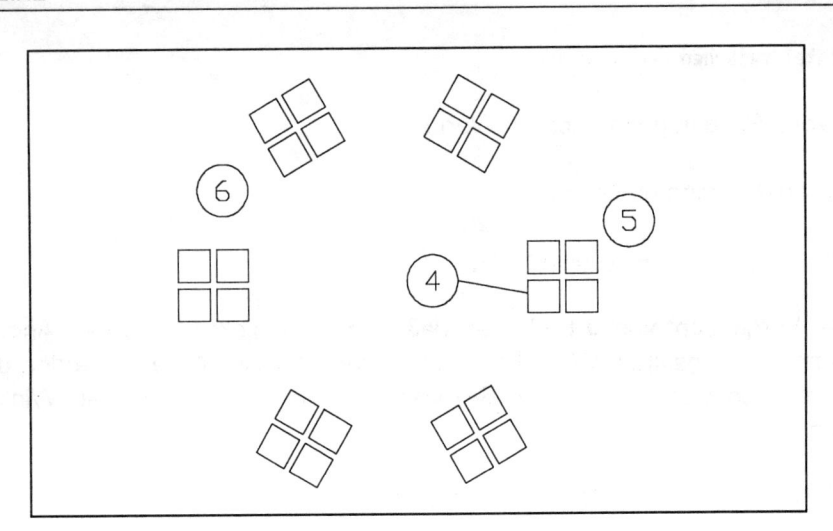

REIHE   Modul 80

2. Schalten Sie das Sichtraster ein.

   Befehl: **RASTER** ⏎
   Rasterwert(X) oder EIN/AUS/Aspekt <10.00>: **0** ⏎

3. Vergrößern Sie einen Ausschnitt.

   Befehl: **ZOOM** ⏎
   Alle/Mitte/Dynamisch/Grenzen/Links/Vorher/Fenster/<Faktor(X)>: **F** ⏎
   Erste Ecke: **290,110** ⏎
   Andere Ecke: **380,180** ⏎

4. Zeichnen Sie ein Quadrat.

   Befehl: **LINIE** ⏎
   Von Punkt: **300,120** ⏎
   Nach Punkt: **325,120** ⏎
   Nach Punkt: **325,145** ⏎
   Nach Punkt: **300,145** ⏎
   Nach Punkt: **S** ⏎

5. Bilden Sie nun eine Reihe bestehend aus vier Quadraten. Setzen Sie ein Fenster auf das in Schritt 4. gezeichnete Quadrat. Wählen Sie eine rechteckige Anordnung. Vergrößern Sie dann wieder auf Originalgröße.

```
Befehl: REIHE  ⏎
Objekte waehlen: F ⏎
Erste Ecke:   (klicken Sie einen Punkt links unten außerhalb des Quadrats)
Andere Ecke: (klicken Sie einen Punkt rechts oben außerhalb des Quadrats)
4 gefunden.
Objekte waehlen: ⏎
Rechteckige oder Polare Anordnung (R/P): R ⏎
Anzahl Reihen (---) <1>: 2 ⏎
Anzahl Kolonnen (||||) <1>: 2 ⏎
Zelle oder Abstand zwischen den Reihen (---):30 ⏎
Abstand zwischen den Kolonnen (||||): 30 ⏎

Befehl: ZOOM ⏎
Alle/Mitte/Dynamisch/Grenzen/Links/Vorher/Fenster/<Faktor(X)>: V ⏎
```

6. Zeichnen Sie eine polare Anordnung mit folgenden Daten.

```
Befehl: REIHE ⏎
Objekte waehlen: F ⏎
Erste Ecke:   (klicken Sie links unten außerhalb des Vierer-Blocks)
Andere Ecke: (klicken Sie rechts oben außerhalb des Vierer-Blocks)

16 gefunden.
Objekte waehlen: ⏎
Rechteckige oder Polare Anordnung (R/P): P ⏎
Mittelpunkt der Anordnung: (klicken Sie auf 190,145)
Anzahl Elemente: 6 ⏎
Auszufüllender Winkel (+=GUZ,-=UZ) <360>: ⏎
Objekte drehen beim Kopieren? <J>: ⏎
```

7. Bringen Sie die gesamte Zeichnung auf den Bildschirm.

```
Befehl: ZOOM ⏎
Alles/Mitte/Dynamisch/Grenzen/Links/Vorher/Fenster/<Faktor(X)>: G ⏎
```

Ihre Zeichnung sollte jetzt so aussehen:

REIHE Modul 80

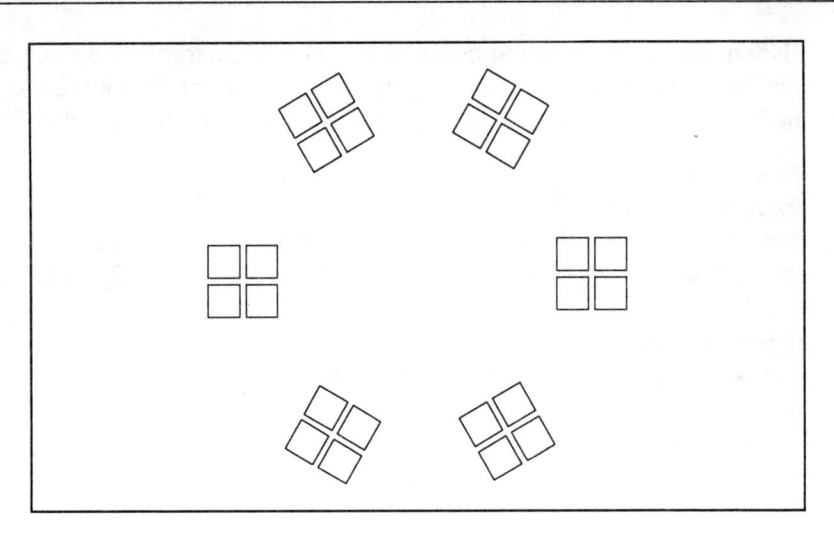

8. Kehren Sie mit **QUIT** ins Hauptmenü zurück.

Nächster Lernschritt ist **Modul 101**.

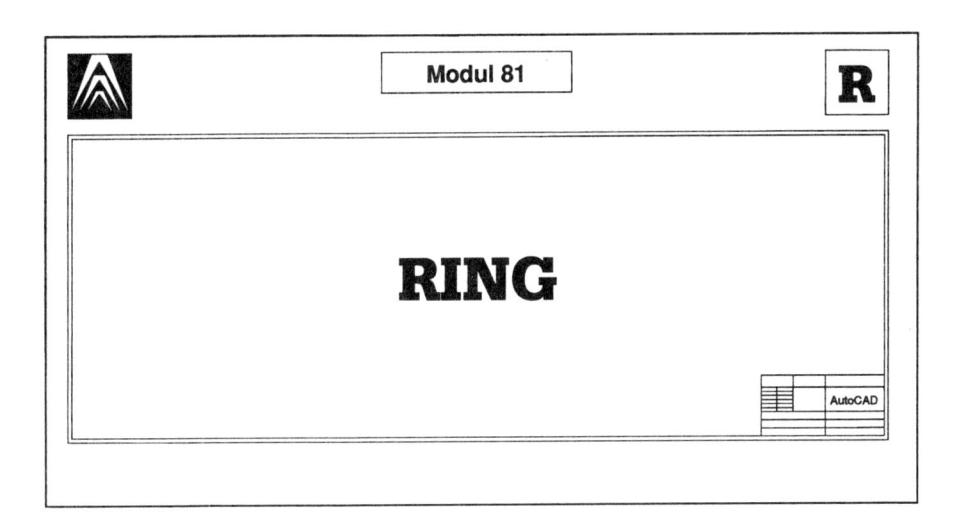

```
Befehl: RING
Innendurchmesser <Vorgabe>:
Aussendurchmesser <Vorgabe>:
Ringmittelpunkt:
```

Beschreibung

Der Befehl **RING** zeichnet Ringe und ausgefüllte Kreise.

Aufruf und Optionen

Nach der Eingabe des Befehlswortes, gefolgt von ⏎, müssen Sie die folgenden Größen bestimmen:

Innendurchmesser   Diese Größe gibt an, wie groß das Loch in dem zu zeichnenden Ring sein soll. Ein Innendurchmesser von **0** bewirkt, daß kein Loch, also ein ausgefüllter Kreis gezeichnet wird.

Aussendurchmesser	Der Außendurchmesser bestimmt, wie groß der Ring werden soll.
Ringmittelpunkt	Die letzte Eingabe betrifft die Position des Rings auf der Zeichenfläche. Wie die beiden anderen Größen, kann auch dieser Punkt durch Zeigen bestimmt werden. AutoCAD fragt solange nach einem Ringmittelpunkt, bis Sie mit ⏎ antworten. Jede Punkteingabe führt zu einer weiteren Kopie des Rings.

AutoCAD konstruiert einen Ring als eine geschlossene Polylinie. Alle Befehle, die Polylinien bearbeiten, funktionieren deshalb in derselben Weise auch mit Ringen.

Musteranwendung

In dieser Musteranwendung zeichnen Sie einen Ring mit Innen- und Außendurchmesser sowie eine ausgefüllte Scheibe.

1. Legen Sie eine neue Zeichnung mit Namen RING an.

2. Zeichnen Sie einen Ring mit Innen- und Außendurchmesser.

   ```
   Befehl: RING ⏎
   Innendurchmesser <0.50>: 30 ⏎
   Aussendurchmesser <1.00>: 60 ⏎
   Ringmittelpunkt: 100,100 ⏎
   Ringmittelpunkt: ⏎
   Befehl:
   ```

3. Zeichnen Sie nun eine geschlossene Scheibe.

   ```
   Befehl: RING ⏎
   Innendurchmesser <30.00>: 0 ⏎
   Aussendurchmesser <60.00>: 60 ⏎
   Ringmittelpunkt: 200,100 ⏎
   Ringmittelpunkt: ⏎
   Befehl:
   ```

Modul 81　　　　　　　　　　　　　　　　　　　　　　　　　　　　RING

Ihre Zeichnung sollte nun folgende zwei Ringe zeigen:

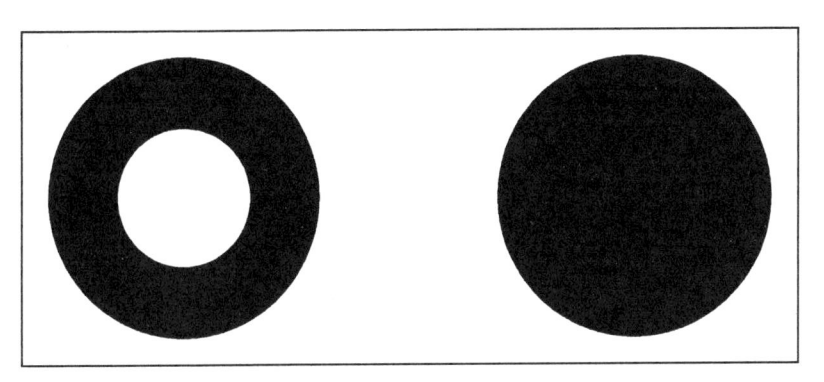

4. Verlassen Sie mit **QUIT** diese Zeichnung.

Nächster Lernschritt ist **Modul 71**.

401

ROTOB

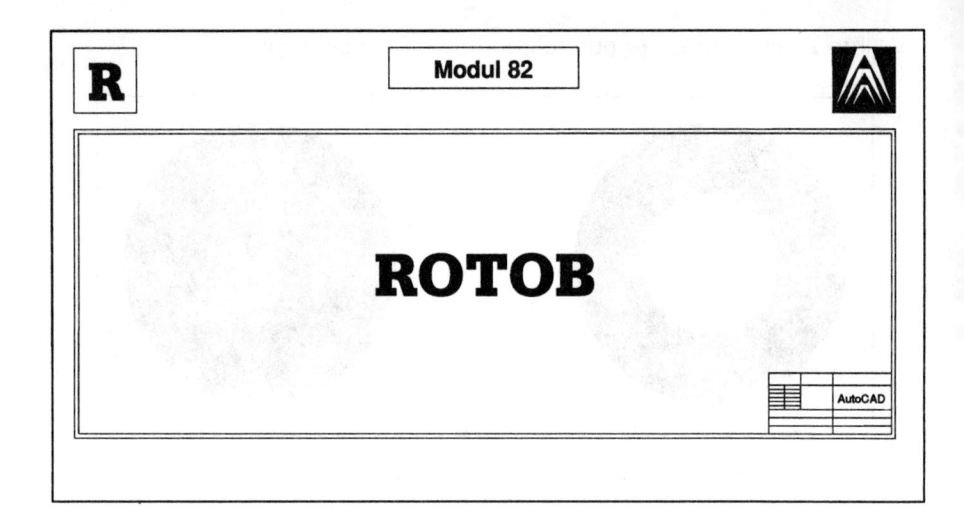

Modul 82

```
Befehl: ROTOB
Grundlinie waehlen:
Rotationsachse waehlen:
Startwinkel <0>:
Eingeschlossener Winkel (+=guz,-=uz) <Vollkreis>:
```

Beschreibung

Der Befehl **ROTOB** erzeugt ein dreidimensionales Netz, eine "Polygonmasche", das sich durch die Rotation einer vorgegebenen Kurve um eine Achse ergibt. Die Kurve, die den Rand der Fläche bestimmt, darf eine Linie, ein Bogen, ein Kreis oder eine 2D-/3D-Polylinie sein. Die Achse muß entweder eine Linie oder eine offene 2D-/3D-Polylinie sein. Bei einer Polylinie benutzt **ROTOB** die Verbindung zwischen dem ersten und dem letzen Scheitelpunkt als Rotationsachse.

Aufruf und Optionen

Das Ergebnis des Aufrufs von ROTOB muß nicht eine vollständig geschlossene Rotationsfläche sein. Sie können die Grundlinie auch nur um einen einzugebenden Winkel drehen lassen. In diesem Fall müssen Sie allerdings genau aufpassen, wie Sie die Rotationsachse und den Winkel bestimmen. Durch den Punkt, an dem Sie auf die Rotationsachse zeigen, wird die Richtung der Achse bestimmt. Die Achse zeigt vom näheren Endpunkt zum entfernteren Endpunkt. Zeigen Sie mit dem Daumen Ihrer rechten Hand in die Richtung der Achse, so zeigen die restlichen Finger die Rotationsrichtung an. Der Winkel 0 ist dort, wo die Grundlinie liegt.

Die Genauigkeit der Annäherung an die exakte Fläche durch das Polygonnetz, also die Feinheit des Netzes, wird durch die Systemvariablen SURFTAB1 und SURFTAB2 gesteuert. SURFTAB1 steuert die Genauigkeit in M-Richtung, d.h. in Drehrichtung, SURFTAB2 die Genauigkeit in N-Richtung. Vergleichen Sie dazu auch den Befehl 3DMASCHE (Modul 6).

Der Befehl ROTOB bildet einen einfachen Weg, komplexe rotationssymmetrische dreidimensionalen Flächen zu bestimmen. Insbesondere geometrische Grundfiguren wie Kugel oder Torus und rotationssymmetrische offene Gegenstände wie Gläser oder Vasen lassen sich auf diese Weise einfach konstruieren.

Musteranwendung

Zur Übung konstruieren wir einen Torus, d.h. einen dreidimensionalen Ring. Dabei zeigen wir Ihnen auch die Auswirkung der Variablen SURFTAB1 und SURFTAB2.

1. Beginnen Sie eine neue Zeichnung namens ROTOB.

2. Zeichnen Sie eine Linie als Rotationsachse und einen Kreis als Grundlinie:

    Befehl: **LINIE** ⏎
    Von Punkt: 200,100 ⏎
    Nach Punkt: 200,300 ⏎
    Nach Punkt:

    Befehl: **KREIS** ⏎
    3P/2P/TTR/<Mittelpunkt>: 100,200 ⏎
    Durchmesser/<Radius>: 50 ⏎

ROTOB   Modul 82

3. Rufen Sie ROTOB auf:

    Befehl: **ROTOB** ⏎
    Grundlinie waehlen: **100,150** ⏎
    Rotationsachse waehlen: **200,150** ⏎
    Startwinkel <0>: ⏎
    Eingeschlossener Winkel (+=guz,-=uz) <Vollkreis>: ⏎

4. Ändern Sie den Ansichtspunkt, damit Sie die Form und Lage des Torus besser erkennen können:

    Befehl: **APUNKT** ⏎
    Drehen/<Ansichtspunkt> <0.00,0.00,1.00>: **2,4,1** ⏎

    Befehl: **VERDECKT** ⏎

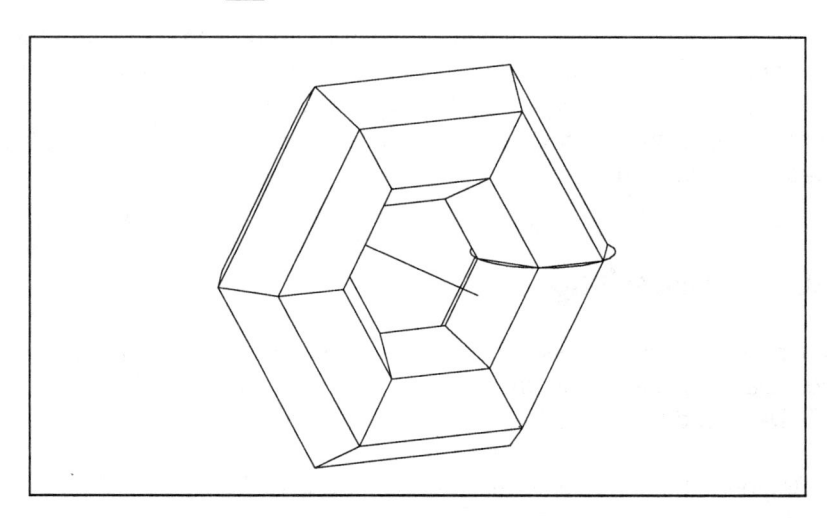

5. Um eine genauere Darstellung des Torus zu erhalten, erhöhen wir die Werte von SURFTAB1 und SURFTAB2:

    Befehl: **SETVAR** ⏎
    Variablenname oder ?: **SURFTAB1** ⏎
    Neuer Wert fuer SURFTAB1 <6>: **24** ⏎

    Befehl: ⏎
    SETVAR Variablenname oder ? <SURFTAB1>: **SURFTAB2** ⏎
    Neuer Wert fuer SURFTAB2 <6>: **10** ⏎

404

Beachten Sie, daß die Veränderung dieser Werte keinerlei Einfluß auf bereits gezeichnete Objekte hat. Sie wirken erst auf anschließend erstellte Objekte.

6. Löschen Sie den Torus deshalb wieder, und lassen Sie ihn nochmals zeichnen:

```
Befehl: LOESCHEN  ⏎
Objekte waehlen: L  ⏎
Objekte waehlen:  ⏎

Befehl: ROTOB  ⏎
Grundlinie waehlen: 100,150  ⏎
Rotationsachse waehlen: 200,150  ⏎
Startwinkel <0>:  ⏎
Eingeschlossener Winkel (+=guz,-=uz) <Vollkreis>:  ⏎

Befehl: VERDECKT  ⏎
```

Nun sieht Ihre Zeichnung so aus:

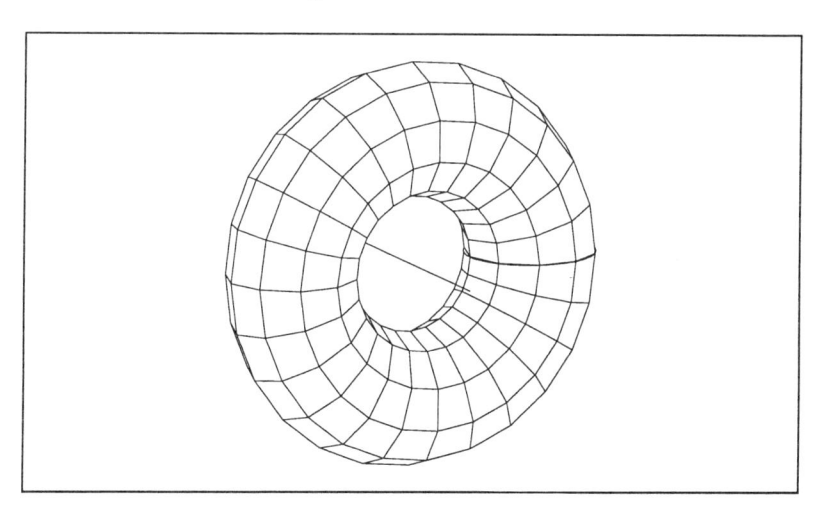

7. Verlassen Sie die Zeichnung mit **QUIT**.

Der nächste Lernschritt ist **Modul 24**.

Modul 83

SCHIEBEN

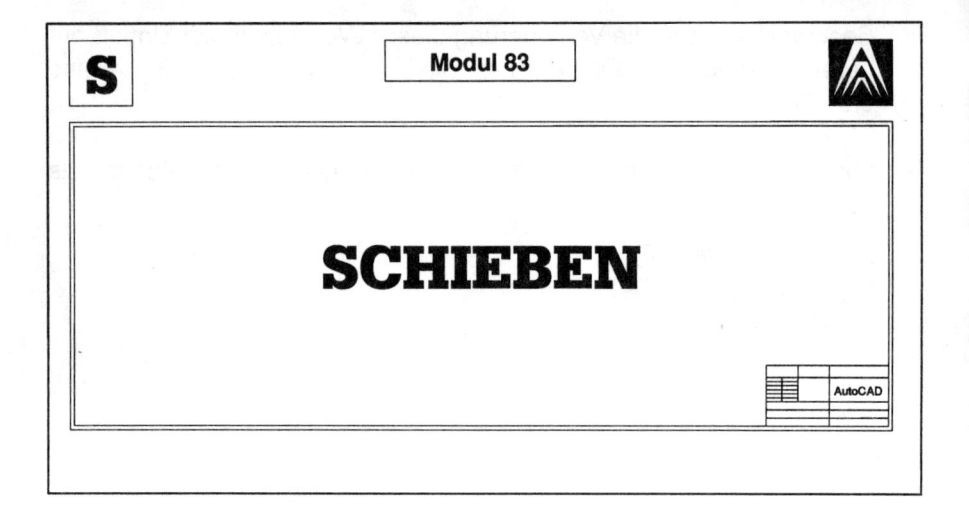

```
Befehl: SCHIEBEN
Objekte waehlen:
Basispunkt der Verschiebung:
```

Beschreibung

Mit dem Befehl **SCHIEBEN** können ausgewählte Objekte der Zeichnung verschoben werden.

Aufruf und Optionen

Nach dem Befehlsaufruf werden Sie zur Wahl der zu verschiebenden Objekte aufgefordert. Diese Wahl kann durch eine der üblichen Methoden geschehen:

- Anklicken

- ein Fenster bestimmen, innerhalb dem die zu verschiebenden Objekte liegen

- ein Kreuzungsfenster bestimmen, zu dem auch die teilweise enthaltenen Objekte gehören

- das zuletzt gezeichnete Objekt durch "Letztes"
- die zuvor bearbeiteten Objekte durch "Vorher"

Nachdem Sie alle gewünschten Objekte gewählt haben, können Sie mit ⏎ fortfahren. Nach Auswahl der Objekte fragt AutoCAD:

```
Basispunkt oder Verschiebung:
```

Die weitere Vorgehensweise ist analog zum Befehl **KOPIEREN** in Modul 50. Lediglich die Option "Mehrfach" fehlt.

Der wesentliche Unterschied zum Befehl **KOPIEREN** liegt darin, daß hier das Objekt zu dem ausgewählten Punkt verschoben wird. An der alten Stelle ist dieses Objekt daher nicht mehr sichtbar.

Der Befehl **SCHIEBEN** ist dann nützlich, wenn ein Objekt an einer falschen Stelle gezeichnet wurde. Dreidimensionale Objekte können auch in Z-Richtung verschoben werden.

Musteranwendung

In diesem Beispiel verschieben Sie die Elemente der Zeichnung, die Sie im Modul 50 erstellt haben. Starten Sie im Hauptmenü und wählen Sie Option 2. Auf die Frage nach der existierenden Zeichnung antworten Sie mit **HAUS**. Falls Sie diese Datei nicht besitzen, gehen Sie bitte Modul 50 nochmals durch.

1. Rufen Sie die in Modul 50 erstellte Zeichnungsdatei namens HAUS auf.

2. Verschieben Sie das linke Haus.

```
Befehl: SCHIEBEN ⏎
Objekte waehlen: F ⏎
Erste Ecke: 25,0 ⏎
Andere Ecke: 160,160 ⏎
10 gefunden.
Objekte waehlen: ⏎
```

SCHIEBEN   Modul 83

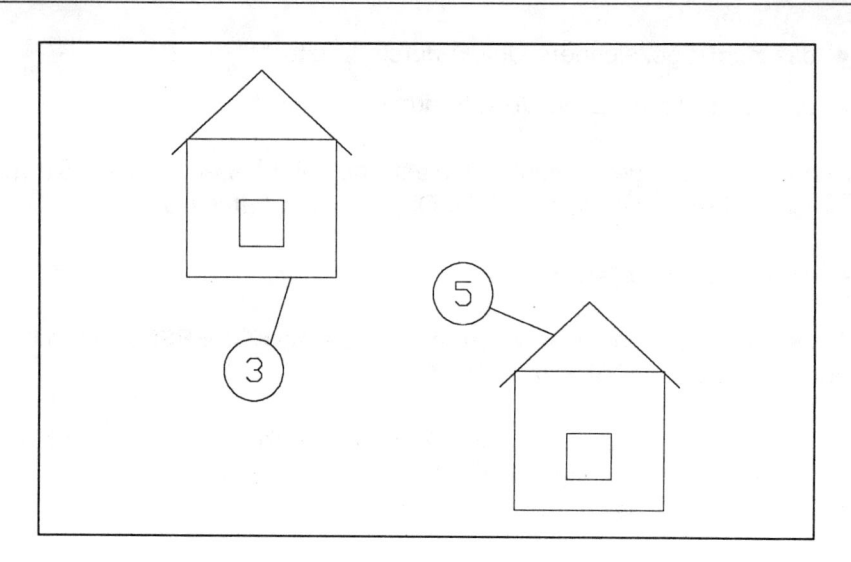

3. Legen Sie einen Basispunkt in der Nähe des linken Hauses fest.

   Basispunkt oder Verschiebung: **25,0** ⏎
   Zweiter Punkt der Verschiebung: (klicken Sie mit der Maus oder den Cursortasten den Punkt 25,140 an)

   > **Achtung:** Wenn Sie eine ältere AutoCAD-Version besitzen, antworten Sie auf die zweite Frage mit **ZUG** ⏎ und klicken dann den gewünschten Punkt an. Dann bewegt sich nämlich das zu verschiebende Objekt relativ zum Fadenkreuz mit. In den neueren AutoCAD-Versionen ist diese Funktion obligatorisch.

4. Wählen Sie das obere Haus aus.

   Befehl: **SCHIEBEN** ⏎
   Objekte waehlen: **F** ⏎
   Erste Ecke: **240,125** ⏎
   Andere Ecke: **380,280** ⏎
   10 gefunden.
   Objekte waehlen: ⏎

Modul 83   SCHIEBEN

5. Verschieben Sie das Haus nach unten.

   ```
   Basispunkt der Verschiebung: 260,140 [⏎]
   Zweiter Punkt der Verschiebung: (klicken Sie den Punkt 260,0 an)
   ```

   Ihre Zeichnung sollte nun so aussehen:

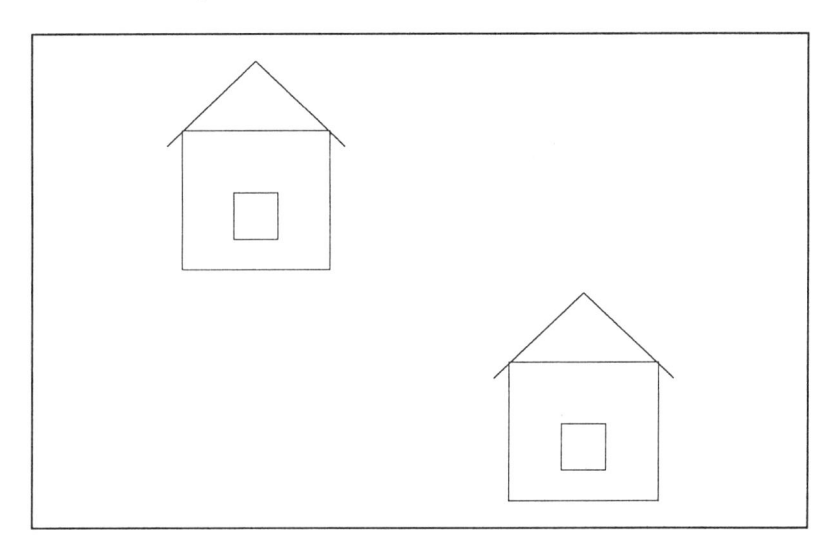

6. Kehren Sie mit **QUIT** ins Hauptmenü zurück.

Nächster Lernschritt ist **Modul 92**.

S	Modul 84	

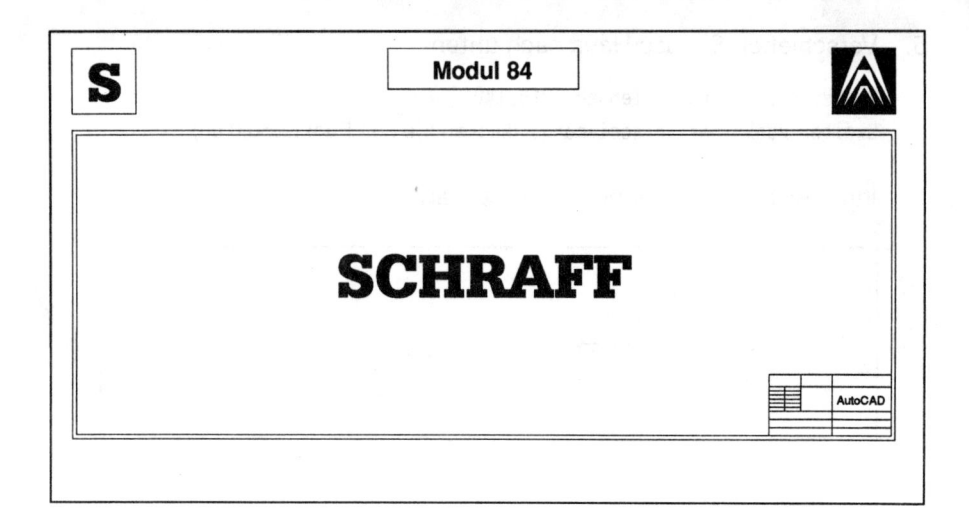

SCHRAFF

```
Befehl: SCHRAFF
Muster (? oder Name/B,Stil) <Vorgabe>:
Winkel für Schraffurlinien <0>:
Abstand zwischen den Linien <Vorgabe>:
Doppel-Schraffur <N>:
Objekte waehlen:
```

Beschreibung

Der Befehl **SCHRAFF** erlaubt, Flächen mit verschiedenartigen, von AutoCAD oder vom Benutzer bestimmten Mustern auszufüllen.

Aufruf und Optionen

Nach dem Befehlsaufruf stehen folgende Optionen zur Wahl:

?   Zeigt die Bibliothek der AutoCAD-Standard-Schraffuren.

Name   Bezeichnet eine Schraffurvariante. Wird der Name einer vorher definierten Schraffur, z.B. aus der Standard-Schraffur-

Bibliothek eingegeben, dann sind zwei weitere Angaben erforderlich.

Groesse <Vorgabe>:
Winkel <Vorgabe>:

Damit werden die Abstände der Schraffurlinien und deren Neigung zur Horizontalen bestimmt.

B   Meldet frei definierte Schraffuren an. Dazu müssen folgende Fragen beantwortet werden:

Winkel für Schraffurlinien <Vorgabe>:
Abstand zwischen den Linien <Vorgabe>:
Doppel-Schraffur? <Vorgabe>:

Wenn Sie **SCHRAFF** aus einem Pull-Down-Menü auswählen (ab Version 9.0), so erhalten Sie auf dem Bildschirm alle Muster angezeigt und können mit dem Cursor eines auswählen.

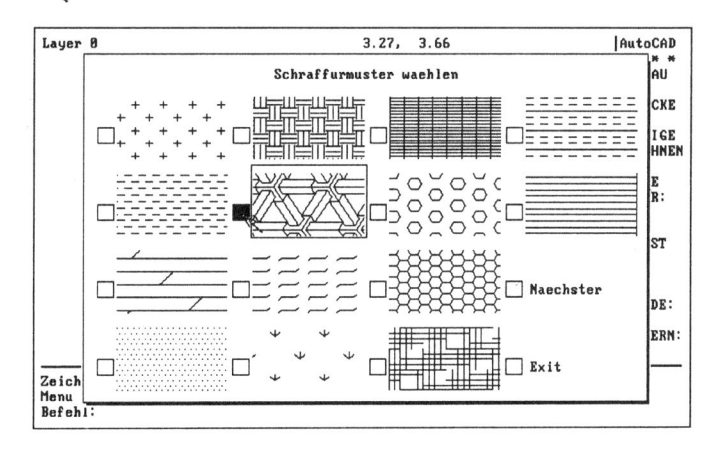

SCHRAFF Modul 84

Unabhängig von der Verwendung selbstdefinierter oder vorgegebener Schraffuren kann nach dem Musternamen, durch ein Komma getrennt, einer der folgenden Stil-Codes eingegeben werden:

N normal schraffieren, d.h. von außen nach innen abwechselnd schraffieren und nicht schraffieren

A nur die äußersten Flächen schraffieren

I eingeschlossene Strukturen ignorieren, d.h. alles schraffieren

Die Wirkung der einzelnen Stile ist an folgender Zeichnung sichtbar:

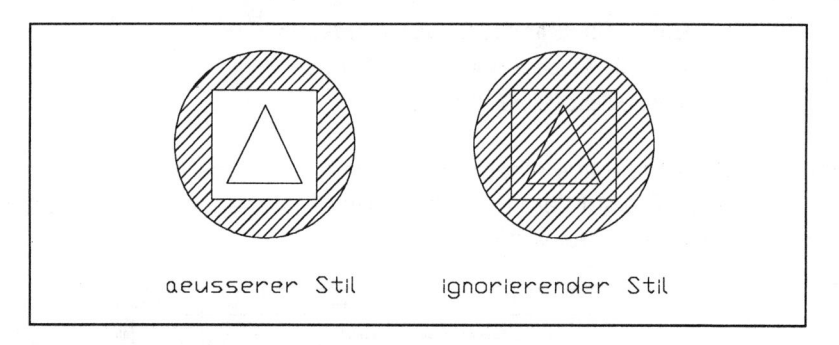

aeusserer Stil   ignorierender Stil

AutoCAD schraffiert nur Flächen, die von Linien, Bändern, Kreisen, Kreisbögen und 2D-/3D-Polylinien begrenzt sind. Soll eine Fläche schraffiert werden, müssen deren Grenzlinien angegeben werden. Auf die Aufforderung "Objekte wählen:" können die entsprechenden Linien bestimmt werden.

Um keine Fehler in der Schraffur zu erzeugen, sollten sich die Grenzlinien an den Endpunkten schneiden. Soll beispielsweise die linke Seite des abgebildeten Doppel-Rechtecks schraffiert werden, würde die angegebene Wahl der Grenzlinien zu einer falschen Schraffur führen.

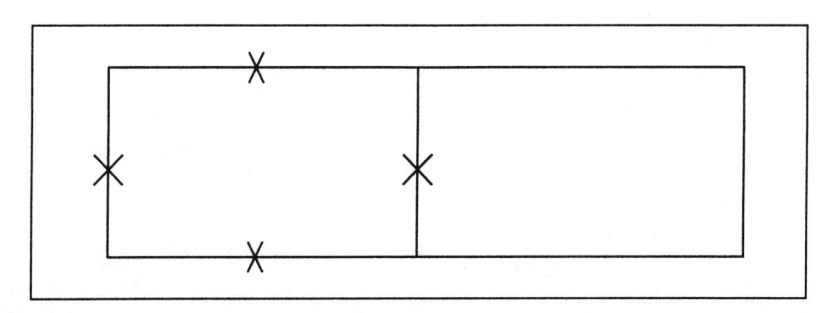

412

Daher muß die Zeichnung mit getrennten Liniensegmenten gezeichnet werden. Ist die Zeichnung bereits vorhanden, müssen die Linien mit dem Befehl **BRUCH** getrennt werden.

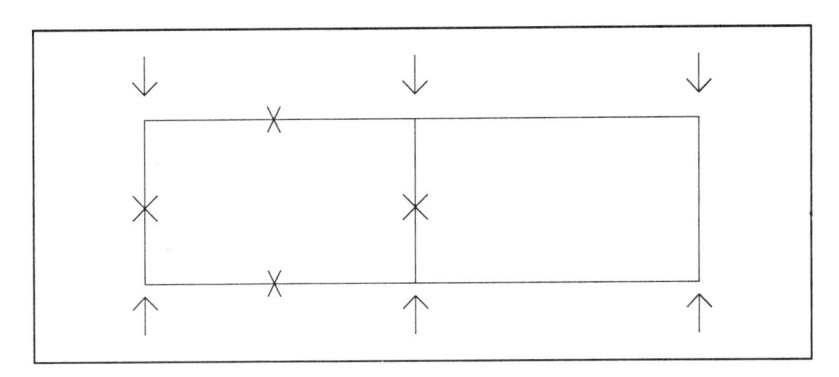

Wenn AutoCAD Flächen schraffiert, so werden die Schraffurlinien als Block abgespeichert. Dieser Block erscheint aber nicht wie normal in der Übersicht, wenn ein Befehl **EINFUEGE ?** gegeben wurde.

In technischen Zeichnungen werden schraffierte Flächen zur Kennzeichnung von Schnittflächen verwendet. In der Architektur lassen sich damit die verschiedenen Baumaterialien darstellen.

AutoCAD stellt in der Datei ACAD.PAT eine Vielzahl von Standard-Schraffuren zur Wahl. Darüber hinaus können individuelle Schraffuren einfach und schnell erstellt werden.

Wenn Sie vor den Namen des Schraffurmusters einen Stern "*" setzen, so können später die einzelnen Schraffurlinien separat editiert werden. Dies entspricht der Option "*" bei Blockeinfügungen.

SCHRAFF   Modul 84

Musteranwendung

In diesem Beispiel wenden Sie mehrere Schraffurmethoden an. Beginnen Sie eine neue Zeichnung namens HATCH.

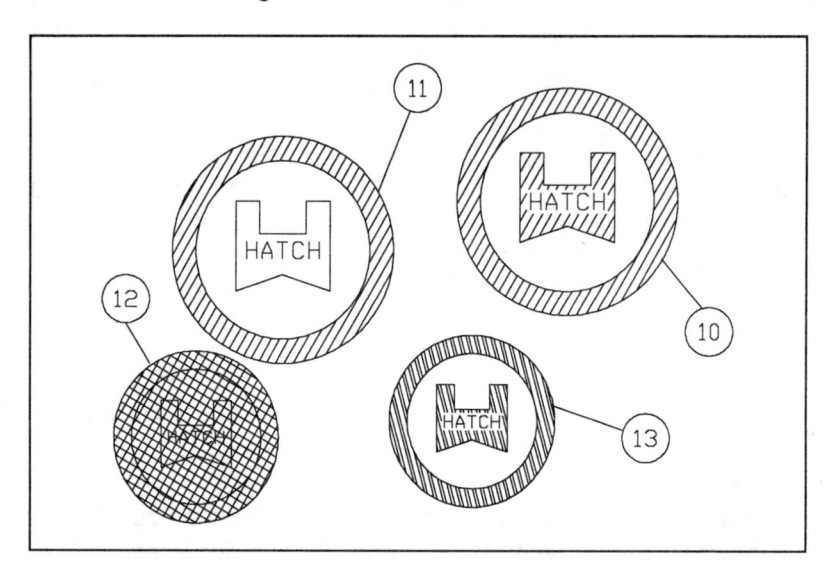

1. Setzen Sie das Fangraster auf 5 und koppeln Sie das Sichtraster an.

   Befehl: **FANG** ⏎
   Fangwert oder EIN/AUS/Aspekt/Drehen/Stil <1.00>: **5** ⏎

   Befehl: **RASTER** ⏎
   Rasterwert(X) oder EIN/AUS/Fang/Aspekt <10.00>: **0** ⏎

2. Zeichnen Sie den äußeren Kreis der Figur.

   Befehl: **KREIS** ⏎
   3P/2P/TTR/<Mittelpunkt>: **120,170** ⏎
   Durchmesser/<Radius>: **70** ⏎

3. Zeichnen Sie den inneren Kreis der Figur.

   Befehl: **KREIS** ⏎
   3P/2P/TTR/<Mittelpunkt>: **120,170** ⏎
   Durchmesser/<Radius>: **55** ⏎

4. Zeichnen Sie die Figur innerhalb des Kreisrings.

   ```
   Befehl: LINIE ↵
   Von Punkt: 90,200 ↵
   Nach Punkt: 90,145 ↵
   Nach Punkt: 120,155 ↵
   Nach Punkt: 150,145 ↵
   Nach Punkt: 150,200 ↵
   Nach Punkt: 135,200 ↵
   Nach Punkt: 135,180 ↵
   Nach Punkt: 105,180 ↵
   Nach Punkt: 105,200 ↵
   Nach Punkt: S ↵
   ```

5. Zentrieren Sie das Wort HATCH in die Figur.

   ```
   Befehl: TEXT ↵
   Startpunkt oder Ausrichten/Zentrieren/Einpassen/Mitte/Rechts/Stil: Z ↵
   Zentrieren Punkt: 120,165 ↵
   Hoehe <3.50>: 10 ↵
   Drehwinkel <0>: ↵
   Text: HATCH ↵
   ```

6. Definieren Sie die Figur als Block.

   ```
   Befehl: BLOCK ↵
   Blockname (oder ?): FIGUR ↵
   Basispunkt der Einfuegung: 120,170 ↵
   Objekte waehlen: F ↵
   Erste Ecke: 45,95 ↵
   Andere Ecke: 195,245 ↵

   12 gefunden
   Objekte waehlen: ↵
   Befehl: HOPPLA ↵
   ```

SCHRAFF   Modul 84

7. Fügen Sie den Block in die obere rechte Ecke des Bildschirms ein.

   Befehl: **EINFUEGE** ⏎
   Blockname (oder ?): **FIGUR** ⏎
   Einfuegepunkt: **300,200** ⏎
   X Faktor <1> / Eckpunkt / XYZ: ⏎
   Y Faktor (Vorgabe=X): ⏎
   Drehwinkel <0>: ⏎

8. Fügen Sie den Block mit 75% seiner ursprünglichen Größe in die untere linke Ecke des Bildschirms ein.

   Befehl: **EINFUEGE** ⏎
   Blockname (oder ?) <FIGUR>: ⏎
   Einfuegepunkt: **65,55** ⏎
   X Faktor <1> / Eckpunkt / XYZ: **.75** ⏎
   Y Faktor (Vorgabe=X): ⏎
   Drehwinkel <0>: ⏎

9. Fügen Sie den Block in die untere rechte Ecke des Bildschirms ein.

   Befehl: **EINFUEGE** ⏎
   Blockname (oder ?) <FIGUR>: ⏎
   Einfuegepunkt: **240,65** ⏎
   X Faktor <1> / Eckpunkt / XYZ: **.75** ⏎
   Y Faktor (Vorgabe=X): ⏎
   Drehwinkel <0>: ⏎

10. Schraffieren Sie den Block rechts oben mit Normalschraffur. Verwenden Sie eine vorgegebene Schraffur mit Linienabstand 5 Einheiten und 60 Grad Schraffurwinkel.

    Befehl: **SCHRAFF** ⏎
    Muster (? oder Name/B,Stil): **B** ⏎
    Winkel fuer Doppelschraffurlinien <0>: **60** ⏎
    Abstand zwischen den Linien <1.0000>: **5** ⏎
    Doppelschraffurbereich? <N>: ⏎
    Objekte waehlen: **F** ⏎
    Erste Ecke: **225,125** ⏎
    Andere Ecke: **375,285** ⏎
    1 gefunden.
    Objekte waehlen: ⏎

11. Schraffieren Sie den Block oben links mit dem äußeren Schraffur-Stil. Verwenden Sie dieselbe Schraffur.

    ```
    Befehl: SCHRAFF ⏎
    Muster (? oder Name/B,Stil) <B>: B,A ⏎
    Winkel fuer Doppelschraffurlinien <60>: ⏎
    Abstand zwischen den Linien <5.0000>: ⏎
    Doppelschraffurbereich? <N>: ⏎
    Objekte waehlen: F ⏎
    Erste Ecke: 45,95 ⏎
    Andere Ecke: 200,245 ⏎

    12 gefunden.
    Objekte waehlen: ⏎
    ```

12. Schraffieren Sie den Block links unten mit Doppel-Schraffur. Ferner ignorieren Sie die eingeschlossene Struktur.

    ```
    Befehl: SCHRAFF ⏎
    Muster (? oder Name/B,Stil) <B,A>: B,I ⏎
    Winkel fuer Doppelschraffurlinien <60>: ⏎
    Abstand zwischen den Linien <5.0000>: ⏎
    Doppelschraffurbereich? <N>: J ⏎
    Objekte waehlen: F ⏎
    Erste Ecke: 0,0 ⏎
    Andere Ecke: 125,110 ⏎

    1 gefunden.
    Objekte waehlen: ⏎
    ```

13. Schraffieren Sie den Block unten rechts mit der vorgegebenen Schraffurart STAHL.

    ```
    Befehl: SCHRAFF ⏎
    Muster (? oder Name/B,Stil) <B,I>: STEEL ⏎
    Massstab fuer Muster <1.0000>: 40 ⏎
    Winkel fuer Muster <60>: ⏎
    Objekte waehlen: F ⏎
    Erste Ecke: 185,10 ⏎
    Andere Ecke: 300,120 ⏎

    1 gefunden.
    Objekte waehlen: ⏎
    ```

SCHRAFF   Modul 84

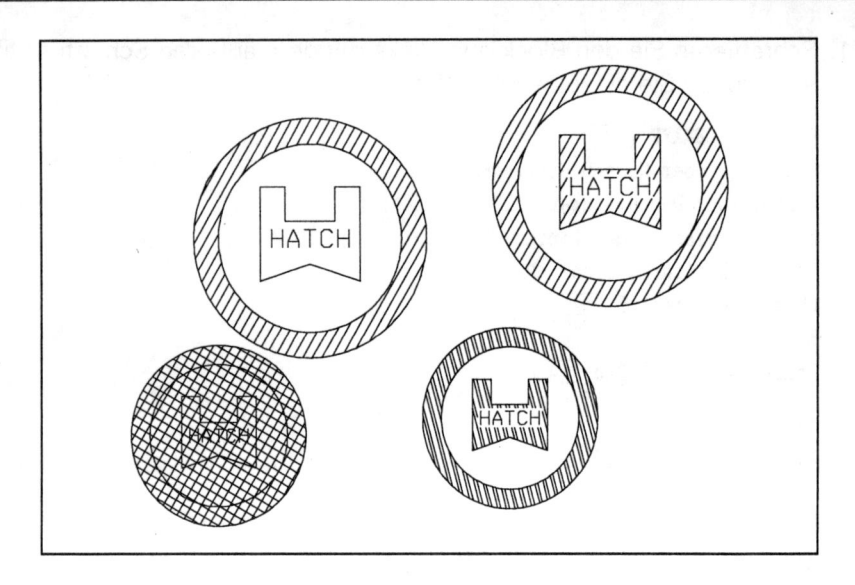

14. Kehren Sie mit **QUIT** ins Hauptmenü zurück.

Nächster Lernschritt ist **Modul 96**.

AutoCAD Standard-Schraffuren

ANGLE	ANSI31	ANSI32
ANSI33	ANSI34	ANSI35
ANSI36	ANSI37	ANSI38

SCHRAFF   Modul 84

BOX	BRASS	BRICK
CLAY	CORK	CROSS
DASH	DOLMIT	DOTS

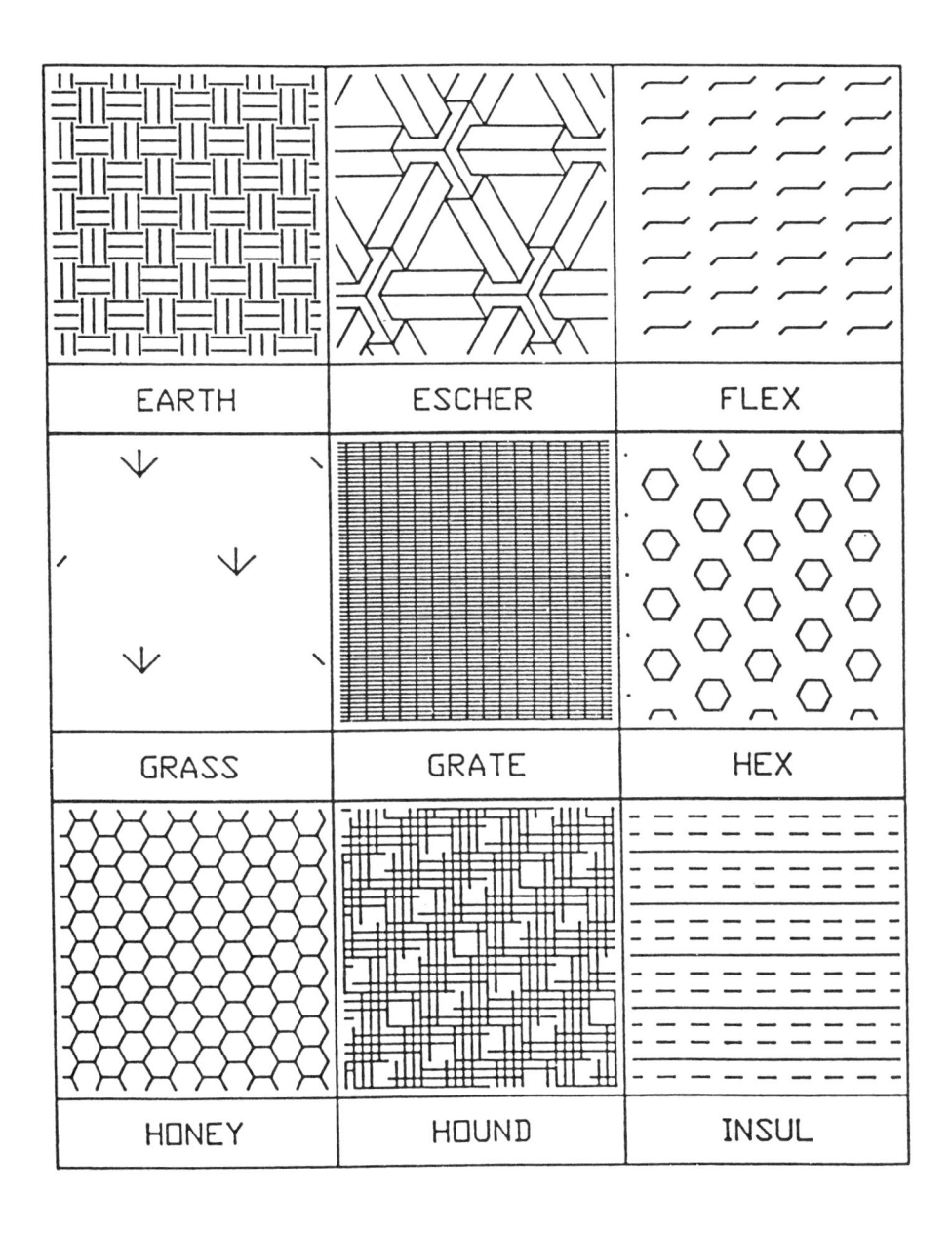

Modul 84 SCHRAFF

EARTH	ESCHER	FLEX
GRASS	GRATE	HEX
HONEY	HOUND	INSUL

421

SCHRAFF Modul 84

LINE	MUDST	NET
NET3	PLAST	PLASTI
SACNCR	SQUARE	STARS

Modul 84 SCHRAFF

| STEEL | SWAMP | TRANS |
| TRIANG | ZIGZAG | |

423

S | Modul 85

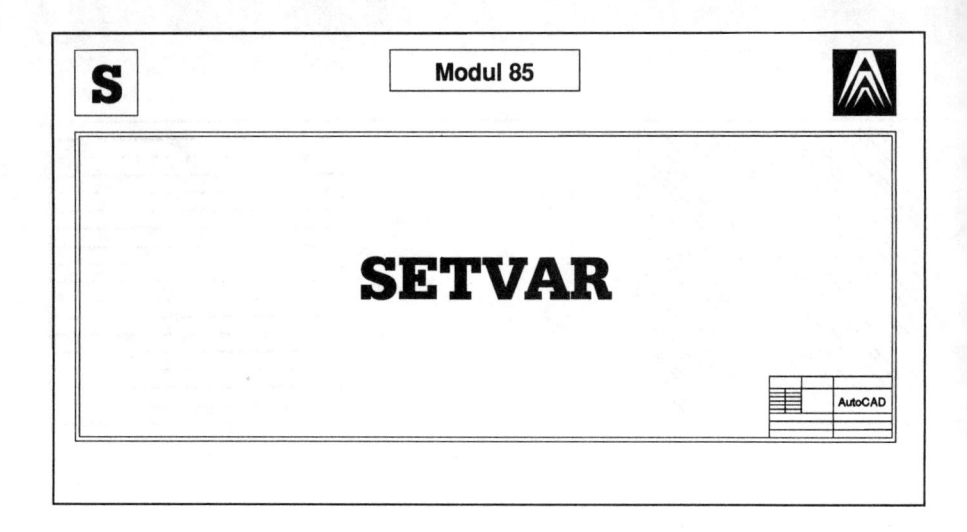

SETVAR

```
Befehl: SETVAR
Variablenname oder ?:
```

Beschreibung

Mit dem Befehl **SETVAR** können viele von AutoCADs Systemvariablen verändert werden.

Aufruf und Optionen

Nach dem Befehlsaufruf stehen folgende Optionen zur Wahl:

?   Die Eingabe eines Fragezeichens und das Drücken der ⏎-Taste läßt AutoCAD eine Liste der Variablennamen und ihrer aktuellen Werte anzeigen. Die Liste umfaßt mehrere Seiten, Sie müssen deshalb mehrmals ⏎ drücken. Hinter einigen Variablen steht der Text **(nur einlesen)**. Diese Variablen können nicht verändert werden.

Variablenname Geben Sie einen der Namen aus der obigen Liste an, so erhalten Sie die Anfrage:

```
Neuer Wert fuer ... <aktueller Wert>:
```

Drücken Sie ⏎, um den angezeigten Wert beizubehalten oder geben Sie einen neuen Wert ein.

Beim zweiten Aufruf von **SETVAR** wird der Name der zuletzt bearbeiteten Systemvariablen als Vorgabe für den Variablennamen ausgegeben.

Für die meisten Systemvariablen gibt es eigene Befehle, die ihnen einen sinnvollen Wert zuweisen. So beeinflußt z.B. der Befehl **LIMITEN** die Variablen **LIMMIN**, **LIMMAX** und **LIMCHECK**. Sie werden deshalb den Befehl **SETVAR** für diese Variablen selten verwenden. Die Werte der wichtigsten Systemvariablen werden in ausführlicher Form als Antwort auf den Befehl **STATUS** ausgegeben.

Eine kommentierte Liste der Variablennamen und ihrer Bedeutung finden Sie im Anhang des Buches "AutoLISP" von D. Rudolph, tewi-Verlag, München. Die folgenden Systemvariablen sollten Sie kennen:

MIRRTEXT steuert die Art und Weise, in der Texte gespiegelt werden. Je nach Wert erscheint ein gespiegelter Text spiegelverkehrt oder normal.

PDMODE steuert, mit welchem Symbol ein Punkt auf der Zeichnung dargestellt wird.

PDSIZE enthält die Größe des Punktsymbols relativ zur Bildschirmgröße.

Der Befehl **SETVAR** kann auch transparent benutzt werden, allerdings wirken sich die neuen Werte der Variablen erst nach Abschluß des aktiven Befehls aus.

Hinweis: Alle Systemvariablen haben englische Namen. Die zur Bemaßungsfunktion gehörenden Variablen müssen bei **SETVAR** mit ihren englischen Namen, bei **BEM** jedoch mit ihren deutschen Namen angesprochen werden.

SETVAR   Modul 85

Musteranwendung

In diesem Beispiel werden Sie mit Hilfe von **SETVAR** zunächst das Aussehen des Punktsymbols verändern und es anschließend in seiner Größe variieren.

1. Legen Sie eine neue Zeichnung mit Namen SETVAR an.

2. Zeichnen Sie 4 Punkte mit folgenden Koordinaten:

   ```
   Befehl: Punkt  ⏎
   Punkt: 100,100  ⏎
   Befehl:  ⏎
   PUNKT Punkt: 120,103  ⏎
   Befehl:  ⏎
   PUNKT Punkt: 180,123  ⏎
   Befehl:  ⏎
   PUNKT Punkt: 150,150  ⏎
   ```

   Geben Sie nun **NEUZEICH** ein, um die Konstruktionspunkte auszuschalten. Sie sehen, wie das Punktsymbol im Moment eingestellt ist.

   Ihr Bildschirm sollte jetzt so aussehen:

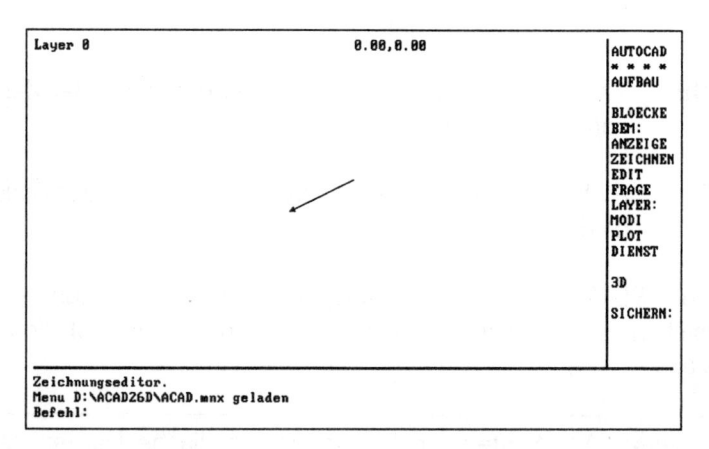

   ```
   Layer 0                         0.00,0.00      | AUTOCAD
                                                  | * * * *
                                                  | AUFBAU
                                                  |
                                                  | BLOECKE
                                                  | BEM:
                                                  | ANZEIGE
                                                  | ZEICHNEN
                                                  | EDIT
                 ╱                                | FRAGE
                                                  | LAYER:
                                                  | MODI
                                                  | PLOT
                                                  | DIENST
                                                  |
                                                  | 3D
                                                  |
                                                  | SICHERN:

   Zeichnungseditor.
   Menu D:\ACAD26D\ACAD.mnx geladen
   Befehl:
   ```

426

3. Mit Hilfe des Befehls **SETVAR** können Sie nun das Aussehen des Punktsymbols verändern. Die verschiedenen Alternativen finden Sie in Ihrem AutoCAD-Handbuch. Wir haben uns hier für die Darstellung Nr. 99 entschieden.

```
Befehl: SETVAR ⏎
Variablenname oder ?: PDMODE ⏎
Neuer Wert fuer PDMODE <0>: 99 ⏎
Befehl: REGEN ⏎
Regeneriere Zeichnung.
```

Die Darstellung der Punkte auf Ihrem Bildschirm hat sich gewandelt. Die Punkte sehen jetzt so aus:

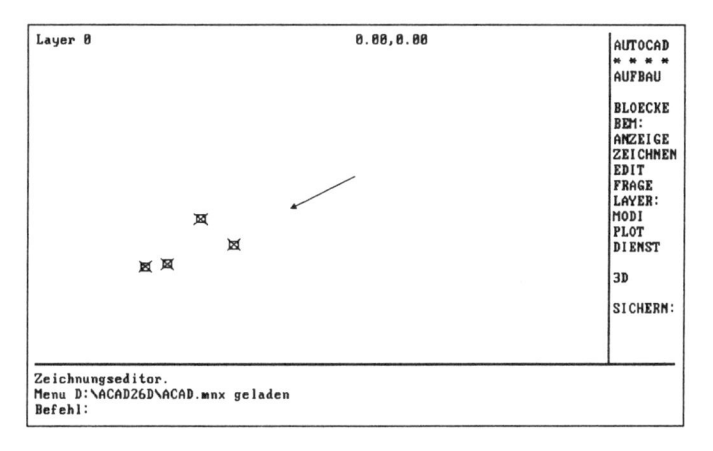

```
Layer 0                    0.00,0.00         AUTOCAD
                                             * * * *
                                             AUFBAU

                                             BLOECKE
                                             BEM:
                                             ANZEIGE
                                             ZEICHNEN
                                             EDIT
                                             FRAGE
              ⌧                              LAYER:
                      ⌧                      MODI
                                             PLOT
      ⌧ ⌧                                    DIENST

                                             3D

                                             SICHERN:


Zeichnungseditor.
Menu D:\ACAD26D\ACAD.mnx geladen
Befehl:
```

4. Nun verändern Sie die Systemvariable PDSIZE, um die Punktsymbole deutlicher auf den Bildschirm zu bekommen.

```
Befehl: SETVAR ⏎
Variablenname oder ? <PDMODE>: PDSIZE ⏎
Neuer Wert fuer PDSIZE <0.0000>: -20 ⏎
Befehl: REGEN ⏎
```

Der Wert –20 bedeutet dabei, daß die Punktsymbole jetzt 20% des Bildschirms ausmachen. Ihr Bildschirm sollte nun so aussehen, wie auf der nächsten Seite gezeigt:

SETVAR   Modul 85

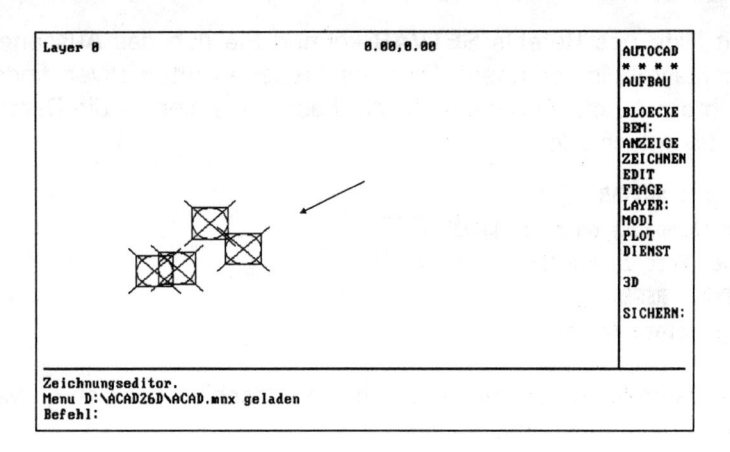

5. Kehren Sie mit **QUIT** ins Hauptmenue zurück.

Nächster Lernschritt ist **Modul 22**.

428

SHELL, SH

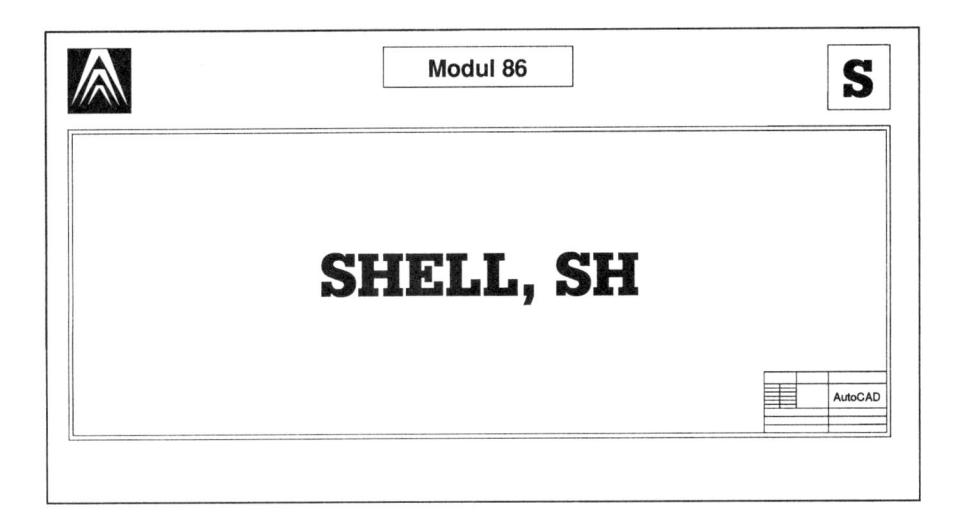

Befehl: SHELL
DOS Command:

Beschreibung

Mit Hilfe der Befehle **SHELL** und **SH** können fremde Anwendungsprogramme und Betriebssystemaufrufe gestartet werden, ohne daß man AutoCAD verlassen muß.

Aufruf und Optionen

Nach dem Befehlsaufruf meldet sich Ihr Betriebssystem, meistens MS-DOS. Nun können Sie entweder den gewünschten MS-DOS-Befehl eingeben oder mit ⏎ einen modifizierten MS-DOS Prompt erhalten.

Sie müssen mit ⏎ antworten, wenn mehrere Befehle ausgeführt werden sollen. Ansonsten kehren Sie nach Ausführung eines MS-DOS Befehls in AutoCAD zurück.

SHELL, SH   Modul 86

Antworten Sie mit ⏎, erscheint z.B. folgende Anzeige:

```
DOS Command: ⏎

EXIT eingeben, um ins AutoCAD zurueckzukehren

The IBM Personal Computer DOS
Version 3.20 (C)Copyright International Business Machines Corp 1981, 1986
             (C)Copyright Microsoft Corp 1981, 1986

C>>
```

Durch Eingabe von **EXIT**, gefolgt von ⏎, kehren Sie zu AutoCAD zurück.

Da AutoCAD selbst einigen Speicherplatz des Computers beansprucht, ist für manche Anwenderprogramme nicht genügend Platz vorhanden. AutoCAD meldet dann:

```
SHELL Fehler: ungenuegend Speicher fuer Befehl
```

Statt **SHELL** können Sie auch den Befehl **SH** benutzen. Sie können dann allerdings nur auf die internen MS-DOS Befehle (z.B. copy, dir, ...) zugreifen. Diese Befehle müssen nicht extra geladen werden und benötigen somit keinen zusätzlichen Speicherplatz.

Externe Befehle von AutoCAD

Bei Verwendung des AutoCAD Pakets ADE-3 können Sie fremde Programme laufen lassen, ohne dabei AutoCAD verlassen zu müssen. Jedoch muß AutoCAD den Namen dieses Programms, dessen benötigte Speicherkapazität und verschiedene weitere Angaben kennen. Diese Programme oder Befehle werden als **externe Befehle** von AutoCAD bezeichnet. Die externen Befehle werden in der Datei ACAD.PGP definiert.

Schauen Sie sich mit Hilfe des MS-DOS Befehls **TYPE** oder des Systemeditors **EDLIN** die Datei ACAD.PGP an.

Die Datei ACAD.PGP könnte so aussehen:

`C>TYPE ACAD.PGP`

```
SHELL,,125000,*DOS Befehl: ,0
DIR,DIR,24000,Datei Spezifikation: ,0
catalog,DIR /W,24000,*Dateien: ,0
```

Jeder externe Befehl ist in dieser Datei in einer gesonderten Zeile beschrieben. Jeder Befehl verlangt fünf Spezifikationen, die durch Kommata getrennt sind.

- **Die erste Spezifikation** in jeder Zeile ist der Befehlsname. Wenn Sie einen nicht zum AutoCAD Befehlssatz gehörenden Befehl eingeben, schaut AutoCAD in der Datei ACAD.PGP nach, ob es sich dabei um einen externen Befehl handelt. AutoCAD schaut dabei auf den Anfang jeder Zeile dieser Datei. In unserem Fall sind also die externen Befehle SHELL, DIR und CATALOG verzeichnet.

- **Die zweite Spezifikation** in jeder Zeile ist der Befehl, den AutoCAD zum MS-DOS-Befehlsinterpreter schickt. Diesen Befehl geben Sie ein, wenn Sie Ihre Operationen ganz normal vom Betriebssystem aus starten. Dabei kann es sich auch um Parameter oder Ein- oder Ausschalter handeln. In unserem Fall sendet der Befehl SHELL nichts an den Befehlsinterpreter; DIR sendet den String "DIR"; CATALOG sendet den String "DIR/W".

- **Die dritte Spezifikation** in jeder Zeile ist die zur Ausführung des externen Befehls notwendige Menge an Speicherplatz. Da zur Befehlsausführung in MS-DOS zumindest die Datei COMMAND.COM benötigt wird, müssen zum Speicherplatzbedarf des Anwenderprogramms noch etwa 17-23 kByte je nach DOS-Version hinzugezählt werden.

- **Die vierte Spezifikation** in jeder Zeile bestimmt das Befehlsbereitschaftszeichen. Dieses wird nach dem Aufruf des externen Befehls angezeigt, um zusätzliche Informationen vom Benützer zu erhalten. In unserem Fall wird beim Befehl DIR das Bereitschaftszeichen "Datei Spezifikation:" ausgegeben. Die Antwort des Benützers wird mit dem aktuellen Befehlsstring dem Betriebssystem übermittelt. Falls das erste Zeichen der Angabe ein Sternchen (*) ist, darf die

SHELL, SH   Modul 86

Antwort Leerstellen enthalten. Ferner muß der Benützer seine Antwort mit ⏎ bestätigen. Andernfalls wird durch Eingabe eines Leerzeichens die Eingabe beendet.

- **Die fünfte Spezifikation** ist der Return-Code. Der Codewert 0 bewirkt nichts; die Werte 1 und 2 werden für das Laden und Konstruieren von Blökken verwendet; der Wert 4 schaltet die Grafik-/Textkonfiguration auf ein Ein-Monitorsystem. Ein Return-Code 0 beläßt nach Ausführung des Befehls den Bildschirm im Textmodus. Ein Return-Code 4 schaltet den Bildschirm in denjenigen Modus, der vor der Befehlsausführung aktiv war.

Nebeneffekte

Einige schwer vorhersehbare Schwierigkeiten können beim Gebrauch des Befehls **SHELL** oder anderer externer Befehle von AutoCAD auftreten.

Dateizerstörung

Wenn Sie einen externen Befehl von AutoCAD aus starten, bleibt AutoCAD im Speicher erhalten und schließt nicht alle Dateien ab. Wenn Sie jetzt mit dem MS-DOS-Befehl **CHKDSK** den verfügbaren Speicherplatz auf der Diskette überprüfen wollen, werden die noch offenen Dateien als Diskettenfehler erkannt.

> **WARNUNG:** Rufen Sie **NIE** den Befehl **CHKDSK/F** von AutoCAD aus auf. Ansonsten gehen wichtige Dateien verloren. Bei normalem Gebrauch des Befehls **CHKDSK** treten keine Schwierigkeiten auf.

Zu viele Dateiköpfe

Falls Ihr Programm mehrere Dateien eröffnet, kann die zulässige Maximalzahl gleichzeitig offener Dateien überschritten werden. Diese Maximalzahl wird beim Systemstart auf den Standardwert 8 gesetzt. Falls Sie eine

Fehlermeldung wegen zu vieler geöffneter Dateien erhalten, verändern Sie diesen Standardwert durch Änderung der FILES-Spezifikation in der Systemdatei CONFIG.SYS des Standardverzeichnisses. Falls Sie keine Datei CONFIG.SYS besitzen, stellen Sie diese Datei folgendermaßen her:

1. Vergewissern Sie sich, daß das MS-DOS-Systembereitschaftszeichen (**C>**) angezeigt wird.

2. Gehen Sie mit **CD ** und ⏎ ins Standardverzeichnis.

3. Geben Sie **COPY CON: CONFIG.SYS** ein und schließen Sie mit ⏎ ab.

   Geben Sie einen Wert größer als den Standardwert 8 für die Maximalzahl der Dateiköpfe ein.

4. Geben Sie **FILES=12** ein und schließen Sie mit ⏎ ab.

   Mit dem Befehl **BUFFER** veranlassen Sie MS-DOS zu einer effizienteren Speicherplatzausnutzung auf Ihrer Diskette.

5. Geben Sie **BUFFERS=20** ein und schließen Sie mit ⏎ ab.

6. Drücken Sie `Ctrl` `Z` und ⏎.

   Um die Angaben in **CONFIG.SYS** zu aktivieren, muß das Betriebssystem neu gebootet werden.

Fehler in der Graphikspeicherung

AutoCAD speichert die Bildschirmanzeige für manche Graphikdarstellungen im RAM-Speicher. Dieser Speicherbereich wird möglicherweise durch einen externen Befehl oder ein Programm überschrieben. In diesem Fall kann der Bildschirm mit Hilfe des AutoCAD Befehls **NEUZEICH** regeneriert werden.

SHELL, SH   Modul 86

Musteranwendung

In diesem Beispiel prüfen Sie den auf der Harddisk verfügbaren Speicherplatz.

1. Beginnen Sie eine neue Zeichnung namens TEMP. Rufen Sie **SHELL** auf.

   DOS Command:

   Angenommen, CHKDSK.COM steht im Unterverzeichnis DOS der Harddisk; der Aufruf in MS-DOS sieht dann so aus:

   \DOS\CHKDSK

2. Geben Sie **\ DOS \ CHKDSK** ein und schließen Sie mit ⏎ ab.

   DOS Command: **\DOS\CHKDSK**
   Volume HARDDISK   erzeugt Jan 22, 1987 2:14p

   21225472 Bytes verfügbarer Platz auf Diskette
     180224 Bytes in 11 versteckte Dateien
     311296 Bytes in 38 Verzeichnis(sen)

   19398656 Bytes in 1246 Benutzerdateien
    1335296 Bytes frei auf der Diskette

     655360 Bytes Gesamtspeicher
      78336 Bytes frei

   Befehl:

   Sie sind jetzt wieder im AutoCAD Befehlsmodus.

3. Kehren Sie mit **QUIT** ins Hauptmenü zurück.

Nächster Lernschritt ist **Modul 72**.

Modul 87

SICHERN

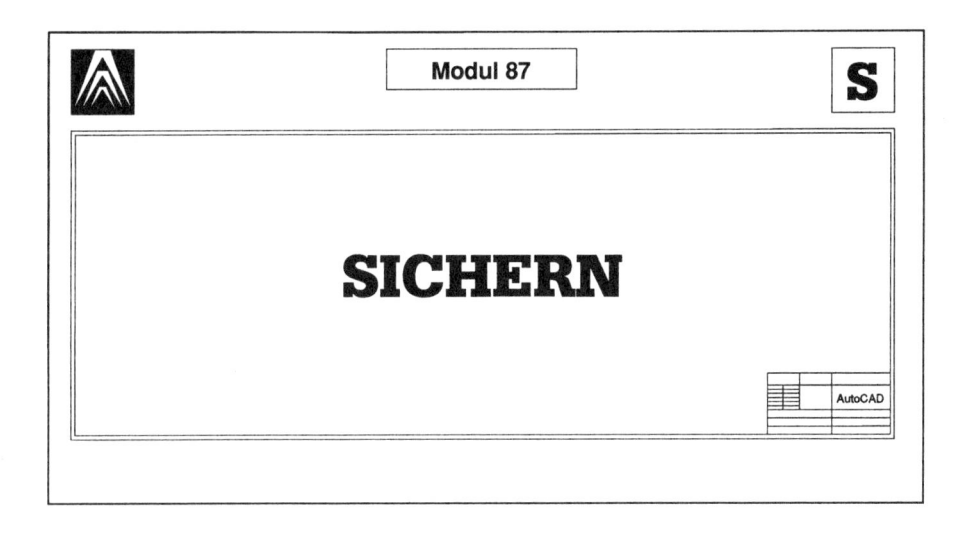

```
Befehl: SICHERN
Dateiname <Vorgabe>:
```

Beschreibung

Der Befehl **SICHERN** bewirkt die Speicherung Ihrer Zeichnung auf das gewählte Speichermedium. Sobald die Speicherung beendet ist, kann weitergezeichnet werden.

Aufruf und Optionen

Nach Eingabe des Wortes **SICHERN**, gefolgt von einem ⏎, fragt AutoCAD nach dem Dateinamen, unter dem die Zeichnung gesichert werden soll.

Antworten Sie mit ⏎, so wird der aktuell eingestellte Zeichnungsname benutzt. Sie können aber auch jeden anderen Dateinamen, auch unter Angabe von Laufwerks- und Directorybezeichnung, eingeben.

SICHERN   Modul 87

Es empfiehlt sich, Zeichnungen zwischenzeitlich immer wieder abzuspeichern, um die Schäden durch Stromausfälle, Hardwareausfälle und menschliche Fehlbedienungen möglichst gering zu halten.

Die alte Version der Zeichnung bleibt mit der neuen Dateinamenserweiterung .BAK vorläufig abgespeichert.

Musteranwendung

Aufgrund der Einfachheit dieses Befehls erübrigt sich ein Beispiel.

Nächster Lernschritt ist **Modul 37**.

> Modul 88
>
> **SKALA**
>
> AutoCAD

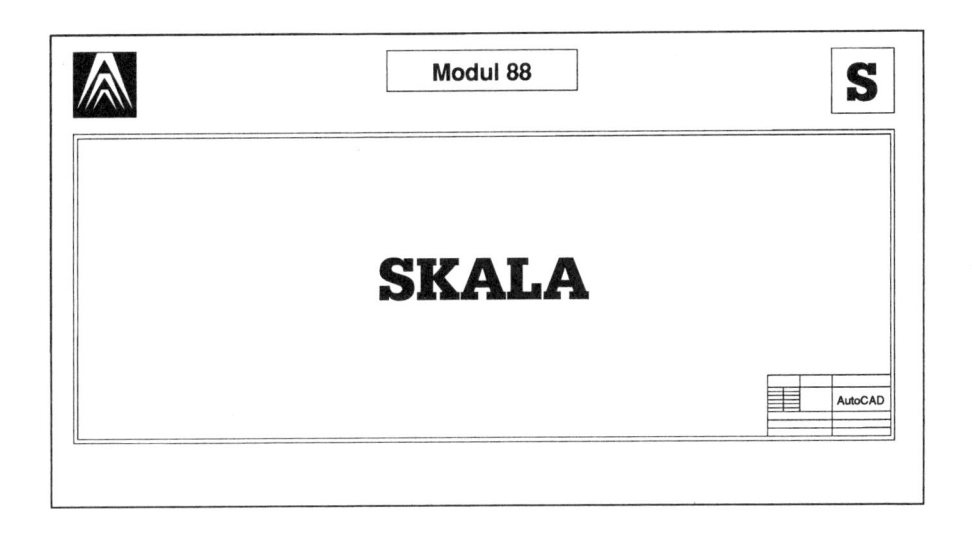

```
Befehl: SKALA
Skala-Abstand(X) oder EIN/AUS/Fang/Aspekt <aktuell>:
```

Beschreibung

Mit dem Befehl **SKALA** kann eine Hilfsskala auf dem Bildschirm ausgegeben werden.

Aufruf und Optionen

Nach dem Befehlsaufruf stehen folgende Optionen zur Wahl:

EIN   Schaltet die Hilfsskala ein.

AUS   Schaltet die Hilfsskala aus.

Skala-Abstand Eingabe eines Wertes für die Skalenabstände in den gültigen Einheiten. Die Skalenabstände in X- und Y-Richtung sind gleich.

SKALA   Modul 88

Skala-Abstand(X) Eingabe eines Wertes mit nachfolgendem X, um ein Vielfaches der Fangrasterabstände in der Skalenteilung zu erzielen. Beispielsweise bewirkt 5X einen Skalenabstand des fünffachen Fangrasterabstands.

Fang Damit wird der Skalenabstand an den Fangrasterabstand angekoppelt.. Alternativ kann ein Skala-Abstand von 0 eingegeben werden.

Aspekt Damit lassen sich verschiedene Skalenabstände in X- und Y-Richtung erzielen. Bei einem isometrischen Fangraster steht diese Option nicht zur Verfügung.

Aufgrund der endlichen Bildschirmauflösung wird bei zu engen Skalenabständen die Skala ausgeblendet und ein entsprechender Hinweis ausgegeben.

Falls mit Hilfe des Befehls **EINHEIT** in englischen Maßen gerechnet wird, werden die Skalenstriche bei ganzzahligen Fuss- oder Zollwerten doppelt breit dargestellt.

Die Skaleneinteilung ist besonders für AutoCAD-Neulinge zur besseren Orientierung vorteilhaft.

Bei Benutzung eigener Koordinatensysteme oder mehrerer Ansichtsfenster erfolgt keine Anzeige der Skalen.

Musteranwendung

Beginnen Sie eine neue Zeichnung namens AXIS.

1. Setzen Sie die Fangrasterabstände auf 20 Einheiten.

   ```
   Befehl: FANG ⏎
   Fangwert oder EIN/AUS/Aspekt/Drehen/Stil <1.00>: 20 ⏎
   Befehl:
   ```

2. Koppeln Sie das sichtbare Raster an das Fangraster an.

   ```
   Befehl: RASTER ⏎
   Rasterwert(X) oder EIN/AUS/Fang/Aspekt <10.00>: 0 ⏎
   Befehl:
   ```

3. Koppeln Sie die Skala an das Fangraster an.

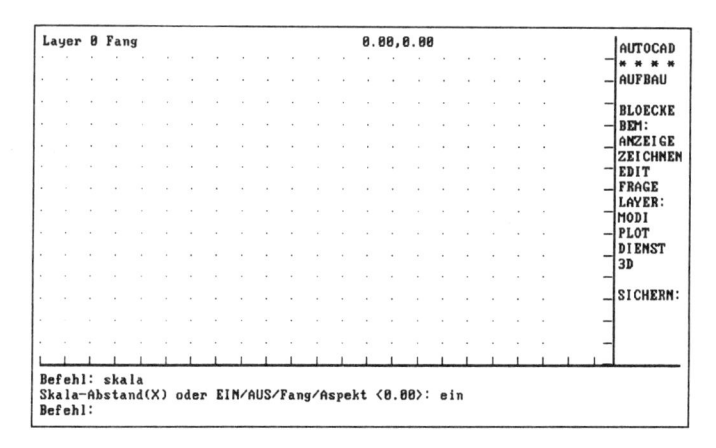

   ```
   Befehl: SKALA ⏎
   Skala-Abstand(X) oder EIN/AUS/Fang/Aspekt <0.00>: EIN ⏎
   Befehl:
   ```

```
Layer 0 Fang                          0.00,0.00              AUTOCAD
                                                             * * * *
                                                             AUFBAU
                                                             BLOECKE
                                                             BEM:
                                                             ANZEIGE
                                                             ZEICHNEN
                                                             EDIT
                                                             FRAGE
                                                             LAYER:
                                                             MODI
                                                             PLOT
                                                             DIENST
                                                             3D
                                                             SICHERN:

Befehl: skala
Skala-Abstand(X) oder EIN/AUS/Fang/Aspekt <0.00>: ein
Befehl:
```

4. Kehren Sie mit **QUIT** ins Hauptmenü zurück.

Nächster Lernschritt ist **Modul 29**.

SOLID

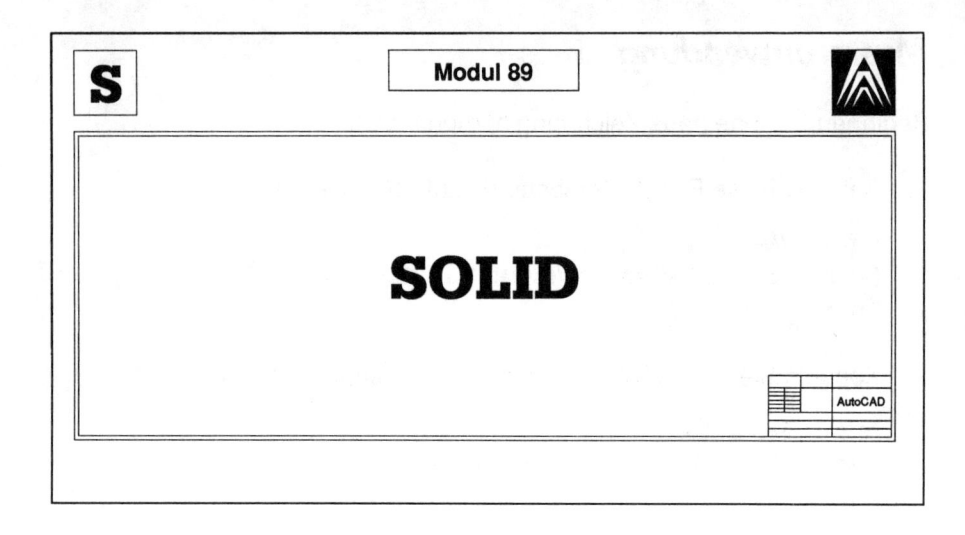

Modul 89

```
Befehl: SOLID
Erster Punkt:
Zweiter Punkt:
Dritter Punkt:
Vierter Punkt:
```

Beschreibung

Mit dem Befehl **SOLID** werden Drei- und Vierecke gezeichnet.

Aufruf und Optionen

Nach dem Befehlsaufruf werden

- entweder zuerst die zwei Eckpunkte der ersten Seite, dann ein weiterer Punkt und ein ⏎ eingegeben. Man erhält damit ein Dreieck.
- oder zuerst die zwei Eckpunkte der ersten Seite, dann zwei weitere Punkte. Man erhält damit ein Viereck.

Je nach Zustand des Füllmodus werden nur Umrisse oder gefüllte Flächen gezeichnet.

> **Vorsicht:** Beim Befehl **SOLID** ist die Eingabereihenfolge der Eckpunkte ganz entscheidend. So kann mittels Veränderung der Eingabereihenfolge derselben Koordinatenpunkte ein Parallelogramm in einen planaren Doppelkegel verwandelt werden. Zur Eingabe eines Rechtecks müssen nacheinander in derselben Richtung die Punkte gegenüberliegender Seiten eingegeben werden.

Musteranwendung

In diesem Beispiel zeichnen Sie ein Parallelogramm, ein Rechteck und einen planaren Doppelkegel.

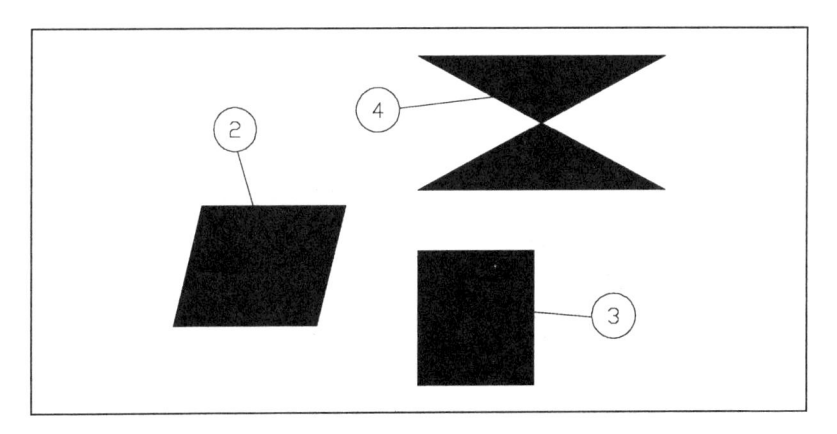

1. Beginnen Sie eine neue Zeichnung namens SOLID.

2. Zeichnen Sie ein Parallelogramm.

   ```
   Befehl: SOLID ⏎
   Erster Punkt 30,70 ⏎
   Zweiter Punkt: 50,150 ⏎
   Dritter Punkt: 130,70 ⏎
   Vierter Punkt: 150,150 ⏎
   Dritter Punkt: ⏎
   ```

SOLID   Modul 89

3. Zeichnen Sie ein Rechteck.

   Befehl: **SOLID** [↵]
   Erster Punkt: **200,30** [↵]
   Zweiter Punkt: **280,30** [↵]
   Dritter Punkt: **200,120** [↵]
   Vierter Punkt: **280,120** [↵]
   Dritter Punkt: [↵]

4. Zeichnen Sie einen planaren Doppelkegel.

   Befehl: **SOLID** [↵]
   Erster Punkt: **200,160** [↵]
   Zweiter Punkt: **370,160** [↵]
   Dritter Punkt: **370,250** [↵]
   Vierter Punkt: **200,250** [↵]
   Dritter Punkt: [↵]

   Nun sollte Ihre Zeichnung so aussehen wie die folgende Abbildung:

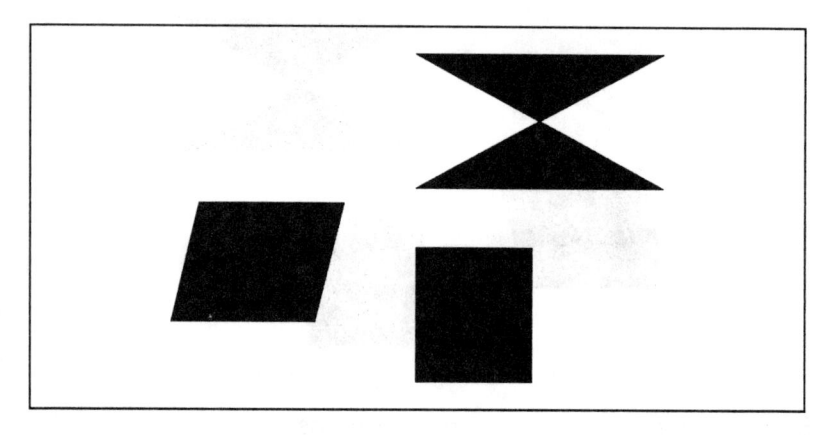

5. Kehren Sie mit **QUIT** ins Hauptmenü zurück.

Nächster Lernschritt ist **Modul 63**.

SPIEGELN

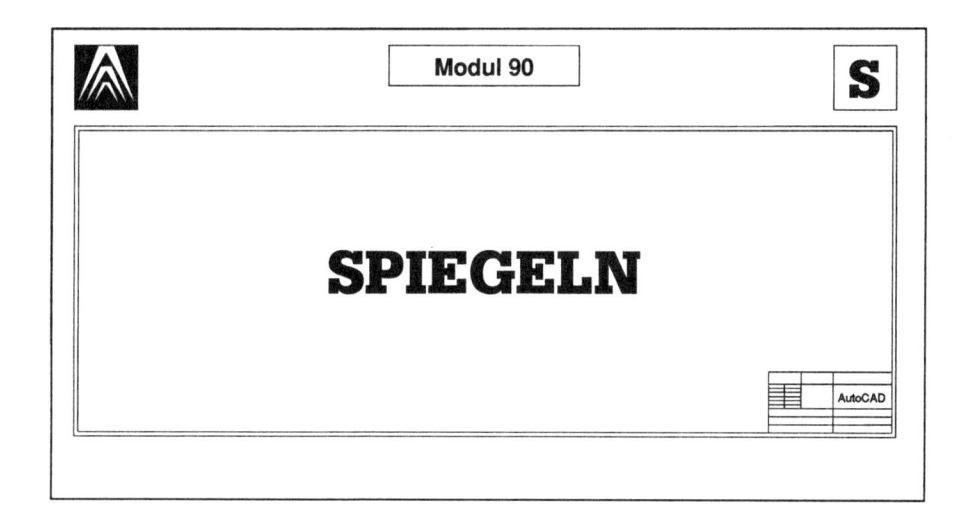

Modul 90

```
Befehl: SPIEGELN
Objekte waehlen:
Erster Punkt der Spiegelachse:
Zweiter Punkt:
Alte Objekte loeschen? <N>
```

Beschreibung

Mit dem Befehl **SPIEGELN** können bereits gezeichnete Objekte an einer beliebigen Achse gespiegelt werden.

Aufruf und Optionen

Nach Eingabe des Befehlsworts müssen zunächst die zu spiegelnden Objekte wie üblich gewählt werden. Anschließend erscheinen die folgenden Anfragen:

```
Erster Punkt der Spiegelachse:
Zweiter Punkt:
Alte Objekte loeschen? <N>  ↵
```

443

SPIEGELN   Modul 90

Die gewählten Objekte werden an der eingegebenen Spiegelachse gespiegelt. Die Spiegelachse darf in den neueren AutoCAD-Versionen beliebige Orientierungen in der Zeichenebene einnehmen.

Wahlweise kann das zu spiegelnde Objekt nach der Operation gelöscht werden. Wird Text gespiegelt, so erscheint er anschließend in Spiegelschrift, außer die Systemvariable **MIRRTEXT** hat den Wert **0**.

Viele Objekte in Technik und Wissenschaft bestehen aus symmetrischen Elementen. Mit Hilfe des Befehls **SPIEGELN** läßt sich oft die Zeichengeschwindigkeit erheblich erhöhen.

Dreidimensionale Objekte werden an der Ebene gespiegelt, die von der Spiegelachse und der Z-Achse aufgespannt wird.

Musteranwendung

In diesem Beispiel zeichnen Sie mit Hilfe der Befehle **LINIE**, **BOGEN** und **SPIEGELN** das nachfolgende Objekt.

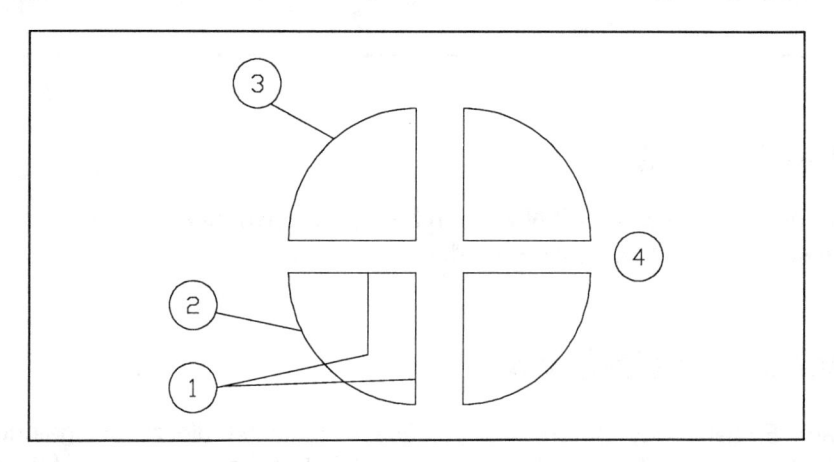

1. Beginnen Sie eine neue Zeichnung namens MIRROR. Setzen Sie den Fangrasterabstand selbständig auf 5 und schalten Sie das Sichtraster ein. Zeichnen Sie dann zwei zueinander senkrechte Linien.

   Befehl: **LINIE** ⏎
   Von Punkt: **100,100** ⏎

Nach Punkt: **180,100** ⏎
Nach Punkt: **180,20** ⏎
Nach Punkt: ⏎

> **Hinweis:** Sie können Punkte auf dem Bildschirm entweder anklicken oder deren Koordinaten direkt über die Tastatur eintippen. Falls die Abstände in Polarkoordinaten auf dem Bildschirmmenü angezeigt werden, können Sie mit der Funktionstaste [Koordinaten] ([F6] beim IBM-PC) auf die Anzeige der karthesischen Koordinatenwerte umschalten.

2. Zeichnen Sie einen Bogen, dessen Mittelpunkt auf dem Eckpunkt der beiden Linien liegt.

   Befehl: **BOGEN** ⏎
   Mittelpunkt/<Startpunkt>: **M** ⏎
   Mittelpunkt: **180,100** ⏎
   Startpunkt: **100,100** ⏎
   Winkel/Sehnenlänge/<Endpunkt>: **180,20** ⏎

3. Spiegeln Sie das Objekt.

   Befehl: **SPIEGELN** ⏎
   Objekte waehlen: **F** ⏎
   Erste Ecke: **80,10** ⏎
   Andere Ecke: **195,115** ⏎
   3 gefunden.
   Objekte waehlen: ⏎
   Erster Punkt der Spiegelachse: **60,110** ⏎
   Zweiter Punkt: **@200<0** ⏎
   Alte Objekte loeschen? <N> ⏎

4. Spiegeln Sie jetzt beide Objekte.

   Befehl: **SPIEGELN** ⏎
   Objekte waehlen: **F** ⏎

   (schließen Sie die beiden Objekte in einem Fenster ein)

   6 gefunden.
   Objekte waehlen: ⏎

SPIEGELN   Modul 90

```
Erster Punkt der Spiegelachse: 195,215  [↵]
   Zweiter Punkt: @150<270  [↵]
   Alte Objekte loeschen? <N>  [↵]
```

Ihre Zeichnung sollte nun so aussehen:

5. Kehren Sie mit **QUIT** ins Hauptmenü zurück.

Nächster Lernschritt ist **Modul 80**.

446

Modul 91

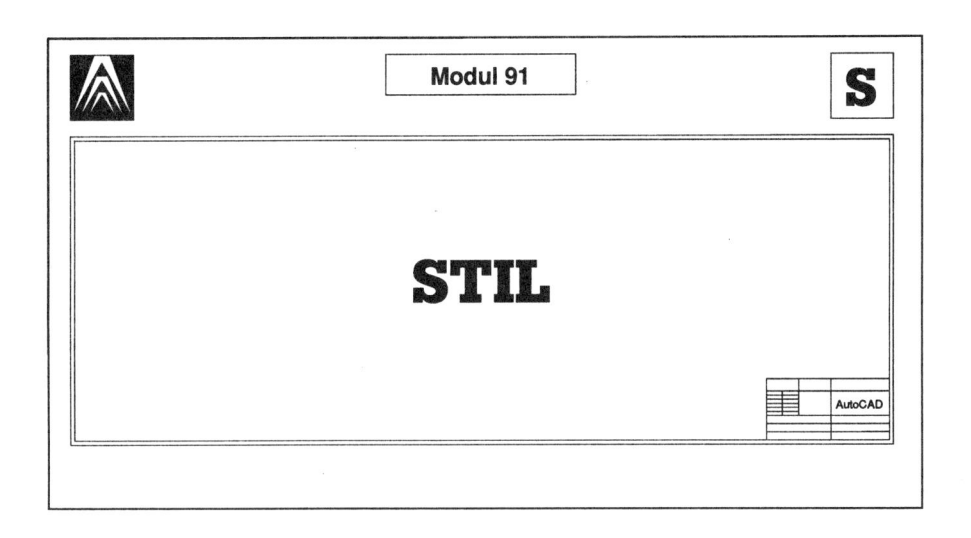

STIL

```
Befehl: STIL
Name des Textstils (oder ?): (Name)
Zeichensatzdatei <Vorgabe>:
Hoehe <0.00>:
Breitenfaktor <1.00>:
Neigungswinkel <0>:
Rueckwaerts? <N>:
Auf dem Kopf? <N>:
Vertikal? <N>:
```

Beschreibung

Mit dem Befehl **STIL** kann der Textstil verändert werden.

Aufruf und Optionen

Nach Eingabe des Befehlswortes stehen folgende Optionen zur Wahl:

?   Es werden alle verfügbaren Textstile aufgelistet.

STIL   Modul 91

Name   Es wird entweder ein bereits vorhandener Textstilname oder ein neuer Name eingegeben. Der neue Name darf bis zu 31 Buchstaben lang sein und Buchstaben, Zahlen, Spezialzeichen einschließlich Dollar($), Bindestrich(-) und Unterstrich(_) beinhalten.

Die folgenden Abbildungen zeigen die verschiedenen Textstile der AutoCAD-Versionen bis 2.6.

!"$%&/()=?`^1234567890?'#
ABCDEFGHIJKLMNOPQRSTU
VWXYZ abcdefghijklmnop
qrstuvw

Stil   TXT

!"$%&/()=?^1234567890#
ABCDEFGHIJKLMNOPQRSTU
VWXYZabcdefghijklmnoprs
tuvwxyz

Stil   SIMPLEX

```
!"$%&/()=?^1234567890'#
ABCDEFGHIJKLMNOPQRSTU
VWXYZabcdefghijklmnopq
rstuvwxyz
```

Stil COMPLEX

```
!"$%&/()=? ^1234567890'#
ABCDEFGHIJKLMNOPQRS
TUVWXYZabcdefghijklmno
pqrstuvwxyz
```

Stil ITALIC

Textstile der Version 9.0

Mit der Version 9.0 wurden einige weitere Textstile in AutoCAD eingebaut. SIMPLEX heißt jetzt ROMANS, COMPLEX heißt jetzt ROMANC und ITALIC heißt jetzt ITALICC. Zusätzlich gibt es zwei Schreibschriftfonts, zwei griechische und zwei kyrillische Zeichensätze. Für besondere hohe Schriftqualität gibt es ROMANT und ITALICT und für ausgefallene Texte drei Frakturschriften. Spezialanwendungen können jetzt auf Symbole aus den unterschiedlichsten Bereichen zurückgreifen. AutoCAD bietet je einen

STIL   Modul 91

Zeichensatz mit astronomischen, geographischen, mathematischen, meteorologischen und musikalischen Symbolen.

Die einzelnen Zeichen der fremdsprachigen oder Symbolfonts werden normal über die Tastatur eingegeben. Die folgende Tabelle zeigt, welche Taste welches Zeichen erzeugt:

```
          A B C D E F G H I J K L M N O P Q R S T U V W X Y Z [ \ ] ~ _ '
cyrillic  А Б В Г Д Е Ж З И Й К Л М Н О П Р С Т У Ф Х Ц Ч Ш Щ Ъ Ы Ь Э Ю Я
cyriltlc  А Б Ч Д Е Ф Г Х И Щ К Л М Н О П Ц Р С Т У В Ш Ж Й З Ь Ы Ъ Ю Э Я
greekc    Α Β Χ Δ Ε Φ Γ Η Ι ϑ Κ Λ Μ Ν Ο Π Θ Ρ Σ Τ Τ ∇ Ω Ξ Ψ Ζ [ \ ] ~ _ '
greeks    Α Β Χ Δ Ε Φ Γ Η Ι ϑ Κ Λ Μ Ν Ο Π Θ Ρ Σ Τ Τ ∇ Ω Ξ Ψ Ζ [ \ ] ~ _ '
syastro   ☉ ☿ ♀ ⊕ ♂ ♃ ♄ ♅ Ψ ♇ ☾ ✻ Ω ☋ ☊ ⚹ ⚳ Ω ♏ Ω ⋔ ✶ ⋈ = [ \ ] ~ _ '
symap     ○ □ △ ◊ ☆ + × · · ▲ ◀ ▶ ▼ ▶ ⋅ ↕ ⊤ × ⚐ ⚑ ⚓ ○ ⊙ ⊙ △ [ \ ] ~ _ '
symath    ℵ ′ | ∥ ± ∓ × · ÷ = ≠ ≡ < > ≤ ≥ ∝ ~ √ ⋃ ⊃ ∩ ∈ → ↑ [ \ ] ~ _ '
symeteo   · · · · ▪ ' ⌒ ⌒ ⌓ ⌣ ' · · S ∾ ∞ ℞ ♭ — ∕ | \ — ∕ / [ \ ] ~ _ '
symusic   · ❜ ♪ ○ ○ ● ♯ ♮ ♭ — - × ⌐ 𝄞 @⋮ 𝄀 · ‚ … ∧ ⋿ ∇       [ \ ] ~ _ '

          a b c d e f g h i j k l m n o p q r s t u v w x y z { | } ~ < >
cyrillic  а б в г д е ж з и й к л м н о п р с т у ф х ц ч ш щ ъ ы ь э ю я
cyriltlc  а б ч д е ф г х и щ к л м н о п ц р с т у в ш ж й з ь ы ъ ю э я
greekc    α β χ δ ε φ γ η ι ϑ κ λ μ ν ο π ϑ ρ σ τ υ ϖ ω ξ ψ ζ { | } ~ < >
greeks    α β χ δ ε φ γ η ι ϑ κ λ μ ν ο π ϑ ρ σ τ υ ϖ ω ξ ψ ζ { | } ~ < >
syastro   ✶ ' ' ⌣ ⌢ ∈ → ↑ · ↓ ∂ ∇ ~ ´ ˘ × § † ‡ ⅃ ℒ ® © { | } ~ < >
symap     ✝ ⚴ ☌ ⁗ · · ○ ○ ○ ◯ ⬭ ⬯ ∥ ⊥ ∠ ∴ · ○ ○ ○ ⚘ ♣ { | } ~ < >
symath    ← ↓ ∂ ∇ √ ∫ ∮ ∞ § † ‡ ∃ Π Σ ( ) [ ] { } ⟨ ⟩ √ ≈ ≅ { | } ~ < >
symeteo   | \ \ - ∕ · \ ⌒ ⌣ · ˘ ' ~ ( ) - ∕ \ · ∾ ⌑ ◁ ð ▷ þ · { | } ~ < >
symusic   · ❜ ♪ ○ ○ ● ♯ ♮ ♭ — - } 𝄞 𝄞 𝄀 ○ ☿ ♀ ⊕ ♂ ♃ ♄ ♅ Ψ ♇ { | } ~ < >
```

Wer sich die verschiedenen Zeichensätze nicht merken kann, ruft am besten die Funktion "Zeichensatz" aus dem Pull-Down-Menü "Optionen" auf. Dort kann man den gewünschten Zeichensatz durch Zeigen bestimmen.

Neuen Textstil definieren

Ein neuer Textstil wird gemäß folgendem Schema definiert:

```
Befehl: STIL
Name des Textstils (oder ?): MEIN_EIGENER_STIL
Zeichensatzdatei <Vorgabe>: (Zeichensatz)
Hoehe <0.00>: (Wert)
```

Schrifthöhe

Die Schrifthöhe wird wie folgt festgelegt:

Falls der gesamte Text unveränderte Schrifthöhe behalten soll, müssen Sie hier die Höhe festlegen. AutoCAD überspringt dann die Frage nach der Höhe bei der Eingabe des Befehls **TEXT**. Wenn Sie als Höhe den Wert 0 eingeben, werden Sie bei jeder Textstiländerung mit **TEXT** separat nach der Höhe gefragt.

```
Hoehe <0.00>: (Wert)      <--
Breitenfaktor <Vorgabe>: (Faktor)
```

Schriftweite

Die Schriftweite wird folgendermaßen verändert:

Ein Weitenfaktor 1 erzeugt normale Zeichen. Ein Wert kleiner als 1 staucht die Zeichen, ein Wert größer als 1 streckt die Zeichen.

```
Breitenfaktor <Vorgabe>: (Faktor) <--
Neigungswinkel <Vorgabe>: (Wert)
```

Schriftneigung

Die Schriftneigung kann wie folgt gewählt werden:

Der Neigungswinkel ist die Kippung des Textes aus der Vertikalen. Ein positiver Neigungswinkel in Grad kippt den Text nach rechts, ein negativer nach links.

```
Neigungswinkel <Vorgabe>: (Wert)<--
Rueckwaerts? <N>: ( J )
```

Rueckwaerts

Damit kann der Text von hinten nach vorne gedruckt werden. Die normale Antwort auf die Frage "Rueckwaerts?" ist **N**.

```
Rueckwaerts? <N>: ( J oder N)<--
Auf dem Kopf? <N>: (J oder N)
```

Auf dem Kopf

Damit kann der Text um 180 Grad gedreht gedruckt werden. Die normale Antwort ist **N**.

```
Auf dem Kopf? <N>: (J oder N)<--
Vertikal? <N>: (J oder N)
```

Vertikal

Damit kann der Text von oben nach unten geschrieben werden.

```
Vertikal? <N>: (J oder N)           <--
MEIN_EIGENER_STIL ist jetzt der aktuelle Textstil.
```

Nach Beantwortung dieser Fragen wird der neue Textstil unter dem angegebenen Namen abgespeichert.

Musteranwendung

Beginnen Sie eine neue Zeichnung namens TEMP. Definieren Sie eine römische Schrift mit variabler Höhe und 15 Grad Neigungswinkel nach rechts.

1. Geben Sie **STIL** gefolgt von ⏎ ein.

   Befehl: **STIL** ⏎
   Name des Textstils (oder ?):

2. Der neue Name sei ROMAN.

   Name des Textstils (oder ?): **ROMAN** ⏎
   Zeichensatzdatei <txt>:

3. Wählen Sie den Zeichensatz COMPLEX, bzw. ROMANC bei Version 9.0.

   Zeichensatzdatei <txt>: **COMPLEX** ⏎
   Hoehe <0.00>:

> **Hinweis:** Die Zeichensätze sind in Dateien mit der Dateinamenserweiterung .SHX auf der Festplatte gespeichert. Geben Sie zum Aufruf lediglich den Dateinamen ohne Erweiterung ein.

4. Um die Texthöhe variabel zu gestalten, geben Sie als Höhe 0 ein.

   Höhe <0.00>: ⏎
   Breitenfaktor <1.00>:

5. Geben Sie einen Weitenfaktor von 1 ein.

   Breitenfaktor <1.00>: ⏎
   Neigungswinkel <0>:

6. Geben Sie einen Neigungswinkel von 15 Grad ein.

   Neigungswinkel <0>: **15** ⏎
   Rueckwaerts? <N>:

STIL   Modul 91

7. Akzeptieren Sie auch die weiteren Vorgabewerte.

   Rueckwaerts? <N>: ⏎

   Auf dem Kopf? <N>: ⏎

   Vertikal? <N>: ⏎

   ROMAN ist jetzt der aktuelle Textstil.

   Die Definition ist nun beendet. Ihren neuen Stil setzen Sie dann mit Hilfe des Befehls **TEXT** ein.

8. Kehren Sie mit **QUIT** ins Hauptmenü zurück.

Nächster Lernschritt ist **Modul 74**.

Modul 92

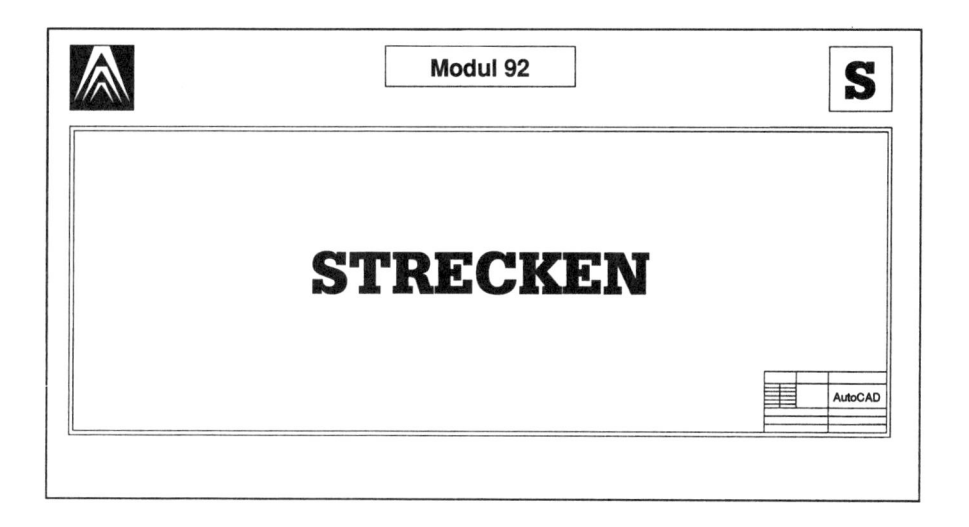

STRECKEN

```
Befehl: STRECKEN
Objekte, die gestreckt werden sollen, mit Fenster waehlen...
Objekte waehlen:
```

Beschreibung

Mit dem Befehl **STRECKEN** werden Objekte auf der Zeichenfläche verschoben. Im Gegensatz zum Befehl **SCHIEBEN** werden die Verbindungslinien zu anderen Objekten berücksichtigt und bleiben erhalten.

Aufruf und Optionen

Geben Sie **STRECKEN** ein und drücken Sie ⏎.

Nun müssen Sie die zu bearbeitenden Objekte bestimmen. Benutzen Sie dabei die Option "Kreuzen" und beschreiben Sie ein Fenster um die zu bewegenden Objekte. Sie können weitere Objekte hinzufügen oder entfernen. Wichtig ist aber, daß Sie mindestens einmal "Kreuzen" verwenden, sonst können Sie gleich **SCHIEBEN** benutzen. Nachdem Sie alle Objekte bestimmt haben, drücken Sie ⏎.

Anschließend fragt AutoCAD wie bei **SCHIEBEN** nach einem Basispunkt und einem neuen Punkt. Alle Objekte die vollständig im gewählten Fenster liegen, werden entsprechend verschoben.

Der Unterschied zu **SCHIEBEN** liegt in der Behandlung der Objekte, die nur teilweise im gewählten Fenster liegen. Es werden nämlich die Teile des Objekts, die im Fenster liegen mit verschoben, während die Teile außerhalb des Fensters ihre Position behalten. So verändern die Objekte ihre Form. Alle Verbindungen innerhalb und außerhalb des Fensters bleiben erhalten. **STRECKEN** wirkt auf die unterschiedlichen Objekttypen in verschiedener Weise:

Linien Bei Linien wird der Endpunkt innerhalb des Fensters verschoben, während der Endpunkt außerhalb des Fensters am Ort bleibt.

Bögen werden wie Linien behandelt. Mittelpunkt, Start- und Endwinkel werden entsprechend angepaßt.

Bänder und Solids Die Eckpunkte innerhalb des Fensters werden verschoben, die anderen Eckpunkte bleiben konstant. Das Band oder Solid wird also verformt.

Polylinien Die Segmente der Polylinie verhalten sich wie Linien oder Bögen.

Kreise, Blöcke und Texte Diese Elemente werden komplett mit verschoben, wenn sich ihr Definitionspunkt innerhalb des Fensters befindet. Im anderen Fall werden die Objekte nicht verändert. Der Definitionspunkt ist bei Kreisen der Mittelpunkt, bei Blöcken der Einfügepunkt und bei Texten immer der linke Eckpunkt der Grundlinie.

Der Befehl **STRECKEN** beherrscht auch dreidimensionale Objekte. Ein Strecken in Z-Richtung verändert bei 3D-Flächen und -Linien die Z-Koordinate und bei allen anderen Objekten die Erhebung.

Musteranwendung

1. Legen Sie eine neue Zeichnung namens STRECKEN an.

2. Zeichnen Sie zwei Kreise, die mit einigen Linien verbunden sind.

   Befehl: **KREIS** ⏎
   3P/2P/TTR/<Mittelpunkt>: **150,100** ⏎
   Durchmesser/<Radius>: **40** ⏎

   Befehl: ⏎
   KREIS 3P/2P/TTR/<Mittelpunkt>: **150,200** ⏎
   Durchmesser/<Radius>: **15** ⏎

   Befehl: **LINIE** ⏎
   Von Punkt: **110,100** ⏎
   Nach Punkt: **30,100** ⏎
   Nach Punkt: **30,200** ⏎
   Nach Punkt: **135,200** ⏎
   Nach Punkt: ⏎

   Befehl: **LINIE** ⏎
   Von Punkt: **165,200** ⏎
   Nach Punkt: **300,150** ⏎
   Nach Punkt: **190,100** ⏎
   Nach Punkt: ⏎

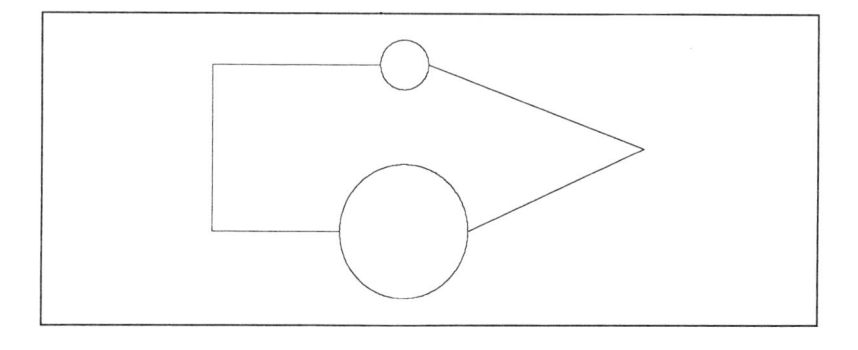

STRECKEN Modul 92

3. Rufen Sie den Befehl **STRECKEN** auf und fangen Sie mit Hilfe des Auswahlmodus **Kreuzen** den oberen Kreis und die an diesem Kreis hängenden Linien ein. Wenn Sie jetzt das Fenster verschieben, sehen Sie, daß die Endpunkte der Linien außerhalb des Fensters fest bleiben und die Endpunkte innerhalb des Fensters mitgeführt werden.

```
Befehl: STRECKEN  ↵
Objekte, die gestreckt werden sollen, mit Fenster waehlen...
Objekte waehlen: KREUZEN  ↵
Erste Ecke: 120,170  ↵
Andere Ecke: 280,222  ↵
3 gefunden.
```

Die Objekte, die gefunden worden sind, werden markiert.

```
Objekte waehlen:  ↵
Basispunkt: 150,200  ↵
Neuer Punkt: 380,90  ↵
```

Ihre Zeichnung sollte nun so aussehen:

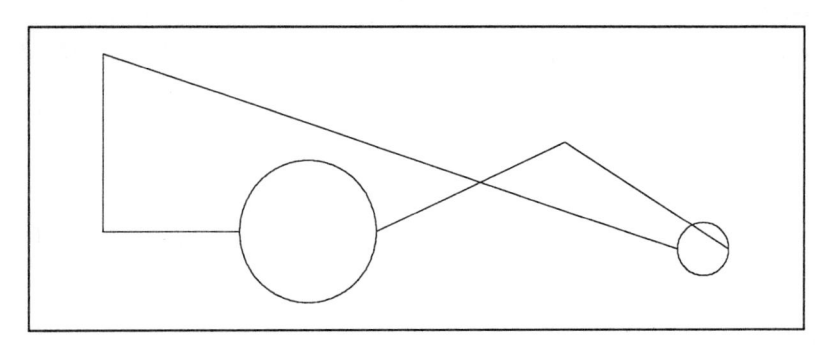

4. Verlassen Sie mit **QUIT** die Zeichnung.

Nächster Lernschritt ist **Modul 31**.

458

Modul 93

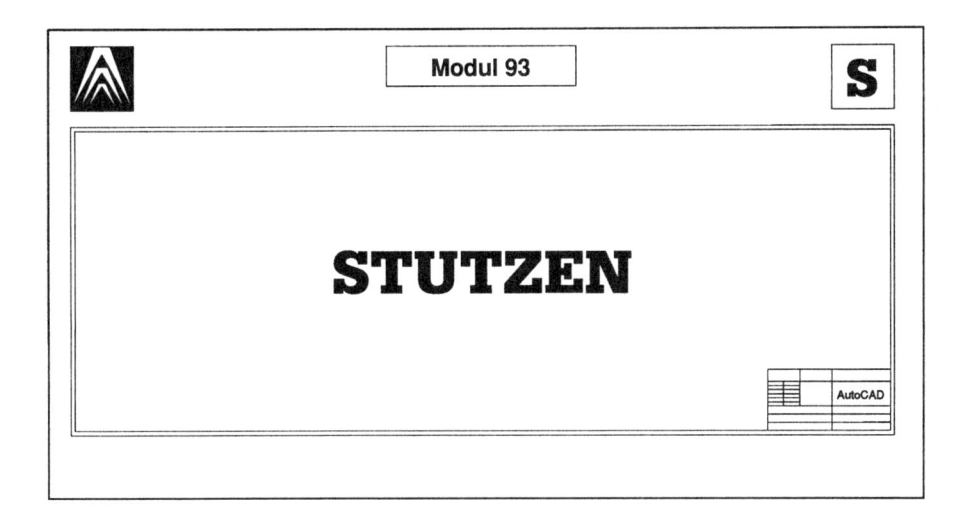

STUTZEN

```
Befehl: STUTZEN
Schnittkante(n) waehlen...
Objekte waehlen:
```

Beschreibung

Mit dem Befehl **STUTZEN** werden Objekte bis zu einer gewählten Grenzlinie verkürzt.

Aufruf und Optionen

Der Befehl **STUTZEN** funktioniert analog zum Befehl **DEHNEN**. Nach der Eingabe des Befehlswortes, gefolgt von ⏎, müssen zunächst die Grenzlinien bestimmt werden, bis zu denen die Objekte verkürzt werden sollen.

Alle Möglichkeiten zur Objektauswahl sind zulässig, meist werden Sie die Grenzlinien aber durch Zeigen bestimmen. Es sind beliebig viele Grenzlinien, aber nur die Objekttypen Kreis, Linie, Bogen und Polylinie möglich. Nachdem Sie alle Grenzlinien bestimmt haben, drücken Sie auf ⏎.

STUTZEN   Modul 93

AutoCAD fragt nun:

```
Objekt waehlen, das gestutzt werden soll:
```

Nun bestimmen Sie durch Zeigen die Linie, den Bogen, den Kreis oder die Polylinie, die bearbeitet werden soll.

Liegt der Punkt, an dem Sie das Objekt angewählt haben außerhalb der Grenzlinien, so wird das Objekt bis zur nächstliegenden Grenzlinie verkürzt. Liegt der Punkt zwischen zwei Grenzlinien, so wird der Teil zwischen den Grenzlinien herausgeschnitten und gelöscht.

Zeigen Sie nacheinander auf alle zu verkürzenden Linien. Die Eingabe von ⏎ bricht den Befehl ab. Ein Kreis muß von mindestens zwei Grenzlinien geschnitten werden.

> **Hinweis:** Wird eine Polylinie als Grenzlinie benutzt, so gilt immer die Mitte der Polylinie. Wird eine Polylinie gestutzt, so wird die Mitte der Polylinie verkürzt und die Polylinie dort im rechten Winkel abgeschnitten. Geschlossene Polylinien werden so behandelt, als seien sie an der Schlußstelle offen.

Musteranwendung

1. Legen Sie eine neue Zeichnung mit Namen STUTZEN an.

2. Zeichnen Sie einen Kreis, der von einem Winkel geschnitten wird und eine Linie, die einen der Schenkel des Winkels schneidet.

   ```
   Befehl: KREIS ⏎
   3P/2P/TTR/<Mittelpunkt>: 250,150 ⏎
   Durchmesser/<Radius>: 50 ⏎

   Befehl: LINIE ⏎
   Von Punkt: 150,50 ⏎
   Nach Punkt: 250,150 ⏎
   Nach Punkt: 350,50 ⏎
   Nach Punkt: ⏎
   ```

460

```
Befehl: LINIE  ↵
Von Punkt: 300,60  ↵
Nach Punkt: 360,120  ↵
Nach Punkt:  ↵
```

Ihre Zeichnung sollte nun so aussehen:

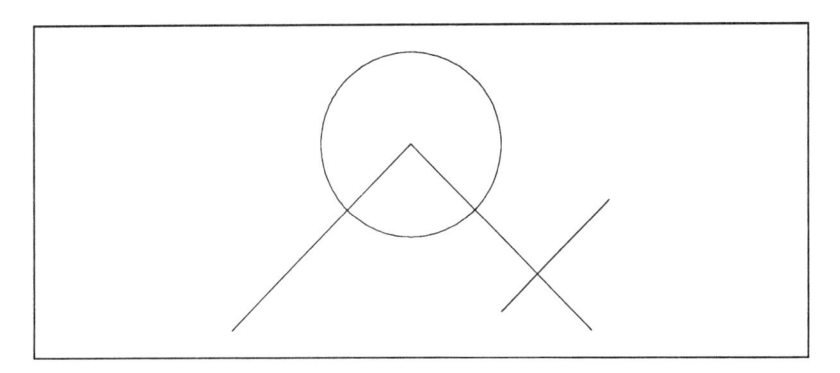

3. Nun löschen wir das Segment des Kreises, das von den Schenkeln des Winkels eingeschlossen wird und stutzen einen Teil der Linie, die den Schenkel des Winkels schneidet.

```
Befehl: STUTZEN  ↵
Schnittkante(n) waehlen...
Objekte waehlen: KREUZEN  ↵
Erste Ecke: 245,145  ↵
Andere Ecke: 255,155  ↵
2 gefunden.
```

Die gefundenen Grenzlinien werden markiert.

```
Objekte waehlen:  ↵
Objekt waehlen, das gestutzt werden soll: 250,100  ↵
Objekt waehlen, das gestutzt werden soll: 300,60  ↵
Objekt waehlen, das gestutzt werden soll:  ↵
Befehl:
```

Ihre Zeichnung sollte nun so aussehen:

STUTZEN Modul 93

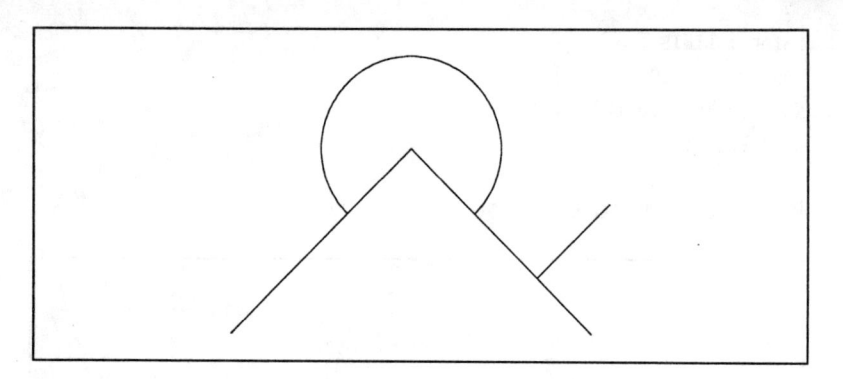

4. Verlassen Sie durch Aufruf des Befehls **QUIT** diese Zeichnung.

Nächster Lernschritt ist **Modul 38**.

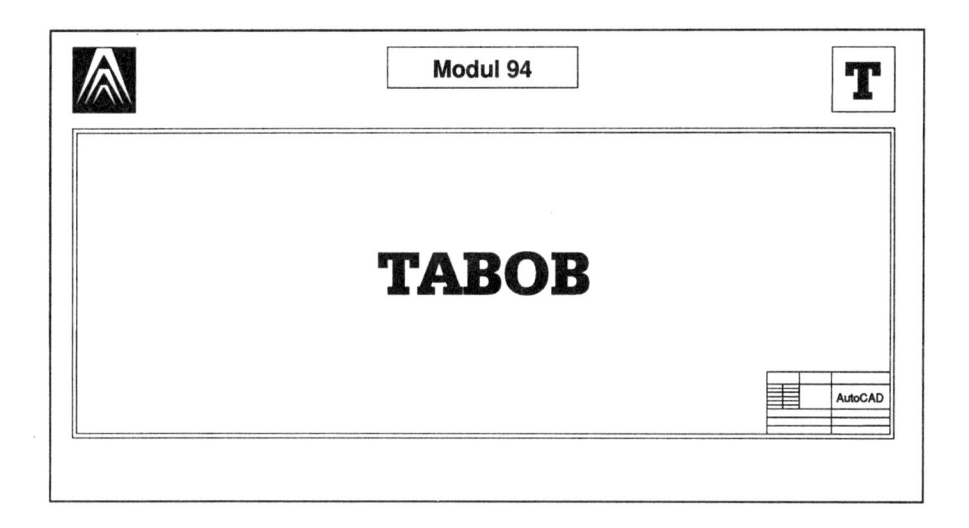

```
Befehl: TABOB
Grundlinie waehlen:
Richtungsverktor waehlen:
```

Beschreibung

Der Befehl **TABOB** erzeugt ein dreidimensionales Netz, eine "Polygonmasche", das sich durch die Verschiebung einer vorgegebenen Kurve entlang einer Linie (eines "Richtungsvektors") ergibt. Die Kurve, die den Rand der Fläche bestimmt, darf eine Linie, ein Bogen, ein Kreis oder eine 2D-/3D-Polylinie sein. Der Richtungsvektor muß entweder eine Linie oder eine offene 2D-/3D-Polylinie sein. Bei einer Polylinie benutzt **TABOB** die Verbindung zwischen dem ersten und dem letzten Scheitelpunkt als Richtungsvektor.

Aufruf und Optionen

Das Ergebnis des Aufrufs von TABOB ist ein Polygonnetz, dessen Gitterlinien in N-Richtung parallel zum vorgegebenen Richtungsvektor sind. Die Genauigkeit der Annäherung an die exakte Fläche durch das Polygonnetz,

TABOB Modul 94

also die Feinheit des Netzes, wird in N-Richtung durch die Systemvariable SURFTAB1 gesteuert. In M-Richtung werden genau zwei Scheitelpunkte angelegt. Vergleichen Sie dazu auch den Befehl 3DMASCHE (Modul 6).

Der Befehl TABOB versetzt die vorgegebene Grundlinie in der durch den Richtungsvektor gegebenen Richtung und Entfernung und verbindet anschließend die "beiden" Grundlinien mit einer Folge paralleler, gerader Linien. Der Befehl eignet sich deshalb insbesondere dazu, die Oberfläche von Profilkörpern zu konstruieren.

Musteranwendung

Zur Übung zeichnen wir eine geschlossene Polylinie, die wir anschließend entlang eines Richtungsvektors projizieren. So erhalten wir einen Profilkörper, dessen Querschnitt die verwendete Polylinie ist.

1. Beginnen Sie eine neue Zeichnung namens TABOB.

2. Zeichnen Sie eine Linie als Richtungsvektor und eine geschlossene Polylinie als Grundlinie:

   ```
   Befehl: LINIE  ⏎
   Von Punkt: 0,0,0  ⏎
   Nach Punkt: 100,100,300  ⏎
   Nach Punkt:

   Befehl: PLINIE  ⏎
   Von Punkt: 150,50  ⏎
   Aktuelle Linienbreite betraegt 0.00
   Kreisbogen/Schliessen/Halbbreite/Laenge/
   Zurueck/Breite/<Endpunkt der Linie>: 300,50  ⏎
   Kreisbogen/Schliessen/Halbbreite/Laenge/
   Zurueck/Breite/<Endpunkt der Linie>: 300,150  ⏎
   Kreisbogen/Schliessen/Halbbreite/Laenge/
   Zurueck/Breite/<Endpunkt der Linie>: 200,150  ⏎
   Kreisbogen/Schliessen/Halbbreite/Laenge/
   Zurueck/Breite/<Endpunkt der Linie>: K  ⏎
   Winkel/Mittelpunkt/Schliessen/RIchtung/Halbbreite/Linie/
   RAdius/zweiter Pkt/Zurueck/Breite/<Endpunkt des Bogens>: S  ⏎
   ```

3. Rufen Sie TABOB auf:

   ```
   Befehl: TABOB ⏎
   Grundlinie waehlen: 150,50 ⏎
   Richtungsvektor waehlen: 0,0 ⏎
   ```

4. Ändern Sie den Ansichtspunkt, damit Sie die Form und Lage des Profilkörpers besser erkennen können:

   ```
   Befehl: APUNKT ⏎
   Drehen/<Ansichtspunkt> <0.00,0.00,1.00>: 2,4,1 ⏎

   Befehl: VERDECKT ⏎
   ```

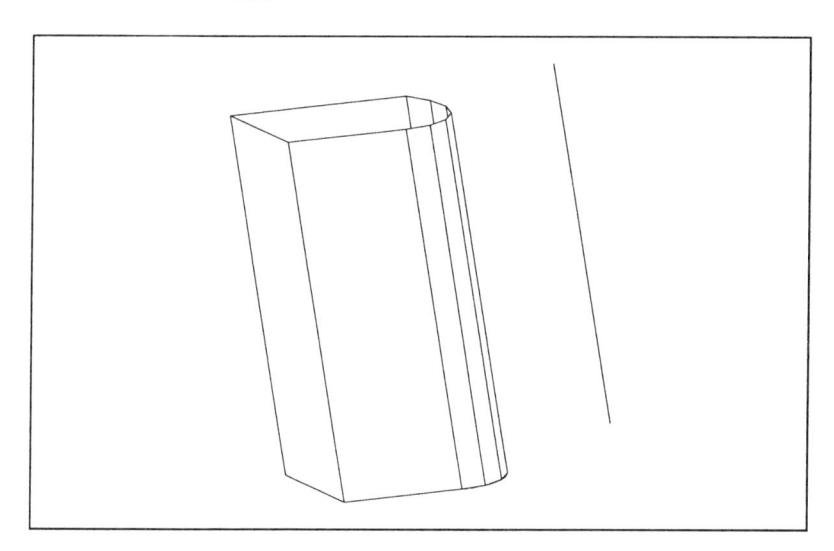

5. Verlassen Sie die Zeichnung mit **QUIT**.

Der nächste Lernschritt ist **Modul 82**.

T	Modul 95

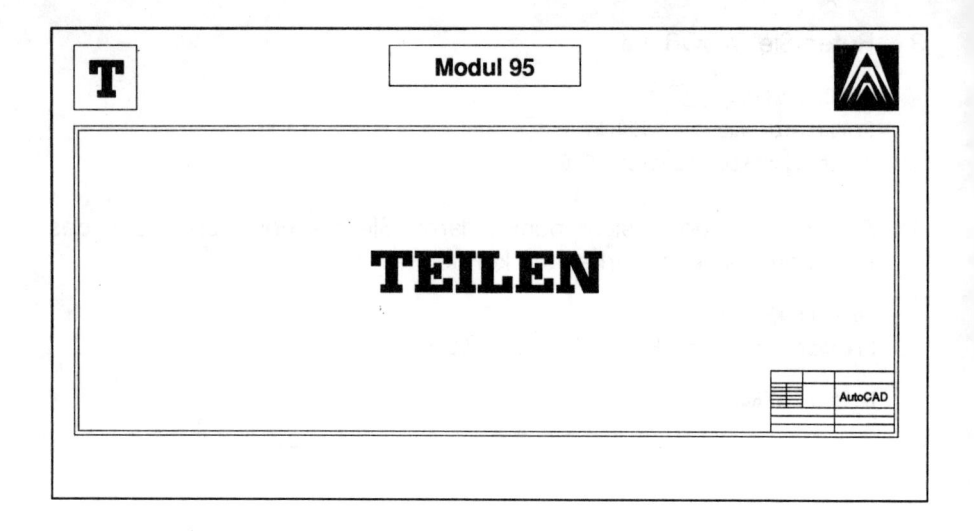

TEILEN

```
Befehl: TEILEN
Objekt waehlen, das geteilt werden soll:
<Anzahl Segmente>/Block:
```

Beschreibung

Mit dem Befehl **TEILEN** werden Markierungen auf einem Objekt in gleichgroßen Abständen gesetzt.

Aufruf und Optionen

Nach Eingabe von **TEILEN** und ⏎ zeigen Sie auf das zu bearbeitende Objekt. Die Objekte Linie, Bogen, Kreis und Polylinie sind zulässig.

Auf die folgende Anfrage haben Sie zwei Alternativen:

Block   Durch Eingabe von **B** und ⏎ können Sie bestimmen, wie die Markierungen auf dem Objekt aussehen sollen. Dazu müssen Sie die Markierung zuvor als Block innerhalb der Zeichnung abgelegt haben.

AutoCAD fragt nun:

```
Name des einzufuegenden Blocks:
```

Geben Sie den Namen ein. Die Markierungen können entweder senkrecht, also parallel zur Y-Achse, oder tangential, also im rechten Winkel zum Objekt, erscheinen. Beantworten Sie die folgende Frage entsprechend:

```
Soll der Block mit dem Objekt ausgerichtet werden? <J>
```

Abschließend fragt AutoCAD, in wieviele Segmente das Objekt durch die Markierungen aufgeteilt werden soll.

```
Anzahl Segmente:
```

Geben Sie z.B. **2** ein, so wird das Objekt in zwei Teile geteilt, es erscheint in der Mitte des Objekts eine Markierung.

Anzahl Segmente Geben Sie direkt eine Anzahl ein, so entspricht dies der Option **BLOCK**, allerdings wird als Markierungssymbol ein einfacher Punkt verwendet.

Der Befehl **TEILEN** ist besonders bei geometrischen Konstruktionen hilfreich. So läßt sich z.B. sehr einfach ein Winkel dritteln.

Beachten Sie, daß das Objekt nicht wirklich geteilt wird, es werden nur Markierungen angebracht, die später wieder gelöscht werden können.

TEILEN   Modul 95

Musteranwendung

In dieser Musteranwendung soll ein Bogen geteilt werden.

1. Legen Sie eine neue Zeichnung mit Namen TEILEN an.

2. Zeichnen Sie ein Symbol, das Sie als Markierung für die Teile des Bogens verwenden wollen und legen Sie es in einem Block ab.

   ```
   Befehl: LINIE  ↵
   Von Punkt: 150,150  ↵
   Nach Punkt: 160,160  ↵
   Nach Punkt:  ↵
   Befehl: LINIE  ↵
   Von Punkt: 150,150  ↵
   Nach Punkt: 140,160  ↵
   Nach Punkt:  ↵
   Befehl: LINIE  ↵
   Von Punkt: 150,150  ↵
   Nach Punkt: 150,180  ↵
   Nach Punkt:  ↵

   Befehl: BLOCK  ↵
   Blockname (oder ?): PFEIL  ↵
   Basispunkt der Einfuegung: 150,150  ↵
   Objekte waehlen: F  ↵
   Erste Ecke: 135,135  ↵
   Andere Ecke: 165,185  ↵
   3 gefunden.
   Objekte waehlen:  ↵

   Befehl: NEUZEICH  ↵
   ```

3. Zeichnen Sie einen Bogen.

   ```
   Befehl: BOGEN  ↵
   Mittelpunkt/<Startpunkt>: 50,50  ↵
   Mittelpunkt/Endpunkt/<zweiter Punkt>: 150,100  ↵
   Endpunkt: 300,50  ↵
   Befehl:
   ```

468

4. Auf diesem Bogen sollen nun 5 Abschnitte markiert werden.

   ```
   Befehl: TEILEN  [↵]
   Objekt waehlen, das geteilt werden soll: 50,50  [↵]
   <Anzahl Segmente>/Block: B  [↵]
   Name des einzufuegenden Blocks: PFEIL  [↵]
   Soll der Block mit dem Objekt ausgerichtet werden? <J>  [↵]
   Anzahl Segmente: 5  [↵]
   Befehl:
   ```

   Der Bogen wird durch vier Pfeile in fünf gleichgroße Abschnitte aufgeteilt. Ihre Zeichnung sollte nun so aussehen:

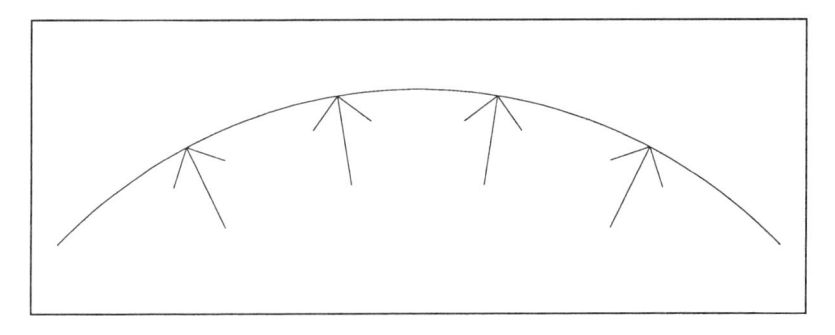

5. Verlassen Sie die Zeichnung mit **QUIT**.

Nächster Lernschritt ist **Modul 62**.

| T | Modul 96 | |

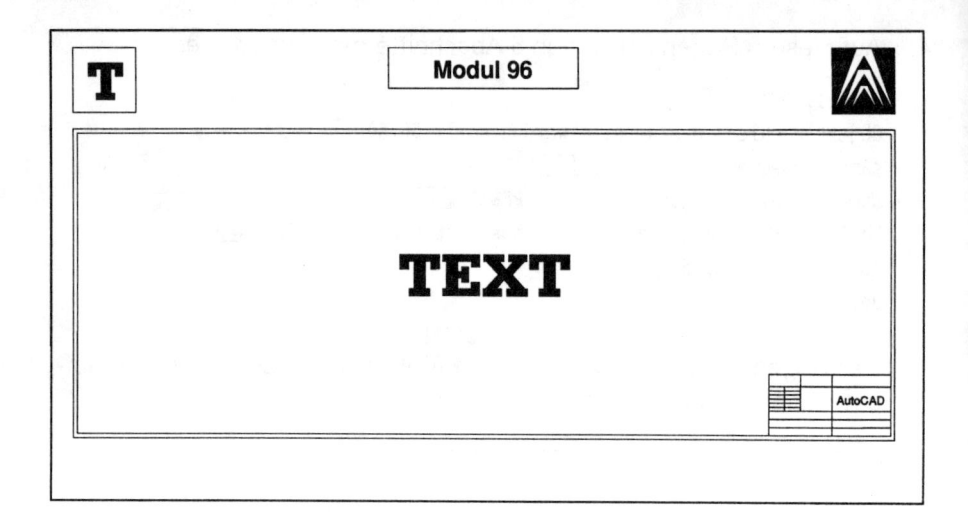

TEXT

```
Befehl: TEXT
Startpunkt oder Ausrichten/Zentrieren/Einpassen/Mitte/Rechts/Stil:
Hoehe <Vorgabe>:
Einfuege-Winkel <0>:
Text:
```

Beschreibung

Der Befehl **TEXT** gestattet das Einfügen von Texten in die Zeichnung.

Aufruf und Optionen

Nach Eingabe des Befehlswort stehen folgende Optionen zur Wahl:

Startpunkt Der Text beginnt an diesem Koordinatenpunkt.

Ausrichten Nach Eingabe von zwei Punkten wird der Text auf der Verbindungslinie der beiden Punkte geschrieben.

Zentrieren	Der Mittelpunkt des Textes wird auf den eingegebenen Koordinatenpunkt gelegt.
Einpassen	Nach Eingabe von zwei Endpunkten wird der Text so gestreckt oder gestaucht, daß er zwischen die beiden Punkte paßt.
Mitte	Der Mittelpunkt des Textes wird sowohl in senkrechter als auch in waagrechter Texterstreckung auf den eingegebenen Koordinatenpunkt gelegt.
Rechts	Der eingegebene Koordinatenpunkt wird als rechter Endpunkt des Textes betrachtet.
Stil	Damit kann ein neuer Textstil eingegeben werden. Danach folgt die Frage nach dem Startpunkt.
⏎	Es wird sofort nach dem Text gefragt. Dieser wird unter die letzte Textzeile unter Verwendung der alten Textdaten geschrieben.

Diese Optionen können, wie üblich, in Abkürzungen (Großbuchstaben in der Erklärung) eingegeben werden. Nach der Wahl der Optionen folgen die Fragen nach der Texthöhe und dem Drehwinkel. Ein Drehwinkel von 0 Grad erzeugt einen Text in X-Richtung. Während der Texteingabe sind keine transparenten Befehle möglich.

AutoCAD stellt für Texte Steuerzeichen zur Verfügung, mit denen beispielsweise Texte unterstrichen werden können. Die Steuerzeichen werden mit dem Text eingegeben.

%%o	"Überstreichen" ein/ausschalten
%%u	"unterstreichen" ein/ausschalten
%%d	Grad-Symbol zeichnen
%%p	Plus-Minus-Symbol für Toleranzen zeichnen
%%k	Kreisdurchmesser-Symbol zeichnen

TEXT   Modul 96

%%%   Einzelnes Prozentzeichen zeichnen (nur notwenig, wenn
         anschließend ein Steuerzeichen folgt)

%%nnn   Spezialzeichen mit der Nummer "nnn" zeichnen

Musteranwendung

In diesem Beispiel zentrieren Sie den Text "AutoCAD" auf dem Bildschirm. Beginnen Sie eine neue Zeichnung namens TEMP.

1. Geben Sie den Befehl **TEXT**.

   ```
   Befehl: TEXT ⏎
   Startpunkt oder Ausrichten/Zentrieren/Einpassen/Mitte/Rechts/Stil:
   ```

2. Geben Sie **Z** ein und drücken Sie ⏎.

   ```
   Startpunkt oder Ausrichten/Zentrieren/Einpassen/Mitte/Rechts/Stil: Z ⏎
   Zentrieren Punkt:
   ```

3. Zentrieren Sie den Text auf den Punkt (210,150).

   ```
   Zentrieren Punkt: 210,150 ⏎
   Höhe <3.50>:
   ```

4. Ändern Sie die Höhe auf 40 Einheiten.

   ```
   Hoehe <3.50>: 40 ⏎
   Drehwinkel <0>:
   ```

5. Übernehmen Sie den Drehwinkel 0 Grad.

   ```
   Drehwinkel <0>: ⏎
   Text:
   ```

6. Geben Sie **AutoCAD** als Text ein.

   ```
   Drehwinkel <0>:
   Text: AutoCAD ⏎
   ```

   Der Text wird am eingegebenen Punkt zentriert:

AutoCAD

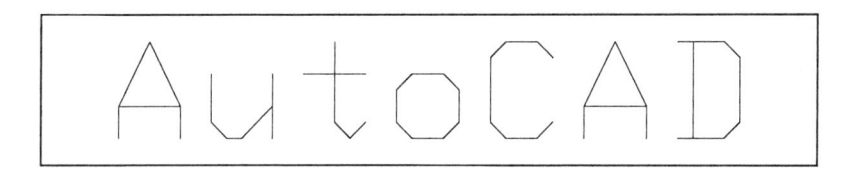

7. Kehren Sie mit **QUIT** ins Hauptmenü zurück.

Nächster Lernschritt ist **Modul 33**.

U | Modul 97 |

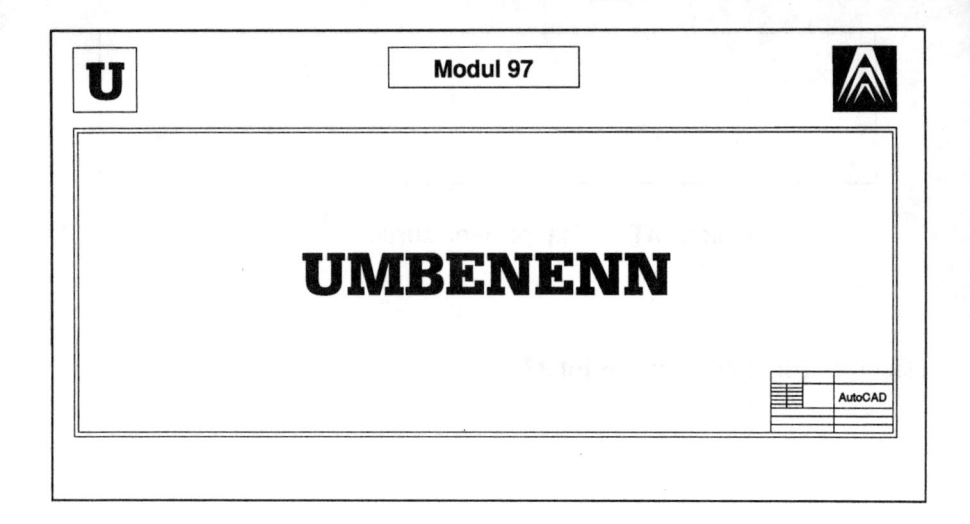

UMBENENN

```
Befehl: UMBENENN
Block/LAyer/LTyp/Textstil/BKs/AUsschnitt/AFenster:
Alter (Objekt-) Name:
Neuer (Objekt-) Name:
```

Beschreibung

Mit dem Befehl **UMBENENN** wird der Name eines Blocks, Layers, Linientyps, Textstils oder eines benannten Ausschnitts, Benutzerkoordinatensystems (BKS) oder Ansichtsfensters geändert.

Aufruf und Optionen

Nach dem Befehlsaufruf muß der Typ des umzubenennenden Objekts eingegeben werden. Anschließend werden der alte und der neue Name eingegeben. Alte und neue Namen müssen den üblichen Vereinbarungen genügen, also: bis zu 31 Zeichen lang, alle Buchstaben und Zahlen zulässig, außerdem Dollarzeichen ($), Bindestrich (-), Unterstrich (_).

> **Hinweis:** Der Layer 0 und der Linientyp AUSGEZOGEN können nicht umbenannt werden.

Musteranwendung

In diesem Beispiel ändern Sie den Namen eines Linientyps von STANDARD nach ORDINARY. Beginnen Sie eine neue Zeichnung namens NAME.

1. Rufen Sie den Befehl **UMBENENN** auf.

    Befehl: UMBENENN ⏎

2. Wählen Sie den Stilnamen aus.

    Block/LAyer/LTyp/Textstil/BKs/AUsschnitt/AFenster: T ⏎
    Alter Textstil Name:

3. Geben Sie STANDARD ein.

    Alter Textstil Name: **STANDARD**
    Neuer Textstil Name:

4. Geben Sie ORDINARY ein.

    Neuer Textstil Name: **ORDINARY**
    Befehl:

    Die Operation ist jetzt beendet.

5. Kehren Sie mit **QUIT** ins Hauptmenü zurück.

Nächster Lernschritt ist **Modul 17**.

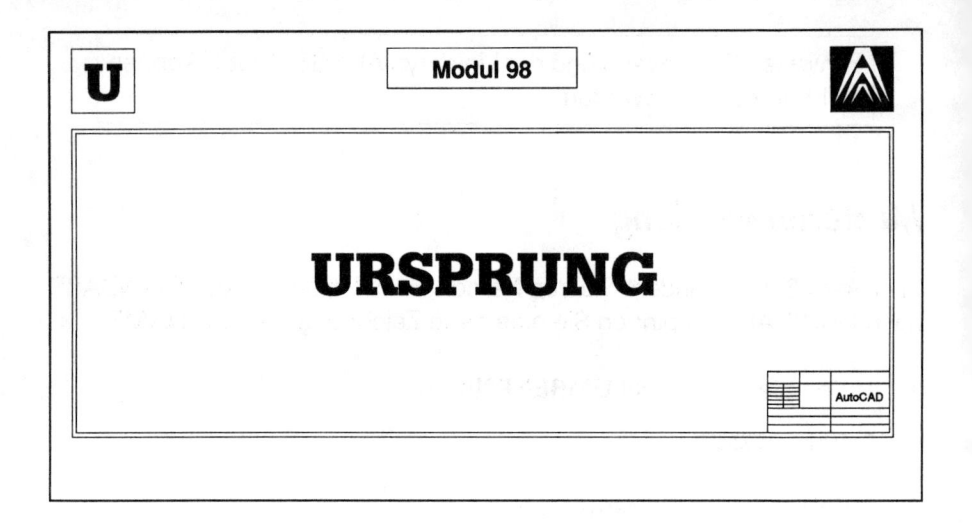

URSPRUNG

Modul 98

```
Befehl: URSPRUNG
Blockreferenz, Polylinie, Bemassung oder Masche waehlen:
```

Beschreibung

Mit dem Befehl **URSPRUNG** werden Blöcke, 2D-/3D-Polylinien, Polygonmaschen und Bemaßungen in ihre Komponenten wie Linien, Bögen, 3D-Flächen und Texte zerlegt.

Aufruf und Optionen

Nach der Eingabe von **URSPRUNG** und ⏎ zeigen Sie auf einen eingefügten Block, eine Polylinie, eine Polygonmasche oder eine Bemaßung. Das Objekt wird in seine Einzelteile zerlegt.

Es sind auch die Auswahlverfahren "Fenster", "Kreuzen" und "Letztes" zugelassen, solange nur ein einziges Objekt identifiziert wird.

Beachten Sie die folgenden Besonderheiten bei den einzelnen Objekten:

Blöcke — Blöcke können nur dann zerlegt werden, wenn die X-, Y- und Z-Faktoren bei der Einfügung gleich waren. Mit dem Befehl **MEINFUEG** eingefügte Blöcke können nicht zerlegt werden. **URSPRUNG** beherrscht auch Blöcke aus dreidimensionalen Objekten.

Polylinien · Polylinien werden in Linien und Bögen zerlegt. Tangenten- und Breiteninformationen gehen verloren. Sie erhalten eine entsprechende Warnung.

Polygonmaschen — Polygonmaschen werden in 3D-Flächen zerlegt.

Bemaßungen — Die Bestandteile einer Bemaßung erscheinen immer auf dem Layer **0** und haben die Farbe und den Linientyp **VONBLOCK**. Aus den Einzelteilen läßt sich keine Bemaßung wieder zusammensetzen.

Es wird immer nur die äußerste Verschachtelung entfernt. Enthält beispielsweise ein Block eine Polylinie, so bleibt diese erhalten, wenn der Block zerlegt wird.

Musteranwendung

In dieser Musteranwendung wird zunächst ein Block erstellt und verschoben. Anschließend soll nur ein Element des Blockes verschoben werden. Dazu spalten Sie den Block mit Hilfe des Befehls **URSPRUNG** in seine Einzelteile auf und verschieben nur ein Element des Blocks.

1. Legen Sie eine neue Zeichnung mit Namen URSPRUNG an.

2. Erstellen Sie einen Block, der aus mehreren Elementen besteht.

   ```
   Befehl: LINIE ⏎
   Von Punkt: 100,100 ⏎
   Nach Punkt: 100,200 ⏎
   Nach Punkt: 200,250 ⏎
   Nach Punkt: 200,100 ⏎
   Nach Punkt: S ⏎
   ```

Ihre Zeichnung sollte nun so aussehen:

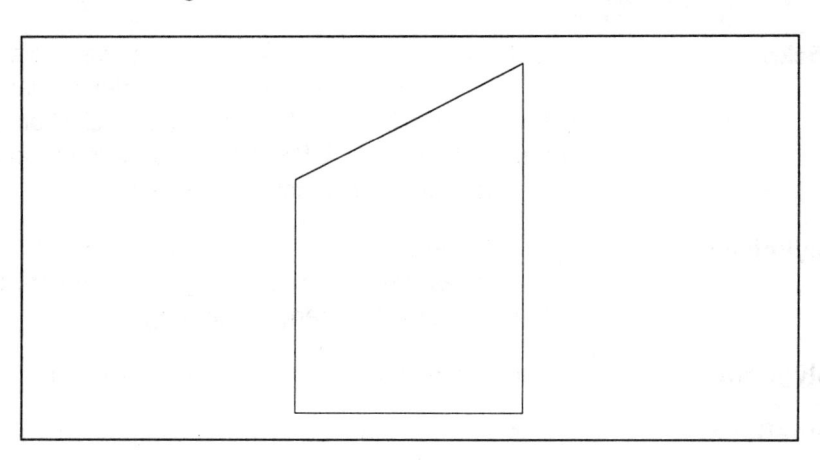

```
Befehl: BLOCK ⏎
Blockname (oder?): HAUS ⏎
Basispunkt der Einfuegung: 200,100 ⏎
Objekte waehlen: F ⏎
Erste Ecke: 50,50 ⏎
Andere Ecke: 205,255 ⏎
4 gefunden.
Objekte waehlen: ⏎
Befehl:
```

Nachdem der Block markiert worden ist, ist er nach Beendigung des Befehls vom Bildschirm verschwunden. Er ist abgelegt worden.

3. Nun fügen Sie den Block mit Hilfe des Befehls **EINFUEGE** in die Zeichnung ein.

```
Befehl: EINFUEGE ⏎
Blockname (oder?): HAUS ⏎
 Einfuegepunkt: 150,50 ⏎
 X Faktor <1> / Eckpunkt / XYZ: ⏎
 Y Faktor (Vorgabe=X): ⏎
 Drehwinkel <0>: ⏎
Befehl:
```

4. Verschieben Sie nun den Block.

   ```
   Befehl: SCHIEBEN ⏎
   Objekte waehlen: L ⏎
   1 gefunden.
   Objekte waehlen: ⏎
   Basispunkt der Verschiebung: 100,50 ⏎
   Zweiter Punkt der Verschiebung: 250,100 ⏎
   Befehl:
   ```

   Wie Sie gesehen haben, ist der Block als Ganzes verschoben worden. Er wurde als ein Objekt behandelt.

5. Zerlegen Sie nun den Block mit Hilfe des Befehls **URSPRUNG** in seine einzelnen Elemente.

   ```
   Befehl: URSPRUNG ⏎
   Blockreferenz, Polylinie, Bemassung oder Masche waehlen: L ⏎
   Befehl:
   ```

6. Versuchen Sie nun den Block wieder zurückzuschieben. Sie werden feststellen, daß nur die einzelne Linie bewegt wird.

   ```
   Befehl: SCHIEBEN ⏎
   Objekte waehlen: L ⏎
   1 gefunden.
   Objekte waehlen: ⏎
   Basispunkt der Verschiebung: 250,100 ⏎
   Zweiter Punkt der Verschiebung: 100,100 ⏎
   Befehl:
   ```

   Ihre Zeichnung sollte nun so aussehen:

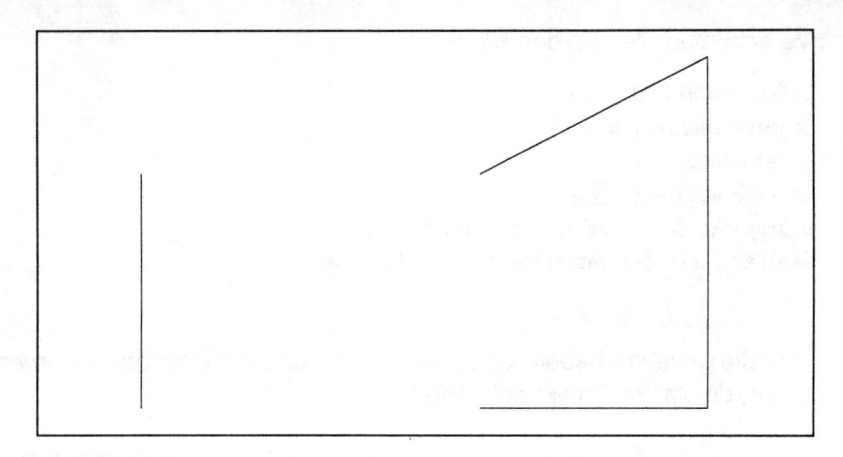

7. Verlassen Sie mit **QUIT** diese Zeichnung.

Nächster Lernschritt ist **Modul 15**.

```
Modul 99
```

VARIA

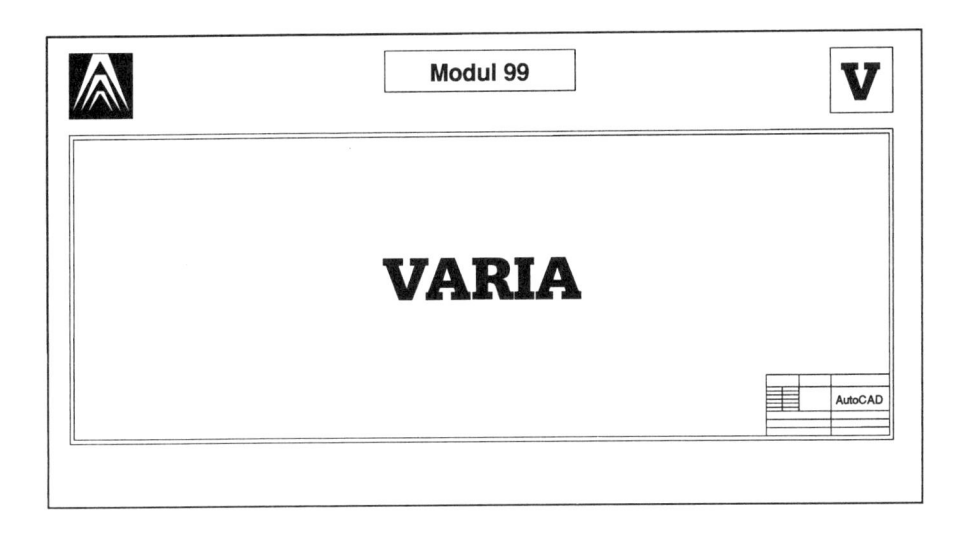

```
Befehl: VARIA
Objekte waehlen:
```

Beschreibung

Die ausgewählten Objekte werden maßstäblich verkleinert oder vergrößert.

Aufruf und Optionen

Nach Eingabe des Befehlsnamens und Drücken von ⏎ können mit den üblichen Optionen "Vorher", "Letztes", "Fenster", "Kreuzen" sowie durch Zeigen die gewünschten Objekte ausgewählt werden.

Als nächstes wird ein Punkt bestimmt, der bei der Vergrößerung oder Verkleinerung seinen Platz behalten soll. Alle anderen Punkte verschieben sich natürlich auf der Zeichenfläche.

Es ist sinnvoll, als Fixpunkt den Endpunkt eines der gewählten Objekte zu benutzen.

AutoCAD fragt:

```
Basispunkt: (Punkt eingeben)
<Groessenfaktor>/Bezug:
```

Auf die letzte Frage haben Sie zwei Alternativantworten:

Groessenfaktor Sie geben eine Zahl, gefolgt von ⏎, ein. Die Objekte werden um diesen Faktor vergrößert oder verkleinert. Eine Zahl größer als Eins bewirkt eine Vergrößerung, eine Zahl kleiner als Eins eine Verkleinerung.

Bezug Die Alternative **Bezug** ist dann angebracht, wenn Sie den Größenfaktor nicht berechnen, sondern durch geometrische Eigenschaften bestimmen wollen. AutoCAD fragt:

```
Bezugslaenge <1>:
Neue Laenge:
```

Geben Sie als Bezugslänge die Länge einer Größe in der Zeichnung an, die Sie kennen. Geben Sie anschließend an, wie groß diese Länge werden soll. AutoCAD berechnet aus diesen beiden Zahlen den richtigen Größenfaktor.

Um die Vergrößerung durch Zeigen zu bestimmen, benutzen Sie ebenfalls die Option "Bezug". Wenn Sie AutoCAD nach dem Bezugspunkt fragt, zeigen Sie auf den Endpunkt einer Linie, die Sie vergrößern wollen. Auf die Frage nach der Bezugslänge antworten Sie mit @ und ⏎. AutoCAD fragt nun:

```
Zweiter Punkt:
```

Zeigen Sie auf den anderen Endpunkt der Linie. Auf die Frage nach der neuen Länge zeigen Sie nun auf den Punkt, auf den der Endpunkt gelangen soll.

Bei dreidimensionalen Objekten wirkt sich der Größenfaktor in allen drei Richtungen aus.

Musteranwendung

In dieser Musteranwendung werden Sie 2 gleichgroße Kästen erzeugen, von denen der eine dann verkleinert wird.

1. Beginnen Sie eine neue Zeichnung namens VARIA.

2. Zeichnen Sie ein Rechteck auf den Bildschirm und kopieren Sie es einmal nach rechts.

   Befehl: **LINIE** ↵
   Von Punkt: **100,100** ↵
   Nach Punkt: **100,250** ↵
   Nach Punkt: **150,250** ↵
   Nach Punkt: **150,100** ↵
   Nach Punkt: **100,100** ↵
   Nach Punkt: ↵

   Befehl: **KOPIEREN** ↵
   Objekte waehlen: **F** ↵
   Erste Ecke: **75,75** ↵
   Andere Ecke: **175,275** ↵
   4 gefunden.

   Die gefundenen Objekte werden markiert.

   Objekte waehlen: ↵
   <Basispunkt oder Verschiebung>/Mehrfach: **100,100** ↵
   Zweiter Punkt der Verschiebung: **250,100** ↵
   Befehl:

   Ihre Zeichnung sollte nun so aussehen:

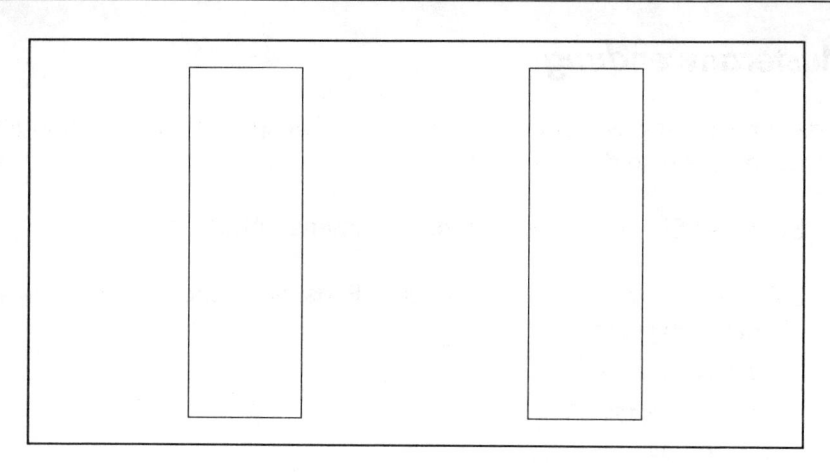

3. Nun wenden Sie den Befehl **VARIA** an, um den linken Kasten zu verkleinern. Als Größenfaktor müssen Sie eine Zahl kleiner als 1 angeben.

```
Befehl: VARIA  ↵
Objekte waehlen: FENSTER  ↵
Erste Ecke: 75,75  ↵
Andere Ecke: 175,275  ↵
4 gefunden.
```

Die gefundenen Objekte werden markiert.

```
Objekte waehlen:  ↵
Basispunkt: 100,100  ↵
<Groessenfaktor>/Bezug: 0.5  ↵
Befehl:
```

Der Kasten ist um die Hälfte verkleinert worden. Ihr Bildschirm sollte nun so aussehen, wie das nachfolgende Bild zeigt:

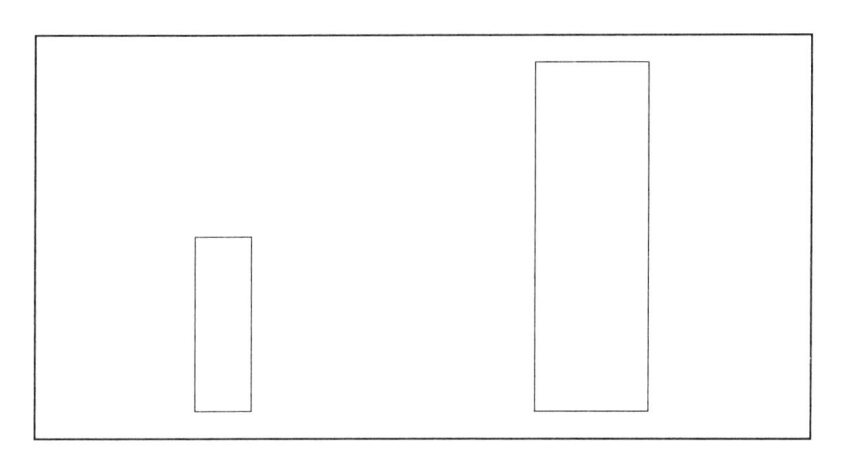

4. Verlassen Sie mit **QUIT** die Zeichnung.

Nächster Lernschritt ist **Modul 65**.

V   Modul 100

VERDECKT

Befehl: VERDECKT

Beschreibung

Mit dem Befehl **VERDECKT** können verdeckte, d.h. in der aktuellen Ansicht nicht sichtbare Kanten dreidimensional dargestellter Körper gelöscht werden.

Aufruf und Optionen

Eingabe des Befehlswortes gefolgt von ⏎.

Der Befehl **VERDECKT** wird üblicherweise nach Ausführung des Befehls **APUNKT** verwendet, um verdeckten Linien zu beseitigen.

Der Befehl **VERDECKT** behandelt Kreise, Solids, Bänder und breite Polylinien als Körper mit Ober- und Unterseite. Ein Zylinder ohne Deckflächen, also ein Rohr, muß mit zwei Kreisbögen gezeichnet werden.

3D-Flächen und Polygonmaschen erscheinen immer undurchsichtig.

Modul 100   VERDECKT

Musteranwendung

In diesem Beispiel zeichnen Sie einen Körper, drehen ihn und löschen die verdeckten Linien. Beginnen Sie eine neue Zeichnung namens HIDE.

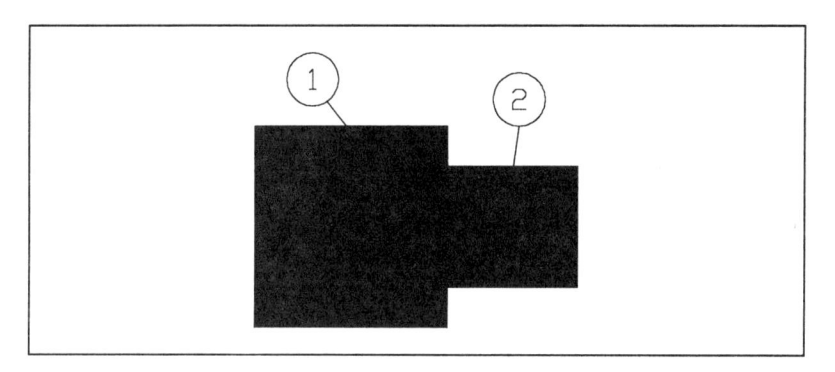

1. Zeichnen Sie einen großen Körper.

   ```
   Befehl: ERHEBUNG ↵
   Neue aktuelle Erhebung <0.00>: ↵
   Neue aktuelle Objekthoehe <0.00>: 120 ↵
   Befehl: SOLID ↵
   Erster Punkt: 50,50 ↵
   Zweiter Punkt: 200,50 ↵
   Dritter Punkt: 50,200 ↵
   Vierter Punkt: 200,200 ↵
   Dritter Punkt: ↵
   Befehl:
   ```

2. Zeichnen Sie einen kleinen Körper.

   ```
   Befehl: ERHEBUNG ↵
   Neue aktuelle Erhebung <0.00>: 30 ↵
   Neue aktuelle Objekthoehe <120.00>: 60 ↵
   Befehl: SOLID ↵
   Erster Punkt: 200,80 ↵
   Zweiter Punkt: 300,80 ↵
   Dritter Punkt: 200,170 ↵
   Vierter Punkt: 300,170 ↵
   Dritter Punkt: ↵
   Befehl:
   ```

VERDECKT   Modul 100

3. Drehen Sie die Zeichnung.

   Befehl: **APUNKT** [⏎]
   Drehen/<Ansichtspunkt> <0.00,0.00,1.00>: **1,-1,1** [⏎]
   Regeneriere Zeichnung.
   Befehl:

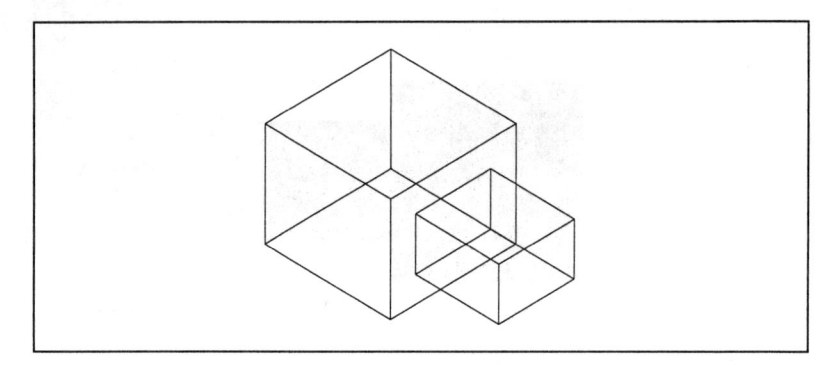

4. Löschen Sie die verdeckten Linien.

   Befehl: **VERDECKT** [⏎]
   Regeneriere Zeichnung.
   Befehl:

   Ihr Bildschirm sollte jetzt folgende Darstellung zeigen:

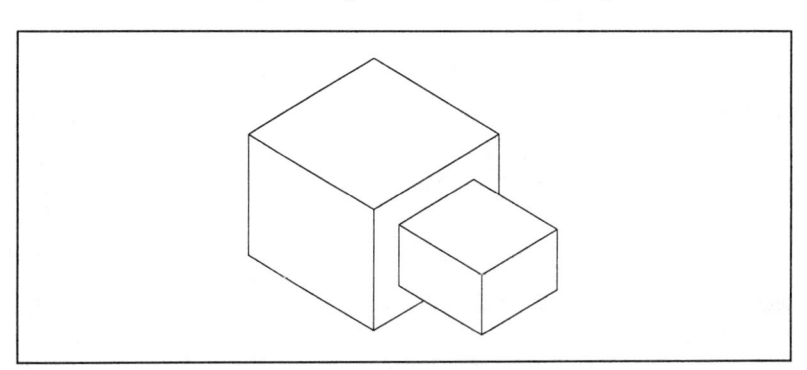

5. Kehren Sie mit **QUIT** ins Hauptmenü zurück.

Nächster Lernschritt ist **Modul 5**.

```
Modul 101                    V

              VERSETZ

                                    AutoCAD
```

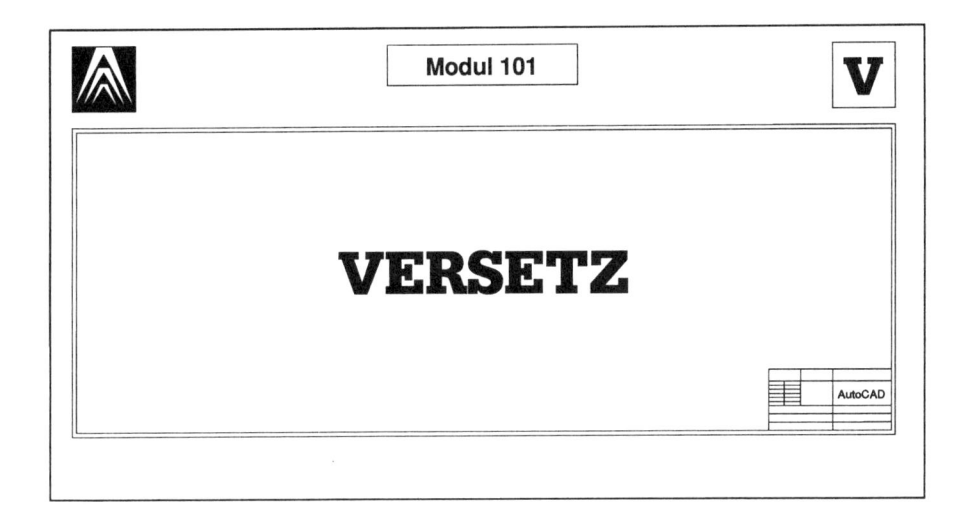

```
Befehl: VERSETZ
Abstand oder durch Punkt <Vorgabe>:
Objekt waehlen, das versetzt werden soll:
```

Beschreibung

Mit dem Befehl **VERSETZ** konstruiert man Parallelen zu vorhandenen Objekten. Die Parallele wird in einem eingegebenen Abstand oder durch einen Punkt gezeichnet.

Aufruf und Optionen

Nach der Eingabe des Befehlswortes, gefolgt von ⏎ , haben Sie zwei Möglichkeiten:

Abstand   Sie geben den Abstand ein, den die Parallele vom Original haben soll. Sie können den Abstand durch das Zeigen auf zwei Punkte festlegen oder über die Tastatur eingeben.

VERSETZ Modul 101

Anschließend fragt AutoCAD:

`Objekt waehlen, das versetzt werden soll:`

Zeigen Sie auf das Objekt, zu dem die Parallele konstruiert werden soll. Anschließend will AutoCAD noch wissen:

`Seite, auf die versetzt werden soll?`

Zeigen Sie auf einen beliebigen Punkt neben dem Objekt. Die Parallele erscheint auf der Seite, auf der Sie diesen Punkt gewählt haben.

Punkt Geben Sie **P** und ⏎ ein, wenn die Parallele durch einen bestimmten Punkt gehen soll und Sie den Abstand nicht erst berechnen wollen. AutoCAD fragt nun ebenfalls nach dem Objekt, das versetzt werden soll. Zeigen Sie auf ein Objekt. Nun fragt AutoCAD:

`Durch Punkt:`

Zeigen Sie auf den Punkt, durch den die Parallele gehen soll. Benutzen Sie die Objektfang-Modi, um den Punkt genau zu finden. Die Parallele wird entsprechend konstruiert.

> **Hinweis:** Es kann immer nur ein einziges Objekt eingegeben werden. Die Auswahl über ein Fenster usw. ist nicht zulässig.

Nachdem eine Parallele gezeichnet wurde, fragt AutoCAD nach dem nächsten Objekt, das versetzt werden soll. Drücken Sie ⏎, um den Befehl **VERSETZ** zu verlassen.

Parallelen können zu Linien, Bögen, Kreisen und Polylinien konstruiert werden. Benötigen Sie eine Parallele zu einer Kontur, so sollte diese Kontur eine Polylinie sein. AutoCAD berechnet dann auch alle Ecken und Rundungen der Parallele korrekt. Besteht die Kontur aus einzelnen Objekten, so müssen Sie mit Hilfe von **DEHNEN** und **STUTZEN** die Ecken eigenhändig korrigieren.

Bei kompliziert geformten Polylinien kann AutoCADs Parallele anders aussehen, als Sie es erwartet haben. Sie müssen diese dann von Hand bearbeiten.

Modul 101　　　　　　　　　　　　　　　　　　　　　　　　VERSETZ

Musteranwendung

In dieser Musteranwendung soll dieselbe Kontur, einmal aus einzelnen Linien bestehend und einmal aus einer Polylinie bestehend, parallel versetzt werden.

1. Legen Sie eine neue Zeichnung namens VERSETZ an.

2. Zeichnen Sie eine Kontur, die aus zwei Bögen und einer Linie besteht.

   ```
   Befehl: BOGEN ⏎
   Mittelpunkt/<Startpunkt>: 100,200 ⏎
   Mittelpunkt/Endpunkt/<zweiter Punkt>: 150,250 ⏎
   Endpunkt: 200,200 ⏎

   Befehl: LINIE ⏎
   Von Punkt: 200,200 ⏎
   Nach Punkt: 300,200 ⏎
   Nach Punkt: ⏎

   Befehl: BOGEN ⏎
   Mittelpunkt/<Startpunkt>: 300,200 ⏎
   Mittelpunkt/Endpunkt/<zweiter Punkt>: 350,250 ⏎
   Endpunkt: 400,200 ⏎
   Befehl:
   ```

3. Nun zeichnen Sie dieselbe Kontur als Polylinie.

   ```
   Befehl: PLINIE ⏎
   Von Punkt: 100,50 ⏎
   Aktuelle Linienbreite betraegt 0.00
   Kreisbogen/Schliessen/Halbbreite/Laenge/Zurueck/Breite/<Endpunkt der Linie>:
   K ⏎
   Winkel/Mittelpunkt/Schliessen/RIchtung/Halbbreite/Linie/
   RAdius/zweiter Pkt/Zurueck/Breite/<Endpunkt des Bogens>: P ⏎
   Zweiter Punkt: 150,100 ⏎
   Endpunkt: 200,50 ⏎
   Winkel/Mittelpunkt/Schliessen/RIchtung/Halbbreite/Linie/
   RAdius/zweiter Pkt/Zurueck/Breite/<Endpunkt des Bogens>: L ⏎
   Kreisbogen/Schliessen/Halbbreite/Laenge/Zurueck/Breite/<Endpunkt der Linie>:
   300,50 ⏎
   ```

491

VERSETZ   Modul 101

```
Kreisbogen/Schliessen/Halbbreite/Laenge/Zurueck/Breite/<Endpunkt der Linie>:
K ⏎
Winkel/Mittelpunkt/Schliessen/RIchtung/Halbbreite/Linie/
RAdius/zweiter Pkt/Zurueck/Breite/<Endpunkt des Bogens>: P ⏎
Zweiter Punkt: 350,100 ⏎
Endpunkt: 400,50 ⏎
Winkel/Mittelpunkt/Schliessen/RIchtung/Halbbreite/Linie/
RAdius/zweiter Pkt/Zurueck/Breite/<Endpunkt des Bogens>: ⏎
Befehl:
```

Ihre Zeichnung sollte nun so aussehen:

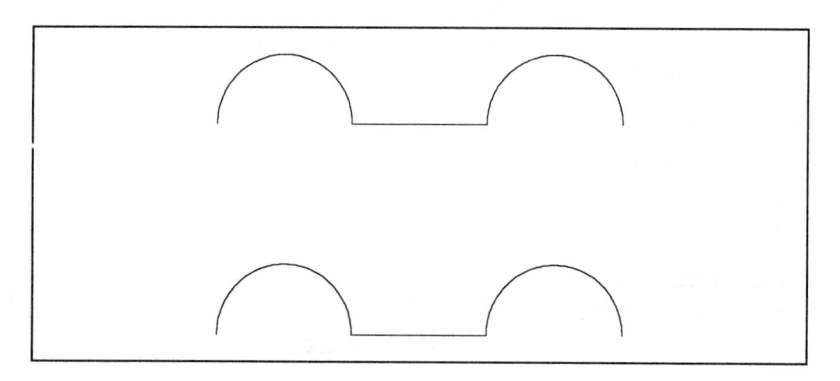

4. Nun zeichnen Sie zu beiden Konturen eine Parallele im Abstand von
    20 Einheiten.

```
Befehl: VERSETZ ⏎
Abstand oder durch Punkt <durch Punkt>: 20 ⏎
Objekt waehlen, das versetzt werden soll: 150,250 ⏎
Seite, auf die versetzt werden soll? 150,240 ⏎

Objekt waehlen, das versetzt werden soll: 250,200 ⏎
Seite, auf die versetzt werden soll? 250,190 ⏎
Objekt waehlen, das versetzt werden soll: 350,250 ⏎
Seite, auf die versetzt werden soll? 350,240 ⏎

Objekt waehlen, das versetzt werden soll: 250,50 ⏎
Seite, auf die versetzt werden soll? 250,40 ⏎

Objekt waehlen, das versetzt werden soll: ⏎
Befehl:
```

Die Unterschiede sind deutlich. Bei der aus Linien und Bögen zusammengesetzten Kontur erhält man keine geschlossene Parallele. Die Polylinie hingegen ergibt wieder eine zusammenhängende Kontur.

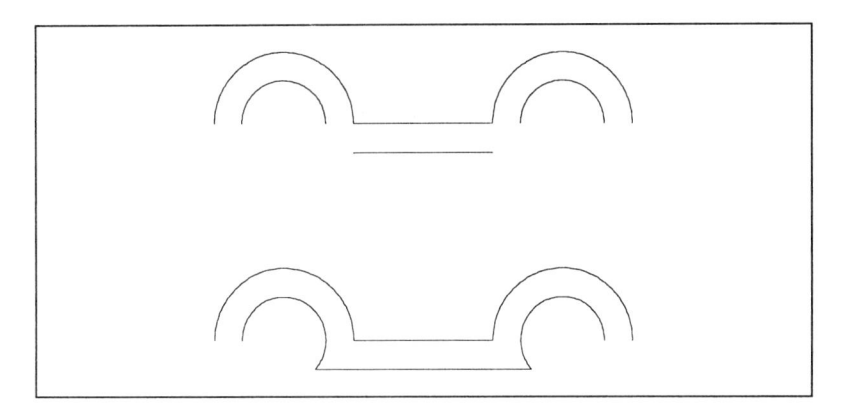

5. Verlassen Sie mit **QUIT** diese Zeichnung.

Nächster Lernschritt ist **Modul 53**.

W	Modul 102	

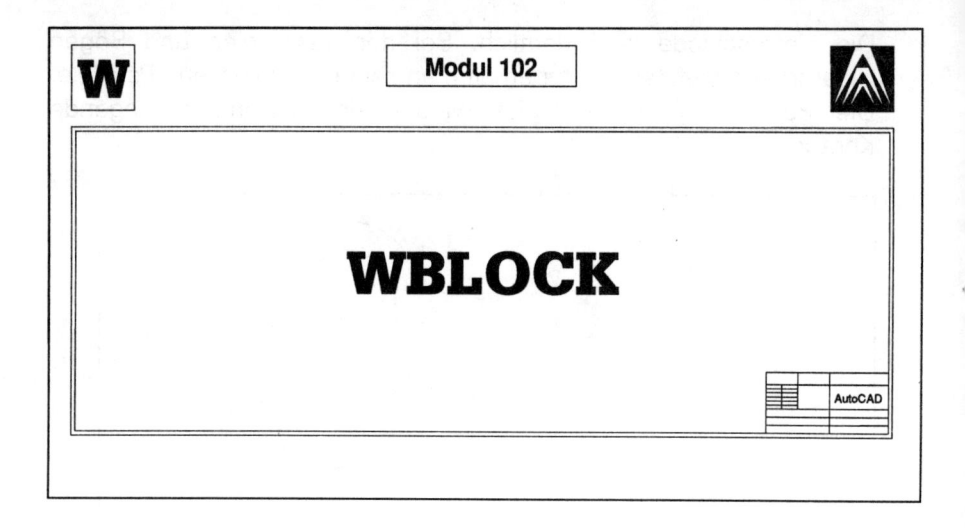

WBLOCK

```
Befehl: WBLOCK
Dateiname:
Blockname:
```

Beschreibung

Mit dem Befehl **WBLOCK** wird die gesamte Zeichnung oder ein Teil davon als Block auf die Diskette abgespeichert.

Aufruf und Optionen

Nach dem Befehlsaufruf muß ein Dateiname eingegeben werden, unter dem der Block abgespeichert wird. Die Datei erhält automatisch die Dateinamenserweiterung .DWG.

Anschließend wird nach dem Blocknamen gefragt; es bestehen folgende Möglichkeiten der Beantwortung:

Name   Existiert in der Zeichnung ein Block mit diesem Namen, so wird er als Datei abgespeichert.

=	Entspricht der nochmaligen Eingabe des Dateinamens. Datei und Block erhalten also den gleichen Namen.
*	Die gesamte Zeichnung wird mit dem Basispunkt 0,0 abgespeichert.
⏎	Damit werden Sie analog zum Befehl **BLOCK** aufgefordert, die abzuspeichernden Objekte auszuwählen.

Der Befehl **WBLOCK** stellt eine Mischung der Befehle **SICHERN** und **BLOCK** dar. Während mit **BLOCK** die definierten Blöcke nur in der aktuellen Zeichnung zur Verfügung stehen, werden bei **WBLOCK** die Blöcke auf Diskette abgespeichert und sind somit auch nach dem Ausschalten des Computers noch verfügbar.

Die anderen Eigenschaften sind analog zum Befehl **BLOCK**. Beispielsweise werden auch hier alle Elemente eines Blocks als eine Einheit betrachtet.

Musteranwendung

In diesem Beispiel zeichnen Sie das Symbol eines elekrischen Widerstands. Anschließend speichern Sie dieses Symbol mit Hilfe des Befehls **WBLOCK** ab. Beginnen Sie eine neue Zeichnung namens WBLOCK.

1. Schalten Sie KOORDINATEN ein. Setzen Sie die Fangrasterabstände auf 5.

   Befehl: **<KOORDINATEN EIN> FANG** ⏎
   Fangwert oder EIN/AUS/Aspekt/Drehen/Stil <1.00>: **5** ⏎

2. Schalten Sie das Sichtraster ein.

   Befehl: **RASTER** ⏎
   Rasterwert(X) oder EIN/AUS/Aspekt <10.00>: **0** ⏎

WBLOCK Modul 102

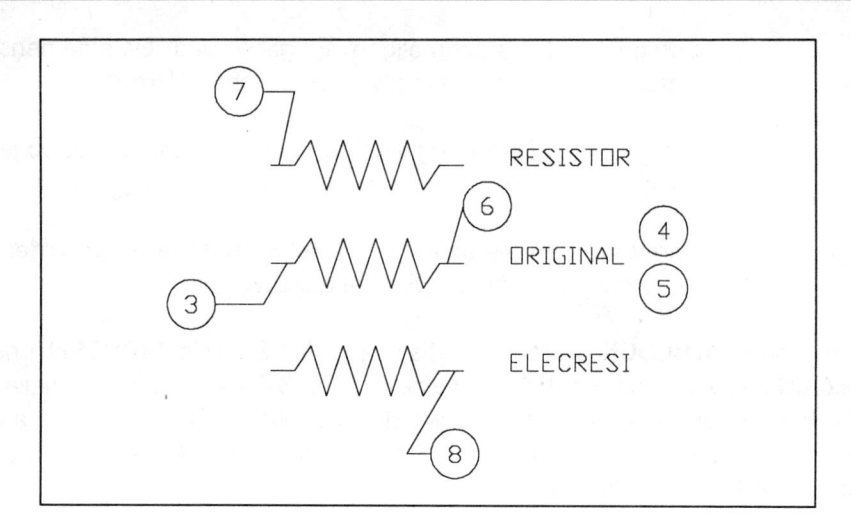

```
            7
           ╱╲╱╲╱╲─    RESISTOR
                6
              ╱╲╱╲╱╲─  ORIGINAL   4
   3                              5
   ─╱╲╱╲╱╲─

         ─╱╲╱╲╱╲─    ELECRESI
              8
```

3. Zeichnen Sie nun das Widerstandssymbol.

   ```
   Befehl: LINIE ⏎
   Von Punkt: 120,140 ⏎
   Nach Punkt: 135,140 ⏎
   Nach Punkt: 145,155 ⏎
   Nach Punkt: 155,125 ⏎
   Nach Punkt: 165,155 ⏎
   Nach Punkt: 175,125 ⏎
   Nach Punkt: 185,155 ⏎
   Nach Punkt: 195,125 ⏎
   Nach Punkt: 205,155 ⏎
   Nach Punkt: 215,125 ⏎
   Nach Punkt: 225,140 ⏎
   Nach Punkt: 240,140 ⏎
   Nach Punkt: ⏎
   ```

4. Speichern Sie das Symbol mit Hilfe von **WBLOCK**. Der Einfügepunkt soll 0,0 sein. Dies wird durch Angabe eines Sternchens bei der Frage nach dem Blocknamen erreicht.

   ```
   Befehl: WBLOCK ⏎
   Dateiname: RESISTOR ⏎
   Blockname: * ⏎
   ```

Modul 102   WBLOCK

5. Speichern Sie nun das Symbol unter dem Dateinamen ELECRESI.

   ```
   Befehl: WBLOCK
   Dateiname: ELECRESI  ↵
   Blockname:  ↵
   Einfuege-Basispunkt: 120,70  ↵
   Objekte waehlen: F  ↵
   Erste Ecke: 120,70  ↵
   Andere Ecke: 250,200  ↵

   11 gefunden.
   Objekte waehlen:  ↵
   ```

6. Holen Sie das Symbol auf den Bildschirm zurück.

   ```
   Befehl: HOPPLA  ↵
   ```

7. Nun fügen Sie den WBLOCK namens RESISTOR in die Zeichnung ein.

   ```
   Befehl: EINFUEGE  ↵
   Blockname (oder ?): RESISTOR  ↵
    Einfuegepunkt: 0,60  ↵
    X Faktor <1> / Eckpunkt / XYZ:  ↵
    Y Faktor (Vorgabe=X):  ↵
    Drehwinkel <0>:  ↵
   ```

8. Nun fügen Sie den WBLOCK namens ELECRESI in die Zeichnung ein.

   ```
   Befehl: EINFUEGE  ↵
   Blockname (oder ? <RESISTOR>): ELECRESI  ↵
    Einfuegepunkt: 120,5  ↵
    X Faktor <1> / Eckpunkt / XYZ:  ↵
    Y Faktor (Vorgabe=X):  ↵
    Drehwinkel (0):  ↵
   ```

Nun sehen Sie drei Widerstandssymbole auf Ihrem Bildschirm. Der mittlere Widerstand ist das Original.

Falls Sie den Text hinzufügen wollen, verwenden Sie den Befehl **TEXT**.

```
    ─/\/\/\─  RESISTOR

    ─/\/\/\─  ORIGINAL

    ─/\/\/\─  ELECRESI
```

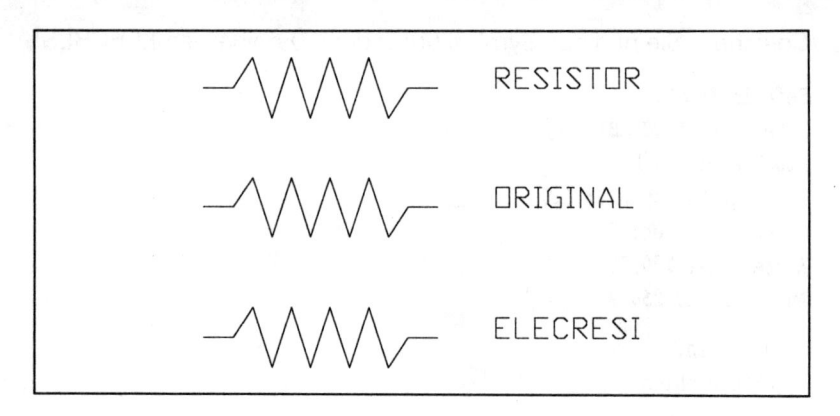

9. Kehren Sie mit **QUIT** ins Hauptmenü zurück.

Nächster Lernschritt ist **Modul 57**.

Z, ZURUECK

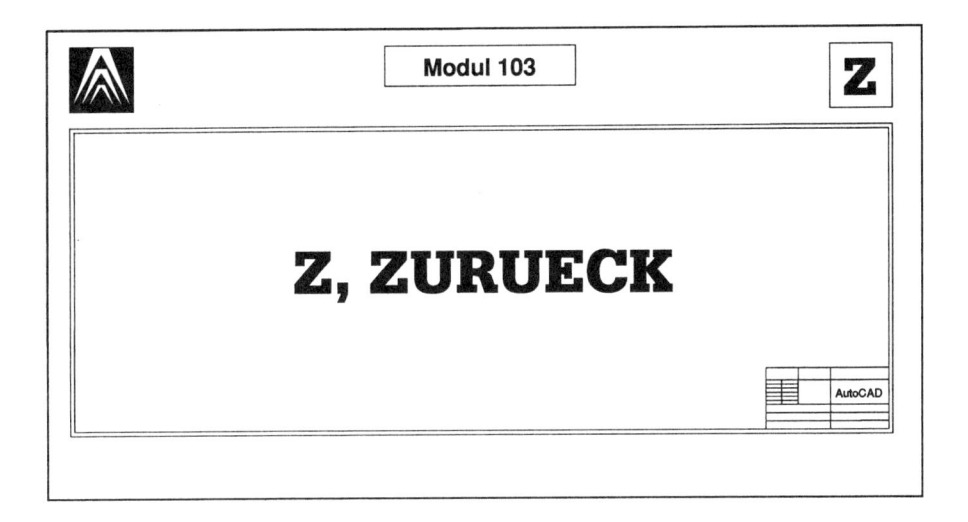

Modul 103

```
Befehl: ZURUECK
Auto/Rueck/Steuern/Ende/Gruppe/Markierung/<Zahl>:
```

Beschreibung

Mit dem Befehl **ZURUECK** können beliebige Operationen rückgängig gemacht werden. Der Befehl **Z** entspricht der Eingabe von **ZURUECK 1** und wird deshalb hier gleich mitbehandelt.

Aufruf und Optionen

Nach der Eingabe des Befehls stehen folgende Optionen zur Verfügung:

Auto Die Option "Auto" ist dann interessant, wenn Sie mit Menüs und Makros arbeiten. Ist "Auto" eingeschaltet, so gilt jeder Menüaufruf als ein einziger Befehl und kann nur geschlossen rückgängig gemacht werden. Im anderen Fall lassen sich die Befehle innerhalb des Makros auch einzeln rückgängig machen.

Rueck   Die Eingabe der Option "Rueck" bewirkt, daß alle Befehle, die nach der letzten Markierung eingegeben wurden, rückgängig gemacht werden.

Steuern   Da sich AutoCAD für den Befehl **ZURUECK** alle eingegebenen Befehle und deren Auswirkungen merken muß, wird relativ viel Speicherplatz auf der Festplatte oder Diskette benötigt. Ist nicht genug Speicherplatz vorhanden, so können Sie mit der Option "Steuern" die Funktionalität von **ZURUECK** einschränken. Sie erhalten die weitere Auswahl:

```
Ganz/Nichts/Eine <Ganz>:
```

Wählen Sie "Nichts", so speichert AutoCAD nichts und Sie können auch nichts rückgängig machen. Bei "Eine" wird immer nur die letzte Operation gespeichert und bei "Ganz" arbeitet **ZURUECK** wieder normal.

Ende   Die Option "Ende" ist nur in Verbindung mit der Option "Gruppe" zulässig.

Gruppe   Mit den Optionen "Gruppe" und "Ende" werden mehrere AutoCAD-Befehle zu einer Gruppe zusammengefaßt. Eine Gruppe kann immer nur geschlossen rückgängig gemacht werden. Bei der Arbeit ohne Makros verwenden Sie statt "Gruppe/Ende" besser die Optionen "Markierung/Rueck".

Markierung   Mit dieser Option wird der augenblickliche Zustand der Zeichnung markiert. Später kann mit Hilfe der Option "Rueck" dieser Zustand regeneriert werden. Setzen Sie immer dann Markierungen, wenn Sie eine komplexe Veränderung an der Zeichnung beginnen. So können Sie diesen Vorgang geschlossen rückgängig machen, wenn Ihnen das Ergebnis nicht gefällt.

Zahl   Die Eingabe einer Zahl bewirkt, daß die entsprechende Anzahl Befehle rückgängig gemacht wird. Statt den Befehl **ZURUECK** mit der Zahl **1** zu benutzen, können Sie auch den Befehl **Z** eingeben.

Wurden während eines Befehls transparente Befehle wie **SETVAR** oder das Einblenden eines Rasters ausgeführt, so macht **ZURUECK** auch diese Änderungen rückgängig.

Beachten Sie den Unterschied zwischen den Befehlen **ZURUECK** und **HOPPLA**: **ZURUECK** macht jeden Befehl rückgängig, während **HOPPLA** nur die letzte Löschung betrifft. Dagegen kann aber **HOPPLA** auch dann noch benutzt werden, wenn bereits seit der Löschung andere Operationen durchgeführt wurden.

Musteranwendung

In diesem Beispiel setzen Sie während des Zeichenvorgangs eine Markierung. Alle Befehle, die danach eingegeben werden, können anschließend wieder rückgängig gemacht werden.

1. Legen Sie eine neue Zeichnung mit Namen RUECKW an.

2. Zeichnen Sie einen nach unten offenen Winkel.

    Befehl: **LINIE** ⏎
    Von Punkt: **50,200** ⏎
    Nach Punkt: **50,250** ⏎
    Nach Punkt: **100,250** ⏎
    Nach Punkt: ⏎

3. An dieser Stelle des Zeichenvorgangs wird die Markierung gesetzt.

    Befehl: **ZURUECK** ⏎
    Auto/Rueck/Steuern/Ende/Gruppe/Markierung/<Zahl>: **MARKIERUNG** ⏎

Ihr Bildschirm sollte jetzt so aussehen, wie die nachfolgende Abbildung zeigt. Daß AutoCAD die Markierung gesetzt hat, wird nicht auf dem Bildschirm sichtbar!

Z, ZURUECK   Modul 103

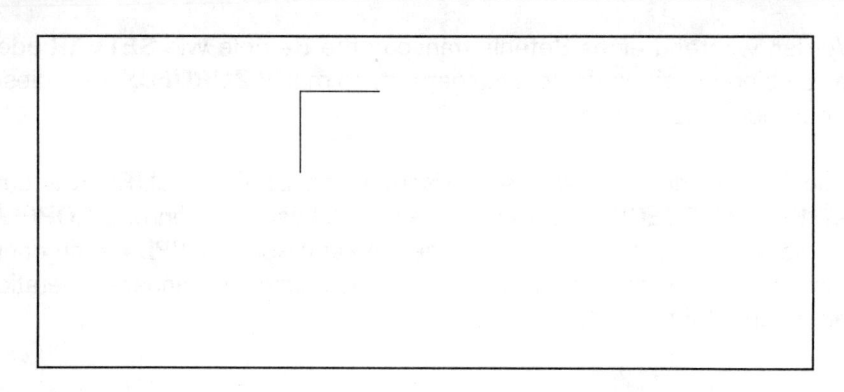

4. Zeichnen Sie einige weitere Linien im Anschluß an diesen Winkel, sowie einen Kreis.

```
Befehl: LINIE  ↵
Von Punkt: 100,250  ↵
Nach Punkt: 250,100  ↵
Nach Punkt: 100,200  ↵
Nach Punkt: 200,150  ↵
Nach Punkt:  ↵

Befehl: KREIS  ↵
3P/2P/TTR/<Mittelpunkt>: 50,250  ↵
Durchmesser/<Radius>: 30  ↵
```

Nun sieht Ihre Zeichnung so aus:

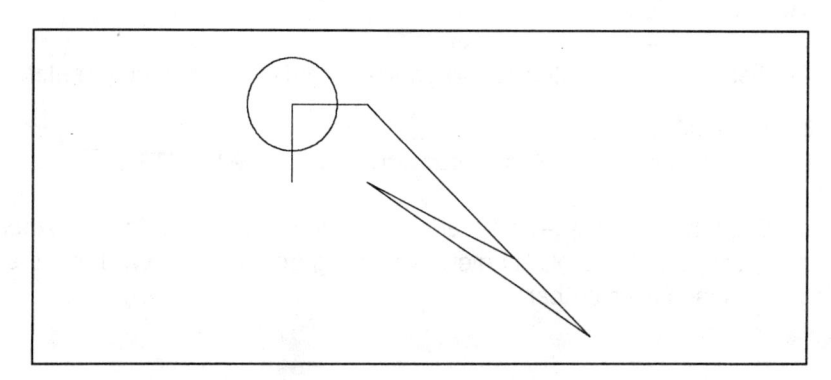

Modul 103

5. Nun können Sie mit Hilfe des Befehls **ZURUECK** und der Option "Rueck" alle Zeichenvorgänge seit dem Setzen der Markierung ungeschehen machen.

```
Befehl: ZURUECK  ⏎
Auto/Rueck/Steuern/Ende/Gruppe/Markierung/<Zahl>: RUECK  ⏎
KREIS LINIE
Markierung gefunden
```

Ihr Bildschirm sollte jetzt wieder die erste Zeichnung darstellen.

6. Kehren Sie mit **QUIT** ins Hauptmenue zurück.

Nächster Lernschritt ist **Modul 104**.

ZLOESCH

Modul 104

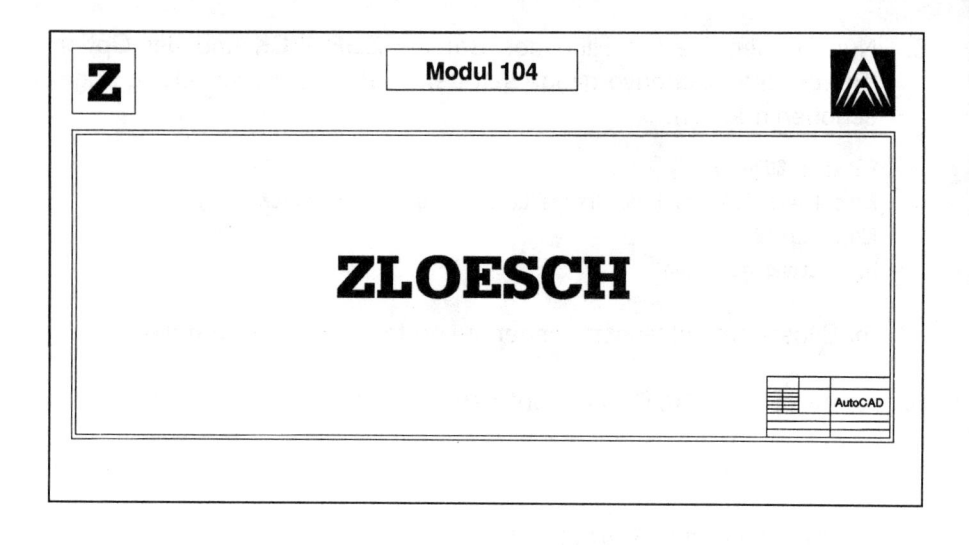

Befehl: ZLOESCH

Beschreibung

Mit dem Befehl **ZLOESCH** kann man eine versehentliche Eingabe von **Z** oder **ZURUECK** korrigieren.

Aufruf und Optionen

Eingabe des Befehlswortes, gefolgt von ⏎.

Der Befehl **ZLOESCH** kann nur im direkten Anschluß an einen der Befehle **Z** oder **ZURUECK** aufgerufen werden. **ZLOESCH** macht die Wirkung dieses vorangegangenen Befehls rückgängig. Der Befehl wird immer dann benutzt, wenn versehentlich zuviele ausgelöste Befehle rückgängig gemacht wurden.

Musteranwendung

Aufgrund der Einfachheit des Befehls erübrigt sich ein Beispiel.

Nächster Lernschritt ist **Modul 50**.

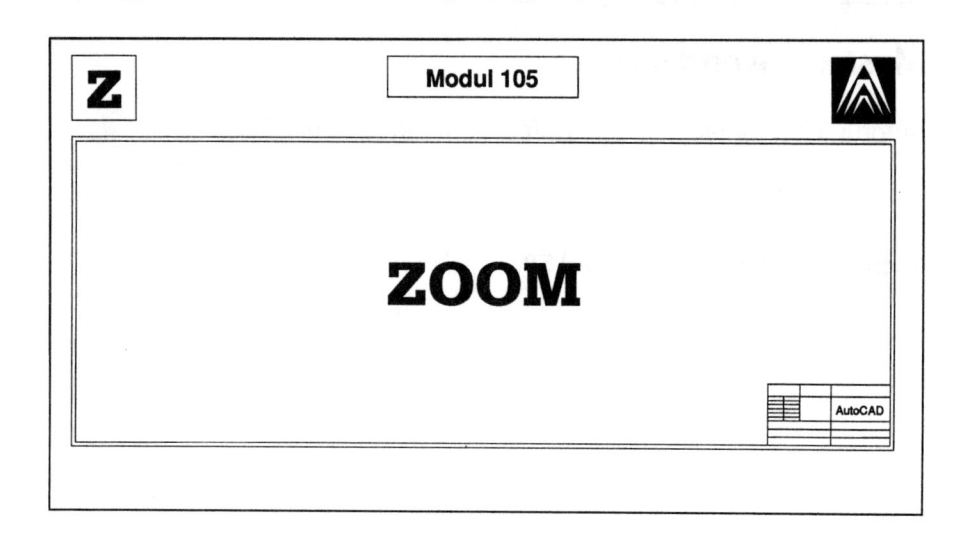

ZOOM

Modul 105

```
Befehl: ZOOM
Alles/Mitte/Dynamisch/Grenzen/Links/Vorher/Fenster/<Faktor(X)>:
```

Beschreibung

Der Befehl **ZOOM** ermöglicht die Vergrößerung oder Verkleinerung des Bildschirmausschnitts der Zeichnung. Die reale Größe der Zeichnung und deren Objekte bleiben erhalten. ZOOM wirkt immer nur auf das gerade aktuelle Ansichtsfenster.

Aufruf und Optionen

Nach dem Befehlsaufruf stehen als Optionen zur Wahl:

Faktor   Ein Zahlenwert, gefolgt von einem ⏎, spezifiziert den Vergrößerungsfaktor relativ zur Gesamtgröße der Zeichnung. Ein Wert größer als 1 bewirkt eine Vergrößerung, ein Wert zwischen 0 und 1 eine Verkleinerung. Wenn ein Wert gefolgt von einem X eingegeben wird, erfolgt die Vergrößerung relativ zum aktuellen Bildschirmausschnitt.

"2X" beispielsweise vergrößert den Bildschirmausschnitt um das Zweifache, wobei im Gegensatz zu einem Faktor "2" jetzt der gesamte Bildschirm mit dem vergrößerten Objekt ausgefüllt ist.

Alles   Die gesamte Zeichenebene wird auf dem Bildschirm dargestellt. Die momentane Größe hängt entweder von den Grenzwerten des Befehls **LIMITEN** oder, falls die Zeichnung über die Grenzwerte hinausgeht, von der aktuellen Ausdehnung der Zeichnung ab.

Grenzen   Der gesamte Bildschirm wird mit den dargestellten Objekten aufgefüllt – auch wenn die Objekte nur einen Bruchteil der Zeichenebene beanspruchen.

Mitte   Der ausgewählte Punkt wird zum Mittelpunkt des vergrößerten Bildes. Danach muß noch die Höhe des Ausschnitts oder ein Vergrößerungsfaktor eingegeben werden.

Dynamisch   Hier wird mit einem Ansichtsfenster, dessen Form beliebig rechteckig gestaltet werden kann, über die Zeichnung gefahren, bis der zu vergrößernde Ausschnitt gefunden ist.

Links   Bei Wahl dieser Option wird nach der linken unteren Ecke und der Höhe eines Fensters gefragt. Dieses Fenster wird dann auf Bildschirmgröße vergrößert.

Vorher   Bei Wahl dieser Option wird derjenige Ausschnitt wieder angezeigt, der vor der Anwendung eines **ZOOM**-Befehls sichtbar war. Es können bis zu fünf **ZOOM**-Befehle rückgängig gemacht werden.

Fenster   Durch Angabe zweier Koordinatenpunkte werden die linke untere und rechte obere Ecke eines Ansichtsfensters beschrieben. Dieses Fenster wird dann auf die Bildschirmgröße vergrößert.

Die begrenzte Größe und Auflösung des Bildschirms zwingt dazu, Details einer Zeichnung zu vergrößern. Wenn die Details auf die volle Bildschirmgröße gebracht wurden, kann wie gewohnt weitergezeichnet werden.

Die Verwendung des Befehls **ZOOM** bewirkt keine Veränderung der realen Abmessungen eines Objekts in der Zeichnung.

Die einfachste Form dieses Befehls, die Eingabe eines Vergrößerungsfaktors, ist kaum sinnvoll. Es kann kein Mittelpunkt ausgewählt werden, und so wird die gesamte Zeichnung, also auch uninteressante Teile, vergrößert.

Wirkungsvoll dagegen ist die Option "Fenster": in Sekundenschnelle sind die interessanten Bereiche erfaßt und vergrößert.

Ebenfalls sehr oft wird die Option "Vorher" verwendet: nach Fertigstellung einer Detailansicht kann man damit einfach zur vorherigen Ansicht zurückspringen. Da AutoCAD die Daten der Ansichten vor den letzten fünf Vergrößerungen abspeichert, ist die Option "Vorher" bedeutend schneller als z.B. die Option "Alles". Bei Aufruf dieser Option muß nämlich die gesamte Zeichnung wiederhergestellt werden.

> **Hinweis:** Beim Aufruf der Optionen eines Befehls genügt die Eingabe der großgeschriebenen Buchstaben des Optionswortes. Beispielsweise genügt zum Aufruf der Option "Alles" der Buchstabe A.

Häufig möchte man den Bildausschnitt wechseln, während man gerade einen Bearbeitungsschritt durchgeführt. Dazu kann an jeder beliebigen Stelle des AutoCAD-Dialogs der Befehl **ZOOM** transparent aufgerufen werden. Geben Sie **'ZOOM** ein und beantworten Sie die Frage nach dem Bildausschnitt. Anschließend wird der unterbrochene Dialog fortgesetzt. Beachten Sie, daß beim trrusparenten Aufruf nicht immer alle ZOOM-Optionen zur Verfügung stehen.

Musteranwendung

Dieses Beispiel zeigt die Anwendungsmöglichkeiten des Befehls **ZOOM** anhand eines Kreises. Starten Sie vom Hauptmenü aus eine neue Zeichnung namens KREIS.

1. Ziehen Sie einen Kreis mit dem Radius 1 um den Punkt (2,2).

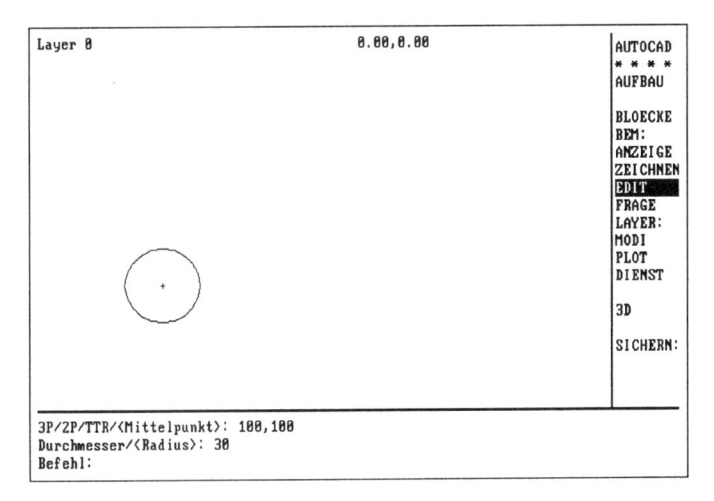

    Befehl: **KREIS** ⏎

    3P/2P/TTR/<Mittelpunkt>: **100,100** ⏎
    Durchmesser/<Radius>: **30** ⏎
    Befehl:

    ```
    Layer 0                    0.00,0.00              AUTOCAD
                                                      * * * *
                                                      AUFBAU

                                                      BLOECKE
                                                      BEM:
                                                      ANZEIGE
                                                      ZEICHNEN
                                                      EDIT
                                                      FRAGE
                                                      LAYER:
                                                      MODI
                                                      PLOT
                                                      DIENST

                                                      3D

                                                      SICHERN:


    3P/2P/TTR/<Mittelpunkt>: 100,100
    Durchmesser/<Radius>: 30
    Befehl:
    ```

2. **ZOOM** eingeben, ⏎ drücken. **G** eingeben und ⏎ drücken.

    Befehl: **ZOOM** ⏎
    Alles/Mitte/Dynamisch/Grenzen/Links/Vorher/Fenster/<Faktor(X)>: **G** ⏎

    Der Kreis füllt nun den gesamten Bildschirm.

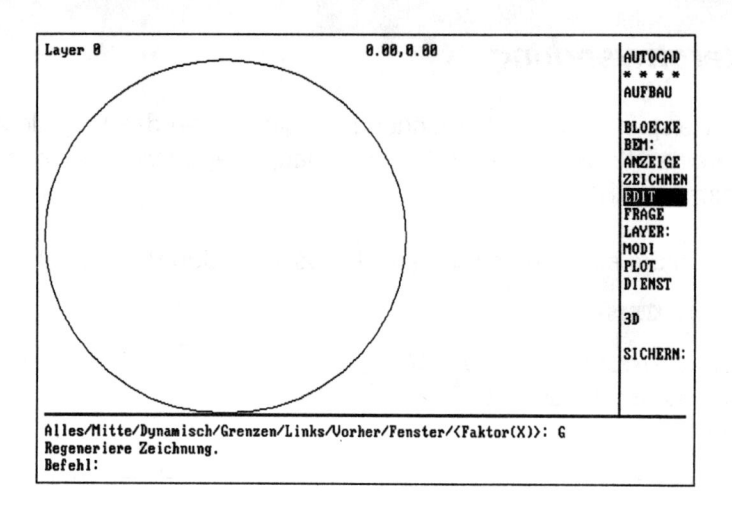

ZOOM   Modul 105

```
Layer 0                          0.00,0.00        |AUTOCAD
                                                  | * * * *
                                                  |AUFBAU
                                                  |
            _____                           |BLOECKE
          /             \                         |BEM:
         /               \                        |ANZEIGE
        /                 \                       |ZEICHNEN
       |                   |                      |EDIT
       |                   |                      |FRAGE
       |                   |                      |LAYER:
        \                 /                       |MODI
         \               /                        |PLOT
          _____/                         |DIENST
                                                  |
                                                  |3D
                                                  |
                                                  |SICHERM:

Alles/Mitte/Dynamisch/Grenzen/Links/Vorher/Fenster/<Faktor(X)>: G
Regeneriere Zeichnung.
Befehl:
```

3. **ZOOM** eingeben, ⏎ drücken. Dann **A** eingeben und ⏎ drücken. Beachten Sie, daß die vorhergehende Anzeige gelöscht wird.

   Befehl: **ZOOM** ⏎
   Alles/Mitte/Dynamisch/Grenzen/Links/Vorher/Fenster/<Faktor(X)>: **A** ⏎

```
Layer 0                          0.00,0.00        |AUTOCAD
                                                  | * * * *
                                                  |AUFBAU
                                                  |
                                                  |BLOECKE
                                                  |BEM:
                                                  |ANZEIGE
                                                  |ZEICHNEN
                                                  |EDIT
              O                                   |FRAGE
                                                  |LAYER:
                                                  |MODI
                                                  |PLOT
                                                  |DIENST
                                                  |
                                                  |3D
                                                  |
                                                  |SICHERM:

Alles/Mitte/Dynamisch/Grenzen/Links/Vorher/Fenster/<Faktor(X)>: A
Regeneriere Zeichnung.
Befehl:
```

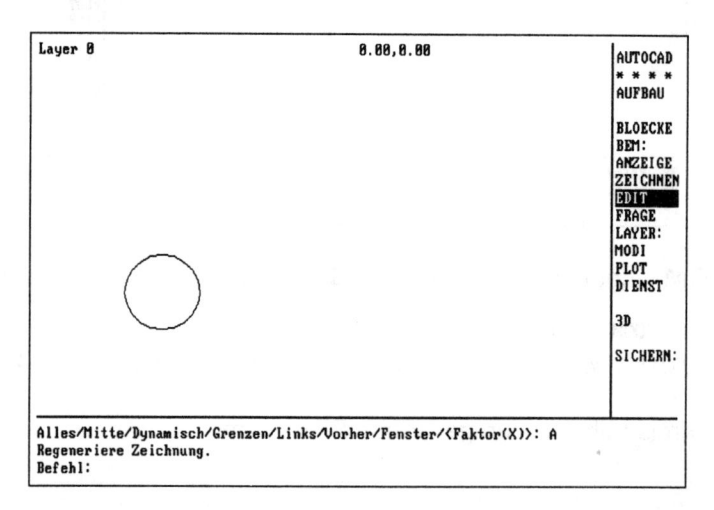

4. Ziehen Sie einen weiteren Kreis mit dem Radius 300 um den Punkt (230,160).

   Befehl: **KREIS** ⏎

   3P/2P/TTR/<Mittelpunkt>: **230,160** ⏎
   Durchmesser/<Radius>: **300** ⏎

5. **ZOOM** eingeben, ⏎ drücken. Dann **G** eingeben, ⏎ drücken.

   Befehl: **ZOOM** ⏎
   Alles/Mitte/Dynamisch/Grenzen/Links/Vorher/Fenster/<Faktor(X)>: **G** ⏎

   Beachten Sie, daß der große Kreis den Bildschirm ausfüllt.

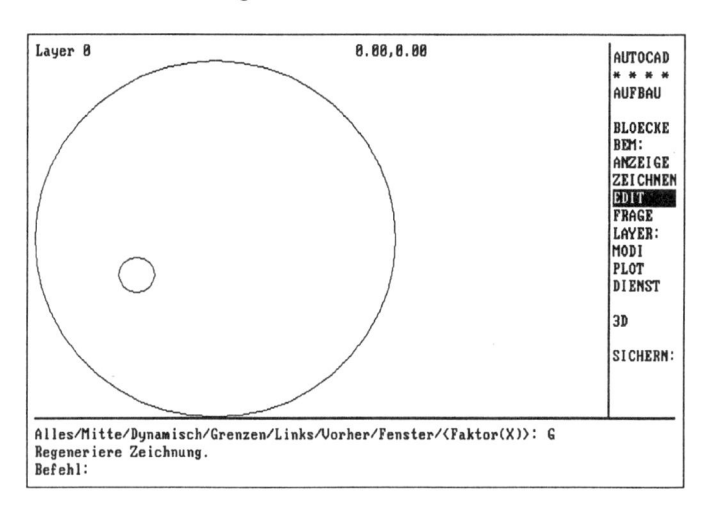

   ```
   Layer 0                    0.00,0.00         AUTOCAD
                                                * * * *
                                                AUFBAU
                                                
                                                BLOECKE
                                                BEM:
                                                ANZEIGE
                                                ZEICHNEN
                                                EDIT
                                                FRAGE
                                                LAYER:
                                                MODI
                                                PLOT
                                                DIENST
                                                
                                                3D
                                                
                                                SICHERN:
   
   Alles/Mitte/Dynamisch/Grenzen/Links/Vorher/Fenster/<Faktor(X)>: G
   Regeneriere Zeichnung.
   Befehl:
   ```

6. Kehren Sie mit **QUIT** ins Hauptmenü zurück.

Nächster Lernschritt ist **Modul 67**.

Anhang A

Spezielle AutoCAD-Befehle

Eine Reihe von AutoCAD-Befehlen werden Sie nur sehr selten und nach längerer Erfahrung benutzen. Die Autoren sind der Ansicht, daß die in den Modulen beschriebenen Befehle für ein sinnvolles Arbeiten mit AutoCAD voll ausreichend sind. Dieses Kapitel enthält nur Kurzbeschreibungen der in den Modulen nicht behandelten Befehle. Bei Bedarf sollten Sie auf das AutoCAD-Handbuch und weiterführende Literatur zurückgreifen.

Arbeiten mit Attributen und Referenzen

Attribute enthalten Textinformationen einer Zeichnung, die von Anwendungsprogrammen, z.B. zur Stücklistengenerierung, genutzt werden können. Elementreferenzen dienen zur Verbindung von Zeichnungsobjekten mit externen Datenbanken. Eine umfangreiche Darstellung der Arbeit mit Attributen, Elementreferenzen und den damit verbundenen Möglichkeiten finden Sie in dem Buch "AutoCAD und Datenbanken" von Jones/Martin, erschienen im tewi-Verlag, München. AutoCAD kennt folgende Befehle zur Bearbeitung von Attributen und Elementreferenzen:

ATTDEF

Anlegen von Attributen und Definition der Attributeigenschaften.

ATTEDIT

Attributinformationen verändern.

ATTEXT

Attributinformationen in eine Datei ausgeben, die dann von Anwendungsprogrammen oder mit Datenbankprogrammen verarbeitet werden kann.

ATTZEIG

Steuerung der Darstellung von Attributen.

DDATTE

Verändern von Attributinformationen in einem Dialogkasten.

REFERENZ

Anlegen und Entfernen von Elementreferenzen.

Arbeiten mit Kommandodateien

Wie MS-DOS, kennt auch AutoCAD die Möglichkeit, mehrere Kommandos nacheinander ohne Benutzereingriff auszuführen. Eine Batchdatei mit AutoCAD-Kommandos muß die Dateinamenserweiterung .SCR tragen. Die folgenden Befehle dienen zur Steuerung von Batchdateien.

SCRIPT

Aufruf einer Batchdatei mit AutoCAD-Befehlen.

RSCRIPT

Endlos wiederholter Aufruf der Batchdatei.

PAUSE

Verlangsamt den Ablauf einer Batchdatei.

RESUME

Setzt eine Batchdatei fort, nachdem sie durch eine Benutzereingabe abgebrochen wurde.

TEXTBLD

Gegenstück zu dem beschriebenen Befehl **GRAPHBLD**. Schaltet vom Grafikbildschirm auf den Textbildschirm um.

Arbeiten mit Dias

Ein Dia ist für AutoCAD ein Foto der Zeichenfläche. Es wird in einer Datei mit der Namenserweiterung .SLD gespeichert. Dias können jederzeit in eine beliebige Zeichnungsbearbeitung eingeblendet werden. Eine typische Anwendung von Dias sind Demonstrationen, bei denen verschiedene Dias mit Hilfe einer Batchdatei vorgeführt werden. Dias können auch zum Bildaustausch mit DTP-Systemen verwendet werden. Ab der Version 9.0 werden Dias auch für grafische Darstellungen in Dialogkästen verwendet.

MACHDIA

Erzeugen eines Dias vom aktuellen Inhalt der dargestellten Zeichenfläche.

ZEIGDIA

Einblenden eines Dias in den laufenden Dialog. Nach Eingabe von **NEUZEICH** verschwindet das Dia wieder.

Austausch von Zeichnungen

AutoCAD unterstützt drei Datenformate, um fremde Zeichnungen zu laden oder eigene Zeichnungen zu verschicken. Neben dem kompakten DXB-Format, das hauptsächlich für die Integration verschiedener AutoCAD-Erweiterungen dient, kennt AutoCAD das DXF-Format und das IGES-Format. Der Zeichnungsaustausch mittels IGES wird vor allem von großen CAD-Systemen unterstützt. Zeichnungen im DXF-Format können dagegen von vielen PC-CAD-Systemen gelesen und geschrieben werden. Eine genaue und ausführliche Darstellung des DXF-Formats sowie Anweisungen zum Schreiben von Anwendungsprogrammen, die DXF-Dateien bearbeiten, finden Sie in dem Buch "AutoCAD und Datenbanken" von Jones/Martin, erschienen im tewi-Verlag, München.

DXBIN

Lesen einer Datei im DXB-Format.

DXFIN

Lesen einer Datei im DXF-Format.

DXFOUT

Schreiben einer Datei im DXF-Format.

IGESIN

Lesen einer Datei im IGES-Format.

IGESOUT

Schreiben einer Datei im IGES-Format.

Arbeiten mit Symbolen

Nur noch aus historischen Gründen kennt AutoCAD den Objekttyp SYMBOL. Ein Symbol ist etwas ähnliches wie ein Block, ist aber wesentlich komplizierter zu definieren und anzuwenden.

LADEN

Lädt eine Symbolbeschreibungsdatei.

SYMBOL

Fügt ein geladenes Symbol an eine definierte Stelle der Zeichnung ein.

Weitere selten benutzte Befehle

Die folgenden Befehle werden von den meisten Anwendern nie oder nur sehr selten aufgerufen:

OEFFNUNG

Verändert die Genauigkeit, mit der man auf ein Objekt zeigen muß, damit es gefangen wird.

AUFLOES

verändert die Genauigkeit, mit der AutoCAD Linientypen, Kreise und Bögen auf dem Bildschirm darstellt.

ZUGMODUS

Das sichtbare Mitziehen von Objekten ist bei AutoCAD voreingestellt. Aus Zeitgründen kann diese Option ausgeschaltet werden.

SKIZZE

Ein komplexer Befehl zum Erstellen von Zeichnungen aus der freien Hand.

STATUS

Gibt auf dem Textbildschirm den Zustand von AutoCAD und der wesentlichen Systemvariablen aus.

TABLETT

Dient der Konfiguration eines Tablettauflegers für Ihren Digitizer. Selbsterstellte Aufleger ersparen viel Eingabeaufwand. Das Erstellen, Optimieren und Konfigurieren eines Tablettauflegers wird ausführlich in dem Buch "AutoCAD: Makros + Menüs" von Schaefer/Brittain erklärt, das im tewi-Verlag, München erschienen ist.

FILMROLL

Dient zur Kommunikation mit dem Zusatzpaket AutoSHADE.

WAHL

Dient nur zur Kennzeichnung der ausgewählen Objekte. Diese können in den folgenden Befehlen mit der Option "Vorher" gemeinsam aufgerufen werden.

ZEIT

Gibt aus, wann die aktuelle Zeichnung begonnen und zuletzt verändert wurde, sowie wieviel Zeit bisher an dieser Zeichnung gesamt gearbeitet wurde. Außerdem kann der Benutzer mit Hilfe einer eingebauten Stoppuhr selbst Zeitmessungen durchführen.

Anhang B

AutoCAD-Schlüsselwörter

(Stand: Version 10.0)

Die englischsprachigen und die deutschsprachigen Versionen von AutoCAD unterscheiden sich nicht in der Funktionalität. Der wesentliche Unterschied zwischen den Versionen liegt in den Namen der AutoCAD-Schlüsselwörter, die fast alle mehr oder weniger gut ins Deutsche übersetzt wurden. Für verschiedene Anwendungen ist es hilfreich, in der folgenden Tabelle das entsprechende anderssprachige Schlüsselwort nachzuschlagen. Wenn Sie zu den 10 Prozent Anwendern in Deutschland gehören, die mit der englischen Version arbeiten, können Sie mit der zweiten Tabelle alle Übungen dieses Buches ins Englische übersetzen und ebenso produktiv nutzen. Wenn Sie selbst Makros oder LISP-Programme schreiben, können Sie anhand der Tabellen Ihre Software für die jeweils anderssprachige Version ebenfalls nutzbar machen.

Der Aufbau der Tabelle ist so, daß im Anschluß an jeden Befehl die zugehörigen Optionen aufgeführt sind. Die Befehle und Systemvariablen wurden alphabetisch sortiert. Die Optionen eines Befehls wurden nicht sortiert, sie sind auch so leicht zu finden.

Die Tabelle ist folgendermaßen aufgebaut (von links): englische (deutsche) Bezeichnung, Typ, Erklärung des Befehls, Hinweis auf die entsprechende Advanced Drafting Extension (ADE), sowie die deutsche (englische) Bezeichnung. In der Spalte Typ steht **B** für Befehl, **'B** für transparenter Befehl, **O** für Option und **V** für System-Variable.

Anhang B — Übersetzungstabelle AutoCAD-Schlüsselwörter

Englisch – Deutsch

Englisch	Typ	Erklärung	Deutsch
		Objektauswahl	
M		Mehrfache Auswahl	M
L		Letztes Objekt	L
W		Alle Objekte im Fenster	F
C		Alle Objekte, die Fenster kreuzen	K
P		Zuletzt gewählter Auswahlsatz	V
A		Objekte hinzufügen	H
R		Objekte entfernen	E
U		Letzte Wahl rückgängig machen	Z
B		Fenster oder Kreuzen, je nach Punktwahl	B
AUTO		Objekt, Fenster oder Kreuzen, je n. Punktw.	A
S		Einmalige Auswahl ohne Dialog	EI
		Befehle, Optionen und Variablen	
3DFACE	B	Fläche im dreidimensionalen Raum	3DFLAECH
I	O	Kante unsichtbar	U
3DLINE	B	Linie im dreidimensionalen Raum	3DLINIE
3DMESH	B	Polygonnetz (3D-Masche)	3DMASCHE
3DPOLY	B	dreidimensionale Polylinie	3DPOLY
C	O	schließen	S
U	O	letztes Segment zurücknehmen	Z
ACADPREFIX	V	Directory für ACAD-Dateien	ACADPREFIX
ACADVER	V	Versionsnummer	ACADVER
AFLAGS	V	Bitcode für ATTDEF-Eingaben	AFLAGS
ANGBASE	V	Richtung des Null-Winkels	ANGBASE
ANGDIR	V	Schalter für Winkelorientierung	ANGDIR
APERTURE	B	Fanggenauigkeit setzen	OEFFNUNG
APERTURE	V	Fanggenauigkeit	APERTURE
ARC	B	Zeichnen von Kreisbögen	BOGEN
A	O	eingeschlossener Winkel	W
C	O	Mittelpunkt	M
D	O	Startrichtung	S
E	O	Endpunkt	E
L	O	Länge der Sehne	L
R	O	Radius	R

Übersetzungstabelle AutoCAD-Schlüsselwörter — Anhang B

AREA	B	Flächenberechnung		FLAECHE
E	O	Objekt eingeben		O
A	O	Zur berechneten Fläche addieren		A
S	O	Von berechneter Fläche subtrahieren		S
AREA	V	Berechnete Fläche		AREA
ARRAY	B	Mehrfachkopien von Objekten		REIHE
P	O	Polare Reihe		P
R	O	Rechteckige Reihe		R
ATTDEF	B	Definition von Attributen		ATTDEF
I	O	Unsichtbares Attribut		U
C	O	Konstantes Attribut		K
P	O	Vorherbestimmtes Attribut		V
V	O	Zu prüfendes Attribut		P
ATTDIA	V	Attribute über Dialogkasten anfragen		ATTDIA
ATTDISP	B	Steuern der Attribut-Anzeige		ATTZEIG
ON	O	Alle Attribute sichtbar		EIN
OFF	O	Alle Attribute unsichtbar		AUS
N	O	Normal: Sichtbarkeit einzeln setzen		N
ATTEDIT	B	Ändern von Attributen		ATTEDIT
V	O	Wert ändern		W
C	O	Wert verändern		A
R	O	Wert ersetzen		E
P	O	Position ändern		P
H	O	Höhe ändern		H
A	O	Winkel ändern		I
S	O	Textstil ändern		S
L	O	Layer ändern		L
C	O	Farbe ändern		F
BYBLOCK	O	Farbe aus Block benutzen		VONBLOCK
BYLAYER	O	Farbe aus Layer benutzen		VONLAYER
N	O	Nächstes Attribut		N
ATTEXT	B	Ausgabe von Attributen		ATTEXT
C	O	CDF-Ausgabe		C
D	O	DXF-Ausgabe		D
S	O	SDF-Ausgabe		S
E	O	Einzelne Objekte extrahieren		E
ATTMODE	V	Anzeigemodus für Attribute		ATTMODE
ATTREQ	V	Attributanfragen unterdrücken		ATTREQ
AUNITS	V	Einheit für Winkel		AUNITS
AUPREC	V	Anzahl Dezimalstellen für Winkel		AUPREC
AXIS	B	Einblenden von Skalen		SKALA
ON	O	Skala einschalten		EIN
OFF	O	Skala ausschalten		AUS
A	O	Abstände X-/Y-Achse unterschiedlich		A
S	O	Abstände = Fangwert		F

AXISMODE	V	Schalter für Einblenden von Skalen	AXISMODE
AXISUNIT	V	Abstände X-/Y-Achsen der Skalen	AXISUNIT
BACKZ	V	Hintere Schnittfläche	BACKZ
BASE	B	Einfügepunkt eines Symbols	BASIS
BLIPMODE	B	Steuerung der Anzeige von Konstruktionspkt.	KPMODUS
ON	O	Konstruktionspunkte einschalten	EIN
OFF	O	Konstruktionspunkte ausschalten	AUS
BLIPMODE	V	Schalter für Anzeige von Konstruktionspkt.	BLIPMODE
BLOCK	B	Elemente zu einem Symbol zusammenfassen	BLOCK
?	O	Liste der definierten Symbole	?
BREAK	B	Elemente teilen und partiell löschen	BRUCH
F	O	Ersten Punkt benutzen	E
CDATE	V	Datum (CDATE-Format)	CDATE
CECOLOR	V	Aktuelle Elementfarbe	CECOLOR
CELTYPE	V	Aktueller Elementlinientyp	CELTYPE
CHAMFER	B	Abschrägen (Facettieren) einer Ecke	FACETTE
D	O	Facetten-Abstände setzen	A
P	O	Polylinie facettieren	P
CHAMFERA	V	Erster Facettenwert	CHAMFERA
CHAMFERB	V	Zweiter Facettenwert	CHAMFERB
CHANGE	B	Ändern von Objekteigenschaften	AENDERN
P	O	Eigenschaften ändern	EI
C	O	Farbe ändern	F
E	O	Erhebung ändern	E
LA	O	Layer ändern	LA
LT	O	Linientyp ändern	LT
T	O	Objekthöhe ändern	O
BYBLOCK	O	Vorgabe aus Block benutzen	VONBLOCK
BYLAYER	O	Vorgabe aus Layer benutzen	VONLAYER
CHPROP	B	Ändern von Objekteigenschaften	EIGAENDR
C	O	Farbe ändern	F
LA	O	Layer ändern	LA
LT	O	Linientyp ändern	LT
T	O	Objekthöhe ändern	O
BYBLOCK	O	Vorgabe aus Block benutzen	VONBLOCK
BYLAYER	O	Vorgabe aus Layer benutzen	VONLAYER
CIRCLE	B	Zeichnen von Kreisen	KREIS
2P	O	Punkte des Durchmessers	2P
3P	O	Punkte der Peripherie	3P
TTR	O	Zwei Tangentenpunkte und Radius	TTR
D	O	Durchmesser	D
CLAYER	V	Aktueller Layer	CLAYER
CMDECHO	V	AutoLISP "command:" Aufrufe protokoll.	CMDECHO

COLOR	B	Farbe für folgende Objekte festlegen	FARBE
BYBLOCK	O	Farbe aus Block benutzen	VONBLOCK
BYLAYER	O	Farbe aus Layer benutzen	VONLAYER
COORDS	V	Steuerung der Koordinatenanzeige	COORDS
COPY	B	Kopieren von Objekten	KOPIEREN
M	O	Mehrfachkopien	M
CVPORT	V	Aktuelles Ansichtsfenster	CVPORT
DATE	V	Datum (DATE-Format)	DATE
DBLIST	B	Liste der Zeichnungselemente	DBLISTE
DDATTE	'B	Attribute editieren (Dialogkasten)	DDATTE
DDLMODI	'B	Layersteuerung (Dialogkasten)	DDLMODI
DDOMODI	'B	Objektmodi steuern (Dialogkasten)	DDOMODI
DDRMODI	'B	Zeichnungshilfen steuern (Dialogkasten)	DDRMODI
DDUCS	B	BKS definieren (Dialogkasten)	DDBKS
DELAY	B	Pause zwischen Befehlen (Batchbetrieb)	PAUSE
DIM	B	Bemaßungen zeichnen	BEM
HOR	O	Horizontalbemaßung	HOR
VER	O	Vertikalbemaßung	VER
ALI	O	Bemaßung ausrichten	AUS
ROT	O	Bemaßung drehen	DRE
BAS	O	Basislinie	BAS
CON	O	Maßkette	WEI
ANG	O	Winkelbemaßung	WIN
DIA	O	Durchmesserbemaßung	DUR
RAD	O	Radienbemaßung	RAD
CEN	O	Zentrumspunkt/-linien	ZEN
EXI	O	Bemaßungsmodus verlassen	EXI
LEA	O	Führungslinie zeichnen	FUE
RED	O	Neuzeichnen	NEU
STA	O	Status	STA
STY	O	Textstil verändern	STI
UND	O	Letzte Bemaßung rückgängig machen	LOE
UPD	O	Neueingestellte Bemaßungsvariablen benutzen	UPD
HOM	O	Bemaßungstext in Ausgangsposition zurück	HOM
NEW	O	Maßtext ändern	NEUT
DIM1	B	Bemaßung mit sofortiger Rückkehr	BEM1
HOR	O	Horizontalbemaßung	HOR
VER	O	Vertikalbemaßung	VER
ALI	O	Bemaßung ausrichten	AUS
ROT	O	Bemaßung drehen	DRE
BAS	O	Basislinie	BAS
CON	O	Maßkette	WEI
ANG	O	Winkelbemaßung	WIN
DIA	O	Durchmesserbemaßung	DUR
RAD	O	Radienbemaßung	RAD

Anhang B Übersetzungstabelle AutoCAD-Schlüsselwörter

CEN	O	Zentrumspunkt/-linien	ZEN
EXI	O	Bemaßungsmodus verlassen	EXI
LEA	O	Führungslinie zeichnen	FUE
RED	O	Neuzeichnen	NEU
STA	O	Status	STA
STY	O	Textstil verändern	STI
UND	O	Letzte Bemaßung rückgängig machen	LOE
UPD	O	Neueingestellte Bemaßungsvariablen benutzen	UPD
HOM	O	Bemaßungstext in Ausgangsposition zurück	HOM
NEW	O	Maßtext ändern	NEUT
DIMALT	V	Mit alternativ-Einheit zusätzl. bemaßen	BEMALT
DIMALTD	V	Anzahl Dez.-st. bei Bem. m. Alt.-Einh.	BEMALTD
DIMALTF	V	Umrechnungsfaktor bei Bem. m. Alt.-Einh.	BEMALTU
DIMAPOST	V	Suffix für Alternativ-Einheit-Maßzahl	BEMANACH
DIMASO	V	Assoziative Bemaßung eingeschaltet	BEMASSO
DIMASZ	V	Länge des Bemaßungspfeils	BEMPLG
DIMBLK	V	Name der Blocks für Bemaßungsbegrenzung	BEMBLK
DIMBLK1	V	Block für 1. Pfeil	BEMBLK1
DIMBLK2	V	Block für 2. Pfeil	BEMBLK2
DIMCEN	V	Größe des Zentrumspunktes	BEMZEN
DIMDLE	V	Verlängerung der Maßlinie über Hilfsl.	BEMVML
DIMDLI	V	Abstände der Maßlinien voneinander	BEMIML
DIMEXE	V	Verlängerung der Hilfslinie über Maßl.	BEMVEH
DIMEXO	V	Abstand Bemaßungs-Hilfslinie vom Objekt	BEMABH
DIMLFAC	V	Glob. Multiplikator für alle Maßwerte	BEMGFLA
DIMLIM	V	Bemaßungsgrenzen als Textvorgabe	BEMGRE
DIMPOST	V	Suffix für Maßzahl	BEMNACH
DIMRND	V	Rundungswert für Bemaßungsgenauigkeit	BEMRND
DIMSAH	V	Verschiedene Pfeilspitzen	BEMPFKT
DIMSCALE	V	Größenfaktor für alle Bemaßungsobjekte	BEMFKTR
DIMSE1	V	Bemaßungs-Hilfslinie 1 unterdrücken	BEMH1U
DIMSE2	V	Bemaßungs-Hilfslinie 2 unterdrücken	BEMH2U
DIMSHO	V	Assoziative Bemaßungen sofort neuber.	BEMZUG
DIMSOXD	V	Maßlinie außerhalb unterdrücken	BEMMAHU
DIMTAD	V	Bemaßungstext oberhalb Maßlinie	BEMTOM
DIMTIH	V	Bemaßungstext zw. Hilfslinien horizon.	BEMTIH
DIMTIX	V	Text innerhalb Hilfslinien	BEMTIL
DIMTM	V	Bemaßungstoleranz negativ	BEMTM
DIMTOFL	V	Text außerhalb Hilfslinien	BEMTAL
DIMTOH	V	Bemaßungstext außerhalb horizontal	BEMTAH
DIMTOL	V	Bemaßungstoleranzen ausgeben	BEMTOL
DIMTP	V	Bemaßungstoleranz positiv	BEMTP
DIMTSZ	V	Länge der Bemaßungsstriche	BEMSLG
DIMTVP	V	Abstand zwischen Text und Maßlinie	BEMTVP
DIMTXT	V	Höhe des Bemaßungstextes	BEMTXT

Übersetzungstabelle AutoCAD-Schlüsselwörter — Anhang B

DIMZIN	V	Format für Ausgabe von Null-Zoll-Maßen	BEMNZ
DIST	B	Abstand zwischen zwei Punkten	ABSTAND
DISTANCE	V	Berechneter Abstand	DISTANCE
DIVIDE	B	Teilen eines Objekts in gleiche Teile	TEILEN
B	O	Teilung durch Block darstellen	B
DONUT	B	Zeichnen von Ringen	RING
DOUGHNUT	B	Zeichnen von Ringen	RING
DRAGMODE	B	Steuerung des Zugmodus	ZUGMODUS
ON	O	Zugmodus einschalten	EIN
OFF	O	Zugmodus ausschalten	AUS
A	O	Zugmodus automatisch einschalten	A
DRAGMODE	V	Schalter für Zugmodus	DRAGMODE
DRAGP1	V	Regenerierungsrate Zugmodus	DRAGP1
DRAGP2	V	Input-Abtastrate Zugmodus	DRAGP2
DTEXT	B	Dynamische Anpassung von Texten	DTEXT
A	O	Text ausrichten zwischen 2 Punkten, Höhe var.	A
C	O	Text horizontal zentrieren	Z
F	O	Text ausrichten zwischen 2 Punkten, Breite v.	E
M	O	Text horizontal und vertikal zentrieren	M
R	O	Text rechtsbündig	R
S	O	Textstil wählen	S
DVIEW	B	Dynamische 3D-Ansicht	DANSICHT
CA	O	Kamera bewegen	K
CL	O	Vordere/hintere Schnittebene	S
B	O	Hintere Schnittebene festlegen	H
E	O	Vordere Schnittebene in Kameraposition	AUG
F	O	Vordere Schnittebene festlegen	V
O	O	Schnittebenen ausschalten	AUS
D	O	Abstand Kamera - Ziel	AB
H	O	Verdeckte Kanten ausblenden	V
O	O	Perspektive ausschalten	AU
PA	O	Ausschnitt verschieben	PA
PO	O	Kamera-/Zielstandort eingeben	PU
TA	O	Ziel bewegen	ZI
TW	O	Bild drehen	D
U	O	Vorherige Ansicht	ZU
X	O	Befehl beenden	X
Z	O	Ausschnitt verkleinern/vergrößern	ZO
DWGNAME	V	Aktueller Zeichnungsname	DWGNAME
DWGPREFIX	V	Laufwerk und Directory für Zeichnungsdatei	DWGPREFIX
DXBIN	B	Binärdatei einlesen	DXBIN
DXFIN	B	DXF-Datei einlesen	DXFIN
DXFOUT	B	DXF-Datei schreiben	DXFOUT
E	O	Nur einzelne Elemente	E
B	O	Ausgabe in binärer Form	B

EDGESURF	B	Kantendefinierte Fläche	KANTOB
ELEV	B	Erhebung von 3D-Elementen über Null	ERHEBUNG
ELEVATION	V	Aktuelle 3D-Erhebung	ELEVATION
ELLIPSE	B	Zeichnen von Ellipsen	ELLIPSE
C	O	Mittelpunkt statt Endpunkt eingeben	M
R	O	Drehung statt zweite Achse eingeben	D
I	O	Isometrischen Kreis in ISOEBENE zeichnen	I
END	B	Beenden der Zeichnungsbearb. mit Abspeichern	ENDE
ERASE	B	Löschen von Objekten	LOESCHEN
EXPERT	V	Steuerung Anfänger-/Expertmodus	EXPERT
EXPLODE	B	Zerlegen eines Blocks/einer Polylinie	URSPRUNG
EXTEND	B	Verlängern eines Objekts	DEHNEN
EXTMAX	V	Obere rechte Zeichnungsgrenze	EXTMAX
EXTMIN	V	Untere linke Zeichnungsgrenze	EXTMIN
FILES	B	Dateifunktionen aufrufen	DATEIEN
FILL	B	Steuerung des Füllmodus	FUELLEN
ON	O	Flächen, Bänder und Polylinien auffüllen	EIN
OFF	O	Flächen, Bänder und Polylinien nicht auff.	AUS
FILLET	B	Verbinden zweier Linien mit Kreisbogen	ABRUNDEN
P	O	Gesamte Polylinie verrunden	P
R	O	Rundungsradius setzen	R
FILLETRAD	V	Rundungsradius	FILLETRAD
FILLMODE	V	Füllmodus	FILLMODE
FILMROLL	B	Dateinamen der Filmrolle setzen	FILMROLL
FLATLAND	V	Auswahl 2D/3D-Konstruktion	FLATLAND
FRONTZ	V	Vordere Schnittebene	FRONTZ
GRAPHSCR	'B	Schalten auf Grafikanzeige	GRAPHBLD
GRID	B	Steuerung der Rastereinblendung	RASTER
ON	O	Raster einschalten	EIN
OFF	O	Raster ausschalten	AUS
A	O	Abstände X-/Y-Achse unterschiedlich	A
S	O	Abstände = Fangwert	F
GRIDMODE	V	Schalter für Rastereinblendung	GRIDMODE
GRIDUNIT	V	Rasterabstände	GRIDUNIT
HANDLES	B	Elementreferenzen anlegen	REFERENZ
DESTROY	O	Elementreferenzen löschen	ENTFERNEN
ON	O	Elementreferenzen aktivieren	EIN
HANDLES	V	Schalter für Elementreferenzen	HANDLES
HATCH	B	Schraffieren von Flächen	SCHRAFF
?	O	Liste der vorhandenen Muster	?
U	O	Musterdefinition durch Anwender	B
I	O	Innere Strukturen ignorieren	I
N	O	Normal: von außen nach innen abwechselnd	N
O	O	Nur äußersten Bereich schraffieren	A
HELP	'B	Hilfstext ausgeben	HILFE

Übersetzungstabelle AutoCAD-Schlüsselwörter — Anhang B

?	'B	Hilfstext ausgeben	?
HIDE	B	Verdeckte Linien ausblenden (3D-Ansicht)	VERDECKT
HIGHLIGHT	V	Schalter für Ausleuchten bei Objektwahl	HIGHLIGHT
ID	B	Koordinaten eines Punktes ausgeben	ID
IGESIN	B	IGES-Datei einlesen	IGESIN
IGESOUT	B	IGES-Datei schreiben	IGESOUT
INSBASE	V	Basispunkt für Einfügung	INSBASE
INSERT	B	Einfügen eines Blockes	EINFUEGE
?	O	Liste der vorhandenen Blöcke	?
C	O	Blockgröße über Eckpunkte eingeben	E
XYZ	O	X-, Y- und Z-Werte eingeben	XYZ
S	O	Größenfaktor festlegen	F
X	O	X-Größenfaktor festlegen	X
Y	O	Y-Größenfaktor festlegen	Y
Z	O	Z-Größenfaktor festlegen	Z
R	O	Drehwinkel festlegen	D
VS	O	Größenfaktor für Anzeige festlegen	VF
VX	O	X-Größenfaktor für Anzeige festlegen	VX
VY	O	Y-Größenfaktor für Anzeige festlegen	VY
VZ	O	Z-Größenfaktor für Anzeige festlegen	VZ
VR	O	Drehwinkel für Anzeige festlegen	VD
ISOPLANE	B	Isometrische Ebene wählen	ISOEBENE
L	O	Linke Ebene	L
R	O	Rechte Ebene	R
T	O	Obere Ebene	O
LASTANGLE	V	Endwinkel des zuletzt eingegebenen Bogens	LASTANGLE
LASTPOINT	V	Zuletzt eingegebener Punkt	LASTPOINT
LASTPT3D	V	Zuletzt angewählter 3D-Punkt	LASTPT3D
LAYER	B	Steuerung der Zeichnungsebenen	LAYER
M	O	Mache einen neuen Layer und setze ihn	M
S	O	Setze den Layer als aktuellen Layer	S
N	O	Erzeuge neue Layer	N
ON	O	Layer einschalten	EIN
OFF	O	Layer ausschalten	AUS
F	O	Layer "einfrieren"	FR
T	O	Layer "auftauen"	T
C	O	Farbe eines Layer setzen	F
BYBLOCK	O	Linientyp aus dem Block übernehmen	VONBLOCK
BYLAYER	O	Linientyp aus dem Layer übernehmen	VONLAYER
L	O	Linientyp eines Layer setzen	L
?	O	Liste der Layer	?
LENSLENGTH	V	Brennweite der Kamera	LENSLENGTH
LIMCHECK	V	Schalter für Bereichsprüfung	LIMCHECK

LIMITS	B	Steuerung der Bereichsprüfung	LIMITEN
ON	O	Bereichsprüfung einschalten	EIN
OFF	O	Bereichsprüfung ausschalten	AUS
LIMMAX	V	Obere rechte Ecke der Zeichenfläche	LIMMAX
LIMMIN	V	Untere linke Ecke der Zeichenfläche	LIMMIN
LINE	B	Zeichnen von Linien	LINIE
C	O	Linienzug schließen	S
U	O	Letztes Linienelement löschen	Z
LINETYPE	B	Steuerung von Linientypen	LINIENTP
?	O	Liste der Linientypen	?
C	O	Neuen Linientyp erstellen	E
L	O	Linientyp laden	L
S	O	Linientyp setzen	S
BYBLOCK	O	Linientyp aus dem Block übernehmen	VONBLOCK
BYLAYER	O	Linientyp aus dem Layer übernehmen	VONLAYER
LIST	B	Ausgewählte Objekte beschreiben	LISTE
LOAD	B	Laden von Symboldateien/Textstilen	LADEN
?	O	Liste der Symboldateien	?
LTSCALE	B	Maßfaktor für Linientypen setzen	LTFAKTOR
LTSCALE	V	Maßfaktor für Linientypen	LTSCALE
LUNITS	V	Einheitenformat	LUNITS
LUPREC	V	Anzahl Dezimalstellen für Einheiten	LUPREC
MEASURE	B	Abstandsmarkierungen in Objekt zeichnen	MESSEN
B	O	Block als Teilungssymbol benutzen	B
MENU	B	Menüdatei laden	MENUE
MENUECHO	V	Schalter für Mitprotok. der Menüauswahlen	MENUECHO
MENUNAME	V	Name der Menüdatei	MENUNAME
MINSERT	B	Mehrfaches Einfügen von Blöcken	MEINFUEG
?	O	Liste der vorhandenen Blöcke	?
C	O	Blockgröße über Eckpunkte eingeben	E
XYZ	O	X-,Y- und Z-Werte eingeben	XYZ
MIRROR	B	Spiegeln von Objekten	SPIEGELN
MIRRTEXT	V	Schalter für das Spiegeln von Texten	MIRRTEXT
MOVE	B	Verschieben von Objekten	SCHIEBEN
MSLIDE	B	Erzeugen eines Dias mit aktuellem Bild	MACHDIA
MULTIPLE	B	Wiederholte Befehlsausführung	NOCHMAL
OFFSET	B	Parallele Linien zeichnen	VERSETZ
T	O	Punkt, durch den die Kurve gehen soll	P
OOPS	B	Letzte Löschung rückgängig machen	HOPPLA
ORTHO	B	Steuerung des Orthomodus	ORTHO
ON	O	Orthomodus einschalten	EIN
OFF	O	Orthomodus ausschalten	AUS
ORTHOMODE	V	Schalter für Orthomodus	ORTHOMODE
OSMODE	V	Verschlüsselung der Objektfangmodi	OSMODE

OSNAP	B	Koordinatenwahl über bestehendes Objekt	OFANG
CENT	O	Zentrum eines Kreises oder Kreisbogens	ZEN
ENDP	O	Endpunkt einer Linie, etc.	END
INSERT	O	Einfügepunkt eines Blockes	BAS
INTER	O	Schnittpunkt zweier Linien, etc.	SCH
MIDP	O	Mittelpunkt einer Linie, etc.	MIT
NEAR	O	Nächste Stelle einer Linie, etc.	NAE
NODE	O	Punkt	PUN
NONE	O	Alle Modi ausschalten	KEI
PERP	O	Lotpunkt auf Linie, etc.	LOT
QUAD	O	Quadrantpunkt eines Kreises oder Kreisbogens	QUA
QUICK	O	Quickmodus einschalten	QUI
TANG	O	Tangentialer Punkt (Kreis oder Kreisbogen)	TAN
PAN	'B	Verschieben des Bildschirmfensters	PAN
PDMODE	V	Art der Punktdarstellung	PDMODE
PDSIZE	V	Größe des Punktsymbols	PDSIZE
PEDIT	B	Verändern von Polylinien	PEDIT

bei 2D-Polylinien:

C	O	Linienzug schließen	S
D	O	Überflüssige Scheitelpunkte löschen	L
E	O	Scheitelpunkte editieren	E
B	O	Scheitelpunkt für Bruch bestimmen	BRU
G	O	Operation durchführen (Los/Go)	L
I	O	Neuen Scheitelpunkt einfügen	E
M	O	Scheitelpunkt verschieben	S
N	O	Nächster Scheitelpunkt	N
P	O	Vorheriger Scheitelpunkt	O
R	O	Polylinie regenerieren	R
S	O	Punkt zum Linieeinsetzen festlegen	L
T	O	Tangentenrichtung festlegen	T
W	O	Linienbreite verändern	BRE
X	O	Editiervorgang beenden	X
F	O	Linienzug glätten	A
S	O	Splinekurve zeichnen	K
J	O	Polylinien verbinden	V
O	O	Polylinie öffnen	O
U	O	Letzten Editiervorgang zurücknehmen	Z
W	O	Breite der Polylinie setzen	B
X	O	Ende PEDIT	X

Anhang B   Übersetzungstabelle AutoCAD-Schlüsselwörter

bei 3D-Polylinien:
```
C        O   Linienzug schließen                              S
D        O   Glättung aufheben                                L
E        O   Scheitelpunkte editieren                         E
B        O   Scheitelpunkt für Bruch bestimmen                BR
G        O   Operation durchführen (Los/Go)                   L
I        O   Neuen Scheitelpunkt einfügen                     E
M        O   Scheitelpunkt verschieben                        S
N        O   Nächster Scheitelpunkt                           N
P        O   Vorheriger Scheitelpunkt                         V
R        O   Polylinie regenerieren                           R
S        O   Punkt zum Linieeinsetzen festlegen               L
X        O   Editiervorgang beenden                           X
S        O   Splinekurve zeichnen                             K
O        O   Polylinie öffnen                                 O
U        O   Letzten Editiervorgang zurücknehmen              Z
X        O   Ende PEDIT                                       X
```

bei 3D-Polygonmaschen:
```
M        O   Linienzug in M-Richtung schließen                M
N        O   Linienzug in N-Richtung schließen                N
D        O   Glättung aufheben                                G
E        O   Scheitelpunkte editieren                         S
M        O   Scheitelpunkt verschieben                        S
N        O   Nächster Scheitelpunkt                           N
P        O   Vorheriger Scheitelpunkt                         V
L        O   Vorheriger Scheitelpunkt in N-Richtung           L
R        O   Nächster Scheitelpunkt in N-Richtung             REC
U        O   Vorheriger Scheitelpunkt in M-Richtung           AU
D        O   Nächster Scheitelpunkt im M-Richtung             AB
R        O   Polylinie regenerieren                           REG
X        O   Editiervorgang beenden                           X
S        O   Oberfläche glätten                               O
U        O   Letzten Editiervorgang zurücknehmen              Z
X        O   Ende PEDIT                                       X
PERIMETER V  Berechneter Umfang                               PERIMETER
PICKBOX  V   Genauigkeit der Objektwahl                       PICKBOX
PLAN     B   Draufsicht anzeigen                              DRSICHT
C        O   Aktuelles BKS                                    A
UCS      O   Gesichertes BKS                                  BKS
W        O   WKS                                              W
PLINE    B   Zeichnen von Polylinien                          PLINIE
H        O   Halbbreite setzen                                H
U        O   Letztes Segment wegnehmen                        Z
W        O   Breite setzen                                    B
```

Übersetzungstabelle AutoCAD-Schlüsselwörter — Anhang B

```
bei Linien:
A          O   in Bogenmodus übergehen                    K
C          O   Linienzug schließen                        S
L          O   Segmentlänge festlegen                     L

bei Bögen:
A          O   Eingeschlossener Winkel                    W
CE         O   Mittelpunkt                                M
CL         O   Linienzug mit Kreisbogen schließen         S
D          O   Startrichtung                              RI
L          O   Länge der Sehne, bzw. in Linienmodus überg. L
R          O   Radius                                     RA
S          O   Zweiter Punkt eines 3-Punkte-Bogens        P
PLOT       B   Zeichnungsausgabe auf Plotter              PLOT
D          O   Aktuelles Bildschirmfenster ausgeben       S
E          O   Komplette Zeichnung ausgeben               G
L          O   Zeichenfläche ausgeben                     L
V          O   Benannten Ausschnitt ausgeben              A
W          O   Fenster ausgeben                           F
POINT      B   Zeichnen eines Punktes                     PUNKT
POLYGON    B   Zeichnen eines regelmäßigen Vielecks       POLYGON
E          O   Einzelne Seite angeben                     S
C          O   Umkreis angeben                            U
I          O   Inkreis angeben                            I
POPUPS     V   Bildschirmtreiber beherrscht Pulldown-Menüs POPUPS
PRPLOT     B   Zeichnungsausgabe auf Drucker              PRPLOT
D          O   Aktuelles Bildschirmfenster ausgeben       S
E          O   Komplette Zeichnung ausgeben               G
L          O   Zeichenfläche ausgeben                     L
V          O   Benannten Ausschnitt ausgeben              A
W          O   Fenster ausgeben                           F
PURGE      B   Entfernen unbenutzter benannt. Elemente    BEREINIG
A          O   Alle unbenutzten benannten Elemente löschen A
B          O   Unbenutzte Blöcke löschen                  B
LA         O   Unbenutzte Layer löschen                   LA
LT         O   Unbenutzte Linientypen löschen             LT
SH         O   Unbenutzte Symboldateien bereinigen        S
ST         O   Unbenutzte Textstile löschen               T
QTEXT      B   Steuerung des Quicktextmodus               QTEXT
ON         O   Quicktextmodus einschalten                 EIN
OFF        O   Quicktextmodus ausschalten                 AUS
QTEXTMODE  V   Schalter für Quicktextmodus                QTEXTMODE
QUIT       B   Beenden der Zeichnungsbearb., kein Absp.   QUIT
REDEFINE   B   Wiedereinschalten eines Befehls            BFRUECK
REDO       B   Wiederholen eines rückgängig gem. Befehls  ZLOESCH
```

REDRAW	'B	Bildneuaufbau ohne Konstruktionspunkte	NEUZEICH
REDRAWALL	'B	Bildneuaufbau aller Ansichtsfenster	NEUZALL
REGEN	B	Regenerierung der Zeichnung	REGEN
REGENALL	B	Regenerieren aller Ansichtsfenster	REGENALL
REGENAUTO	B	Steuerung der automatischen Regenerierung	REGENAUTO
ON	O	Automatische Regenerierung einschalten	EIN
OFF	O	Automatische Regenerierung ausschalten	AUS
REGENMODE	V	Schalter für automatische Regenerierung	REGENMODE
RENAME	B	Namen benannter Objekte ändern	UMBENENN
B	O	Block umbenennen	B
LA	O	Layer umbenennen	LA
LT	O	Linientyp umbenennen	LT
S	O	Textstil umbenennen	T
U	O	BKS umbenennen	BK
VI	O	Ausschnitt umbenennen	AU
VP	O	Ansichtsfenster umbenennen	AF
RESUME	'B	Batchabarbeitung fortsetzen	RESUME
REVSURF	B	Rotationsoberfläche	ROTOB
ROTATE	B	Drehen von Objekten	DREHEN
R	O	mit Bezugswinkel	B
RSCRIPT	B	Batchdatei wiederholen	RSCRIPT
RULESURF	B	verallgemeinerte Pyramidenoberfläche	REGELOB
SAVE	B	Zeichnung sichern	SICHERN
SCALE	B	Ändern der Größe von Objekten	VARIA
R	O	mit Bezugsgröße	B
SCREENSIZE	V	Größe des Grafikbildschirms	SCREENSIZE
SCRIPT	B	Batchdatei ausführen	SCRIPT
SELECT	B	Auswahlsatz zusammenstellen	WAHL
SETVAR	'B	Systemvariable setzen	SETVAR
SH	B	Betriebssystemaufruf	SH
SHAPE	B	Zeichnen von Symbolen	SYMBOL
?	O	Liste der verfügbaren Symbole	?
SHELL	B	Aufruf fremder Programme	SHELL
SKETCH	B	Freihandzeichnung	SKIZZE
C	O	Mit letztem Endpunkt verbinden	V
E	O	Temporäre Linien löschen	L
P	O	Feder (Stift) heben oder senken	F
Q	O	Ende ohne Abspeichern	Q
R	O	Speichern	S
X	O	Ende mit Abspeichern	X
.	O	Linie zum aktuellen Punkt zeichnen	.
SKETCHINC	V	Genauigkeit bei Freihandzeichnungen	SKETCHINC
SKPOLY	V	Schalter für Polylinien bei Freihandz.	SKPOLY

SNAP	B	Koordinatenraster festlegen	FANG
ON	O	Fangmodus einschalten	EIN
OFF	O	Fangmodus ausschalten	AUS
A	O	Abstände X- und Y-Werte ungleich	A
R	O	Fang-Raster drehen	D
S	O	Fangart wechseln, standard/isometrisch	S
S	O	Fangart standard	S
I	O	Fangart isometrisch	I
SNAPANG	V	Fang-Raster Drehwinkel	SNAPANG
SNAPBASE	V	Fang-Raster Basispunkt	SNAPBASE
SNAPISOPAIR	V	Aktuelle isometrische Ebene	SNAPISOPAIR
SNAPMODE	V	Schalter für Fangmodus	SNAPMODE
SNAPSTYL	V	Schalter für Fangen standard/isometr.	SNAPSTYL
SNAPUNIT	V	Fangabstände	SNAPUNIT
SOLID	B	Zeichnen ausgefüllter Flächen	SOLID
SPLFRAME	V	Splinerahmen anzeigen	SPLFRAME
SPLINESEGS	V	Anzahl Segmente pro Splinekurve	SPLINESEGS
SPLINETYPE	V	Art der von PEDIT geglätteten Kurve	SPLINETYPE
STATUS	B	Anzeige der Zeichnungsparameter	STATUS
STRETCH	B	Verschieben mit Nachführen der Verbind.	STRECKEN
STYLE	B	Textstil ändern	STIL
SURFTAB1	V	Genauigkeit der Oberfläche in M-Richtung	SURFTAB1
SURFTAB2	V	Genauigkeit der Oberfläche in N-Richtung	SURFTAB2
SURFTYPE	V	Art der von PEDIT geglätteten Oberfläche	SURFTYPE
SURFU	V	Dichte der Oberfläche in M-Richtung	SURFU
SURFV	V	Dichte der Oberfläche in N-Richtung	SURFV
TABLET	B	Tablettparameter ändern	TABLETT
ON	O	Tablettmodus einschalten	EIN
OFF	O	Tablettmodus ausschalten	AUS
CAL	O	Tablett neu kalibrieren	KAL
CFG	O	Tablett neu konfigurieren	KFG
TABSURF	B	Profiloberfläche	TABOB
TARGET	V	Zielpunkt der Ansicht	TARGET
TDCREATE	V	Datum des Zeichnungsbeginns (DATE-Format)	TDCREATE
TDINDWG	V	Summierte Editierzeit (DATE-Format)	TDINDWG
TDUPDATE	V	Datum der letzten Änderung (DATE-Format)	TDUPDATE
TDUSRTIMER	V	Benutzerstoppuhr (DATE-Format)	TDUSRTIMER
TEMPPREFIX	V	Directory für temporäre Dateien	TEMPPREFIX
TEXT	B	Zeichnen alphanumerischer Zeichen	TEXT
A	O	Text ausrichten zwischen 2 Punkten, Höhe var.	A
C	O	Text horizontal zentrieren	Z
F	O	Text ausrichten zwischen 2 Punkten, Breite v.	E
M	O	Text horizontal und vertikal zentrieren	M
R	O	Text rechtsbündig	R
S	O	Textstil wählen	S

Anhang B — Übersetzungstabelle AutoCAD-Schlüsselwörter

```
TEXTEVAL     V   Schalter für LISP-Ausdrücke im Text          TEXTEVAL
TEXTSCR      'B  Umschalten auf Textanzeige                   TEXTBLD
TEXTSIZE     V   Aktuelle Texthöhe                            TEXTSIZE
TEXTSTYLE    V   Aktueller Textstil                           TEXTSTYLE
THICKNESS    V   Aktuelle 3D-Objekthöhe                       THICKNESS
TIME         B   Steuerung der Stoppuhr                       ZEIT
  D          O   Aktuelle Zeitwerte anzeigen                    D
  ON         O   Stoppuhr starten                               EIN
  OFF        O   Stoppuhr anhalten                              AUS
  R          O   Stoppuhr zurücksetzen                          Z
TRACE        B   Ausgefülltes Band zeichnen                   BAND
TRACEWID     V   Aktuelle Bandbreite                          TRACEWID
TRIM         B   Löschen von Objektteilen                     STUTZEN
U            B   Letzten Befehl rückgängig machen             Z
UCS          B   Benutzerkoordinatensystem anlegen            BKS
  O          O   Ursprung verschieben                           U
  ZA         O   Z-Achse neigen                                 ZA
  3          O   3 Punkte bestimmen                             3P
  E          O   An Element orientieren                         E
  V          O   Aktueller Ansicht anpassen                     A
  X          O   Um X-Achse drehen                              X
  Y          O   Um Y-Achse drehen                              Y
  Z          O   Um Z-Achse drehen                              Z
  P          O   Vorheriges BKS aufrufen                        V
  R          O   Gesichertes BKS laden                          H
  S          O   Aktuelles BKS sichern                          S
  D          O   Gesichertes BKS löschen                        L
  ?          O   Liste der gesicherten BKS                      ?
  W          O   Weltkoordinatensystem                          W
UCSFOLLOW    V   Automatisch auf Draufsicht schalten          UCSFOLLOW
UCSICON      B   Koordinatensystem-Symbol                     BKSYMBOL
  A          O   Einstellung für alle Ansichtsfenster           AL
  N          O   Nicht in den Ursprung zeichnen                 K
  OR         O   In den Ursprung zeichnen                       U
  OFF        O   Symbol nicht zeigen                            AUS
  ON         O   Symbol zeigen                                  EIN
UCSICON      V   Zustand des Koordinatensystem-Symbols        UCSICON
UCSNAME      V   Name des aktuellen BKS                       UCSNAME
UCSORG       V   Ursprung des aktuellen BKS                   UCSORG
UCSXDIR      V   X-Richtung des aktuellen BKS                 UCSXDIR
UCSYDIR      V   Y-Richtung des aktuellen BKS                 UCSYDIR
UNDEFINE     B   Ausschalten eines Befehls                    BFLOESCH
UNDO         B   Mehrere Befehle rückgängig machen            ZURUECK
  A          O   Automatikmodus, Menüauswahlen zusammenhängend  A
  B          O   Zurück zur vorherigen Markierung               R
```

Übersetzungstabelle AutoCAD-Schlüsselwörter — Anhang B

C	O	Steuerung des Zurück-Betriebs	S
A	O	Zurückbetrieb ganz einschalten	G
N	O	Zurückbetrieb ganz ausschalten	N
O	O	Zurückbetrieb auf eine Operation begrenzen	E
E	O	Abschluß einer zusammenhängenden Gruppe	E
G	O	Beginn einer zusammenhängenden Gruppe	G
M	O	Markierung setzen	M
UNITS	B	Koordinatenformat bestimmen	EINHEIT
VIEW	'B	Benannte Ausschnitte bearbeiten	AUSSCHNT
D	O	Benannten Ausschnitt löschen	L
R	O	Benannten Ausschnitt auf den Bildschirm holen	H
S	O	Bildschirminhalt als benannten Ausschnitt sp.	S
W	O	Fenster als benannten Ausschnitt speichern	F
?	O	Liste alle benannten Ausschnitte	?
VIEWCTR	V	Mittelpunkt des aktuellen Ausschnitts	VIEWCTR
VIEWDIR	V	Ansichtsrichtung	VIEWDIR
VIEWMODE	V	Art der (perspektivischen) Ansicht	VIEWMODE
VIEWPORTS	B	Ansichtsfenster	AFENSTER
S	O	Aktuelle Aufteilung sichern	S
R	O	Gesicherte Aufteilung laden	H
D	O	Gesicherte Aufteilung löschen	L
J	O	Zwei Fenster verbinden	V
O	O	Nur ein Ansichtsfenster	E
?	O	Liste der gesicherten Aufteilungen	?
2	O	Aktuelles Fenster halbieren	2
H	O	Horizontal teilen	H
V	O	Vertikal teilen	V
3	O	Aktuelles Fenster dritteln	3
H	O	Horizontal teilen	H
V	O	Vertikal teilen	V
A	O	Großes Fenster oben	O
B	O	Großes Fenster unten	U
L	O	Großes Fenster links	L
R	O	Großes Fenster rechts	R
4	O	Aktuelles Fenster vierteln	4
VIEWRES	B	Genauigkeit der Darstellung von Kreisen	AUFLOES
VIEWSIZE	V	Höhe des aktuellen Ausschnitts	VIEWSIZE
VIEWTWIST	V	Drehwinkel der aktuellen Ansicht	VIEWTWIST
VPOINT	B	Ansichtspunkt für 3D-Konstruktion	APUNKT
R	O	Winkeleingabe des Ansichtspunkts	D
VPOINTX	V	X-Koordinate des Ansichtspunktes	VPOINTX
VPOINTY	V	Y-Koordinate des Ansichtspunktes	VPOINTY
VPOINTZ	V	Z-Koordinate des Ansichtspunktes	VPOINTZ

VPORTS	B	Ansichtsfenster		AFENSTER
S	0	Aktuelle Aufteilung sichern		S
R	0	Gesicherte Aufteilung laden		H
D	0	Gesicherte Aufteilung löschen		L
J	0	Zwei Fenster verbinden		V
O	0	Nur ein Ansichtsfenster		E
?	0	Liste der gesicherten Aufteilungen		?
2	0	Aktuelles Fenster halbieren		2
H	0	Horizontal teilen		H
V	0	Vertikal teilen		V
3	0	Aktuelles Fenster dritteln		3
H	0	Horizontal teilen		H
V	0	Vertikal teilen		V
A	0	Großes Fenster oben		O
B	0	Großes Fenster unten		U
L	0	Großes Fenster links		L
R	0	Großes Fenster rechts		R
4	0	Aktuelles Fenster vierteln		4
VSLIDE	B	Dias auf dem Bildschirm zeigen		ZEIGDIA
VSMAX	V	Rechte obere Ecke des virtuellen Bildschirms		VSMAX
VSMIN	V	Linke untere Ecke des virtuellen Bildschirms		VSMIN
WBLOCK	B	Block in Datei schreiben		WBLOCK
WORLDUCS	V	Schalter ob BKS = WKS		WORLDUCS
WORLDVIEW	V	Schalter ob Ansichtspunkte im WKS		WORLDVIEW
ZOOM	'B	Anzeige der Zeichenfläche verändern		ZOOM
A	0	Gesamte Zeichenfläche darstellen		A
C	0	Mittelpunkt festlegen		M
D	0	Dynamischen ZOOM/PAN einschalten		D
E	0	Gesamte Zeichnung darstellen		G
L	0	Linke untere Ecke festlegen		L
P	0	Vorhergehenden Ausschnitt darstellen		V
W	0	Fenster bestimmen		F

Deutsch – Englisch

Deutsch	Typ	Erklärung	Englisch
		Objektauswahl	
E		Objekte entfernen	R
H		Objekte hinzufügen	A
F		Alle Objekte im Fenster	W
K		Alle Objekte, die Fenster kreuzen	C
L		Letztes Objekt	L
M		Mehrfache Auswahl	M
V		Zuletzt gewählter Auswahlsatz	P
Z		Letzte Wahl rückgängig machen	U
B		Fenster oder Kreuzen, je nach Punktwahl	B
A		Objekt, Fenster oder Kreuzen, je n. Punktw.	AUTO
EI		Einmalige Auswahl ohne Dialog	S
		Befehle, Optionen und Variablen	
3DFLAECH	B	Fläche im dreidimensionalen Raum	3DFACE
U	O	Kante unsichtbar	I
3DLINIE	B	Linie im dreidimensionalen Raum	3DLINE
3DMASCHE	B	Polygonnetz (3D-Masche)	3DMESH
3DPOLY	B	dreidimensionale Polylinie	3DPOLY
S	O	schließen	C
Z	O	letztes Segment zurücknehmen	U
3DLINIE	B	Linie im dreidimensionalen Raum	3DLINE
ABRUNDEN	B	Verbinden zweier Linien mit Kreisbogen	FILLET
P	O	Gesamte Polylinie verrunden	P
R	O	Rundungsradius setzen	R
ABSTAND	B	Abstand zwischen zwei Punkten	DIST
ACADPREFIX	V	Directory für ACAD-Dateien	ACADPREFIX
ACADVER	V	Versionsnummer	ACADVER
AENDERN	B	Ändern von Objekteigenschaften	CHANGE
EI	O	Eigenschaften ändern	P
F	O	Farbe ändern	C
E	O	Erhebung ändern	E
LA	O	Layer ändern	LA
LT	O	Linientyp ändern	LT
O	O	Objekthöhe ändern	T
VONBLOCK	O	Vorgabe aus Block benutzen	BYBLOCK
VONLAYER	O	Vorgabe aus Layer benutzen	BYLAYER

Anhang B — Übersetzungstabelle AutoCAD-Schlüsselwörter

AFENSTER	B	Ansichtsfenster		VIEWPORTS
S	O	Aktuelle Aufteilung sichern		S
H	O	Gesicherte Aufteilung laden		R
L	O	Gesicherte Aufteilung löschen		D
V	O	Zwei Fenster verbinden		J
E	O	Nur ein Ansichtsfenster		O
?	O	Liste der gesicherten Aufteilungen		?
2	O	Aktuelles Fenster halbieren		2
H	O	Horizontal teilen		H
V	O	Vertikal teilen		V
3	O	Aktuelles Fenster dritteln		3
H	O	Horizontal teilen		H
V	O	Vertikal teilen		V
O	O	Großes Fenster oben		A
U	O	Großes Fenster unten		B
L	O	Großes Fenster links		L
R	O	Großes Fenster rechts		R
4	O	Aktuelles Fenster vierteln		4
AFLAGS	V	Bitcode für ATTDEF-Eingaben		AFLAGS
ANGBASE	V	Richtung des Null-Winkels		ANGBASE
ANGDIR	V	Schalter für Winkelorientierung		ANGDIR
APERTURE	V	Fanggenauigkeit		APERTURE
APUNKT	B	Ansichtspunkt für 3D-Konstruktion		VPOINT
D	O	Winkeleingabe des Ansichtspunkts		R
AREA	V	Berechnete Fläche		AREA
ATTDEF	B	Definition von Attributen		ATTDEF
K	O	Konstantes Attribut		C
P	O	Zu prüfendes Attribut		V
U	O	Unsichtbares Attribut		I
V	O	Vorherbestimmtes Attribut		P
ATTDIA	V	Attribute über Dialogkasten anfragen		ATTDIA
ATTEDIT	B	Ändern von Attributen		ATTEDIT
W	O	Wert ändern		V
A	O	Wert verändern		C
E	O	Wert ersetzen		R
P	O	Position ändern		P
H	O	Höhe ändern		H
I	O	Winkel ändern		A
S	O	Textstil ändern		S
L	O	Layer ändern		L
F	O	Farbe ändern		C
VONBLOCK	O	Farbe aus Block benutzen		BYBLOCK
VONLAYER	O	Farbe aus Layer benutzen		BYLAYER
N	O	Nächstes Attribut		N

Übersetzungstabelle AutoCAD-Schlüsselwörter — Anhang B

ATTEXT	B	Ausgabe von Attributen	ATTEXT
C	O	CDF-Ausgabe	C
D	O	DXF-Ausgabe	D
S	O	SDF-Ausgabe	S
E	O	Einzelne Objekte extrahieren	E
ATTMODE	V	Anzeigemodus für Attribute	ATTMODE
ATTREQ	V	Attributanfragen unterdrücken	ATTREQ
ATTZEIG	B	Steuern der Attribut-Anzeige	ATTDISP
EIN	O	Alle Attribute sichtbar	ON
AUS	O	Alle Attribute unsichtbar	OFF
N	O	Normal: Sichtbarkeit einzeln setzen	N
AUFLOES	B	Genauigkeit der Darstellung von Kreisen	VIEWRES
AUNITS	V	Einheit für Winkel	AUNITS
AUPREC	V	Anzahl Dezimalstellen für Winkel	AUPREC
AUSSCHNT	'B	Benannte Ausschnitte bearbeiten	VIEW
L	O	Benannten Ausschnitt löschen	D
H	O	Benannten Ausschnitt auf den Bildschirm holen	R
S	O	Bildschirminhalt als benannten Ausschnitt sp.	S
F	O	Fenster als benannten Ausschnitt speichern	W
?	O	Liste alle benannten Ausschnitte	?
AXISMODE	V	Schalter für Einblenden von Skalen	AXISMODE
AXISUNIT	V	Abstände X-/Y-Achsen der Skalen	AXISUNIT
BACKZ	V	Hintere Schnittfläche	BACKZ
BAND	B	Ausgefülltes Band zeichnen	TRACE
BASIS	B	Einfügepunkt eines Symbols	BASE
BEM	B	Bemaßungen zeichnen	DIM
HOR	O	Horizontalbemaßung	HOR
VER	O	Vertikalbemaßung	VER
AUS	O	Bemaßung ausrichten	ALI
DRE	O	Bemaßung drehen	ROT
BAS	O	Basislinie	BAS
WEI	O	Maßkette	CON
WIN	O	Winkelbemaßung	ANG
DUR	O	Durchmesserbemaßung	DIA
RAD	O	Radienbemaßung	RAD
ZEN	O	Zentrumspunkt/-linien	CEN
EXI	O	Bemaßungsmodus verlassen	EXI
FUE	O	Führungslinie zeichnen	LEA
NEU	O	Neuzeichnen	RED
STA	O	Status	STA
STI	O	Textstil verändern	STY
LOE	O	Letzte Bemaßung rückgängig machen	UND
UPD	O	Neueingestellte Bemaßungsvariablen benutzen	UPD
HOM	O	Bemaßungstext in Ausgangsposition zurück	HOM
NEUT	O	Maßtext ändern	NEW

Anhang B — Übersetzungstabelle AutoCAD-Schlüsselwörter

BEM1	B	Bemaßung mit sofortiger Rückkehr	DIM1
HOR	O	Horizontalbemaßung	HOR
VER	O	Vertikalbemaßung	VER
AUS	O	Bemaßung ausrichten	ALI
DRE	O	Bemaßung drehen	ROT
BAS	O	Basislinie	BAS
WEI	O	Maßkette	CON
WIN	O	Winkelbemaßung	ANG
DUR	O	Durchmesserbemaßung	DIA
RAD	O	Radienbemaßung	RAD
ZEN	O	Zentrumspunkt/-linien	CEN
EXI	O	Bemaßungsmodus verlassen	EXI
FUE	O	Führungslinie zeichnen	LEA
NEU	O	Neuzeichnen	RED
STA	O	Status	STA
STI	O	Textstil verändern	STY
LOE	O	Letzte Bemaßung rückgängig machen	UND
UPD	O	Neueingestellte Bemaßungsvariablen benutzen	UPD
HOM	O	Bemaßungstext in Ausgangsposition zurück	HOM
NEUT	O	Maßtext ändern	NEW
BEMABH	V	Abstand Bemaßungs-Hilfslinie vom Objekt	DIMEXO
BEMALT	V	Mit alternativ-Einheit zusätzl. bemaßen	DIMALT
BEMALTD	V	Anzahl Dez.-st. bei Bem. m. Alt.-Einh.	DIMALTD
BEMALTU	V	Umrechnungsfaktor bei Bem. m. Alt.-Einh.	DIMALTF
BEMANACH	V	Suffix für Alternativ-Einheit-Maßzahl	DIMAPOST
BEMASSO	V	Assoziative Bemaßung eingeschaltet	DIMASO
BEMBLK	V	Name der Blocks für Bemaßungsbegrenzung	DIMBLK
BEMBLK1	V	Block für 1. Pfeil	DIMBLK1
BEMBLK2	V	Block für 2. Pfeil	DIMBLK2
BEMFKTR	V	Größenfaktor für alle Bemaßungsobjekte	DIMSCALE
BEMGFLA	V	Glob. Multiplikator für alle Maßwerte	DIMLFAC
BEMGRE	V	Bemaßungsgrenzen als Textvorgabe	DIMLIM
BEMH1U	V	Bemaßungs-Hilfslinie 1 unterdrücken	DIMSE1
BEMH2U	V	Bemaßungs-Hilfslinie 2 unterdrücken	DIMSE2
BEMIML	V	Abstände der Maßlinien voneinander	DIMDLI
BEMMAHU	V	Maßlinie außerhalb unterdrücken	DIMSOXD
BEMNACH	V	Suffix für Maßzahl	DIMPOST
BEMNZ	V	Format für Ausgabe von Null-Zoll-Maßen	DIMZIN
BEMPFKT	V	Verschiedene Pfeilspitzen	DIMSAH
BEMPLG	V	Länge des Bemaßungspfeils	DIMASZ
BEMRND	V	Rundungswert für Bemaßungsgenauigkeit	DIMRND
BEMSLG	V	Länge der Bemaßungsstriche	DIMTSZ
BEMTAH	V	Bemaßungstext außerhalb horizontal	DIMTOH
BEMTAL	V	Text außerhalb Hilfslinien	DIMTOFL
BEMTIH	V	Bemaßungstext zw. Hilfslinien horizon.	DIMTIH

BEMTIL	V	Text innerhalb Hilfslinien	DIMTIX
BEMTM	V	Bemaßungstoleranz negativ	DIMTM
BEMTOL	V	Bemaßungstoleranzen ausgeben	DIMTOL
BEMTOM	V	Bemaßungstext oberhalb Maßlinie	DIMTAD
BEMTP	V	Bemaßungstoleranz positiv	DIMTP
BEMTVP	V	Abstand zwischen Text und Maßlinie	DIMTVP
BEMTXT	V	Höhe des Bemaßungstextes	DIMTXT
BEMVEH	V	Verlängerung der Hilfslinie über Maß.	DIMEXE
BEMVML	V	Verlängerung der Maßlinie über Hilfsl.	DIMDLE
BEMZEN	V	Größe des Zentrumspunktes	DIMCEN
BEMZUG	V	Assoziative Bemaßungen sofort neuber.	DIMSHO
BEREINIG	B	Entfernen unbenutzter benannt. Elemente	PURGE
A	O	Alle unbenutzten benannten Elemente löschen	A
B	O	Unbenutzte Blöcke löschen	B
LA	O	Unbenutzte Layer löschen	LA
LT	O	Unbenutzte Linientypen löschen	LT
S	O	Unbenutzte Symboldateien bereinigen	SH
T	O	Unbenutzte Textstile löschen	ST
BFLOESCH	B	Ausschalten eines Befehls	UNDEFINE
BFRUECK	B	Wiedereinschalten eines Befehls	REDEFINE
BKS	B	Benutzerkoordinatensystem anlegen	UCS
U	O	Ursprung verschieben	O
ZA	O	Z-Achse neigen	ZA
3P	O	3 Punkte bestimmen	3
E	O	An Element orientieren	E
A	O	Aktueller Ansicht anpassen	V
X	O	Um X-Achse drehen	X
Y	O	Um Y-Achse drehen	Y
Z	O	Um Z-Achse drehen	Z
V	O	Vorheriges BKS aufrufen	P
H	O	Gesichertes BKS laden	R
S	O	Aktuelles BKS sichern	S
L	O	Gesichertes BKS löschen	D
?	O	Liste der gesicherten BKS	?
W	O	Weltkoordinatensystem	W
BKSYMBOL	B	Koordinatensystem-Symbol	UCSICON
AL	O	Einstellung für alle Ansichtsfenster	A
K	O	Nicht in den Ursprung zeichnen	N
U	O	In den Ursprung zeichnen	OR
AUS	O	Symbol nicht zeigen	OFF
EIN	O	Symbol zeigen	ON
BLIPMODE	V	Schalter für Anzeige von Konstruktionspkt.	BLIPMODE
BLOCK	B	Elemente zu einem Symbol zusammenfassen	BLOCK
?	O	Liste der definierten Symbole	?

Anhang B — Übersetzungstabelle AutoCAD-Schlüsselwörter

BOGEN	B	Zeichnen von Kreisbögen	ARC
E	O	Endpunkt	E
L	O	Länge der Sehne	L
M	O	Mittelpunkt	C
R	O	Radius	R
S	O	Startrichtung	D
W	O	eingeschlossener Winkel	A
BRUCH	B	Elemente teilen und partiell löschen	BREAK
E	O	Ersten Punkt benutzen	F
CDATE	V	Datum (CDATE-Format)	CDATE
CECOLOR	V	Aktuelle Elementfarbe	CECOLOR
CELTYPE	V	Aktueller Elementlinientyp	CELTYPE
CHAMFERA	V	Erster Facettenwert	CHAMFERA
CHAMFERB	V	Zweiter Facettenwert	CHAMFERB
CLAYER	V	Aktueller Layer	CLAYER
CMDECHO	V	AutoLISP "command:" Aufrufe protokoll.	CMDECHO
COORDS	V	Steuerung der Koordinatenanzeige	COORDS
CVPORT	V	Aktuelles Ansichtsfenster	CVPORT
DANSICHT	B	Dynamische 3D-Ansicht	DVIEW
AB	O	Abstand Kamera - Ziel	D
AU	O	Perspektive ausschalten	O
D	O	Bild drehen	TW
K	O	Kamera bewegen	CA
PA	O	Ausschnitt verschieben	PA
PO	O	Kamera-/Zielstandort eingeben	PO
S	O	Vordere/hintere Schnittebene	CL
AUG	O	Vordere Schnittebene in Kameraposition	E
AUS	O	Schnittebenen ausschalten	O
H	O	Hintere Schnittebene festlegen	B
V	O	Vordere Schnittebene festlegen	F
V	O	Verdeckte Kanten ausblenden	H
X	O	Befehl beenden	X
ZI	O	Ziel bewegen	TA
ZO	O	Ausschnitt verkleinern/vergrößern	Z
ZU	O	Vorherige Ansicht	U
DATE	V	Datum (DATE-Format)	DATE
DATEIEN	B	Dateifunktionen aufrufen	FILES
DBLISTE	B	Liste der Zeichnungselemente	DBLIST
DDATTE	'B	Attribute editieren (Dialogkasten)	DDATTE
DDLMODI	'B	Layersteuerung (Dialogkasten)	DDLMODI
DDOMODI	'B	Objektmodi steuern (Dialogkasten)	DDOMODI
DDRMODI	'B	Zeichnungshilfen steuern (Dialogkasten)	DDRMODI
DDBKS	B	BKS definieren (Dialogkasten)	DDUCS
DEHNEN	B	Verlängern eines Objekts	EXTEND
DISTANCE	V	Berechneter Abstand	DISTANCE

541

DRAGMODE	V	Schalter für Zugmodus	DRAGMODE
DRAGP1	V	Regenerierungsrate Zugmodus	DRAGP1
DRAGP2	V	Input-Abtastrate Zugmodus	DRAGP2
DREHEN	B	Drehen von Objekten	ROTATE
B	O	mit Bezugswinkel	R
DRSICH	B	Draufsicht anzeigen	TPLAN
A	O	Aktuelles BKS	C
BKS	O	Gesichertes BKS	UCS
W	O	WKS	W
DTEXT	B	Dynamische Anpassung von Texten	DTEXT
A	O	Text ausrichten zwischen 2 Punkten, Höhe var.	A
Z	O	Text horizontal zentrieren	C
E	O	Text ausrichten zwischen 2 Punkten, Breite v.	F
M	O	Text horizontal und vertikal zentrieren	M
R	O	Text rechtsbündig	R
S	O	Textstil wählen	S
DWGNAME	V	Aktueller Zeichnungsname	DWGNAME
DWGPREFIX	V	Laufwerk und Directory für Zeichnungsdatei	DWGPREFIX
DXBIN	B	Binärdatei einlesen	DXBIN
DXFIN	B	DXF-Datei einlesen	DXFIN
DXFOUT	B	DXF-Datei schreiben	DXFOUT
E	O	Nur einzelne Elemente	E
B	O	Ausgabe in binärer Form	B
EIGAENDR	B	Ändern von Objekteigenschaften	CHPROP
F	O	Farbe ändern	C
LA	O	Layer ändern	LA
LT	O	Linientyp ändern	LT
O	O	Objekthöhe ändern	T
VONBLOCK	O	Vorgabe aus Block benutzen	BYBLOCK
VONLAYER	O	Vorgabe aus Layer benutzen	BYLAYER
EINFUEGE	B	Einfügen eines Blockes	INSERT
?	O	Liste der vorhandenen Blöcke	?
E	O	Blockgröße über Eckpunkte eingeben	C
XYZ	O	X-,Y- und Z-Werte eingeben	XYZ
F	O	Größenfaktor festlegen	S
X	O	X-Größenfaktor festlegen	X
Y	O	Y-Größenfaktor festlegen	Y
Z	O	Z-Größenfaktor festlegen	Z
D	O	Drehwinkel festlegen	R
VF	O	Größenfaktor für Anzeige festlegen	VS
VX	O	X-Größenfaktor für Anzeige festlegen	VX
VY	O	Y-Größenfaktor für Anzeige festlegen	VY
VZ	O	Z-Größenfaktor für Anzeige festlegen	VZ
VD	O	Drehwinkel für Anzeige festlegen	VR
EINHEIT	B	Koordinatenformat bestimmen	UNITS

ELEVATION	V	Aktuelle 3D-Erhebung	ELEVATION
ELLIPSE	B	Zeichnen von Ellipsen	ELLIPSE
M	O	Mittelpunkt statt Endpunkt eingeben	C
D	O	Drehung statt zweite Achse eingeben	R
I	O	Isometrischen Kreis in ISOEBENE zeichnen	I
ENDE	B	Beenden der Zeichnungsbearb. mit Abspeichern	END
ERHEBUNG	B	Erhebung von 3D-Elementen über Null	ELEV
EXPERT	V	Steuerung Anfänger-/Expertenmodus	EXPERT
EXTMAX	V	Obere rechte Zeichnungsgrenze	EXTMAX
EXTMIN	V	Untere linke Zeichnungsgrenze	EXTMIN
FACETTE	B	Abschrägen (Facettieren) einer Ecke	CHAMFER
A	O	Facetten-Abstände setzen	D
P	O	Polylinie facettieren	P
FANG	B	Koordinatenraster festlegen	SNAP
EIN	O	Fangmodus einschalten	ON
AUS	O	Fangmodus ausschalten	OFF
A	O	Abstände X- und Y-Werte ungleich	A
D	O	Fang-Raster drehen	R
S	O	Fangart wechseln, standard/isometrisch	S
S	O	Fangart standard	S
I	O	Fangart isometrisch	I
FARBE	B	Farbe für folgende Objekte festlegen	COLOR
VONBLOCK	O	Farbe aus Block benutzen	BYBLOCK
VONLAYER	O	Farbe aus Layer benutzen	BYLAYER
FILLETRAD	V	Rundungsradius	FILLETRAD
FILLMODE	V	Füllmodus	FILLMODE
FILMROLL	B	Dateinamen der Filmrolle setzen	FILMROLL
FLAECHE	B	Flächenberechnung	AREA
O	O	Objekt eingeben	E
A	O	Zur berechneten Fläche addieren	A
S	O	Von berechneter Fläche subtrahieren	S
FLATLAND	V	Auswahl 2D/3D-Konstruktion	FLATLAND
FRONTZ	V	Vordere Schnittebene	FRONTZ
FUELLEN	B	Steuerung des Füllmodus	FILL
EIN	O	Flächen, Bänder und Polylinien auffüllen	ON
AUS	O	Flächen, Bänder und Polylinien nicht auff.	OFF
GRAPHBLD	'B	Schalten auf Grafikanzeige	GRAPHSCR
GRIDMODE	V	Schalter für Rastereinblendung	GRIDMODE
GRIDUNIT	V	Rasterabstände	GRIDUNIT
HANDLES	V	Schalter für Elementreferenzen	HANDLES
HIGHLIGHT	V	Schalter für Ausleuchten bei Objektwahl	HIGHLIGHT
HILFE	'B	Hilfstext ausgeben	HELP
?	'B	Hilfstext ausgeben	?
HOPPLA	B	Letzte Löschung rückgängig machen	OOPS
ID	B	Koordinaten eines Punktes ausgeben	ID

Übersetzungstabelle AutoCAD-Schlüsselwörter — Anhang B

IGESIN	B	IGES-Datei einlesen	IGESIN
IGESOUT	B	IGES-Datei schreiben	IGESOUT
INSBASE	V	Basispunkt für Einfügung	INSBASE
ISOEBENE	B	Isometrische Ebene wählen	ISOPLANE
L	O	Linke Ebene	L
R	O	Rechte Ebene	R
O	O	Obere Ebene	T
KANTOB	B	Kantendefinierte Fläche	EDGESURF
KOPIEREN	B	Kopieren von Objekten	COPY
M	O	Mehrfachkopien	M
KPMODUS	B	Steuerung der Anzeige von Konstruktionspkt.	BLIPMODE
EIN	O	Konstruktionspunkte einschalten	ON
AUS	O	Konstruktionspunkte ausschalten	OFF
KREIS	B	Zeichnen von Kreisen	CIRCLE
2P	O	Punkte des Durchmessers	2P
3P	O	Punkte der Peripherie	3P
TTR	O	Zwei Tangentenpunkte und Radius	TTR
D	O	Durchmesser	D
LADEN	B	Laden von Symboldateien/Textstilen	LOAD
?	O	Liste der Symboldateien	?
LASTANGLE	V	Endwinkel des zuletzt eingegebenen Bogens	LASTANGLE
LASTPOINT	V	Zuletzt eingegebener Punkt	LASTPOINT
LASTPT3D	V	Zuletzt angewählter 3D-Punkt	LASTPT3D
LAYER	B	Steuerung der Zeichnungsebenen	LAYER
M	O	Mache einen neuen Layer und setze ihn	M
S	O	Setze den Layer als aktuellen Layer	S
N	O	Erzeuge neue Layer	N
EIN	O	Layer einschalten	ON
AUS	O	Layer ausschalten	OFF
FR	O	Layer "einfrieren"	F
T	O	Layer "auftauen"	T
F	O	Farbe eines Layer setzen	C
VONBLOCK	O	Linientyp aus dem Block übernehmen	BYBLOCK
VONLAYER	O	Linientyp aus dem Layer übernehmen	BYLAYER
L	O	Linientyp eines Layer setzen	L
?	O	Liste der Layer	?
LENSLENGTH	V	Brennweite der Kamera	LENSLENGTH
LIMCHECK	V	Schalter für Bereichsprüfung	LIMCHECK
LIMITEN	B	Steuerung der Bereichsprüfung	LIMITS
EIN	O	Bereichsprüfung einschalten	ON
AUS	O	Bereichsprüfung ausschalten	OFF
LIMMAX	V	Obere rechte Ecke der Zeichenfläche	LIMMAX
LIMMIN	V	Untere linke Ecke der Zeichenfläche	LIMMIN

LINIE	B	Zeichnen von Linien	LINE
S	O	Linienzug schließen	C
Z	O	Letztes Linienelement löschen	U
LINIENTP	B	Steuerung von Linientypen	LINETYPE
?	O	Liste der Linientypen	?
E	O	Neuen Linientyp erstellen	C
L	O	Linientyp laden	L
S	O	Linientyp setzen	S
VONBLOCK	O	Linientyp aus dem Block übernehmen	BYBLOCK
VONLAYER	O	Linientyp aus dem Layer übernehmen	BYLAYER
LISTE	B	Ausgewählte Objekte beschreiben	LIST
LOESCHEN	B	Löschen von Objekten	ERASE
LTFAKTOR	B	Maßfaktor für Linientypen setzen	LTSCALE
LTSCALE	V	Maßfaktor für Linientypen	LTSCALE
LUNITS	V	Einheitenformat	LUNITS
LUPREC	V	Anzahl Dezimalstellen für Einheiten	LUPREC
MACHDIA	B	Erzeugen eines Dias mit aktuellem Bild	MSLIDE
MEINFUEG	B	Mehrfaches Einfügen von Blöcken	MINSERT
?	O	Liste der vorhandenen Blöcke	?
E	O	Blockgröße über Eckpunkte eingeben	C
XYZ	O	X-,Y- und Z-Werte eingeben	XYZ
MENUE	B	Menüdatei laden	MENU
MENUECHO	V	Schalter für Mitprotok. der Menüauswahlen	MENUECHO
MENUNAME	V	Name der Menüdatei	MENUNAME
MESSEN	B	Abstandsmarkierungen in Objekt zeichnen	MEASURE
B	O	Block als Teilungssymbol benutzen	B
MIRRTEXT	V	Schalter für das Spiegeln von Texten	MIRRTEXT
NEUZALL	'B	Bildneuaufbau aller Ansichtsfenster	REDRAWALL
NEUZEICH	'B	Bildneuaufbau ohne Konstruktionspunkte	REDRAW
NOCHMAL	B	Wiederholte Befehlsausführung	MULTIPLE
OEFFNUNG	B	Fanggenauigkeit setzen	APERTURE
OFANG	B	Koordinatenwahl über bestehendes Objekt	OSNAP
ZEN	O	Zentrum eines Kreises oder Kreisbogens	CENT
END	O	Endpunkt einer Linie, etc.	ENDP
BAS	O	Einfügepunkt eines Blockes	INSERT
SCH	O	Schnittpunkt zweier Linien, etc.	INTER
MIT	O	Mittelpunkt einer Linie, etc.	MIDP
NAE	O	Nächste Stelle einer Linie, etc.	NEAR
PUN	O	Punkt	NODE
KEI	O	Alle Modi ausschalten	NONE
LOT	O	Lotpunkt auf Linie, etc.	PERP
QUA	O	Quadrantpunkt eines Kreises oder Kreisbogens	QUAD
QUI	O	Quickmodus einschalten	QUICK
TAN	O	Tangentialer Punkt (Kreis oder Kreisbogen)	TANG

ORTHO	B	Steuerung des Orthomodus	ORTHO
EIN	O	Orthomodus einschalten	ON
AUS	O	Orthomodus ausschalten	OFF
ORTHOMODE	V	Schalter für Orthomodus	ORTHOMODE
OSMODE	V	Verschlüsselung der Objektfangmodi	OSMODE
PAN	'B	Verschieben des Bildschirmfensters	PAN
PAUSE	B	Pause zwischen Befehlen (Batchbetrieb)	DELAY
PDMODE	V	Art der Punktdarstellung	PDMODE
PDSIZE	V	Größe des Punktsymbols	PDSIZE
PEDIT	B	Verändern von Polylinien	PEDIT

bei 2D-Polylinien:

S	O	Linienzug schließen	C
L	O	Überflüssige Scheitelpunkte löschen	D
E	O	Scheitelpunkte editieren	E
BRU	O	Scheitelpunkt für Bruch bestimmen	B
L	O	Operation durchführen (Los/Go)	G
E	O	Neuen Scheitelpunkt einfügen	I
S	O	Scheitelpunkt verschieben	M
N	O	Nächster Scheitelpunkt	N
O	O	Vorheriger Scheitelpunkt	P
R	O	Polylinie regenerieren	R
L	O	Punkt zum Linieeinsetzen festlegen	S
T	O	Tangentenrichtung festlegen	T
BRE	O	Linienbreite verändern	W
X	O	Editiervorgang beenden	X
A	O	Linienzug glätten	F
K	O	Splinekurve zeichnen	S
V	O	Polylinien verbinden	J
O	O	Polylinie öffnen	O
Z	O	Letzten Editiervorgang zurücknehmen	U
B	O	Breite der Polylinie setzen	W
X	O	Ende PEDIT	X

bei 3D-Polylinien:

S	O	Linienzug schließen	C
L	O	Glättung aufheben	D
E	O	Scheitelpunkte editieren	E
BR	O	Scheitelpunkt für Bruch bestimmen	B
L	O	Operation durchführen (Los/Go)	G
E	O	Neuen Scheitelpunkt einfügen	I
S	O	Scheitelpunkt verschieben	M
N	O	Nächster Scheitelpunkt	N
V	O	Vorheriger Scheitelpunkt	P
R	O	Polylinie regenerieren	R

L	O	Punkt zum Linieeinsetzen festlegen	S
X	O	Editiervorgang beenden	X
K	O	Splinekurve zeichnen	S
O	O	Polylinie öffnen	O
Z	O	Letzten Editiervorgang zurücknehmen	U
X	O	Ende PEDIT	X

bei 3D-Polygonmaschen:

M	O	Linienzug in M-Richtung schließen	M
N	O	Linienzug in N-Richtung schließen	N
G	O	Glättung aufheben	D
S	O	Scheitelpunkte editieren	E
S	O	Scheitelpunkt verschieben	M
N	O	Nächster Scheitelpunkt	N
V	O	Vorheriger Scheitelpunkt	P
L	O	Vorheriger Scheitelpunkt in N-Richtung	L
REC	O	Nächster Scheitelpunkt in N-Richtung	R
AU	O	Vorheriger Scheitelpunkt in M-Richtung	U
AB	O	Nächster Scheitelpunkt im M-Richtung	D
REG	O	Polylinie regenerieren	R
X	O	Editiervorgang beenden	X
O	O	Oberfläche glätten	S
Z	O	Letzten Editiervorgang zurücknehmen	U
X	O	Ende PEDIT	X
PERIMETER	V	Berechneter Umfang	PERIMETER
PICKBOX	V	Genauigkeit der Objektwahl	PICKBOX
PLINIE	B	Zeichnen von Polylinien	PLINE
H	O	Halbbreite setzen	H
Z	O	Letztes Segment wegnehmen	U
B	O	Breite setzen	W

bei Linien:

K	O	in Bogenmodus übergehen	A
S	O	Linienzug schließen	C
L	O	Segmentlänge festlegen	L

bei Bögen:

W	O	Eingeschlossener Winkel	A
M	O	Mittelpunkt	CE
S	O	Linienzug mit Kreisbogen schließen	CL
RI	O	Startrichtung	D
L	O	Länge der Sehne, bzw. in Linienmodus überg.	L
RA	O	Radius	R
P	O	Zweiter Punkt eines 3-Punkte-Bogens	S

PLOT	B	Zeichnungsausgabe auf Plotter	PLOT
S	O	Aktuelles Bildschirmfenster ausgeben	D
G	O	Komplette Zeichnung ausgeben	E
L	O	Zeichenfläche ausgeben	L
A	O	Benannten Ausschnitt ausgeben	V
F	O	Fenster ausgeben	W
POLYGON	B	Zeichnen eines regelmäßigen Vielecks	POLYGON
S	O	Einzelne Seite angeben	E
U	O	Umkreis angeben	C
I	O	Inkreis angeben	I
POPUPS	V	Bildschirmtreiber beherrscht Pulldown-Menüs	POPUPS
PRPLOT	B	Zeichnungsausgabe auf Drucker	PRPLOT
S	O	Aktuelles Bildschirmfenster ausgeben	D
G	O	Komplette Zeichnung ausgeben	E
L	O	Zeichenfläche ausgeben	L
A	O	Benannten Ausschnitt ausgeben	V
F	O	Fenster ausgeben	W
PUNKT	B	Zeichnen eines Punktes	POINT
QTEXT	B	Steuerung des Quicktextmodus	QTEXT
EIN	O	Quicktextmodus einschalten	ON
AUS	O	Quicktextmodus ausschalten	OFF
QTEXTMODE	V	Schalter für Quicktextmodus	QTEXTMODE
QUIT	B	Beenden der Zeichnungsbearb., kein Absp.	QUIT
RASTER	B	Steuerung der Rastereinblendung	GRID
EIN	O	Raster einschalten	ON
AUS	O	Raster ausschalten	OFF
A	O	Abstände X-/Y-Achse unterschiedlich	A
F	O	Abstände = Fangwert	S
REFERENZ	B	Elementreferenzen anlegen	HANDLES
ENTFERNEN	O	Elementreferenzen löschen	DESTROY
EIN	O	Elementreferenzen aktivieren	ON
REGELOB	B	verallgemeinerte Pyramidenoberfläche	RULESURF
REGEN	B	Regenerierung der Zeichnung	REGEN
REGENALL	B	Regenerieren aller Ansichtsfenster	REGENALL
REGENAUTO	B	Steuerung der automatischen Regenerierung	REGENAUTO
EIN	O	Automatische Regenerierung einschalten	ON
AUS	O	Automatische Regenerierung ausschalten	OFF
REGENMODE	V	Schalter für automatische Regenerierung	REGENMODE
REIHE	B	Mehrfachkopien von Objekten	ARRAY
P	O	Polare Reihe	P
R	O	Rechteckige Reihe	R
RESUME	'B	Batchabarbeitung fortsetzen	RESUME
RING	B	Zeichnen von Ringen	DONUT
RING	B	Zeichnen von Ringen	DOUGHNUT
ROTOB	B	Rotationsoberfläche	REVSURF

RSCRIPT	B	Batchdatei wiederholen	RSCRIPT
SCHIEBEN	B	Verschieben von Objekten	MOVE
SCHRAFF	B	Schraffieren von Flächen	HATCH
?	O	Liste der vorhandenen Muster	?
B	O	Musterdefinition durch Anwender	U
I	O	Innere Strukturen ignorieren	I
N	O	Normal: von außen nach innen abwechselnd	N
A	O	Nur äußersten Bereich schraffieren	O
SCREENSIZE	V	Größe des Grafikbildschirms	SCREENSIZE
SCRIPT	B	Batchdatei ausführen	SCRIPT
SETVAR	'B	Systemvariable setzen	SETVAR
SH	B	Betriebssystemaufruf	SH
SHELL	B	Aufruf fremder Programme	SHELL
SICHERN	B	Zeichnung sichern	SAVE
SKALA	B	Einblenden von Skalen	AXIS
EIN	O	Skala einschalten	ON
AUS	O	Skala ausschalten	OFF
A	O	Abstände X-/Y-Achse unterschiedlich	A
F	O	Abstände = Fangwert	S
SKIZZE	B	Freihandzeichnung	SKETCH
V	O	Mit letztem Endpunkt verbinden	C
L	O	Temporäre Linien löschen	E
F	O	Feder (Stift) heben oder senken	P
Q	O	Ende ohne Abspeichern	Q
S	O	Speichern	R
X	O	Ende mit Abspeichern	X
.	O	Linie zum aktuellen Punkt zeichnen	.
SKETCHINC	V	Genauigkeit bei Freihandzeichnungen	SKETCHINC
SKPOLY	V	Schalter für Polylinien bei Freihandz.	SKPOLY
SNAPANG	V	Fang-Raster Drehwinkel	SNAPANG
SNAPBASE	V	Fang-Raster Basispunkt	SNAPBASE
SNAPISOPAIR	V	Aktuelle isometrische Ebene	SNAPISOPAIR
SNAPMODE	V	Schalter für Fangmodus	SNAPMODE
SNAPSTYL	V	Schalter für Fangen standard/isometr.	SNAPSTYL
SNAPUNIT	V	Fangabstände	SNAPUNIT
SOLID	B	Zeichnen ausgefüllter Flächen	SOLID
SPIEGELN	B	Spiegeln von Objekten	MIRROR
SPLFRAME	V	Splinerahmen anzeigen	SPLFRAME
SPLINESEGS	V	Anzahl Segmente pro Splinekurve	SPLINESEGS
SPLINETYPE	V	Art der von PEDIT geglätteten Kurve	SPLINETYPE
STATUS	B	Anzeige der Zeichnungsparameter	STATUS
STIL	B	Textstil ändern	STYLE
STRECKEN	B	Verschieben mit Nachführen der Verbind.	STRETCH
STUTZEN	B	Löschen von Objektteilen	TRIM
SURFTAB1	V	Genauigkeit der Oberfläche in M-Richtung	SURFTAB1

549

SURFTAB2	V	Genauigkeit der Oberfläche in N-Richtung	SURFTAB2
SURFTYPE	V	Art der von PEDIT geglätteten Oberfläche	SURFTYPE
SURFU	V	Dichte der Oberfläche in M-Richtung	SURFU
SURFV	V	Dichte der Oberfläche in N-Richtung	SURFV
SYMBOL	B	Zeichnen von Symbolen	SHAPE
?	O	Liste der verfügbaren Symbole	?
TABLETT	B	Tablettparameter ändern	TABLET
EIN	O	Tablettmodus einschalten	ON
AUS	O	Tablettmodus ausschalten	OFF
KAL	O	Tablett neu kalibrieren	CAL
KFG	O	Tablett neu konfigurieren	CFG
TABOB	B	Profiloberfläche	TABSURF
TARGET	V	Zielpunkt der Ansicht	TARGET
TDCREATE	V	Datum des Zeichnungsbeginns (DATE-Format)	TDCREATE
TDINDWG	V	Summierte Editierzeit (DATE-Format)	TDINDWG
TDUPDATE	V	Datum der letzten Änderung (DATE-Format)	TDUPDATE
TDUSRTIMER	V	Benutzerstoppuhr (DATE-Format)	TDUSRTIMER
TEILEN	B	Teilen eines Objekts in gleiche Teile	DIVIDE
B	O	Teilung durch Block darstellen	B
TEMPPREFIX	V	Directory für temporäre Dateien	TEMPPREFIX
TEXT	B	Zeichnen alphanumerischer Zeichen	TEXT
A	O	Text ausrichten zwischen 2 Punkten, Höhe var.	A
Z	O	Text horizontal zentrieren	C
E	O	Text ausrichten zwischen 2 Punkten, Breite v.	F
M	O	Text horizontal und vertikal zentrieren	M
R	O	Text rechtsbündig	R
S	O	Textstil wählen	S
TEXTBLD	'B	Umschalten auf Textanzeige	TEXTSCR
TEXTEVAL	V	Schalter für LISP-Ausdrücke im Text	TEXTEVAL
TEXTSIZE	V	Aktuelle Texthöhe	TEXTSIZE
TEXTSTYLE	V	Aktueller Textstil	TEXTSTYLE
THICKNESS	V	Aktuelle 3D-Objekthöhe	THICKNESS
TRACEWID	V	Aktuelle Bandbreite	TRACEWID
UCSFOLLOW	V	Automatisch auf Draufsicht schalten	UCSFOLLOW
UCSICON	V	Zustand des Koordinatensystem-Symbols	UCSICON
UCSNAME	V	Name des aktuellen BKS	UCSNAME
UCSORG	V	Ursprung des aktuellen BKS	UCSORG
UCSXDIR	V	X-Richtung des aktuellen BKS	UCSXDIR
UCSYDIR	V	Y-Richtung des aktuellen BKS	UCSYDIR
UMBENENN	B	Namen benannter Objekte ändern	RENAME
B	O	Block umbenennen	B
LA	O	Layer umbenennen	LA
LT	O	Linientyp umbenennen	LT
T	O	Textstil umbenennen	S
BK	O	BKS umbenennen	U

AU	O	Ausschnitt umbenennen	VI
AF	O	Ansichtsfenster umbenennen	VP
URSPRUNG	B	Zerlegen eines Blocks/einer Polylinie	EXPLODE
VARIA	B	Ändern der Größe von Objekten	SCALE
B	O	mit Bezugsgröße	R
VERDECKT	B	Verdeckte Linien ausblenden (3D-Ansicht)	HIDE
VERSETZ	B	Parallele Linien zeichnen	OFFSET
P	O	Punkt, durch den die Kurve gehen soll	T
VIEWCTR	V	Mittelpunkt des aktuellen Ausschnitts	VIEWCTR
VIEWDIR	V	Ansichtsrichtung	VIEWDIR
VIEWMODE	V	Art der (perspektivischen) Ansicht	VIEWMODE
VIEWSIZE	V	Höhe des aktuellen Ausschnitts	VIEWSIZE
VIEWTWIST	V	Drehwinkel der aktuellen Ansicht	VIEWTWIST
VPOINTX	V	X-Koordinate des Ansichtspunktes	VPOINTX
VPOINTY	V	Y-Koordinate des Ansichtspunktes	VPOINTY
VPOINTZ	V	Z-Koordinate des Ansichtspunktes	VPOINTZ
VSMAX	V	Rechte obere Ecke des virtuellen Bildschirms	VSMAX
VSMIN	V	Linke untere Ecke des virtuellen Bildschirms	VSMIN
WAHL	B	Auswahlsatz zusammenstellen	SELECT
WBLOCK	B	Block in Datei schreiben	WBLOCK
WORLDUCS	V	Schalter ob BKS = WKS	WORLDUCS
WORLDVIEW	V	Schalter ob Ansichtspunkte im WKS	WORLDVIEW
Z	B	Letzten Befehl rückgängig machen	U
ZEIGDIA	B	Dias auf dem Bildschirm zeigen	VSLIDE
ZEIT	B	Steuerung der Stoppuhr	TIME
D	O	Aktuelle Zeitwerte anzeigen	D
EIN	O	Stoppuhr starten	ON
AUS	O	Stoppuhr anhalten	OFF
Z	O	Stoppuhr zurücksetzen	R
ZLOESCH	B	Wiederholen eines rückgängig gem. Befehls	REDO
ZOOM	'B	Anzeige der Zeichenfläche verändern	ZOOM
A	O	Gesamte Zeichenfläche darstellen	A
M	O	Mittelpunkt festlegen	C
D	O	Dynamischen ZOOM/PAN einschalten	D
G	O	Gesamte Zeichnung darstellen	E
L	O	Linke untere Ecke festlegen	L
V	O	Vorhergehenden Ausschnitt darstellen	P
F	O	Fenster bestimmen	W
ZUGMODUS	B	Steuerung des Zugmodus	DRAGMODE
EIN	O	Zugmodus einschalten	ON
AUS	O	Zugmodus ausschalten	OFF
A	O	Zugmodus automatisch einschalten	A
ZURUECK	B	Mehrere Befehle rückgängig machen	UNDO
A	O	Automatikmodus, Menüauswahlen zusammenhängend	A
R	O	Zurück zur vorherigen Markierung	B

S	O	Steuerung des Zurück-Betriebs	C
G	O	Zurückbetrieb ganz einschalten	A
N	O	Zurückbetrieb ganz ausschalten	N
E	O	Zurückbetrieb auf eine Operation begrenzen	O
E	O	Abschluß einer zusammenhängenden Gruppe	E
G	O	Beginn einer zusammenhängenden Gruppe	G
M	O	Markierung setzen	M

Stichwortverzeichnis

3D-Fläche 486
3DFLAECH 22
3DLINIE 27
3DPOLY 34

.BAK 214
.SCR 513
.SLD 514

A

ABRUNDEN 39
ABSTAND 43
ACAD.LIN 281
ACAD.LIN 295
ACAD.MNU 313
ACAD.MNX 313
ACAD.PGP 430
AENDERN 45
AFENSTER 55
Ansichtsfenster 55, 320, 338, 389, 474
Ansichtspunkt 63
Anwendungsprogramme 429
APUNKT 58, 63
AREA 235
ATTDEF 513
ATTEDIT 513
ATTEXT 513
Attribute 512
ATZEIG 513
AUFLOES 516
AUSGEZOGEN 119, 475
Ausschnitt 72, 119, 370, 474
AUSSCHNT 72, 360
AutoCAD-Befehle 512
AutoLISP 121, 123
AutoSketch 19

B

B-Spline 35, 344
BAND 77

Band 238
BASIS 82
BASispunkt 325
Batchdatei 513
BEM1 87
BEM 87
Bemaßung 87
Bemaßungsvariablen 90
Benutzerkoordinatensystem 125, 172, 188, 474
BEREINIG 119
Betriebssystemaufrufe 429
BFLOESCH 121
BFRUECK 121
Bildschirmaufteilung 56
Bildschirmausschnitt 72, 338, 359, 506
Bildschirmmenü 312
BKS 125, 172, 188, 474
BKSYMBOL 139
BLOCK 142
Block 119, 196, 474, 476f, 494
BOGEN 148
Brennweite 164
BRUCH 154

C

Coons-Fläche 263

D

DANSICHT 58, 159
DANSICHTBLOCK 160
DATEIEN 170
Datenbanken 512
DBLISTE 300
DDATTE 513
DDBKS 172
DDLMODI 175
DDOMODI 177
DDRMODI 179
DEFPOINTS 95, 119

553

DEHNEN 181
Dia-Menü 315
Dialogkasten 19
Dias 514
Draufsicht 126, 188
DREHEN 184
DRSICHT 133, 188
Drucker 369
DTEXT 193
Durchmesserbemaßung 88, 89
DXB-Format 515
DXBIN 515
DXF-Format 515
DXFIN 515
DXFOUT 515

E

Ebene 279
Ebene, isometrische 257
EIGAENDR 45
EINFUEGE 143, 196, 310
Einfügepunkt 325
Einführung 1
Einführungsbeispiel 6
EINHEIT 203, 438
Elementreferenzen 512
ELLIPSE 210, 276, 350
ENDE 214
ENDpunkt 324
Erhebung 46
ERHEBUNG 177, 216

F

FACETTE 221
FANG 179, 226
Fangraster, isometrisches 333
Farbe 46, 281
FARBE 177, 229
Farbname 230
Farbnummer 229
FILMROLL 516
Fläche 238
FLAECHE 233
FUELLEN 78, 238

G

Gitterlinien 463
GRAPHBLD 243
Graphikbildschirm 17
Grenzlinie 181, 459
Größenfaktor 482

H

Hardware 17
Hauptmenü 3
HILFE 245
Hilfsskala 437
Hintergrund 164
HOPPLA 143, 251

I

ID 254
IGES-Format 515
IGESIN 515
IGESOUT 515
ISOEBENE 179, 212, 257
Isokreis 212
isometrische Ebene 257
isometrisches Fangraster 333

K

Kamera 159
KANTOB 263
Kegel 386
Kegelstümpfe 386
Kommandodateien 513
Kompaß 64
Kontur 489
Koordinatenformat 204
Koordinatenraster 381
Koordinatensystem 125
Koordinatensystem-Symbol 125, 139, 162
KOPIEREN 267
KPMODUS 179, 272
KREIS 275
Kreis 399

Kugel 403
Kurvenlinie 35

L

LADEN 516
Layer 46, 119, 474
LAYER 175, 177, 279
Layername 281
LIMITEN 287, 360, 507
Limiten 370
Linearbemaßung 87f
LINIE 27, 290
LINIENTP 177, 282, 294
Linientyp 119, 280f, 294, 307, 361, 474
LISTE 300
LOESCHEN 304
LOT 325
LTFAKTOR 307

M

MACHDIA 141, 514
Makro 312
Markierungskreuze 272
Maschen 24
MEINFUEG 310, 477
MENUE 312
Menüleiste 19
MESSEN 318
MIRRTEXT 425, 444
MITtelpunkt 325

N

NEUZALL 320
NEUZEICH 320
NOCHMAL 322

O

Objektfang-Modi 324
Objekthöhe 46, 216
OEFFNUNG 326, 516

OFANG 324
ORTHO 179, 332

P

PAN 58, 338
parallele Projektion 160
Parallelen 489
PAUSE 514
PDMODE 373, 425
PDSIZE 373, 425
PEDIT 35, 342, 367
PERIMETER 235
Perspektive 162
perspektivische Projektion 160
PLINIE 350
PLOT 359
Polgonmasche 263
POLYGON 350, 366
Polygonmasche 31, 342, 385, 402, 463, 476f, 486
Polygonnetze 24
Polylinie 34, 39, 182, 221, 238, 342, 350, 367, 400, 460, 476f, 489
Profilkörper 464
Projektion, parallele 160
Projektion, perspektivische 160
Prototypdatei 313
PRPLOT 369
Pull-Down-Menü 19, 315
PUNKT 373

Q

QTEXT 375
QUAdrant 325
QUIT 379

R

Radienbemaßung 88, 89
RASTER 179, 381
Rechte-Hand-Regel 129
REFERENZ 513
Referenzen 512

Stichwortverzeichnis

REGELOB 385
REGEN 389
REGENALL 389
REGENAUTO 391
REIHE 310, 393
RESUME 514
Richtungsvektor 463
RING 399
Rotationsfläche 402
ROTOB 402
RSCRIPT 514
Rundungsradius 40

S

SCHIEBEN 406
Schnittebene 164
SCHnittpunkt 325
SCHRAFF 406
SCRIPT 513
Seitenansicht 126
SETVAR 424
SH 429
SHELL 429
SICHERN 435
SKALA 179, 437
SKIZZE 516
Software 17
SOLID 23, 440
SPIEGELN 443
SPLFRAME 35
Spline 35
SPLINESEGS 35, 344
SPLINETYPE 344
STANDARD 119
Standardlinientypen 296
STATUS 516
Stift-Plotter 359
STIL 447
STRECKEN 455
STUTZEN 459
SURFTAB1 264, 385, 403, 464
SURFTAB2 264, 403
SYMBOL 516
Symbole 516
Systemvariablen 424

T

TABLETT 516
Tablettmenü 313
TABOB 463
Tangente 276
TANgente 325
TEILEN 318, 466
TEXT 193, 470
Textbildschirm 17
TEXTBLD 17, 514
Textstil 119, 447, 471, 474
THICKNESS 217
Torus 403

U

Ursprung 127, 139
URSPRUNG 198, 311, 476

V

VARIA 481
VERDECKT 31, 486
Vergrößerung 481
Verkleinerung 481
VERSETZ 489
Vieleck 366
VONBLOCK 230, 295, 477
VONLAYER 230, 295
Vorderansicht 126
Vordergrund 164

W

WAHL 516
WBLOCK 143, 494
Weltkoordinatensystem 125, 139, 188
Winkelbemaßung 87, 89
Winkelformat 204
Winkelorientierung 207
WKS 125, 188
WORLDVIEW 167

Z

Z 499, 504
Zeichenblattgröße 5
ZEIGDIA 514
ZEIT 516
ZENtrum 325
Ziel 159
ZLOESCH 504
ZOOM 58, 506
ZUGMODUS 516
ZURUECK 499, 504

TECHNISCHE INFORMATIK BEI TEWI!!

Die M68000 Familie
Band 1 + Band 2
von Werner Hilf und Anton Nausch

Die erste umfassende Beschreibung der Motorola M68000-Familie, mittlerweile etabliert als Standardwerk.

Band 1 — Grundlagen und Architektur
Adressierungsarten und Befehlssatz
592 Seiten, Hardcover, DM 79,—
Bestell-Nr. 62080

Band 2 — Anwendung und 68000er-Bausteine
MC 68008, MC 68010, MC 68020
und Peripherie
440 Seiten, Hardcover, DM 79,—
Bestell-Nr. 62081

---

te-wi Verlag GmbH
Telefon 089/126992-1

Theo-Prosel-Weg 1
8000 München 40

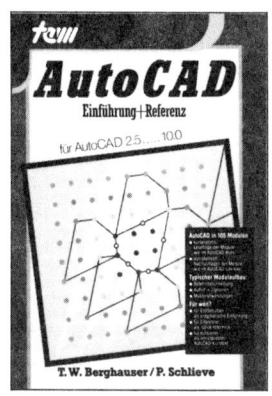

AutoCAD 2.5 ... 10.0
Einführung + Referenz

AutoCAD-Kurstext und AutoCAD-Lexikon auf letztem Stand. Führt in 105 Modulen von einfachen zu komplexen Befehlen durch alle Anwendungsstufen.

Von Berghauser/Schlieve
576 Seiten, Hardcover, DM 89,–

AutoCAD 3D:
Dreidimensional denken und konstruieren

US-AutoCAD-Experten vermitteln Praxis und Detailwissen mit dessen Hilfe sich dreidimensionale Objekte am PC-Bildschirm konstruieren lassen. (mit Diskette)

Von G. Head, C. Pietra, K. Segal
456 Seiten, Hardcover, DM 89,–

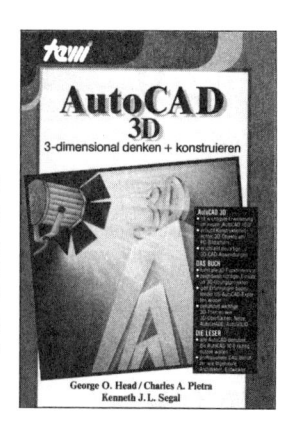

AutoCAD und Datenbanken:
Grundlagen professioneller CAD-Datenbanktechnik

Dieses Buch zeigt die Prinzipien der Verwaltung, Pflege und Änderung von AutoCAD-Zeichnungen. Umfangreiche Anhänge bieten Geometrie-Datenbank-Beschreibung und Dokumentation der Zeichnungsaustauschformate DXF und DXB. (mit Diskette)

Von Frederik H. Jones, Lloyd Martin
568 Seiten, Hardcover, DM 89,–

AutoLISP:
Die Programmiersprache in AutoCAD

Hier das 1. umfassende Werk eines deutschen AutoCAD-Experten zur Spracheinführung, das alle AutoLISP-Funktionen beschreibt und an über 90 Beispielen den AutoLISP-Einsatz demonstriert.

Von Dietmar Rudolph
416 Seiten, Hardcover, DM 89,–

---

te-wi Verlag GmbH
Telefon 089/126992-1

Theo-Prosel-Weg 1
8000 München 40

Lotus 1-2-3 Makro-Technik Version 3.0

Direkt einsetzbare Makrolösungen – helfen nach Einsatzgebieten – helfen Ihnen bei der täglichen PC-Arbeit. Für Erstanwender und Lotus-Kenner.

Von Wolfgang Linder
416 Seiten, Hardcover, DM 79,–

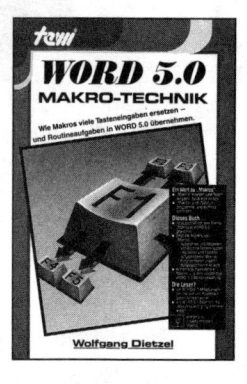

Word 5.0 Makrotechnik

Die wichtigen Arbeiten mit Makros in Word 5.0. Routineeingaben lassen sich — vergleichbar dem Tastenrecording — auf nur zwei Tasteneingaben beschränken. Für alle Word 5.0-Alltagsanwender, die sich von Routineaufgaben befreien wollen. Mit allen Makros auf Diskette

von Wolfgang Dietzel
196 Seiten, Hardcover inkl. 1 Diskette 5 1/4", DM 69,—
Bestell-Nr. 62055

Excel Makrotechnik

Nach einer einleitenden Darstellung der Grundfunktionen von Excel werden ausführlich die verschiedenen Möglichkeiten der Makroerstellung und deren Einsatz erläutert.

von Dr. Helmut Rotermund
192 Seiten, Hardcover inkl. 1 Diskette 5 1/4", DM 69,—
Bestell-Nr. 62049

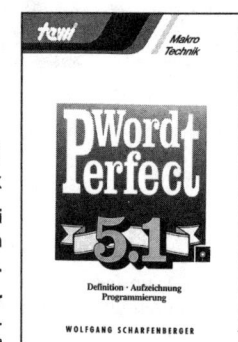

WordPerfect 5.1 Makrotechnik

Schritt für Schritt zeigt das Buch den Einsatz von Makros bei WordPerfect. Für alle, die mit WordPerfect effektiver arbeiten wollen.

von Wolfgang Scharfenberger
264 Seiten inkl. Diskette, DM 69,—
Bestell-Nr. 62053

---

te-wi Verlag GmbH
Telefon 089/126992-1

Theo-Prosel-Weg 1
8000 München 40

Tewi Trainer – Der Trainer für Einsteiger

In dieser Reihe finden Sie einsteigergerecht aufbereitete Titel zu allen wichtigen Programmen.

Der systematische Einstieg in ein Programm ist das A und O für die effektive Anwendung.

Das handliche Format bietet dem Buch auf jedem Schreibtisch Platz, die besondere Bindung gewährleistet, daß das Buch aufgeschlagen liegenbleibt.

WORD 5.0 tewi-Trainer
von Katharina Baumgart
160 Seiten, DM 29,—
Bestell-Nr. 62093

Excel 2.1 tewi-Trainer
von Wolfgang Linder
160 Seiten, DM 29,—
Bestell-Nr. 62095, Dezember 1990

Lotus 1-2-3 tewi-Trainer
von Harald Baumgart
160 Seiten, DM 29,—
Bestell-Nr. 62094

te-wi Verlag GmbH
Telefon 089/126992-1

Theo-Prosel-Weg 1
8000 München 40

Turbo Pascal Programmiermethoden

Ein Praxisbuch für Leser, die bereits Grundkenntnisse in Turbo Pascal besitzen. Anhand des Aufbaus einer Datenbank, die auch auf der beiliegenden Diskette enthalten ist, werden die verschiedenen Programmiertechniken in Turbo Pascal ab Version 5.5 vorgestellt, eine ausführliche Kommentierung der Listings ermöglicht eine Anpassung auf individuelle Bedürfnisse.
Hier lernen Sie das Programmieren mit Methode, objektorientiert und strukturell.

von Robert Grübel
304 Seiten, Hardcover, DM 59,–
inkl. 1 Diskette 5 1/4", 1,2 MByte
Bestell-Nr. 62064

C-Toolbox zur Datenbankentwicklung

Der Geheimtip für Entwickler und Programmierer, die es gewohnt sind mit professionellen Werkzeugen zu arbeiten: ISAM-, b+-Tree-, dbms-Library für Quick C 2.5, Turbo C + +, Microsoft C 6.0 und Power-C-Compiler.

von Andreas Hehn
160 Seiten, Hardcover, DM 89,–
inkl. 4 Disketten 5 1/4",
Bestell-Nr. 62078

---

te-wi Verlag GmbH
Telefon 089/126992-1

Theo-Prosel-Weg 1
8000 München 40

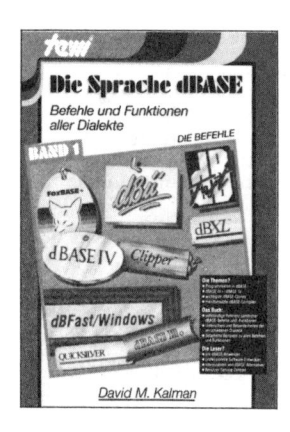

Die Sprache dBASE
Band 1: Die Befehle

Behandelt und vergleicht alle Befehle marktbedeutender Produkte wie dBASE III+, dBASE IV, Clipper, dBFast, dBFast/Windows, dBÜ, dBXL, FoxBASE+ und Quicksilver. Die unentbehrliche Referenz für jeden dBASE-Anwender.

Von David M. Kalman
704 Seiten, Hardcover, DM 79,–

Die Sprache dBASE
Band 2: Die Funktionen

Beschreibt sämtliche Funktionen aller wichtigen dBASE-Dialekte. Jede Funktionsbeschreibung enthält eine formale Darstellung der Syntax, ausführliche Erklärungen sowie Anwendungsbeispiele. Eine unerschöpfliche Fundgrube für jeden dBASE-Anwender.

Von David M. Kalman
496 Seiten, Hardcover, DM 79,–

Novell NetWare
Einführung + Referenz

Beschreibt in 98 Modulen alle NetWare-Befehle nach Funktion, Aufruf und Anwendung. Geeignet sowohl als Kurstext als auch als NetWare-Lexikon. Behandelt auch NetWare 386 Version 3.0!

Von Timothy McDonald
432 Seiten, Hardcover, DM 79,–

WORD 5.0 einrichten + einsetzen

Ein Text für Nicht-Techniker, denen er die Einrichtung von MS-DOS und Microsoft Word als problemlose Arbeitsbasis zeigt. Jetzt bis Version 5.0!

Von Paul Enghofer
392 Seiten, Hardcover, DM 69,–

---

te-wi Verlag GmbH
Telefon 089/126992-1

Theo-Prosel-Weg 1
8000 München 40

PC/XT/AT ASSEMBLER-BUCH

Hier eine anspruchsvolle Darstellung der Assemblerbefehle und Assembler-Sprachübersetzer zu der gesamten INTEL-Familie 8086, 8087, 8088, 80186, 80188, 80286, 80287, 80386, 80387.
Das Buch erklärt die Wirkung der Assemblerbefehle durchgehend anhand von anschaulichen Speicherdiagrammen und Anwendungsbeispielen. Ein Werk für PC/XT/AT-Assemblerprogrammierer und ASM/MASM-Systemprogrammierer.

Von Klaus-Dieter Thies
656 Seiten, Hardcover, DM 98,–

PC/XT/AT-Numerik-Buch

Hochgenaue Gleitpunktarithmetik mit 8087/80287/80387 unter Nutzung mathematischer Bibliotheksfunktionen in "C" und "Assembler". Zeigt CPU-/Coprozessor-Hardware; das IEEE-System hochgenauer Zahlendarstellungen; die 80X87-Programmierung und Fehlerbehandlung sowie die 58 Bibliotheksfunktionen reeller und komplexer Argumente.

Von Klaus-Dieter Thies
728 Seiten, Hardcover, DM 98,–

Die innovativen 80286/80386-Architekturen
Teil 1: Der 80286

Exakte Analyse für Bedürfnisse von Entwicklern und PC-Systemprogrammierern. Themen: virtuelle Adressierung; Systemschutz; Multitasking; MM; 8087 Management; ASM/BLD 286-Anwendungen

Von Klaus-Dieter Thies
320 Seiten, Hardcover, DM 79,–

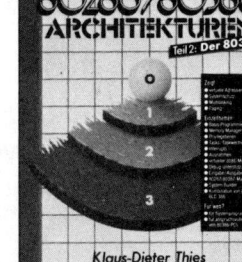

DIE INNOVATIVEN 80286/80386 ARCHITEKTUREN
Teil 2: Der 80386

Zeigt detailliert die neu hinzugekommenen 32-Bit-Operationen. Behandelt Probleme realer 80386-Programmierung. Keine bloße Befehlssammlung!

Von K.-D. Thies
560 Seiten, Hardcover, DM 89,–

---

te-wi Verlag GmbH
Telefon 089/126992-1

Theo-Prosel-Weg 1
8000 München 40

Lotus 1-2-3 Version 3.0
Einführung und Referenz

Ein modular aufgebautes Buch, das in eigenständigen Abschnitten lesbar ist. Es führt in thematisch zusammenhängenden Darstellungen auch Ungeübte durch alle Lotus-Anwendungen.

von Harald Baumgart
608 Seiten, Hardcover, DM 79,–
Bestell-Nr. 62027

Word 5.0 Makrotechnik

Die wichtigen Arbeiten mit Makros in Word 5.0. Routineeingaben lassen sich – vergleichbar dem Tastenrecording – auf nur zwei Tasteneingaben beschränken. Für alle Word 5.0-Alltagsanwender, die sich von Routineaufgaben befreien wollen. Mit allen Makros auf Diskette

von Wolfgang Dietzel
196 Seiten, Hardcover inkl. 1 Diskette 5 1/4", DM 69,–
Bestell-Nr. 62055

Excel Makrotechnik

Nach einer einleitenden Darstellung der Grundfunktionen von Excel werden ausführlich die verschiedenen Möglichkeiten der Makroerstellung und deren Einsatz erläutert.

von Dr. Helmut Rotermund
192 Seiten, Hardcover inkl. 1 Diskette 5 1/4", DM 69,–
Bestell-Nr. 62049

WordPerfect 5.1 Makrotechnik

Schritt für Schritt zeigt das Buch den Einsatz von Makros bei WordPerfect. Für alle, die mit WordPerfect effektiver arbeiten wollen.

von Wolfgang Scharfenberger
264 Seiten inkl. Diskette, DM 69,–
Bestell-Nr. 62053

---

te-wi Verlag GmbH
Telefon 089/126992-1

Theo-Prosel-Weg 1
8000 München 40

DER SELLER BEI TE-WI

C-Gesamtwerk

DAS Gesamtwerk über C, nicht mehr wegzudenken aus der Fachliteratur, unverzichtlich für jeden, der in diesem Bereich arbeitet.

von Helmut Herold/Werner Unger
624 Seiten, Hardcover, DM 79,—
Bestell-Nr. 62015

Dargestellt werden die wichtigen Neuheiten in ANSI C, die Programmstrategien in C und Musterprogramme in C. Das Buch ist eine umfassende Ergänzung zum C-Gesamtwerk. Wobei auch Lösungen für die tägliche Programmierarbeit angeboten werden.

ANSI C
von Helmut Herold
448 Seiten, Hardcover, DM 79,—
Bestell-Nr. 62040

te-wi Verlag GmbH
Telefon 089/126992-1

Theo-Prosel-Weg 1
8000 München 40